Der sogenannte „natürliche Wille“ und sein Verhältnis zur Patientenautonomie im Recht der ärztlichen Heilbehandlung

Grundlagen Gesamte Strafrechtswissenschaft

Herausgegeben von Regina Harzer

Band 10

Zur Qualitätssicherung und Peer Review der vorliegenden Publikation

Die Qualität der in dieser Reihe erscheinenden Arbeiten wird vor der Publikation durch die Herausgeberin der Reihe geprüft.

Notes on the quality assurance and peer review of this publication

Prior to publication, the quality of the work published in this series is reviewed by the editor of the series.

Justus P. Hoffmann

Der sogenannte „natürliche Wille" und sein Verhältnis zur Patientenautonomie im Recht der ärztlichen Heilbehandlung

Zugleich ein Beitrag zum Problem der Legitimation paternalistischer Grundrechtseingriffe

PETER LANG

Bibliografische Information der Deutschen Nationalbibliothek
Die Deutsche Nationalbibliothek verzeichnet diese Publikation in der Deutschen Nationalbibliografie; detaillierte bibliografische Daten sind im Internet über http://dnb.d-nb.de abrufbar.

Zugl.: Bielefeld, Univ., Diss.,2019.

D 361

ISBN 978-3-631-80035-5 (Print)
E-ISBN 978-3-631-81528-1 (E-Book)
E-ISBN 978-3-631-81529-8 (EPUB)
E-ISBN 978-3-631-81530-4 (MOBI)
DOI 10.3726/b16667

PL Academic Research ist ein Imprint der Peter Lang GmbH.

Peter Lang – Berlin · Bern · Bruxelles · New York · Oxford · Warszawa · Wien

Dieses Buch erscheint in einer Herausgeberreihe bei PL Academic Research und wurde vor Erscheinen peer reviewed.

www.peterlang.com

Meinen Großeltern

Geleitwort

"Of all tyrannies, a tyranny sincerely exercised for the good of its victims may be the most oppressive. It would be better to live under robber barons than under omnipotent moral busybodies. The robber baron's cruelty may sometimes sleep, his cupidity may at some point be satiated; but those who torment us for our own good will torment us without end for they do so with the approval of their own conscience. They may be more likely to go to Heaven yet at the same time likelier to make a Hell of earth. This very kindness stings with intolerable insult. To be "cured" against one's will and cured of states which we may not regard as disease is to be put on a level of those who have not yet reached the age of reason or those who never will; to be classed with infants, imbeciles, and domestic animals."

– C.S. Lewis

Vorwort und Danksagung

Die vorliegende Arbeit ist im Wintersemester 2018 an der Universität Bielefeld als Dissertation angenommen worden. Die Verteidigung der Arbeit fand am 15.5.2019 statt.

Ich bedanke mich zunächst zutiefst bei dem Erstgutachter Professor Dr. Martin Schwab für die Betreuung dieser Arbeit. Ohne sowohl die Freiheit bei der Themenwahl und der Bearbeitung als auch die sehr enge, jederzeit ehrliche und freundschaftlich fürsorgliche Betreuung des Promotionsvorhabens wäre es zweifelsohne bereits frühzeitig gescheitert.

Bei Professorin Dr. Sudabeh Kamanabrou bedanke ich mich für die schnelle Anfertigung des Zweitgutachtens sowie die kritischen Anmerkungen und Fragestellungen.

Ich danke zudem Professorin Dr. Regina Harzer für das große Interesse an dieser Arbeit, welches sich nicht nur in der Übernahme des Prüfungsvorsitzes in der mündlichen Prüfung äußerte, sondern auch in der Übernahme in ihre Schriftenreihe.

Initiator für den Wunsch, dieses Thema wissenschaftlich zu bearbeiten, war ein Vortrag im Wintersemester 2013 an der Freien Universität Berlin von Rechtsanwalt Volker Loeschner, dem ich an dieser Stelle dafür danken möchte.

Rechtsanwältin Antonia Fischer gilt mein besonderer Dank nicht nur für Durchsicht des Manuskripts, sondern auch für den freundschaftlichen Rückhalt und ihre unermüdliche Bekräftigung bei diesem Vorhaben.

Dr. phil. Gerd. C. Teschke, MD (Harvard) bin ich ebenfalls zu tiefstem Dank verpflichtet. Ohne seine Einblicke in die menschliche Seele und unsere wegweisenden Gespräche hätte ich mich schon vor langer Zeit verlaufen.

Gleichsam gilt liebevoller Dank Dipl. Instrumentalpädagogin Anna Sophia Winter, M.Sc. (Psychologie) für den emotionalen Rückhalt, die innigen Gespräche, die gemeinsame Musik und die stillen Momente voll innerer Ruhe zusammen mit Laika.

Abschließend danke ich noch in alphabetischer Reihenfolge Markus Biermann, Matthias Cziumplik, Dirk Dusedeau, Shihan Ingo Freier, Ralf und Vanessa Hörmann, meinem Bruder Bodo Hoffmann, Leo und Nicole Martens, sowie den Familien Westphal und Winter.

Berlin, den 27.10.2019

Inhaltsverzeichnis

Einleitung und Gang der Untersuchung

In der rechtlichen Beziehung zwischen Arzt und Patient hat sich in den meisten westlichen Rechtsordnungen die Überzeugung herausgebildet, dass der ärztliche Heileingriff eine strafrechtlich relevante Beeinträchtigung der körperlichen Integrität darstellt, die nur durch die Einwilligung des Patienten straflos bleiben kann. Obwohl die dogmatischen Details variieren, etwa, ob bereits der Tatbestand entfällt oder ob die Einwilligung rechtfertigend wirkt und auf welcher rechtlichen Grundlage dies beruht, erscheint maßgeblich jedoch stets der Grundsatz: Ohne Einwilligung des Patienten handelt der Arzt bei einem Heileingriff nicht im Einklang mit der Rechtsordnung. Die Zunahme der Liberalisierung der Gesellschaft und der Ausrichtung auf individuelle Lebensgestaltung und Selbstbestimmung hat auch das Arzt-Patienten-Verhältnis entscheidend und nachhaltig beeinflusst.

Die deutsche Rechtsprechung hat zu dieser Frage sowohl im Zivil- als auch im Strafrecht eine reichhaltige Kasuistik herausgebildet, die zu einem allgemeingültigen Regelsatz geführt hat. Dabei geht es in erster Linie nicht darum, wann ein Arzt der ärztlichen Kunst entsprechend behandelt. Das ist eine Tatsachenfrage, deren Beurteilung der ärztlichen Zunft und dem medizinischen Entwicklungsstand vorbehalten ist und einer direkten richterlichen Beurteilung nicht zugänglich ist. Die rechtlich relevante Frage ergibt sich im Bereich der „inneren Tatseite" der Einwilligung: Welche Anforderungen sind an den Inhalt der Aufklärung zu stellen, damit der Patient auf ihrer Grundlage wirksam einwilligen kann? Welchen Informations- und Wissensstand muss der Patient erreicht haben, damit sein „wahrer Wille" der Zustimmung zu der ärztlichen Behandlung überhaupt entsprechen kann? Und wessen Ansicht soll dabei maßgeblich sein – die des Arztes, die des Patienten oder eine objektive Betrachtungsweise gemessen am aktuellen medizinischen Kenntnistand? Gerade die Frage der Willensbildung ist ein Aspekt, an dem sich Fachgebiet und Expertise von Juristen und Medizinern, insbesondere in der Psychiatrie und Neurologie, überschneiden – und aneinander reiben können.

Der Wille als treibende Kraft des menschlichen Handelns beschäftigt sowohl den Zivilrechtler, wenn er die Wirksamkeit einer rechtsgeschäftlichen Willenserklärung ermittelt, als auch den Strafrechtler, wenn er die Frage der Willensherrschaft über die Tatausführung bei der Schuldfähigkeit oder Willensmängel bei der Einwilligung erforscht. Letztlich kann sich auch der Staatsrechtler der Willensfähigkeit des Menschen als maßgeblicher Bezugspunkt der Rechtsausübung und –trägerschaft nicht entziehen, etwa bei der Frage, unter welchen inneren und äußeren Voraussetzungen das beginnende oder scheidende Leben unter dem Schutz bestimmter Grundrechtsnormen steht, oder wann jemand wirksam seine Grundrechte wahrnehmen kann – oder aber auf sie verzichtet!

Diese rechtlichen Aspekte mögen ihre Schnittmengen haben, die reichhaltige Diskussion in den verschiedenen Fachgebieten des Rechts macht jedoch schnell deutlich, dass bereits innerhalb dieser Disziplin erheblich unterschiedliche Maßstäbe und Perspektiven bei der Ermittlung bestimmter Geistes- und Willenshaltungen angesetzt werden. Wer aufgrund geistiger Krankheit geschäftsunfähig ist, ist nicht automatisch schuldunfähig, der schuldfähige Minderjährige ist beschränkt geschäftsfähig, möglicherweise deliktsfähig, im Zivilprozess nicht prozessfähig, im Verwaltungsprozess im Einzelfall doch. In dieses System muss sich nun die Einwilligung in die ärztliche Heilbehandlung einordnen lassen und das aus Gründen der Rechtssicherheit möglichst so, dass eine einheitliche Betrachtung in allen Rechtsgebieten entsteht. Dabei müssen die sich gegenüberstehenden Positionen von Arzt und Patient berücksichtigt werden. Einerseits müssen die Verfassungsgüter des Patienten und seine Selbstbestimmung gewahrt werden, andererseits ist eine kalkulierbare Rechtslage für eine effektive ärztliche Betreuung unabdingbar. Schwebte über einem behandelnden Arzt das ungewisse Damoklesschwert zivilrechtlicher und strafrechtlicher Haftung, könnte dies ernsthafte Konsequenzen für die ärztliche Versorgung haben, da es ihn in seiner Entscheidungsfreiheit und Entschlussbereitschaft erheblich einschränken würde.

Diese Problematik kumuliert gewissermaßen an dem Punkte, an dem die Einwilligungsfähigkeit des Patienten nicht vorliegt oder in Frage steht und dennoch medizinische Behandlung geboten scheint. Die Frage ist, ob und unter welchen Voraussetzungen der Arzt einen Patienten behandeln darf, obwohl dieser nicht gegenwärtig eingewilligt hat und unter welchen Voraussetzungen die Einwilligung in welchem Umfang beachtlich sein soll. Lässt sich bei körperlichen Erkrankungen eine halbwegs objektivierbare Grenze ziehen, wann eine Person ihre Einwilligung nicht mehr geben kann, bereitet die Ermittlung der Einwilligungsfähigkeit bei mitteilungsfähigen Patienten, die einem „geistigen Defekt" unterliegen, ungleich erheblichere Schwierigkeiten. Damit sind nicht nur Menschen mit geistiger Krankheit oder Behinderung gemeint, es trifft ebenfalls auf Kinder und Minderjährige zu. Das Gesetz geht an vielen Stellen davon aus, dass ihre Willensbetätigung Beschränkungen unterliegt und in einigen Bereichen nur durch Fremdbestimmung verbindliche Wirksamkeit entfalten kann. In der vorliegenden Untersuchung soll es gerade um diesen Aspekt der Fremdbestimmung gehen und die Frage, ob und in welchen Grenzen es dem Staat erlaubt ist, zum Wohle des Einzelnen in seine Rechte zum Schutze vor sich selbst einzugreifen.

Diese unter dem Begriff des Rechtspaternalismus geführte Diskussion wird vor allem im angloamerikanischen Rechtsraum seit Jahrzehnten lebhaft betrieben. Grundlage sind dabei nicht nur rechts- und staatsphilosophische Erwägungen, sondern in jüngeren Jahren auch verhaltensökonomische Erwägungen. Das menschliche Verhalten durch Rechtssetzung in eine bestimmte Richtung lenken zu wollen, ist wohl eines der Kernelemente jeder Norm. Gleichsam kann es nicht Aufgabe des Rechts sein über legitime Verhaltensweisen hinweg zu regulieren; Reibungspunkte entstehen dort, wo Regelungsziel und Realität nicht miteinander im Einklang stehen und insbesondere dort, wo Menschen von rechtlichem Schutz betroffen werden, den sie weder wünschen, noch benötigen – oder andersherum einer schützenden Norm nicht unterfallen, obwohl sie schutzbedürftig sind.

Dieses Zusammenspiel zwischen Eigen- und Fremdbestimmung wird vor allem im Betreuungsrecht deutlich. Die Selbstbestimmung des Betreuten in einem Gebiet zu erhalten, in dem es um die Reichweite von Fremdbestimmung geht, erscheint als diffiziler Balanceakt, vor allem, wenn hochrangige Verfassungsgüter wie das Leben oder die körperliche Unversehrtheit betroffen sind. Der Gesetzgeber hat auf sich ergebende Problematiken in den letzten Jahren reagiert.

Seit 2009 ist die zuvor in Literatur und Rechtsprechung weitläufig diskutierte Patientenverfügung in § 1901a BGB aufgenommen worden und nach einer Reihe von Entscheidungen des BVerfG und des BGH zur Frage medizinischer Zwangsbehandlung von untergebrachten Geisteskranken hat der Gesetzgeber mit dem Gesetz zur betreuungsrechtlichen Einwilligung in eine ärztliche Zwangsmaßnahme im Jahr 2013 die rechtlichen Rahmenbedingungen für medizinischen Zwang im Betreuungsrecht durch Änderung und Erweiterung des § 1906a BGB geschaffen. Dabei hat er mit dem „natürlichen Willen" auch eine zuvor im Gesetz nicht ausdrücklich erwähnte Willensform eingeführt und die Zwangsbehandlung an diesen Tatbestand geknüpft. Da im Betreuungsrecht das Wohl und die Selbstbestimmung des Betreuten im Mittelpunkt stehen, wirft sich die Frage auf, ob diese durch direkten Zwang überhaupt gefördert oder erhalten werden können.

Ziel der Untersuchung wird es daher sein, anhand der Ergebnisse zur Diskussion über die Legitimität von Rechtspaternalismus zunächst zu ermitteln, unter welchen Voraussetzungen aus verfassungsrechtlicher Sicht überhaupt zum Schutze des einzelnen vor sich selbst in seine Rechte eingegriffen werden kann. Die Elemente der Einwilligung und insbesondere der Einwilligungsfähigkeit sollen anhand einer gesamtrechtlichen Betrachtung der unterschiedlichen Formen „natürlicher" Willensbildung und –betätigung rechtlich eingeordnet werden.

Augenmerk wird dabei auch auf die verschiedenen Formen eines vermuteten Willens gelegt, um den Rahmen zu ermitteln, innerhalb dessen die Patientenautonomie rechtlich geschützt wird. In einem letzten Schritt soll dann das Ergebnis auf die besonderen Betreuungssituationen der Patientenverfügung und der Zwangsbehandlung angewendet werden um deren Geeignetheit zur Wahrung von Selbstbestimmung zu ermitteln. Die Betrachtung bezieht dabei ebenfalls medizinische Elemente mit ein, um eine Annäherung der medizinischen und juristischen Perspektive zu ermöglichen, wobei Drittschutzaspekte der Unterbringung außer Acht gelassen werden, insbesondere Zwangsmaßnahmen nach den PsychKG der Länder oder dem Maßregelvollzugsgesetz.

Einleitend kann jedoch schon festgehalten werden, dass es nicht das Ziel dieser Untersuchung sein kann, auf die aufgeworfenen Fragen abschließende, verbindliche Antworten zu liefern und gewissermaßen als Anleitung für die Behandlung von Problemfällen zu dienen. Dafür werden zu viele Bereiche berührt, die einer ausschließlich juristischen Betrachtung schlicht nicht eröffnet sind. Die erörterten Punkte sollten daher vor allem als Darstellung der Kernprobleme verstanden werden um für die dahinterliegenden Aspekte, die bei Entscheidungen, die letztlich Leben und Tod betreffen, zu sensibilisieren und eine differenziertere Betrachtungsweise zu ermöglichen. Denn es soll sich zeigen, dass man bei Zugrundelegen eines deutschen Grundrechtsverständnisses bei der Herleitung staatlichen Schutzes des Menschen vor sich selbst und Beanspruchung von „Vernunft“ als Vergleichsmaßstab an vielen Punkten mit dem Kernbereich elementarster Grundrechte in Konflikt gerät.

A. Erster Teil: Paternalismus im Spannungsverhältnis zwischen Selbstbestimmung und Schutzpflichten

I. Paternalismus als Problem moderner Rechts- und Staatsphilosophie

1. Der philosophische Paternalismusbegriff als Grundlage der Untersuchung

Die Paternalismusdebatte wird insbesondere in der angloamerikanischen Rechtstradition schon seit geraumer Zeit geführt. Auch wenn die vorliegende Untersuchung nicht für sich beansprucht, eine rechtsphilosophische zu sein, kann man bei der Frage staatlicher Bevormundung, wie sie nicht nur im Betreuungsrecht zu beobachten ist, die moralisch -ethischen Grundlagen dieser Frage weder ausklammern, noch sich einer eigenen Bewertung einiger Kernfragen und –elemente enthalten. Ziel ist es nicht, neue (rechts-)philosophische Erkenntnisse zu gewinnen. Vielmehr sollen die begrifflichen und theoretischen Aspekte dargestellt werden, um die verschiedenen Strömungen innerhalb der Paternalismusdebatte herauszuarbeiten und dann zur Grundlage der Untersuchung zu machen. Die Grundlage des Begriffs bildet dabei im Ergebnis vor allem als Kernstück *Essays On Liberty* des Philosophen und Ökonomen *John Stuart Mill.*

a.) „Essays On Liberty" als Grundlage utilitaristischer Paternalismuskritik

Die *Essays On Liberty* von *Mill* sind bei jedem Versuch der Definition von Paternalismus stets Ausgangspunkt der Betrachtung, da dort erstmals eine umfassend begründete ablehnende Haltung gegenüber paternalistischer Intervention des Staates geübt wird. Im Grunde basiert die westliche Auffassung von Freiheit und unter welchen Zielsetzungen staatliches Handeln überhaupt in die Rechte des Einzelnen eingreifen darf, entscheidend auf *Mills* Thesen, der eine paternalistische Gesetzgebung als mit der menschlichen Autonomie unvereinbar sah.[1]

1 Mill, On Liberty.

Nach *Mill* hat der Staat im Grunde nur drei Möglichkeiten auf das Verhalten seiner Bürger Einfluss zu nehmen: Durch körperlichen oder rechtlichen Zwang (sprich: Verbote) und durch moralisch-ethischen Zwang (in Form der Beeinflussung und Steuerung der öffentlichen Meinung).[2] Diese Erkenntnis beantwortet aber noch nicht die Frage, wann diese Mittel eine Freiheitsbeschränkung rechtfertigen. Die zentrale Auseinandersetzung ist die, ob der Staat das Recht hat, seine derart vorliegende Einflussmöglichkeit ausschließlich dazu zu nutzen, den Einzelnen vor sich selbst zu schützen.[3] Nach Mill kann und darf staatliche Freiheitsbeschränkung gleich welcher Form nur dann rechtmäßig sein, wenn sie dazu dient, andere vor Gefahren zu schützen, die von dem fraglichen Individuum ausgehen.[4] Ein staatlicher Paternalismus, der den Einzelnen vor sich selbst bewahrt, in dem Glauben zu wissen, was für ihn das Beste sei, sei deswegen abzulehnen, zum Schutz Dritter:

> "…the only purpose for which power can be rightfully exercised over any member of a civilized community, against his will, is to prevent harm to others. His own good, either physical or moral, is not a sufficient warrant. He cannot rightfully be compelled to do or forbear because it will be better for him to do so, because it will make him happier, because, in the opinions of others, to do so would be wise, or even right. These are good reasons for remonstrating with him, or reasoning with him, or persuading him, or entreating him, but not for compelling him, or visiting him with any evil in case he do otherwise. To justify that, the conduct from which it is desired to deter him, must be calculated to produce evil to someone else. The only part of the conduct of any one, for which he is amenable to society, is that which concerns others. In the part which merely concerns himself, his independence is, of right, absolute. Over himself, over his own body and mind, the individual is sovereign."[5]

Sobald es also darum gehe zu beurteilen, was für den Adressaten einer Maßnahme, eines Gesetzes das Beste sei, so könne der Staat seine Ressourcen und seinen Einfluss zwar nutzen, um den Diskurs zu suchen, und ihn davon zu überzeugen, dass sein Handeln ihm schadhaft ist. Keinesfalls dürfe aber diese Einflussnahme in diesem Bereich in Zwang übergehen. Das von *Mill* aufgestellte Schadensprinzip (*harm principle*) geht also davon aus, dass Schaden grundsätzlich nur dort durch Intervention abzuwenden sein soll, wo er anderen droht.[6]

---

2 "…to govern absolutely the dealings of society with the individual in the way of compulsion and control, whether the means used be physical force in the form of legal penalties, or the moral coercion of public opinion." Mill, On Liberty, I.9.

3 Mill, On Liberty, I.9.

4 Mill, On Liberty, I.9.

5 Mill, On Liberty, I.9.

6 Schramme, in: Schramme, 102f.

Dennoch finden sich, wie gezeigt, mannigfaltige Beispiele von Gesetzen, deren einziger Zweck ist, den Adressaten vor sich selbst zu schützen. Man kann an dieser Stelle nur schwer von der Hand weisen, dass Mills Auffassung von Autonomie eine absolute ist, jedoch in ihrem Kern kaum widerlegbar scheint: Keine Gesellschaft, in der diesen Prinzipien nicht umfassend gefolgt wird, sei wirklich frei, weil die Freiheitsbeschränkung zwar nicht alle betrifft, aber jeden betreffen kann.[7] So wies schon Mill die persönliche Freiheit auch dahingehend aus, dass es dem Einzelnen obliege, Beschützer und Garant seiner eigenen körperlichen, geistigen und seelischen Gesundheit zu sein, solange es um autonome Entscheidungen über diese Güter ginge – letztlich sei es für den Menschen das geringere Übel, das Leben in selbst erwähltem Leid zu ertragen, als Leid, welches ihm zu seinem eigenen Wohle auferlegt wird.[8] Es lässt sich dabei nicht behaupten, diese Auffassung sei nicht maßgeblicher Grundgedanke nahezu aller gesetzlichen Regelungen.

Die Aussage Mills unterliegt also zweierlei Wertung: Zum einen geht es darum, was objektiv betrachtet für den Bevormundeten „richtig“ und „weise“ wäre, zum anderen darum, was ihn „glücklicher“ macht – nicht allerdings, dass diese Wertung durch denjenigen geschieht, der bevormundet.[9] Die Einteilung hat also scheinbar eine rein objektive Dimension, aus der sich dann auch zu ergeben scheint, dass das Ergebnis, ob der ausgeübte Zwang nach objektiven Maßstäben tatsächlich „zum Besten“ des Bevormundeten gewesen ist, bei der aufgeworfenen Fragestellung von keinerlei Belang ist. Man kann daraus den Schluss ziehen, dass Mills Paternalismuskritik daher umfassend ist, und von moralisch-ethischer Bewertung der des Zwangs bzw. der abgezwungenen Handlung des Betroffenen unabhängig ist. Denn einer moralischen Wertung haftet auch immer ein globales Absolut an, das bestimmte Dinge aus moralischer Perspektive automatisch zu einer Verbesserung der gesamten Sitte und Ethik der Bevölkerung führen.[10] *G. Dworkin* gibt dabei das folgende Beispiel:

> “The claim is that certain conduct (prostitution, dwarf-tossing, surrogate motherhood) is intrinsically bad. The world is a worse place for containing such conduct, and this is

---

7 Mill, On Liberty, I.13.

8 Mill, On Liberty, I.13: “Each is the proper guardian of his own health, whether bodily, or mental and spiritual. Mankind are greater gainers by suffering each other to live as seems good to themselves, than by compelling each to live as seems good to the rest.”

9 G. Dworkin (2005), 307.

10 G. Dworkin (2005), 307.

> so without bringing in the harmful effects of such conduct either on the person being restrained or others."[11]

b.) *Kants Pflichtenethik und die Verbindung zwischen Würde und Freiheit als Ablehnung staatlichen Paternalismus'*

Weitere gewichtige Strömung in der Paternalismusdiskussion ist der – im Übrigen auch in die angloamerikanische Denkrichtung gebrachte – Einfluss von *Immanuel Kant*, der das Konzept eines mündigen, selbstständigen Bürgers, der in seiner Existenz nicht von einem Herren abhängig ist, sich das Bürgertum also als rechtlicher Zustand offenbart, erstmals begründete.[12] Kant sieht diesen Zustand durch Freiheit, Gleichheit und Selbstständigkeit im Verhältnis der Menschen zueinander nach außen begründet:

> „...die in einem jeden äußeren Verhältnisse der Menschen überhaupt, welche nicht umhin können in wechselseitigen Einfluß auf einander zu geraten, unbedingte und erste Pflicht ist: eine solche ist nur in einer Gesellschaft, so fern sie sich im bürgerlichen Zustande befindet, d. i. ein gemeines Wesen ausmacht, anzutreffen. Der Zweck nun, der in solchem äußern Verhältniß an sich selbst Pflicht und selbst die oberste formale Bedingung (conditio sine qua non) aller übrigen äußeren Pflicht ist, ist das Recht der Menschen unter öffentlichen Zwangsgesetzen, durch welche jedem das Seine bestimmt und gegen jedes Anderen Eingriff gesichert werden kann. Der Begriff aber eines äußeren Rechts überhaupt geht gänzlich aus dem Begriffe der Freiheit im äußeren Verhältnisse der Menschen zu einander hervor und hat gar nichts mit dem Zwecke, den alle Menschen natürlicher Weise haben (der Absicht auf Glückseligkeit), und der Vorschrift der Mittel dazu zu gelangen zu thun: so daß auch daher dieser letztere sich in jenes Gesetze schlechterdings nicht als Bestimmungsgrund derselben mischen muß (...)Der bürgerliche Zustand, bloß als rechtlicher Zustand betrachtet, ist auf folgende Principien a priori gegründet: 1. Die Freiheit jedes Glieds der Sozietät, als Menschen. 2. Die Gleichheit desselben mit jedem Anderen, als Unterthan. 3. Die Selbstständigkeit jedes Gliedes eines gemeinen Wesens, als Bürgers."[13]

Er sah einen Staat, der das Wohlergehen des eigenen Volkes gegen dessen Willen durchsetzte als „größten denkbaren Despotismus"[14]. *Kant* geht kritisch von einem staatlich normierten Begriff der Glückseligkeit aus, der dem einzelnen Bürger aufgezwungen wird. Dieser Begriff als Grundlage des aufgeklärten Absolutismus, wird als mit der liberalen Konzeption der Menschenrechte unvereinbar

---

11 G. Dworkin (2005), 307.

12 siehe auch Grunert, in: Anderheiden et al., 11.

13 Kant, Über den Gemeinspruch, AA VIII, 289.

14 Kant, Über den Gemeinspruch, AA VIII 290.

gesehen und weitestgehend abgelehnt.[15] So formulierte es der deutsche Philosoph *Johann Adam Bergk*:

> „Der Staat ist kein Erzieher, sondern eine Sicherheitsanstalt unter Gesetzen...".[16]

Grundannahme ist, dass der Mensch sich selbst Zweck ist und daraus sein Recht auf eine Persönlichkeit entfaltet, eine Beschneidung dieser Freiheit also eine Verletzung des Rechts der Menschlichkeit darstellt.[17] Dabei sei dieses Prinzip als Menschen- und Bürgerrecht elementar, dass die eigene Freiheit und das eigene Glück dort enden, wo sie das des anderen berühren, aber eine von oben aufdiktierte Form einer allgemeingültigen Glücksformel nicht mit diesen Rechten vereinbar sei:

> „Niemand kann mich zwingen auf seine Art (wie er das Wohlsein anderer Menschen denkt) glücklich zu sein, sondern ein jeder darf seine Glückseligkeit auf dem Wege suchen, welcher ihm selbst gut dünkt, wenn er nur die Freiheit anderer, einem ähnlichen Zwecke nachzustreben, die mit der Freiheit von jedermann nach einem möglichen allgemeinen Gesetze zusammen bestehen kann (d.i. diesem Rechte des Anderen) nicht Abbruch tut. Eine Regierung, die auf dem Prinzip des Wohlwollens gegen das Volk als eines Vaters gegen seine Kinder errichtet wäre, d.i. eine väterliche Regierung (imperium paternale) wo als die Unterthanen als unmündige Kinder, die nicht unterscheiden können was ihnen wahrhaftig nützlich oder schädlich ist, sich bloß passiv zu verhalten genötigt sind, um, wie sie glücklich zu sein sollen, bloß vom Urteile des Staatsoberhaupts und, daß dieser es auch wolle, bloß von seiner Gütigkeit zu erwarten..."[18].

„Nicht eine väterliche, sondern eine vaterländische Regierung (imperium non paternale, sed patrioticum)..., welche allein für Menschen, die der Rechte fähig sind"[19], sei diejenige Staats- und Regierungsform, welche das Wohlwollen des Staates mit den individuellen Bedürfnissen des Einzelnen in Einklang bringen könne. Dabei ist Kant zu entnehmen, dass er einer paternalistischen Bevormundung ablehnend gegenübersteht, weil sie seiner naturrechtlichen Auffassung des Zustandes von Willensautonomie und Menschlichkeit widerspricht.

> „Kann derjenige, welcher eine ihm durchs Landesgesetz erlaubte Obergewalt über einen übt, dem er die Freiheit raubt, nach seiner eigenen Wahl glücklich zu sein (...) kann, sage ich, dieser sich als Wohltäter Ansehen, wenn er nach seinen eigenen Begriffen von Glückseligkeit für ihn gleichsam väterlich sorgt? Oder ist nicht vielmehr die

---

15 Mohnhaupt, 370.

16 Bergk, Untersuchungen aus dem Staats-, Natur- und Völkerrechte, 26.

17 Mohnhaupt, 370 m.w.N.

18 Kant, Über den Gemeinspruch, AA VII 290, 291.

19 Kant, Über den Gemeinspruch AA VII 291.

Ungerechtigkeit, einen seiner Freiheit zu berauben, etwas der Rechtspflicht überhaupt so Widerstreitendes, daß unter dieser Bedingung auf die Wohlthätigkeit der Herrschaft rechnend sich hinzugeben die größte Wegwerfung der Menschheit für den sein würde, der sich dazu freiwillig verstände, und die größte Vorsorge der Herrschaft für den letzteren gar keine Wohltätigkeit sein würde? Oder kann etwa das Verdienst mit der letzteren so groß sein, daß es gegen das Menschenrecht aufgewogen werden könnte? – Ich kann niemand nach meinen Begriffen von Glückseligkeit wohltun (außer unmündigen Kindern oder Gestörten), sondern nach jenes seinen Begriffen, dem ich eine Wohltat zu erweisen denke, indem ich ihm ein Geschenk aufdringe."[20]

c.) Ausklammerung der „Menschen die der Rechte fähig sind"

Für die vorliegende Diskussion ist wegen des Bezugs zu psychischen Erkrankungen hier ein Umstand von besonderer Bewandtnis, der bereits von den Begründern der Paternalismuskritik hervorgehoben wird. Sowohl *Kant* als auch *Mill* sprechen zwar sich deutlich dagegen aus, dass der Staat die Freiheiten des Einzelnen nur zu dessen Selbstschutz beschränken kann. Beide beziehen jedoch, ohne dies irgendwie zu begründen, ihre Überlegungen nicht auf Geisteskranke oder unmündige Kinder. In dieser Evidenz, die offenbar keinerlei Erörterung bedarf, unterliegen sie beide dahingehend dem Zeitgeist ihrer Epoche. So benennt Kant als aus seiner Kritik ausgeschlossen die „unmündigen Kinder oder Gestörte". Diese Gleichstellung der unmündigen Kinder mit den „Gestörten" entspricht der Begrifflichkeit des Paternalismus, der „Vater-Kind" Beziehung zwischen Staat und Untertan. Zwar werden die Unmündigen von Kant zu den Menschen gezählt, doch seine Ansicht zur Menschlichkeit basiert massiv auf den Bürgerrechten, der Fähigkeit der Willensbildung und der Partizipation an der Gesellschaft als Mensch.

Ebenso will *Mill* die unmündigen Kinder aus dieser Gleichung ausnehmen, da deren fehlende Lebenserfahrung es zwingend gebietet, dass sie zu ihrem eigenen Wohle unter der Bevormundung ihrer Eltern stehen. Denen stellt er, anders als etwa Kant, nicht nur die Geisteskranken gleich, seine Perspektive ist dabei auch britisch – kolonialistisch geprägt: Unmündigen Kindern stehen die „Rassen" gleich, die aufgrund ihrer kulturellen Entwicklung nicht auf dem Niveau sind, auf dem sich die zivilisierte (will heißen aus Mills Sicht: die christlich-abendländische, zu seiner Zeit vorherrschende) Kultur befand. Diese Ausführungen machen deutlich, dass selbst die Kritiker von Paternalismus eine Bevormundung von denjenigen, die keine genügende Einsicht in die sie umgebende Welt haben,

20 Kant, Die Metaphysik der Sitten, AA VI, 454.

nicht beanstanden. Im Grunde genommen würde es sich danach nicht einmal um Paternalismus handeln.

Dabei macht *Mills* Vergleich mit den „unterentwickelten Rassen bzw. Kulturen" deutlich, dass der Bezugsrahmen von Paternalismus vom Paternalisten in aller Regel selbst gezogen wird, bzw. der Paternalist in den meisten Fällen gleichzeitig auch endgültiger Richter darüber ist, was Einsichtsfähigkeit statuiert. Sowohl *Kant* als auch *Mill* erheben ihre Kritik ja gerade in einem rechtsstaatlichen Zusammenhang: Es geht um rechtliche und politische Macht, die Zwang oder Beeinflussung auf die Freiheit des Bürgers ausübt, in rechtlicher wie tatsächlicher Hinsicht. Es wird zwar nicht derart benannt, dennoch ist die rechtliche Dimension dieser Überlegung wohl die übergreifende. Ginge es schlicht um tatsächliche Handlungen und nicht um rein rechtliche, so hätte es wohl kaum einen Grund gegeben die Kinder, Geisteskranken oder „Wilden" aus der Bezugsgruppe derart auszunehmen. Diese Kontinuität zieht sich bis in die heutige Paternalismusdebatte, wenn selbst bei Rechtsphilosophen wie *G. Dworkin* die fehlende Einsichtsfähigkeit sehr unkritisch behandeln, weil auch er in seiner Annäherung von rationalen, plausiblen, vernünftigen oder sonst nachvollziehbaren Entscheidungen ausgeht.[21] Es wird also hier bereits deutlich, dass es für die Frage der Legitimation von Paternalismus bedeutend auf das Entscheidungsverhalten des Betroffenen ankommt.

2. Definition des Paternalismusbegriffs in der (Rechts-)Philosophie

a.) Die Definition nach G. Dworkin

In der philosophischen Literatur gibt es eine gewisse Uneinigkeit darüber, welche Elemente zum Begriff des Paternalismus gehören. Eine häufig zitierte allgemeine Definition geht auf *G. Dworkin* zurück, die sich durch die folgenden drei Strukturelemente auszeichnet: Der Beschützer will von dem Bevormundeten einen Schaden abwenden oder ihm einen Vorteil zukommen lassen (1), wobei die dafür notwendige Handlung den Wünschen und Vorstellungen des Bevormundeten widerspricht oder diese unbeachtet lässt (2), und die fragliche Handlung muss die Entscheidungs- oder Handlungsfreiheit des Bevormundeten selbst einschränken (3).[22] Es muss also objektiv eine Handlung vorgenommen

21 G. Dworkin, in: Sartorius, 19ff.

22 G. Dworkin, The Theory and Practice of Autonomy, 121ff; Anderheiden, Gemeinwohl und Republik, 444; siehe auch Eidenmüller, Effizienz als Rechtsprinzip, 359; Dübel, in: Schramme, 33; für eine verkürzte Zusammenfassung siehe auch G. Dworkin, in: Schramme, 21.

werden, die die Selbstbestimmung des Betroffenen verringert, gerade weil sie seinem Willen widerspricht (finale Verknüpfung), während der paternalistisch Handelnde diese Freiheitsbeschränkung mit dem Ziel vornimmt, dem Bevormundeten einen Vorteil zu erhalten, zukommen zu lassen oder einen Schaden von ihm abzuwenden. Dabei hat *G. Dworkin* seine Definition inzwischen auch um das der Handlung gleichstehende Unterlassen erweitert.[23] Der Unterschied zu anderen freiheitsbeschränkenden Maßnahmen besteht also im Motiv des Handelnden.[24]

b.) Shiffrins *Definitionsversuch*

Nach *Shiffrins* Definition ist dieser Austausch des Willens durch den Paternalisten (A) mit der Begründung, dieser entspreche dem Wohl des Adressaten (B) besser, ein weiteres Element des Paternalismus. Sie kommt daher zu folgender Definition: A verhält sich gegenüber B paternalistisch, wenn seine Handlung einen Effekt auf die persönliche Handlungssphäre des B erzeugen oder vermeiden soll (1), A dabei seinen eigenes Urteil an die Stelle des Willens von B setzt (2), dies im Interesse von B und seinen Angelegenheiten vornimmt (3), und dabei seine eigene Bewertung gemessen an der Förderung der Interessen des B als der des B überlegen ansieht(4).[25] Anders formuliert: Der Paternalist geht davon aus, dass der Adressat seine Angelegenheiten nicht in dem Maße besorgen kann, wie es aus seiner Sicht in seinem eigentlichen Interesse wäre. Nach ihr liegt der Affront von Paternalismus vor allem darin, dass paternalistisches Handeln unabhängig davon, ob es nun im Ergebnis dem Wohle des Adressaten dient, oder evtl. im Ergebnis sogar seinem Willen entspricht, zum Ausdruck bringt, dass der Paternalist die Autonomie des Adressaten missachtet und nicht respektiert, und sich im Ergebnis allein auf die vermeintliche intellektuelle Überlegenheit des Paternalisten stützt.[26] Der Grund, so *Coons und Weber,* warum der Betroffene dazu neigt, Paternalismus abzulehnen, ist also meistens losgelöst von dem Umstand, dass ihm oder seinen Rechtsgütern ein Vorteil zukommen soll oder er oder seine Rechtsgüter vor Schaden bewahrt werden soll, sondern in der durch

23 G. Dworkin, in: Coons, Weber, 25ff; G. Dworkin, in: Schramme, 21.

24 Schmolke, 11.

25 Shiffrin (2000), 218; wobei anzumerken ist, dass Shiffrin auf das Erfordernis des Wohls nicht exklusiv abstellt, 219, Fn. 24, und sie Paternalismus auch vorrangig auf „competent, autonomous agents“ bezieht.

26 Shiffrin, (2000), 220.

die paternalistische Bevormundung zum Ausdruck gebrachte Missachtung der Selbstbestimmung des Adressaten:[27]

> "The problem does not lie in its [paternalism's] end alone – in the fact that paternalism is undertaken for the *good of* or *the sake of* its targets. Paternalism appears to be very broadly speaking benevolent. But there's nothing wrong with benevolence per se. What makes paternalism at least pro-tanto wrong then, presumably has to do with the means – with how it goes about benefiting its target."

Für sie ist das von *Shiffrin* aufgestellte Kriterium, dass der Paternalist nicht gegen den Willen des Betroffenen handelt, sondern seinen Willen an die Stelle dessen des Betroffenen setzt, das maßgebliche Charakteristikum von Paternalismus.[28]

c.) Weitergehende Definitionsversuche und Einschränkungen

Andere Definitionen sehen bereits jede Handlung eines Dritten mit dem Zweck der Vorteilsmehrung bei deren Adressaten als paternalistisch an.[29] Eine derartige Definition geht jedoch insbesondere für die Diskussion rechtlichen Paternalismus zu weit:[30] Wenn man schon jedes wohlwollende und altruistische Handeln unter den Paternalismusbegriff fasst, ist im Grunde jede Schenkung paternalistisch, weil der Schenkende dem Beschenkten die Entscheidung abnimmt, einen bestimmten Gegenstand zu erwerben. Der Beschenkte kann ihn zwar ablehnen, aber der bevormundende Akt des Erwerbs ist bereits geschehen, und die moralische Erwartungshaltung der Annahme des Geschenks ist, elementarer Bestandteil bestimmter Paternalismusformen. Es muss also daher entscheidend auf die Frage des entgegenstehenden Willens des Bevormundeten als objektive Tatsache ankommen, und der Paternalist in Kenntnis oder Gleichgültigkeit eines möglichen entgegenstehenden Willens als „subjektiver Tatbestand" mit dem Ziel handeln, zum Wohle des Adressaten zu handeln. Wie in diesem Verhältnis letztlich die Gewichtung vorgenommen wird, ist dabei zunächst eine Detailfrage, die nicht abschließend zu klären ist. *Burrows* stellt dabei vor allem auf die innere Tatseite ab:

---

27 Coons, Weber, 4; ebenso Grill (2007) 442f.

28 Coons, Weber, 5.

29 Shapiro (1988), 522; ähnlich Clarke (2002), 81ff. Für eine summarische Übersicht über weitere verschiedene, sich vor allem in der Terminologie unterscheidende Paternalismusdefinitionen siehe G. Dworkin, in: Schramme, 21ff.

30 Vgl. Van de Veer, 17f, nach welchem rein altruistisches Handeln nicht schon zwingend paternalistisch ist, siehe auch Blumenthal (2007), 6 Fn. 16.

> "...its intention... is to persuade, induce, or compel any individual to do something that he would not have otherwise chosen to do...".[31]

Die wichtigere Frage ist, ob dieses Bestreben für die Annahme von Paternalismus das einzige sein muss, oder ob andere Motive ebenfalls eine Rolle spielen können.[32] Insofern ist auf *Kleinig* zu verweisen, der auf die besagte finale Verknüpfung abstellt.[33] Bezüglich des Merkmals der Freiheits- oder Selbstbestimmungsbeschränkung ist mit *G. Dworkin* nicht nur das Unterlassen mit aufzunehmen,[34] es darf vor allem nicht nur auf unmittelbaren Zwang abgestellt werden, sondern jede tatsächliche, rechtliche oder moralistische Beeinflussung der Handlungs- oder Entscheidungsfreiheit.[35] Wenn die Entscheidungsfreiheit nicht durch ein direktes Verbot oder eine den Willen ausschließende Handlung unterbunden wird, die Entscheidung wegen der Unattraktivität einer bestimmten Entscheidungs- oder Handlungsvariante eingeschränkt wird oder der Betroffene durch einen bestimmten gesellschaftlichen Erwartungsdruck sich, wie vom Paternalist beabsichtigt, zu einer von diesem vorgesehenen Entscheidung gedrängt sieht, so genügt dies ebenfalls dem Tatbestand paternalistischer Intervention.[36]

d.) Harter und weicher Paternalismus

Anknüpfend an die von *Mill* und *Kant* aufgeworfene Exklusion der Unmündigen wird zudem zwischen hartem und weichem Paternalismus unterschieden. Maßgeblich wird dabei auf die Frage der Selbstbestimmung und deren Reichweite abgestellt: Betrifft das paternalistische Handeln einen Adressaten, der in der Sache einen autonomen Willen hatte oder hätte bilden können, so soll es sich um harten Paternalismus handeln, hatte der Adressat hingegen keine Einsicht in die entscheidungserheblichen Tatsachen, so soll es sich um weichen Paternalismus handeln.[37] Ohne diese Begrifflichkeit zu verwenden unterscheidet bereits *Mill* zwischen diesen Konstellationen in Bezug auf die Möglichkeiten eines

---

31 Burrows (1995), 495.

32 Schmolke, 11.

33 Kleinig, Paternalism, 13: „X acts paternalistic in regard to Y to the extent that X, in order to secure Y's good, as an end, imposes upon Y."

34 A.A. Shiffrin (2000), 225, welche Unterlassen aus dem Paternalismusbegriff vollständig ausklammert.

35 Schmolke, 11, 12.

36 Siehe etwa van Aacken, in: Anderheiden et. al, 138; Kleinig, Paternalism, 5f; G. Dworkin, in; Sartorius, Paternalism, 19, 21 und Regan, in: Sartorius, Paternalism, 113.

37 Maßgeblich Feinberg, in: Sartorius, 7.

paternalistischen Eingriffs: Handelt es sich nicht um eine Person, die aktuell zu einer autonomen Willensbildung nicht fähig ist, so beschränke sich staatliche Zugriffsmöglichkeit auf die Entscheidungsfindung des Einzelnen im Bereich der Information. So gibt *Mill* das Beispiel eines Mannes, der eine Brücke überqueren will, unwissend, dass diese zuvor als einsturzgefährdet deklariert wurde. Wenn nun ein Ordnungshüter davon erfahre, und eine Warnung nicht mehr möglich sei, dann soll er den Mann auch mit Gewalt vom Überqueren abhalten können.[38] Denn Freiheit bedeute zu tun, was man wünscht, und man wünsche es in dieser Situation nicht, ins Wasser zu fallen. Es soll also noch annehmbar sein, wenn der Staat aufgrund überlegenen Wissens handelt und nur versucht, dieses Wissensgefälle zu überbrücken; andererseits sei Zwang nur dann ein taugliches Mittel, wenn Warnungen und andere sonstige Mittel der Überzeugung absolut keine Wahl mehr seien. Diese Informationspolitik sei daher hauptsächliche Aufgabe staatlichen Selbstschutzes, schlicht, weil dieser institutionell und wirtschaftlich weitreichender ausgestattet ist, als der Einzelne, und durch seine lenkende und demographisch basierte Tätigkeit vertiefte Einblicke in eine größere Zahl von Lebensbereichen hat. *Mills* Beispiel ist dabei ein verpflichtender Warnhinweis bei Arzneimitteln und deren Nebenwirkung: Es möge für den einzelnen theoretisch möglich sein, die entsprechenden Untersuchungen der Nebenwirkungen und Gefährlichkeit bestimmter Stoffe allein herauszufinden, doch sei dies für den Staat nicht nur erschwinglicher, weil es nur ein Mal vorgenommen werden müsse, sondern wegen dessen Ausstattung mit entsprechenden Laboren und Forschern ökonomischer.[39]

Daran anschließend sind nach *Feinberg* daher nur solche Entscheidungen dem Betroffenen als autonom zurechenbar, wenn er sie nach ausreichender Zeit zur Überlegung mit seinen eigenen Wertvorstellungen vergleichen und zur Genüge abwägen konnte; dafür bedürfe es eines klaren Verstandes und hinreichend ausgeprägter intellektueller Fähigkeiten.[40] *Feinberg* begründet dies damit, dass eine Entscheidung, welche diese Voraussetzungen nicht erfüllt, für den einzelnen genauso fremd sei, wie die eines Dritten, der sie an seiner Stelle fällt.[41] Für ihn liegt sogar der Schluss nahe, dass eine aus Sicht des Staates unvernünftige Entscheidungsfindung diesen in der Vermutung, der Betroffene sei nicht bei klarem Verstand, legitimiere und ihn daher auf den Plan rufe.[42] Ein solch

38 Mill, On Liberty, Chap. V.
39 Kirste, JZ 2011, 806.
40 Feinberg, in: Sartorius, 7.
41 Feinberg, in: Sartorius, 9.
42 Feinberg, in: Sartorius, 9.

weicher Paternalismus sei daher ungefährlich, weil er im Ergebnis die Autonomie nicht schmälere, sondern fördere, solange sich die Intervention zunächst darauf beschränkt, die Entscheidungsfähigkeit zu ermitteln. Da diese Form von Paternalismus im Ergebnis die Autonomie fördern soll, weil sich Eingriffe nur gegen solche Entscheidungen richten, welche sich gerade nicht als Ausdruck einer autonomen Entscheidung darstellen, wird teilweise auch der Begriff des autonomieorientierten Paternalismus verwendet.[43] *Feinberg* geht daher davon aus, dass in bestimmten Fällen die fehlende Entscheidungsfähigkeit widerleglich vermutet wird, nämlich immer dann, wenn der einzelne durch sein Handeln schwere nachteilige Konsequenzen auf sich zöge.[44] Er knüpft dabei an das Beispiel der Selbstversklavung an, wie es schon *Mill* aufgeworfen hat: Trotz seiner Paternalismuskritik sieht er es als legitim an, wenn der Staat es verhindert, wenn man sich freiwillig in die Sklaverei verkauft, weil man dadurch seine Freiheit, die man durch sein autonomes Handeln eigentlich ausübt, gerade aufgibt. Auch *Kant* sah einen Vertrag, durch den jemand „auf seine ganze Freiheit Verzicht tut" als nicht zulässig an.[45] Insofern kommt es also auch bei den Verfechtern eines eigentlich umfassenden Paternalismusverbots zu einer Ausnahme in Form eines harten Paternalismus, weil selbst ein in jeder Hinsicht freibestimmter Selbstverkauf in die Sklaverei als unzulässig angesehen wird.[46] Auch *Feinberg* will daher, weil selbst die aufwendigsten Testverfahren zur Bestimmung der Selbstbestimmung fehleranfällig seien, in solch eklatanten Fällen der Preisgabe elementarer Rechtspositionen dem Staat im Zweifel die Entscheidungshoheit einräumen und dem Betroffenen einen Gegenbeweis gar nicht ermöglichen. Nach *Feinberg* soll es daher legitim sein, 100 Leuten die Selbstversklavung fälschlich zu verbieten, als sie einem fälschlich zu gestatten.[47]

e.) Kriterium der Unfreiheit der Entscheidung zur Unterscheidung legitimen und illegitimen Paternalismus'

Die Unterscheidung zwischen einem harten und einem weichen Paternalismus wird zwar in verschiedener Nomenklatur weitestgehend akzeptiert, es ist aber *Schmolke* dahingehend zuzustimmen, als dass sie nicht viel darüber sagt,

---

43 Beck, in: Ach, Lüttenberg, Nossek, 89ff; Gutmann, in: Schroth, Schneewind, Gutmann, Fateh-Moghadam, 214f; Klimpel, 17ff; Kolbe, 297ff; Drerup, 401ff; Lenz, 198.

44 Feinberg, in: Sartorius,12; ebenso G. Dworkin, in: Sartorius, 111.

45 Kant, Metaphysik der Sitten, AA VIII, 396, 451.

46 G. Dworkin, in: Sartorius, 19, 27f.

47 Feinberg, in: Sartorius, 14.

welche Kriterien bei der Frage der Freiwilligkeit der Entscheidung erfüllt sein müssen.[48] Nach den bisherigen Ausführungen zum Recht als Bezugsrahmen der Willensbildung birgt ein unreflektiertes Bejahen der Legitimation schwachen Paternalismus' die Gefahr, dass im Grunde jede Handlung als weich paternalistisch anzusehen ist, wenn man die Anforderungen an den Grad der zur freien Willensbildung nötigen Information nur weit genug ausdehnt.[49] *Schmolke* weist zutreffend darauf hin, dass dieses Abstellen auf evidente Preisgabe hochrangiger Rechtsgüter, welche auf andere ähnliche Konstellationen zu übertragen sind, die Grenze zum weichen Paternalismus vollends verschwinden lässt, wenn dem Betroffenen der Gegenbeweis nicht erlaubt ist – denn dann ist dessen Autonomie, genauso wie beim harten Paternalismus, vollkommen gleichgültig.[50]

Die Unterstellung von *Feinberg*, eine unfreie Entscheidung sei für den einzelnen genauso fremd, wie die eines Dritten, kann nämlich als Legitimation eines schwachen Paternalismus dahingehend nicht taugen, als dass sich aus dieser Feststellung nicht herleiten lässt, warum bei dieser Egalität die Entscheidung eines Dritten zu bevorzugen sei, wenn diese doch genauso fremd sein soll wie die eigene unfreie Entscheidung. Diese Herangehensweise funktioniert nur unter zwei Prämissen: Der Intervenient weiß tatsächlich besser als der Betroffene, was zu dessen Wohl ist (subjektives paternalistisches Element) und die Intervention kann dieses Ziel besser erreichen (objektives paternalistisches Element). *Schonsheck* weist zutreffend darauf hin, dass eine solche Annahme, keinesfalls ohne jede Begründung angenommen werden kann. Die Aussage hinter (Rechts-) Paternalismus ist doch, dass der Paternalist die Substitution des Willens des Betroffenen mit seinem eigenen dadurch legitimiert, dass er sich mehr um dessen Wohl sorgt, als dieser selbst – und er dazu bereit ist, seine Ressourcen dafür zur Verfügung zu stellen.[51] In der Tat mutet eine derartige Zusammenfassung seltsam an, weil es sich im Ergebnis nicht einleuchtend begründen lässt, auf welcher Grundlage der Staat die Annahme tätigt, dass dies schlichtweg der Fall sein soll. Es liegt dem also die Ansicht zugrunde, dass Eingriffe in die Selbstbestimmung in bestimmten Bereichen notwendig sind, um die Interessen des Betroffenen zu fördern und zu realisieren, obwohl man gleichsam weiß, dass dies auch fehlschlagen kann, diesem Ziel also sogar abträglich sein kann.[52]

---

48 Schmolke, 21.

49 Schmolke, 22; Regan, in: Sartorius,.115; Kirste, JZ 2011, 805.

50 Schmolke, 27.

51 Schonsheck, 140.

52 Schonsheck, 42.

f.) Weitergehende Motive und reiner Paternalismus

Betrachtet man nun diese Definition, so fallen dem deutschen Juristen einige Regelungen ein, bei denen die Vermutung naheliegt, der Gesetzgeber habe sie ausschließlich zum Selbstschutz des Adressaten erlassen. Es sind diejenigen Regelungen, die auch in der US-amerikanischen Paternalismusdiskussion häufig zitiert werden: Die Helmpflicht bei Motorradfahrern, die Gurtpflicht im Straßenverkehr oder das Verbot des Handels mit verbotenen Betäubungsmitteln. Betrachtet man aber hingegen sowohl die Begründungen des Gesetzgebers, die Diskussion in der Literatur oder gerichtlichen Entscheidungen, so fällt mehr als deutlich auf, dass sich (deutsche) Juristen ausgesprochen schwertun, einer Regelung *ausschließlich* selbstschützenden Charakter zuzuschreiben. Dieses Problem wirft *G. Dworkin* auf, wenn er davon ausgeht, dass zu jeder gesetzlichen Regelung sich in Recht und Philosophie eine Stimme finden wird, die ihr einen übergeordneten Schutzzweck zuschreibt, der über den bloßen Selbstschutz des Adressaten hinausgeht.[53]

Eine solche Motivbündelung stellt insofern als Hindernis bei der Ermittlung „reinen" Paternalismus' eine erhebliche Schwierigkeit dar. Nach *Schmolke*[54] und *Kleinig*[55] ist eine solche Regelung insgesamt paternalistisch zu sehen, wenn sie nicht durch ihre nichtpaternalistische Schutzwirkung bereits vollständig legitimiert ist. Allerdings bleibt dabei anzumerken, dass diese Formel eine Abgrenzung im Einzelfall wohl nicht immer ermöglichen wird, zumindest dann, wenn Selbst- und Fremdgefährdung sich nicht trennscharf unterscheiden lassen. Das Drittschutzargument stellt jedoch wegen dieser fehlenden Trennschärfe ein dogmatisches Problem dar, weil es als „Reserveargument" mangels jeglicher Reichweitenbegrenzung stets herangezogen werden kann. Eine derartige Gleichstellung ebnet die Unterscheidung von Fremd- und Selbstgefährdung und –schädigung jedoch vollkommen ein.[56]

---

53 G. Dworkin, in: Sartorius, 19, 20.

54 Schmolke, 13.

55 Kleinig, Paternalism, 178.

56 Hayes, Chap. 9: "If we were all to act selfishly, then at some stage our behavior would clearly have negative impacts on others. Thus, there need to be some restrictions in place to regulate what we do."

g.) Das Paternalismusparadox und die allgemeine Handlungsfreiheit aus Art. 2 Abs. 1 GG

Warum scheint es juristisch eine so hohe Hemmschwelle zu geben einer Regelung reinen Selbstschutzcharakter zu unterstellen und zu diesem Zweck eine Grundrechtsbeeinträchtigung zu rechtfertigen? Dieses *Paternalismusparadox*[57] lässt sich für das deutsche Recht zumindest durch einen Blick in Art. 2 Abs. 1 GG zusammengefasst veranschaulichen: Die allgemeine Handlungsfreiheit kennt sowohl grammatikalisch als auch teleologisch, historisch oder systematisch keine Einschränkung der Handlungsfreiheit zugunsten eigener Rechte des Grundrechtsträgers. Dies ergibt sich auch aus der ursprünglich vorgeschlagenen Fassung des Art. 2 GG, die lediglich aus redaktionellen Gründen geändert wurde, nicht aber, weil dem Grundrecht ein anderer Inhalt anhaften sollte: „Jedermann hat die Freiheit, zu tun und zu lassen, was die Rechte anderer nicht verletzt und nicht gegen die verfassungsmäßige Ordnung oder das Sittengesetz verstößt."[58] Weder die letztlich geltende Fassung, noch der Erstvorschlag enthalten die Einschränkung „was die sonstigen eigenen Rechte nicht betrifft." Wegen seiner umfassenden Freiheitsgarantie wird Art. 2 Abs. 1 GG zudem seit jeher weit ausgelegt.[59] Es wäre auch reichlich widersprüchlich, würde die allgemeine Handlungsfreiheit in den eigenen Rechten des Grundrechtsträgers ihre Grenzen finden.[60] Der Art. 2 Abs. 1 GG enthält dahingehend nur die „verfassungsrechtliche Reißleine" des ungreifbaren und nicht definierten Begriffs des „Sittengesetzes".[61] Ob man Selbstschädigung dahingehend als unsittlich sehen und weitreichende Grundrechtseingriffe durch Anknüpfen an einen derart nebulösen Begriff knüpfen kann, bedarf jedoch gerade der Diskussion und kann daher nicht bereits zur alleinigen Begründung herangezogen werden.

Das Gegenkonzept zum Paternalismus stellt normativer Individualismus dar, welcher spiegelbildlich verlangt, dass sich der Tätige dem Individuum gegenüber in jeder seiner Handlungen zu verantworten hat, unabhängig von seiner Motivation.[62] Insgesamt wird aus der

57 Ogus (2010), 64.

58 Deutscher Bundestag und Bundesarchiv: Der Parlamentarische Rat 1948–1949. Entwürfe zum Grundgesetz. (Band 7), 135; Siehe auch die BVerfGE 54, 143, 146.

59 Möller, KritV 2005, 231.

60 Klug, FS Maihofer, 245.

61 Klug, FS Maihofer, 245.

62 Diese Auffassung stellt die wohl hM in der Rechtswissenschaft dar, Anderheiden, Heinig, Bürkli, Kirste, Seelmann, 1. Eine Mindermeinung sieht als weiteres Konzept einen normativen Kollektivismus als maßgebliche Grundlage des Rechts.

Konzeption der Freiheitsrechte deutlich, dass dem Grundgesetz eine normativ-individualistische Philosophie zugrundeliegt: Der Staat muss sich für jedes Handeln, welches die Rechte des Grundrechtsträgers verkürzt, rechtfertigen. Spätestens seit der grundlegenden und vielzitierten Entscheidung des BVerfG „Reiten im Walde"[63] ist klargestellt worden, dass der Einzelne überhaupt keine Anstrengungen unternehmen muss, die Relevanz seines Verhaltens für die freie Persönlichkeitsentfaltung gegenüber dem Staate darzulegen, sondern es liegt am Staat zu begründen, aus welchem Grund er ein bestimmtes Verhalten untersagt.

h.) Widersprüchlichkeit zwischen Drittschutzgebot und Selbstschutzverbot als Argument für legitimen Paternalismus?

Die bisherigen Ausführungen haben den Begriff des Paternalismus nun immer weiter eingekreist. Damit ist aber ganz im Sinne der Paternalismusdebatte immer noch nichts darüber gesagt, ob paternalistisches Handeln des Staates abzulehnen oder anzuerkennen ist, und falls ja, in welcher Reichweite. Es wurde bereits dargestellt, warum sich der deutsche Jurist gemessen an Art. 2 Abs. 1 GG schwertun muss, einen Selbstschutz rein paternalistisch zu begründen – ein solcher Schutz ist in der deutschen Verfassung und der Systematik der Freiheitsrechte schlichtweg nicht ausdrücklich vorgesehen. Dieses Ergebnis mutet jedoch insgesamt unbefriedigend an, wenn man sich vor Augen führt, dass die Grundrechte wegen der Wesensgehaltsgarantie aus Art. 19 Abs. 2 GG nicht nur Abwehrrechte gegen den Staat sind, sondern ihn auch dazu verpflichten, die nötigen Einrichtungen und Regelungen zu erschaffen, damit die Grundrechte überhaupt zur Wirkung kommen können.[64] Warum dieser Schutz nun aber verfallen soll, wenn der Grundrechtsträger möglicherweise ohne es zu ahnen seine Grundrechtspositionen aufgibt oder gefährdet, ist vor diesem Hintergrund nicht ohne weiteres einleuchtend. Denn die Grenze zwischen Selbst- und Fremdgefährdung ist nicht immer trennscharf zu ziehen. Es entsteht also ein Konflikt zwischen der weit auszulegenden Reichweite der Freiheitsrechte einerseits und staatlichen Schutzpflichten andererseits in Bezug auf dieselbe Handlung des Grundrechtsträgers, die nur ihn selbst betrifft und niemand anderes Rechte berührt.

Dies gilt gerade für Fälle, in denen der Staat einen Eingriff in ein Freiheitsrecht tätigt, um einen eigenen Anspruch durchzusetzen. Man denke etwa an eine Blutentnahme nach § 81a StPO, die letztlich Mittel zur Durchsetzung des staatlichen Strafanspruchs ist, im Vergleich zu einer Blutentnahme gegen den

63 BVerfGE 80, 137.

64 zur Wesensgehaltsgarantie Aulehner, 135ff.

Willen des Grundrechtsträgers um eine tödliche Krankheit feststellen zu können. Beides stellt zweifelsfrei einen Eingriff in das Recht aus Art. 2 Abs. 2 GG dar. Zumindest auf den ersten Blick erscheint es widersprüchlich, wenn der Staat eine selbstlose und dem Wohle des Einzelnen dienende Untersuchung nicht erzwingen darf, sehr wohl aber dann in die körperliche Integrität eingreifen darf, wenn er eigene Ansprüche durchsetzt, die wahrlich nicht den Interessen des Individuums entsprechen und diesem im Ergebnis sogar schaden. Gerade an dieser Stelle zeigt sich erneut die Paradoxie: Der Staat darf in meine Rechte aus Art. 2 Abs. 2 GG eingreifen, wenn er seine ganz eigenen – und für den Grundrechtsträger schadhaften – Interessen verfolgt (solange dieser Eingriff verhältnismäßig ist), aber gerade dann, wenn er nur „mirzuliebe" handelt, soll er es nicht dürfen.

Dabei gibt *Shiffrin* ein anschauliches Beispiel dafür, worin die rechtliche Problematik der Unterscheidung zwischen staatlichen Eingriff in Fremd- oder Selbstschädigung bzw.-gefährdung liegt: Der Parkaufseher verbietet einem Ehemann mit seiner Frau das Bergsteigen, weil das Gelände nicht gesichert ist und sie beide abstürzen könnten. Das Dilemma liegt dabei auf der Hand, betrachtet man den Sachverhalt aus paternalistischer Perspektive. Wenn man Verbote zur Abwehr von Fremdgefährdung für legitim hält, Verbote zur Abwehr von Selbstgefährdung hingegen nicht, so kommt man zu dem zufälligen Ergebnis, dass der Staatsdiener dem Mann das Klettern verbieten darf, wenn er es mit seiner Frau gemeinsam unternimmt, weil er sie damit gefährdet (und vice versa), er es den beiden aber, würden sie unabhängig voneinander Bergsteigen, erlauben müsste, weil sie sich nur selbst gefährden, obwohl man nicht sagen kann, dass die abstrakte Gefahr für auch nur einen der beiden durch die gemeinsame Tätigkeit größer wird (eher das Gegenteil dürfte der Fall sein).[65] Man kann sie nur dahingehend lösen, wenn man das Ehepaar in dem vorliegenden Fall als Einheit betrachtet, die sich als Ganzes nach außen selbst gefährdet, jedoch nicht in sich untereinander.

Dies ist auch die Kritik, die an dem von *Mill* aufgestellten Schadensprinzip geübt wird: Wenn Schaden für eine Person als schlecht definiert wird und daher abgewendet werden soll, dann ist der Schaden unabhängig davon, wer ihn verursacht hat, schlecht.[66] *Feinberg* bietet dafür einen Lösungsansatz, indem er das *harm principle* in eine subjektive und eine objektive Komponente interpretiert und daher dessen Funktion nicht in der Abwendung von Schaden per se, sondern

65 Shiffrin (2000), 217f.

66 Siehe auch Schramme, in: Schramme, 103.

von unrechtmäßigem Schaden (*wrongfully inflicted harm*) sieht.[67] Für ihn hat der Begriff des Schadens in diesem Zusammenhang also auch die Bedeutung von Interessenschädigung. *Schramme* bezeichnet diese beiden Dimensionen als unpersönlichen Schaden (*impersonal harm*), weil die Frage der Schädlichkeit nicht von der Perspektive des einzelnen abhängig ist, und persönlichen Schaden (*personal harm*), weil es bei dessen Ermittlung auf die Ansichten und Vorstellungen des Betroffenen ankommt.[68] Mit *Feinberg* stellt er heraus, dass ein Schaden im Sinne des Schadensprinzips also nur dann vorliegt, wenn die Interessen des einzelnen betroffen sind.

Bezogen auf *Mills* Paternalismuskritik lassen sich also zweierlei Wertungen entnehmen: Zum einen geht es darum, was objektiv betrachtet für den Bevormundeten „richtig" und „weise" wäre, zum anderen darum, was ihn „glücklicher" macht, nicht allerdings, dass dies durch eine Wertung desjenigen geschieht, der bevormundet.[69] Die Einteilung hat also scheinbar eine rein objektive Dimension, aus der sich dann auch zu ergeben scheint, dass das Ergebnis, ob der ausgeübte Zwang nach objektiven Maßstäben tatsächlich „zum Besten" des Bevormundeten gewesen ist, bei der aufgeworfenen Fragestellung von keinerlei Belang ist. Man kann daraus den Schluss ziehen, dass Mills Paternalismuskritik daher umfassend ist, und von moralisch-ethischer Bewertung der des Zwangs bzw. der abgezwungenen Handlung des Betroffenen unabhängig ist. Denn einer moralischen Wertung haftet auch immer ein globales Absolut an, dass bestimmte Dinge aus moralischer Perspektive automatisch zu einer Verbesserung der gesamten Sitte und Ethik der Bevölkerung führen.[70]

Es lässt sich also festhalten, dass anknüpfend an *Shiffrin* und *Coons und Weber* die Frage der verfassungsrechtlichen Legitimation von Paternalismus nicht um die Eingriffsebene geht, sondern zunächst und vorrangig um die Motivation des Eingriffs, also den legitimen Zweck. Danach liege der Schwerpunkt also insbesondere auf der Verhältnismäßigkeitsprüfung und bei der Frage, ob der Zweck das Mittel heiligt.

i.) Das Problem negativer Konnotation bei Paternalismus

Feinberg weist zutreffend darauf hin, dass dem Begriff des Paternalismus eine bestimmte negative Konnotation anhaftet, weil man sich darunter in der Regel

---

67 Feinberg, Harm so self, 10ff.
68 Schramme, in: Schramme, 103.
69 G. Dworkin (2005) 307.
70 G. Dworkin (2005), 307.

eine ungerechtfertigte Bevormundung und Gängelung eines „moralischen Wichtigtuers“ (*meddlesome busybody*)[71] vorstellt.[72] Den Grund dafür stellen *Coons und Weber* mit einem einleuchtenden Beispiel dar, welches zugleich eindrucksvoll die vor allem subjektiv geprägte Komponente des Paternalismus als problembegründend aufzeigt:[73] Man stelle sich vor, man entschließe sich zu einem Konzertbesuch und erzählt einer weiteren Person nichts davon. Ist die Motivation dahinter schlicht, dass man besagte Person nicht dabei haben möchte, wird man sich in der Regel für diese Entscheidung nicht rechtfertigen müssen. Liegt der Grund hingegen darin, dass man die fragliche Person zu ihrem eigenen Schutz nicht über die Veranstaltung unterrichtet (etwa, weil man der Meinung ist, der Musikgeschmack entspreche nicht der Präferenz der Person, das Konzert könne wegen der Lauten Musik das Gehör schädigen oder die Person würde das Klientel evtl. als unangenehm empfinden), wird man sich an dieser Bevormundung stoßen, obwohl im Ergebnis kein Unterschied besteht. Folgend soll also der Begriff des Paternalismus weitestgehend wertfrei betrachtet werden und nicht aus Sicht grundsätzlich negativ zu wertender Bevormundung. Ethisch-moralische Aspekte spielen bei der Frage der Legitimation von Paternalismus natürlich eine grundlegende Rolle, juristisch ist in erster Linie jedoch von Bedeutung, ob und ggf. wie paternalistische Grundrechtseingriffe verfassungsrechtlich zu rechtfertigen sein könnten.

j.) Gerechtfertigter Paternalismus zur Maximierung von Gesamtfreiheit?

Sich über den Willen und insbesondere die in freier Selbstbestimmung getroffene Entscheidung hinwegsetzen bedeutet, wie gezeigt, *harten* Paternalismus, dessen Rechtfertigung aus einer pflichtenethischen Perspektive heraus konsequent abgelehnt wird.[74] Zu seiner Rechtfertigung wird aus einer utilitaristischen Perspektive von *Regan* hervorgebracht, eine hart paternalistische Intervention könnte dadurch legitimiert sein, dass durch sie *im Ergebnis* eine Steigerung der Gesamtfreiheit (*total freedom*) erreicht werden könnte.[75] Er verwirft dabei die aus der Pflichtenethik stammende momentane Betrachtung der Freiheit zum Zeitpunkt der Entscheidung und nimmt an, dass wenn am Ende der Intervention

71 Schonsheck, 141.

72 Feinberg, Harm to Others, 4.

73 Coons, Weber, 4f, 6.

74 R. Dworkin, Taking Right Seriously, 263; Shiffrin (2000), 207, siehe auch die Darstellung in Schmolke, 25 und 14ff.

75 Regan, in: Sartorius, 113; 117.

eine irgendwie geartete Steigerung der Freiheit vorliegt, selbst harter Paternalismus nicht zu beanstanden sei. *Schmolke* bezeichnet dies als das "teleologische Prinzip der Maximierung" der Gesamtfreiheit.[76] Ähnlich stellt *G. Dworkin* unter Verweis auf *Mills* Selbstversklavungsbeispiel ab und die zwei unterschiedlichen Zeitpunkte der Beurteilung; für ihn ist Paternalismus dann gerechtfertigt, wenn er die aktuelle Freiheit des einzelnen beschränkt, um seine weiterreichende zukünftige Freiheit zu bewahren.[77] *Enderlein* hat für das Vertragsrecht die These eines solchen freiheitsmaximierenden Paternalismus erstmals aufgestellt.[78] Paternalismus sei demnach geboten, wenn der Betroffene durch seine Wahl seine zukünftige Freiheit prognostisch in einem höheren Maße beschneidet oder zumindest gefährdet, während durch paternalistische Intervention die in ihrer Gesamtheit betrachteten Freiheiten (also gegenwärtige und zukünftige) weniger beeinträchtigen und somit maximiert werden könnten.

Schmolke zeigt jedoch zutreffend auf, dass ein solcher Utilitarismus entscheidend von einer irgend gearteten Form von Quantifizierbarkeit der Freiheit ausgeht.[79] Auch *Klimpel* stellt zutreffend heraus, dass für eine solche „Gesamtbetrachtung" derart viele Faktoren maßgeblich sind, als dass überhaupt eine Orientierung durch das Recht möglich wäre, zumal selbst bei der Möglichkeit einer solch summarischen Betrachtung immer noch nichts über die individuelle Gewichtung ausgesagt ist, mit der der Handelnde seine individuellen Freiheiten gegeneinander aufwiegt.[80]

Der Kern des Problems liegt aber nicht nur in der Frage, woran sich die „Menge der Freiheit" ermitteln lassen sollte, sondern auch darin, wer über diese Menge entscheidet. Im Endeffekt wird der Paternalismus nur auf eine höhere Ebene verlagert: Der Paternalist schwingt sich nicht mehr zum Richter der einzelnen und konkreten Situation auf, sondern zum Richter über die Gesamtbetrachtung des Grades persönlicher Freiheit. Auch hier muss aufgeworfen werden, woher der Paternalist die Legitimation bezieht, über den zukünftigen hypothetischen Grad der Freiheit zu urteilen. *Regan* scheint sich dieses Umstandes bewusst zu sein, dass es kein objektives Kriterium für die Ermittlung von der Richtigkeit der Freiheitsprognose gibt, versucht dies aber damit abzuwiegeln, dass auf diese Weise zumeist intuitiv akzeptable Lösungen gefunden würden.[81] Diese Argumentation

---

76 Schmolke, 27.
77 G. Dworkin, in: Sartorius, 27.
78 Enderlein, 52.
79 Schmolke, 27.
80 Klimpel, 39.
81 Regan, in: Sartorius, 119f.

kann nur schwerlich überzeugen, wenn man bedenkt, dass Paternalismus sich gerade dadurch rechtfertigen lassen soll, dass der Paternalist eine größere Einsicht und damit intellektuellen, rationalen und vorausschauenden Bezug zu der fraglichen Materie hat, über die er für den Betroffenen bestimmen will.

k.) „volitional well-being" *und* „critical well-being" *nach* R. Dworkin

Die Reichweite der Betrachtungsweise ist an dieser Stelle aber durchaus von Belang, betrachtet man dabei die andere Seite, dass die Autonomie des Einzelnen auf Erfüllung seiner Ziele gerichtet ist, nicht aber auf mögliche Ersatzergebnisse, die eintreten können. Man wird wohl kaum einen Raucher finden, der mit der Ambition seiner Sucht frönt, eines Tages an Lungenkrebs zu erkranken und diesem schlussendlich zu erliegen, oder Lebemänner und -frauen, die ungeschützten Geschlechtsverkehr mit der festen Absicht haben, sich mit dem HI Virus zu infizieren. Trotzdem sind weder Rauchen, noch ungeschützter Verkehr mit ständig wechselnden Partnern verboten. Es liegt dieser Unterscheidung also offenbar die Annahme zugrunde, dass das, was dem eigenen Wohlbefinden zuträglich ist, eine objektive und eine subjektive Komponente und Dimension hat.[82]

Anders formuliert gebe es danach eine eigene (*volitional well-being*) und eine absolute, von Außenstehenden wahrnehmbare und zu beurteilende (*critical well-being*) Form von dem eigenen Besten. Nach *R. Dworkin* ist der Unterschied der, dass mein volitional well-being dann verbessert ist, wenn ich das erreicht habe, was ich möchte, mein critical well-being dann, wenn ich erreicht habe, was ich möchten *sollte*.[83]

Auf den ersten Blick liegt die Differenz also nur in meiner eigenen Vorstellung von dem, was ich will, und dem, was ich brauche. Der Unterschied wird jedoch deutlicher, wenn man die moralischen Implikationen daraus zieht. Erreiche ich das, was ich mir kraft eigenen Willens als Ziel gesetzt habe, was also aus meiner Sicht für mich am besten ist, so führt das nicht dazu, dass alle Varianten, die ich nicht erreicht habe, mein Leben schlechter werden lassen.[84]

G. Dworkin gibt das Beispiel: Wenn ich Tennis spielen lerne, weil ich Tennis spielen will, dann kann man nicht sagen, ich wäre meinem Ziel des Wohlbefindens besser gerecht geworden, hätte ich Schachspielen gelernt, weil die Entscheidung, statt Schach zu spielen lieber Tennisstunden zu nehmen, meiner eigenen

---

82 R. Dworkin, in: Darwall, 230.

83 R. Dworkin, in: Darwall.

84 G. Dworkin (2005), 309.

Vorstellung davon entsprang, was ich zur Erlangung meines eigenen Wohls und meiner eigenen Verwirklichung als notwendig und gut bewertet habe.[85]

Andererseits soll das *critical well-being* gemindert sein, erreiche man nicht das, was nach objektiven Maßstäben jeder erreichen wollen würde. Anders ausgedrückt soll in diesem Fall dasjenige, was ich wegen meiner willentlichen Entscheidung erreicht habe, wegen dessen objektiver Unrichtigkeit mein Wohlbefinden und damit mein Leben schlechter werden lassen, weil dadurch das absolut Bessere nicht erreicht wurde. *Critical well-being* ist also nach der Ansicht der Allgemeinheit wegen des objektiven Charakters vorrangig vor meinen subjektiven Wünschen.

Aufbauend auf diesen Prinzipien sei dann noch eine Unterscheidung zwischen *additiven* und *konstitutiven* Perspektiven des eigenen Wohlbefindens vorzunehmen.[86] Die additive Betrachtungsweise bedeutet dabei, dass der Wert des Lebens, also ob es ein gutes oder ein schlechtes ist, objektiv anhand der Menge von wünschenswerten Umständen bestimmt werden kann, die bei einer Person vorliegen, ohne dass es dabei auf die Bewertung des einzelnen ankäme.[87] Die konstitutive Ansichtsweise hingegen besagt, dass man den positiven oder negativen Beitrag von Umständen auf das Leben der fraglichen Person von der subjektiven Bewertung derselben nicht unabhängig machen kann, die eigene Empfindung desjenigen also den Wert für das eigene Wohlbefinden konstituiert.[88]

Dabei ließe sich an dieser Stelle sogar noch eine weitere Unterteilung vornehmen. Selbst bei Annahme der Richtigkeit der konstitutiven Betrachtungsweise kann man sagen, dass sowohl die Bewertung des Lebens, also des Wohlbefindens insgesamt, als auch der beitragenden Umstände objektiv wie subjektiv vorgenommen werden kann. Man könnte also zulassen zu sagen, dass ein Beitrag, etwa die Behandlung gegen den Willen des Patienten, zwar den Zustand, das Leben des Patienten objektiv verbessert hat, aber nicht dessen Wohlbefinden, weil es für ihn keinen Wert hat, nicht dem entspricht, was er als Ziel seines Wohlbefindens festgelegt hatte.[89] Diese Bewertung ergibt sich aus dem Umkehrschluss, dass zu unterstellen ist, dass andere Menschen mit einer unter einem als

85 G. Dworkin (2005), 309.

86 R. Dworkin, in: Darwall, 238 u. 247; G. Dworkin (2005), 309.

87 R. Dworkin, in: Darwall, 238; Ausführlicher zu den Elementen eines „gelungenen Lebens“ R. Dworkin, Sovereign Virtue, 237ff.

88 R. Dworkin, in: Darwall, 247.

89 R. Dworkin, in: Darwall, 264: “my life cannot be better for me in virtue of some feature or component I think has no value.” siehe auch G. Dworkin (2005), 310.

Defekt interpretieren Makel leidenden Person selbst dann nicht tauschen wollten, wenn sie ihnen glaubhaft machen könnte, sie sei glücklicher als sie.[90]

Dieser Verbindung liegt also zugrunde, dass man selbst dann, wenn die defekte Person ihren Mangel nicht als solchen wahrnimmt, oder trotz diesem ein Wohlbefinden entfaltet, dieses niemals ein objektives Wohlbefinden sein kann, weil es eben von der eigenen Vorstellung von Glück und Zufriedenheit abweicht.

l.) Rechtspaternalismus und moralistischer Rechtspaternalismus

Es wird also im Ergebnis eine moralische Bewertung dessen getroffen, dass das Glück, welches trotz dieser Einschränkung offenbar vorliegt, kein echtes sein kann, weil es nicht mit dem eigenen Anspruch an Perfektion und Normalität vereinbar ist. Man glaubt der Person also nur, wenn sie sich ob ihres jämmerlichen Zustandes beklagt, nicht aber, wenn sie beteuert, es kümmere sie nicht.

Moralische Wertungen eines bestimmten Verhaltens führen dabei zu der bereits dargestellten Gefahr einer staatlichen Bevormundung. Denn die Unterdrückung eines als unmoralisch empfundenen Verhaltens und dessen Verhinderung, Beendigung oder Veränderung bei einer einzelnen Person bedeutet nicht zwingend eine Verbesserung der Ethik und Sitte der restlichen Bevölkerung. Mill sieht diese Gefahr der extra-legalen, also sprich rein auf moralistische Motive ausgerichtete Beeinflussung und Bevormundung durch den Staat als die bedeutend größere, als die, die etwa durch Verbote erreicht wird:

> "Society can and does execute its own mandates: and if it issues wrong mandates instead of right, or any mandates at all in things with which it ought not to meddle, it practices a social tyranny more formidable than many kinds of political oppression, since, though not usually upheld by such extreme penalties, it leaves fewer means of escape, penetrating much more deeply into the details of life, and enslaving the soul itself."[91]

Auch hier gibt G. *Dworkin* ein einleuchtendes Beispiel: Der Tod eines bösen Diktators möge zwar aus der Welt nach Gesamtbetrachtung einen besseren Ort machen, ohne dass man anhand dieses Todes auch nur eine Person ausmachen könnte, die dadurch direkt selbst zu einem besseren Menschen würde.[92]

---

90 Feinberg, Harm to Others, 65.

91 Ten, 2: "…society was still not secure against 'the tyranny of the majority' and against the power which a government, subservient to current majority view, might exercise. Individual liberty in such a situation was threatened both by oppressive laws and by the use of extra-legal means to impose the prevailing views…". Nach Ten erstrecken sich Mills Überlegungen auch auf diese extra-legalen Methoden, 35.

92 G. Dworkin (2005), S. 307.

Trotzdem besteht ein Konsens dahingehend, dass die bloße Existenz bestimmter Ideologien und Handlungen einen Affront gegen Sitte und Anstand darstellt, ohne dass es auf die Frage ankäme, ob der Einzelne davon überhaupt betroffen ist. Die Problematik ergebe sich dabei jedoch daraus, dass auch dies einer höchst subjektiven moralischen Bewertung unterliegt, so etwa die Argumente des englischen Juristen *Devlin* gegen den Wolfenden Report, der sich 1957 für Abschaffung der Strafbarkeit von Homosexualität in England und Wales aussprach:

> "We should ask ourselves in the first instance whether, looking at it calmly and dispassionately, we regard it as a vice so abominable that its mere presence is an offense. If that is the genuine feeling of the society in which we live, I do not see how society can be denied the right to eradicate it."[93]

Man kann also insgesamt dreierlei mögliche Motivationen hinter staatlichen Eingriffen in Grundrechte sehen: Der Eingriff verbessert eine Situation in der Gesellschaft (unpersönlich) oder er verbessert die Situation einer anderen Person (persönlich). Wenn also Maßnahmen des Umweltschutzes dazu führen, dass ein Fabrikbetreiber seine Anlagen umstellen muss, dann hat die gesamte Umwelt etwas davon, und der Fabrikbetreiber hat dafür eine Freiheitseinbuße hinzunehmen. Wenn ein Straftäter seine Gefängnisstrafe absitzt, so zumindest die Theorie, büßt er zwar seine Freiheit ein, wird aber als Individuum resozialisiert und damit (moralisch) verbessert. Die dritte Kategorie ist diejenige, die für die vorliegende Diskussion interessant ist: Es ist besser *für das Individuum*, in dessen Rechte eingegriffen wird.[94]

Diese letzte Kategorie bezeichnet die rechtliche Dimension paternalistischer Staatsakte: Rechtspaternalismus und moralistischen Rechtspaternalismus.[95] Die Begriffe lassen sich zunächst recht kurz und „griffig" definieren: Rechtspaternalismus bedeutet staatliche Prävention von körperlichem, geistigem oder seelischem Schaden an der Person durch Verhinderung ihres Handelns, moralistischer Rechtspaternalismus ist Prävention von moralischem Schaden:

> "Legal Paternalism (...): It is always a good reason in support of a prohibition that it is probably necessary to prevent harm (physical, psychological or economic) to the actor himself. (...) Moralistic Legal Paternalism (where moralism and paternalism overlap via the dubious notion of 'moral harm'): It is always in good reason in support of a proposed

93 Zitiert in R. Dworkin (1965–1966), 987.

94 G. Dworkin (2005), 308.

95 Die Unterteilung in diese Kategorien geht grundlegend zurück auf Feinberg, Harm to Others, 26, 27 und in diese Begrifflichkeiten definiert (Legal Paternalism und Moralistic Legal Paternalism), siehe auch G. Dworkin (2005), 305.

> prohibition that it is probably necessary to prevent moral harm (as opposed to physical, psychological or economic harm) to the actor himself. (Moral harm is 'harm to one's character,' 'becoming a worse person'...".[96]

Diese Unterscheidung ist insofern von Bedeutung, als dass sie (vermeintlich) impliziert, dass Rechtspaternalismus eine objektive Dimension hat, während moralistischer Rechtspaternalismus ausschließlich seinem Zeitgeist unterliegt.[97] Was moralisch, was ethisch, was anständig und gut ist, das ist von kultureller Prägung und der aktuellen Betrachtungsweise des Kollektivs abhängig, während sich körperlicher, seelischer oder geistiger Schaden scheinbar objektiv bemessen lässt. Eine solche Betrachtungsweise, welche sich lediglich auf das Ziel der Bevormundung, nämlich die Abwendung gesundheitlichen Schadens aus einer bestimmten Quelle bezieht, scheint jedoch bei Miteinbeziehung weiterreichender Vorgänge und möglicher Schadensursachen wieder fraglich zu werden. Man stelle sich vor, es gäbe ein Gesetz, welches tägliche sportliche Aktivität vorschreibt, um die allgemeine Gesundheit der Bevölkerung zu fördern. Es ist naheliegend, dass dieses Ziel dadurch unterminiert wird, dass die zusätzliche Bewegung durch entsprechende Aufnahme von Kalorien aus ungesundem Essen geschieht, zumindest bei einigen Menschen. Zwar lässt der Einwand beliebig vieler denkbarer Reserveursachen die Kausalität zwischen „Mehr Bewegung" und „verbesserter Gesundheit" nicht entfallen, die Betrachtung solcher Lebenssachverhalte kann sich jedoch nicht in einem so kleinen Rahmen abspielen, dass alle weiteren Folgen und Implikationen außer Acht zu lassen wären.

Der Unterschied zwischen Rechtspaternalismus und moralistischem Rechtspaternalismus liegt also auch darin, dass man für moralistische Begründungen von Freiheitseinschränkungen bedeutend größeren Aufwand betreiben muss, weil Moral dem Zeitgeist unterliegt. Die moralistische Perspektive besteht darin, und das ist dann wohl eine philosophische Fragestellung: Ist es im moralischen Interesse einer Person, sich moralisch, seelisch oder körperlich zu „verbessern"? Dass dies evtl. sowohl für sie als auch ihre Umwelt wünschenswert ist, steht dabei auf einem ganz anderen Blatt.[98] Ob jemand seinen Zustand als Missstand empfindet, ob er unter ihm leidet oder sonst mit ihm unzufrieden ist, obwohl andere dies so empfinden (oder es vielleicht sogar objektiv ein schlechterer Zustand sein mag), lässt sich anhand des Umstands, dass er eben nur von anderen so

96 Feinberg, Harm to Others, 26f.
97 R. Dworkin, in: Darwall, 231.
98 Feinberg, Harm to Others, 65.

empfunden wird, nicht zwangsweise sagen, selbst wenn allgemeiner Konsens besteht, dass man sich in der Regel in diesem Zustand schlecht fühle.

Denn diese Bewertung geht entscheidend davon aus, dass es einen, dass es *den* Idealzustand für einen Menschen gibt, den es anzustreben gilt, um zufriedener zu sein, an dem das *volitional well-being* und das *critical well-being* Wohlbefinden aufeinandertreffen und sich vereinen.

> "But contrary to Plato and many other ancient sages, there is no necessity that excellence and happiness always coincide, no impossibility that... inferior persons can be happy, and excellent persons miserable."[99]

Diese Auffassung geht elementar davon aus, dass nur die eigene Wahrnehmung von Normalität Wohlbefinden garantiert, auch wenn man selbst in ihr lebt und trotzdem nicht glücklich und zufrieden ist, und nähert die Struktur des Paternalismus einer Form von Perfektionismus an.[100]

3.) Paternalismus und Verfassungsrecht

a.) Grundrechte, deren Schranken und Paternalismus

aa.) Allgemeine Handlungsfreiheit und Allgemeines Persönlichkeitsrecht

Bei der Frage, welche Grundrechte bzw. deren Teilaspekte den Grundrechtsträger vor paternalistischem Einfluss schützen können, lassen sich im Großen drei unterschiedliche Strömungen unterscheiden, deren Anknüpfungspunkt allen gemein das Selbstbestimmungsrecht (und im zivilrechtlichen Kontext: Die Privatautonomie[101]) ist.[102]

So versteht etwa *Möller* den Schutz durch das allgemeine Persönlichkeitsrecht aus Art. 2 Abs. 1 i.V.m. Art. 1 Abs. 1 GG gegeben,[103] während etwa *Hillgruber* diesen aus der allgemeinen Handlungsfreiheit, Art. 2 Abs. 1 GG, herleitet.[104] Die wohl als herrschende Lehre geltende Ansicht leitet den Schutz hingegen aus dem

99 Feinberg, Harm to Others, 68.

100 Feinberg, Harm to Others, xvii: "Perfectionism (Moral Benefit Theories): It is always a good reason in support of a proposed prohibition that it is necessary for the improvement (elevation, perfection) of the character...".

101 BVerfGE 89, 214, 231: „Privatautonomie als Selbstbestimmung des Einzelnen im Rechtsleben."

102 Schmolke, 55 m.w.N.

103 Möller, Paternalismus und Persönlichkeitsrecht, 100.

104 Hillgruber, 175.

jeweilig einschlägigen Spezialgrundrecht her.[105] Die Rechtsprechung der deutschen Gerichte, allen voran des BVerfG, entspricht im Ergebnis dieser Lehre. Die grundsätzliche private Selbstbestimmung ergibt sich für den Einzelnen aus Art. 2 Abs. 1 GG, wegen dessen Subsidiarität müsse der Schutz jedoch vorrangig aus einem einschlägigen speziellen Grundrecht hergeleitet werden.[106] Es ist aber mit *Schmolke* und *Möller* darauf zu verweisen, dass diese erste grundrechtliche Einordnung des Schutzes vor illegitimem Paternalismus durch diese verschiedenen Ansichten im Ergebnis keinen großen Unterschied macht, da die Gemeinsamkeiten die Unterschiede doch überwiegen.[107]

Paternalistisch motivierte Eingriffe in die Grundrechte sind in drei verschiedenen Formen denkbar: Wahlverbote und –gebote, sowie Wahlhilfen. Erstere stellen schwere Eingriffe in das Selbstbestimmungsrecht dar, weil sie die Wahlmöglichkeiten des Einzelnen ausschalten und eine eigenständige Selbstbestimmung unmöglich machen.[108] Paternalistische Wahlhilfen können ebenfalls Eingriffscharakter haben, auch wenn sie keine Entscheidungsergebnisse vorgeben, nämlich, wenn sie etwa in Form von Informations- und Beratungspflichten Kosten für den Rechtsanwender verursachen, oder aber mittelbaren Zwang durch Genehmigungsvorbehalte oder Überwachung auslösen.[109] Solch paternalistische Intervention des autonom entscheidenden Grundrechtsträgers wird von einem erheblichen Teil der Literatur abgelehnt, da die Verfügungsbefugnis des Grundrechtsträgers über seine Rechtsgüter nicht zum Schutz just dieser Güter eingeschränkt werden könne, ohne deren Schutzgedanken ad absurdum zu führen.[110] Wenn die Grundrechte ihrem Träger die Dispositionsbefugnis über seine Rechte einräumen, kann eine Rechtfertigung für einen Eingriff nur aufgrund von Defiziten der Entscheidungsfindung oder aber bei gleichzeitig betroffenen Drittbelangen oder solchen des Allgemeinwohls stattfinden.[111]

---

105 Papier, FS Säcker, 1093f.

106 Jarass, Pieroth, GG, 12, Art 2 Rn. 4; Ohly, 91f., Schmolke, 56.

107 Schmolke, 56; Möller, Paternalismus und Persönlichkeitsrecht, 99.

108 van Aaken, in: Anderheiden, 124f; Schmolke, 57.

109 van Aaken, in: Anderheiden, 125f; Schmolke, 57.

110 Schwabe, JZ 1998, 70; Kirste, JZ 2011, 815; K. Fischer, 118f; Möller, Paternalismus und Persönlichkeitsrecht, 145f; Hillgruber, 1993, 118f; Littwin, 244.

111 Hillgruber, 147; Schwabe, JZ 1998, 72; Schmolke, 58.

bb.) Menschenwürde

Die Frage einer möglichen Beeinträchtigung der Menschenwürde lässt sich für die Rechtsprechung für die Verwaltungsgerichtsbarkeit[112] schnell beantworten: Wegen der Unverzichtbarkeit der Menschenwürde spielt es keine Rolle, ob der Grundrechtsträger in die ihn entwürdigende Handlung einwilligt und freiwillig an ihr teilnimmt. Dieses Ergebnis haben die frühere Rechtslehre und Literatur bereits zuvor aus dem Schutzgehalt des Art. 1 Abs. 1 GG und seiner Ausstrahlung in alle anderen Grundrechte mit Verweis auf die Kernbereichsgarantie des Art. 19 Abs. 2 GG herausgearbeitet.[113] Denn die Menschenwürde stecke als Leitgedanke der Grundrechte einen Rahmen ab, den selbst der Grundrechtsträger selbst nicht überschreiten dürfe; dem Staat komme daher die Aufgabe zu, die Würde des Einzelnen im Zweifel auch gegen dessen Willen zu bewahren.[114] Dem tritt ein erheblicher Teil der jüngeren Lehre mit dem Argument entgegen, dass die Selbstbestimmung als Teil der Menschenwürde elementar für dieselbe sei, so dass ein freiwilliger Verzicht darauf die Menschenwürde schon gar nicht verletzen könne.[115]

Der Ansicht der neueren Lehre ist im Ergebnis auch zuzustimmen. Wenn der Grundrechtsträger in autonomer, freier Entscheidung über seine Würde disponiert, kann der Staat seine Schutzabsichten nicht allein mit dem Erhalt derselben rechtfertigen. Wenn die Grundrechtsordnung, wie das BVerfG ausführt, dazu dient, die Eigenständigkeit, Selbstverantwortung und Würde des Einzelnen in der staatlichen Gemeinschaft zu sichern,[116] kann sie diese Maxime nicht zu ihrem eigenen Erhalt erzwingen, ohne sie dabei gleichzeitig zu verletzen. Insbesondere vor der von *Wintrich* begründeten Objektformel[117], welche das BVerfG auch maßgeblich in der Rechtsprechung aufgegriffen hat[118], ist eine solche Auffassung nur schwer haltbar. Wenn Kernelement der die Menschenwürde ausfüllenden Objektformel ist, dass „der Mensch auch in der Gemeinschaft und ihrer Rechtsordnung immer ‚Zweck an sich selbst' (Kant) bleiben" muss und „nie zum bloßen Mittel eines Kollektivs, zum bloßen Werkzeug oder zum rechtlosen Objekt eines Verfahrens herabgewürdigt werden"[119] darf, dann

112 BVerwGE 64, 174 und VG Neustadt, NVwZ 1993, 98.
113 Schmolke, 58; Pieroth, Schlink, Kingreen, Poscher, Rn. 152; Tefke, 85 m.z.N.
114 Gern, NJW 1983, 1589; Redeker, BayVBl. 1985, 78.
115 Enderlein, 158f, Möller, Paternalismus und Persönlichkeitsrecht, 116f; K. Fischer, 177f.
116 BVerfGE 6, 32, 40.
117 Wintrich, FS Laforet, 235f.
118 Etwa BVerfGE 27, 1; 28, 386; 45, 187.
119 Wintrich, FS Laforet, 235f.

kann seine Würde eigentlich in keinem Fall nur um ihrer selbst Willen erhalten werden, ohne sie gleichzeitig zu verletzen. Denn dadurch, dass dem frei entscheidenden Individuum die Befähigung abgesprochen wird, über seine Rechte und eben auch deren Kernbereich zu verfügen, wird er zu etwas degradiert, was den grundrechtlich aufgestellten Kriterien des Menschseins nicht mehr entspricht, da – unter Bezug auf Kant – die Entscheidungsfreiheit für das Menschsein elementar ist. Die zwangsweise Durchsetzung eines „menschenwürdigen" Verhaltens führt in jedem Fall zu einer Objektifizierung des Menschen, da die erhebliche Gefahr besteht, dass der Staat ihn lediglich als Projektionsfläche für seine eigenen Moral- und Wertevorstellungen nutzt.[120] Mag er es auch noch so „gut mit ihm" meinen, kann ein paternalistischer Eingriff in Grundrechte mit dem Ziel, die Menschenwürde um ihrer selbst Willen zu erhalten, mit dem eigentlichen Freiheitscharakter der Grundrechte nicht in Einklang gebracht werden. Insofern ist ein der Entzug über die Verfügung der eigenen Menschenwürde überhaupt nur dort denkbar, wo, wie von Teilen der Literatur vertreten wird, das autonome Individuum durch die Preisgabe seiner Rechtsgüter die tatsächlichen Voraussetzungen für ein menschenwürdiges Leben aufgibt.[121] Wo in diesem Fall die Grenze zu ziehen ist, ist jedoch ebenfalls sehr subjektiv. Vorgeschlagen wird teilweise die Intensität des von *Mill* ins Feld geführten Beispiels der Selbstversklavung,[122] und generell Konstellationen, in denen durch die Entscheidung die eigene Selbstbestimmung lange und einschneidend beeinträchtigt wird.[123] In solchen Fällen sehen etwa *Schmolke* und *Singer* den Staat nicht nur berechtigt zum Eingriff, er sei aufgrund des Sozialstaatsprinzips und der grundrechtlichen Freiheitsgewährung sogar dazu verpflichtet.[124]

b.) Grundrechtsverzicht

Es zeichnet sich hier schon ab, dass eine Rechtfertigung von Rechtspaternalismus entscheidend von der Frage abhängt, ob der einzelne über bestimmte Grundrechtspositionen durch Verfügung oder Selbstbindung verzichten kann. Diese Frage wird unter dem Begriff des Grundrechtsverzichts durch den Grundrechtsträger sowie dessen dogmatischer Einordnung diskutiert. Diese Einordnung ist bis heute noch weit davon entfernt Einheitlichkeit für sich beanspruchen

---

120 Möller, Paternalismus und Persönlichkeitsrecht, 119.

121 Ohly, 104; Teifke, 86; Schmolke, 60.

122 Ohly, 104; Eidenmüller, JZ 2011, 815.

123 Schmolke, 60.

124 Schmolke, 60; Singer, GS Jeand'Heur, 1999, 182.

zu können,[125] zumal es auch nur vereinzelte Rechtsprechung zu diesem Thema gibt.[126] Nach *Pietzcker* geht es bei dem Begriff des Grundrechtsverzichts um die individuelle Verfügung über Grundrechtspositionen in Abgrenzung zum Totalverzicht auf ein Grundrecht.[127] Wirkung des Grundrechtsverzichts soll danach sein, dass durch die Selbstbeschränkung des Grundrechtsträgers bei einem staatlichen Eingriff schon der Schutzbereich des Grundrechts nicht eröffnet ist.[128] Es geht bei der Diskussion vor allem um die Frage, ob und in welchem Umfang der Grundrechtsträger über seine geschützten Grundrechtspositionen verfügen kann. Nach der klassisch-liberalen Grundrechtstheorie sind Grundrechte Abwehrrechte gegen den Staat, der die Grundrechte nicht für den Träger definiert, sondern bei ihm sozusagen bereits vorfindet.[129] Die grundrechtliche Freiheit dient demnach gerade keinem bestimmten Zweck, es obliegt dem Grundrechtsträger, nach Belieben über sie zu verfügen. Grundrechtsverzicht ist nach dieser Ansicht immer Grundrechtsgebrauch.[130] In Erweiterung dieses Ansatzes haben sich vor allem objektiv-rechtliche Grundrechtstheorien entwickelt, nach denen Grundrechte vor allem eine objektive Rahmenordnung für die Freiheitsbetätigung vorgeben. Freiheit ist nach dieser Ansicht nicht umfassend geschützt, sondern nur noch in der von den durch die Grundrechte aufgestellten Wertentscheidungen vorgegebenen Reichweite, die für die Realisierung der Freiheitsbetätigung notwendig ist.[131] Die Freiheit ist demnach also eine zweckgerichtete und -gebundene. Diese Konzepte lassen sich um eine Sozialstaatskomponente erweitern, die der tatsächlichen Realisierungsmöglichkeit der Freiheitsgarantie Rechnung tragen.[132] Die Lehre des Grundrechtsverzichts steht also im Konflikt zwischen Gesetzmäßigkeitsprinzip und dem sich aus der allgemeinen Handlungsfreiheit, Art. 2 Abs. 1 GG herleitenden Autonomieprinzip.[133]

---

125 Hillgruber, 135.

126 Dederer, 404; in der Rechtsprechung ging es vor allem um „konkludenten" Grundrechtsverzicht, etwa BVerfG NJW 2001, 2343, 2344; BVerfG Beschl. v. 7.11.2011, 1 BvR 1403/09; OLG-Celle NJW-RR 2004, 380, 381; OLG Karlsruhe NJW-RR 2005, 1267, 1268; LAG Hamm, NJW 2002, 1970.

127 Pietzcker, Der Staat Bd. 17 (1978), 527ff.

128 Pietzcker, Der Staat Bd. 17 (1978), 530; Schwabe, Grundrechtsdogmatik, 101.

129 Böckenförde, NJW 1974, 1530.

130 Merten, FS Schmitt Glaeser, 60; Schmolke, 50.

131 Böckenförde, NJW 1974, 1532.

132 Böckenförde, NJW 1974, 1537f.

133 Ruffert, 245; Spieß, 165ff; Poscher, 355.

Die heutigen Auffassungen über die Möglichkeit eines Grundrechtsverzichts lassen sich derart zusammenfassen, dass die Reichweite der Verfügungsfreiheit des Grundrechtsträgers über seine Grundrechte von deren individueller Wirkweise und Funktion abhängig gemacht wird.[134] Maßgeblich ist, ob ein Grundrecht vorrangig individuelle oder öffentliche Belange schützen soll. Der Verzicht kann wegen der überkommenen Lehre der unmittelbaren Drittwirkung von Grundrechten auch grundsätzlich nur gegenüber einem Grundrechtsverpflichteten wirken.[135] *Ruffert* verweist dabei darauf, dass schon deswegen privatrechtliches Handeln keinen Grundrechtsverzicht darstellen kann. Wer einen Teil seines Eigentums veräußert und sich damit diesbezüglich seines Schutzes aus Art. 14 Abs. 1 GG entledigt, verzichtet während des Geschäfts nicht auf Schutzansprüche aus der Eigentumsgarantie[136], ganz im Gegenteil wird mit der Verfügung gerade das grundrechtlich garantierte Eigentumsrecht betätigt und ausgeübt. Der Staat kann sich an dieser Stelle also nicht hinter den Standpunkt zurückziehen, sein Schutzauftrag entfalle, weil der Einzelne durch Selbstbindung auf seine Rechte verzichtet hat.[137] Der Grundrechtsverzicht kann also mit *Poscher* nur durch faktisches, aktuelles Einverständnis Wirkung entfalten, etwa wenn der Wohnungsinhaber, ohne dass die Voraussetzungen des Art. 13 Abs. 7 GG vorliegen, Beamte freiwillig in seine Wohnung einlässt.[138]

Die Rechtsprechung ist in diesem Bereich deutlich fallorientiert und kann nur schwer auf jeweils andere Grundrechte übertragen werden. Wie dargestellt wird ein Verzicht auf die Menschenwürde generell abgelehnt, während etwa das Recht auf informationelle Selbstbestimmung[139], der Schutz der Wohnung[140], die Eigentums- und Berufsfreiheit[141] und wohl auch die Religionsfreiheit[142] als prinzipiell verzichtbar gesehen werden (in unterschiedlichen Abstufungen). Hingegen sollen weder die Wahlfreiheit noch die Meinungsfreiheit verzichtbar sein.[143] Es besteht jedoch insofern Einigkeit, dass der Verzicht nur dann zulässig ist, wenn er freiwillig erfolgt.[144]

---

134 Pieroth, Schlink, Kingreen, Poscher, 40.

135 Ruffert, 245; Pietzcker, Der Staat 17 (1978), 531; Spieß, 50; Poscher, 355.

136 Ruffert, 246; für die Religionsfreiheit durch Selbstbindung im Arbeitsvertrag LAG Hamm, NJW 2002, 1970.

137 Looschelders, Roth, JZ 1995, 1039.

138 Poscher, 355f.

139 BVerfG NJW 1984, 419.

140 BVerfG NJW 2002, 3619.

141 BVerwG NJW 1968, 2023; NJW 1973, 1895.

142 LAG Hamm, NJW 2002, 1970.

143 OVG Lüneburg, DÖV 1964; 335.

144 Pieroth, Schlink, Kingreen, Poscher, Grundrechte, 40.

Diese Grundsätze hat das BVerfG bereits früh im Lüth-Urteil[145] in der Rechtsprechung fest etabliert und in weiteren Entscheidungen[146] weiter konkretisiert. Grundrechte sind vorrangig individuelle Abwehrrechte, die in ihrer Funktion als objektive Prinzipien nicht von dieser Grundbedeutung gelöst werden und zu einer rein objektiven Wertordnung verselbstständigt werden könne.[147] Ansonsten würde der Ausschluss einzelner Freiheiten vom Schutzbereich der Grundrechte das verfassungsrechtliche Rechtfertigungsgebot und insbesondere die Verhältnismäßigkeitsprüfung umgehen und damit ein erhebliches Missbrauchsrisiko eröffnen.[148] Zur Verhinderung fassen daher Teile der Literatur diese Schranken des Grundrechtsverzichts unter Eingriffe in das Selbstbestimmungsrecht aus Art. 2 Abs. 1 GG bzw. die speziellen Grundrechte.[149] *Singer* formuliert es so, dass die Grenzen des Grundrechtsverzichts sich zugleich als Grenzen des Grundrechts selbst darstellen und daher müssten sie insbesondere dem Verhältnismäßigkeitsgrundsatz genügen.[150] Nach *Schmolke* müssen dieselben Maßstäbe sodann bei der Ermittlung der Freiwilligkeit des Grundrechtsverzichts gelten.[151] Ebenso *van Aaken*, die darauf hinweist, dass mit Ansteigen der Anforderungen an die Selbstbestimmtheit der Entscheidung der Unterschied zu fremdbestimmten Entscheidungen geringer werden.[152] Dies entspricht auch der Rechtsprechung des BVerfG, nach der Selbstgefährdung grundsätzlich als Ausübung grundrechtlicher Freiheit zu sehen ist.[153] Auch wenn eine trennscharfe Abgrenzung zwischen Schutzbereich und Eingriff kaum sinnvoll vorgenommen werden kann,[154] macht es im Lichte der Rechtsprechung des BVerfG Sinn, den Grundrechtsverzicht dem Schutzbereich der Grundrechte zuzuordnen und die Frage der „Unfreiheit“ unter dem Aspekt der Rechtfertigung des staatlichen Eingriffs in den Schutzbereich zu klären.

145 BVerfG NJW 1958, 257.
146 BVerfG NJW 1979, 699.(Mitbestimmung).
147 Hillgruber, 126; Schmolke, 53; Möller, Paternalismus und Persönlichkeitsrecht, 108.
148 Möller, Paternalismus und Persönlichkeitsrecht, 110, 111; Ohly, 94; Schmolke, 53.
149 Jarass, Pieroth, GG, Art. 2 Rn. 8; Hillgruber, 136; Ohly, 94.
150 Singer, GS Jeand'Heur, 176.
151 Schmolke, 54.
152 Van Aaken, in: Anderheiden, 123; Ohly, 74.
153 BVerfG NJW 1999, 3399, 3401.
154 Schmolke bezeichnet dies als „konstruktiv-rechtsästhetisches Manko“, Schmolke, 54.

Bei der Selbstbindung an andere Private, die dritten Beeinträchtigungen der preisgegebenen Rechtsgüter ermöglicht, kann hingegen schon begrifflich nicht von Grundrechtsverzicht gesprochen werden, weil der Betroffene durch die Erlaubnis der Einwirkung nicht auf sein Abwehrrecht gegen staatliche Grundrechtsbeeinträchtigungen verzichtet.[155] Insofern kann sich ein Eingreifen des Staates also nur dadurch legitimieren, dass die Grundrechte nicht nur Abwehrrechte gegenüber dem Staat darstellen, sondern zugleich die Aufgabe besteht Gefahren gegen diese grundrechtlich garantierten Freiheiten abzuwehren.[156]

c.) Rechtfertigungen für paternalistische Eingriffe

Es lassen sich in der Literatur zahlreiche Anknüpfungspunkte für die Rechtfertigung paternalistischer Intervention finden. Nach den bereits gemachten Ausführungen lässt sich der im Kern auf *Regan*[157] zurückzuführende Ansatz, solche Eingriffe mit dem Ziel der Freiheitsmaximierung zu unternehmen,[158] recht schnell als mit der deutschen Grundrechtsdogmatik unvereinbar erkennen.[159] Denn ein Maximierungskonzept geht, wie schon kritisiert, von einer Quantifizierbarkeit von Freiheit aus.[160] Mit der freiwilligen Entscheidung einer bestimmten Grundrechtsbetätigung schließt der Grundrechtsträger eine Vielzahl künftiger Entscheidungsmöglichkeiten endgültig aus, was, so zutreffend *Möller*, gerade ein Wesensmerkmal wichtiger Lebensentscheidungen ist.[161] Die Möglichkeit, eine aktuelle Entscheidung des Grundrechtsträgers durch eine hypothetische spätere, nun nicht mehr mögliche Entscheidung zu relativieren, führt zu einer steten Abwägung künftiger und gegenwärtiger Entscheidungen, in vielen Fällen aus einer ex ante Sicht.[162] *Gutmann* stellt zutreffend fest, Freiheitsrechte sperren sich bereits in ihrem Grundverständnis gegen eine solche „konsequentialistische Verrechnung ihrer Ausübung mit potenziellen späteren Möglichkeiten, von ihnen Gebrauch zu machen. (…) Ein Autonomierecht, das

---

155 Sternberg-Lieben, Die objektiven Schranken der Einwilligung im Strafrecht, 33; Fink, 130; Robbers, JuS 1985, 926, 930 (wobei dieser vom Grundrechtsverzicht gegenüber Privaten spricht); Hillgruber, 137; Murmann, 250.

156 Sternberg-Lieben, Die objektiven Schranken der Einwilligung im Strafrecht, 34.

157 Regan, in: Sartiorius, 120.

158 Enderlein, 60.

159 Möller, Paternalismus und Persönlichkeitsrecht, 122; Schmolke, 61.

160 Kleinig, Paternalism, 21.

161 Möller, Paternalismus und Persönlichkeitsrecht, 123; zustimmend Schmolke, 61.

162 Möller, Paternalismus und Persönlichkeitsrecht, 222.

unter dem Vorbehalt seiner gesamtfreiheitsmaximierenden Ausübung steht, ist keines."[163]

Ein auf *Kleinig* zurückgehender Lösungsansatz der *personal integrity*[164] rechtfertigt Paternalismus mit der Diskrepanz zwischen der individuellen Kurz- und Langzeitpräferenz. Er ist der Ansicht, dass menschlichen Kurzzeitpräferenzen grundsätzlich Entscheidungsmakel anhaften und eine Intervention dort gerechtfertigt ist, wo der Langzeitpräferenz der Vorzug zu gewähren ist. Eine Verletzung dieser Integrität liege deshalb nicht vor, weil der Bestimmung der Langzeitpräferenz keine fremden, sondern die eigenen Werte des Betroffenen zugrunde liegen würden.[165] Ein ähnlicher von *Posner* vertretener Ansatz ist die *multiple-selves-Theorie*, also einer Aufspaltung des Individuums in ein gegenwärtiges und ein zukünftiges Ego.[166] Dahinter steckt die Vorstellung, dass Menschen entgegen des *rational choice* models nicht eine einheitliche, unveränderte Präferenzordnung haben, sondern eine solche, die sich an verschiedenen Zeitpunkten ändert.[167] In seiner Vorstellung stehen sich ein kindlich-impulsives und gegenwartsgewandtes Selbst und ein erwachsenes und überlegen planendes zukunftsgerichtetes Selbst gegenüber. *Möller* greift diese Aspekte auf und möchte in Fällen, in denen die konkrete Entscheidung mit den Langzeitpräferenzen des Grundrechtsträgers in Konflikt gerät, beide Aspekte gegeneinander abwägen.[168] *Schmolke* kritisiert diesen Ansatz jedoch zu Recht dahingehend, als dass der Ansatz, der Langzeitpräferenz gegenüber der Kurzzeitpräferenz den Vorzug zu gewähren keine objektiv begründbare Grundlage hat.[169] *Keys und Schwarz* werfen auf, dass bei jeder Entscheidung im Leben innezuhalten und jeden Aspekt abzuwägen kein realistisch in Betracht zu ziehendes Alternativkonzept zu „Impulsivität" sein könne.[170] Das ebenfalls von *Kleinig* aufgeführte Konzept der Metapräferenz, also der individuellen Gewichtung, die der einzelne seiner Langzeit- und Kurzzeitpräferenz zukommen lässt, wird dabei nämlich vollkommen außer Acht gelassen. Diese Ansicht führt schließlich dazu, dass Menschen ohne „übergeordneten Plan" von Natur aus vom Recht benachteiligt werden und ein „Leben im Moment" quasi als unerwünscht, weil unbeherrscht und verhältnislos erklärt wird. Auf dieser

163 Gutmann, in: Schroth, Schneewind, Gutmann, Fateh-Moghadam, 208.
164 Kleinig, Paternalism, 53.
165 Kleinig, Paternalism, 69.
166 R. Posner (1997), 23; ders., Frontiers of Legal Theory, 281.
167 Englerth, in: Engel et al., 81.
168 Möller, Paternalismus und Persönlichkeitsrecht, 222.
169 Schmolke, 62.
170 Keys, Schwartz (2007), 174.

Grundlage wird im Allgemeinen auch *Kleinigs* Ansatz kritisiert.[171] *Wolf* kritisiert dabei vor allem, eine derartige restriktive und eine bestimmte Lebensweise präferierende Form von Paternalismus führe dazu, dass „eine Person gegen ihre Schwäche gezwungen wird."[172] Er skizziert eine Gesellschaft, in der jede Bequemlichkeit des Menschen systematisch „zu ihrem Besten" ausgemerzt würde, in der sie zu „Fitnessprogrammen, Diäten und anspruchsvollen Bildungsprogrammen gezwungen würden".[173] Ein solcher Paternalismus, der sich lediglich gegen momentane Schwächen richtet, sei also immer starker Paternalismus und daher abzulehnen. Auch hier weist *Schmolke* darauf hin, dass auch dieses Konzept von einer für den Entscheider erkennbaren Präferenzordnung ausgeht; diese im Vorfeld eindeutig zu erkennen, sei jedenfalls kaum leistbar.[174] Zudem ist die Einordnung einer Entscheidung als autonom gemessen an Kurzzeitpräferenz, die gleichzeitig defektisch gemessen an Langzeitpräferenz sein soll, wenig einleuchtend, will man die die Kurzzeitpräferenz bestimmende Autonomie nicht generell der weitsichtigen Willensbetätigung untergeordnet sehen. *Posner* möchte dieses Problem mit der multiple-selves-Theorie lösen. Er erkennt zwar an, dass eine grundsätzliche Bevorzugung der Langzeit- vor der Kurzzeitpräferenz willkürlich ist („arbitrary preference for present over future consumption"),[175] möchte aber zumindest dort, wo entweder aufgrund von Beobachtungen feststeht, dass das gegenwärtige Selbst das Wohlergehen des zukünftigen Selbst vollkommen außer Acht lässt, oder in Fällen, wo es dem Individuum aufgrund hoher Informationskosten nicht möglich ist, sich die Zukunft vorzustellen, Intervention zugunsten der Langzeitpräferenz zulassen.[176]

4.) Verhaltensökonomie im Paternalismus: Der „neue Paternalismus" und das libertäre Paternalismuskonzept

a.) New Paternalism *nach* Mead

Eine erste Grundlage in der politischen und (sozial-)ökonomischen Theorie über die Nutzbarmachung von Paternalismus als Steuerungsinstrument für sozialstaatliche Angelegenheiten wurde durch den US-amerikanischen Politikwissenschaftler *Mead* und seine Konzeption eines *new paternalism* als Instrument

171 Ohly, 2002, 75; Enderlein, 34; Schmolke, 29; J.-C. Wolf, in: Anderheiden, 60.

172 J.-C. Wolf, in: Anderheiden, 60.

173 J.-C. Wolf, in: Anderheiden, 60.

174 Schmolke, 29.

175 R. Posner, Frontiers of Legal Theory, 281.

176 R. Posner, Frontiers of Legal Theory, 281.

zur Armutsbekämpfung gelegt.[177] Grundlegende Annahme dieses Konzepts ist dabei die Vorstellung, dass Armut nicht vorrangig durch äußere Faktoren (also insbesondere sozioökonomische) entsteht, sondern durch in den Betroffenen selbst liegende Umstände.[178] Damit sind vor allem tradierte Gewohnheiten im kulturellen Milieu des von Armut betroffenen gemeint, dessen Erziehungsmethoden und Verhaltensmuster.[179] Daher sei es originäre Aufgabe des Sozialstaates, den von Armut betroffenen Bürger durch das Setzen von Anreizen derart zu erziehen, dass er sich aus eigener Kraft aus der Armut befreien könne. Den Armen sollen also nur dann Sozialleistungen zugutekommen, wenn sie staatlich aufdiktierte Vorgaben erfüllen, also von einem Anspruchs- auf ein Obligationsmodell gewechselt würde.[180] Paternalismus ist nach Auffassung der von *Mead* begründeten Lehre also jede Form von Sozialpolitik, welche das Ziel hat, Armut und andere soziale Probleme durch staatliche Überwachung und Vorschriften zu beseitigen.[181] Dies sei notwendig, weil Bedürftige zwar einerseits Hilfe benötigten, andererseits zur Überwindung ihrer Probleme bestimmte Anforderungen an ihr Verhalten zu stellen seien, welche diese zu erfüllen hätten.[182] Danach bestehe kein Unterschied zwischen dem Wohl des Einzelnen und dem der Allgemeinheit, weil beide ein Interesse daran hätten, individuelle Armut zu beseitigen. Für *Mead* konstituiert dieser Ansatz deswegen Paternalismus, weil ähnlich dem Verhältnis zwischen Eltern und Kind der Staat nicht nur über die Hilfeleistung für den Sozialleistungsempfänger wacht, sondern auch dessen Verhalten kontrolliert.[183] Der Einzelne erleide dadurch keine Einschränkung seiner sozialrechtlichen Position, es werde lediglich „ihre Anspruchsberechtigung auf den Prüfstand gestellt, der eng an ihr individuelles Verhalten, ihre Eigenverantwortung geknüpft sei".[184]

Diese sehr weitreichende gesellschafts- und sozialpolitische Konzeption in ihrer Gänze zu beleuchten und beurteilen, ist für die vorliegende Auseinandersetzung nicht sinnvoll oder notwendig. Sie dient jedoch als Grundlage für den Ansatz, Paternalismus als Ausgangspunkt neoliberaler ökonomischer Überlegungen zu machen, auch wenn sich diese hier in einem deutlich weiteren

177 Siehe das gleichnamige von Mead herausgegebene Buch; insb. Mead, in: Mead, 1ff.
178 Siehe dazu ausführlich Drerup, 541ff; und Wolf, Der aktivierende Sozialstaat, 221ff.
179 Drerup, 542.
180 Drerup, 541.
181 Mead, in: Mead, 2.
182 Mead, in: Mead, 2.
183 Wolf, Der aktivierende Sozialstaat, 221.
184 Wolf, Der aktivierende Sozialstaat, 221.

Rahmen angelegt sieht. *Drerup* verweist dabei zutreffend darauf, dass *Mead* keinerlei Begründung für die Legitimation dieses Pseudopaternalismus liefert, vielmehr setzen sie „die befürworteten Vorgaben einfach mit dem, was sie ‚Paternalismus' nennen und für legitim halten" gleich.[185] In der Tat wird man das besonders herausstellen müssen, dass ein konzeptioneller Unterschied zu anderen Herangehensweisen an die sozialstaatliche Bekämpfung von Armut nur in den Begrifflichkeiten verortet ist, der Annahme der selbstverschuldeten Situation der Armut sowie dem ohne weiteres postulierten Einklang von Individual- und Gemeinwohl und einer vollkommenen Ausblendung individueller Autonomie.[186]

b.) Behavioral Law and Economics als Rechtfertigung von Paternalismus nach Thaler und Sunstein

Das von *Sunstein und Thaler* aufgestellte Konzept eines *libertarian paternalism*[187] unterscheidet sich von den bisher dargestellten daher, als dass es sich auf Erkenntnisse der Verhaltensökonomik bei der Ermittlung der Präferenzen des Betroffenen stützt und diese als Legitimation heranziehen möchte. Sie gehen begrifflich von Rechtspaternalismus aus, wenn eine Norm die von ihr betroffenen Adressaten derart beeinflussen soll, dass es ihnen am Ende „besser geht", wobei das „Bessergehen" so objektiv wie möglich zu bestimmen sei.[188]

> "In our understanding, a policy counts as 'paternalistic' if it is selected with the goal of influencing the choices of the affected parties in a way that will make these parties better off. We intend 'better off' to be measured as objectively as possible, and we clearly do not always equate revealed preferences with welfare."[189]

Ziel von Rechtspaternalismus sei demnach also, das Entscheidungsverhalten des Normadressaten in eine wohlfahrtsfördernde Richtung zu steuern, ohne dass dabei deren Entscheidungsfreiheit unterminiert würde.[190] Die Notwendigkeit von Rechtspaternalismus wird hier damit begründet, dass der Mensch aufgrund seiner Rationalitätsdefizite stets potenziellen Fehlern bei einer Entscheidungsfindung unterliegt, und dass Paternalismus dort unvermeidbar ist (oder zumindest die Alternativen wenig attraktiv), wo der Mensch keine konkrete und gefestigte

185 Drerup, 544.
186 Drerup, 545.
187 Sunstein, Thaler (2003), 1159.
188 Sunstein, Thaler (2003), 1162.
189 Thaler, Sunstein (2003), 175.
190 Sunstein, Thaler (2003), 1161, 1163.

Präferenzordnung hat. Einen weiteren Anwendungsbereich findet Rechtspaternalismus nach *Sunstein und Thaler* dort, wo die Kurz- und Langzeitpräferenzen der Betroffenen miteinander in Konflikt stehen. Dabei soll jedoch vermieden werden, die ex ante Sicht zugrunde zu legen, es soll vielmehr das Verhalten in jene Richtung gelenkt werden, in der sich der Betroffene unter Beachtung seiner Langzeitpräferenz ohne rationale Beschränkungen bewegen würde.[191] Ziel dieses libertären Paternalismus sei es, dass unter möglichst geringen Kosten von rechtlichen Vorgaben abgewichen werden könne.[192] Es ginge also weniger darum, *ob* das Recht paternalistisch sein sollte, sondern darum, in welcher Form.[193]

Es müsse dabei stets die Möglichkeit berücksichtigt werden, dass der Gesetzgeber Entscheidungsfreiheit schon deswegen ausschließt, weil diejenigen, die von der Norm abweichen, in aller Regel falsch liegen. Eine solche Herangehensweise bedeute jedoch immense Kosten für diejenigen, die abweichen. Eine endgültige Abgrenzung zwischen libertärem und nichtlibertärem Paternalismus könne anhand dieser Konzepte auch gar nicht vorgenommen werden.[194] Denn auch bei den meisten Normen, die nicht einem libertären Rechtspaternalismus entsprechen, würde im Ergebnis kein faktischer Zwang ausgelöst. So könne der Kradfahrer trotz Pflicht auch ohne Helm fahren und riskiere dann eben eine Strafe.[195] Bei der letztlichen Entscheidung zwischen den präsentierten Varianten könne sich der Normgeber insgesamt von Kosten-Nutzen-Abwägungen leiten lassen. Wo eine solche Abwägung mangels hinreichender Informationen oder zu hoher Kosten nicht möglich sei, solle er versuchen die Wohlfahrtsimplikationen anhand bestimmter Indikatoren zu ermitteln, etwa dem Entscheidungsverhalten der Mehrheit oder aber durch Entscheidung durch eine regulierende Instanz.[196]

In eine ähnliche Richtung wie *Sunstein und Thaler* zielt das Konzept des *asymmetric paternalism* nach *Camerer et. al.*[197] Ziel dieser Asymmetrie sei es, demjenigen, der Entscheidungsfehler begeht, möglichst große Vorteile zukommen zu lassen bei gleichzeitiger Minimierung der Kosten für denjenigen, der rational handelt.[198] Es bestehe die Gefahr, dass die Erkenntnisse der Verhaltensökonomik für sich genommen als Rechtfertigung für Rechtspaternalismus herangezogen

---

191 Sunstein, Thaler (2003), 1184.
192 Sunstein, Thaler (2003), 1184, 1885.
193 Thaler, Sunstein (2003), 175.
194 Sunstein, Thaler (2003), 1189.
195 Sunstein, Thaler (2003), 1190.
196 Sunstein, Thaler (2003), 1193f.
197 Camerer et. al., (2003), 1211ff.
198 Camerer et. al., (2003) 1212f.

werden könnten.[199] Ansatzpunkt müsse auch hier sein, beschränkt rationale und solche Personen zu erreichen, bei denen Langzeit- und Kurzzeitpräferenzen nicht in Einklang stünden.[200] Ziel dieses Ansatzes sei also, die Auswirkungen von unerwünschter Regelung für diejenigen, die von der Regel keine Vorteile haben, weil sie sie in Wahrheit nicht betrifft, zu minimieren.[201] Bei Unsicherheiten soll sich der Normgeber auf ein reines Informationsmodell beschränken müssen.[202] Auch die Lösungsansätze von *Camerer et. al.* sind denen von *Sunstein* und *Thaler* recht ähnlich:[203] *Default rules* seien vor allem dort effektiv, wo sie keine oder nur wenig Anstrengung benötigten, da in diesen Fällen der rational Handelnde gar nicht betroffen werde. Das Problem liegt jedoch nach wie vor darin, den Standard für die *default rule* zu bestimmen.

c.) Der homo oeconomicus *als Grundlage der Rationalitätserwägung*

Das grundlegende Prinzip dieser Rationalitätserwägungen lässt sich auf das utilitaristische Prinzip des *homo oeconomicus* herunterbrechen. Diese ökonomische Theorie geht davon aus, dass der Mensch grundsätzlich als eigennütziger rationaler Nutzenmaximierer agiert.[204] Kernelemente dieser Theorie sind erstens, dass der Handelnde ein vollständiges, nicht widersprüchliches Präferenzsystem hat, dem er zweitens eigennützig folgt und drittens auf Grundlage rationaler Aufnahme und Verarbeitung aller relevanten Informationen diejenige Handlungsvariante wählt, die gemessen an den Präferenzen und einer Kosten-Nutzen-Abwägung die günstigste ist.[205] Bei Verfolgung dieser so ermittelten Ziele maximiert die rationale Person also den individuellen Nutzen und wirkt dabei wohlfahrtsfördernd.[206] Dabei ist der *homo oeconomicus* Ausfluss der Theorie zweckrationalen Handelns; vorausgesetzt ist also ein Betroffener, der für seine wohldefinierten Handlungszwecke seine zur Verfügung stehenden Mittel rational einsetzt, um entweder das Ziel gemessen am Mittelvorrat maximiert zu erreichen, oder aber die Zielerreichung mit dem möglichen Minimum an Ressourcen zu bewerkstelligen.[207]

---

199 Camerer et. al., (2003), 1214.
200 Camerer et. al., (2003), 1216.
201 Camerer et. al., (2003), 1221.
202 Camerer et. al., (2003), 1253.
203 Camerer et. al., (2003), 1224f.
204 Kirchgässner, 12.
205 Schmolke, 107.
206 Schmolke, 107.
207 "rational choice theory" nach Korobkin, Ulen (2000), 1064; Schmolke, 107.

Dabei wird auf die subjektiven Präferenzen des Betroffenen abgestellt. Diese bringen die Vorstellungen und Wertigkeiten zum Ausdruck, die er den Elementen innerhalb seiner Nutzenordnung beimisst. Die Präferenzen beziehen sich dabei nicht auf die Handlung selbst, da es gerade Ziel sein soll, anhand der Handlung Rückschlüsse auf die Präferenzen zu ziehen (Theorie der *„revealed preferences"*).[208] Das Problem besteht darin, dass die tatsächlichen und die „revealed preferences" nicht zwangsweise deckungsgleich sein müssen. Daher, so die Theorie, würde die Aussage über die Präferenzen zuverlässiger, je mehr Beobachtungen man über den einzelnen und seine getroffenen Entscheidungen mache, und sich daher der Rahmen verenge, innerhalb dessen die nächste Auswahl als rational gelten könne.[209]

In einem zivil- oder wirtschaftsrechtlichen Kontext mag dies auch zutreffend sein oder zumindest als hypothetisches Vorstellungsbild für eine Mehrzahl von Fällen herhalten können. Die Grundannahme, dass jede der Parteien möglichst viel erhalten und im Gegenzug nicht mehr leisten möchte, als sie zu leisten verpflichtet ist, erleichtert die Bestimmbarkeit der jeweiligen Nutzenordnung erheblich, da finanzielle Werte nicht nur qualifizierbar, sondern quantifizierbar sind. Andererseits lässt es sich nicht von der Hand weisen, dass viele Menschen dazu bereit sind, bei einem Vertragsschluss finanzielle Einbußen hinzunehmen, wenn es einen ideellen, monetär nicht bemessbaren Zweck verfolgt, etwa Produkte aus fair-trade Handel oder solche, die ohne Kinderarbeit, Tierversuche oder aus nachwachsenden Rohstoffen hergestellt sind.[210]

Dies wird gerade bei medizinischen Eingriffen und dem vertraglichen Behandlungsverhältnis zwischen Arzt und Patient deutlich. Der Arzt wird für seine Leistung zweifellos leistungsgemäß entlohnt werden. Das Ziel der Leistung, die Heilung des Patienten, kann aber im Gegensatz zum Waren- und Finanzverkehr bedeutend schwieriger in ein abstraktes, geldwertes Verhältnis gesetzt werden, weil der Wert der Gesundheit von der Bedeutung der Beeinträchtigung der Krankheit für den Patienten und seine individuelle Lebensplanung abhängig ist und das Vorliegen eines pathologischen Zustandes ebenfalls nicht finanziell erfassbar ist. Anders formuliert hat die Frage, ob ein Eingriff medizinisch geboten ist, mit der Frage, ob der Patient ihn sich leisten kann und will, nichts zu tun. Das Prinzip des homo oeconomicus versagt bei Betrachtung von Gesundheitsleistungen daher bereits im Ansatz.

---

208 Varian (2012), 332ff.

209 Englerth, 67.

210 Englerth, 57.

d.) Ansätze für Rechtfertigung von Rechtspaternalismus durch Wohlfahrtsmehrung

Für die Frage der Rechtfertigung von paternalistischer Intervention durch das Recht ist nach dem ökonomischen Ansatz von *Thaler und Sunstein* also die Frage der Rationalität des Handelns der Betroffenen von Bedeutung. Das Bestehen von Verhaltensanomalien zeige auf, dass Individuen bei der Verfolgung ihrer Präferenzen systematisch Fehler begehen.[211] *Jolls, Sunstein und Thaler* sahen insbesondere im Bereich des Strafrechts und des Verbraucherprivatrechts eine Möglichkeit, durch verhaltensbezogene Betrachtungen einen wohlfahrtsfördernden Paternalismus zu legitimieren.[212]

Rechtspaternalismus sei danach normativ die im Ergebnis erreichte Wohlfahrtsmehrung und Freiheitsschutz, der durch (effektiven) Paternalismus bewirkt wird.[213] *Van Aaken* verweist dabei auf den Umstand, dass Menschen in vielen Lebensbereichen klare, stabile und wohlgeordnete Präferenzen fehlten, so dass ihre Wahlhandlungen vor allem vom Darstellungsrahmen, den Wahrnehmungsmöglichkeiten und dem Informationsfluss abhingen:[214]

> „Begrenzte Rationalität kann regulative Eingriffe in die Freiheitssphäre der Individuen notwendig erscheinen lassen und paternalisierende Rechtsnormen argumentativ rechtfertigen, da begrenzt individuelle Rationalität, sog. Anomalien, kostspielig sein können, sowohl für Individuen wie auch für ein Kollektiv."

Danach sei beschränkte Rationalität allein noch keine Rechtfertigung für staatlichen Eingriff. Das Recht könne jedoch dazu dienen, diese beiden Ebenen miteinander zu verbinden. „... Regulierungsziel und Regulierungsgrund können nur aus der Wirklichkeit erschlossen werden."[215] Die Verhaltensökonomik biete zwar eine verfeinerte Grundlage für Rechtspolitik, da sie Verhaltensanomalien und ihr Zustandekommen untersuche. Die Verhaltensforschung verstehe sich jedoch als deskriptive Theorie, während das Rationalitätspostulat normativen Charakter habe. Allein die Erkenntnis, Menschen würden regelmäßig beschränkt rational handeln, sei für sich genommen keine mögliche Legitimation staatlicher Intervention. Man müsse daher diese beiden Elemente miteinander verknüpfen, da „Regulierungsziel und Regulierungsgrund... nur aus der Wirklichkeit erschlossen werden" könnten.

---

211 Van Aaken, in: Anderheiden, 123; Schmolke, 216.

212 Jolls, Sunstein (1998), 1541.

213 Jolls, Sunstein, Thaler (1998), 1541ff; Schmolke, 216.

214 Van Aaken, in: Anderheiden, 110.

215 Van Aaken, in: Anderheiden, 110.

Allein die Gefahr von Missbrauch der Anomalien könne aber keinesfalls schon für sich genommen eine Rechtfertigung für Rechtspaternalismus sein:[216]

> „Die Existenz von Anomalien bedeutet nicht automatisch, dass diese rechtlich reduziert werden sollten; vielmehr sind auch die Gefahren und Risiken der Anomaliebehebung zu erwägen."

Es besteht also grundsätzlich die Gefahr einer übergreifenden Fremdbestimmung, wenn die mit dieser Motivation vorgenommene „Korrektur" in der gewählten Form nicht notwendig ist, weil der vermeintliche Rationalitätsfehler entweder nicht vorliegt oder aber ein milderes Mittel zur Verfügung steht.[217]

Ziel von Rechtspaternalismus soll also die Herbeiführung von Entscheidungen sein, die der Wertordnung des Betroffenen entsprechen und auf diese Weise die Diskrepanz zwischen der Fehlvorstellung und dem „eigentlich Gewollten" beseitigen.[218] Ähnlich formulieren auch *Whitman* und *Rizzo*:[219]

> "... cognitive problems lead to errors in decisionmaking, meaning that people systematically behave in ways that fail to advance their own best interest. Insofar as actual behavior deviates from optimal behavior, governments (as well as other people and institutions) can potentially intervene in ways that will improve the individual's well-being."

van Aaken ist dabei der Ansicht, dass diese Herangehensweise davon ausgeht, dem Staat sei dieser Wertemaßstab des Einzelnen bekannt. Ist dies nicht der Fall, so lasse sich paternalistisches Handeln nach ihrer Auffassung unter Umständen überhaupt nicht vermeiden.[220] Auch wenn diese Schlussfolgerung nicht zwingend erscheint, könnte man genauso gut sagen, unter diesen Voraussetzungen sei Paternalismus nicht unvermeidbar, sondern stets ungerechtfertigt, so wirft sich an dieser Stelle jedenfalls als weiteres Problem auf, welcher Zeitpunkt für die Bestimmung eigentlich maßgeblich sein soll.[221]

e.) Libertarismusansatz

Mitchell greift die Auffassung eines *libertarian paternalism*, in dessen Zentrum eine wohlfahrtssteigernde Intervention steht, an.[222] Auch er geht davon aus, dass

216 Van Aaken, in: Anderheiden, 110.
217 Van Aaken, in: Anderheiden, 124.
218 Schmolke, 217.
219 Whitman, Rizzo, (2007), 411.
220 Van Aaaken, in: Anderheiden, 123.
221 Sunstein, Thaler, (2003), 1166; Schmolke, 218.
222 Mitchell (2005), 1250.

die Setzung einer *default rule* bei einem die Auswahl vorgebenden Paternalismus sich kaum vermeiden lässt, stellt jedoch die von *Sunstein und Thaler* aufgestellte These, dass Ziel der *default rule* grundsätzlich die Wohlfahrtsmehrung zu sein hat, in dieser Konsequenz in Frage. Genauso gut könne Ausgangspunkt einer solchen *default rule* die Freiheitsförderung sein. Von diesem Standpunkt aus sei Paternalismus nur in zwei Formen denkbar: Förderung der Entscheidungsfähigkeit durch Aufhebung kognitiver Verzerrungen (*debiasing*) und wenn das nicht möglich ist, so müsse sich die Intervention auf freiheitsbeschränkende irrationale Entscheidungen beschränken. Gegenüber *Sunstein und Thaler* führt er ins Feld, dass durch ihren Ansatz bei beschränkter Rationalität zwar zu einer Wohlfahrtssteigerung führen könne, nicht jedoch zu einer Erhöhung zukünftiger Freiheit; rationale Betroffene hingegen hätten weiterhin die freie Wahl.[223] Sein Ansatz sieht daher vor, dass die *default rule* für den beschränkt rationalen Adressaten die geringstmögliche Freiheitsbeschränkung darstellen müsse, während der rationale Entscheider durch ein „*opt-out*" eine größere Freiheitsbeschränkung vermeiden könnte.[224] Auch *Mitchell* räumt ein, dass hier Abwägungen zwischen künftiger und gegenwärtiger Freiheit vorzunehmen seien. Ein auf Freiheit ausgelegter Paternalismus biete jedoch den Vorzug, dass für keine objektive Werteordnung aufgestellt werden müsse, die der individuellen der jeweils Betroffenen zuwiderliefe.[225] Freiheitsbezogener Paternalismus belasse dem Individuum seine Freiheit und stelle diesem anheim, zum Ziele der Wohlfahrtsförderung davon abzuweichen.[226]

f.) Schonendster Paternalismus

Auf Grundlage der Überlegungen von *Sunstein und Thaler* hat *van Aaken*[227] ein Konzept des schonendsten Paternalismus aufgestellt, welches ebenfalls die Implikationen der Verhaltensökonomik auf eine verfassungsrechtliche Betrachtungsweise anwendet. Ausgehend von dem Standpunkt, dass Menschen in vielen Bereichen ihres Lebens stabile und wohlgeordnete Präferenzen fehlten und ihre Wahlentscheidungen von äußeren Faktoren abhingen, die von ihnen nicht immer beeinflusst werden können, sei paternalistische Intervention mitunter nicht zu vermeiden.[228] Sie kommt daher zu dem Schluss, dass eine „binäre

---

223 Mitchell (2005), 1260.
224 Mitchell (2005), 1262.
225 Mitchell (2005), 1264.
226 Mitchell (2005), 1274.
227 van Aaken, in: Anderheiden et. al., 109ff.
228 van Aaken, in: Anderheiden et. al., 110.

Entscheidung zwischen der grundsätzlichen Zulässigkeit oder der grundsätzlichen Unzulässigkeit von Paternalismus obsolet“[229] sei und es daher nur um die Wahl der Mittel paternalistischer Intervention gemessen am verfassungsrechtlichen Übermaßverbot gehen könne.[230] Angewendet auf das deutsche Verfassungsrecht müsse im Sinne eines schonendsten Paternalismus im Gegensatz zu *Sunstein und Thaler* die Begründungslast für den Eingriff vor allem gemessen an der allgemeinen Handlungsfreiheit (Art. 2 Abs. 1 GG) und dem allgemeinen Persönlichkeitsrecht (Art. 1 Abs. 1 i.V.m. Art. 2 Abs. 1 GG) bedeutend schwerer sein.[231] Das Prinzip eines schonendsten Paternalismus ergebe sich dabei gerade aus dem Verhältnismäßigkeitsgrundsatz als Ausprägung des Übermaßverbotes. Nach dieser Vorstellung müssten im Sinne eines *optimalen Paternalismus* Kosten und Nutzen einer paternalistischen Intervention zueinander in ein Verhältnis gesetzt werden.[232] Dabei wirft sie die Frage auf, ob Anomalien im Sinne der Verhaltensökonomik überhaupt durch das Recht bekämpft werden sollen. Dies könne man durch Verweis auf die nur selten oder gar nicht auftretenden Anomalien begründen, und der externe Entscheider könne nicht zwingend besser entscheiden, was für das Wohlergehen des betroffenen Individuums zuträglicher wäre als das Individuum selbst.[233] Für rational entscheidende Personen bringe Rechtspaternalismus demnach nur Kosten auf der Freiheitsseite, jedoch keinen Nutzen; für Fälle, in denen die Mehrheit der Entscheider einer beschränkten Rationalität unterliege, sei der Nutzen eines Eingriffs nur dann höher als die Kosten für die Freiheit, wenn die Entscheidung des wohlmeinenden Gesetzgebers günstiger sei als die des Individuums.[234] Der Gesetzgeber sei also aufgerufen, die Anomalien und ihre Umstände zu erforschen. Habe er sie ermitteln können, so müsse eine Abwägung stattfinden zwischen der Häufigkeit des Eintritts der Anomalie einerseits, die Umstände der Geeignetheit des Eingriffs sowie dessen Schwere in die Freiheitsrechte andererseits stattfinden.[235] Unter diesen Prämissen will *van Aaken* Wahlverbote als verfassungswidrig einordnen, deren einziges Ziel es ist, den Einzelnen gegen seinen freien Willen vor den Folgen seiner Grundrechtsbetätigung zu schützen.[236] Davon ausgenommen seien jedoch Fälle,

229 van Aaken, in: Anderheiden et. al., 133.
230 van Aaken, in: Anderheiden et. al., 133.
231 van Aaken, in: Anderheiden et. al., 133f.
232 van Aaken, in: Anderheiden et. al., 134.
233 van Aaken, in: Anderheiden et. al., 135.
234 van Aaken, in: Anderheiden et. al., 136.
235 van Aaken, in: Anderheiden et. al., 136.
236 van Aaken, in: Anderheiden et. al., 136.

in denen Präferenzen unklar seien oder Entscheidungsfehler vorlägen, die den Grundrechtsträger von seiner Präferenz abweichen lassen. Auch in solchen Fällen müsse der Gesetzgeber zunächst versuchen, sich auf Wahlhilfen zu beschränken, die auf Aufklärung und Information des Individuums gerichtet sind, um diesem eine rationale Wahl zu ermöglichen. In Form von *isolierten* Wahlhilfen sei durch inhaltlich bestimmte Ausgestaltung nicht dazu bestimmt, kognitive Defizite auszugleichen, sondern hat weiterhin das isoliert reflektierende und entscheidende Individuum im Blick. Die Wahlhilfe ist in diesem Fall also einseitig bestimmt.[237] Sie verweist jedoch darauf, dass auch dies mit Kosten, etwa in Form von unerwünschter Reflexion oder dem notwendigen Zeitaufwand verbunden sein könne.[238]

5.) Kosten-Nutzen-Abwägungen bei paternalistischer Intervention

a.) Vertragsrechtliche Grundlagen der Kosten-Nutzen-Abwägung

Es ist bei alledem zu beachten, dass diese Lösungskonzepte vor allem im Rahmen zivilrechtlicher Vertragsfreiheit diskutiert werden.[239] Für die vorliegende Diskussion können diese zumindest nicht unreflektiert übernommen werden, weil diese Situation grundsätzlich von zwei sich gleichrangig gegenüberstehenden Parteien ausgeht, deren jeweiliges Interesse grundsätzlich gleich schützenswert ist. Zwar besteht eine gewisse Überschneidung insofern, als dass es auch beim vertragsrechtlichen Paternalismus um den Schutz vor Selbstschädigung geht und gerade externer, durch Dritte drohender Schaden schon begrifflich nicht unter Paternalismus fällt.[240] Es ist gerade wesensbezeichnend für Paternalismus, dass er negative Außeneinflüsse außer Acht lässt.[241] *Kennedy* verweist dabei darauf, dass die Grundlage von Rechtspaternalismus zwar just die Effizienzsteigerung bezüglich der Präferenzen der Vertragsparteien sei, wirft aber sodann selbst das Problem auf, dass vertragsrechtliche Regelungen von einem „normalen" Adressaten ausgehen.[242]

Daher sind Ansätze, die auf den „Normaladressaten" zugeschnitten sind, aus der Vertragstheorie nur schwerlich zu übernehmen. Denn auch wenn sie

237 van Aaken, in: Anderheiden et. al., 125.

238 van Aaken, in: Anderheiden et. al., 128f.

239 Maßgeblich zurückgehend auf Kennedy (1982), 563ff; siehe auch Schmolke, 138f m.w.N.

240 Schmolke, 139.

241 Korobkin (2009), 1665f.

242 Kennedy (1982), 572.

teilweise an Umstände anknüpfen, die innerhalb des Betroffenen liegen, so wird grundsätzlich davon ausgegangen, dass der einzelne zu einer korrekten Präferenzbildung in der Lage ist und er lediglich in der Präferenzbetätigung einer Fehlvorstellung unterliegt. So geht etwa die Annahme einer beeinträchtigten Informationsaufnahme- oder Verarbeitungsfähigkeit davon aus, dass der Betroffene zwar in seiner kognitiven Fähigkeit eingeschränkt ist, aber er dadurch lediglich die einer (an sich fehlerfreien) Präferenzordnung entsprechende Entscheidung aufgrund dieses Mangels nicht erkennen kann.[243] Daher werden in diesem Zusammenhang auch systematische Entscheidungsfehler durch kognitive Verzerrung (*cognitive biases*)[244], dieser Kategorie zugeordnet, weil auch hier davon ausgegangen wird, dass sie erheblich auf einem Informationsdefizit beruhen.[245] Dies mag auf die Einwilligung in ärztliche Behandlungen noch übertragbar sein. Bei psychischer Krankheit kann dieser Ansatz jedoch wegen motivatorischer Verzerrungen bereits auf der Ebene der Willensbildung schon kaum noch Geltung beanspruchen, da dort die Kognition durch kurzfristige, affektive Zustände (z.B. durch Betäubungsmittel) oder auch länger andauernde Umstände wie Süchte, oder krankhafte Störung der Geistesfähigkeit die Entscheidungsfindung beeinträchtigt.[246]

b.) Kosten und Risiken paternalistischer Intervention

Als weiteres Problem paternalistischer Intervention wird auch auf deren Kosten abgestellt. Damit sind nicht nur finanzielle Aspekte gemeint, sondern generell alle negativen Ergebnisse, die sich aus der Intervention für den Adressaten ergeben. Wie bereits ausgeführt ist paternalistische Intervention nicht schon aufgrund ihrer potenziellen Wohlfahrtsmehrung gerechtfertigt, da in der Summe für den Betroffenen auch ein „Minus“ entstehen kann, wenn die Intervention entweder gar nicht nötig war oder aber mildere Mittel zur Verfügung gestanden hätten.

Für die vorliegende Untersuchung maßgeblich ist vor allem das Problem der Wissensdisparität zwischen Betreutem und Betreuer. Die Wertordnung des Betroffenen ist eine innere, subjektive und vor allem individuelle Angelegenheit, die dem direkten Einblick des Paternalisten verwehrt ist.[247] Da Ansatzpunkt

243 Schmolke, 160 m.w.N.
244 Korobkin (2009), 1655f.
245 Sunstein (1986), 1139, 1166.
246 Schmolke, 161 m.w.N.
247 Rizzo, Whitman (2009), 905f.

der Ermittlung nach den vorgestellten Konzepten der Versuch ist, anhand von äußeren Umständen die innere Wertordnung herzuleiten, kann der Intervenient für sich wohl nur selten in Anspruch nehmen, diese genauso gut zu kennen, wie der Betroffene selbst. Damit im engen Zusammenhang steht das Problem, dass der Entscheider unter Umständen selbst beschränkt rational handelt.[248] Weder Gesetzgeber noch Richter sind vor systematischen Entscheidungsfehlern gefeit.[249] Eng damit verwandt ist die Gefahr schlicht sachfremder Motive.[250] Die Gefahr besteht vor allem darin, dass mit Zunahme paternalistischer Rechtssetzung eine Abwärtsspirale in Gang gesetzt wird, die die Selbstbestimmung Stück für Stück untergräbt.[251]

Ebenfalls ein Problem besteht im Bereich von Über- und Unterinklusion von Adressaten. Wie von *Kennedy* aufgeworfen besteht das Problem darin, dass der Normgeber von einer gewissen Homogenität des Adressatenkreises einer Intervention ausgeht. Mit zunehmender Heterogenität steige die Wahrscheinlichkeit, dass gerade die Unterschiede zwischen den Adressaten bei der Kosten-Nutzen-Rechnung eine Rolle spielen: Während ein Teil des intendierten Adressatenkreises die ihm durch das Recht zugesprochene „Hilfe" nicht benötigt und diese sich daher lediglich als Kosten manifestiert (Überinklusion), ist für einen anderen Teil der Nutzen nicht weit genug gefasst (Unterinklusion).[252] *Schmolke* und *Eidenmüller* verweisen dabei darauf, dass die Überinklusion die in der rechtswissenschaftlichen Paternalismusdebatte überragende Rolle spielt, weil es durch Überinklusion regelmäßig zu einer Verschiebung zwischen schutzbedürftigen und nicht schutzbedürftigen Adressaten komme.[253] Die Fehleranfälligkeit paternalistischer Interventionsüberlegungen hat gewissermaßen eine zweifache Dimension, weil nicht nur die Kosten der Intervention selbst zu beachten sind, sondern auch die möglichen Folgen einer Untätigkeit sowie eine Abwägung zwischen beiden „Kosten".[254] Nach *Rachlinski* soll sich dieses Problem durch eine flexible Möglichkeit der Restrukturierung gemessen an der Entscheidungssituation lösen lassen, die weder Wahlverbote noch –gebote kennt.[255] Da die Forschung bisher keine Möglichkeit geliefert habe, die individuelle Fehleranfälligkeit an

248 Zamir (1998), 260; ebenso Sunstein (1986), 1173.
249 Schmolke, 166.
250 Sunstein (1986), 1173; Saint-Paul(2011); 39, 149.
251 Sunstein, Thaler (2003), 1199; Ogus (2010), 69.
252 Schmolke, 167f; Cserne, 69.
253 Schmolke, 168; Eidenmüller, AcP 210 (2010), 71.
254 Sunstein (1986), 1145, 1173f; Zamir (1998), 261.
255 Rachlinski (2006), 226.

demographischen Faktoren festzumachen, könne die Überinklusion rationaler Entscheider vermieden werden, da jedem Adressaten grundsätzlich die gleiche Fehleranfälligkeit unterstellt würde.

Die Paternalismusdebatte zeigt an dieser Stelle schon auf, dass sich die vor allem wirtschaftlich motivierten Überlegungen aus der Vertragstheorie nur ausgesprochen schlecht auf Lebenssachverhalte übertragen lassen, die außerhalb reinen Vertragshandelns liegen, insbesondere das Arzt-Patienten-Verhältnis. Finanzielle Aspekte einer Behandlung spielen zumindest im Rahmen der gesetzlichen Krankenversicherung für den Patienten in Deutschland nicht die übergeordnete Rolle. Die Ziele, die Patienten mit ihrer Behandlung verfolgen, sind in allererster Linie auf ideelle Zwecke gerichtet, die sich nur schwer monetär erfassen lassen. Ideell ist dabei nicht im Sinne von „rechtlich unbedeutend" zu verstehen, sondern im Sinne von immateriell. Gesundheitsförderungen mögen zu einem geringeren Bedarf an Medikamenten oder Hilfsmitteln führen, sind aber in erster Linie darauf gerichtet, dass Leiden beseitigt werden und die eigene Lebensqualität verbessert werden soll.

Ein leider nicht zu unterschätzender Aspekt ist dabei auch die Gefahr von Missbrauch, die schon wegen der publik gewordenen Causa Gustl Mollath[256], die insoweit als Berührungspunkt das Zusammenwirken von Recht und Psychiatrie aufweist, besonderer Aufmerksamkeit bedarf. Denn genausowenig, wie Gesetzgeber, Richter und auch Ärzte von Fehleinschätzungen gefeit sind, sind sie über den Missbrauchsverdacht erhaben. Ein weiterer wichtiger Teilaspekt ist die Abwägung der Gefahren. Dabei ist das grundsätzliche Vorgehen, die Gefahr der Tätigkeit versus der bei Untätigkeit anhand eines prognostischen Urteils aus dem Gefahrenabwehrrecht durchaus bekannt. Gerade, wenn „zum Wohle" des Patienten gehandelt wird, zeigt sich die paternalistische Grundproblematik. Wie dargestellt bedarf ein solcher Eingriff einer eigenständigen Rechtfertigung, die sich gerade nicht in der „Wohlfahrtsmehrung" beim Betreuten erschöpfen darf.

Um diese verfassungsrechtliche Rechtfertigung zu beleuchten, soll wegen der Eigenart des Paternalismus, den Grundrechtsträger vor sich selbst zu schützen, in einem nächsten Schritt Rechtspaternalismus in einen Kontext zu den Grundrechten gesetzt werden. Zur Verdeutlichung wird dabei auf „Klassiker" rechtspaternalistischer Intervention zurückgegriffen und wie diese sich in das deutsche Grundrechtsverständnis einfügen.

256 Siehe dazu die Darstellung bei Hauer, NJ 2013, 456ff.

c.) Das Konzept der „Freiheitsmaximierung" in der Systematik der Grundrechte

Ausgehend von dieser Paternalismusdiskussion stellt sich die Frage, inwieweit sich staatliche Intervention zum Schutz des einzelnen vor sich selbst legitimieren lässt. Da in der ökonomischen Theorie das Ideal des *homo oeconomicus* als widerlegt gilt, kann als gesichert gelten, dass außerhalb eines monetären Kontextes, der wenigstens objektiv quantifizierbar ist, die Frage der „Freiheitsmaximierung" von der individuellen Werteordnung des einzelnen abhängig ist, so dass diese kaum als maßgeblicher Bezugspunkt für das Recht herangezogen werden kann.[257] Selbst bei einem angenommenen objektivierbaren Maßstab, was den Präferenzen des Einzelnen entspricht, würde sich ein solcher in seinem Alleingeltungs- und Absolutheitsanspruch schnell an den grundrechtlich garantierten Freiheiten stoßen. Aus der individuell dem jeweiligen Rechtsträger zugesicherten Menschenwürde aus Art. 1 Abs. 1 GG und der allgemeinen Handlungsfreiheit aus Art. 2 Abs. 1 GG ergibt sich für das deutsche Recht die Maxime, dass es gerade keine vorgeschriebene und für jedermann allgemeinverbindliche Lebensweise gibt, an der sich die Qualität des eigenen Lebens objektiv bestimmen lassen könnte. In diesem Zusammenhang ist damit auch der Ansatz abzulehnen, der in paternalistischer Intervention ein Instrumentarium der Freiheitsmaximierung sieht. Freiheit lässt sich nicht absolut quantifizieren.[258]

Freiheitsmaximierung setzt voraus, dass jemand aus verfassungsrechtlicher Sicht bereits grundrechtlich unfrei ist. Die Grundrechte sind jedoch in ihrem Freiheitsgehalt Absolute, die nicht mehr gesteigert werden können. Würde man davon ausgehen, dass einfache Gesetze die Grundrechte in ihrer Reichweite erhöhen könnten, dann wären die Grundrechte von vornherein beschränkt und nicht umfassend gewährleistet. Aus ihrer Konzeption als Freiheits- und Abwehrrechte einerseits und dem grundrechtlichen System des Gesetzesvorbehaltes ergibt sich jedoch, dass sie in ihrer Reichweite prinzipiell unbegrenzt sind, einfache Gesetze sie lediglich konkretisieren und einschränken können und der Staat sich bei jeder Einschränkung durch Gesetz oder aufgrund eines Gesetzes legitimieren muss.

Auch geht es fehl, wenn man wie *Enderlein* darauf verweist, die Erfassung der Entscheidung über künftige Freiheiten unter das Autonomierecht begründe die Annahme des Maximierungsansatzes, weil man dadurch der derzeitigen Entscheidungsfreiheit Vorrang vor der späteren Freiheit einräume.[259] *Möller* verweist

257 So auch Klimpel, 37f.
258 Ähnlich Klimpel, 39.
259 Enderlein, 60f.

gegen dieses Argument zutreffend darauf, dass Autonomie bereits bedeutet, dass der einzelne das Recht zu jedem Zeitpunkt hat, über sein Leben und dessen Entwicklung zu entscheiden.[260] Freiheit bedeutet demnach auch, sich zukünftige Betätigungsmöglichkeiten abzuschneiden.[261] Im Grunde ist entsprechend der von *G. Dworkin* dargestellten Betrachtung in jeder gegenwärtigen Tätigkeit und Entscheidung zugleich eine Bestätigung des Ausschlusses einer unendlich großen Anzahl zukünftiger Freiheiten notwendig enthalten:[262] Wenn man Schachspielen übt, verzichtet man für diesen Moment notwendigerweise darauf, etwa das eigene Tennisspiel zu verbessern. Wer Zigaretten raucht, beschädigt zwar auf lange Sicht seine Gesundheit, doch kann entsprechend *Feinberg* das potenzielle Schadensrisiko nicht dazu führen, dass dessen Vermeidung vor freiheitlicher Betätigung zwingend den Vorrang genießt.[263] Dieses stetige Bewerten von Kurz- und Langzeitinteressen entspricht dem von *Kleinig* vorgebrachten Konzept der Metapräferenzen. Teil von Freiheit ist nicht nur deren gegenwärtige, kurzzeitige Auslebung und die Verfolgung längerfristiger Ziele, sondern auch diese beiden Aspekte des eigenen Lebens zu jedem Zeitpunkt neu zu bewerten und gegeneinander abzuwägen. Ginge man davon aus, dass Freiheit nach Grundrechtsverständnis „maximierbar" wäre, dann könnte man wohl zu jedem Zeitpunkt Intervention damit rechtfertigen, dass eine nicht näher greifbare, prognostizierbare, potenziell denkbare Freiheit für spätere Nutzung erhalten bleiben soll – und dies zum späteren Zeitpunkt beliebig fortführen, um auf diese Weise zwar das Institut der Freiheit als dogmatische Grundlage zu konservieren, ihr aber bei dem Bestreben, sie in einer makellosen Verfassung zu erhalten, jegliche Betätigungsmöglichkeit zu nehmen.[264]

Eine Freiheitsmaximierung durch paternalistische Intervention ist also nach deutschem Rechtsverständnis schon begrifflich nicht möglich, weil Grundrechte bereits maximale Freiheit gewährleisten. An dieser Stelle kommt es auf die individuelle, durch den Schutzbereich begrenzte Reichweite der Grundrechte an, die auf den einzelnen im konkreten Fall Anwendung finden. Alles andere würde bedeuten, den Freiheitsanspruch des einzelnen von äußeren Umständen und

260 Möller, Paternalismus und Persönlichkeitsrecht, 123.

261 Möller, Paternalismus und Persönlichkeitsrecht, 124.

262 Ähnlich auch Gutmann, in: Schroth, Schneewind, Gutmann, Fateh-Moghadam, 208.

263 Feinberg, Harm to Self, 76f.

264 Feinberg, Harm to Self, 76f. Möller, Paternalismus und Persönlichkeitsrecht, 124, der in Anlehnung an Feinberg das Beispiel eines Schiffes gibt, welches auch am sichersten vor dem jemaligen Untergang bewahrt würde, belasse man es zu aller Zeit im sicheren Hafen.

vor allem der Reichweite seiner tatsächlichen Handlungsmöglichkeiten, sprich der Fähigkeit und Bereitschaft der Grundrechtsbetätigung abhängig zu machen. Dies würde die Menge der Freiheit tautologisch erklären: Man ist weniger frei, weil man nicht mehr Freiheit hat. Insbesondere kann dies nicht dazu führen, dass der Grundrechtsträger bei einem „Nichtgebrauch" seine Rechte an den Staat verliert, welcher den Willen zum Nichtgebrauch für unbeachtlich erklärt und sodann das Grundrecht „für den Grundrechtsträger" ausübt. Wie dargestellt führt der Verzicht der Geltendmachung einzelner Grundrechtspositionen weder zu einem Verzicht auf das Recht als solches, nur dazu, dass es dadurch der Fremdbestimmung durch den Staat eröffnet wird.

Dies ergibt sich schon aus den Gesetzesvorbehalten, die einen Eingriff in das Grundrecht erlauben, nicht jedoch eine Ausübung des Grundrechts durch den Staat. Die Teilung zwischen Grundrechtsträger und Grundrechtsverpflichtetem würde ansonsten vollständig aufgehoben und die Grundrechte im Ergebnis dadurch von ihrem Charakter als Abwehr- und Teilhaberechte zu einem Abwehr- und Teilhabe*zwang* pervertiert, der die Rechte des Einzelnen als losgelöst von ihrem Träger als Herrschaftsinstrument gegen ihn verwendet. Der Nichtgebrauch oder die Nichtgeltendmachung einer bestimmten Rechtsposition führt zu keinem „Grundrechtsvakuum", welches der Staat aus seinem Schutzauftrag legitimiert ausfüllen kann.[265]

Die Frage der individuellen Freiheit kann dabei auch nicht davon abhängen, wie sehr der Betroffene dazu in der Lage ist, „kluge" oder „vernünftige" Entscheidungen zu treffen. Von daher kann auch eine grundsätzliche Überordnung der Lang- über die Kurzzeitpräferenz für sich genommen kein sinnvoller Ansatzpunkt für die Legitimation paternalistischer Staatsakte sein. Ansonsten würde man an den Punkt kommen, dass sich der Staat gegenüber seinen Bürgern allein aufgrund seiner (selbsterklärten) größeren Ein- und Weitsicht seine Herrschaft ableitet. Der Paternalist würde bei seiner Intervention also gerade nicht von der Motivation geleitet, die Werte und Wünsche des Betroffenen zu erforschen und sich daran zu orientieren, sondern würde seine eigene, für objektiv und allgemeingültig erklärte Auffassung davon, was richtig und falsch, gut und schlecht, gerecht und ungerecht ist, zugrunde legen. Der abstrakte Verweis darauf, dass die kurzfristige Aufhebung bestimmter Freiheiten sich langfristig schon noch irgendwann freiheitsfördernd realisieren werde, wäre unwiderlegbare Legitimation jeglichen staatlichen Eingriffs und würde entgegen des grundrechtlichen Freiheitsgedankens die Begründungslast des Gegenteils pauschal auf

---

265 C.G. Schmidt bezeichnet dies auch als „Diktat der Willensfreiheit", 73.

den Grundrechtsträger übertragen. Zudem ist der paternalistische Normsetzer in der stärkeren Position, weil er bestimmen kann, ab wann eine Entscheidung gemessen an dem von ihm selbst aufgestellten Bezugsrahmen als rational und autonom gilt.

Freiheit kann also nur dort „quantifiziert" werden, wo es um ihr binäres Dasein oder Nichtdasein geht. Paternalistische Intervention kann sich im Lichte der Grundrechte also denkbar überhaupt nur in solchen Fällen legitimieren, in denen es um den Erhalt von Freiheiten und deren Grundlage geht, oder aber um deren Wiederherstellung.[266] Dies sagt noch nichts über die Ausgestaltung und deren Reichweite im Einzelfall aus, diese Einschränkung der Zielsetzung stellt jedoch die einzige Möglichkeit der Vereinbarkeit mit dem Grundgesetz staatlicher Eingriffe dar, deren einziger Zweck der Schutz des Einzelnen vor seinem eigenen Handeln ist. Damit ist auch nicht gesagt, ob eine derartige Beschränkung legitimen Paternalismus' diese Form staatlichen Handelns überhaupt noch sinnvoll nutzbar erscheinen lässt. Kern der Überlegung müsste also sein, ob dem Einzelnen ohne die Intervention die Grundlage seiner Autonomie entzogen wird, oder ob sie nach Verlust wieder derart eingeräumt werden kann, dass eine grundrechtliche Betätigung überhaupt wieder möglich wird – freilich stets unter dem Vorbehalt, dass die Wiederherstellung oder Erhaltung elementarer Autonomieaspekte auf irgendeine vertretbare Weise als „im Willen" des Betroffenen anzusehen ist. Inwieweit die Erkenntnisse der Verhaltensökonomie dabei nutzbar gemacht werden können, hängt außerhalb vertraglicher Selbstbindung davon ab, inwieweit das menschliche Verhalten in bestimmten Bereichen überhaupt normativierbar ist. Auch ein derartig eng gefasstes Konzept legitimen Paternalismus' erscheint kaum einfacher mit dem Grundrechtsverständnis der deutschen Verfassung in Einklang zu bringen zu sein.

Man wird wohl sagen müssen, je weiter man sich dabei in Richtung der Kernbereiche höchstpersönlicher Lebensführung begibt, desto weniger können derartige Normen aufgestellt werden. Dabei allein auf das Entscheidungsverhalten abzustellen, verfehlt vor allem das maßgebliche Charakteristikum von Paternalismus: Paternalistische Intervention setzt durch die Willensersetzung schon an einem früheren Punkt an, nämlich der Bewertung des subjektiven Entscheidungsmaßstabes und ob dieser dem unterstellten („wahren") Interesse entspricht. Strategien, die Fremdbestimmung verhindern sollen, sind jedoch nicht per se auf die Beseitigung von Paternalismus ausgerichtet, da Fremdbestimmung auch schlicht Ziele von Drittinteressen verfolgen kann. Intervention an dieser

266 Schmolke, der von einem „freiheitsfördernden Impuls" spricht, 247.

Stelle kann also nur gewährleisten, dass die Rahmenbedingungen für eine präferenzkonforme Entscheidungsfindung gesetzt werden und in Bereichen, in denen Drittschutzerwägungen keine Rolle spielen, Fremdbestimmung „zum Wohle" des Betroffenen verhindert wird. Dabei wirft sich gerade das problematische Verhältnis auf, dass man durch einen Eingriff in die Selbstbestimmung diese gleichzeitig fördern will.

6.) Unvereinbarkeit des libertären Paternalismuskonzeptes von *Thaler und Sunstein* der modernen Behavioral Law and Economics mit dem deutschen Grundrechtsverständnis

a.) Frühe Kritik an dem „neuen Paternalismus"

Der Libertarismusansatz (und damit auch der artverwandte asymmetrische Paternalismusansatz) von *Thaler und Sunstein* wurde bereits kurz nach seiner Entstehung von *Rizzo und Whitman* als dem neoliberalen *new paternalism* zugehörig kritisiert, dem sie die Thesen von *Thaler und Sunstein* zuschreiben.[267] Sie werfen auf, dass dem paternalistischen Gesetzgeber schon hinreichende Einblicke in die subjektive Präferenzordnung des Adressaten fehlen würden, um anhand dessen bestimmen zu können, ob er durch sein Handeln dieser „wahren Präferenz" auch folgt und welchen Rationalitätsbeschränkungen er dabei unterliege.[268] Wegen der hohen Heterogenität der Adressaten führe dieser Paternalismus im Ergebnis zu einer „One-size-fits-all" Lösung, die gerade nicht mehr an den subjektiven Präferenzen ausgerichtet ist.[269] Letztlich berücksichtige das Konzept nicht, dass der Paternalist bei der Normsetzung selbst denselben Rationalitätsbeschränkungen unterliegen könne wie sein Adressat.[270] Daher könne dieser Paternalismus zu einer neuen Kultur freiheitsfeindlichen Interventionismus'[271] führen, der unter dem Deckmantel der Freiheitsförderungen staatliche Bevormundung legitimiere.[272] Daher sei auch zu befürchten, dass der Gesetzgeber dieses Einfallstor für sachwidrige Einflussnahme missbrauchen könnte.[273]

267 Rizzo, Whitman (2009), 905ff; siehe dazu auch Schmolke, 237f.
268 Rizzo, Whitman (2009), 909f; dazu Eidenmüller, JZ 2011, 815; Schmolke, 237.
269 Rizzo, Whitman (2009), 964f.
270 Whitman, Rizzo (2007), 412.
271 Schmolke, 240.
272 Veetil (2011), 320.
273 Whitman, Rizzo (2007), 442.

b.) Jüngere Kritik am Konzept des „nudging" *im libertären Paternalismus*

Die Kritik hat gerade in jüngerer Zeit zugenommen[274] und lässt sich in vielen Punkten auf das deutsche Recht übertragen. Der Ansatz ist nicht mit dem deutschen Rechtsverständnis vereinbar, weil er auf eine reine Kosten-Nutzen-Rechnung in Bezug auf die Wohlfahrtsmehrung versus deren Kosten abstellt. Der verhaltensökonomische Ansatz, durch entsprechende (rechtliche) Ausgestaltung den einzelnen in eine bestimmte, seinem Wohlbefinden zuträgliche Richtung „anzuschubsen" (*nudging*),[275] steht dabei, wie *Heidbrink* herausstellt, unter der Prämisse, dass der jeweilige Adressat ein konsistentes Präferenzsystem entwickelt, wenn er alle notwendigen Informationen zur Verfügung hat.[276] Zudem lässt dies außer Acht, dass menschliche Entscheidungsfindung sich nicht auf *expected utility* herunterbrechen und durch einen externen Beobachter festlegen lässt, sondern ein Amalgam aus persönlichen Erfahrungen, Glaubens- und Gewissensregeln, Prinzipien und Motiven ist.[277] Maßgeblich kann dabei also nur sein, die Entscheidungssituation und Umgebung aus der subjektiven Perspektive des Betroffenen zu beurteilen und seine individuelle Selbstbestimmungsfähigkeit in diesem Kontext zu ermitteln.[278] Es entsteht dadurch vor allem eine Unterordnung des gegenwärtigen Selbst unter das zukünftige mit dem Ziel, dass sich das zukünftige Selbst zu dem vom Paternalisten gewünschten Ideal hinbewegt, ohne dabei jedoch zu berücksichtigen, dass sich bis zu diesem Punkt die rechtlichen, sozialen und tatsächlichen Umstände wieder geändert haben können.

Dieses im Endeffekt auf dem Leitbild des *homo oeconomicus* basierende Konzept[279] berücksichtigt zwar durchaus die Individualität des einzelnen, legt aber andererseits normativ fest, dass jeder eine „wahre" Präferenz hat, die er erkennen kann und wird, wenn man ihm dafür nur die notwendigen Informationen und Anreize darbietet[280] – und geht sodann davon aus, dass dem paternalistischen Gesetzgeber diese „wahren Präferenzen" aufgrund von Beobachtungen bewusster sind als dem jeweiligen Betroffenen. Dies setzt wenig Anreize für Gesetzgeber oder überhaupt andere, sich mit den tatsächlichen Wünschen des einzelnen

---

274 Rebonato, 153ff.

275 Die Begrifflichkeit zurückgehend auf das gleichnamige Buch „Nudge" von Thaler, Sunstein; erweiternd Sunstein, Why Nudge?; siehe auch dazu Chapman (2014), 280ff.

276 Heidbrink, in: Birnbacher, Torseth, No. 5, 6.

277 Heidbrink, in: Birnbacher, Torseth, No. 6.

278 So auch White, 34, 61.

279 Svensen, Chap. 10 Paternalism, Libertarian Paternalism.

280 Baujard, Homo Oeconomicus 32(2), 2015, 301f.

auseinanderzusetzen, sondern ihn lediglich, wie *Baujard* es beschreibt, als „Wohlseinsgefäß“ anzusehen, zu dem der Adressat vom Paternalisten ohne dessen Zustimmung erklärt wird.[281] Der Schritt zur bereits unter dem Aspekt der Menschenwürde genannten „Projektionsfläche“ für staatliche Moralvorstellungen scheint von dieser Warte aus nur noch klein zu sein. Wenn im libertären Paternalismus also von der individuellen Präferenz gesprochen wird, ist eigentlich eine normative Sozialpräferenz gemeint, die es für den Einzelnen zu erreichen gilt.[282] Es gebe, so *Baujard*, daher keinen Grund, den Einzelnen bei der Ermittlung dieses normativen Kriteriums nicht individuell zu berücksichtigen und zu involvieren, geht es doch um sein Wohlergehen.[283] Der Umstand, dass sich *Sunstein und Thaler* für die Möglichkeit aussprechen, der Einzelne müsse die Möglichkeit haben, sich so leicht es geht von der paternalistischen *default rule* lösen können, könne über die dahinterstehende Wohlfahrtstendenz nicht hinwegtäuschen.[284] Wenn also darauf verwiesen wird, dass auf diese Weise Freiheiten erhalten würden, dann meine es eigentlich Freiheiten, wie sie der Paternalist versteht, nicht aber aus Sicht des Betroffenen.[285]

Rebonato sieht darin auch die Kritik begründet, dass der *„Nudger“* – ganz im Sinne der bisher dargestellten, fundamentalen Paternalismuskritik – für sich in Anspruch nehme, stets wohlmeinend zu sein und dadurch die Grenze vom *„libertarian paternalism“* hin zum *„libertarian welfarism“* einebne.[286] In diese Richtung zielt auch die Kritik von *Korobkin*. Der eigentliche Ansatz ökonomischer Rechtbetrachtung sei demnach die Förderung der allgemeinen Wohlfahrtspflege, welche also die Utilität nicht nur der des einzelnen, sondern auch aller anderen Beteiligten berücksichtige.[287] Der Libertarismusansatz gebe keine Antwort darauf, warum der Staat sich einzig mit der Utilität des Individuums beschäftigen sollte und vor allem auch nicht darauf, wie mit den damit verbundenen Auswirkungen auf Dritte umzugehen sein soll.[288] Im Grunde liefert er, so etwa *Cserne*, keine Antwort auf die Frage, in welche Richtung Menschen bei

281 Baujard, Homo Oeconomicus, 32(2), 2015, 304.
282 Baujard, Homo Oeconomicus, 32(2), 2015, 304.
283 Baujard, Homo Oeconomicus, 32(2), 2015, 302.
284 Svensen, Chap. 10 Paternalism, Libertarian Paternalism.
285 Hansen, Jespersen, EJJR 1(2013), 5f.
286 Rebonato, 221ff, 227ff.
287 Korobkin (2009), 1665.
288 Korobkin (2009), 1665.

ihrem Handeln tendieren, sondern nur, wie man sie ihn eine bestimmte Richtung durch das Recht lenken kann.[289]

Der Verweis darauf, dass das Recht an jeder Stelle verhaltenslenkend wirkt, kann dabei nicht als Argument der Unvermeidbarkeit von Paternalismus gesehen werden. Denn in aller Regel wirkt sich die Lenkungsfunktion des Rechtes auf Förderung eines nicht nur innerhalb des Betroffenen liegenden Ziels aus. Dass der Staat durch normative Rechtsregeln das Verhalten in eine bestimmte Richtung lenken möchte und dabei unter bestimmten Voraussetzungen unvermeidbar auch Zwang anwendet,[290] ändert daran nichts. Ein Paternalismus also, der einen derart allgemeinen normativen Wohlfahrtsanspruch hat, wirkt nicht autonomieerhaltend, er manipuliert den Einzelnen in eine bestimmte Richtung, die möglicherweise seinem Interesse entsprechen und dienen mag, die aber am Ende durch den Normgeber vorgegeben wird.[291] Letztlich kann mit *Gigerenzer* auch darauf verwiesen werden, dass die „Schuld" für irrationales, nicht den eigenen Präferenzen entsprechendes Verhalten des Einzelnen durch diesen Ansatz auf dessen Verstand geschoben wird, ohne dabei etwa zu berücksichtigen, dass die Umstände, die ihrerseits zu den Rationalitätsdefiziten des Einzelnen bei der Verfolgung seiner Präferenzen führen, mitunter selbst durch Dritte bereits auf manipulative Weise gesetzt worden sind.[292] Das Ideal paternalistischer Intervention sollte seiner Ansicht nach also nicht die Erreichung einer „Wohlfahrtsmehrung" anhand eines normativen Maßstabes sein, sondern ein Gefahrenbewusstsein schaffen.[293]

Zuzustimmen ist *Schmolke* und *Ogus* insofern, als dass das Missbrauchsargument gezielt gegen Paternalismus gerichtet nicht viel taugt,[294] weil missbräuchliche Rechtssetzung in jedem Fall unabhängig davon abzulehnen ist, ob sie nun dem Schutz des einzelnen vor sich selbst, Dritten, oder konturlosen, wenig greifbaren Entitäten wie „der inneren Sicherheit" oder „Schutz der Allgemeinheit" dienen soll. Dennoch kann ebenso mit *Ogus* unter dem Begriff des Paternalismus-Paradox darauf verwiesen werden, dass gerade im Bereich paternalistischer Intervention die Neigung groß zu sein scheint, den paternalistischen Zweck zu verleugnen oder zumindest als nebensächlich darzustellen (wie bei Helm- und

289 Cserne, 62.

290 Wilson, in: Schramme, 208.

291 Beck, in: Ach, Lüttenberg, Nossek 94, die insofern von einer politischen und institutionellen Entscheidungsarchitektur spricht.

292 Gigerenzer (2015), 379f.

293 Gigerenzer (2015), 379f.

294 Schmolke, 246; Ogus (2010), 69.

Gurtpflicht) und vorwiegend auf Drittschutzerwägungen abzustellen.[295] Wenn als Gegenpunkt zur Kritik die verhaltensökonomische Basis des „neuen Paternalismus“ anlehnend an *Thaler und Sunstein* angeführt wird, paternalistisches Recht würde es auch ohne ökonomische Grundlage in der westlichen Welt geben,[296] so spielt man damit der Argumentation, die die Gefahr einer schleichenden Ausweitung (*mission creep*)[297] durch den libertären Ansatz befürchtet, in die Hände. Sich mit der Unvermeidbarkeit paternalistischer Rechtssetzung als Faktum abzufinden und dann nur noch zu fragen, wie weit man sie treiben und dabei noch am sinnvollsten legitimieren kann, führt in der Tat dazu, dass die Stellschraube nur noch in Richtung staatlicher Kontrolle, Freiheitsbeschränkung und Utlitätsdiktat gedreht werden kann. Da hilft es auch nicht, wenn man wie etwa *Beck* darauf verweist, es sei empirisch nicht belegt, dass und ob ein solcher „Dammbruch“ überhaupt eintreten würde, zumal bestimmte Formen paternalistischer Rechtssetzung wie Gurt- und Helmpflicht heutzutage nicht mehr als „unerträgliche Bevormundung empfunden“ würden.[298] Einmal davon abgesehen, dass diese Auffassung ebenfalls keinerlei empirische Grundlage für sich beanspruchen kann, ist das kein taugliches Argument für die Legitimation paternalistischen Rechts und erübrigt jeglichen Diskurs darüber. Denn dann würde allein die gute Absicht gepaart mit der Prognose, der Betroffene würde schon irgendwann erkennen, dass der Eingriff gar nicht so schlimm sei und sich damit abfinden, gerade als stets passendes Argument herangezogen werden können. Gemessen an der Tragweite der Gefahr für die persönliche Autonomie der Grundrechtsträger erscheint der Eintritt zumindest wahrscheinlich genug, als dass diese mit dem schlichten Verweis auf fehlende empirische Daten vorbehaltlos ausgeräumt werden könnten.

Wright und Ginsburg verweisen bei ihrer Kritik eines verhaltensbezogenem Rechtspaternalismus auf die Regulierung von Rauchverboten aufgrund von Nichtraucherschutzerwägungen.[299] Das Problem bestehe darin, dass paternalistische Eingriffe allein auf dem Umstand begründet sein können, dass der Staat reguliere, weil er es schon immer so getan habe. Wenn eine Regulierung erst mal in Kraft getreten sei, werde sie häufig auch als neuer normativer Sollzustand und Status Quo etabliert. Jeder weitere Schritt erscheint dann nur noch logisch.

295 Ogus (2010), 65.

296 Schmolke, 246f; der allerdings davon ausgeht, dass diese Rationalisierung der Paternalismusdebatte disziplinierende Wirkung auf den Gesetzgeber haben könne.

297 Wright, Ginsburg, in: Hatzis, Mercuro, 297.

298 Beck, in: Ach, Lüttenberg, Nossek, 95.

299 Wright, Ginsburg, in: Hatzis, Mercuro, 297ff.

Zuerst entschied die Regierung, dass Rauchen schlecht für die Raucher sei und informierte die Allgemeinheit. Als dies nicht zu der gewünschten Verhaltensänderung führte, wurde Zigarettenwerbung verboten und die Tabaksteuer weiter angehoben. In einem nächsten Schritt wurde dann auf den Nichtraucherschutz verwiesen und eine neue, externe Begründung gefunden. Dieser Schutz wurde dann ebenso immer weiter ausgebaut, da die Grundlage für die Intervention, die Ungesundheit des Rauchens, bereits beim ersten Schritt der Regulierungskette etabliert wurde und dann als Rechtfertigung später nicht mehr hinterfragt, sondern eben als unzweifelhafter Standard angesehen wurde. Jeder weitere Schritt diente also nur noch dazu, dem einmal gesetzten Ideal näher zu kommen, von ihm abzurücken ist seitdem zu keinem Zeitpunkt mehr eine Option.[300]

Das Problem mit "*behaviorally inspired regulation*" sei also, dass es die Wahrscheinlichkeit erhöhe, dass, wenn sie erst mal akzeptiert sei, sie eine Expansionstendenz habe. Wenn Regulierung darauf beruhe, den Unterschied zwischen ausgedrückter und „wahrer" Präferenz zu überwinden, stehe der Normgeber vor der Frage, wie viel Druck er zur Erreichung dieses Zieles ausüben dürfe. Reichte der erste Eingriff in seiner Intensität nicht aus, um den gewünschten Effekt zu erzielen, ergebe sich daraus schon, dass mehr unternommen werden müsse. Die unausweichliche Folge sei daher, dass er weitere, drastischere Regulierung unternehme, und zwar so viel wie nötig, ohne dabei noch einmal innezuhalten und zu überlegen, ob die ursprüngliche Regulierung überhaupt sinnvoll gewesen sei, sie es aktuell noch ist und ob wirklich eine Differenz zwischen den Präferenzen bestehe. Solange der Normgeber nur den „input" regulieren könne, nicht aber den „output", könne er im Ergebnis nur hoffen, durch immer weiteres Anschrauben der Anforderungen irgendwann Glück zu haben und sich durchzusetzen. Wenn er aber Erfolg habe, habe er keinerlei Ambition herauszufinden, ob es wirklich an seiner Intervention gelegen habe oder an anderen Umständen, weil er sich mit dem Ergebnis begnüge.[301]

Durch das Abstellen auf unterstellte „wahre Präferenzen" umgeht man die Auseinandersetzung mit der fundamentalen Kritik an Paternalismus. Zu sagen, es entspreche der „wahren Präferenz" des einzelnen, etwa nicht durch einen Verkehrsunfall oder durch die Wirkung des Rauchens an Lungenkrebs zu sterben, ist eine Binsenweisheit ohne jeglichen Wert für die Begründung staatlicher Intervention. Wenn man wie *Hodson* davon ausgeht, dass drohender schwerer Schaden ein Anhaltspunkt dafür sein könne, dass der Betroffene in

300 Wright, Ginsburg, in: Hatzis, Mercuro, 325.
301 Wright, Ginsburg, in: Hatzis, Mercuro, 326.

die paternalistische Intervention bei Kenntnis der Sachlage einwilligen würde, da nahezu niemand es wünsche, schweren Schaden zu erleiden,[302] so geht diese These von einer Person aus, die zu selbstbestimmtem Handeln überhaupt in der Lage ist. Zumindest bei einem mündigen Erwachsenen kann mit *Murphy* aufgeworfen werden, dass die durch den Eingriff erreichte Entmündigung über die Selbstbestimmung gerade nicht die Art und Weise ist, in der man mit einem mündigen Erwachsenen umzugehen pflegt.[303]

Es wird also übersehen, dass es nicht darum geht, ob der einzelne „leben oder sterben will", nicht um die Abwendung des Effekts per se, sondern um darum, ob und in welchem Maße es dem einzelnen gestattet wird, diese hochrangigen Rechtsgüter in Auslebung seiner Persönlichkeit und Selbstbestimmung abzuwägen und anhand dieser Abwägung zu gefährden oder preiszugeben. Dem Betroffenen jedoch die Begründungslast aufzuerlegen, widerspricht, wie *van Aaken* auch zutreffend herausgestellt hat, unserem deutschen Grundrechtsverständnis. Denn soweit die Abkehr von der gesetzlichen Regelung von staatlicher Genehmigung abhängig ist, wird diese Last für abweichendes Verhalten entgegen Art. 2 Abs. 1 GG auf den Grundrechtsträger verlagert. Diesen schweren Konflikt mit dem Dogma des Gesetzesvorbehalts und damit dem Wesensgehalt der Freiheitsrechte, Art. 19 Abs. 2 GG, kann man jedenfalls nicht durch den bloßen Verweis auf Alternativlosigkeit begründen. Stellt man hingegen das Ausscheiden komplett zur Verfügung der Adressaten, so wirft sich gerade die Frage der Legitimation dafür auf, warum derjenige, der bestimmten Schutz nicht wünscht, sich aktiv seiner entledigen müsse und nicht derjenige, der ihn benötigt, sich unter ihn stelle. Man kann sich an dieser Stelle wohl nur wieder mit der unterstellten fehlenden Einsicht des Schutzbedürftigen in die Gefährdungslage begnügen und argumentieren, dass derjenige, der freiwillig auf Schutz verzichtet, die damit verbundenen Folgen auch erkannt hat. Die Folge davon ist jedoch, dass durch besonders leichte Möglichkeit der Lösung von einer Regelannahme sich auch diejenigen, die sich etwa aus Bequemlichkeit und daher gerade nicht in Erfassung aller notwendigen Informationen davon lösen wollen, dies genauso leicht können wie die unterstellt „Rationalen". Es bedürfte also auch hier eines Kontrollmechanismus', der sicherstellt, dass nur diejenigen, die auch wirklich freibestimmt handeln, sich auch von dem intendierten Schutz lossagen.

Dies soll freilich nicht die Legitimation ökonomischer Rechtsbetrachtung in Frage stellen. Der ökonomische Ansatz kann, wie *Cserne* herausstellt, für den

302 Hodson, 48.
303 Murphy, 165.

Normgeber insofern nutzbar gemacht werden, als dass dieser ihm neue Wege und Möglichkeiten rechtlicher Einwirkungen aufzeigen kann.[304] Die Gefahr liegt dabei weniger in dem Missbrauch durch äußere Einflüsse oder sachfremde Erwägungen, sondern vielmehr darin, dass dadurch das Bild des unmündigen Bürgers gefördert wird, der sein Leben nicht selbstbestimmt führen kann. Die Freiheit, die dem einzelnen gewährt werden soll, ist dabei nicht auf Selbstbestimmung ausgelegt, sondern nur darauf, inwieweit man diese in Hinblick auf das staatlich normierte Ideal ausleben mag.

Es liegt, wie *Cserne* richtig aufzeigt, in der Wesensnatur des Rechts, dass es in seiner Regulierungs- und Steuerungsfunktion mit „empirischer Wissenschaft" im Wesentlichen nicht sonderlich kompatibel ist.[305] Das liegt daran, dass schon juristische Prognosen, Einschätzungen und Urteilsfindung keine empirische Genauigkeit verlangen (und von ihnen realiter auch nicht verlangt werden kann), sondern je nach Situation eine gerade nicht naturwissenschaftliche, sondern anhand juristischer und denklogischer Erfahrungssätze gewonnene Prognosen und Einschätzungen vorgenommen werden – man denke an den hinreichenden Tatverdacht als Voraussetzung für die Erhebung der öffentlichen Klage, § 170 Abs. 1 StPO, oder der Beweiswürdigung nach § 286 ZPO, bei der nach der Rechtsprechung des BGH gerade keine naturwissenschaftlich unumstößliche Gewissheit vonnöten ist, sondern eine solche, die vernünftigen Zweifeln schweigen gebietet, ohne sie völlig auszuschließen.[306] Es ist nicht davon auszugehen, dass es überhaupt möglich wäre, an jeder Wirkungsstätte des Rechts auch nur hypothetisch an alle relevanten Informationen zu gelangen.[307] Das juristische Menschenbild ist in vielerlei Hinsicht ein anderes als das der Ökonomie,[308] ebenso das Verständnis davon was einen „vernünftigen" Menschen ausmacht.[309] Das Recht definiert die Vernunft in vielen Bereichen tatsächlich normativ (Geschäftsfähigkeit, Deliktsfähigkeit, Schuldfähigkeit, usw.), bezieht diese allerdings stets auf einen bestimmten, ebenfalls normativ begrenzten Betätigungskreis. Diese Definitionen sind dabei zwar einerseits normativ, andererseits sind sie erheblich von kontemporaler und kultureller Prägung abhängig, die

304 Cserne, 62.

305 Cserne, 78.

306 BGH NJW 1970, 946, 948; NJW 1973, 1924, 1925; siehe auch OLG Stuttgart VersR 2007, 1363, 1364.

307 Cserne, 79.

308 Cserne, 78; Frerichs (2011), 311.

309 Cserne, 78, der jedoch von einer gewissen Nähe ausgeht.

sich stetig im Wandel befindet, während gleichzeitig das Recht wechselwirkend einen erheblichen Einfluss auf die zugrundeliegenden Werte hat.

> "The position of the economic sociology of law would be more reconciliatory in this respect, since what humans are (or what they can become) ultimately depends on the culture they live in. And one of the strongest cultural forces in modern society is the law. Whatever role model the law adopts will, therefore, also be realized, to a certain extent, in legal and social practice."[310]

Insofern ist durchaus zu befürchten, dass man auf diese Weise die dargestellte rechtsdogmatische und -philosophische Problematik der Legitimität staatlichen Schutzes vor sich selbst dadurch umgeht, dass man schlicht auf die Ergebnisse der Verhaltensforschung wegen ihres empirischen Anspruchs als unumstößliches Faktum abstellt und sie als Metawissenschaft staatlicher Regelungsbefugnis gebraucht (oder auch missbraucht), die bei jeder zu beurteilenden Handlung als Argument herangezogen werden könnte um vorzugeben, man würde wissen, warum sie so ausgefallen sei, wie sie es ist.[311] Allein der Hinweis auf psychologische oder ökonomische Erkenntnisse kann für sich genommen keine paternalistische Intervention legitimieren, weil der Gesetzgeber bei dem Menschenbild, welches er als „Archetyp" annimmt, grundsätzlich davon ausgehen muss, dass, wie *Klimpel* trefflich herausstellt, das Individuum die es beeinflussenden inneren Hindernisse überwinden kann und auch wird.[312] Insofern verweist er auch zutreffend darauf, dass psychische Beeinträchtigungen und Fehlleistungen nicht von vornherein die Autonomie einer Entscheidung ausschließen. Den Menschen auf diese Weise gegen seine eigene Schwäche auszuspielen birgt entgegen jeden Leugnens die Gefahr einer Verkehrung des Freiheitsideals zu einer rein auf Effizienz basierenden Technokratie,[313] bei der das Ideal nicht Freiheit ist, sondern die Optimierung und Maximierung der menschlichen Existenz. Das Menschenbild, welches freiheitlichen Rechtsordnungen zugrundeliegt, muss daher das des zwar fehlbaren Individuums sein, welches seine Schwächen überkommen und aus seinen Fehlern lernen kann, dies aber weder zwangsläufig tut noch tun muss. „Das Selbstbestimmungsrecht, das dem rechtlichen Paternalismus widerstreitet, ist auch ein Recht darauf, sich exzentrisch, unvernünftig, neurotisch… zu verhalten."[314]

---

310 Frerichs (2011), 311.

311 Klimpel, 34f, der dieses Argument auf die in diesem Zusammenhang artverwandte Verhaltenspsychologie bezieht.

312 Klimpel, 34.

313 Cserne, 63.

314 Gutmann, in: Schroth, Schneewind, Gutmann, Fateh-Moghadam, 232.

c.) *Beschränkung autonomieorientierten (weichen) Paternalismus' auf den Erhalt und die Wiederherstellung von Autonomie nach* Klimpel

Klimpel setzt sich wegen seiner Kritik an dem u.a. von *Enderlein* vertretenen Konzept von Freiheitsmaximierung[315] und dem Problem der fehlenden Einsicht in innere Beweggründe durch Dritte mit der Frage auseinander, in welchen Grenzen ein weicher, autonomieorientierter Paternalismus grundrechtlich vertretbar sei.[316] Er möchte wegen der aufgeworfenen Schwierigkeiten paternalistische Grundrechtseingriffe dem Grunde nach zulassen, wenn sich die Handlung des Betroffenen gegen die Grundlagen seiner eigenen Autonomie richtet oder er mögliche Wiederherstellungen derselben nicht wahrnehme. Darunter versteht er eine Beschränkung von Paternalismus auf „wenige und klar erfaßbare Fälle", bei denen es zu einer „Selbstnegation" der Autonomie bzw. ihrer Grundlage kommt.[317] Die Orientierung also an den Grundlagen der Autonomie (also sowohl ihrer Betätigung als auch ihrer institutionellen Voraussetzungen) sei deshalb als Legitimation für Grundrechtseingriffe geeignet, weil sie keine Unterscheidung zwischen Eigen- und Fremdgefährdung oder hartem und weichem Paternalismus erforderlich mache und zudem, wie gezeigt, auf offensichtliche Fälle beschränkt sei.[318] Es gehe also bei der Frage einer Legitimation nicht in erster Linie darum, wie Freiheit ausgeübt würde, sondern lediglich darum, Freiheit zu erhalten.[319] Denn Freiheit könne sich aber nur dort überhaupt entfalten, wo ihre Grundlage besteht, also insbesondere Leben und körperliche Unversehrtheit. Paternalismus sei also insbesondere dort gerechtfertigt, wo diese Güter beseitigt oder gefährdet würden oder auch dort, wo es um deren Wiederherstellung gehe.

7.) Paternalismus zum Schutz von Autonomie – ein Paradox?

Die vorgestellten Konzepte sind sicherlich nicht endlich und ließen sich noch weiter nuancieren. Ihnen bleibt jedoch gemein, dass unabhängig von der begrifflichen Einordnung allen dasselbe Problem anhaftet, welches auch bei noch so großer Bemühung um präzise Eingrenzung scheinbar nicht ausgemerzt werden kann: Mit dem Mittel der Bevormundung und damit der faktischen Ausschaltung der Möglichkeit autonomer Selbstbestimmung soll Autonomie gefördert

315 Zu der Auseinandersetzung siehe Klimpel, 38f.
316 Klimpel, 39f.
317 Klimpel, 17ff, 39.
318 Klimpel, 40, 253.
319 Klimpel, 253.

werden. Ebenfalls scheint allen Ansätzen gemein, dass paternalistische Eingriffe in die Selbstbestimmung stets zu einer Bevorzugung längerfristiger Ziele und späterer, hypothetischer Autonomiebetätigungen als legitimiert angesehen werden und damit kurzfristigen Entscheidungen und Entscheidungsfreiheiten gegenüber bevorzugt werden. Überhaupt scheint dieses Missverhältnis zwischen gegenwärtiger, tatsächlicher Autonomiebetätigung und der vom Intervenienten gezeichneten Hypothese der Beschneidung zukünftiger Freiheiten maßgeblich der Umstand zu sein, dass der Wille des Handelnden überhaupt für unbeachtlich erklärt werden soll und sich der Intervenient zum Eingreifen befugt sieht.

Es erscheint dabei begrifflich schon ausgesprochen schwierig, Paternalismus als Mittel zur Durchsetzung tatsächlicher Willensbetätigung anzuerkennen. Denn ein tatsächlich gefasster Wille widerspricht dem paternalistischen Dogma, das gerade Ersetzung des Willens durch den Intervenienten und dessen Hinwegsetzen über denselben voraussetzt. Die grundrechtliche Schwierigkeit ergibt sich dabei aus dem Umstand, dass also zwingenderweise der Langzeitpräferenz des Betroffenen der Vorzug eingeräumt wird gegenüber seiner Kurzzeitpräferenz und seiner persönlichen Abwägung dieser Aspekte seines Lebens. Legitimieren kann sich diese Bevorzugung denkbar nur durch den staatlichen (Schutz -) auftrag, die Grundrechte ihrem Wesensgehalt nach zur Geltung kommen zu lassen.

Dass eine utilitaristisch inspirierte „Freiheitsmaximierung" außerhalb einer ökonomischen (will heißen: geldwirtschaftlichen) Betrachtung keine Grundlage für paternalistische Grundrechtseingriffe sein kann, wenn es um Aspekte der persönlichen Lebensgestaltung, -planung und –entscheidung geht, das ist bereits etabliert worden. Aber auch etwa das von *Klimpel* vorgeschlagene Konzept eines autonomieorientierten Paternalismus kann abseits eines apodiktischen Verweises auf „klare" Fallgruppen nicht viel weiterhelfen. Im Endeffekt erschöpft sich auch diese Herangehensweise in dem von *Mill* beschworenen Fall der Versklavung, welche als oberste Grenze der Autonomie zu sehen sein soll.

Ein Abstellen auf Autonomie (und nicht der Handlung selbst) kann zumindest die Gegenprobe erlauben, ob eine Intervention überhaupt gerechtfertigt sein kann. Denn eine bewusste Entscheidung des Einzelnen, die Grundlage seiner Autonomie gezielt beseitigen zu wollen, ist staatlichem Paternalismus entzogen, weil sie an dieser Stelle aus Sicht des Betroffenen als Grundlage seiner Autonomie nicht mehr benötigt wird. Er hat sie durch Betätigung seiner Freiheit dieser Funktion „entwidmet" und übt diese bewusste Beseitigung gerade in Ansehung seiner ihm zugewiesenen Selbstbestimmung aus. Dort, wo sie jedoch nicht bezweckt ist, sondern als Nebenfolge auftritt oder auftreten könnte, nur dort kann überhaupt denkbar Raum bleiben für staatlich auferlegten Selbstschutz – und zwar grundsätzlich unabhängig davon, ob der Betroffene sich dieses Risikos bewusst ist oder es aufgrund irriger Annahmen verkennt, wobei auch hier noch nichts über die potenzielle Reichweite staatlichen Handelns gesagt ist. In Anlehnung an die ursprüngliche Paternalismuskritik und die dazu dargestellte Kasuistik von *Mill* kann als Versinnbildlichung also nur das Beispiel des Mannes, der die einsturzgefährdete Brücke in Unkenntnis überquert, eine erste Annäherung bieten, unter welchen Umständen Paternalismus grundrechtskonformes Mittel staatlichen Individualrechtsgüterschutzes sein kann. Nur so kann überhaupt die Möglichkeit entstehen, dass die Grundlage der Entscheidung, nämlich die subjektive Wertordnung des Betroffenen, von der Intervention und insgesamt von Manipulation zu einer Änderung aus reinen Selbstschutzerwägungen verschont bleibt. Denn auch wenn der Gesetzgeber dabei den Willen des Betroffenen ignoriert und ersetzt, so hat er weder die Pflicht noch das Recht, Bürger zur Vermeidung selbstschädigenden Handelns mit Zwang zu erziehen. Er müsste sich damit zufriedengeben, dass sie es unterlassen, kann sie aber keinesfalls dazu zwingen, diese Änderung auch als Teil ihrer Wertordnung zu übernehmen. *R. Dworkin* deutet dies an, wenn er bei der Legitimation von Paternalismus zwischen Einflussnahme auf den „Willen" und die „Überzeugung" (*critical paternalism*) abstellt.[320] Ungerechtfertigt soll der Paternalismus danach nur sein, wenn er auf die Änderung der Überzeugung abzielt.

Eine solche Unterscheidung wird dem grundrechtlichen Freiheitsideal, dass der einzelne Grundrechtsträger sich bei seiner freiheitlichen Grundrechtsbetätigung nicht zu rechtfertigen hat, am ehesten gerecht, es ist jedoch ausgesprochen fraglich, ob eine anhand des gesetzgeberischen Willens und der Zielsetzung der Norm die bezweckte bloße Verhaltensänderung von einer darüber hinausgehend bezweckten Überzeugungsänderung stets trennscharf unterschieden werden kann. Als Richtungsangabe kann dies jedoch insofern herhalten, als dass es für den Paternalisten schon wegen des gleichen Ergebnisses und der Unmöglichkeit der Überprüfbarkeit gar nicht darauf ankommen kann, dass der Betroffene den von ihm festgelegten Selbstschutz als „zu seinem Wohle" akzeptiert und in seinen Wertekanon übernimmt und dabei gewissermaßen seine Persönlichkeit zumindest in Teilen verändert. Dies geht freilich davon aus, dass eine nicht von Überzeugungen getragene Willensbetätigung überhaupt möglich ist. An dieser Stelle geht es jedoch nur darum, die hypothetischen Möglichkeiten legitimen Paternalismus' einzukreisen.

Schließlich kann eine solcher (Rechts-)paternalismus gerade wegen der hohen Reichweite der Bevormundung und der im Raum stehenden Freiheitseinbußen

320 R. Dworkin, Sovereign Virtue, 268.

denkbar nur dann überhaupt legitimiert sein, wenn die Gedankenstrukturen des Paternalisten durchschaubar sind und Mechanismen bestehen, die den Betroffenen vor Fehleinschätzungen und -entscheidungen des Paternalisten möglichst weitreichend bewahren. Letztlich sind vor allem die grundrechtlichen Folgen für von der Regelung Betroffene, die ihrer nicht benötigen, in ein adäquates Verhältnis zu den Rechten derjenigen zu setzen, die von der Regelung profitieren und möglicherweise durch deren Wegfall Schaden erleiden. *van Aaken* ist dabei zuzustimmen, dass aus Angemessenheitsgesichtspunkten eine Abwägung von Kosten und Nutzen stattzufinden hätte und eben wegen des Verhältnismäßigkeitsprinzips stets die schonendste paternalistische Intervention zu wählen ist im Sinne ihrer verfassungsgemäßen Erforderlichkeit, immer unter der Voraussetzung, dass Paternalismus hinter die Möglichkeit autonomer Selbstgefährdung und -schädigung als Teil legitimer Selbstbestimmung zurücktreten müsste. Aus der Wesensgehaltsgarantie ist zudem zu folgern, dass ein paternalistischer Grundrechtseingriff sich auf den Einzelfall beschränken muss und das betroffene Grundrecht nicht allgemein auf Dauer verkürzen darf. Auf diese Weise würde eine „Grundrechtsenklave" entstehen, in der ein Teil legitimer Grundrechtsbetätigung, welche dem Grundrechtsträger gerade durch das Grundrecht eingeräumt und eindeutig zugewiesen wird, allein aus Selbstschutzaspekten auf Dauer entzogen und das Grundrecht dadurch gerade in einem wesentlichen Teil betroffen würde. Freilich sieht sich selbst die hypothetische Möglichkeit einer Legitimation eines autonomieorientierten Paternalismus eigenen gravierenden Bedenken ausgesetzt, über die auch *Klimpels* Versuch der Beschränkung auf die Grundlage der Autonomie kaum hinwegzukommen vermag. Denn allein der Begriff der Autonomie lässt sich aus mannigfaltiger Perspektive heraus betrachten und wohl kaum abschließend definieren.[321] Die hier dargestellte Kasuistik zeigt, dass als juristischer Anknüpfungspunkt dabei meist die körperliche Unversehrtheit und das Leben herhalten. Das hilft bei der Beantwortung der Frage, in welcher Reichweite dem einzelnen eine Verfügung über diese Rechtsgüter zugeschrieben ist und unter welchen Voraussetzungen der Staat eine Entscheidung oder einen Geschehensablauf nicht mehr als originär autonome Entscheidung des Grundrechtsträgers anerkennen muss, nicht weiter. Es muss also zunächst dabei verbleiben, dass zwar ein hypothetischer verfassungsrechtlicher Rahmen für paternalistische Grundrechtseingriffe besteht, dieser aber bereits jetzt

321 siehe etwa die pädagogische Perspektive bei Drerup, 403ff, oder die neurowissenschaftliche bei Beck, in: Ach, Lüttenberg, Nossek, 94.

deutlich beschränkt erscheint und es zunehmend um die Frage gehen wird, ob er überhaupt ausgefüllt werden kann.

II. Paternalismus und Grundrechtsschutz

Nach dieser ersten Bestandsaufnahme bleibt also zunächst festzuhalten, dass eine mögliche Legitimation paternalistischer Grundrechtseingriffe bei grundrechtsdogmatischer Konsequenz und „richtig" verstandener Funktion von Freiheitsrechten als Abwehrrechten dem Staat gegenüber unabhängig von Bezugspunkt, Grenze oder Herangehensweise einen ausgesprochen schweren Stand hat. Das sich abzeichnende Problem scheint wohl, dass eine abstrakt-generelle Handhabung legitimen Paternalismus' mit der individuellen Autonomie, welche geregelt werden soll, unvereinbar erscheint.

Es erscheint daher sinnvoll anhand einschlägiger Beispiele „klassischer" paternalistischer Probleme diesen Konflikt näher zu beleuchten und dabei zu betrachten, wie sie im deutschen Recht behandelt werden. Es versteht sich jedenfalls nicht von selbst, dass dem Grundrechtsträger die ihm durch die Verfassung umfassend zugedachten Rechtsgüter derart zur freien Verfügung stehen, dass er auch vollständig auf sie verzichten kann. Gerade im Bereich der Menschenwürde aus Art. 1 Abs. 1 GG wird dieses Problem besonders deutlich, ist sie doch unverletzlich. Jedenfalls begegnet es zumindest begrifflichen Bedenken, den Verzicht auf ein Grundrecht zugleich als dessen legitime Betätigung zu sehen, zumindest dann, wenn durch die Betätigung das Recht nicht nur für den Einzelfall nicht zur Geltung kommt, sondern in seinem Kern als Institut beseitigt wird und daher auch für zukünftige Rechtsbetätigung nicht mehr zur Verfügung steht. Dabei kann man eine derartige Schranke der Grundrechte in ihrem eigenen Schutzgehalt zwar nicht explizit vorfinden, wohl aber zumindest aus der bereits erörterten Wesensgehaltsgarantie zumindest implizit ableiten. Es lässt sich zumindest feststellen, dass unsere Rechtsordnung an bestimmten Bereichen die auch autonome Entscheidung der Beseitigung eines Rechtes nicht zulässt. So drückt etwa das Grundgesetz in Art. 20 Abs. 1, 4 GG aus, dass auch eine von der Mehrheit der Bevölkerung gewünschte Beendigung der Demokratie nicht möglich sein kann und es dem Einzelnen daher gestattet ist, dagegen Widerstand zu üben. Auch wenn es fernliegend erscheint, aus dem ohnehin vorwiegend Symbolcharakter erfüllenden Widerstandsrecht Implikationen für die individuelle Grundrechtsbetätigung des Grundrechtsträgers systematisch herzuleiten, liegt dem innewohnenden Gedanken durchaus das Prinzip zugrunde, dass die vollständige und endgültige Aufgabe eines Rechtes nicht gleichzeitig seine Betätigung sein kann, worauf *Klimpel* zutreffend verweist.[322]

Die dabei ausgewählten Beispiele der Verfügung über das eigene Leben und die Selbstgefährdung im Bereich des Straßenverkehrs sind dabei selbstredend schon Gegenstand juristischer Betrachtung gewesen und sollen und können hier daher nicht in derselben Reichweite ausgebreitet werden, wie eine auf diese Probleme beschränkte Auseinandersetzung es erwarten ließe. Dennoch scheint vor dem Hintergrund der vorliegenden Bearbeitung eine Bestandsaufnahme unter Berücksichtigung auch jüngerer Entwicklungen mehr als angezeigt, da es bei der Frage der Einwilligung in ärztliche Heilbehandlungen letztlich auch darum geht, in welchem Rahmen der einzelne über seinen Körper und seine (geistige wie körperliche) Gesundheit verfügen darf. Letztlich legt auch die darzustellende (auch jüngere) Rechtsprechung zu diesem Themen Zeugnis darüber ab, dass eine juristische Auseinandersetzung mit dieser Thematik keine Selbstverständlichkeit ist und der Herleitungsversuch eines legitimen Paternalismus‘ erhebliche argumentatorische Schwierigkeiten bereitet.

1.) Leben und körperliche Integrität als Grundlage persönlicher Freiheit

Es lässt sich als erstes die schon fast banale Aussage festhalten, dass menschliches Leben die Grundvoraussetzung für autonomes Handeln ist.[323] Es ist ein vieldiskutiertes Thema der deutschen Rechtswissenschaft, ab welchem Zeitpunkt ein menschliches Leben beginnt, endet, und in welchem Stadium welche Autonomie vorliegt. So erstreckt sich die Menschenwürde aus Art. 1 Abs. 1 GG bereits auf das ungeborene Leben und wirkt auch über den Tod hinaus. Man kann also sagen, dass aus verfassungsrechtlicher Sicht die Fähigkeit zu autonomer Handlung ganz im Gegensatz zum Ideal von *Kant*, die Fähigkeit autonome Entscheidungen zu treffen nicht konstituierend auf den Begriff des Menschseins wirkt. Die Aussage über die Notwendigkeit des Lebens für die Ausübung persönlicher Autonomie sagt also noch nichts darüber aus, ab welchem Punkt eine Handlung aus rechtlicher Sicht autonom ist und wie diese in bestimmten Konstellationen bei Unfreiheit durch paternalistische Intervention wieder „freier“ gemacht werden kann. Daher kann das menschliche Leben allein noch nicht Anknüpfungspunkt für die Frage sein, ob sich Rechtspaternalismus autonomieerhaltend oder -schädigend auswirkt. Viel wichtiger erscheint es, in welchem

322 Klimpel, 30.
323 Klimpel, 31.

Zustand sich der Körper desjenigen befindet bzw. über welche für seine Selbstbestimmung wichtigen Teilglieder er zu verfügen gedenkt. Insbesondere wirken Handlungen, die die menschliche Sinneswahrnehmung oder –verarbeitung auf Dauer schädigen, mitunter stark autonomiebeschränkend auf das Individuum ein,[324] weil es die zu einer rationalen Entscheidungsfindung nötigen Informationen nicht mehr oder zumindest nicht ohne Umwege erlangen und korrekt verarbeiten kann. Dabei ist vor allem an temporäre Einflüsse, insbesondere in Form von Schmerzen oder bewusstseinsbeeinträchtigenden Stoffen für die Frage der Autonomie einer Handlung entscheidend.

2.) Verfügung über das eigene Leben

a.) Grundsätzliche Überlegungen

Aus der Systematik der Grundrechte und der Übergeordneten Stellung der Art. 1 Abs. 1 GG und Art. 2 Abs. 2 GG lässt sich ableiten, dass der Staat dem einzelnen beim Erhalt seines Lebens auf das Höchstmögliche verpflichtet ist, wenn es um die Abwehr von lebensbeendenden Maßnahmen Dritter geht. Die ständige Rechtsprechung des BVerfG spiegelt diese Ansicht wider, dass das menschliche Leben einen Höchstwert darstellt, der umfassend geschützt ist.[325] Eine solche Einigkeit und Stringenz lässt sich bei der Frage der eigenhändigen Lebensbeendigung nicht vorfinden. Ein etwaiges Recht zu Sterben hat bei seiner Herleitung denkbar schlechte Voraussetzungen: Einerseits ist es anders als das Recht auf Leben, nicht ausdrücklich im Grundgesetz geregelt und steht zudem zu dem weitreichenden Lebensschutz in direktem Kontrast. Zum anderen lässt sich beim Recht auf Leben ganz besonders sagen, dass es wegen seines binären Daseins besonders schwierig erscheint, den endgültigen Verzicht auf dieses Recht als dessen Betätigung anzuerkennen.

An dieser Stelle hilft der Blick in Richtung der Paternalismuskritiker selbst nur wenig weiter. Die metaphysische Betrachtungsweise *Kants* kann für eine verfassungsrechtliche Einordnung nur schlecht herhalten:

> „Die Menschheit hat eine Unverletzlichkeit in seiner Person, es ist was Heiliges, was uns anvertraut ist, dem Menschen ist alles unterworfen, nur sich selbst muß er nicht angreifen. (...) Nach der Regel der Klugheit würde es oft das beste Mittel, sich selbst aus dem Wege zu räumen, aber nach der Regel der Sittlichkeit ist es unter keiner Bedingung erlaubt, weil es die Destruktion der Menschheit ist."[326]

---

324 Klimpel, 32.

325 BVerfG NJW 1975, 573; NJW 1977, 2255; NJW 1978, 2235.

326 Kant, Vorlesung, 189f.

Er diskutiert die Frage der Zulässigkeit der Selbsttötung danach, ob sie die Bezeichnung als „Selbstmord" (*homocidium dolosum*) im Sinne eines Verbrechens verdient.[327] Man könnte *Kant* dahingehend in das deutsche Recht übertragen, als dass man es als Verweis auf das wenig greifbare *Sittengesetz* in Art. 2 Abs. 1 GG sieht und ein Recht auf Selbsttötung daher ablehnt. Gerade das Argument der Destruktion der Menschlichkeit und daraus die Unsittlichkeit herzuleiten, dürfte mit der freiheitlich ausgerichteten Grundrechtsordnung nur schwer vereinbar sein. Es liefe am Ende auf das Argument hinaus, dass wenn alle es täten, die Menschheit zu existieren aufhören würde. Dass die eigene Lebensplanung und -gestaltung jedoch in irgendeiner Weise schadhaft für das Kollektiv sein *könnte*, kann allein als Argument nicht ausreichen.

Anknüpfend an frühe Entscheidungen des BGHSt diskutierte *Gallas* im Rahmen einer Strafbarkeit nach § 216 StGB die rechtliche Einordnung der Selbsttötung in die Grundrechtsdogmatik und Gesetzessystematik.[328] Die Respektierung des Selbsttötungswillens sei keine Selbstverständlichkeit, sie bedürfe vielmehr verfassungsrechtlicher Begründung.

> „Fragt man nach der Stellung, die die Rechtsordnung der Selbsttötung gegenüber einnimmt, so sind an sich drei Antworten denkbar: Entweder erkennt sie dem Einzelnen das Recht zu, sich das Leben zu nehmen, oder sie verbietet ihm ein solches Verhalten oder endlich sie enthält sich jeglicher Normierung in Bezug auf den Selbsttötungsakt. Je nachdem erscheint die Selbsttötung als ein rechtmäßiges, rechtswidriges oder ‚unverbotenes' Verhalten."[329]

Er verweist zudem darauf, dass eine rechtliche Missbilligung der Selbsttötung nicht zwingend zu deren Strafbarkeit führen müsse. Die Ansichten über die Einordnung seien in bestimmten Bereichen also miteinander kompatibel. Ganz im Sinne der bisherigen Ausführungen wird zutreffend festgestellt, dass sich anhand einer bloßen Gesetzesauslegung eine rechtliche Einordnung der Selbsttötung nur schwer vornehmen lässt.[330] So wird schon in früher Literatur vertreten, bei der Selbsttötung bewege man sich in einem rechtsfreien Raum, so dass die Rechtsordnung dem Einzelnen den Freiraum lassen müsse, eine freie Entscheidung anhand seines eigenen Gewissens zu fällen.[331] Denn Fälle des

327 Kant, Die Metaphysik der Sitten, AA VI, 422, 5–9.

328 Gallas, JZ 1960, 649ff. Ansatzpunkt war hier vor allem die Herleitung der Abgrenzung zwischen Tötung auf Verlangen und straflose Beihilfe zur Selbsttötung.

329 Gallas, JZ 1960, 652.

330 Gallas, JZ 1960, 653.

331 Kaufmann, FS Maurach, 337f.

Selbsttötungswunsches seien derart individuell, dass es dem Außenstehenden ohnehin nicht möglich sei, objektive und rationale Kriterien für die Entscheidung des Suizidanten zu ermitteln. Gegen eine solche Hilfsfigur eines „rechtsfreien Raumes“ ist vor allem die Geltung des Grundgesetzes ins Feld zu führen. Die Art. 2 Abs. 1 und Art. 1 Abs. 1 GG räumen dem Einzelnen seine Handlungsautonomie ein.[332] Für rechtsfreie Räume, mögen sie auch mit dem Ziel begründet sein, dem Individuum einen von willkürlichen Sanktionen freien Bereich zu erschaffen, ist in einer freiheitlich demokratischen Grundordnung, bei der sich alle Rechte und Pflichten von Staat und Bürger aus einer Verfassung herleiten, kein Platz.[333]

b.) Verfassungsrechtliche Einordnung eines Rechtes auf Selbsttötung

Im Ausgangspunkt stehen sich bei verfassungsrechtlicher Betrachtung also zwei Pole gegenüber: Ein Recht auf Selbsttötung einerseits und die Erhebung der staatlichen Schutzpflicht des Lebens zu einem Absolut. Ein solches Recht auf Selbsttötung hätte vor allem die Folge, dass der Suizidant bei seinem Selbsttötungsversuch jedem Dritten, der ihn daran zu hindern sucht, ein eigenes Recht entgegenhalten könnte.[334] Maßgeblich sind sowohl für Befürworter als auch Gegner eines solchen Rechts die Menschenwürde, Art. 1 Abs. 1 GG, die allgemeine Handlungsfreiheit, Art. 2 Abs. 1 GG und das Recht auf Leben, Art. 2 Abs. 2 GG.[335] Nur vereinzelt wird auf das allgemeine Persönlichkeitsrecht abgestellt.[336]

Autoren, die dabei auf die Menschenwürde aus Art. 1 Abs. 1 GG abstellen, führen zumeist ins Feld, dass es der menschlichen Würde widerspräche, wenn die Rechtsordnung eine autonome Entscheidung nicht respektiere, wozu eben auch der Wunsch zu sterben zähle.[337] Gegner dieser Auffassung widersprechen unter dem Gesichtspunkt, dass zur Menschenwürde die Existenz des Menschen Grundvoraussetzung sei und die Vernichtung des Menschenlebens daher nicht gleichzeitig Ausdruck ihrer Achtung sein könne.[338] Da die Menschenwürde von der Verfassung als unantastbarer Wert anerkannt werde, könne der

332 Klimpel, 50f.
333 K. Fischer, 99; Bottke, 43.
334 Schittek, BayVBL 1990, 137; J. Wagner, 130, 136; Niestroj, 5.
335 Klimpel, 51.
336 Möller, Paternalismus und Persönlichkeitsrecht, 58ff, 63ff; Möller, KritV 2005, 232.
337 Laber, 128f.
338 Schittek, BayVBL 1990, 148.

Grundrechtsträger durch seine Vernichtung auch nicht über ihn verfügen.[339] Dem wird jedoch entgegengehalten, dass dies die Menschenwürde gegen den Grundrechtsträger ausspiele, da sich auf diese Weise eine de facto Pflicht zum Leben aus Art. 1 Abs. 1 GG ergeben würde.[340]

Teilweise wird ein Recht auf Selbsttötung auch aus Art. 2 Abs. 2 GG mit der Begründung hergeleitet, als höchstpersönliches Rechtsgut stehe das Leben allein seinem Rechtsgutträger zur freien Verfügung.[341] Da beim Recht auf körperliche Unversehrtheit unbestritten sei, dass es zur Disposition des Grundrechtsträgers stehe, müsse dies auch für das Recht auf Leben gelten. Die wohl h.M. der Rechtsliteratur tritt dieser Argumentation jedoch entgegen, weil sich bereits aus dem Wortlaut des Art. 2 Abs. 2 GG ergebe, dass ein Recht auf Leben gewährt würde, jedoch nicht ein Recht über das Leben.[342] Der absolute Lebensschutz aus Art. 2 Abs. 2 GG ergebe daher auch, dass die Verfügungsbefugnis selbst dem Rechtsgutsträger entzogen sein soll.[343] Anders, so etwa *Czinczoll*, *Beckert* und *Gottwald*, als bei der körperlichen Unversehrtheit oder dem Eigentum lasse sich das Recht nicht von seinem Rechtsgutträger lösen.[344] Letztlich sei zum Leben durch seine Einordnung als verfassungsrechtliches Höchstgut durch das Grundgesetz selbst positiv Stellung bezogen worden, woraus sich gerade die Pflicht des Staates herleite, Leben zu schützen. Daher sei dem Betroffenen die Verfügung über sein Leben entzogen.[345]

Schließlich wird ein Recht auf Selbsttötung teilweise auch aus der allgemeinen Handlungsfreiheit aus Art. 2 Abs. 1 GG hergeleitet.[346] Abgestellt wird dabei auf die Überlegungen zum Grundrechtsverzicht oder zumindest -nichtgebrauch, der durch Art. 2 Abs. 1 GG dem Grundrechtsträger zugestanden ist und damit Teil legitimer Grundrechtsbetätigung sei. Teilweise wird auch vertreten, der Schutzbereich des Art. 2 Abs. 1 GG sei schon nicht eröffnet, weil die allgemeine

---

339 Geddert-Steinacher, 90; siehe auch Enders, 8.

340 Etwa Günze, 43, der davon spricht, Vertreter dieser Ansicht seine „von einem völlig falschen Grundrechtsverständnis“ geleitet.

341 Fink, 72f; Kaufmann, MedR 1983, 124.

342 Uhlenbruck, ZRP 1986, 214; F. Beckert, 133.

343 BayObLG NJW 1989, 1815, 1816.

344 Czinczoll, 127; F. Beckert, 133; Gottwald, 98.

345 Klimpel, 52f m.w.N.

346 Bottke, 55; Niestroj, 70; Schittek, BayVBL 1990, 137; J. Wagner, 90f; Deger, NVwZ 2001, 1230; Hufen, NJW 2001, 851; Wassermann, DriZ 1986, 293; Kai Möller, KritV 2005, 231; siehe auch Gottwald, 91.

Handlungsfreiheit keinen Schutz vor Beeinträchtigungen durch den Grundrechtsträger selbst kenne.[347]

Als Gegenargument wird teilweise an die Wertung des Art. 2 Abs. 2 GG angeknüpft, der insofern eine abschließende Regelung darstelle und damit ganz im Sinne der Grundrechtsspezialität einen Rückgriff auf Art. 2 Abs. 1 GG verbiete.[348] Es wird auch vertreten, die Selbsttötung falle nicht unter Art. 2 Abs. 1 GG, weil bei einer Zerstörung der Persönlichkeit nicht von deren freier Entfaltung gesprochen werden könne. Da das ganze Recht auf freiheitliche Subjektivität ausgerichtet sei, verhalte sich ein Rechtsträger, der autonom seine Existenz beende, widersprüchlich.[349] In eine ähnliche Richtung geht die Ansicht, eine Entscheidung zum Suizid sei niemals frei, weil sie Ausdruck einer psychopathologischen und daher krankhaften Fehlmotivation sei, so dass aus medizinisch-empirischer Sicht eine autonome Suizidentscheidung unhaltbare Fiktion sei.[350] Nur vereinzelt wird, so von *Möller,* die Freiheit auf Selbsttötung aus dem allgemeinen Persönlichkeitsrecht hergeleitet. Er begründet dies damit, dass zwar grundsätzlich durch die Handlungsfreiheit aus Art. 2 Abs. 1 GG das „Tun", das allgemeine Persönlichkeit hingegen das „Sein" des Menschen schützen soll, in Anbetracht der weiten Auslegung der allgemeinen Handlungsfreiheit durch das BVerfG erscheine es zum einen verfehlt, höchstpersönliche Lebensverhältnisse wie etwa die sexuelle Selbstbestimmung unter ein allgemeines Grundrecht zu fassen und zum anderen ebenso problematisch, die Betätigung dieser durch das allgemeine Persönlichkeitsrecht eröffneten Handlungsfreiheiten unter die ebenfalls weitreichende Einschränkbarkeit des Art. 2 Abs. 1 GG zu fassen.[351] Das Persönlichkeitsrecht schütze jedoch nicht nur durch „konservierende" Wirkung der etablierten Persönlichkeit, sondern auch die weitere Entwicklung der Persönlichkeit vor staatlichen Beschränkungen in dieser Hinsicht. Als höchstpersönliche, ethische Position von hoher Präferenz sei das Leben und die Verfügung darüber daher mit den anderen dem allgemeinen Persönlichkeitsrecht zugeordneten Rechtsgütern vergleichbar.[352] Die Auswirkungen von Entscheidungsmängeln sei dabei

---

347 Klug, FS Maihofer, 245.

348 Köhler, ZStW 194 (1992), 20.

349 Schittek, BayVBl 1990, 138; Niestroj, 70f; Frotscher, DVBl 1976, 702; Schwabe, Probleme der Grundrechtsdogmatik, 51 Fn. 57.

350 Bringewat, ZStW 87 (1975), 632; Hirsch, in: FS Welzel, 791; Klimpel, 54.

351 Möller, KritV 2005, 233.

352 Möller, Paternalismus und Persönlichkeitsrecht, 63ff, 73ff.

also keine Frage des Schutzbereichs, sondern der der Rechtfertigung eines Eingriffs.[353]

c.) Perspektive in der Rechtsprechung, insbesondere im Strafrecht

Wie in den anfänglichen Ausführungen von *Gallas* angeklungen ist, kann aus der strafrechtlichen Freiheit der Selbsttötung nicht ihre verfassungsmäßige Billigung hergeleitet werden. Es ist auch zuzustimmen, dass sich aus der Wertung des § 216 StGB nicht zwingend ergibt, dass dem Menschen die Befugnis über sein Leben vollkommen entzogen ist, wie es teilweise unter Verweis auf die verfassungsmäßige Ordnung vertreten wird.[354] Bei der Betrachtung der vor allem strafrechtlich geprägten Rechtsprechung fällt auf, dass sich deutsche Gerichte ebenso mit einer Begründung schwertun, wie es bei Rechtslehre und –literatur der Fall ist. Aus rechtspaternalistischer Perspektive ist dabei zunächst eine Entscheidung des BGH aus dem Jahre 1953[355] interessant, weil dort zumindest angedeutet wird, worauf mit *G. Dworkin* bereits verwiesen wurde: Die Legitimation durch Verweis auf Drittschutz. Der BGH kommt dort zu dem Ergebnis:

> „Dem § 216 ist zu entnehmen, daß die Vernichtung des Menschenlebens nicht zuletzt zum Schutz der Allgemeinheit mit Strafe bedroht wird und daß deshalb eine Einwilligung des Verletzten... grundsätzlich rechtlich bedeutungslos ist."[356]

Diese Ansicht, dass die freiwillige Selbsttötung die Rechte Dritter in Form der Allgemeinheit verletzt, wird auch von einigen Autoren in der Strafrechtsliteratur vertreten.[357] So leitet etwa *Klinkenberg* den Unrechtsgehalt des Selbstmordes aus § 216 StGB her: Jedes strafrechtliche Verbot enthalte gleichzeitig eine Verpflichtung, das Verbotene zu unterlassen. Eine Verpflichtung setze dabei immer zwei Parteien voraus, einen Berechtigten und einen Verpflichteten. Da die Verpflichtung nur gegenüber dem Verpflichteten bestehe, könne der Berechtigte daher über sein Recht frei verfügen. Dies solle jedoch für § 216 StGB nicht gelten, denn obwohl der Getötete seine Tötung ausdrücklich verlangt habe, wirke diese Einwilligung nicht tatbestandsausschließend oder rechtfertigend. Daraus folgert er, dass die Verpflichtung auch noch einem Dritten in Form der Allgemeinheit gegenüber bestehen müsse. Zumindest Fälle, in denen der Suizident sich

---

353 Möller, KritV 2005, 234; i.E. so auch Günzel, 95f.
354 Laber, 121.
355 BGH NJW 1953, 912.
356 BGH NJW 1953, 912, 914.
357 Weigend, ZStW 98 (1986), 66, Schmidhäuser, FS Welzel, 817; Klinkenberg, JR 1978, 441f.

tatsächlich nicht mehr selbst töten könnte, würden Aufschluss darüber geben, dass der Einzelne in seinen rechtlichen Möglichkeiten eingeschränkt sei und daher einer „Pflicht zum Weiterleben" unterliege.[358]

Diese auch durch die frühe Rechtsprechung begründete Ansicht ist jedoch schon aus rechtsstaatlicher Perspektive entschieden abzulehnen, weil sie das Verhältnis zwischen Staat und Bürger umkehrt. *Kaufmann* verweist dabei darauf, dass der Einzelne nicht um des Daseins des Staates willens existiere, sondern umgekehrt. Allein aus dem Umstand, dass ein Mensch sich auf diese Weise vieler gesellschaftlicher und rechtlicher Verpflichtungen entzöge, könne keinesfalls eine Rechtspflicht zum Weiterleben gefolgert werden.[359] Diese Ansicht wird auch durch Art. 1 Abs. 1 des Herrenchiemseer Entwurfs zum Grundgesetz getragen, der festlegte: „Der Staat ist um des Menschen willen da, nicht der Mensch um es Staates willen."[360] Dieses Prinzip ist auch ohne ausdrückliche Benennung in Art. 1 Abs. 1 GG im deutschen Grund- und Staatsrechtsverständnis in der Menschenwürdegarantie verankert.[361]

Die weitere Entwicklung in der frühen Rechtsprechung des BGH zeigt auf, dass dogmatisch gesehen gewissermaßen „alle Register" gezogen wurden, um die Missbilligung der Selbsttötung und deren unterlassener Abwendung strafrechtlich herzuleiten. Ausgangspunkt ist dabei zwar stets gewesen, dass die Beteiligung an einer Selbsttötung mangels rechtswidriger Haupttat nicht strafbar sei.[362] Dennoch wurde gerade im Bereich der Unterlassensstrafbarkeit versucht, die Verwerflichkeit einer unterlassenen Abwendung der Selbsttötung durch einen strafrechtlich relevanten Vorwurf zu folgern.[363] Auch ein autonom gefasster Selbsttötungswille schließe, so der BGH, die Pflicht eines Garanten zur Lebensrettung nicht aus:[364]

> „Wenn durch einen Selbstmord eine ernste Gefahrenlage für den Selbstmörder entstanden ist, so muß jeder, der hinzukommt, von Gewissens wegen und von Rechts wegen schon um deswillen helfen, weil hier eine schwere Notlage besteht, die nicht dauern darf und der abzuhelfen ist. (...) Da das Sittengesetz jeden Selbstmord – von äußersten Ausnahmefällen abgesehen – streng mißbilligt, da niemand selbstherrlich über sein eigenes Leben verfügen und sich den Tod geben darf, kann das Recht nicht anerkennen, daß

358 Klinkenberg, JR 1978, 443f.
359 Kaufmann, MedR 1983, 124.
360 Möller, KritV 2005, 231.
361 Stein, Frank, Staatsrecht, 247.
362 BGH NJW 1952, 552; NJW 1984, 1469.
363 Klimpel, 63.
364 BGHSt 6, 147, 153f.

> die Hilfspflicht des Dritten hinter dem sittlich mißbilligten Willen des Selbstmörders zu seinem Tode zurückzustehen habe."

Der BGH stützte sich dabei vor allem auf Überlegungen der Sittlichkeit, verweisend darauf, dass die Ansicht, ein Richter habe sich sittlicher Überlegungen bei der Urteilsfindung zu enthalten, „beklagenswert falsch" sei.[365] Diese Überlegungen haben sich in der weiteren Entwicklung aus der Argumentation der Rechtsprechung entfernt, so dass zunehmend in Richtung der Lösung der Annahme einer straflosen Beihilfe tendiert wurde.[366] Hilfspflichten im Sinne einer Garantenstellung sollten demnach erst mit der Handlungsunfähigkeit des Suizidenten eintreten, dann aber auch bestehen.[367] In diesem Zusammenhang zeichnete sich auch eine differenziertere Betrachtungsweise im Bereich der passiven Sterbehilfe durch den Arzt ab, der in Respektierung der Persönlichkeit des Sterbenden auf eine weitere Behandlung verzichtet, soweit ein Einschreiten ein nur stark beeinträchtigtes Leben in Abhängigkeit medizinischer Geräte ermögliche.[368] Zu einer abschließenden höchstrichterlichen Stellungnahme ist es bisher nicht gekommen. In einer späteren Entscheidung, bei der es um die Pflichten des Arztes gegenüber einem bewusstlosen Suizidpatienten ging, verweist der BGH deutlich auf diesen Umstand:[369]

> „Die Rechtsprechung hat bisher kein in sich geschlossenes rechtliches System entwickelt, nach dem die strafrechtliche Beurteilung der unterschiedlichen Fallgruppen, die sich bei aktiver oder passiver Beteiligung Dritter an den verschiedenen Stadien eines freiverantwortlich ins Werk gesetzten Selbstmords ergeben, stets sachgerecht und in sich widerspruchsfrei vorgenommen werden kann. Bei der gegenwärtigen Gesetzeslage werden sich in Grenzfällen gewisse Wertungswidersprüche nicht vermeiden lassen."

Ähnlich hatte bereits BGHSt 32, 262 die Frage ausdrücklich offen gelassen, wie zu unterscheiden sei, wenn bei einer Beteiligung an einer eigenverantwortlichen Selbsttötung den Beteiligten Garantenpflichten in Bezug auf Leib und Leben des Suizidenten bestehen. Jedenfalls ändere die freiwillige Herbeiführung des Zustandes an einer möglichen Unterlassensstrafbarkeit eines Garanten nichts, wenn der Suizident die tatsächliche Möglichkeit der Geschehensbeeinflussung verloren und damit seine „Tatherrschaft" über seine Selbsttötung eingebüßt hat.[370] In diesem Moment gehe die Tatherrschaft nicht erst auf den

365 BGHSt 6, 152.
366 BGHSt 24, 342.
367 BGH NJW 1960, 1821.
368 BGHSt 32, 367.
369 BGHSt 32, 367, 371f.
370 BGHSt 32, 367, 373f.

Unterlassenstätergaranten (also etwa den Arzt) über, sie bestehe schon vorher, werde aber durch die freibestimmte Handlung des Suizidenten überlagert.[371]

d.) Polizei- und Ordnungsrechtliche Betrachtungsweise

aa.) Suizid als Problem des effektiven Rechtsgüterschutzes im Gefahrenabwehrrecht

Sowohl die vorgestellte strafrechtliche Literatur[372] als auch die strafrechtliche Rechtsprechung verweisen zur Argumentation immer wieder auch auf die polizeirechtliche Perspektive der Gefahrenabwehr bei Selbsttötungen. So hatte das VG Karlsruhe etwa eine polizeirechtliche Verfügung, die den Bau einer „Selbsttötungsmaschine" untersagte, bestätigt.[373] Der Lebensschutz falle wegen seines Höchstwertcharakters unzweifelhaft unter die Güter der öffentlichen Sicherheit. Das VG folgte hier der Ansicht, dass die Zerstörung eines Rechtes nicht gleichzeitig seine Betätigung sein könne und sich die Frage einer Güterabwägung daher verbiete. Diese Stellung mache deutlich, „daß die umfassende Schutzpflicht des Staates für das menschliche Leben nicht davon abhängen kann, ob derjenige, um dessen Leben es geht, diesen Schutz will oder nicht oder überhaupt ein Grundrechtsträger vorhanden ist. Das bedeute aber zugleich, daß das Grundgesetz auch über das eigene Leben kein Verfügungsrecht gewährt und es deshalb auch keinen verfassungsrechtlich verbürgten Anspruch auf ‚aktive Sterbehilfe' durch Dritte geben kann"[374]. Daher dürften die Ordnungsbehörden auch alle rechtlich zulässigen Mittel ergreifen, um eine Selbsttötung zu verhindern, da es sich um eine Gefahr für die öffentliche Ordnung handele. Wegen der Beteiligung eines Dritten stütze das VG Karlsruhe sich aber hauptsächlich auf strafrechtliche Erwägungen.[375]

Die Selbstgefährdung durch Selbstmord wird teilweise sogar ausdrücklich in den Landesgesetzen aufgeführt, etwa § 28 Abs. 2Nr. 2 c BWPolG. Dogmatisch ist dabei der Anknüpfungspunkt die Rechtsprechung des BVerfG, dass die staatliche Schutzpflicht des Lebens umfassend ist, „vor allem, es auch vor rechtswidrigen Eingriffen von Seiten anderer zu bewahren"[376], das Setzen der Gefahr durch den

371 Die Überlegungen zur Einordnung als Unglücksfall im Sinne des § 323c StGB sollen an dieser Stelle nicht weiterverfolgt werden.

372 Klinkenberg, JR 1978, 443; Gallas, JZ 1960, 654.

373 VG Karlsruhe, JZ 1988, 208ff.

374 VG Karlsruhe, JZ 1988, 208, 209.

375 VG Karlsruhe, JZ 1988, 208, 210.

376 BVerfGE 39, 1, 42.

Rechtsgutsträger selbst die Schutzpflicht nicht entfallen lasse.[377] *Hillgruber* verweist darauf, dass aus der für das Polizeirecht maßgeblichen ex ante Sicht folgt, dass aus polizeirechtlicher Sicht eine Unterscheidung zwischen freiwilligen und unfreiwilligen Selbstgefährdungen in der Praxis wohl kaum möglich sein wird und als Kriterium für das Einschreitendürfen der Polizei nicht taugt.[378] In aller Regel dürfte es an Anhaltspunkten, die Rückschlüsse auf die Willensrichtung geben, fehlen. Jedenfalls erfülle die objektive Gefahrenlage die Voraussetzungen für ein polizeirechtlich gerechtfertigtes Einschreiten in Form eines Gefahrenverdachtes. Die Unklarheit belege nach *Böcker* auch die empirisch-medizinische Forschung, nach der die Hälfte aller Selbsttötungsversuche demonstrativ oder ambivalent sind, soweit sich dies überhaupt überblicken lasse.[379] Das Problem dürfte also auch hier weniger auf der Ebene der Herleitung einer Gefahr für ein anerkanntes Rechtsgut liegen, sondern bei der Frage, welche Abwehrmaßnahme zulässig sein soll.[380] *Deger* stellt dabei zutreffend heraus, dass im Grunde als polizeirechtliche Maßnahme nur der unmittelbare Zwang in Frage kommen kann. Dieser könne sich zwar durch einfache körperliche Gewalt, etwa festhalten, manifestieren, problematisch würde der Fall jedoch, wenn man die Anwendung von Waffengewalt, etwa Elektroschockgeräte, Reizgas oder auch der Dienstwaffe, als Möglichkeiten in Betracht ziehe.[381] So hat das AG Lörrach etwa die Eröffnung des Hauptverfahrens wegen fahrlässiger Körperverletzung in einem Fall, in dem ein Polizist einen Suizidenten durch Schusswaffengebrauch von einem Fenstersprung abgehalten hatte, abgelehnt, da ein Polizist im Dienst im Zweifel auch mit Waffengewalt Selbsttötungen zu verhindern befugt sei.[382] Das LG Freiburg hatte diese Entscheidung unter Verweis auf einen bestehenden rechtfertigenden Notstand gem. § 34 StGB bestätigt. *Deger* sieht durch eine derartige „Ergänzung" der polizeirechtlichen Regelungen über den unmittelbaren Zwang die Aushebelung der Beschränkungen des Gefahrenabwehrrechts durch den Grundsatz der Verhältnismäßigkeit, weil dadurch im Grunde jede Situation als Nothilfesituation aufgefasst werden könne.[383] Das Gefahrenabwehrrecht zeichne sich aber gerade

377 Hillgruber, 88.
378 Hillgruber, 89.
379 Böcker, 27 m.w.N.
380 Deger, NVwZ 2001, 1230.
381 Deger, NVwZ 2001, 1230.
382 AG Lörrach, Beschl. v. 18.12.2000, 31 DS 90 JS 10 424/99; LG Freiburg, Beschl. v. 11.1.2001, II Qs 6/01.
383 Deger, NVwZ 2001, 1231.

dadurch aus, dass die Maßnahme stets in einem Verhältnis zur Eingriffsintensität stehe.

bb.) Suizid als Gefahr für die öffentliche Sicherheit und die Störereigenschaft des Suizidenten

Aus der verwaltungsrechtlichen Sicht ist die Einordnung der Selbsttötung und die Zulässigkeit ihrer Abwendung anhand zweier Gesichtspunkte zu bestimmen: Ist die bevorstehende Selbsttötung eine Gefahr und ist der Suizident dahingehend als Verantwortlicher zu qualifizieren?

Der Suizident steht dabei zwischen den beiden Polen eines (möglichen) staatlichen Schutzauftrages einerseits und der Anerkennung der Freiheitsausübung andererseits.[384] Entscheidendes Kriterium ist also auch hier die Autonomie des Betroffenen. Bei freiverantwortlicher Willensbildung soll der Suizident jedenfalls nicht aufgehalten werden können.[385] Es wurde jedoch schon dargestellt, dass schon ob der geringen Informationslage aus ex ante Sicht kaum möglich sein wird, in möglicherweise großer Zeitnot eine adäquate Einschätzung darüber vornehmen zu können, ob die vorliegende Suizidentscheidung „rational" und damit frei ist. Dies ist insofern nur folgerichtig, als dass der allgemeine Gefahrenbegriff zunächst nur auf die Gefährdung des Rechtsgutes abstellt und nicht auf die Quelle der Gefahr. Dies bedeutet im Umkehrschluss aber auch, dass bereits tatbestandlich keine Gefahr vorliegt, wenn der Rechtsgutsinhaber die Verletzung selbstbestimmt zulässt oder in Kauf nimmt.

Pieroth, Schlink und Kniesel gehen davon aus, dass in Fällen, in denen polizeiliches Eingreifen überhaupt möglich erscheint, jedenfalls stets ein Gefahrenverdacht vorliegen soll, da die meisten Suizidenten, die überhaupt durch die Polizei aufgehalten werden könnten, dies nachträglich gutheißen würden.[386] Sie verweisen darauf, dass derjenige, der es mit seiner Selbsttötung ernst meine und nicht nur aus situativer Verzweiflung heraus handele, Mittel und Wege finden würde, die ein Eingreifen der Polizei (oder Dritter überhaupt) gar nicht erst ermöglichen. *Gampp und Hebeler* werfen auf, man könne dem Suizidenten die Freiverantwortlichkeit seines Handelns nicht von vornherein absprechen.[387] Sie fordern daher, dass der einzelne auch hier ein Recht darauf hat, dass sein Selbsttötungsersinnen differenziert geprüft würde. Zuzustimmen ist dem insofern, als

---

384 C.G. Schmidt, 68.

385 Denninger in: Lisken, Denniger, 312 Rn. 32; ebenso Scholler, Schloer, 64.

386 Pieroth, Schlink, Kniesel, Rn. 32.

387 Gampp, Hebeler, BayVBl. 2004, 260.

dass dies der deutschen Grundrechtsdogmatik entspricht, dass der einzelne sich für sein Handeln nicht zu rechtfertigen braucht, sondern der Staat seine Eingriffe zu legitimieren hat. Dennoch kommt man nicht umhin einzuräumen, dass sich aus dem polizeirechtlichen Schutzauftrag des umfassenden und effektiven Rechtsgüterschützes die von *Gampp und Hebeler* geforderte dezidierte Prüfung im Realfall nur schwerlich realisieren lassen dürfte. Daher erscheint der Ansatz, jedenfalls einen Gefahrenverdacht anzunehmen, diesem Zweck am besten zu dienen. Dabei braucht man bei der Ermittlung der Gefahr nicht auf den wenig greifbaren Begriff der öffentlichen Ordnung abzustellen,[388] sondern kann diese unter die öffentliche Sicherheit im Sinne der Rechtsgüter des Betroffenen aus Art. 2 Abs. 2 S. 1 GG herleiten. Entweder, der Betroffene handelt unfrei und es besteht eine Gefahr, oder es ist aus ex ante Sicht unklar und es besteht daher ein Gefahrenverdacht oder eine Anscheinsgefahr, freilich Fälle „offensichtlicher" Entscheidungsfreiheit (wie etwa bei Selbsttötung im Krankenhaus bei langer Krankheit) ausgeklammert. Die entscheidende Frage ist dabei eher, ob man trotz Annahme der Gefahr bei einer – wenn auch als unfrei unterstellten – Selbstgefährdung dieselben Zwangsmaßnahmen zulassen soll wie bei der Drittgefährdung.

Die von *Deger* dargestellte Kasuistik beleuchtet diesen Konflikt. Vor allem beim Schusswaffengebrauch, wird durch die Legitimation dieser zwingend letalen Gewaltform die Lebensbeendigung wieder bedeutend in Richtung eines Verbots verschoben. Es lässt sich auch nicht wirklich sagen, dass zu einem Zeitpunkt, in der der Schusswaffengebrauch noch erfolgversprechend erscheint, dieser bei einer Abwägung ein „geringeres Übel" darstellt, als etwa ein Fenstersturz oder Waffengewalt gegen sich selbst.

Wenn man allein auf das Erfordernis der Verantwortlichkeit des Suizidenten für die Gefahr an seinem Rechtsgut Leben abstellt, könnte man durchaus von einer Einordnung als Handlungsstörer ausgehen. Andererseits: Wenn man gerade die Autonomie der Handlung in Frage stellt, dadurch die Gefahr begründet und daher eine Maßnahme wie gegen einen „Drittstörer" zu legitimieren gedenkt, negiert man damit nicht gleichzeitig auch die Verantwortlichkeit und damit die Voraussetzung der Störereigenschaft? Stellt man entsprechend dem BGH auf das Verschuldensprinzip ab,[389] oder sieht man zumindest die

388 So auch C.G. Schmidt, 81.

389 BGHZ 5, 144, 152; 117, 303, 308.

Rechtswidrigkeit für erforderlich,[390] kommt man zu dem Ergebnis, dass der Suizident nach dieser Ansicht als Nichtstörer zu qualifizieren ist.

Da die Selbsttötung nicht strafrechtlich oder sonst gesetzlich sanktioniert ist, kann sie daher in technischem Sinne weder rechtswidrig oder schuldhaft begangen werden. Zudem sind hier Rechtsgutsträger und Gefährder personell identisch, womit eine Trennung rein objektiver und subjektiver Umstände wohl kaum möglich erscheint – denn „bewusst" im Sinne von kognitiver Steuerung ist dem Suizidenten die Lebensgefährlichkeit seines Tuns in aller Regel wohl, zumindest wenn Lebensbeendigung ernsthaft bezweckt wird. Selbst wenn man zur Ermittlung die §§ 19–21 StGB heranzöge, so muss man bei dogmatischer Konsequenz auch hier festhalten, dass diese nicht den subjektiven Tatbestand entfallen lassen, sondern nur die Schuld. Auch wenn man wie die h.M wegen der Effektivität des Rechtsgüterschutzes für die Störereigenschaft auf rein objektive Kriterien abstellt,[391] kann man dieses Ergebnis anhand der Verantwortlichkeitsbeziehung des Suizidenten zu seiner Handlung gemessen an der subjektiven Übereinstimmung mit seiner Wertordnung kommen. Die Rechtsprechung geht davon aus, dass Selbstgefährdungen dann keine Gefahr für die öffentliche Sicherheit darstellen,[392] wenn sich der Betroffene freiwillig und in Kenntnis der Sachlage der Gefahr aussetzt.[393] Überträgt man diese Argumentation auf die Suizidsituation, so entfällt bereits die Gefahr und damit notwendig auch die Störereigenschaft, wenn der Suizident autonom handelt. Handelt er nicht autonom, gründet sich der Eingriff gerade darauf, dass man von fehlender Verantwortlichkeit des Betroffenen für seine eigenen Rechtsgüter ausgeht. Die Störereigenschaft ließe sich wohl überhaupt nur mit der vereinzelten Ansicht begründen, die diese an die Sozialadäquanz des Verhaltens knüpft.[394] Doch ob suizidales Verhalten sozialadäquat ist, das soll über diesen Weg doch gerade ermittelt werden, so dass man sich in diesem Falle einem Zirkelschluss ergeben würde.

---

390 Poscher, Jura 2007, 803f; Schmelz, BayVBl 2001, 554; Schenke, Polizei- und Ordnungsrecht, Rn. 261.

391 Pieroth, Schlink, Kniesel, Polizei- und Ordnungsrecht, 49; Berner, Köhler, Käß, Polizeiaufgabengesetz, 78 Rn. 4; Martens, in: Drews, Wacke, Vogel, Martens, 290,293; für eine untergeordnete Rolle von subjektivem Tatbestand und Rechtswidrigkeit B. Park, 244.

392 VGH Bad.-Württ., NJW 1998, 2235.

393 VGH Bad.-Württ, VBlBW 2013, 178.

394 Hurst, AöR 83 (1958), 75f; v. Mutius, Jura 1983, 299, 304; siehe auch Wegricht, 33; und Steinhorst, 99.

Im Ergebnis kann der Suizident wohl am ehesten nur unter den Begriff des Nichtstörers gefasst werden, da er entweder in Ausübung eines ihm zugeordneten Rechtes handelt (und daher schon keine Gefahr vorliegt) oder aber mangels Zurechenbarkeit für sein Handeln nicht verantwortlich zeichnet und die Störereigenschaft somit nach den dargestellten Ansichten ausgeschlossen ist.[395] Daher kann auch nur unter den Voraussetzungen der strengen Verhältnismäßigkeitsprüfung des polizeilichen Notstandseingriffs – Abwehr einer erheblichen Gefahr, Unerreichbarkeit des Verantwortlichen oder Vornahme durch die Behörde, keine erhebliche Selbstgefährdung, Beschränkung der Maßnahme auf das sachlich und zeitlich notwendige – vorgegangen werden, so dass entsprechend *Deger* die Maßnahmen der Intervention deutlich eingeschränkt sind.[396] Dies entspricht den etablierten Ergebnissen der Paternalismusdebatte, dass auch in diesen Fällen grundsätzlich davon auszugehen ist, dass eine Drittentscheidung in jedem Fall „fremder" für den Betroffenen ist, als seine eigene, sodass sich aus diesem Grund eine Gleichstellung mit einer Gefährdung durch Dritte schon verbietet. Hält man Paternalismus zur Erhaltung der Grundlage von Autonomie für grundsätzlich möglich, so müsste vor dem aufgezeigten Hintergrund der Fremdheit der Interventionsmaßnahme in jedem Fall im Rahmen der aufgezeigten strengen Verhältnismäßigkeitsprüfung sehr enge Voraussetzungen eingehalten werden. Es sollte sich von selbst verstehen, dass schon vor dem Hintergrund des Versuchs der Lebenserhaltung nicht eine selbstverursachte Lebensbeendigung durch eine ebenso gefährliche Handlung ausgetauscht werden kann (wie der oben bezeichnete Gebrauch der Schusswaffe, der bei wirklich erfolgversprechendem Einsatz in seiner potenziellen Gefahr für das Leben kaum geringer sein dürfte), ebenso wenig dürften Mittel zulässig sein, welche das Leben zwar schützen, den Körper in seiner Integrität jedoch nachhaltig zu schädigen geeignet sind (man denke etwa an den Verlust des Augenlichts oder einer wichtigen Gliedmaße, schwere psychische Beeinträchtigung oder Gefahr erheblicher Entstellung).

e.) Paternalistischer Lebensschutz gemessen an Art. 2 Abs. 2 GG

Ansatzpunkt einer paternalistischen Betrachtungsweise des staatlichen Lebensschutzes gegen den Willen ist die Unterscheidung zwischen Kurz- und Langzeitpräferenz des Grundrechtsträgers. Wie bereits dargestellt kann sich die Frage der rechtlichen Billigung oder Missbilligung der Selbsttötung allein aus verfassungsrechtlicher Betrachtung nicht ergeben, was auch anhand der Unterschiede in

395 Schenke, Polizei- und Ordnungsrecht, 163.
396 Deger, NVwZ 2001, 1232.

der verwaltungsrechtlichen und der strafrechtlichen Praxis und Perspektive bei demselben Sachverhalt deutlich wird. Die Entwicklung in der Rechtsprechung zeigt auf, dass der Schutz durch das Grundgesetz und seine auf individuelle Freiheit ausgelegte Zielrichtung den Argumentationsaufwand für Lebensschutz gegen den Willen es Einzelnen erheblich erschwert hat und dass, wie von *G. Dworkin* beschworen, es ein vorhersehbarer Reflex zu sein scheint, den Schutz des Lebens vor den Handlungen seines Trägers „jedenfalls" auch auf Drittschutzüberlegungen zu stützen oder auf moralistische Belange der Allgemeinheit. Dass solche Überlegungen schon zum Zeitpunkt der Entscheidungen wenig tragfähig waren, war der Rechtsprechung durch den juristisch wenig fundierbaren Verweis auf „ethische Überlegungen", die in das Urteil einfließen sollen, wohl auch bis zu einem gewissen Grade bewusst. Eine Herangehensweise, in der die Selbsttötung einen Affront gegen die Gesellschaft darstellt, weil sich der Einzelne dadurch seiner Verantwortung in dieser entzieht, bewegt sich gefährlich nahe an dem bereits gezeichneten technokratischen Staatsutilitarismus, bei dem jeder Mensch seine Daseinsberechtigung nicht aus seinem bloßen Menschsein ableitet, sondern aus dem Nutzen, den er für Dritte hat oder haben kann. Es sollte auf der Hand liegen, dass eine solche „Zweckbindung" des Menschseins an seine Mitwirkung an der Allgemeinheit mit Hinblick auf die Objektformel mit der Menschenwürdegarantie aus Art. 1 Abs. 1 GG keinesfalls vereinbar ist.[397] In der zitierten Entscheidung des VG Karlsruhe verweist dieses explizit auf das Dasein der Grundrechte als Abgrenzungsinstrument von der Unrechtsherrschaft des Dritten Reiches:[398]

> „Die durch die Grundrechtsnormen verkörperte objektive Wertordnung muß deshalb bei der Auslegung einfachen Rechts... beachtet werden. Wenn in das Grundgesetz das an sich selbstverständliche Recht auf Leben ausdrücklich aufgenommen worden ist, so erklärt sich dies hauptsächlich als Reaktion auf die ‚Vernichtung lebensunwerten Lebens', auf ‚Endlösung' und ‚Liquidierung', die vom nationalsozialistischen Regime als staatliche Maßnahmen durchgeführt worden sind. Es sollte damit die verfassungsrechtliche Grundentscheidung herausgestellt werden, daß das menschliche Leben ein absolutes, jeder Relativierung entzogenes Rechtsgut ist. Wo menschliches Leben existiert, kommt ihm auch Menschenwürde zu; es ist nicht entscheidend, ob der Träger sich dieser Würde bewußt ist und sie selbst zu wahren weiß. Die von Anfang an im menschlichen Sein angelegten potenziellen Fähigkeiten genügen, um die Menschenwürde zu begründen."[399]

397 Wassermann, DriZ 1986, 292; Panagoloupou-Koutnatzi, 66.
398 VG Karlsruhe, JZ 1988, 208, 209.
399 BVerfGE 39, 1, 36, 41.

Alles andere würde dazu führen, dass man der Frage, ob ein Individuum selbst sein Leben für nicht mehr lebenswert empfindet, einen objektiven Maßstab anhand seines „Nutzens" zugrundelegt. Man würde dem todkranken, auf Dauer bettlägerigen Menschen die Legitimation seiner Selbsttötung also nicht in Ansehen seiner autonomen Selbstbetätigung als menschliches Wesen zusprechen, sondern in Verneinung seiner Daseinsberechtigung als „unnützes Wesen". Ob man anknüpfend daran bei Dritten eine Pflicht sähe, in eine Selbsttötung einzuschreiten, hinge also nicht mehr von einem grundsätzlichen humanistischen Lebenserhaltungsgebot ab, sondern davon, ob die Gesellschaft in einem unausgesprochenen Konsens von dessen Entbehrlichkeit für die Allgemeinheit ausginge. Ansätze dieser Art sind ideologisch nur wenig vom „Volkschädling" entfernt und können zumindest glücklicherweise in dieser Diskussion als weitestgehend überkommen angesehen werden. Dennoch lässt sich nicht leugnen, dass sie zur Grundlage der Herleitung eines Rechtes auf Selbsttötung gehören und durch das Fehlen eines rechtsverbindlichen Rahmens keine Selbstverständlichkeit sind. Was diese Ansicht daher in jedem Fall nicht beseitigen kann, ist Rechtsunsicherheit, mehr noch schafft sie diese auch für jeden schutzbereiten Dritten, da er sich bei der Frage seines Einschreitens der Ungewissheit stellen müsste, ob ein Gericht das von ihm nicht gerettete Leben noch als „nützlich" und daher lebenswürdig ansieht oder nicht.

Die strafrechtliche Perspektive bietet für die Ermittlung der Einordnung den Vorteil, diesbezüglich deutlicher Stellung zu beziehen. Der Nachteil zumindest der Rechtsprechung liegt darin, dass sie sich sehr einzelfallbezogen darstellt und dabei von einer Beschützergarantenstellung ausgeht. Wenn in der Rechtsprechung auf das Arzt-Patientenverhältnis abgestellt wird und dass im Einzelfall der Arzt die Entscheidung des todkranken Patienten straffrei respektieren kann, ist zumindest in Grundzügen erkennbar, dass die Informationslage sowohl auf Arzt- als auch auf Patientenseite entscheidend ist. Eine solche Stellungnahme geht jedenfalls davon aus, dass der Patient seinen Todeswillen in einer nach empirisch-medizinischer Ansicht nicht mehr besser werdenden Lage gefällt hat (sprich: Lang- und Kurzzeitpräferenz sind deckungsgleich und für den Außenstehenden uneingeschränkt und umfassend erkennbar), diese Überlegungen aufgrund von ärztlicher Information geschehen ist und der Arzt selbst bei seiner Entscheidung, nicht einzuschreiten, keinen rationalen Beschränkungen unterliegt und dies ausschließlich in Achtung der Patientenautonomie macht. *Herzberg* umschreibt eine solche Konstellation für den Beschützergaranten, wenn er fragt, ob die Mutter, die die erwachsene Tochter nicht vor der Einnahme todbringender Tabletten abhält, straflos sein soll, wenn die Tochter sich wegen Trauer über den Tod des Geliebten in freier Willensbildung dazu entschlossen habe.[400] Für ihn ergibt sich die „Dringlichkeit des Schutzes der Lebensmüden“ daraus, dass die Selbsttötung zwar freiverantwortlich gefasst worden sei, aber eben nicht in einer hoffnungs- oder ausweglosen Lebenssituation. Er stellt dabei darauf ab, dass nach der allgemeinen Erfahrung der Grund für den Todeswunsch an Bedeutung verlöre, so dass abzusehen sei, „daß die Lebensmüde für ihre Rettung später dankbar wäre.“ Er stellt dabei also auf das Schutzbedürfnis ab, wonach es für die Garantenstellung also keinen Unterschied mache, auf welche Weise ein Verhängnis eintrete, ob also die Gefährdung durch Fremdeinwirkung geschehe oder aber durch Selbstgefährdung.[401] Allerdings lässt sich einer solch pauschalen Einlassung entgegenhalten, dass *Herzberg* hier gerade seine eigenen Erfahrungen und Prognosen auf den – in seinem Fall unstrittig autonom – Handelnden projiziert und sich damit letztlich auf unüberprüfbare Evidenz zurückzieht.

Diese Ansicht kann insbesondere für Normsetzung und Rechtsprechung nicht zielführend sein. Sie erschöpft sich in der Annahme, dass ein Mensch in jedem Fall immer weiterleben möchte und dass eine andere Entscheidung weder vorgesehen noch möglich sein soll. Insbesondere ist darauf zu verweisen, dass derjenige, der das Verhalten beurteilt, bei seinen Einschätzungen und Erwägungen denselben Fehlvorstellungen unterliegen kann, wie der Betroffene selber. Sich darauf zurück zu ziehen, man könne anhand des Ergebnisses auf den Ursprung schließen, liefe bei Prognosen auf eine selbsterfüllende Prophezeiung hinaus. *Möller* verweist zutreffend darauf, dass die Selbsttötung schon deshalb grundsätzlich unter die grundrechtlich geschützte Handlungsfreiheit fallen muss, weil ansonsten der Staat in jede Form der eigenständigen Lebensbeendigung eingreifen könnte, ohne sich dafür legitimieren zu müssen.[402] Darin besteht letztlich auch der entscheidende Unterschied zur Fremdtötung, die dem Betroffenen als Fremdbestimmung aufgezwungen wird. Funktionale Identität könnte also überhaupt nur da angenommen werden, wo der selbstschädigende Charakter einer Handlung dem Betroffenen verborgen bleibt oder ihm die Handlung aus anderen Gründen nicht mehr als „authentische“ Willensentscheidung zugerechnet werden kann.

Im Ergebnis erscheint es am sachgerechtesten, dabei weniger auf die Begrifflichkeit des Verbotenseins abzustellen sondern eher auf den effektiven Rechtsgüterschutz im Sinne der Gefahrenabwehr und der dabei maßgeblichen ex ante

---

400 Herzberg, ZStW 91 (1979), 565.
401 Herzberg, ZStW 91 (1979), 566.
402 Möller, KritV 2005, 231.

Perspektive. Dies eröffnet zumindest die Voraussetzungen der Möglichkeit paternalistischer Intervention,[403] auch wenn deren Reichweite sich dadurch nicht klären lässt. Die von *Gallas* vorgeschlagene Einordnung, die Verfügung über das eigene Leben als „unverbotene Handlung“, kann auch aus strafrechtlicher Sicht nur wenig weiterhelfen. Entweder eine Tat ist verboten, oder sie ist es nicht. Es ist jedenfalls nicht ersichtlich, welche Folge daraus entstehen sollte. Strafrechtlich kann das „Unverbotensein“ keinerlei Bedeutung erlangen und aus Sicht der öffentlich-rechtlichen Gefahrenabwehr kommt es für den Rechtsgüterschutz nicht darauf an, ob ein strafrechtlich verbotener, will heißen rechtswidriger Angriff vorliegt. Eine solche Einordnung sagt nichts über die Interventionsbefugnisse des Staates aus. Wenn man sich an das von *Mill* angeführte Beispiel des Mannes, der in Unkenntnis der Sachlage über eine einsturzgefährdete Brücke geht, erinnert, so wird klar, dass es darauf nicht ankommen kann. Denn das Überqueren der Brücke wäre ebenfalls nicht strafrechtlich verboten, würde der Betroffene sie in Kenntnis überqueren wollen. In dem geschilderten Fall entsteht die Gefahr sogar unabhängig von jeglicher bewusster Selbstgefährdung, so dass das Verhalten – moralisch betrachtet – eigentlich noch weiter von einem „Verbotensein“ entfernt wäre als bei einer bewussten, aber „unvernünftigen“ Selbstgefährdung. Von daher hängt die Frage des „Erlaubtseins“ weniger davon ab, ob dem einzelnen die Verfügungsbefugnis über sein Leben zugeordnet ist, sondern davon, unter welchen Umständen eine Verfügung darüber unbeachtlich sein soll. Dabei braucht man nicht auf empirische Studien zu verweisen, die belegen, dass der überwältigende Teil der vom Suizid Abgehaltenen nachträglich mit der Rettung einverstanden war,[404] zumal man aufwerfen könnte, dass „erfolgreiche“ Suizidenten naturgemäß zum Beweis des Gegenteils nicht herangezogen werden könnten. Bezüglich dieser Schwierigkeit verweist *Pohlmeier* darauf, dass Suizidgefährdete selten ausschließlich leben oder sterben wollten, sondern zumeist beides zugleich, jedoch in unterschiedlicher Intensität.[405] Stellte man aus Perspektive staatlicher Schutzpflichten auf die Effektivität des Rechtsgüterschutzes ab, so erschiene es zumindest vertretbar, wenn der Staat an dieser Stelle eine normative Betrachtung vornimmt und davon ausgeht, dass diese Umstände grundsätzlich vorliegen.

Nicht gesagt ist damit jedoch, dass die Entscheidung der „erfolglosen“ Suizidenten zu diesem Zeitpunkt unfrei war, noch dass dies nicht der Fall gewesen

403 Klimpel, 66, der die Intervention jedoch auf weichen Paternalismus beschränkt.
404 Siehe Ostendorf, 41 Fn. 16 mit entsprechendem Verweis auf medizinische Literatur.
405 Pohlmeier, 66.

ist. Gemessen an der Hochrangigkeit des Verfassungsgutes Leben dürften an dieser Stelle indes an die Wahrscheinlichkeit der Unfreiheit keine hohen Anforderungen zu stellen sein, um dem Grundsatz des effektiven Rechtsgüterschutzes bei der Gefahrenabwehr zu genügen. Die Schwierigkeit der Bestimmbarkeit der individuellen Wertordnung wird bei einer polizeirechtlichen Betrachtung besonders deutlich. Die Frage der Gefahrenermittlung ist dort in hohem Maße kontextgebunden. Wenn man bedenkt, dass zwischen einer unter „Sterbehilfe" durchgeführten Selbsttötung, will heißen im Charakter der Lebensgefahr, und einem „emotionalen Spontansuizid" funktional (selbstbestimmte Lebensbeendigung) kein Unterschied besteht, man aber bei ersterem eine (polizeiliche) Intervention bedeutend schwieriger legitimieren könnte, wird klar, dass die jeweilige Situation so vielschichtig, bedeutsam und individuell sein wird, wie das Rechtsgut des Lebens selbst.

Mit dem von *Möller* aufgeworfenen Argument, der Staat könne ohne grundsätzliche Anerkennung der Selbsttötung diesbezüglich ohne Legitimationspflicht tätig werden, ist auch die entscheidende Aussage dagegen gefunden, dass man die Selbsttötung als „rechtsfreien Raum" sieht. Das menschliche Leben als verfassungsrechtliches Höchstgut der Rechtsfreiheit preiszugeben verbietet sich wegen dessen überragender Bedeutung aus jedem Grund, auch wenn man dadurch eigentlich die Freiheit zur Selbsttötung herleiten will. Argumentative Hilflosigkeit bei der dogmatischen Herleitung eines Rechtes auf Selbsttötung darf nicht dazu führen, dass die nach wie vor absolute Ausnahmekonstellation der freiwilligen Lebensaufgabe in ihrem Extrem aus der Rechtsordnung ausgeklammert wird. Auch hier kann eine konsequente Anwendung der Grundrechte in ihrer Konzeption als Freiheitsrechte zu dem Ergebnis führen, dass der einzelne sich ohnehin nicht vor dem Staate legitimieren muss, sondern allein dieser ihm gegenüber. Durch eine Erklärung zur Rechtsfreiheit wäre also nichts gewonnen, sondern nur dem Staat die Möglichkeit geboten, ohne sich rechtfertigen zu müssen in die Freiheit des Einzelnen einzugreifen. Denn der Suizident dürfte in aller Regel ohnehin schon bedeutend an Verbindung mit der ihn umgebenden Welt eingebüßt haben, so dass die einzig zulässige Reaktion des Rechtes sein kann, zu versuchen ihn wieder stärker in die Rechts- und Sozialgemeinschaft zu integrieren. Es wäre ein leichtes zu sagen, dass er aufgrund seiner individuellen Schwäche eben nicht mehr im normalen Rechtskreis agiert, sondern in einem „rechtsfreien Raum". Ziel eines funktionierenden, das heißt an individuellen Grundrechten ausgerichteten Rechts muss es indes sein, durch staatliche Hilfestellungen den Hilfsbedürftigen so gut es geht in die Rechtswelt zu integrieren und gerade so wenig wie möglich Sonderrechtsräume zu schaffen, die ihn von einer Welt, von der er sich ohnehin schon entfremdet haben mag,[406] weiter abzukanzeln.

Durch das Abstellen auf die Frage der Autonomie kann zudem verhindert werden, dass die Straflosigkeit der Beteiligung an der Selbsttötung durch ausufernde Herleitung einer Garantenstellung unterminiert wird.[407] Die grundsätzliche Erlaubnis der Selbsttötung lässt sich dabei auch gerade aus § 216 StGB herleiten. Strafbar ist nur die Beteiligung Dritter, nicht die eigene. Dabei lässt sich das Bestreben des Gesetzgebers erkennen, dass er die freiheitliche Lebensbeendigung, wenn sie denn schon stattfinden muss, zumindest in ihrer Autonomie umfassend gesichert sehen will. Das Tatbestandsmerkmal der Ernsthaftigkeit und Unmissverständlichkeit zeigt auf, dass in dieser Ausnahmesituation eine lebensbeendende Einwirkung durch Dritte verhindert werden soll,[408] die *ihrerseits* auf Fehlvorstellungen oder -interpretationen beruht. Wegen dieser Gefahr, die wohl selten wirklich vollständig auszuräumen ist, ist die Tötung auf Verlangen letztlich auch weiterhin mit Strafe bedroht, um jeglicher Leichtfertigkeit bei der Entscheidung Einhalt zu gebieten.[409] Der weitere Problemkreis der damit verbundenen Frage der „aktiven Sterbehilfe" soll an dieser Stelle nicht weiter verfolgt werden, jedoch kann hier gesagt sein, dass dort, wo es unter keinem nur erdenklichen Gesichtspunkt Zweifel an einem autonomen Todeswunsch gibt, es nicht darauf ankommen kann, ob der letztlich lebensbeendende Akt durch den Betroffenen selbst ausgeführt wird.

Unter Verweis auf die bisher herausgestellten Erkenntnisse lässt sich auch die zufällig anmutende Ansicht erklären, dass der Beschützergarant einschreiten müsste, wenn der Suizident seine Handlungsfähigkeit verliert. Auch wenn sich sagen lässt, dass die autonome Entscheidung des Suizidenten seinem Zustand der Handlungsunfähigkeit fortwirkt und daher ein eigenständiger, dem Garanten zurechenbarer und von ihm selbst zu verantwortender Kausalbeitrag nicht zwingend angenommen werden muss, so erscheint es zumindest, wenn man Paternalismus zur Erhaltung der Grundlagen von Freiheit für legitim hält, vertretbar, ein Einschreiten an dieser Stelle für geboten zu halten. Denn auch wenn die autonome Entscheidung des Suizidenten im Sinne seiner vor dem suizidalen Akt bestehenden Präferenz weiter fortwirkt, so wird ihm im Zustand

406 Engelhardt, Wirth, Kindermann, 97.

407 Siehe die Kritik von Baumann, ZRP 1978, 35.

408 Ähnlich Sternberg-Lieben, Die objektiven Schranken der Einwilligung im Strafrecht, 120.

409 Dies ist jedoch kein Verweis auf Beweisschwierigkeiten, wie ihn etwa Arzt, ZStW 83 (1971), 36 als Begründung der Strafbarkeit aus § 216 StGB sieht.

der Handlungsunfähigkeit die Möglichkeit genommen, es sich im Sinne einer Änderung seiner Kurzzeitpräferenz „anders zu überlegen“ und von seinem „Selbsttötungsversuch zurückzutreten“. Daher kann zumindest derjenige, der diese Wertordnung und damit die Ernsthaftigkeit des Todeswillens des Suizidenten nicht sicher kennt, für sich keine Entscheidungshoheit beanspruchen und kann daher angehalten sein, zumindest den Versuch zu unternehmen, das Leben und damit die Grundlage der Autonomie zu erhalten. Ob man wegen dieser Ungewissheiten und der Schwierigkeit der Legitimation paternalistischer Lebenserhaltung bei Dritten eine Beschützergarantenstellung erwachsen lässt, welche eine Unterlassungsstrafbarkeit begründet, das dürfte zumindest dort ausgesprochen fraglich sein, wo der Dritte die Suizidlage als solche erkannt hat und den Willen des Suizidenten auch über den Eintritt der Handlungsunfähigkeit hinaus respektieren möchte. Die weiteren strafrechtlichen Implikationen für den Intervenienten sollen an dieser Stelle nicht weiter verfolgt werden, sie spielen jedoch bei der Betrachtung paternalistischen Lebensschutzes durchaus eine Rolle. Wenn der Staat Dritten keine Wahl lässt und durch drohende strafrechtliche Verantwortung eine Pflicht zum Eingreifen vorschreibt, so erzeugt er damit erneut eine Zwangswirkung zum Schutz des einzelnen vor Selbstschädigung.

Es zeichnet sich also ab, dass der entscheidende Punkt nicht die Lebensbeendigung selbst ist, sondern die Frage nach ihrer Autonomie. Vereinzelte Entscheidungen, die von dem Kanon des BGH abweichen, verweisen gerade auf die Autonomie der Entscheidung zum Suizid als Ausdruck des Respekts der Rechtsordnung vor dieser Entscheidung, die sich sodann auch auf den Garanten auswirken müsse.[410] *Klimpel* führt dahingehend aus, dass im Zentrum der Betrachtung nur der Mensch als autonome Person stehen könne, da es Zweck der Rechtsordnung sei, dem Menschen Freiheit zu gewährleisten.[411] Bei der Einordnung der Selbsttötung in die Grundrechtsordnung kann also nicht Maßgabe sein, dass der Staat dem Grundrechtsträger das „bestmögliche“ Leben schuldet, sondern ihm die Grundlage dafür in Form umfassender Freiheitsbetätigung zu gewähren.[412] Die Entscheidung der Intervention kann nicht davon abhängig gemacht werden, dass es anhand von Erfahrungswerten „irgendwann besser wird“, genauso wenig, wie die Entscheidung des Unterlassens davon abhängig

---

410 OLG Düsseldorf, NJW 1973, 2215.

411 Klimpel, 72.

412 R. Dworkin, Sovereign Virtue, 237ff; siehe auch Möller, Paternalismus und Persönlichkeitsrecht, 125ff.

gemacht werden kann, dass objektiv keine Chance auf Besserung besteht und das Leben des Betroffenen daher ohnehin verwirkt ist.

3.) Autonome Selbstgefährdung

Welche Maßstäbe sich also für die Autonomie einer Entscheidung heranziehen lassen, lässt sich durch eine Analyse der dargestellten Rechtsprechung allein nicht ermitteln. Bei einer ersten Betrachtung von Situationen, in denen die Rechtsprechung von einer autonomen Entscheidung ausgeht, der Betroffene sich also „bewusst" selber gefährdet, wird jedoch deutlich, dass dort bedeutend größere Hemmungen bestehen, eine mögliche Grundrechtsbeeinträchtigung allein auf die Selbstschutzfunktion einer Regelung zu stützen. Es lässt an dieser Stelle zumindest den ersten Verdacht zu, dass mit ansteigender (unterstellter) Autonomie die Gerichte selbst Zweifel an der Vereinbarkeit paternalistischer Intervention mit der Systematik des Grundgesetzes hegen. Es würde zumindest erklären, warum trotz der immer wieder angeführten Offensichtlichkeit des Nutzens für den Betroffenen besondere Aufmerksamkeit auf Drittschutzüberlegungen gelegt wurde, was bei (unterstellter) Evidenz des individuellen Nutzens eigentlich unnötig wäre.

a.) Gurt- und Helmpflicht

aa.) Begründung in der Rechtsprechung

Dies zeigt sich vor allem anhand der „klassisch-paternalistischen" Kasuistik zur Gurt- und Helmpflicht im Straßenverkehr und der dazu entwickelten Rechtsprechung, die diese (bußgeldbewehrten) Pflichten als verfassungsgemäß ansehen.[413] Der erste Ansatzpunkt des BGH war es, den Eingriffscharakter solcher Maßnahmen wegen ihrer geringen Schwere in Frage zu stellen.[414] Es schien aber zumindest in dieser Hinsicht ungewohnt hohe Einigkeit der Gerichte zu herrschen, dass eine paternalistische Intervention in diesem Fall allein schon wegen ihres geringen Beeinflussungsgrades jedenfalls gerechtfertigt sein sollte.[415] Entscheidender dabei ist jedoch, dass nebst dem Abstellen auf evidente Vorteile im Verhältnis zur Schwere der Beeinträchtigung auch hier Argumente vorgetragen

413 BGH NJW 1979, 1363; BVerfGE 59, 275ff.

414 BGH NJW 1979, 1363, 1365; ob es eine solche Bagatellgrenze gibt, ist durch das BVerfGE mehrheitlich offengelassen, ob es eine solche Schwelle für Grundrechtseingriffe gibt, BVerfGE 5, 13, 15; 7, 108, 115.

415 Etwa OLG Hamm, NJW 1985, 1790, 1791.

werden, die die Berührung von Drittinteressen zur Legitimation heranziehen: Die Möglichkeit nach dem Unfall sachgerecht zu reagieren und die Kosten für die Allgemeinheit eines schwerer Verletzten. Dabei erkannte etwa das OLG Hamm an, dass auch und gerade durch den Sicherheitsgurt selbst bestimmte Verletzungen hervorgerufen werden könnten. Es könne jedoch nicht ernstlich bestritten werden, dass Sicherheitsgurte in einer Großzahl der Fälle Verletzungen verhindern oder zumindest deren Ausmaß verringern können.[416] Entscheidend wurde jedoch auch auf den Schutz Dritter abgestellt:

> „Zu diesen Vorteilen, mit denen die Anlegung des Sicherheitsgurtes für den einzelnen Gurtträger verbunden ist, treten gewichtige Interessen der Allgemeinheit. Dabei bedarf es keiner weiteren Ausführungen, daß diese durch die finanziellen Folgen verkehrsunfallbedingter Verletzungen schwer belastet wird. (...) Der Gerbrauch von Sicherheitsgurten kann auch die Unfallfolgen im Hinblick auf andere Verkehrsteilnehmer mindern. So bleibt die Reaktionsfähigkeit des angeschnallten Kraftfahrzeugführers nach dem ersten Aufprall infolge der Vermeidung schwerer Kopfverletzungen in vielen Fällen erhalten, so daß dieser weitergehende Unfallfolgen, etwa durch Steuerung des Kraftfahrzeugs oder durch Absicherung der Unfallstelle, häufig vermeiden kann. Auch kann durch das Anlegen von Sicherheitsgurten in vielen Fällen ein Gegeneinanderschleudern von Wageninsassen mit den dadurch möglichen Verletzungen verhindert werden.“[417]

Insbesondere das Argument des Erhalts der nachträglichen Reaktionsfähigkeit hatten bereits Gesetzgeber und das BVerfG im Falle der Helmpflicht im Blick.[418] Als weiteres Drittschutzargument führt der BGH zudem an, dass der Geschädigte durch seine Gurtpflichtverletzung, den Schädiger belasten würde, weil der Selbstschädiger ihn in die Täterrolle zwinge, in der er „rechtlich oder wenigstens moralisch für schwere Verletzungen oder gar den Tod des ‚Gurtgegners‘ mitverantwortlich“[419] werde.

bb.) Kritik der Rechtsprechung

Die Herleitung eines Drittschutzes aus dem Sozialstaatsprinzip, da der Hilfsbedürftige ja Anspruch auf Beistand der Allgemeinheit hat,[420] ist dabei jedoch auch nicht umfassend konsequent. *Seebode* führt diesbezüglich an, das Sozialstaatsprinzip stelle in diesem Zusammenhang eine Begrenzung der Grundrechtsfreiheiten dar, die eine Freiheitsbeschränkung zur Gemeinwohlförderung nicht

---

416 OLG Hamm, NJW 1985, 1790, 1791; siehe auch BGH, VRS 56 [1979], 416.

417 OLG Hamm, NJW 1985, 1790, 1791.

418 Zu §21a StVO BVl 1975, 675; BVerfG, NJW 1982, 1276.

419 BGHZ 74, 25, 34; siehe auch Looschelders, 185.

420 Klimpel, 173.

zwingend erforderten, jedoch diesem zumindest dienlich seien.[421] Das Kostenargument lässt sich jedoch auf zwei Ebenen angreifen: Zum einen verweist *G. Dworkin* darauf, dass ein Überleben des Angeschnallten bzw. Helmträgers nicht zwingend zu weniger Kosten führt, etwa, wenn durch die Schutzvorkehrungen Personen schwer verletzt überleben und sodann langer und kostenintensiver Pflege bedürften, die ohne diese verstorben wären und weniger Kosten verursacht hätten.[422] Dieses durchaus makabere Argument lässt jetzt schon deutlich erkennen, wie perfide und obszön es vor dem Hintergrund des Art. 1 Abs. 1 GG ist, Menschenleben und deren Schicksale vorrangig anhand der von ihnen ausgehenden Kosten für die Allgemeinheit zu betrachten.

Zum anderen verweist *Klimpel* darauf, dass sich das Kostenargument, so man es für den Straßenverkehr zulässt, als Beschränkungsargument wohl bei jeder gefahrgeneigten Tätigkeit, insbesondere bei gefährlichen Sportarten oder aber für unproduktive Lebensformen, anbringen ließe.[423] Anknüpfungspunkt für Helm- und Gurtpflicht wäre also nur, dass besonders viele Menschen am Straßenverkehr teilnehmen und nicht die Gefahr im Sinne relativer sondern absoluter Wahrscheinlichkeit einer Verletzung größer ist als bei Hobbys oder individueller Lebensführung. Konsequenterweise müsste also ein Verstoß gegen Helm- und Gurtpflicht dazu führen, dass ein Unfallverletzter, der gegen sie verstößt, jeglichen Anspruch auf staatliche Hilfen verliert. In dieser letzten Konsequenz hat sich die Rechtsprechung jedoch dennoch nicht entwickelt, zumindest was einen endgültigen Verschuldensvorwurf angeht. Während der BGH bei einem unbehelmten Motorradfahrer noch entschied, dass ihn bei unfallbedingten Kopfverletzungen ein Mitverschulden trifft,[424] wird das Fahren ohne Sicherheitsgurt wegen der Möglichkeit gurtbedingter Verletzungen bei Unterlassen nicht als solches gesehen.[425]

cc.) Rechtfertigung von Gurt- und Helmpflicht als Selbstschutzmaßnahme?

Die Schwäche der Argumentation des BGH und dem Verweis auf Drittschutzerwägungen liegt dabei darin, dass sie sich im Verweis auf ihre Evidenz erschöpft. Im Übrigen darf auch bezweifelt werden, dass bei einem derart schweren Verkehrsunfall, wie ihn die Rechtsprechung bei ihrem Bilde des Erhalts der

421 Seebode, JR 1986, 265.
422 G. Dworkin, in: Sartorius, 109.
423 Klimpel, 173.
424 BGH NJW 1965, 1075.
425 BGH MDR 1970, 499.

Reaktionsfähigkeit wohl vor Augen hatte, Kopfverletzungen der einzige (und überhaupt: vorrangige!) maßgebliche Umstand wären, der einen Verunfallten in seiner Reaktionsfähigkeit beeinträchtigen würde. Abgesehen von der Vielzahl denkbarer äußerer und innerer Verletzungen ist dabei vor allem an die Schocksituation zu denken, welche selbst mit der bestmöglichen Schutzausrüstung nicht vermieden werden könnte.

Gerade wegen der Annahme eines autonom handelnden Grundrechtsträgers können die zur Selbsttötung gemachten Ausführungen diesbezüglich auf diese Konstellation übertragen werden. So ging etwa das Verkehrsministerium selbst eine Zeit lang davon aus, dass eine Schutzhelmpflicht die Rechte anderer nicht tangiere und, da sie nur dem Schutz des Betroffenen diene, mit der allgemeinen Handlungsfreiheit aus Art. 2 Abs. 1 GG unvereinbar sei.[426] Gerade auch unter Betrachtung von Menschenwürdeaspekten kann zumindest der Schutz der Allgemeinheit vor finanziellen Belastungen durch Unfallfolgen nicht mehr als im Sinne des Art. 1 Abs. 1 GG verstanden werden. So führte etwa das AG Würzburg in einer vereinzelt gebliebenen Entscheidung aus:[427]

> „Bedenken gegen die Bußgeldbewehrung könnten sich ferner aus dem Gesichtspunkt des Art. 1 GG ergeben. Offensichtlich werden von Seiten des Verordnungsgebers wirtschaftliche Interessen der Allgemeinheit (!) zur Begründung der Bußgeldpflicht herangezogen. Es dürfte aber gegen die Würde des Menschen verstoßen, ihm Beschränkungen seiner Freiheit in Handlung und Entscheidung und Risikobewertung aufzuerlegen, um finanzielle Lasten zu verringern. Hinzu kommt, daß das in Art. 1 GG garantierte Recht der Selbstbestimmung dadurch verletzt sein könnte, daß dem Bürger unter den möglichen Risikoabwägungen mit und ohne Gurt eine bestimmte vorgeschrieben wird. Je deutlicher und umfassender die Aufklärung über die Gurtrisiken ist, desto deutlicher ist die Bewußtheit der Entscheidung des einzelnen für und gegen Gurt. Dies zu respektieren, gehört zur Garantie der eigenverantwortlichen Lebensgestaltung, die auch durch Art. 1 GG geschützt ist."

In der Tat kann man auch hier eine Freiheitsbeschränkung unter Beachtung der Menschenwürde nur schwerlich darauf stützen, dass bei deren Missachtung der Betroffene zu einer finanziellen Belastung für die Gesellschaft wird. Ein derartiges Aufwiegen des Lebens und der Freiheit des Einzelnen mit Geld ist menschenunwürdig und führt den sozialstaatlichen Anspruch auf Hilfe bei Bedürftigkeit ad absurdum. Es wird dadurch letztlich eine alltägliche Pflicht des Einzelnen hergeleitet, er möge bei seiner Lebensgestaltung stets darauf achten, für andere nicht zur Belastung zu werden.[428]

---

426 Stellungnahme vom 6.3.1958, BMV/StV7-4010W/58.

427 AG Würzburg, JR 1986, 304, 305f.

428 Huster, in: Schramme, 228.

Sofern man paternalistische Intervention mit dem Ziel die Grundlage von Autonomie zu erhalten als zulässig erachtet, muss die Frage sein, ob dem Grundrechtsträger durch den Eingriff ein selbstbestimmtes Leben ermöglicht wird oder dessen Erhalt fördert.[429] Dabei hat das OLG Hamm entscheidend die Verhältnismäßigkeit einer solchen Intervention in Form von eigenständigen Risiken durch gurtinduzierte Verletzungen berücksichtigt. Eine Kosten-Nutzen-Rechnung könnte Helm- und Gurtpflichten dadurch legitimierten, da durch Sicherheitshelme keine zusätzlichen Gefahren und durch Sicherheitsgurte (insbesondere etwa „Seatbelt-Syndrom") empirisch erwiesen nur geringe Gesundheitsrisiken ausgehen.[430] Damit dürfte zumindest die Ansicht derer, die die Gurtpflicht wegen der Möglichkeit eigener Risiken durch Sitzgurtverletzungen abgelehnt haben,[431] diesbezüglich widerlegt sein. Es verbleibt aber weiterhin dabei, der bewussten Entscheidung des Nichtanlegens des Sicherheitsgurtes allein aufgrund von Selbstschutzerwägungen dadurch faktisch ihre Legitimation als Grundrechtsbetätigung, Art. 2 Abs. 1 GG, abzusprechen. Selbst unter dem Aspekt der Erhaltung der Grundlage von Freiheit und Selbstbestimmung erscheint es daher wegen der gerade nicht vorhandenen „Wesentlichkeitsschwelle" der Freiheitsrechte aus Art. 2 Abs. 1 GG für kaum begründbar, dem Grundrechtsträger diese Abwägung mit dem Recht aus Art. 2 Abs. 2 GG als Grundlage seiner Autonomie und Existenz abzusprechen und durch Androhung von Sanktionen zu pönalisieren, zumal der Gesetzgeber letztlich sogar einräumt, dass eine Abwägung von Gründen für das Anlegen oder Nichtanlegen von Sicherheitsgurten eine individuelle, an den Bedürfnissen des Einzelnen ausgerichtete Komponente in sich trägt, wenn er in ausgewählten Fällen eine Möglichkeit gemäß § 21a Abs. 1 Nr. 1–6 StVO eröffnet, die die Betroffenen auch ohne weitere Genehmigung wahrnehmen können und daher bei Vorliegen der Voraussetzungen sich dazu entscheiden können. Bei der Ausnahme aus sonstigen Gründen gemäß § 46 Abs. 1 Nr. 5b StVO ist hingegen erneut die Zustimmung der Straßenverkehrsbehörde für eine Befreiung notwendig und damit die Abwägung nicht mehr allein Sache desjenigen, der sie beantragt. Wird man bei entsprechenden Krankheitsbildern (man denke an einen anus praeter, welcher beim Autofahren mit angelegtem Gurt in seiner Funktion beeinträchtigt würde) von einer Erteilung der Ausnahme ausgehen dürfen, so wird dies bei anderen Gründen, welche vom Antragsteller geltend gemacht

429 Klimpel, 177.

430 Nicht angeschnallte Personen haben ein etwa doppelt so großes Risiko tödlicher Unfallverletzungen, wie angeschnallte, Schmitt, Niederer, Muser, Walz, 66 m.N..

431 Etwa Jagusch, NJW 1977, 940; Streicher, NJW 1977, 283.

werden, nicht ohne weiteres der Fall sein. So hatte sich die Verwaltungsgerichtsbarkeit jüngst mit dem Fall eines gläubigen Sikhs zu beschäftigen gehabt, welcher von der Pflicht des Helmtragens beim Führen eines Krads befreit werden wollte, da er den für Angehörige dieser Religionsgemeinschaft üblichen Turban trage, welcher das Haupthaar vor dem Blick anderer Menschen verbergen soll.[432] Das VG Freiburg hatte die Verpflichtungsklage unter formelhafter Wiederholung der beschworenen Drittschutzfunktion des Schutzhelmes im Ergebnis mit der Begründung abgewiesen, der Kläger werde durch die Helmpflicht nicht im Kern seines religiösen Bekenntnisses, sein Haupthaar nicht zu schneiden und dieses in der Öffentlichkeit mit einem Turban zu verdecken, betroffen, da die Helmpflicht ihn nicht zur Entblößung seines Haupthaares zwinge. Vielmehr könne er den Helm abseits der Blicke Dritter an- und ablegen.[433] Da dies nur eine kleine Unannehmlichkeit darstelle und Motorradfahren auch nur einen kleinen Teil des täglichen Lebens einnehme, sei der Eingriff in seine Religionsfreiheit jedenfalls nicht schwerwiegend und daher jedenfalls im Rahmen der praktischen Konkordanz zumutbar. Das VG Freiburg stützte sich dabei auch auf das bereits erläuterte Argument der Belastung für die Sozialversicherung bei einem unbehelmten Unfall.[434] Der VGH Baden-Württemberg gab der Klage jedenfalls im Rahmen eines Bescheidungsurteils statt. Zwar habe der Kläger mangels Ermessensreduzierung auf Null keinen Anspruch auf Erteilung der Ausnahme, die Straßenverkehrsbehörde habe aber ihr Ermessen nicht rechtmäßig ausgeübt (Ermessensausfall), da sie in ihrem Widerspruchsbescheid davon ausging, eine Ausnahme dürfe nur aus gesundheitlichen Gründen erteilt werden, nicht aber aus religiösen.

Auch wenn die weiteren Implikationen der Ausführungen des VGH Baden-Württemberg keine weiteren Erkenntnisse zu der vorliegenden Thematik beitragen, so ist zumindest erhellend, dass auch hier mit deutlichen Worten den in der Rechtsprechung etablierten (und von der Vorinstanz und der Behörde auch aufgegriffenen) Ansichten, die Helmpflicht rechtfertige sich sowohl aus Selbstschutzmaßnahmen als auch aus sozialstaatlichen Aspekten eine Absage erteilt wird. Eine verfassungsimmanente Schranke aus der körperlichen Unversehrtheit

---

432 Siehe VG Freiburg, Urt. v. 29.10.2015, 6 K 2929/14 und VGH Baden-Württemberg, Urt. v. 29.8.2017, 10 S 30/16.

433 VG Freiburg a.a.O. mit recht überraschendem Verweis auf BGer EuGRZ 1993, 595.)

434 So dürften der Verweis auf die konkurrierende Gesetzgebungskompetenz des Bundes, Art. 74 Abs. 1 Nr. 12 GG wohl zu verstehen sein, auch wenn das VG Freiburg diesen Aspekt nicht weiter ausführt; so wohl auch das OVG Baden-Württemberg a.a.O.

des Klägers selber, wie die Behörde es geltend gemacht hatte, könne die Versagung der Ausnahme nicht rechtfertigen:

> *„Ein zwangsweiser Schutz des Menschen vor sich selbst ist zwar in zahlreichen Konstellationen zulässig, setzt aber grundsätzlich eine mehr oder weniger starke Einschränkung der Selbstbestimmungsfähigkeit voraus. Eine ‚Vernunfthoheit' staatlicher Organe über den Grundrechtsträger dergestalt, dass dessen Willen allein deshalb beiseite gesetzt werden dürfte, weil er von durchschnittlichen Präferenzen abweicht oder aus der Außensicht unvernünftig erscheint, ist ausgeschlossen.“*[435]

Vor dem Hintergrund dieser eigentlich eindeutigen Stellungnahme erscheint es verwunderlich, eine Ermessensreduzierung auf Null abzulehnen. Der Umfang der weiteren Begründung, warum nur Anspruch auf Neubescheidung besteht, kann jedoch erneut als Indiz dafür herangezogen werden, welche Schwierigkeiten es insbesondere der Rechtsprechung bereitet, rein paternalistisch motivierte Rechtssetzung als solche zu benennen. Einen greifbaren Maßstab zu erstellen, ab wann etwa religiös motivierte Gründe für die Erteilung einer Ausnahme ausreichen sollen, erscheint ob der rein subjektiven Bewertung des Gläubigen anhand seiner eigenen religiös-moralischen Präferenzen unmöglich. Warum religiös motivierte „Unvernunft“ unter bestimmten, nicht näher bezeichneten Voraussetzungen privilegiert sein sollte gegenüber einer anderen Abwägungsentscheidung, ist nicht ersichtlich. Selbst das Drittschutzargument wird vom VGH Baden-Württemberg aufgelöst, wenn es wohl zutreffend darauf verweist, dass ein Unfall ohnehin eine Ausnahmesituation darstellt (wenn auch unter dem Gesichtspunkt der „Sozialversicherung“). Es bleibt also abzuwarten, ob die von der Rechtsprechung inzwischen reichhaltig gelieferten Argumente irgendwann zur Konsequenz haben, diese Entscheidung dem einzelnen Selbst zu überlassen.

dd.) Staatliche Schutzpflichten als Rechtfertigung der Verhinderung autonomer Selbstschädigungen?

In letzter Konsequenz kommt man nicht umhin festzustellen, dass der Gesetzgeber selbst bei Annahme eines autonomiewahrenden Paternalismus' im Sinne der von *Kleinig* aufgeworfenen Kritik des Vorzuges der Langzeitpräferenz (Erhalt des Lebens und der Gesundheit als Grundlage selbstbestimmten Handelns) gegenüber der Kurzzeitpräferenz (Freude am Fahren ohne Gurt und Helm) anhand eines normativen, vom Gesetzgeber bestimmten Maßstabes Vorzug gewährt wird. Dies allein mit der „Vernunft“, der „wahren Präferenz“ oder gar deren Indikation durch andere Grundrechtsinteressen desselben Rechtsgutsträgers

---

435 OLG Baden-Württemberg a.a.O.

zu begründen, kann wie gezeigt, nicht viel weiterhelfen. Ebenso verweist *Möller* darauf, dass die Lehre der staatlichen Schutzpflichten, wie sie das BVerfG entwickelt hat, nicht ohne weiteres auf den Schutz vor sich selbst angewendet werden kann.[436] Denn die Entscheidungen, etwa die Leibesfrucht unter den Schutz von Art. 1 Abs. 1 GG zu stellen, um sie dem ungeschützten Zugriff der Mutter zu entziehen,[437] oder Schutzpflichten des Staates gegenüber des Lebens des einzelnen vor Terroristen[438], sind mit dem Sachverhalt von Eigenschutzzwang nicht vergleichbar, weil hier Gefährder und Gefährdeter personenidentisch sind.[439] Die Frage, ob die Wirkung der Grundrechte in das Verhältnis zwischen Private ausstrahlt, stellt sich schon gar nicht, weil es bereits allein um individuelle Grundrechtsbetätigung geht, die die Rechte Dritter nicht berührt.[440] Nicht umsonst wurde bereits aufgeworfen, dass das Abstellen auf Drittschutzerwägungen auf eine gewisse dogmatische Hilflosigkeit hinweist, paternalistische Interventionen mit den Grundrechten in Einklang zu bringen. Auch kann die Konstellation nicht mit der von Geisteskranken oder Kindern verglichen werden, bei denen man von einer fehlenden Verantwortlichkeit ausgeht.[441] Die Ablehnung des Anlegens von Gurt oder Helm erfolgt in der Regel bewusst.[442] Andererseits lässt sich ein Unterschied zwischen bewusster Selbstschädigung und Selbstgefährdung vornehmen. Auch wenn der Suizident aus gefahrenabwehrrechtlicher Sicht in aller Regel ex ante wohl eher als unfrei anzusehen sein dürfte, so ist derjenige, der sich etwa wegen unheilbarer Krankheit, Leid oder Schmerz in bewusster Selbstbestimmung das Leben nimmt, von dieser Prognose ausgeschlossen. Wie erörtert darf der Staat in eine solche Lebensbeendigung nicht verhindernd eingreifen. Man braucht an dieser Stelle nicht auf den libertären Ansatz der „wahren Präferenz" zu rekurrieren, um den Unterschied erkennen zu können: Der Suizident schädigt sich bewusst selbst, er terminiert die Grundlage seiner Autonomie nicht nur als Nebeneffekt einer Gefährdung, sondern bezweckt sie.[443]

---

436 Möller, Paternalismus und Persönlichkeitsrecht, 213.

437 BVerfGE 39, 1.

438 BVerfGE 46, 160.

439 Möller, Paternalismus und Persönlichkeitsrecht, 214.

440 So auch Huber, GesR 2017, 618.

441 Möller, Paternalismus und Persönlichkeitsrecht, 216; siehe dazu auch Isensee, in: HdStR V, § 111 Rn. 78.

442 Möller, Paternalismus und Persönlichkeitsrecht, 216f.

443 für diese Unterscheidung zwischen zielgerichtetem Suizid und höchstens billigender Inkaufnahme des Todes bei Hungerstreikenden auch Ostendorf, 41f; J. Wagner, 11; ausführlicher siehe Klimpel, 104f, 107.

Derjenige, der auf Schutzmaßnahmen verzichtet, zielt damit nicht auf eine Selbstschädigung ab, sondern nimmt diese nur in Kauf, bezweckt damit aber nicht ihren Eintritt.[444] Er setzt damit eine komplexe Bewertung um, in der er die Betätigung seiner tatsächlichen, gegenwärtigen Selbstbestimmung höherrangig bewertet, als die Möglichkeit eines Unfalls und einer schwereren Folge. Dass sich der einzelne dann bei einem Unfall im Nachhinein wünschen mag, er hätte die Sicherheitsmaßnahmen doch getroffen, stellt die Validität seiner vorherigen Entscheidung nicht in Frage. Selbst bei dem ökonomisch basierten libertären Paternalismuskonzept kann dies nicht gelten, weil ein solcher Rückschaufehler[445], also die Erkenntnis, man sei im Nachhinein „immer schlauer", gerade keine Grundlage rationalen Verhaltens darstellt. Nach den bisher etablierten Ergebnissen ist eine derart komplexe Bewertung der eigenen Präferenzen und deren Umsetzung eigentlich gerade Zeichen einer autonomen Entscheidung und daher als legitimer Teil der Selbstbestimmung einer paternalistischen Korrektur entzogen.

Spiegelbildlich zu der Prognose aus dem Gefahrenabwehrrecht, bei der eine sich später herausstellende Anscheinsgefahr die Rechtmäßigkeit einer Maßnahme nicht berührt, muss man diese Wertung auch hier zugrundelegen. Sich dabei der „wahren Präferenz" zu ergeben, der einzelne möchte in aller Regel keine schweren Unfallfolgen erleiden, weicht dabei die Betrachtung von begründender und ausfüllender Kausalität auf: Der Eintritt eines Unfalls lässt sich durch Helm und Gurt nicht verhindern, sondern nur die Folge abmildern. In diesem Spannungsverhältnis zwischen Persönlichkeitsbetätigung einerseits und dem staatlichen Integritätsschutz andererseits folgert *Möller* daher, dass die Frage des „Wie" des Integritätsschutzes verfassungsrechtlich nicht „zementiert" sei, so dass es dem Gesetzgeber obliege zu entscheiden, wie der die Persönlichkeit am besten schützen wolle: Durch Entfaltungs- oder Integritätsschutz.[446] Dies kann als Dogma, die Verfassung gebe dem Gesetzgeber in dieser Hinsicht keine Tendenz vor, so dass es ihm anheimgestellt sei, wie er dieses Ziel umzusetzen gedenke,[447] nicht so recht überzeugen. Denn die Wertung der Grundrechte ist im Gegensatz zu *Möllers* Auffassung sehr wohl eindeutig in Richtung der freiheitlichen Betätigung gewichtet. Die Grundrechte garantieren im Rahmen ihres Schutzbereiches maximale Betätigungsfreiheit, bei deren Beschränkung sich der Gesetzgeber legitimieren muss. Der Staat hat dabei zwar die Integrität der Grundrechte

444 Knippel, NJW 1977, 940.
445 Zu dem Begriff etwa Schmolke, 182; Korch, 42.
446 Möller, Paternalismus und Persönlichkeitsrecht, 217f.
447 Möller, Paternalismus und Persönlichkeitsrecht, 218.

ihrem Wesensgehalt nach auch durch Schutzpflichten zu gewährleisten. Aus dieser Wertung lässt sich jedoch entnehmen, dass der Grundrechtsverpflichtete diesen Kern als Höchstgrenze nicht überschreiten darf, er jedoch gerade nicht angehalten ist, den dazwischenliegenden Rahmen stets bis zum erträglichen auszuschöpfen. Erst recht bedeutet das nicht, dass seinerseits dem Grundrechtsträger der Kernbereich seiner Grundrechte entzogen ist. Nach der Rechtsprechung des BVerfG ergebe sich aus der objektiven Dimension der Grundrechte als Werteordnung,[448] die der Gesetzgeber sowohl achten als sich auch als Garant schützend vor sie zu stellen habe.[449] Da dem Gesetzgeber ein weiter „Einschätzungs-, Wertungs- und Gestaltungsspielraum"[450] eingeräumt sei, wenn es um die Erfüllung eines Schutzauftrages gehe,[451] könne die Erfüllung eines Schutzzweckes auf eine bestimmte Weise nur verlangt werden, wenn andere Schutzmaßnahmen entweder gar nicht getroffen oder vollkommen untauglich seien, die grundrechtlich garantierten Schutzziele zu verwirklichen oder deutlich hinter dem notwendigen Maße zurückbleiben.[452] Gemein ist dieser Rechtsprechung, dass sie bisher ausschließlich von Gefährdungen durch Dritte (mittelbar wie unmittelbar) auszugehen hatte. Erst jüngst hat das BVerfG in seiner (erneuten) Entscheidung zur Verfassungsmäßigkeit des § 1906 Abs. 3 BGB a.F. entschieden, dass sich solche Schutzpflichten auch aus Selbstgefährdungen ergeben können sollen.[453] Auch wenn diese These einer weiteren Betrachtung bedarf, so kann diese Entscheidung vor ihrem betreuungsrechtlichen Hintergrund an dieser Stelle als Anhaltspunkt für staatliche Schutzpflichten nur bedingt nutzbar gemacht werden, als dass der Beschluss elementar die Selbstgefährdung aufgrund psychischer Krankheit und damit unter Vorliegen nicht eines freien, sondern eines „natürlichen" Willens erörtert. Diese Überlegungen sind also auf denjenigen, der sich im wahrsten Sinne des Wortes „freiwillig" selbst gefährdet, schon begrifflich nicht übertragbar.

Insofern bietet sich die Möglichkeit einer Unterscheidung nur danach, ob die Selbstgefährdung oder -schädigung durch autonome Selbstbestimmung bezweckt wird, oder ob sie nur notwendige Nebenfolge einer anderen Freiheitsbetätigung ist. In dem Fall der autonomen Selbstschädigung als Zweck bleibt dem Staat jegliche Intervention verschlossen, weil sie Ausdruck der

---

448 BVerfGE 39, 1, 41f.

449 BVerfGE 39, 1, 42; 46, 160, 164; jüngst BVerfG, Beschl. v. 26.7.2016, 1 BvL 8/15.

450 BVerfG, Beschl. v. 26.7.2016, 1 BvL 8/15.

451 BVerfGE 96, 56, 64; 121, 317, 356.

452 BVerfGE 56, 54, 80; 77, 170, 215.

453 BVerfG, Beschl. v. 26.7.2016, 1 BvL 8/15.

Selbstbestimmung ist und sich eine Bewertung dieser Entscheidung in Ansehung der Grundrechte und der fehlenden Legitimationspflicht des einzelnen verbietet. Im zweiten Fall sind Schutzpflichten des Staates zumindest denkbar, wenn die Entscheidung die Integrität des Grundrechts betrifft und der Staat die Grundlage für die Gefahr durch eigene Tätigkeit bereits selbst verursacht hat. In diesem Fall müsste jedoch wegen der Verhältnismäßigkeit der Maßnahme zum einen gewährleistet sein, dass entsprechend der dargestellten „Nichtstörereigenschaft" des Betroffenen die Eingriffsintensität bedeutend geringer zu sein hätte, als bei Drittschutzerwägungen, und zum anderen, ebenfalls in Ansehung der Integrität des Grundrechts, dass der Gesetzgeber im Sinne des „schonendsten" Paternalismus in faktischem Zwang nur als ultima ratio und nur soweit anwenden dürfte, wie die Grundrechte des Betroffenen ihrem Wesensgehalt nach unangetastet blieben. Diese Einschränkungen, welche anhand wenig objektivierbarer Begriffe stattfindet und nicht eigenständig steht, sondern von einem Vergleich mit einer hypothetischen Drittgefährdung und daraus resultierenden Schutzpflichten abhängig ist, machen deutlich, dass eine an sowohl subjektiver als auch objektiver Dimension der Grundrechte orientierte Grenzziehung größeres Potenzial willkürlicher Einordnung birgt.

Isensee folgert diese Schutzpflichten aus der staatlichen Aufgabe von Sicherheit und Rechtsschutz, sowie der Unterbindung von Eigenmacht und der Durchsetzung des staatlichen Gewaltmonopols.[454] Nach seiner „Stufenpyramide" folgert er aus dem Gewaltmonopol des Staates auf erster Stufe die Pflicht zum Schutze der Bürger untereinander, sobald dies erreicht ist auf der zweiten Stufe bei Bannung dieser Gefahr den Schutz des Bürgers vor staatlichen Übergriffen und auf der dritten Stufe sodann den Schutz des Bürgers vor den Auswirkungen der Marktgesellschaft.[455] Bei der jeweiligen Erreichung der Funktionalität der nächsten Stufe wird die nächste nicht entbehrlich, sondern soll vom Verfassungsgeber stets mitbedacht werden.[456] Orientiert man sich an dieser Systematik, so könnte man den Schutz des Menschen vor sich selbst auf einer vierten Stufe einordnen, was insofern tatsächlich der hier vorgeschlagenen Subsidiarität der Inanspruchnahme des sich selbst Gefährdenden oder Schädigenden entspricht, wobei der Staat die Gefahr staatlichen Übergriffs als leitgebendes Motiv zu beachten hätte. Gleichzeitig muss der Gesetzgeber die Gefahren beachten, die vom Staat und seinen Einrichtungen selbst ausgehen und zunächst versuchen,

454 Isensee, in: HStR V, §111 Rn. 83; Isensee, 3ff, 17ff, Schramm, 293.
455 Isensee, 12ff; Lindner, 236.
456 Lindner, 237.

diese auf andere Weise als durch Paternalismus zu beseitigen. Es käme damit zumindest zum Ausdruck, dass Regelungen zum Selbstschutz nur Ausnahme- und vor allem ultima ratio Charakter haben müssen.

Für den Fall der Gurt- und Helmpflicht könnte wohl eine solche Verantwortlichkeit des Gesetzgebers nur darin gesehen werden, dass er durch das Eröffnen des Straßenverkehrs einerseits durch den tatsächlichen Bau von Straßen (und damit die Ermöglichung des regelmäßigen Kraftfahrzeugverkehrs) und durch die Notwendigkeit der Regulierung des Verkehrsverhaltens durch Rechtsnormen (Geschwindigkeitsbegrenzungen, Rechtsfahrgebot, Vorfahrtsregeln, etc.) die freiheitliche Betätigung in diesem Raum eröffnet hat, andererseits bereits durch diese Errichtung eine abstrakte Gefahr geschaffen, der die Verkehrsteilnehmer ausgesetzt sind. Von einer solchen abstrakten Betriebsgefahr geht der Gesetzgeber letztlich „im Kleinen" auch in § 7 Abs. 2 StVG aus. Insofern ließe sich zumindest ansatzweise objektiv begründen, der Gesetzgeber hätte an dieser Stelle nicht nur das Recht, sondern die Pflicht, die abstrakten, vermuteten Gefahren, die sich bereits aus der Erlaubnis der Institution Straßen- und Kraftverkehr ergeben, in hinreichendem Maße abzuwenden und zwar unabhängig davon, ob sich diese Gefahr durch eine Selbst- oder Fremdgefährdung im Einzelfall ergäbe. Dass er dabei an den Grundsatz der Verhältnismäßigkeit gebunden ist und die freie Selbstbestimmung zu wahren hat, das betrifft die Frage, in welchen Grenzen sich die staatlichen Schutzmaßnahmen bewegen dürfen.[457]

Dabei ist jedoch der Unterschied zwischen bewusster Selbstschädigung und Selbstgefährdung zu beachten. Anders als der bewusst selbstschädigende, beseitigt der die Sicherheitsmaßnahmen ablehnende nicht bewusst die Grundlage seiner Autonomie (Leben und Gesundheit). Denjenigen, der diese im Straßenverkehr (Drittgefährdung einmal außen vor gelassen) bewusst vernichten will, den wird der Gesetzgeber auch mit noch so großer Regelungsdichte und angedrohten Sanktionen nicht erreichen können.[458] Solange im Bezugsrahmen des Straßenverkehrs der einzelne durch Regulierung nicht durch faktischen Zwang oder solchem gleichkommenden mittelbaren Zwang (etwa exorbitante Bußgelder mit Erdrosselungswirkung) von seiner selbstbestimmten Teilnahme am Straßenverkehr abgehalten wird, kann in Ansehung der Hochrangigkeit der Verfassungsgüter aus Art. 2 Abs. 2 S. 1 GG der Gesetzgeber dem einzelnen auch Selbstschutzmaßnahmen auferlegen, soweit diese zu diesem Zweck geeignet,

---

457 so die Anforderungen beim psychisch Kranken ohne freien Willen BVerfG, Beschl. v. 26.7.2016, 1 BvL 8/15.

458 Möller, Paternalismus und Persönlichkeitsrecht, 197.

erforderlich und angemessen sind. Gemessen an der Bedeutung der Grundlage der Integrität und der geringen Bedeutung für die freie Entfaltung der Persönlichkeit durch Fahren ohne Gurt erscheint ein derartiger Eingriff verhältnismäßig und vertretbar,[459] wenn man davon ausgeht, dass im Falle der Betroffenheit des Kernbereichs des Art. 2 Abs. 2 GG sich aus der Wesensgehaltsgarantie eine Legitimation des Staates ergibt. Für „Gurtmuffel" birgt sie kaum spürbare Beeinträchtigungen, während sie diejenigen, die von ihr in ihrer täglichen Berufsausübung behindert würden, sich selbst für einen Verzicht entscheiden können. Letztere handeln dann autonom entsprechend ihrer Präferenz, dass sie trotz der Unmöglichkeit des Anlegens eines Gurtes am potenziell gefährlichen Straßenverkehr teilnehmen und die Gefahr eines Unfalls ohne Sicherheitsgurt in Kauf nehmen.

Es lässt sich jedoch nicht von der Hand weisen, dass die von der Rechtsprechung herausgestellten Begründungen, die im wesentlichen einzig auf Drittschutzerwägungen fußte, für die Verfassungsmäßigkeit von Selbstschutzmaßnahmen nach heutigen Erkenntnissen wohl nicht mehr tragbar sind. Dieser Schluss erscheint zumindest für die Rechtsprechung zulässig, da der BGH im Rahmen zivilrechtlicher Haftung eine „Helmpflicht" bei Fahrradfahrern abgelehnt hat.

b.) Keine Helmpflicht für Fahrradfahrer im Straßenverkehr

aa.) Die Frage des Mitverschuldens im Sinne des § 254 BGB

Der BGH hatte sich mit der Frage einer „Helmpflicht" bei Fahrradfahrern aus Perspektive eines haftungsrechtlichen Mitverschuldens im Sinne des § 254 BGB auseinanderzusetzen.[460] Ein solches Mitverschulden wird mit der der Begründung abgelehnt, dass eine solche Helmpflicht noch keine maßgebliche Verkehrsauffassung unter Radfahrern sei.[461] In dem zu entscheidenden Fall hatte die Vorinstanz, das OLG Schleswig, bei der Fahrradfahrerin, die ohne einen Helm zu tragen bei einem allein von der Gegenseite verschuldeten Unfall eine Kopfverletzung davongetragen hatte, ein Mitverschulden in Höhe von 20% angenommen. Es stand nach dem eingeholten Sachverständigengutachten auch fest, dass das Nichttragen eines Helmes ursächlich für die Verletzung gewesen ist.

---

459 Klimpel, 177; Möller, Paternalismus und Persönlichkeitsrecht, 198.

460 Im Sinne des §254 BGB wäre es hierbei begrifflich präziser, von einer „Helmobliegenheit" zu sprechen, was folgend auch bei abweichender Terminologie so zu verstehen sein soll.

461 BGH NJW 2014, 2493 ff.

Dies wurde damit begründet, dass die Fahrradfahrerin auch ohne Verstoß gegen eine gesetzliche Vorschrift eine Sorgfaltspflichtverletzung gemessen an der Verkehrsauffassung beging, in dem sie keinen Helm trug. Entscheidend sei dabei gewesen, dass das Bewusstsein der Allgemeinheit zum Tragen von Helmen beim Fahrradfahren sich inzwischen geändert habe, das besondere Verletzungsrisiko des Fahrradfahrers im Straßenverkehr sei inzwischen weit genug vorgedrungen, „dass ein ordentlicher und verständiger Mensch zur Vermeidung eigenen Schadens beim Radfahren einen Helm tragen wird, soweit er sich in den öffentlichen Straßenverkehr mit dem dargestellten besonderen Verletzungsrisiko begibt".[462] Dies wurde schlicht damit begründet, dass „die immer größere Verbreitung des Tragens eines Sturzhelmes… im täglichen Straßenbild auch inzwischen so deutlich wahrzunehmen" sei, „dass man von einer allgemeinen Überzeugung im Sinne dieser von der Rechtsprechung gebrauchten Formel sprechen" könne.

Dieser Auffassung erteilte der BGH eine Absage. Bemerkenswert selbstverständlich wird herausgestellt:[463]

> „Da die Rechtsordnung eine Selbstgefährdung und Selbstschädigung nicht verbietet, geht es im Rahmen von § 254 nicht um eine rechtswidrige Verletzung gegenüber einem anderen oder gegenüber der Allgemeinheit bestehenden Rechtspflichten, sondern nur um ein Verstoß gegen das Gebot der eigenen Interessenwahrnehmung, also um die Verletzung einer sich selbst gegenüber bestehenden Obliegenheit. Die vom Gesetz vorgesehene Möglichkeit der Anspruchsminderung des Geschädigten beruht auf der Überlegung, dass jemand, der diejenige Sorgfalt außer Acht lässt, die nach der Lage der Sache erforderlich erscheint, um sich selbst vor Schaden zu bewahren, auch den Verlust oder die Kürzung seiner Ansprüche hinnehmen muss..."

Es wird darauf verwiesen, dass bis zum Jahr 2011 nur etwa 11% der Radfahrer einen Helm tragen würden und daher von dem geltend gemachten Bewusstsein nicht gesprochen werden könne.[464] Die tragenden Argumente waren im Ergebnis nicht normativ verortet, sie stellten vielmehr auf das tatsächliche Verhalten innerhalb des angesprochenen Verkehrskreises ab.

bb.) Vergleich mit der Rechtsprechung zu Gurt- und Helmpflicht und Bedeutung für die Paternalismusdebatte

In Anbetracht dessen, dass Fahrradfahrer ähnlich Kradfahrern bei einem Unfall aufgrund ihrer geringeren Masse und ihrer Position benachteiligt sind, ist es

462 OLG Schleswig r+s 2013, 353.
463 BGH NJW 2014, 2493, 2494.
464 BGH NJW 2014, 2493, 2494.

insbesondere wegen des durch die frühere Rechtsprechung zur Helmpflicht bei Kradfahrern, auf die sich der BGH bei seiner Begründung auch ausdrücklich bezieht, beschworenen Drittschutzcharakters bemerkenswert, dass deren Eingreifen bei nahezu identischer Gefahren- und Interessenlage einzig von der Verkehrsauffassung abhängig gemacht wird. Denn es wird explizit darauf verwiesen, dass es für das Ergebnis keinen Unterschied mache, dass die Helmpflicht nicht gesetzlich vorgeschrieben sei. Gerade der selbstverständliche Verweis darauf, dass Selbstgefährdung und -schädigung vom Gesetz nicht verboten seien und die Absage einer Begründung durch Drittschutzüberlegungen stellen die bisherige Rechtsprechung zu Helm- und Gurtpflicht insgesamt erheblich in Frage.

Die Entscheidung ist in der Literatur größtenteils kritisiert worden.[465] Für die Auseinandersetzung mit Paternalismus bringt sie dabei die Erkenntnis, dass die Rechtsprechung bei (autonomen) Selbstgefährdungen und -schädigungen wohl zukünftig auf Aspekte von Drittschutzinteressen verzichten wird. Denn zutreffend wird festgestellt, dass sich aus § 254 BGB eben keine Pflicht zur Abwehr von negativen Auswirkungen auf die Rechtskreise Dritter ergibt,[466] sondern nur ein Sorgfaltsgebot, bei dessen Missachtung der Rechteinhaber die Folgen seines selbstbestimmten Handelns zu tragen hat und diese nach Treu und Glauben eben nicht auf Dritte abwälzen kann.[467] Mit *Looschelders* und *Hähnchen* ist grundlegend darauf zu verweisen, dass dies gerade der Zweck des § 254 BGB ist, als Begrenzung der Rechtswidrigkeit der Fremdschädigung zu dienen, die eben nur soweit reicht, wie der Schaden nicht durch eigenverantwortlichen Beitrag des Geschädigten verursacht wurde.[468] Selbstschädigendes Handeln kann daher in der zivilrechtlichen Dogmatik deswegen keine eigenständige Missbilligung erfahren, weil es lediglich den Rechtskreis des Geschädigten berührt.[469] Der Gesetzgeber muss nur dort der einen oder anderen Rechtssphäre den Vorrang einräumen, wo überhaupt eine Kollision zustande kommt.[470] Ein allgemeiner zivilrechtlicher Zwang zum Selbstschutz kann aus § 254 BGB daher nicht gefolgert werden.[471]

---

465 Hammacher, IBR 2014, 1334; Meyer, Jocham, VersR 2014, 1167ff; Rütten, SVR 2014, 441ff; allgemein auch Scholten, SVR 2012, 161ff.

466 So etwa Mayer-Falk, 6; i.E. auch Schwab, Einführung in das Zivilrecht, Rn. 171.

467 So auch BGH NJW 1979, 980; NJW 1979, 1367.

468 Looschelders, 188; Hähnchen, 54.

469 Im Ergebnis so auch etwa Hähnchen, 54.

470 für das Strafrecht Sternberg-Lieben, Die objektiven Grenzen der Einwilligung im Strafrecht, 405.

471 Hähnchen, 53f m.w.N. Fn. 79, 80.

Zutreffend wurde die vorinstanzliche Entscheidung von *Rütten* dahingehend kritisiert, dass das OLG Schleswig sich bei der Feststellung einer Verkehrsauffassung in subjektiv wahrgenommener Evidenz erschöpft, und diese ähnlich dem BGH rein tatsächliches, obendrein objektiv nicht einmal zutreffende Einschätzungen der Helmtragequote unter Fahrradfahrern bezog.[472] Das Gericht habe offenbar eine eigene Sachkunde in diesem Fall angenommen, ohne diese näher darzulegen oder auch nur zuvor im Rahmen der Prozessleitungspflicht Hinweis zu erteilen, dass es von diesen Umständen ausgehen werde. So hat etwa das OLG Celle aus einer ähnlichen Beobachtung „im alltäglichen Straßenbild" das genaue Gegenteil geschlossen, dass die überwiegende Zahl der Radfahrer eben keinen Helm benutzt.[473]

Zuzustimmen ist der geäußerten Kritik auch insofern, als dass der Verweis auf das „Bewusstsein" der Allgemeinheit über Gefahren auch bei der Bestimmung einer Verkehrsauffassung nur wenig taugt.[474] So verweisen *Meier und Jocham* darauf, dass eine Sorgfaltspflicht anhand der Verkehrssitte ein normativer Maßstab ist, sich der BGH durch sein Abstellen auf die tatsächliche Anzahl der Helmträger unter Fahrradfahrern von einer normativen Betrachtung entferne und auf die Auswertung der Mehrheitsmeinung abstellt.[475] Dies widerspreche auch dem Ansatz, dass allgemein lockere Sitten nicht zu einer Aufweichung des Fahrlässigkeitsmaßstabes führen[476], zumal der BGH selbst einräumt, dass eine Großzahl an Verkehrsteilnehmern sich nicht an die Verkehrsregeln halten mag, ohne dass dies etwas am Fahrlässigkeitsmerkmal ändern würde.[477] Es dürfe demnach nicht Vernunft mit vernunftgemäßem Verhalten gleichgesetzt werden.[478]

Die Argumentation des BGH ist daher vor allem angreifbar, weil sie die Legitimation oder Illegitimation einer individuellen und eigenständigen Selbstgefährdung dadurch doch wieder an die Billigung mittels des durch tatsächliche Übung entstandenen Konsenses der Allgemeinheit klammert und dabei gerade eine normative Betrachtungsweise von den tatsächlichen Gegebenheiten abhängig macht. Das ist zwar nicht deckungsgleich mit der zuvor von der Rechtsprechung bei der Helm- und Gurtpflicht entwickelten These, dass sich

472 Rütten, SVR 2014, 442.

473 OLG Celle, Urt. v. 12.2.2014, 14 U 113/13.

474 Meyer, Jocham, VersR 2014, 1169; zu den Ausführungen der Vorinstanz Rütten, SVR 2014, 442.

475 Meyer, Jocham, VersR 2014, 1169.

476 BGHZ VersR 1952, 237; VersR 1953, 67, 68.

477 BGH VersR 1965, 497.

478 Meyer, Jocham, VersR 2014, 1169.

Selbstschutzpflichten aus Allgemeininteressen ableiten können, es darf jedoch ernsthaft bezweifelt werden, dass es für die individuelle Entscheidung des Einzelnen, sich selbst in irgendeiner Weise entgegen aller Erfahrung, Ratschläge oder „Vernunft" zu gefährden oder zu schädigen, überhaupt eine normative Vergleichsgruppe gibt. Eine Freiheit von Sanktionierung selbstgefährdenden und -schädigenden Verhaltens ist freilich nur soweit unbedenklich, wie nur der eigene Rechtskreis betroffen ist. An dieser Stelle muss eine Haftungsbegrenzung schon deswegen möglich sein, weil die Freiheit des einzelnen zur Selbstgefährdung legitim seiner individuellen Lebensplanung und -gestaltung und damit seinem Rechtskreis zugeordnet ist, im Umkehrschluss aber nicht nur die positiven, sondern auch die negativen Folgen dieser Entscheidung dort zu verorten sind. Es wirft jedoch die Frage auf, ab welchem Punkt in so einem Fall von einer etablierten Verkehrssitte auszugehen sein soll, bei der Mehrheit, einer qualifizierten Mehrheit oder einstimmigem Konsens? Jedenfalls vertritt die Rechtsprechung der Oberlandesgerichte, dass bei Radrennfahrern auf Trainingsfahrten ausnahmsweise eine „Helmpflicht" besteht, deren Missachtung eine Obliegenheitsverletzung darstellen soll.[479]

Zu beachten ist dabei wegen des haftungsrechtlichen Kontextes auch, dass der BGH bei seinen Ermittlungen wegen Abstellens auf Sorgfaltspflichten und Verkehrsauffassungen auf den durchschnittlichen und verständigen Menschen abstellt.[480] In diesem Lichte ist dann auch die Anmerkung *Kettlers* zu sehen, dem verletzten Radfahrer sei kein Vorwurf zu machen, wenn er nicht einsichtsfähiger sei als 89% der Erwachsenen.[481] *Huber* sowie *Meier und Jocham* verweisen zudem darauf, dass bei konsequenter Weiterführung der Rechtsprechung eine Obliegenheit zum Helmtragen bei Kindern wohl angenommen werden müsse,[482] weil die Helmtragequote unter Kindern besonders hoch sei.[483] Nähme man jedoch an, dass Kinder sich in solchen Fällen eine Anspruchskürzung gefallen lassen müssen, so ginge man im Ergebnis von einer höheren Einsichtsfähigkeit bei ihnen aus als bei Erwachsenen.[484] *Scholten* verweist darauf, dass für Kinder bis zu sieben Jahren eine Haftung vollständig und für solche zwischen sieben und zehn Jahren regelmäßig wegen § 828 BGB ausgeschlossen sein dürfte, bei

479 Etwa OLG Düsseldorf NZV 2007, 619.

480 BGH NJW 2014, 2493, 2494; siehe auch Anmerkung Kettler zu BGH, Urt. v. 17.6.2014 – VI ZR 281 in NJW 2014, 2495.

481 Anmerkung Kettler zu BGH, Urt. v. 17.6.2014 – VI ZR 281 in NJW 2014, 2495, 2496.

482 Huber, NZV 11/2014, 495; Meier, Jocham, VersR 2014, 1171.

483 OLG Saarbrücken, NZV 2008, 202.

484 Huber, NZV 11/2014, 495; i.E. auch Scholten, SVR 2012, 167f.

den bis zu 14jährigen jedoch in aller Regel von einer Einsichtsfähigkeit auszugehen sei.[485] Maßgeblich ist also, dass die Rechtsprechung ihre Korrektur an dieser Stelle anhand eines vorgestellten Durchschnittsmenschen vornimmt, dabei gleichzeitig auf nicht nur vorgestellte, sondern tatsächliche Handlungsformen verweist.

Der Versuch des BGH, an dieser Stelle eine offenbar „verhaltensökonomisch inspirierte" Betrachtung vorzunehmen, kann innerhalb eines empirisch erfassten tatsächlichen Verhaltens der Angehörigen eines Verkehrskreises durchaus Richtigkeit beanspruchen. Es wird in Bereichen, in denen empirische Daten vorliegen, nicht auf ein hypothetisches Sollverhalten verwiesen und der Versuch unternommen und auf tatsächliche Erfahrungswerte und Beobachtungen zurückgegriffen. Dies sagt allerdings, wie *Rütten* und *Meier und Jocham* zutreffend herausstellen, nichts über das tatsächliche „Bewusstsein" der Verkehrsteilnehmer und den Grund für Zu- oder Abnahme des Helmtragens aus und ist ein anschauliches Beispiel für die bereits fehlende Kompatibilität zwischen empirisch-wissenschaftlicher und normativ-juristischer Betrachtung desselben Sachverhaltes. Die in diesem Fall entscheidende Frage wäre gewesen, ob bei den Radfahrern ein *Bewusstsein* für die Gefahren des „unbehelmten" Radfahrunfalls vorhanden ist.[486] Die Antwort darauf lässt sich zumindest anhand des Umstandes, dass bei Kindern die Quote der Helmträger bedeutend höher liegt, wohl inzident dahingehend beantworten, dass den meisten Verkehrsteilnehmer die Gefahr von Kopfverletzungen einerseits und deren mögliche Verhinderung oder Abmilderung durch das Tragen eines Helmes andererseits bewusst sein dürfte – denn irgendjemand muss es den Kindern schließlich beibringen und das Helmtragen anordnen. Bei ehrlicher Betrachtung wird man wohl eingestehen müssen, dass ein funktionaler Unterschied zwischen der Helmpflicht bei Kradfahrern und einer solchen bei Fahrradfahrern im Straßenverkehr schlicht nicht nachvollziehbar zu begründen ist und ein Verweis darauf, die Helmpflicht sei bei Fahrradfahrern nicht gesetzlich geregelt, der verhaltensökonomisch inspirierten BGH-Rechtsprechung sogar zuwiderläuft. Wenn der Helm beim Kradfahrer auch Drittinteressen dient, etwa wegen der viel beschworenen Reaktionsfähigkeit nach einem Unfall, dann dürfte dieses Argument auch beim Radfahrer unabhängig davon greifen, ob die Pflicht nun gesetzlich geregelt ist oder nicht. Anders ausgedrückt postuliert die Rechtsprechung dadurch doch,

485 Scholten, SVR 2012, 167f; zur Einsichtsfähigkeit bei Minderjährigen bei Obliegenheitsverletzungen im Straßenverkehr Lang, r+s 2011, 411.

486 Rütten, SVR 2014, 442.

dass allein durch die gesetzliche Regelung entweder das Bewusstsein der Verkehrsteilnehmer über die Schutzfunktionen von Helmen beim Motorradfahren überhaupt erst entstanden ist (was nicht nur eine sehr kühne These ist, sondern an eine Beleidigung der Intelligenz von Kradfahrern grenzt) oder der Staat sich ohne weitere Begründung das Postulat eines objektiv-normativen Vernunftmaßstabes bei Selbstgefährdungen anmaßt.

cc.) Notwendigkeit einer Unterscheidung zwischen Beitrag der Selbstgefährdung zum Schadensereignis und der Schadensfolge zur Wahrung der allgemeinen Handlungsfreiheit

Die vorgestellten Probleme bei der Betrachtung von Kindern und der an dieser Stelle wenig überzeugenden unterschiedlichen Kasuistik zwischen regulären und Sportradfahrern machen jedoch die Schwierigkeit deutlich, eine verhaltensbezogene normative Rechtsregel an faktisches Verhalten zu knüpfen. Gerade die höhere Helmquote bei Kindern, die eigentlich eine Helmpflicht begründen müsste, führt das Problem des Abstellens auf globale Vernunftkriterien vor Augen, wenn man diese als Ausgangspunkt nutzt, um Rückschlüsse auf die Rationalität der Entscheidung zu ziehen. Insbesondere wirft es die Frage auf, wie in Situationen zu verfahren wäre, in denen empirische Daten nicht zur Verfügung stünden und solche wohl auch nicht aufgrund des Einzelfallcharakters eingeholt werden könnten. Der BGH scheint sich dieser Argumentation also wohl deswegen bedient zu haben, weil er durch den Verweis auf die Erlaubtheit selbstschädigenden Verhaltens und die deutliche Absage gegen Drittschutzerwägungen den eine Helmpflicht auch im Übrigen tragenden Argumenten weitestgehend den Boden entzogen und damit im Kern eine rein paternalistische Motivation eingeräumt hat.[487] Denn das Tragen von Helmen oder Sicherheitsgurten kann den Eintritt eines Unfalls überhaupt nicht verhindern, sondern allenfalls dessen Effekt abmildern. Das die Haftung auslösende Verhalten hat jedoch der Schädiger verursacht, und nur daran kann sich auch die Haftung knüpfen.[488]

Geht man bei der Obliegenheitsverletzung davon aus, dass der Geschädigte im Ergebnis ein „Verschulden gegen sich selbst"[489] verübt, so muss man auch in diesem Sinne einen Normverstoß begründen. Als Bezugsrahmen dient dabei eben die Sorgfalt, die ein „ordentlicher und verständiger Mensch

487 für dieses Ergebnis gemäß entsprechender Entwicklung in den USA Jones, Bayer (2007) 216.

488 Looschelders, 192.

489 Looschelders, 190.

zur Vermeidung eigenen Schadens anzuwenden pflegt."[490] Auch hier kann mit *Looschelders* darauf verwiesen werden, dass solche moralischen, ethischen und außerrechtlichen Überlegungen als Bezugspunkt nicht taugen, weil sie keinerlei feste Verbindlichkeit besitzen[491] und auch ohne die Notwendigkeit naturwissenschaftlicher Gewissheit schwer objektivierbar und normativierbar sind. Dies zeigt sich schon anhand des Widerspruchs zur Helmquote bei Kindern und der gegenläufigen Rechtsprechung zu Sportradfahrern und deren Ausnahmecharakter.[492] Derartige Vernunftkriterien einfließen zu lassen erzeugt in der Tat eine paternalistisch motivierte Haftungsbegrenzung, da dem Betroffenen durch diese die Missbilligung seiner Selbstgefährdung aufgezeigt wird. Dies steht jedoch im Widerspruch mit der vom BGH selbst aufgestellten These der Legitimation selbstgefährdenden Verhaltens.

Man muss sich vor Augen halten, dass durch rechtlich nicht missbilligtes Verhalten eine Begrenzung des Einstehenmüssens für rechtswidriges Handeln erzeugt werden soll. Dies kann also nur dann geschehen, wenn die Verantwortung des Geschädigten so weit reicht, dass er über das schadensauslösende Verhalten irgendeine tatsächliche Kontrolle hat, die auf den Schadenseintritt in ihm zurechenbarer Weise Einfluss hat. Bei einem allein vom Schädiger verursachten Unfall wird dessen Rechtskreis schon deswegen nicht berührt, weil er genauso wenig, wie er einen „Anspruch auf ein gesundes Opfer"[493] hat, er einen Anspruch auf ein „vernünftiges" Opfer hat, das für den Fall einer rechtswidrigen Drittschädigung vorausplant. Der Schädiger ist an dieser Stelle schlicht nicht schützenswert.[494] Die Vermeidung des eingetretenen Schadens ist hier nämlich allein dem Verantwortungsbereich des Schädigers zuzuordnen,[495] so dass nicht der Helmträger, sondern der Nichtbehelmte den normativen Maßstab darstellen müsste. Damit begründete das OLG Düsseldorf letztlich auch den Ausnahmecharakter einer Helmobliegenheit bei Sportradfahrern, weil diese sich durch ihre Fahrweise oder sonstige, der Betätigung selbst innewohnenden Risiken besonders gefährden würden.[496] Wer sich rechtstreu verhält, braucht sich im Rahmen seiner allgemeinen Handlungsfreiheit vor niemandem zu legitimieren und ist daher erst Recht nicht zu einer Selbstbeschränkung verpflichtet (mag sie auch

490 BGHZ, 316, 318.
491 Looschelders, 190.
492 Siehe OLG Düsseldorf, NZV 207, 619; dazu auch Scholten, SVR 2012, 167f.
493 statt vieler Eisele, Strafrecht BT I, Rn. 356.
494 Ackermann, 337.
495 Looschelders, 192; siehe auch OLG Nürnberg, VersR 1991, 354.
496 OLG Düsseldorf, NJW 2007, 2075; auch OLG Saarbrücken, NJW-RR 2008, 267.

noch so „vernünftig“ und wenig relevant erscheinen), um sich vor rechtswidrigen Eingriffen des Ersatzpflichtigen in seine Rechtsgüter oder deren Folgen zu schützen.

Daraus eine Obliegenheit im Sinne des § 254 BGB herzuleiten würde jedoch bedeuten, dass sich der Staat zum Richter über die „Vernunft“ des einzelnen allein anhand seines nicht stets „vernunftmäßigen“ Verhaltens aufschwingt, weil er damit nur dasjenige Verhalten als schützenswert ansieht, welches er als vernünftig deklariert, mag dies auch in der Hoffnung geschehen, dadurch eine Verhaltensänderung in die gewünschte Richtung zu bewirken. Im Grunde wäre dies in diesem Umfang nicht mal als Paternalismus zu qualifizieren, weil vordergründig Drittschutzinteressen durch Abwendung übergebührlicher Haftung gewahrt werden sollen und diese nicht nur beiläufiger Nebeneffekt sind. Auf diese Weise wird die allgemeine Handlungsfreiheit des Betroffenen aus Art. 2 Abs. 1 GG verletzt, weil diese Rechtsprechung deren Geltendmachung durch Anspruchskürzung aufgrund rechtlich nicht missbilligten Verhaltens mittelbar pönalisiert.[497]

Es bleibt daher abzuwarten, ob der BGH in Zukunft eine hinreichende Anzahl an Radfahrern mit Helm annimmt, um eine Anspruchskürzung nach § 254 BGB anzunehmen. Dabei auf objektiv gefasste Vernunftkriterien abzustellen, würde vor allem dazu führen, dass man dem Geschädigten zur Vermeidung eines Mitverschuldens nicht eine „Verkehrsauffassung“ der Eigensicherung zugrundelegen würde, sondern ihm die Einhaltung maximaler Sicherheit als Obliegenheit auferlegen würde,[498] solange zumindest ein erheblicher Teil der Angehörigen des maßgeblichen Verkehrskreises ebenso verfährt. Dann wäre die Einhaltung dieses Maßstabes jedoch vollständig dem Einfluss des Betroffenen entzogen und außerhalb der Frage, ob diese für ihn überhaupt möglich oder zumutbar ist, sondern hinge einzig vom technischen „state of the art“ ab. Muss der einzelne immer den qualitativ, will heißen objektiv „besten“ Helm kaufen, den die Stiftung Warentest oder der ADAC empfehlen? Muss er, sobald ein neuer, besseren Schutz versprechender Helm entwickelt wurde, diesen erstehen, sobald dieser auf dem Markt verfügbar ist? Warum sollte die Grenze zufällig bei Helmen gezogen werden? So wurden jüngst funktionierende Systeme von Airbag-Jacken entwickelt, die computergestützt den Sturz registrieren und durch Aufblasen die Sturzfolgen abmildern.[499] Insoweit ist die Rechtsprechung, die bei Motorradfahrern, die zwar behelmt, aber ohne sonstige Schutzkleidung

497 Siehe auch Scholten, SVR 2012, 166.

498 OLG Saarbrücken, NJW-RR 2008, 267.

499 Siehe Tamura et al. (2009), 910ff.

fahren,[500] bei Reitern ohne Reithelm,[501] oder sich abzeichnend auch bei Skifahrern ohne Helm[502] eine Anspruchskürzung wegen einer Obliegenheitsverletzung annimmt, kritisch zu betrachten. Vor dem Hintergrund der dargestellten BGH-Rechtsprechung dürfte sich die Frage stellen, ob Obliegenheitsverletzungen auch bei diesen Tätigkeiten nicht ausgeschlossen sind, wenn man auf das maßgebliche Verkehrsbewusstsein abstellt. Zumindest in einer ersten Entscheidung kommt das OLG München unter Verweis auf die Ablehnung einer Obliegenheitsverletzung beim Radfahren ohne Helm zu dem Ergebnis, dass bei einem Motorradfahrer, welcher ohne Motorradschuhe fährt und bei einem Unfall an den Füßen verletzt wird, mangels gesetzlicher Pflicht oder einem hinreichend etablierten „Bewusstsein" unter Kradfahrern sich keine Anspruchskürzung gem. § 9 StVG i.V.m. § 254 Abs. 1 BGB gefallen lassen muss.[503] Auch hier wird zwar darauf verwiesen, es könne als allgemein bekannt gelten, festes Schuhwerk biete besseren Schutz, es lägen jedoch keine belastbaren Zahlen vor, dass zum streitgegenständlichen Unfallzeitpunkt im Jahre 2012 „dem allgemeinen Verkehrsbewusstsein entsprochen… hätte, dass es für Leichtkraftradfahrer innerhalb geschlossener Ortschaften erforderlich ist, Motorradstiefel zu tragen…"[504] Auffallend ist, wie die Parameter, innerhalb derer sich eine Verkehrsauffassung gebildet haben soll, ausgesprochen eng gezogen werden (Leichtkradfahrer innerhalb geschlossener Ortschaften im Jahr 2012) und sogar die jeweils einzelnen „Zonen" möglicher Schutzkleidung trennscharf voneinander abgegrenzt werden. So sollen etwa Statistiken, die das Tragen von zusätzlicher (zum Helm) Schutzkleidung von 53% aller Kradfahrer belegen nicht ausreichen, weil auch nur 21% aller Kradfahrer eine „komplette Schutzausrüstung" tragen würden und nicht genau hervorgehe, was unter „komplett" zu verstehen sei und ob dies auch für alle Jahreszeiten und Krad-Kategorien gelte. Ebenso seien vorherige Entscheidungen auf den vorliegenden Fall nicht anwendbar, weil diese sich auf Schutzkleidung an den Beinen bezögen, nicht jedoch auf das Schuhwerk.

Diese ausgesprochen feinteilige Bestimmung eines verkehrsrelevanten Risikobewusstseins steht zumindest in einem starken Kontrast zu der zuvor anzutreffenden apodiktischen Feststellung etwa des OLG Brandenburg, dass jeder wisse „dass das Fahren ohne Schutzkleidung ein um ein vielfaches höheres

---

500 OLG Brandenburg, VersR 2009, 1284; OLG Düsseldorf NZV 2006, 415; Scholten, SVR 2012, 163, Fn. 28.

501 OLG Düsseldorf, VersR 183, 1039; Scholten, SVR 2012, 163, Fn. 27.

502 Angedeutet und noch offengelassen durch OLG Stuttgart, MDR 2010, 385, 386.

503 OLG München, Urt. v. 19.5.2017, 10 U 4256/16.

504 OLG München a.a.O.

Verletzungsrisiko in sich birgt" und „die meisten Motorradfahrer... es heutzutage als eine persönliche Verpflichtung" empfänden, „mit Schutzkleidung zu fahren"[505] und der darauf fußenden Folgerung einer Obliegenheitsverletzung. Es verdeutlicht zumindest das bereits beleuchtete Problem, bei der Frage einer individuellen Selbstgefährdung einen Verkehrskreis bestimmen zu wollen, insbesondere anhand tatsächlichen Verhaltens Dritter. Im Ergebnis scheint damit eigentlich zumindest in Grundzügen schon eingestanden, dass für diese Form unterlassenen Selbstschutzes wenigstens auf diese Weise keine brauchbaren Abgrenzungskriterien aufgestellt werden können, da zutreffend Einigkeit darüber zu bestehen scheint, dass zumindest bei Klasse A Krads ein Bewusstsein für die Schutzwirkung sonstiger Schutzkleidung besteht.[506]

Anknüpfend an diese Probleme erscheint es umso sinnvoller, wenn man primär auf die Verhaltensbeiträge zum Verkehrsunfall abstellt und erst danach die Frage stellt, ob Schutzkleidung die Folgen abgemildert hätte und deren Tragen gemessen an dem eigenen Tatbeitrag des Geschädigten hätte verlangt werden können. Niemand ist dazu verpflichtet vor rechtswidrigen Schädigungen Dritter vorzubeugen, man kann jedoch sehr wohl eine Obliegenheit sich selbst zu schützen desjenigen annehmen, der sich durch verkehrswidriges Verhalten konkret gefährdet.

Am Beispiel des unbehelmten Radfahrers kann mit *Scholten* darauf verwiesen werden, dass zwar keine Zweifel daran bestehen können, dass sich Fahrradfahrer durch die Teilnahme am Straßenverkehr einer Gefahr aussetzen, aber selbst unter Zurateziehung von Unfallstatistiken keine „Quantifizierung" dieser Gefahr ermöglicht wird.[507] Daher lässt sich allein aus dieser abstrakten Selbstgefährdung auch noch keinerlei Aussage über das Vorliegen einer Obliegenheit herleiten.[508] Denn auch der Fußgänger nimmt am Straßenverkehr teil – und auch bei ihm wird man zweifelsohne sagen können, dass er sich durch das Tragen von Helm und Schutzkleidung vor potenziellen Unfällen beim Überqueren der Straße wird besser schützen können. Es muss daher unbedingt differenziert werden zwischen Verhaltensbeiträgen zu schädigenden Ereignissen und lediglich unterlassenen

505 OLG Brandenburg, Urt. v. 23.7.2009, 12 U 29/09.

506 Zumindest seit 1.5.2014 ist in Nr. 1.3.8.2.1. der Richtlinie für die Prüfung der Bewerber um eine Erlaubnis zum Führen von Kraftfahrzeugen festgelegt, dass bei der praktischen Prüfung geeignete Motorradschutzkleidung gem. Anlage 7 Nr. 2.2.18. zu tragen ist, bestehend aus Motorradhelm, -handschuhen, -jacke, -stiefeln, Rückenprotektor und Knöchelschutz.

507 Scholten, SVR 2012, 164 m.e.N. über Unfallstatistiken in Fn. 36–39.

508 Scholten, SVR 2012, 164; auch Looschelders, 311.

Abwendungen schwerwiegenderer Folgen unverantworteter, rechtswidriger Drittschädigungen durch unterlassene präventive Eigensicherung. Sobald ein solcher Tatbeitrag feststeht, ist dann auch eine Obliegenheitsverletzung möglich, weil von dem Tatbeitrag des Schädigers unabhängig ermittelt werden kann, ob der Geschädigte durch (gemessen an der verkehrswidrigen Gefährdung zumutbare) Eigensicherung den Schadensbeitrag, den er durch sein missbilligtes Verhalten gesetzt hat, hätte vermeiden oder zumindest abmildern können. Insofern sprechen sich *Ackermann* und *Looschelders* auch für eine Trennung der Betrachtung zwischen haftungsbegründender und haftungsausfüllender Kausalität aus.[509]

Freilich muss man einräumen, dass der Wortlaut des § 254 Abs. 2 S. 1 BGB sowohl die haftungsbegründende als auch die haftungsausfüllende Kausalität erfasst[510], diese Folge also nicht expressis verbis vom Gesetz vorgegeben wird. Dies muss mit dem vorgestellten Ergebnis jedoch nicht im Widerspruch stehen. Auch bei zuvor rechtlich nicht missbilligtem Verhalten kann sich im Nachhinein durch ein dem Rechtskreis des Geschädigten zugeordnetes Tun oder Unterlassen eine derartige Obliegenheit ergeben, etwa, wenn es der Betroffene unterlässt, mögliche Wiederherstellungsanstrengungen zu unternehmen und allein daraus eine Haftungsbeschränkung entsteht. Doch damit setzt er eine eigenständige Kausalitätskette in Gang, die den Zurechnungszusammenhang zur eigentlichen Schädigung in dem Umfang entfallen lässt, in dem er die Folgen hätte beseitigen oder mildern können, auch von dem durch das Schadensereignis verursachten Schaden losgelöst betrachtet werden kann. Die Frage der Obliegenheitsverletzung im Übrigen jedoch akzessorisch von der Frage eines Verantwortungsbeitrags zum Ereignis selbst abhängig zu machen, bietet neben der Beachtung des Geltungsanspruchs der allgemeinen Handlungsfreiheit auch den Vorteil, zufällige Ergebnisse zu vermeiden. Denn der Geschädigte kann das Schadensereignis unabhängig davon, ob er nun an einer Stelle geschädigt wird, die er „vernünftigerweise" hätte schützen müssen, nicht beeinflussen. Die Annahme einer Obliegenheit hinge insofern also vom bloßen Zufall ab, welchen Teil der Rechtsgüter die rechtswidrige Drittschädigung nun trifft.[511]

---

509 In einem rein vertragsrechtlichen Kontext Ackermann, 337; allgemein Looschelders, 168f.

510 Looschelders, 168; Pardey, Rn. 415.

511 Diese Überlegungen können in diesem Umfang nur im Deliktsrecht Anwendung finden. Im Vertragsrecht lassen sich die gegenseitigen Pflichten zur Schadensminderung aus dem Vertragszweck und der Verkehrsauffassung herleiten, Pardey, Rn. 415, 416; Ackermann, 337ff.

Letztlich darf mit *Korch* und entgegen *Scholten* bezweifelt werden, dass ohne Einschreiten des Gesetzgebers in Form eines Bußgeldtatbestands allein durch die Möglichkeit, evtl. irgendwann von der Rechtsprechung doch wegen eines Mitverschuldens im Sinne des § 254 BGB erfasst zu werden, bei Fahrradfahrern ein Verantwortungsbewusstsein für die Gefahren des Straßenverkehrs geschaffen und damit ein ausreichender Anreiz für das Tragen von Fahrradhelmen gesetzt wird.[512] Darin kann letztlich auch der wohl einzig maßgebliche Unterschied zu der Helm- und Gurtpflicht bei Kraftfahrern gesehen werden. Spiegelbildlich kann jedoch die Schwäche der Argumentation des BGH auch hier dargelegt werden. Die bußgeldbewehrte Gurtpflicht hat erwiesenermaßen zu einer Verhaltensänderung geführt, die der Erhaltung individueller Rechtsgüter zuträglich ist. Dies bedeutet aber in keinster Weise, dass dieses Verhalten auf eine Bewusstseinsänderung in Bezug auf die Selbstgefährdung zurück zu führen ist. Es spricht sogar mehr dafür, dass eher die Scheu vor finanziellen Einbußen durch Bußgelder der ausschlaggebende Punkt für die Verhaltensänderung sein dürfte. An dieser Stelle wird abermals deutlich, dass es gerade ein Charakteristikum von Paternalismus ist, dass die innere Willensrichtung des Adressaten für den Paternalisten keine Rolle spielt, weil er der Meinung ist, sie sei fehlerhaft. Er möchte lediglich das als „unvernünftig" angesehene Verhalten unterbinden – ob der Betroffene auch erkennt, dass dies zu seinem Besten ist, ist allenfalls positiver Nebeneffekt. Eine derartige Persönlichkeitsveränderung zu bezwecken, würde sich unter Verweis auf den bereits herausgestellten Unterschied zwischen Vernunft und vernunftgemäßem Verhalten auch deutlich schwieriger gestalten, weil der Unterschied für den Paternalisten wohl selten zu erkennen sein dürfte und auch kaum Möglichkeiten denkbar wären, anhand welcher Kriterien der dies zu überprüfen und objektiv messbar festzustellen gedenkt.

Die Höhe des potenziellen finanziellen Schadens ist dabei nicht ausschlaggebend – denn diese ist beim Bußgeld bedeutend geringer, als bei einer Anspruchskürzung bei möglicherweise schwerwiegenden Verletzungen -, sondern einzig die Wahrscheinlichkeit, mit der der einzelne den Eintritt des schadensauslösenden Verhaltens bewertet. Die „Gefahr", bei einer polizeilichen Kontrolle ein Bußgeld zahlen zu müssen, ist für den Verkehrsteilnehmer, der ohne Helm oder Gurt fährt, allgegenwärtig, er nimmt sie bewusst billigend in Kauf. Der durchschnittliche Verkehrsteilnehmer nimmt jedoch nicht am Straßenverkehr mit dem bedingten Vorsatz teil, ggf. einen Unfall zu verursachen oder in einen

512 Korch, 125; Scholten, SVR 2012, 168, der sich i.E. jedoch auch für eine gesetzliche Regelung ausspricht.

solchen verwickelt zu werden, er geht vielmehr davon aus, dass dies gerade nicht passieren werde.[513] Ob man dabei wie *Singer* darauf abstellt, dass dies aus einer Überschätzung der Beherrschbarkeit der Risiken resultiert, ist insofern nicht von Bedeutung.[514] Es ist nämlich zumindest äußerst zweifelhaft, denjenigen, der davon ausgeht, ein bestimmtes Ereignis „werde schon nicht eintreten", durch eine im Raume stehende Anspruchskürzung zu einer Änderung seines Verhaltens anzuleiten, falls dieser ohnehin annimmt, er würde von schon von dem vorgelagerten Ereignis (dem Unfall) nicht betroffen. Wenn insofern auf die präventive Steuerungsfunktion des Haftungs- und Deliktsrechts[515] abgestellt wird,[516] so lässt dies zumindest unberücksichtigt, dass der potenzielle Schädiger durch eine im Raume stehende Haftung (deren Eintritt er genauso wenig bezwecken oder eventualvorsätzlich in Kauf nehmen mag) gerade zur Sorgfalt *bei seinen eigenen Handlungen* angehalten wird, nicht um Schaden *von Dritten* fernzuhalten. Die Fähigkeit, das normative Verbot oder die Missbilligung der Verletzung Rechtsgüter Dritter beim eigenen, konkret auf diese Rechtsgüter bezogenen Verhalten zu beachten, unterscheidet sich elementar von der Fähigkeit, die Relevanz der eigenen Rechtsgüter anhand des subjektiven Wertemaßstabes vorzunehmen und anhand dessen präventive, das heißt nicht auf die in diesem Moment im Raume stehende durch Dritte drohende Gefährdung bezogene Maßnahmen in dieses System einzuordnen.[517] Letztlich wäre es auch nur wieder der Versuch, ein Verbot selbstschädigenden Verhaltens mittelbar durch Drittschutzerwägungen zu legitimieren, um sich der Auseinandersetzung mit der Schwierigkeit legitimen Paternalismus' zu entziehen.

Ebenfalls hat sich gezeigt, dass ein Verweis auf staatliche Schutzpflichten zur Legitimation von staatlichem Zwang zum Selbstschutz gemessen an der dogmatischen Grundlage der Schutzpflichtenlehre schwierig erscheint, da sie grundsätzlich von einer Gefahrenquelle außerhalb des Grundrechtsträgers ausgeht, die als objektiver Umstand erfasst werden kann. Die Frage ob zur Abwendung einer solchen Gefahr das Einschreiten des Staates geboten ist, kann auch für Außenstehende anhand der Funktion der Grundrechte als objektive Wertordnung vorgenommen werden, ob die Gefahr also daran gemessen noch hinnehmbar ist. Das hat mit der Situation der Abwägung von Gefahren mit dem eigenen

513 Knippel, NJW 1977, 940; Singer, JZ 1995, 1140.

514 Singer, JZ 1995, 1140.

515 für das allgemeine Deliktsrecht Marton, AcP 162 (1963), 42, 45, und das Wirtschafts- und Kartellrecht T. Möllers, 121; Mertens, AcP 178 (1978), 256.

516 So ausdrücklich Korch, 89ff, 125.

517 aus strafrechtlicher Sicht Amelung, ZStW 104 (1992), 526.

Wertesystem des Grundrechtsträgers nichts zu tun, da ihm diese Entscheidung, nimmt man die Grundrechte in ihrer subjektiven Dimension ernst, gerade durch die Grundrechte überantwortet wird und niemandem sonst. Den Konflikt zwischen der freiheitlichen Grundrechtsbetätigung und einer Einschränkung derselben allein aus Selbstschutzgründen im konkreten Einzelfall mit Verweis auf einen allgemeinen staatlichen Schutzauftrag lösen zu wollen, wäre im Ergebnis eine nachgeschaltete Kaskade, die nur wieder die Unvermeidbarkeit paternalistischen Handelns postulieren und einen objektiven Vernunftmaßstab festläge. Die Perspektive aus der die Schutzpflichten in so einem Fall zu betrachten sein muss, kann sich daher nicht anhand der Grundrechte als objektive Wertordnung ergeben, sondern muss zwingend ausschließlich die subjektiven Rechte des Betroffenen zur Grundlage machen. Die Gefahr besteht in Fällen, in welchen der Grundrechtsträger keiner anderen Gefahr durch Dritte oder andere außerhalb seiner Person liegenden Umstände ausgesetzt ist, allein darin, ob für seine freie Willensbetätigung und deren Respektierung die notwendigen Anlagen geschaffen sind.

Dies gilt umso mehr dort, wo der Wille für den Staat oder Dritte bestimmte Handlungsge- und verbote aufstellen soll. Der einzelne hat nur dann tatsächliche Gewalt über seine Rechte aus Art. 2 Abs. 2 S. 1 GG, wenn er Einwirkungen auf seinen Körper verbindlich ausschließen oder erlauben kann. Gerade das Beispiel des ärztlichen Eingriffs verdeutlicht diese Notwendigkeit. Der Patient gibt bei ärztlichen Behandlungen zwingend Güter aus Art. 2 Abs. 2 S. 1 GG preis. Wäre sein Wille unverbindlich, so könnte er weder ungewollte Eingriffe abwehren noch könnte er selbst lebensnotwendigste und höchst akute Behandlungen „erzwingen". Die sich aus dem Grundrecht auf körperliche Unversehrtheit ergebende Schutzpflicht legt, wie *Lindner und Huber* zutreffend ausführen, dem Staat die Verpflichtung auf einen medizin- und betreuungsrechtlichen Rahmen zu schaffen, in dem sich der Wille des Patienten (insb. für lebensverlängernde oder -beendende Maßnahmen) durchsetzt.[518]

518 Lindner, Huber, NJW 2017, 7.

B. Zweiter Teil: Wille und Aufklärung – Grenzen der Selbstbestimmung im Arzt-Patienten-Verhältnis

I. Anforderungen an eine autonome Entscheidung bei der Einwilligung in eine ärztliche Behandlung

Nachdem nun eine erste Betrachtung der einschlägigen Konstellationen zu paternalistischen Interventionen im deutschen Recht vorgenommen wurde, lässt sich feststellen, dass gerade für die Rechtsprechung die Frage der Selbstbestimmtheit einer Entscheidung von zentraler Bedeutung ist. Wann eine Entscheidung jedoch für sich beanspruchen kann, autonom zu sein, lässt sich weder ausdrücklich im Gesetz finden, noch können Rechtsprechung und Literatur dahingehend mit einer allgemeingültigen Definition aufwarten. Festgehalten werden kann dabei nur, dass objektive Rationalitätserwägungen nicht der maßgebliche Anknüpfungspunkt sein können. Wegen des Bezugs zu medizinischer Behandlung soll dabei nach einer allgemeinen Darstellung auch Augenmerk auf den Behandlungsvertrag als Vorlage für das Arzt-Patienten-Verhältnis gelegt werden, um zunächst die Grundlage der Patientenautonomie herzuleiten und deren rechtliche Verankerung in Form des Patientenrechtegesetzes näher zu beleuchten. In einem weiteren Schritt sollen dann die gewonnenen Erkenntnisse aus der Paternalismusdiskussion darauf angewendet werden um Rückschlüsse über die Reichweite und Grenzen der Patientenautonomie und der Befugnisse des Arztes ziehen zu können.

Es konnte bereits etabliert werden, dass nach dem heutigen Verständnis von Grundrechten bei einem autonom Handelnden ein Grundrechtseingriff nur unter großem Begründungsaufwand auf dessen Selbstschutz gestützt werden kann. Im Umkehrschluss bedeutet dies, dass derjenige, der aufgrund äußerer oder innerer Umstände seine Grundrechtsinteressen nicht selbst und eigenverantwortlich wahren kann, durch paternalistische Intervention auch nicht in seinen Rechten verletzt wird.[519] Nach einer häufig vertretenen Ansicht sollen daher paternalistische Eingriffe zum Schutz von Kindern, Minderjährigen, Bewusstlosen oder Geisteskranken schon wegen der verfassungsrechtlichen Schutzpflichten des Staates zulässig sein.[520] Ob diese Ansicht in dieser

519 Hillgruber, in: Riesenhuber, 172; Schwabe, JZ 1998, 66, 70; Schmolke, 64.
520 Schmolke, 64; Hillgruber, 175; Hillgruber, in: Riesenhuber, 172; Möller, 145.

Absolutheit wirklich tragfähig ist, dürfte zumindest in Anbetracht dessen, dass der BGH inzwischen die gerichtliche Genehmigung einer ärztlichen Zwangsbehandlung gem. § 1906a BGB als schweren Grundrechtseingriff im Sinne des § 62 Abs. 2 Nr. 1 FamFG sieht,[521] ausgesprochen fraglich sein. Das BVerfG hat jedenfalls in einer jüngeren Entscheidung ebenfalls zur Verfassungsmäßigkeit des § 1906 Abs. 3 BGB a.F. (in seiner bereits geänderten Fassung aufgrund des Gesetzes zur Regelung der betreuungsrechtlichen Einwilligung in eine ärztliche Zwangsmaßnahme vom 18.2.2013) seine etablierte Rechtsprechung über die Schutzpflichten des Staates, welche sich aus der objektiven Dimension der Grundrechte als Wertordnung ergebe, auf die Situation übertragen, in der ein psychisch Kranker aufgrund seiner Krankheit indizierte ärztliche Behandlungen ablehne und sich dadurch selbst gefährdet.[522] Die Herleitung dieser Schutzpflicht aus Art. 2 Abs. 2 S. 1 GG erschöpft sich jedoch in der Feststellung, dass dort, wo der Kranke die medizinische Notwendigkeit einer Behandlung nicht erkenne oder nicht nach dieser Einsicht handeln könne, „die staatliche Gemeinschaft … den hilflosen Menschen nicht einfach sich selbst überlassen“[523] dürfe. Diese lapidare Feststellung legt bereits an dieser Stelle Zeugnis über die dogmatische Schwierigkeit der Herleitung solcher Schutzpflichten zum Selbstschutz und auch dafür ab, dass dies nur unter der Prämisse funktioniert, dem Betroffenen pauschal die Fähigkeit abzusprechen, Entscheidungen für sich selber treffen zu können – im Grunde eine treffende Zusammenfassung der bisher etablierten Paternalismuskritik. Denn wenn es um staatliche Schutzpflichten geht, die durch menschliches Handeln entstehen, ist mit *Huber* herauszustellen, dass selbstschädigendem Verhalten jegliche Rechtswidrigkeit fehlt.[524]

1.) Paternalismus und Privatautonomie

a.) Literaturansichten zur Rechtfertigung von Eingriffen in die Privatautonomie

Wegen der durch Art. 2 Abs. 1 GG garantierten Handlungsfreiheit bezieht etwa *Schwabe* einen restriktiven Standpunkt, der paternalistische Intervention nur zugunsten der genannten Personengruppen als zulässig ansieht, wobei er auch ansonsten gesunde Menschen darunter fasst, die sich in einem psychischen

521 BGH NJW 2014, 2497.

522 BVerfG, Beschl. v. 26.7.2016, 1 BvL 8/15.

523 BVerfG, Beschl. v. 26.7.2016, 1 BvL 8/15.

524 Huber, GesR 2017, 616.

Ausnahmezustand befinden (etwa Suchtkranke).[525] *Singer* etwa geht in seiner Auffassung weiter und meint, der Schutz des Menschen vor sich selbst sei bei Defiziten formaler Entscheidungsfreiheit gegeben, die aus sozialen, wirtschaftlichen oder persönlichen Zwängen entstünden.[526] In der vertragsrechtlichen Selbstbindung sind etwa in den §§ 119ff und § 138 BGB bestimmte Willensmängel kodifiziert.[527] Bei der Feststellung solcher Begrenzungen der Privatautonomie könne es daher nach *Singer* nur um deren äußerste Grenzen gehen, die jedoch dann auch wegen der „Störanfälligkeit des freiheitlichen Selbstbestimmungskonzepts" gezogen werden müssten.[528] Er betont, dass das Abstellen auf die absolute Vernunftfähigkeit des Menschen und daraus resultierende umfassende Entscheidungsfreiheit in Anbetracht der vielen Entscheidungsfehler, die Menschen in ihrem Leben begingen, ein nicht haltbares Konstrukt sei, welches Freiheit und Selbstverantwortung über alle Werte erhebe, ohne die tatsächlichen Bedingungen für autonomes Handeln zu berücksichtigen.[529]

Zutreffend ist dabei vor allem, dass es für die Anwender um Rechtssicherheit geht. Bei der Überprüfung eines Vertrages ginge es, so *Hillgruber*, vor allem gemessen an den §§ 119 ff BGB darum, dass „beide Vertragsparteien bei Vertragsschluß tatsächlich von ihrer Vertragsfreiheit Gebrauch gemacht haben"[530]. Wegen der elementaren Bedeutung der Entscheidungsfreiheit stellt das Konzept von *M. Wolf* die Vertragsfreiheit auch unter den funktionalen Vorbehalt des tatsächlichen Vorliegens von Entscheidungsautonomie.[531] Er geht davon aus, dass die Entscheidungsfreiheit als Grundlage privatautonomen Handelns umfassenden Schutzes bedürfe gegenüber Beeinträchtigungen aller Art, vor allem vor solchen, die sich aus ungleichen Machtverhältnissen ergeben.[532] Die Notwendigkeit solchen Schutzes soll vor allem anhand der Sachgerechtigkeit des Ergebnisses zu bemessen sein.[533] Diese Herangehensweise ist also auf ein sehr individuelles Verständnis von Autonomie ausgelegt und bedarf daher stets einer Betrachtung im Einzelfall.

---

525 Schwabe JZ 1988, 66, 70.
526 Singer, JZ 1995, 1140.
527 Schmolke, 64.
528 Singer, JZ 1995, 1140.
529 Singer, JZ 1995, 1140.
530 Hillgruber, 177; sog. Lehre der gestörten Vertragsparität, Zöllner, AcP 176 (1976), 489.
531 M. Wolf, 125ff.
532 M. Wolf, 122.
533 M. Wolf, 264.

b.) Schutz der Privatautonomie bei Machtungleichgewichten durch die Rechtsprechung

Die Rechtsprechung knüpft bei der Feststellung von Autonomie insbesondere an das Aufbauen von Druck, Wahrnehmungsverzerrungen und generelle Machtungleichgewichte an.[534] So hat das BVerfG im Handelsvertreter-Urteil aus Art. 12 GG einen „Schutzauftrag der Verfassung" angenommen, der die Vertragsfreiheit bei starkem Übergewicht und de facto Alleinbestimmung des Vertragsinhalts durch eine Partei beschränken kann.[535] In eine ähnliche Richtung geht die Rechtsprechung des BVerfG zu Bürgschaftsverträgen vermögensloser Familienangehöriger, nach der die Zivilgerichte den Auftrag hätten, „darauf zu achten, daß Verträge nicht als Mittel der Fremdbestimmung dienen".[536] Die Verpflichtung der Rechtsordnung also, bei großen Ungleichgewichten korrigierend zu intervenieren, ergebe sich aus der „grundrechtlichen Gewährleistung der Privatautonomie (Art. 2 Abs. 1 GG) und des Sozialstaatsprinzips (Art. 20 Abs. 1, 2 8 Abs. 1 GG)."[537]

In eine ähnliche Richtung geht die Ansicht des BGH, dass ein im Voraus vereinbarter Ausschluss des Anfechtungsrechts aus § 123 Abs. 1 BGB unwirksam sei, weil dieser den Erklärenden so der Willkür des Vertragspartners preisgebe und seine freie Selbstbestimmung vollkommen aufgebe.[538] Dieses Prinzip „materialer Vertragsfreiheit"[539] soll also solche Fälle erfassen, in denen die eigenverantwortliche Sorge um die Wahrung der eigenen Grundrechtsinteressen dem Grundrechtsträger nicht mehr zugemutet werden kann, weil die Funktionsvoraussetzungen der Privatautonomie typischerweise nicht mehr gewährleistet sind.[540] Für das BVerfG ist dabei also letztlich entscheidend, dass der mit dem Selbstbestimmungsrecht verbundene Freiheitsanspruch „nicht losgelöst von den tatsächlichen Möglichkeiten… sich frei zu entschließen"[541] betrachtet werden könne. Diese Ansicht wurde in der Rechtsprechung zur Organlebendspende an andere als Nahestehende entwickelt und begründet sich darauf, dass die Autonomie vor allem dort endet, wo größerer persönlicher Schaden droht.[542]

---

534 Schön, FS Canaris I, 1203; Hillgruber, 149.
535 BVerfGE 81, 242, 256.
536 BVerfGE 89, 214, 232; bestätigt durch BVerfG NJW 1994, 2749, 2750.
537 BVerfGE 89, 214, 232.
538 BGH WM 2011, 2311.
539 M. Wolf, 9, 101.
540 Singer, JZ 1995, 1333, 1336.
541 BVerfGE 58, 208, 225.
542 BVerfGE 60, 123, 132; BVerfG NJW 1999, 3399, 3041.

Auch hier ist zu beobachten, dass das BVerfG auf Allgemeininteressen abstellt, gleichsam aber den Schutz vor Selbstschädigung zu einem solchen erhebt:[543]

> „Zwar bedarf der Schutz des Menschen vor sich selbst als Rechtfertigungsgrund staatlicher Maßnahmen in Ansehung der durch Art. 2 Abs. 1 GG verbürgten allgemeinen Handlungsfreiheit grundsätzlich seinerseits einer verfassungsrechtlichen Rechtfertigung. Auch selbstgefährdendes Verhalten ist Ausübung grundrechtlicher Freiheit. Das ändert aber nichts daran, daß es ein legitimes Gemeinwohlanliegen ist, Menschen davor zu bewahren, sich selbst einen größeren persönlichen Schaden zuzufügen."

Über die Voraussetzungen des Vorliegens von Entscheidungsautonomie sagt dies jedoch ebenfalls nichts aus, sondern umreißt nur den Punkt, an dem sie enden soll. Was sich hinter der Formulierung eines „größeren persönlichen Schadens" verbirgt, lässt sich anhand der dargestellten Rechtsprechung nicht ermitteln. Es handelt sich daher um Höchstgrenzen, also um Punkte, an denen die Autonomie zur Selbstschädigung jedenfalls nicht mehr als zulässig angesehen wird. Abgestellt wird dabei darauf, dass kein anderes Mittel außer dem Verbot mit Sicherheit die Freiwilligkeit der Entscheidung garantieren kann.[544] Dies entspricht wohl der von *Mill* ohne weiteres gemachten Ausnahme des Verbots der Selbstversklavung (und im weiteren Sinne auch dem Brückenbeispiel), dass an Punkten, in denen der Einzelne die Grundlage seiner Autonomie aufgibt, jedenfalls die Grenze der Zulässigkeit paternalistischer Intervention gezogen werden soll.

Gerade zu diesem entscheidenden Punkt der Freiwilligkeit macht das BVerfG jedoch keine weiteren Ausführungen. Es schließt daher darauf, dass dem Gesetzgeber bei der Ausgestaltung der Anforderungen an die Freiwilligkeit einer Entscheidung ein weiter Spielraum gesetzt ist. Letztlich lässt sich aus der verfassungsrichterlichen Rechtsprechung nur ableiten, dass eine grundsätzliche Eingriffsbefugnis besteht, die dem Gesetzgeber auf einfachgesetzlicher Ebene Einschränkungen ermöglichen soll.[545] Besonders unter Verweis auf die Korrekturpflicht der Gerichte im Vertragsrecht unter Aspekten der §§ 119ff, 138, 242 BGB soll im Einzelfall auf die strukturelle Unterlegenheit und ungewöhnliche Belastungen für den unterlegenen Vertragspartner ankommen. Wie gezeigt ist eine solche Auffassung von Evidenz ohne einen abstrakten Anhaltspunkt dafür zu liefern, wann man von einer autonomen Entscheidung auszugehen hat, nicht unproblematisch. Denn sie räumt demjenigen, der über die Angemessenheit der Intervention entscheiden soll auch gleichzeitig die Entscheidungsbefugnis

543 BGH NJW 1999, 3399, 3401.
544 BGH NJW 1999, 3399, 3401.
545 BVerfGE 81, 242, 255.

darüber ein, wann deren tatbestandliche Voraussetzungen im Einzelfall überhaupt vorliegen sollen. Die Ansicht jedenfalls, die sich auf die angesprochene Evidenz der Schwere des Eingriffs und der ggf. schon eingetretenen Folge stützt, kann sich der Vermutung schlicht vom Ergebnis auf die Ursache zu schließen, wohl nie ganz entziehen.

c.) Problem der Willkür bei Abstellen auf Vernunftkriterien bei der Ermittlung von Autonomie

Dabei muss man nicht einmal aktionistische Tendenzen oder gar Missbrauch unterstellen. Die Situation, aus der ein Gericht einen Sachverhalt ex post betrachtet und dabei vor allem die ex ante Sicht der Beteiligten zugrundelegen soll, lässt es wohl unvermeidbar werden, dass gewisse rückschauende Elemente mit in die Entscheidung einfließen. Gerade wenn eine Trennung zwischen „hartem" und „weichem" Paternalismus erkennt und man grundsätzlich nur „weichen" Paternalismus für zulässig hält, kommt man dabei aber schnell an einen Punkt, an dem die Grenze zu hartem Paternalismus anfängt zu verschwimmen. *Ohly* verweist insbesondere im Zusammenhang mit der Rechtsprechung zu absoluten Einwilligungssperren wie Lebendorganspende oder zu § 216 StGB darauf, dass der Unterschied zwischen hartem und weichem Paternalismus umso kleiner wird, je höher die Anforderungen werden, welche an die Autonomie einer Entscheidung gestellt werden.[546] Im Grunde muss der Gesetzgeber die Anforderungen für die Freiheit einer Entscheidung nur hoch genug ansetzen, um jedem Grundrechtsträger mit dem Argument des Selbstschutzes freiheitsbeschränkend gegenüber treten zu können, begründet darauf, dass er dem von ihm (willkürlich) festgesetzten Maßstab an freiheitlicher Selbstbestimmung nicht entspricht. Derartige „Vermutungen" hat der Gesetzgeber an einigen Eckpunkten des Rechts auch aufgestellt, wie etwa der bereits unter dem Aspekt der freiwilligen Selbsttötung problematisierte § 216 StGB oder die Nichtigkeit von Willenserklärungen Geschäftsunfähiger aus §§ 104, 105 BGB (etwaige Drittschutzfunktion der Norm im Sinne von Verkehrsschutz an dieser Stelle außenvorgelassen). Solche Vermutungen der Unfreiheit einer bestimmten Entscheidung anhand einer Ergebnisbetrachtung stellen jedoch selbst im Falle ihrer Widerleglichkeit Paternalismus dar, der einer verfassungsmäßigen Rechtfertigung bedarf. Für *Ohly* ist dieser jedoch gerade wegen seiner der Widerleglichkeit hinnehmbar.[547]

546 Ohly, 74.
547 Ohly, 75.

Allein auf das Kriterium der Widerleglichkeit abzustellen, kann wegen der Kritik gegen libertären Paternalismus jedoch nicht für sich maßgeblich sein für dessen Legitimation. Problematisch ist die Situation nämlich vor allem dann, wenn die Widerlegung an Voraussetzungen geknüpft wird, die nicht allein der Sphäre des Betroffenen zugeordnet sind. Im Grunde würden sich Beschränkungen der Handlungsfähigkeit in solchen Fällen nicht auf einen Mangel an Einsichtsfähigkeit oder überhaupt kognitiver Fähigkeiten stützen, sondern einzig auf einen Mangel an Lebenserfahrung.

Lebensalter und -erfahrung sind jedoch keine feststellbare Größe, die erstens zwingend miteinander korrelieren und zweitens ein Garant für eine vernunftgemäße Entscheidungsfindung sind. Der Volksmund würde wohl sagen: „Alter schützt vor Torheit nicht." Umgekehrt kann es junge Menschen geben, die ältere um ein Vielfaches an Weitsicht und schlichter Intelligenz überflügeln.

Natürlich stellen Einzelfälle das Funktionieren der Rechtsordnung nicht gänzlich in Frage. Sich aber dann darauf verweisen zu lassen, dass man sich eben als „verkörperte Anomalie" in dem durch den Staat immerhin „aufgezwungenen" Recht gefälligst seinem Schicksal zu fügen habe, kann nicht Anspruch einer auf die Wahrung individueller Rechte und Freiheiten gerichteten Rechtsordnung sein. Dies ist auch Grundlage der bereits angegriffenen Position, die Rechtspaternalismus als unvermeidbar darstellt. Just auf diese Weise entstehen „rechtsfreie Räume", die sich nicht nur der staatlichen Kontrolle, sondern auch der des Einzelnen entziehen. Der Gesetzgeber muss sich also dazu aufgefordert sehen, bei seinem rechtsetzenden Handeln den bereits etablierten Standard jedes Mal aufs Neue zu hinterfragen, um zu verhindern, dass die Stellschraube der Voraussetzungen von autonomer Selbstbestimmung nur in eine Richtung, nämlich immer enger, verstellt würde.

2.) Grundlagen der Patientenautonomie

a.) Trennung zwischen vertragsrechtlicher Privatautonomie und allgemeiner Selbstbestimmung

Wenn sich eines aus der Darstellung von Rechtsprechung und Literatur zu den Voraussetzungen der (vertraglichen) Entscheidungsfreiheit und Willensautonomie entnehmen lässt, dann, dass durch den weiten Gestaltungsspielraum, der dem Gesetzgeber eingeräumt wird, bei deren Ermittlung eine kontextbezogene Betrachtung schon fast zwingend erscheint. Die allgemeinen Grundsätze zum Entstehen von Verträgen und der Abgabe von Willenserklärungen können dabei für sich genommen nur wenig Anhaltspunkte bieten. Denn das Gesetz geht davon aus, dass Willenserklärungen, die auf Fehlvorstellungen beruhen, grundsätzlich wirksam sind und daher Ergebnis eines autonomen Willensbildungsprozesses darstellen. Im Grunde genommen ergibt sich aus dem objektiven Empfängerhorizont und der Regelung zur Anfechtung von Willenserklärungen, §§ 119, 120 BGB, dass selbst solche Erklärungen als Teil autonomer Willensbildung angesehen werden, die der Urheber tatsächlich so nicht abgeben wollte, etwa, weil bei der Übermittlung die Erklärung verfälscht wurde und diese damit in der Tat nicht das Ergebnis der Willensbetätigung ist. Als Instrument zum Schutz der Willensautonomie sind die Regelungen über Nichtigkeit aus §§ 119ff, 138 BGB als Korrektiv nicht geeignet. Allein die Unbeachtlichkeit des Motivirrtums zeigt, dass die Normen des BGB für sich genommen zur Herleitung der Voraussetzungen von Entscheidungsautonomie nicht so recht taugen, weil bestimmte Elemente der freien Selbstbestimmung schlicht nicht geschützt werden. Die Maßgeblichkeit der individuellen Werteordnung wird an dieser Stelle also normativiert und in Teilen ignoriert. Dies ist insofern nur folgerichtig, als dass dabei die rechtlichen Interessen Dritter berührt werden und die individuelle Fehleinschätzung einer verkehrswesentlichen Eigenschaft anhand der subjektiven Bedürfnisse des Einzelnen nicht auf den anderen Teil abgewälzt werden soll, der weder Einblick in diese subjektive Ordnung des Vertragspartners hat, noch auf diese oder die Eignung des Vertragsgegenstandes zur Erfüllung der eigenen Präferenzen Einfluss nehmen kann – zumindest nicht, wenn er nichts von ihr weiß. Die Verantwortung wird nur dann begründet, wenn er auf die Willensvorstellung eingewirkt hat und die Eignung des Vertragsgegenstandes für die Erfüllung der subjektiven Vorstellungen des Vertragspartners damit zum Teil des Vertrages gemacht hat.

Es verbleibt also bei der Aussage, dass eine unvernünftige Entscheidung nicht immer ein rechtliches Einschreiten gebietet, weil die individuelle Wertordnung, wie bereits ausgeführt, der Außenbetrachtung nur schwer zugänglich ist. Insofern erklärt sich auch, warum sich die von *M. Wolf* etablierte Ansicht des funktionalen Vorbehalts tatsächlicher Entscheidungsautonomie[548] im Vertragsrecht nicht durchsetzen konnte; die Rechtssicherheit von Verträgen würde damit schlicht zu erheblich beeinträchtigt.[549] Zudem verweist *Singer* zutreffend darauf, dass ein finales Abstellen auf reine Gerechtigkeitsaspekte „eine kaum kontrollierbare Kompetenzausweitung zugunsten der Richter“[550] und damit die

548 M. Wolf, 125ff.

549 Singer, JZ 1995, 1140; ders. Selbstbestimmung und Verkehrsschutz, 39, 43; Fastrich, 40f; BVerfGE 81, 252 Anmerkung Wiedemann JZ 1990, 695, 697; Adomeit NJW 1994, 2467f.

550 Singer, Selbstbestimmung und Verkehrsschutz, 19.

Bewertung anhand rein subjektiver Wertungsmaßstäbe Dritter zur Folge hätten, die bei Betrachtung von Paternalismusproblemen noch deutlicher werden. Derjenige, der über die Wirksamkeit einer selbstbestimmten Erklärung anhand seiner eigenen, subjektiven Empfindungen entscheidet und dabei anhand desselben Maßstabes darüber urteilt, befindet auch darüber, ob die Voraussetzungen der Selbstbestimmtheit überhaupt vorgelegen haben.

Für die vorliegende Frage können die Thesen *M. Wolfs* zur individuellen Untersuchung von Patientenautonomie außerhalb rechtsgeschäftlichen Tätigwerdens insofern fruchtbar gemacht werden, wenn man zwischen Selbstbestimmungsfreiheit und -fähigkeit im Sinne von autonomer Handlungsfähigkeit unterscheidet.[551] Selbstbestimmungsfreiheit im Sinne personeller Autonomie kann nur die grundsätzliche, abstrakte Fähigkeit meinen, ein selbstbestimmtes Leben zu führen. Autonom ist daher, wer die notwendigen Anlagen dafür in sich vereint. Selbstbestimmungsfähig ist hingegen derjenige, der in der konkreten Situation von seiner Selbstbestimmungsfreiheit Gebrauch machen kann, wobei Fähigkeit ganz im technischen Sinne handlungsbezogen zu verstehen ist. Kein Mensch ist umfassend zu jeder Handlung fähig, obwohl er sie theoretisch verfolgen könnte. Die Fähigkeit etwa, in eine konkrete medizinische Behandlung einzuwilligen, unterscheidet sich elementar von der Fähigkeit, besagte Behandlung durchzuführen. *Quante* und *Schöne-Seifert* werfen diesbezüglich jedoch auf, dass diese beiden Fähigkeiten in einem gewissen Abhängigkeitsverhältnis zueinander stünden.[552] In der Tat wird man wohl sagen müssen, dass eine isolierte Fähigkeit, eine bestimmte Handlung autonom durchführen zu können, kaum denkbar sein dürfte ohne als Mensch bestimmte Grundvoraussetzungen (welche dies auch sein mögen) zu erfüllen, gewissermaßen in Form einer „globalen" Autonomie. Indes besitzt die bloß theoretische Möglichkeit autonomer Betätigung keinen Wert, wenn sie sich nicht in einer Vielzahl möglicher Fälle von individueller Selbstbestimmungshandlungen realisieren kann. Die an dieser Stelle zu gewinnende Erkenntnis ist daher wenigstens, dass das Vorliegen von Selbstbestimmungsfreiheit sich nicht an der Fähigkeit des einzelnen bemessen lässt, eine bestimmte Handlung unternehmen zu können. Denn im Vordergrund kann an dieser Stelle nicht die Rechtssicherheit eines Verkehrskreises, sondern nur die Sicherheit verfassungsmäßig garantierter Freiheit stehen. Eine Handlung äußert sich nur dann als Manifestation der dahinterstehenden Autonomie, wenn der Betroffene zu einer selbstbestimmten Betätigung befähigt ist.

---

551 So Beauchamp, Childress, 114f; auch Culver, Gert, 123ff.

552 Quante, 158ff; Schöne-Seifert, 56f; Schöne-Seifert, in: Schramme, 151.

Aus der aufgezeigten Rechtsprechung des BGH und des BVerfG lässt sich daher ableiten, dass die Einzelfallbetrachtung erheblich einerseits von dem „Verkehrskreis“ abhängt, in welchem man sich bewegt, andererseits davon, ob und inwieweit das Verhältnis zwischen den Vertragsparteien von einem Macht- und Informationsgefälle geprägt ist. Dies ist insofern aus Rationalitätsaspekten zutreffend, als dass die „vernünftige“ Autonomiebetätigung einer Entscheidung von der Fähigkeit und Möglichkeit des Entscheiders abhängt, alle wesentlichen Informationen zur Verfügung zu haben und diese dann mit seiner individuellen Nutzenvorstellung zu vergleichen. Wie viel Information dafür vonnöten ist, hängt dann von der Komplexität der Materie (und damit dem „Verkehrskreis“) ab. Dabei kann entsprechend der Rechtsprechung des BVerfG auch die Schwere der im Raume stehenden Beeinträchtigung ganz grundsätzlich als Maßstab herangezogen werden, welche Anforderungen an die Menge der zur Verfügung stehenden Informationen zu stellen ist. Bei der Frage der Informationserlangung spielt dann das Informations- und Machtgefälle eine Rolle.

b.) Paternalismus im Arzt-Patienten-Verhältnis als Grundlage der Diskussion zur Patientenautonomie – Modelle von Verhältnis und Kommunikation zwischen Arzt und Patient

Anhand dieser Überlegungen sind nun das Arzt-Patienten-Verhältnis und die Autonomie des Patienten bei Einwilligung in die Behandlung zu betrachten. Da es bei der vorliegenden Untersuchung um die Einwilligung in ärztliche Maßnahmen geht, kann die Zulässigkeit nur dadurch ermittelt werden, dass die grundsätzlichen Voraussetzungen für selbstbestimmtes Handeln im Behandlungsvertrag hinreichend sicher festgestellt werden können. Ausgangspunkt der Untersuchung soll dabei zunächst eine Betrachtung verschiedener Modelle der Beziehung zwischen Arzt und Patient sein, die sich in der medizinischen Lehre herausgebildet haben.

Die Ansichten darüber, welche Rolle Arzt und Patient bei der Behandlung, ihrer Art und dem Umfang nach spielen, das „Ob“ und das „Wie“ hat sich im Verlauf der letzten Jahrzehnte entscheidend verändert, insbesondere unter dem Blickwinkel der Patientenrechte.[553] Eine exemplarische Darstellung geht auf *Emanuel und Emanuel* zurück, welche die wichtigsten Modelle erläutern.

553 Emanuel, Emanuel (1992), 2221.

aa.) Paternalistisches Modell

In der Medizin war das Verhältnis zwischen Arzt und Patient lange Zeit nahezu ausschließlich paternalistisch geprägt. Dies nicht nur etwa bei Patienten, die in ihrer Entscheidungsfähigkeit gehemmt waren, es scheint der Rolle des Patienten regelrecht zu entsprechen, dass der Arzt ihm in einer paternalistischen Grundeinstellung begegnet.[554] Es lässt sich zumindest sagen, dass die ethische Grundlage des Selbstverständnisses der Medizin in der antiken Philosophie in Form des *Eid des Hippokrates* ursprünglich paternalistisch ist: Aufgabe des Arztes war die Heilung im Sinne und Interesse des Patienten, die Aufgabe des Patienten war es, dem Rat des Arztes zu folgen und ihm zu vertrauen.[555] Die Rolle des Arztes als Beschützer und Fürsorger des Patienten, der Ausmaß seiner Erkrankung und Sinn der angedachten Behandlung wegen des unüberbrückbaren Wissensvorsprungs des Arztes nicht wie dieser in Gänze erfassen kann, muss daher auf die Richtigkeit der Diagnose und Behandlung sowie das Wohlwollen des Arztes vertrauen, der die Genesung als alleinig Entscheidender in der Hand hält.[556] Dieses Modell kann als das in der Medizin lange Zeit dominante „Idealbild" des Arzt-Patientenverhältnisses gesehen werden. Gelingen und Scheitern dieses Konzepts hängen entscheidend davon ab, dass ein Konsens zwischen Behandelndem und Behandeltem besteht, und dass über Wünsche, Ziele und Vorstellungen und über Möglichkeiten der Behandlung weitestgehend Einigkeit besteht.[557] Auf einen entgegenstehenden Willen des Patienten soll es nach diesem Modell dennoch nicht ankommen.

bb.) Deliberatives Modell

Das deliberative Modell hingegen zeichnet sich dadurch aus, dass der Arzt nicht als väterlicher, sondern als freundschaftlicher Lehrer auftritt und sich über dessen Wünsche und Vorstellungen informiert. Er plant das medizinisch-technische Vorgehen bei der Behandlung, und soll den Patienten dabei von der von ihm für sinnvoll gehaltenen Behandlungsform überzeugen, nicht überreden. Der Patient steht dabei in einem nicht medizinisch-wissenschaftlichen, aber ethisch-moralischen Diskurs mit dem Behandelnden über die Richtigkeit der Behandlung.[558] Darin wird teilweise das idealtypische Verhältnis zwischen Arzt und Patient gesehen.

---

554 Wogrolly-Domej, Wiener medizinische Wochenschrift 2003, 153, 17f.
555 Matthews, in: Nys, Denier, Vandevelde, 129; siehe auch Garbe, 28ff m.w.N.
556 Emanuel, Emanuel (1992), 2221; auch Kettner, Kraska, in: Bruchhausen, Kaiser, 193.
557 Emanuel, Emanuel (1992), 2222; Kettner, Kraska, in: Bruchhausen, Kaiser, 193.
558 Emanuel, Emanuel (1992), 2223.

cc.) Interpretatives Modell

In einem interpretativen Modell wird der Arzt beratend tätig und versorgt den Patienten mit allen die Behandlung und seine Krankheit wesentlich betreffenden Informationen, um dann auf Basis dessen ohne beeinflussend zu wirken zusammen mit dem Patienten diejenige Behandlungsform zu finden, die seinen Erwartungen und seinen Lebensverhältnissen am besten entspricht. Er wird also auf der Ebene der Entscheidungsfindung tätig, in dem er versucht seinen Wissensvorsprung zu verkleinern, überlässt dann aber die Evaluierung und letztliche Entscheidung vollständig dem Patienten.[559] Der Arztberuf wird dann im Bereich der Patientenaufklärung quasi ausschließlich zum neutralen Berater, überlässt dann aber jedwede Entscheidung über Art und Ausmaß der Behandlung dem Patienten. Nach *Kettner* und *Kraska* reduziert das interpretative Modell sich auf den Umstand, dass Ärzte medizinische Experten sind und man sie daher wie einen Anlagenberater, einen Priester oder einen Anwalt in ihrem jeweiligen Gebiet als Dienstleister konsultiere.[560]

dd.) Informatives Modell

Ein informatives Modell schließlich setzt voraus, dass die spezifischen Wünsche und Bedürfnisse des Patienten eindeutig festgestellt sind, und der Arzt diese Informationslage nur noch mit fachspezifischem Wissen „unterfüttert" und gegebenenfalls ergänzt, um dann die Behandlung so wie vom Patienten gewünscht durchzuführen.[561] Bei diesem Modell hat der Patient gewiss das größte „Mitspracherecht", weil der Arzt nur informierend tätig wird und schließlich den vom Patienten erteilten Auftrag durchführt, auch wenn auch hier der Arzt die Hoheit über die Bewertung der Relevanz der einzelnen Informationen hat, und die „Beauftragung" des Arztes als Dienstleister, der den Wunsch des Patienten mehr oder minder ungefragt durchführen muss, zumindest im Bereich (absoluter) Kontraindikation seine Grenze findet.[562] Gewissermaßen entspricht dieses Bild des Arztes eher einem „medizinisch gebildeten Techniker".[563]

559 Kettner, Kraska, in: Bruchhausen, Kaiser, 194.
560 Kettner, Kraska, in: Bruchhausen, Kaiser, 194.
561 Emanuel, Emanuel (1992), 2222.
562 Kettner, Kraska, in: Bruchhausen, Kaiser, 194.
563 Sullivan, Menapace, White (2001), 197.

c.) Bedeutung der verschiedenen Modelle

Dabei sind diese Modelle keinesfalls erschöpfend zu verstehen, oder insgesamt exklusiv zueinander, vielmehr könne es vorkommen, dass in bestimmten Behandlungssituationen verschiedene Modelle greifen. So nennen *Emanuel und Emanuel* etwa noch ein (für die hiesige Untersuchung nicht relevantes) instrumentales Modell, bei dem nicht nur die Wünsche und auch der Wert des Patienten irrelevant sind, sondern der Behandlung ein höherrangiges Ziel, etwa Förderung der Wissenschaft oder der Gesellschaft insgesamt zukommt.[564] All diesen Modellen ist jedoch gemein, dass sie eine kommunikative Komponente haben, deren Relevanz für die Autonomie des Patienten unterschiedlich hoch ist mithin die Macht und der Einfluss des Arztes auf die Vorstellungen und Wünsche des Patienten unterschiedlich stark ausgeprägt ist.

> „Kommunikative Macht ist die Macht, Richtigkeitsüberzeugungen, die die Autorität von für gut gehaltenen Handlungs- und Bewertungsgründen betreffen, durch Kommunikation (egal welcher Form) zu verändern – somit die betreffenden Gründe selber zu verändern und somit auch das Handeln zu verändern..."[565].

Im paternalistischen Modell hat die Information des Arztes über sein geplantes Vorgehen nahezu ausschließlich deklaratorischen Charakter, weil er als derjenige, der die Situation fachmännisch überblickt, am besten wisse, was dem Wohle des Patienten zuträglich ist. Über das deliberative und das interpretative Modell hinweg nimmt der Einfluss des Arztes nicht nur auf die Entscheidungsmöglichkeiten, sondern gerade und elementar auf die Willensbildung des Patienten immer mehr ab, bis er schließlich im informativen Modell nur eine informative und beauftragte Tätigkeit entfaltet und nur für Fälle der Kontraindikation ein „Veto-Recht" inne behält. Der Wille des Patienten kann auch nicht so weit reichen, dass der Arzt zu Behandlungen gezwungen werden kann, die objektiv medizinisch nicht geboten wären.

So sei die Kritik am paternalistischen Modell außerhalb von Notfällen in Bezug auf die Selbstbestimmung des Patienten wohl offensichtlich, könne man jedenfalls nicht davon ausgehen, dass Arzt und Patient die gleiche Ansicht zu den Fragen der Behandlung haben; im Ergebnis, so *Emanuel und Emanuel*, würden selbst Ärzte eine rein paternalistische Behandlungskultur zumindest eher ablehnend hinterfragen.[566] Dem informativen Modell hingegen könne man

564 Emanuel, Emanuel (1992), 2222.
565 Kettner, Kraska, in: Bruchhausen, Kaiser, 195.
566 Emanuel, Emanuel (1992), 2224.

vorhalten, dass es die Erwartung des Patienten, der Arzt würde bei der Beratung und Behandlung eine gewisse Fürsorge anzeigen, nicht erfüllen könne. Zudem sei das Problem, dass die Balance anhand von Erfahrungswerten einerseits informierend aufzuklären, andererseits den Patienten nicht durch selektive, eben auf Erfahrungen gestützte Informationsgabe in eine bestimmte Richtung zu manipulieren, nur schwerlich gewahrt werden könnte.[567]

Außerdem würde es die zunehmende Unpersönlichkeit der medizinischen Behandlungskultur zusätzlich verstärken. Schließlich bestehe noch das Problem, dass es von einem zu weit gefassten Autonomiebegriff ausgehe, bei dem der Patient, der eben nicht medizinisch geschult ist, nicht nur bei der Frage des Inhalts, sondern auch des Ziels der Behandlung konkrete Vorstellungen hat, sprich weiß was er will, also alle Menschen eine gleiche oder sehr ähnlichen moralischen Wertvorstellung haben.[568] Diese Problematik würde im interpretativen Modell zwar überwunden, weil es die individuellen Ziele und Wünsche des Patienten mit in das Verständnis des Arztes einbeziehe, die Gefahr bestehe doch darin, dass wegen starker Spezialisierung, Zeitmangel und eigener Wertevorstellungen des Arztes dieser bei dem Versuch, die Wünsche und Vorstellungen des Patienten zu erfassen, seine eigenen Vorstellungen und Erfahrungen maßgeblich zugrunde lege, was im Ergebnis also doch wieder auf eine paternalistische Bevormundung hinauslaufen würde.[569]

Letztlich würde auch der Versuch, die arztseitige Bewertung der Vorstellungen und Wünsche des Patienten auszuschalten, dem in der Natur des Arztberufs liegenden Bestreben, die Gesundheit des Patienten zu erhalten und zu verbessern, zuwiderlaufen, dürfte der Arzt nicht ungefragt seine professionelle Meinung zu einem bestimmten Verhalten des Patienten äußern.[570] Dieser Umstand würde wiederum im deliberativen Modell ausreichend gewürdigt, werfe aber gleichsam das moralische Problem auf, dass dem Arzt die endgültige Bewertung gesundheitlicher Wertigkeiten nicht zustehe, weder absolut im Bezug der Wichtigkeit von Gesundheit gegenüber anderen Gütern, noch relativ im Bezug darauf, wie wichtig der Patient seine Gesundheit nimmt, etwa zu der Freiheit und dem Genuss des Rauchens, ungesunder aber schmackhafter Nahrungsmittel oder der Freude an ungeschütztem Geschlechtsverkehr.[571]

567 Emanuel, Emanuel (1992), 2224.
568 Emanuel, Emanuel (1992), 2224.
569 Emanuel, Emanuel (1992), 2224.
570 Emanuel, Emanuel (1992), 2224.
571 Emanuel, Emanuel (1992), 2224.

Die zweite Problematik sei, dass auch die Ärzteschaft kein kollektives Bewusstsein und eine bei jedem gleich ausgeprägte Moralvorstellung besitzt, die individuellen Moralvorstellungen und Behandlungsphilosophien des Arztes bei dessen Bewertung also immer eine Rolle spielen, obwohl sie dies nicht sollten.[572] Man denke etwa an einen Arzt, der bekennender Zeuge Jehovas ist und daher die Durchführung von Bluttransfusionen ablehnt. Letztlich bestehe auch die paternalistisch geprägte Gefahr, dass auch hier die Vorstellungen des Arztes unbewusst dem Patienten aufgezwungen werden. Denn es ist ein Unterschied zu sagen, eine lebensrettende chirurgische Behandlung sei zu 70% erfolgreich, oder zu 30% nicht erfolgreich. Präsentiert man dem Patienten, dass 70% aller Patienten die Operation überleben, wird er eher in sie einwilligen, als sagte man, 30% würden auf dem OP-Tisch sterben.[573] Zudem habe diese Ansicht ein verzerrtes Bild von den Erwartungen des Patienten, geht dieser doch zum Arzt, um eine Heilbehandlung und Beratung zu erfahren, und nicht, damit von diesem dessen Werte und Ansichten auf den Prüfstand gestellt, bewertet und verändert werden.[574]

Festzuhalten bleibt zunächst, dass die Arzt-Patient-Beziehung immer von einem informativen und kommunikativen Gefälle geprägt ist, einer Asymmetrie des Wissens und des Verständnisses. Der Arzt hat das akademisch erworbene Wissen und die Erfahrung der Einordnung und Einschätzung der Situation, sowie die Fähigkeit, dieses Wissen in eine Heilbehandlung umzusetzen, der Patient kennt seine Beschwerden am Besten und hat in aller Regel auch die konkrete Vorstellung, was Ziel einer Behandlung sein soll, welcher „Soll-Zustand" erreicht werden muss. Dabei kommt man aber zu dem Ergebnis, dass jeder noch so sehr angestrebte Wunsch nach Patientenautonomie nicht weiterführt, wenn dem Patienten kein Forum gegeben wird, an dem Prozess der Kommunikation mit dem Arzt adäquat teilzunehmen.[575]

Es zeichnet sich also ab, dass die Asymmetrie des Verhältnisses nur dann überbrückt, der Patient nur dann wirklich eine auf seiner eigenen Willens- und Urteilsbildung beruhende Entscheidung treffen kann, wenn ihm eine entsprechende Möglichkeit kommunikativer Ein- und Mitwirkung gegeben wird. Der Patient muss also über so viel „kommunikative Macht" verfügen, dass er sein

---

572 Emanuel, Emanuel (1992), 2224,

573 Brock, Wartman, in: Brock, 88. In der Ökonomie wird dieses Phänomen als Ankerheuristik bezeichnet.

574 Emanuel, Emanuel (1992), 2224; siehe auch Fiebig, 33.

575 Kettner, Kraska, in: Bruchhausen, Kaiser, 198.

Leiden vollumfänglich und seiner erstpersonalen Erfahrung gemäß selbstbestimmt kommunizieren kann.[576] Für die Gesundung des Patienten ist es also demnach zwingend erforderlich, dass er in seinem Leiden gehört und ernst genommen wird, und sich der Arzt nicht von vornherein anhand (vermeindlicher) Erfahrung zum Richter darüber aufschwingt, welche Beschwerden der Patient wirklich hat bzw. haben müsste und dürfte, und als wie stark sie von ihm empfunden werden.

> „Wenn geeignete asymmetriekompensierende Kommunikationsmechanismen fehlen, dann kann freiwerdende Autonomie nicht aufgenommen und genutzt werden und es entstehen nur Unsicherheiten zu Ungunsten des Patienten, also gerade keine genuine Autonomie aufseiten des Patienten“[577].

Nach *Kettner und Kraska* ist „genuine Autonomie“ ein „selbsterfahrener Spielraum der Selbstbestimmung nach Maßgabe dessen, was die betreffende Person selbst für wichtig, richtig und wahr“ empfinde.[578] *Emanuel und Emanuel* sprechen sich für das deliberative Modell als dasjenige aus, welches sich mit unserer heutigen Auffassung von Autonomie am besten vereinbaren lasse.[579] So entspreche der Grundsatz, dass der Einzelne in jedem Bereich seines Lebens ungezwungen, unbeeinflusst und ungehindert aus der größtmöglichen Anzahl von Möglichkeiten auswählen kann, eben auch bei der Frage der Heilbehandlung, unserer westlich-modernen Auffassung von Autonomie und Freiheit.

Das Bild des Arztes, wie es in unserem Kulturkreis etabliert ist, sei dabei aber nicht auf den unabhängigen Berater oder aber den nur im Notfall eingreifenden Helfer beschränkt, sondern es entspreche der Erwartung des Patienten, dass der Arzt die Wünsche und Vorstellungen desselben erkennt und respektiert, und anhand derer eine auf diese Rücksicht nehmende eigene Stellungnahme und Empfehlung abgibt, eben fürsorglich behandelt wird. Dabei solle sich die eigene Bewertung des Arztes auf diejenigen Faktoren beschränken, die mit den Beschwerden und Vorstellungen des Patienten einhergehen, aber nicht darüber hinaus. Wichtig dabei sei aber, dass diese Ansichten sowohl auf den vernünftigen, als auch auf den unvernünftigen Patienten, der irrationale und möglicherweise schadhafte Entscheidungen fällt, Anwendung finden soll. Daraus ergebe sich dann auch der Unterschied zum Paternalismus: Der Arzt soll den Patienten versuchen zu überzeugen, und ihm nicht seine Ansichten aufzwingen. Ein

---

576 Kettner, Kraska, in: Bruchhausen, Kaiser, 193.
577 Kettner, Kraska, in: Bruchhausen, Kaiser, 198.
578 Kettner, Kraska, in: Bruchhausen, Kaiser, 198.
579 Emanuel, Emanuel (1992), 2226.

derartiger starker Paternalismus gehört jedenfalls auch nach allgemeiner medizinischer Ansicht der Vergangenheit an und ist mit unserer Auffassung von Selbstbestimmung in medizinischen Belangen nicht mehr vereinbar.[580]

Neutral dürfe der Arzt schon wegen seiner designierten Rolle als Fürsorger nicht sein, weil der uninformierte, möglicherweise verängstigte Patient sich nicht nur mit dem Gesuch nach medizinischer Information, sondern nach medizinischem *Rat* an den Arzt wende. Daher spiele eine individuelle Meinung des Arztes bereits bei der Arzt*wahl* eine Rolle; die Autonomie, die durch die mögliche Einstellung des Arztes gefährdet scheint, könne also auf den Prozess der Auswahl des behandelnden Arztes vorverlagert werden. Missfalle dem Patienten die Herangehensweise des gewählten Arztes, weil sie sich zu stark mit seinen eigenen Zielen beißt, so könne er in ebenfalls autonomer Entscheidung die Behandlung bei diesem Arzt abbrechen, und sich einen neuen suchen – oder der Arzt überweist den Patienten schlicht an einen Kollegen. Als letztes wird noch argumentiert, dass es der gemeinen Ansicht zur Rolle des Arztes entspreche, dass dieser nicht nur individuell behandle, sondern auch generell eine Haltung vertrete und diese auch propagiere, die die allgemeine Aufmerksamkeit auf gesundheitsbezogene Themen erhöhe. Man kann aus juristischer Sicht sagen: Genauso, wie der Rechtsanwalt nicht nur seiner Mandantschaft verpflichtet ist, sondern immer auch als Organ der Rechtspflege tätig ist, so kann man in der Ärzteschaft ein eigenständiges Organ der Gesundheitspflege sehen. Schließlich, so *Emanuel und Emanuel*, könnten viele Ärzte die Sinnhaftigkeit der Behandlung und der dieser Annahme zugrundeliegenden Ansichten schlicht wegen fehlender Expertise oder aus zeitlichen Gründen nicht adäquat an die Patienten weitergeben. Insbesondere der letzte Punkt sei derjenige, der auch aus rechtlicher Hinsicht der wichtigste sei. Das deliberative Modell könne bei aller Gesetzgebung und Rechtsprechung zur Arzthaftung nicht zur vollen Wirkung kommen, würde in der medizinischen Ausbildung nicht ein größerer Fokus auf die Arzt-Patienten-Kommunikation gelegt – und dass Patientenautonomie nicht dadurch Rechnung getragen wird, dass man dem Patienten schlicht mehr und dem Arzt weniger Rechte einräume. Ziel einer funktionierenden Arzt-Patienten-Beziehung ist es nach *Emanuel und Emanuel* letztlich, dass der Patient dazu in die Lage versetzt wird, *informed consent* zu geben.

---

580 Schöne-Seifert, Jahrbuch für Wissenschaft und Ethik 2009, 113.

3.) *Informed consent* als medizinethische Voraussetzung der Patientenautonomie

a.) Historische Entwicklung der „Informed Consent Doctrine" im angloamerikanischen gemeinen Recht des 20. Jahrhunderts

Das Konzept des *informed consent* als Voraussetzung der autonomen Patientenentscheidung[581] hat sich in der Medizin- und Bioethik in der Mitte des 20. Jahrhunderts herausgebildet, was überwiegend als Reaktion auf die Gräueltaten im Namen der Medizin im Dritten Reich gesehen wird.[582] Die ersten Ansätze bildeten sich indes bereits in der Rechtsprechung der US-amerikanischen Obergerichte Anfang des 20. Jahrhunderts heraus.[583] In der traditionellen medizinischen Ethik wurde die Selbstbestimmung des Patienten als entscheidendes Kriterium bis zu diesem Punkt kaum beachtet. Zentral waren eher die Tugendhaftigkeit ärztlichen Handelns, die Beachtung des Patientenwohls und die Abwendung von Schaden.[584] In einer ersten Entscheidung des Minnesota Supreme Court aus dem Jahr 1905, bei der ein Chirurg sich nach der Narkose des Patienten zu einer Operationsänderung entschieden hatte, entschied das Gericht zugunsten des Klägers, freilich noch unter der Prämisse, dass die Umstände des Eingriffs in einem recht weiten Rahmen ein Abweichen auch ohne Einwilligung des Patienten rechtfertigen können.

> „If the operation was performed without plaintiff's consent and the circumstances were not as such as to justify its performance without, it was wrongful; and, if it was wrongful, it was unlawful."[585]

Ein allgemeines Verständnis dafür, dass die Entscheidung über das Vorgehen bei medizinischer Behandlung dem Patienten obliegt, bildete sich sodann in der Folge heraus. Maßgeblich wird dabei die Entscheidung des New Yorker Berufungsgerichts von 1914 zu einem Fall, bei dem der Kläger mit Magenschmerzen ins Krankenhaus ging und ihm nach der Narkose mehrere Finger amputiert worden waren:

---

581 Die Diskussion um den *informed consent* trägt über die hier vorgenommene Darstellung noch weitreichendere Dimensionen, vor allem im Bereich der Einwilligung bei medizinischer Forschung. Dieser Aspekt soll an dieser Stelle nicht weiter verfolgt werden.

582 Beauchamp, Childress, 121; Vollmann, Patientenselbstbestimmung, 23f.

583 Struder (1987), 86.

584 Vollmann, Patientenselbstbestimmung, 23.

585 Mohr v. Williams, 95 Minn. 261, 104 N.W. 12.

> „Every human being of adult years and sound mind has a right to determine what shall be done with his own body; and a surgeon who performs an operation without his patient's consent commits an assault, for which he is liable in damages."[586]

Die *Informed-Consent-Doctrine* wurde schließlich durch die Anerkennung des Aufklärungserfordernisses (*„full disclosure of facts necessary to an informed consent"*) mit einer Entscheidung des kalifornischen Berufungsgerichts 1957 anerkannt.[587] Teilweise wird die „Geburtsstunde" des informed consent auch im Jahr 1947 und dem Nürnberger Kodex gesehen.[588]

b.) Informed consent als Konzept der modernen Medizin- und Bioethik

Die maßgebliche Darstellung des heutigen Verständnisses von *informed consent* geht auf *Beauchamp und Childress* und deren Abhandlung über Medizinethik zurück. Das Modell stellt eine Entwicklung von der Verpflichtung des Arztes dar, dem Patienten die Informationen darzulegen, hin zu der Frage, ob der Patient diese verstanden und eingewilligt hat.[589] In den Mittelpunkt der Betrachtung ist also die Achtung und Erhaltung der Autonomie des Patienten gerückt.[590]

aa.) Elemente des informed consent

Informed consent unterteilt sich nach *Beauchamp und Childress* dabei in zunächst zwei Komponenten: Zum einen als die individuelle autonome Autorisierung medizinischer Eingriffe oder der Teilnahme an medizinischer oder pharmazeutischer Forschung. Zum Anderen in den sozialen und institutionellen Aspekt, welche Einrichtungen und Personen dazu verpflichtet sind, die Einwilligung einzuholen, und von wem diese einzuholen ist, um die Behandlung beginnen zu dürfen.[591] Dieser Unterschied ist insofern relevant, als dass das bedeutet, dass etwa ein Minderjähriger aus tatsächlicher Perspektive *informed consent* geben kann, weil er die ihm präsentierten Informationen den Einwilligungsanforderungen entsprechend verstanden hat, seine Einwilligung kann jedoch aus dem

---

586 Schloendorff v. Society of New York Hospitals, 211 N.Y. 125, 105 N.E. 92, 93.

587 Salgo v. Leland Stanford, Jr.; University Board of Trustees, 154 Ca. App. 2d 560, 578, 317 P. 2d 170, 181 (Dist. Ct. of App. 1957).

588 Vollmann, Patientenselbstbestimmung, 26.

589 Beauchamp, Childress, 121.

590 Vollmann, Patientenselbstbestimmung, 23; a.A. O'Neill (2003), 5, die wegen des nicht definierbaren und stets im Wandel befindlichen Begriffs der Autonomie den Sinn des *informed consent* lediglich im Schutz vor Missbrauch sieht.

591 Beauchamp, Childress, 122.

sozialen Kontext heraus unwirksam sein, weil nur seine Eltern diese wirksam für ihn abgeben können. Andererseits kann ein Arzt die Einwilligung auf institutioneller Ebene von dem berechtigten Dritten erlangen, ohne dass seitens des Betroffenen eine Einwilligung vorliegt, sprich gerade keine auf individueller Selbstbestimmung basierende Entscheidung.

Der eigentliche *informed consent* gliedert sich wiederum in zwei Teilaspekte, den informativen und den einwilligenden Teil. Der informative Teil erfasst die Informationsvermittlung und die -verarbeitung, der einwilligende Teil die willentliche Entscheidung und die Erlaubnis, mit der Behandlung zu beginnen. Der *informed consent* gliedert sich dabei in fünf Punkte, die kumulativ vorliegen müssen, um eine wirksame Einwilligung darzustellen, wobei die ersten drei den informativen Teil, die letzten beiden den einwilligenden Teil ausfüllen: (1) Einwilligungsfähigkeit (competence), (2) Informationsvermittlung (disclosure), (3) Informationsverständnis (comprehension), (4) Entscheidungsfreiheit (voluntariness) und (5) Einwilligung in die konkrete medizinische Maßnahme (consent).[592] Spiegelbildlich enthalten in der Möglichkeit des *informed consent* ist die Möglichkeit eines *informed refusal.*

bb.) Informatives Element

Bei der Ermittlung, wessen Perspektive bei der Ermittlung der Maßgeblichkeit der Informationen, die für eine wirksame Einwilligung vermittelt werden müssen, gibt es nach *Beauchamp und Childress* drei Möglichkeiten: Die des „Durchschnittsarztes" (*reasonable doctor standard*), die einer „Durchschnittsperson" (*reasonable person standard*) und die des individuellen Patienten (*subjektive standard*).[593] Die erste Möglichkeit sei deswegen abzulehnen, weil es keinen Beweis dafür gebe, dass Ärzte aufgrund ihrer Ausbildung wüssten, welche Informationen für die Wahrung der Interessen am besten geeignet wären. Die Fähigkeit, Risiken eines Eingriffs anhand der subjektiven Vorstellungen, Ängste und Hoffnungen einer Person abzuwägen, sei keine professionelle Fähigkeit des Arztes und es sei von Vorteil, wenn die Entscheidungsfindung möglichst von der einengenden, rein medizinischen Betrachtungsweise losgelöst sei. Medizinische Standards seien schlicht nicht auf die Entscheidungssituation ausgelegt, weil sie auf fachliche medizinische Entscheidungsfindung ausgelegt sind, nicht auf die Frage des Für und Wider einer medizinischen Behandlung. Auch das

592 Beauchamp, Childress, 124; für die deutschen Begrifflichkeiten Vollmann, Aufklärung und Einwilligung, 41.

593 Beauchamp, Childress, 127f.

Abstellen auf einen verständigen Durchschnittsmenschen sei abzulehnen, weil er entscheidend auf das Merkmal eines objektivierten Vernunftbegriffs ausgeht, der nur schwerlich abstrakt und genau definiert werden könne. Gerade in der Anwendung für Ärzte sei dies ein großer Unsicherheitsfaktor, weil sie nicht mehr auf den eigentlichen Patienten abstellen müssten, sondern sich stets eine hypothetische Person vorstellen müssten. Maßgeblich könne daher nur die Perspektive des jeweiligen Patienten sein, weil nur auf diese Weise die individuellen Bedürfnisse des Patienten berücksichtigt werden könnten. Rechtlich ergibt sich jedoch das Problem, dass für den Arzt nicht immer erkannt werden könne, was diese individuellen Bedürfnisse seien, um die Informationen entsprechend zu gestalten.

Beim Informationsverständnis entstehen Probleme vor allem im Bereich von Fehlvorstellungen der Patienten, wobei diese auch durch die Art der Präsentation beeinflusst werden können.[594] Damit in Verbindung steht auch das Problem, wenn Patienten trotz Aufklärung unrichtig von der Unwirksamkeit einer vorgeschlagenen Therapie ausgehen oder aber die Tatsache oder die Schwere ihrer Krankheit verleugnen. Solange der Patient an diesen Überzeugungen festhalte, könne er weder *informed consent* geben noch *informed refusal.* Keinesfalls dürfe die Anforderung so hoch angesetzt werden, dass man von einer allumfassenden Aufklärung oder einem allumfassenden Verständnis ausgehen müsse.[595] Der Patient solle daher mindestens das verstehen, was aus Sicht der behandelnden Ärzte ein durchschnittlich verständiger Patient benötigt, um in eine Behandlung einzuwilligen. Die individuelle Darstellung müsse sich jedoch an den individuellen kognitiven Fähigkeiten des Patienten ausrichten. Dabei müsse zudem berücksichtigt werden, dass Patienten oft nicht dazu in der Lage seien, sowohl positive als auch negative Ergebnisse einer Operation aus ex ante Sicht miteinander in ein Verhältnis zu setzen, etwa die Prognose zu erwartender Schmerzen und deren Intensität versus die mögliche Gesundheitsverbesserung als Resultat der Behandlung. Insbesondere komme es bei der Verarbeitung der Information auch auf das *framing* der Informationen an, also ob Risiken und Nutzen aus Verlust- oder Erfolgsperspektive dargestellt werden.

cc.) Voluntatives Element

Das Erfordernis der Entscheidungsfreiheit definieren *Beauchamp und Childress* im Gegensatz zu etwa *Feinberg* deutlich enger. *Feinberg* versteht unter

594 Beauchamp, Childress, 128f.
595 Beauchamp, Childress, 132.

Entscheidungsfreiheit das Vorliegen adäquaten Wissens bei gleichzeitiger Abwesenheit psychologischen (Selbst-) Zwangs und sonstigen äußeren Beschränkungen.[596] Nach der von *Beauchamp und Childress* aufgestellten Unterscheidung entspräche dies jedoch der Gleichstellung zwischen genereller Autonomie und situativer Entscheidungsfreiheit.[597] Für sie liegt Entscheidungsfreiheit dann vor, wenn der Betroffene die Handlung will, ohne dabei unter der Kontrolle einer anderen Person oder einem die Entscheidung bestimmenden Zustand zu stehen. Dabei gehen sie maßgeblich von Drittkontrolle aus, verweisen aber auch darauf, dass sich eine solche Kontrolle auch aus Umständen heraus ergeben könne, die in der Person des Betroffenen selbst begründet sind, etwa Krankheit, psychiatrische Störungen oder Einfluss von Drogen.[598]

Wichtig sei dabei die Unterscheidung zwischen Einfluss und Kontrolle. Ein Arzt, der auf seinen Patienten einwirkt, um den Unentschlossenen von Sinn oder Notwendigkeit einer Operation zu überzeugen, nehme zwar Einfluss, kontrolliere aber nicht. Als Maßstab für die Unterscheidung könne herangezogen werden, ob der Patient dem Einfluss sich widersetzen könne oder ihn gar willkommen heiße, oder ob er diesem ausgeliefert sei. Daher sei bei der Interaktion zwischen drei bestimmten Einflussformen zu unterscheiden: Nötigung (coercion), Überzeugen (persuasion) und Täuschung (manipulation). Die Übergänge zwischen diesen Einflussformen seien aber gerade in einem medizinischen Kontext fließend und daher nicht absolut bestimmbar, vor allem zwischen Überzeugung und Täuschung. So könne eine Form der Information, die bei einem Patienten überzeugend wirke, weil er sie aufgrund seiner intellektuellen Fähigkeiten verstehen und verarbeiten könne, einen anderen Patienten aufgrund beschränkter Rationalität überfordern. Manipulation mache sich, wie bereits dargestellt, vor allem auch in der Darstellung der Information bemerkbar. Da der Mensch jedoch bei jeder Entscheidungsfindung bestimmten Einflüssen unterliege, müsse genau betrachtet werden, ab welchem Punkt sich Einfluss im Bereich medizinischer Entscheidungsfindung auswirke. Dies sei vor allem bei außerhalb der eigentlichen Behandlung liegenden Umständen relevant, etwa deren Kosten oder ob bestimmte Anreize gesetzt werden. Gerade auch, wenn der Patient aufgrund anderer externer Umstände bereits einen Teil seiner Entscheidungsfreiheit eingebüßt hat, etwa durch Unterbringung in einem Pflegeheim oder einer psychiatrischen Station, sei es elementar, aus der reduzierten

596 Feinberg, Social Philosophy, 48; ders., Harm to Self, 112–118.

597 Beauchamp, Childress, 138.

598 Beauchamp, Childress, 138.

Entscheidungsfreiheit nicht eine zwingende Reduktion der Entscheidungsautonomie zu folgern.[599] Im Ergebnis sei der Respekt für die Autonomie des Patienten das wichtigste Ziel eines *informed consent* Modells, hinter das alle anderen, vor allem moralische Überlegungen untergeordnet erscheinen müssten.[600]

c.) Das Einwilligungserfordernis als Konfliktpunkt von Recht und Medizin

Das Konzept des *informed consent* hat sich also nicht aus einem medizinethischen Kontext heraus entwickelt, sondern ist in seiner Herkunft ein juristisches Konstrukt richterlicher Rechtsfortbildung im gemeinen Recht. Daher ist es auch nicht verwunderlich, dass Kritik an den Anforderungen nicht nur von Juristen, sondern auch von Medizinern geübt wurde. So lehnten etwa *Fellner und Marshall* die Bedeutung des Aufklärungserfordernisses als juristisches Eindringen in die medizinische Praxis ab.[601] Bei ihrer Untersuchung von Nierenspendern gehen sie zwar davon aus, dass es das ureigenste Recht des Spenders sei, sich für eine Organspende zu entscheiden und dass diese Entscheidung auch auf handfester Information beruhen sollte. Sie verwiesen jedoch darauf, dass zumindest bei Organspenden die Spender ihre Entscheidung zur Spende bereits vor der Aufklärung aus anderen, nicht den Eingriff selbst betreffenden Motiven gefällt hätten und die Entscheidung ein Nierenspender zu werden daher inhärent „irrational" sei und nicht durch eine Aufklärung geleitet werden könne.

> "When a person is faced with a decision between two alternatives his behaviour is expected to be oriented toward making an objective and impartial evaluation of the merits of the alternatives. This usually takes form of information seeking which probably continues until sufficient confidence is acquired that the preference will not be upset and reversed by subsequent information. At this level of confidence the rational person then will make a decision (predecision process). Contrary to this expectation, we found that our donors made an immediate major decision, before even inquiring into possible consequences for themselves, or seeking reassurance as to the eventual benefits for the recipient."[602]

Eine ähnliche Untersuchung von *Simmons et. al.* kommt zu demselben Ergebnis.[603] Bemerkenswert daran sei auch, dass diese Entscheidung in einer Umgebung

---

599 Beauchamp, Childress, 140.
600 Beauchamp, Childress, 141.
601 Fellner, Marshall, (1970) 1245.
602 Fellner, Marshall (1968), 2706.
603 Simmons et al., 255.

stattgefunden habe, die keinerlei zeitlichen Druck durch Eilbedürftigkeit aufgebaut habe, eine weitreichende Informationsbeschaffung also möglich gewesen wäre.[604] Zu diesem Zeitpunkt war auch nicht etabliert, an welchem Standard sich die Aufklärung bemessen lassen muss: Dem des Arztes, dem eines durchschnittlichen, vernünftigen Patienten oder dem des konkreten Individuums.[605] Diese Problematik wirkte sich auch auf die Rechtsprechung aus, die sich zögerlich zeigte, in medizinische Heilbehandlungen, die schließlich „zum Besten" des Patienten seien, zu weit einzugreifen.[606] Zudem entstand nun das Problem, dass Ärzte sich auch in Fällen, in denen sie lege artis behandelten, sich bei mangelhafter Aufklärung allein wegen einer Verletzung des Selbstbestimmungsrechts einer Haftung ausgesetzt sahen, unabhängig davon, ob der Patient auch bei korrekter Aufklärung eingewilligt hätte.[607] Das Erfordernis des *informed consent* stieß sich also vor allem an den etablierten rechtlichen Strukturen von Fahrlässigkeit und Kausalität. Diese Probleme riefen letztlich die Entwicklung einer neuen medizinischen Ethik auf den Plan, die sich auch mit anderen aufkommenden Reibungspunkten zwischen Medizin und Recht wie Abtreibung oder Bestimmung des Todeszeitpunktes auseinandersetzen musste.[608]

d.) Einordnung und Bedeutung für die Betrachtung des Arzt-Patienten-Verhältnisses

Bei einer Einordnung der vorgestellten Konzepte wird zumindest deutlich, dass die ärztliche Perspektive einer rein bevormundenden Ausgestaltung des Arzt-Patienten-Verhältnisses eher ablehnend gegenübersteht, andererseits zur „Verkehrssitte" gezählt werden kann, dass Patienten von ihrem Arzt mehr erwarten als bloße Beratung. Dies ist insofern auch nachvollziehbar, als dass Anlass für den Besuch beim Arzt meist das private und intime Leben betreffen und allein durch die Preisgabe der Einzelheiten von Beschwerden und Erkrankungen eröffnet der Patient Einblicke in einen wichtigen Teil seiner Persönlichkeit und damit der Beurteilung eines für ihn unbekannten Dritten.

Das dabei maßgebliche Konzept eines *informed consent* setzt dabei berechtigterweise an den subjektiven Vorstellungen des Patienten an, weil nur diese es sein können, die einen Patienten zu einer autonomen Einwilligung überhaupt

604 Price, Legal and Ethical Aspects, 284.
605 Struder (1987), 87.
606 Katz (1977), 148.
607 Katz (1977), 148, 149f.
608 Faden, Beauchamp, 91f.

bewegen können. Ein Abstellen auf eine rein objektive Lage hat bei derartigen Anforderungen an eine aufgeklärte Einwilligung schon das Problem, dass man nicht mit Sicherheit sagen kann, ob und wieweit der Patient die ihm dargelegten Informationen durchdrungen hat. *Schöne-Seifert* verweist dabei zutreffend darauf, dass es bei der Frage der Einwilligung darauf ankommt, ob diese unter einer (normativen) Rationalitäts- oder einer individuellen Authentizitätsbedingung steht.[609]

Dass eine bestimmte Behandlung aus medizinischer Sicht sinnvoll, vielleicht sogar geboten sein mag, ist für den einzelnen bei seiner Entscheidungsfindung eine wichtige Entscheidungshilfe. Verweise auf empirische Sinnhaftigkeit können für sich aber nicht dazu führen, dass der individuelle Wunsch des Patienten als „unvernünftig" und daher unbeachtlich ist. Wenn etwa propagiert wird, dass Männer ab einem gewissen Alter zur Prostatakrebsvorsorgeuntersuchung und -behandlung gehen sollten, sich bei dem einzelnen Patienten aber weder Krebs noch eine Gefahr bei der Untersuchung finden lässt, dann wird dieses Präventions-Paradox deutlich:[610] Eine Behandlung oder Untersuchung, die für die Gesamtbevölkerung eine Verbesserung der Gesundheit bedeutet, muss dies nicht zwangsweise für den Einzelnen bedeuten. So erscheint es wegen der abstrakten Gefahr der Erkrankung an Prostatakrebs sinnvoll, dem Aufruf zu folgen, der Einzelne mag aber für sich entscheiden, dass er die möglicherweise invasiven (und eventuell auch als demütigend empfundenen) proktologischen Untersuchungen (insbesondere Colonoskopie), nicht über sich ergehen lassen möchte und das Risiko der zu späten Erkennung trägt. Aus ärztlicher Sicht ist das zweifelsfrei eine unvernünftige Entscheidung, bedenkt man die große Gesundheitsgefahr, die von Krebs ausgeht – dem Einzelnen mag die für ihn unangenehme, evtl. als entwürdigend empfundene Behandlung dieses Risiko wert sein.

Das Problem kann also nicht dahingehend gelöst werden, dass man den Patienten zu einer vernünftigen Entscheidung zwingt und im Falle deren Nichtfällung an seine Stelle tritt, sondern nur durch ein umfassendes Erfordernis eines *informed consent*, um durch die Sicherstellung einer mit dem subjektiven Wertsystem des Einzelnen übereinstimmenden, authentischen Entscheidung dem Patienten überhaupt die Möglichkeit zu geben eine selbstbestimmte Entscheidung zu treffen. Der rechtliche Rahmen, dass Patient und Arzt „auf Augenhöhe" zusammenarbeiten, ist durch das Aufklärungserfordernis bereits geschaffen worden.

---

609 Schöne-Seifert, Jahrbuch für Wissenschaft und Ethik 2009, 115.

610 Brock, Wartman, in: Brock, 89.

Inhaltlich betreffen die ethischen Problemkreise des Arzt-Patienten-Verhältnisses das Selbstverständnis von Medizin und Ärzteschaft, die Lösungskonzepte dazu entwickeln müssen. Es ist jedoch zu beachten, dass bei der Aufklärung und Einwilligung das Augenmerk bedeutsam auf den Arzt zu richten ist und ob dieser seinerseits Fehlvorstellungen unterlegen gewesen ist, die auf seine Aufklärung, die Diagnose oder die gewählte Therapieform Einfluss gehabt haben können. Eine genaue Betrachtung kann sich dabei nicht nur für den Patienten und seine medizinische Selbstbestimmung, sondern bei im Raume stehender Falschbehandlung auch für den Arzt positiv auswirken, da eine genaue Zuordnung von Fehlvorstellungen in die jeweiligen Sphären der Beteiligten Verantwortlichkeiten exakter abgrenzen kann. Das Recht kann an dieser Stelle nicht sicherstellen, dass jeder Patient zum einen stets vernünftig entscheidet, noch dass er diese Entscheidung überhaupt treffen möchte. Dadurch entfällt jedoch nicht das Erfordernis, einen rechtlichen Rahmen zu schaffen, der freie Selbstbestimmung überhaupt ermöglicht.

Wichtig herauszustellen ist daher, dass man mit Abkehr von dem paternalistischen Modell, bei dem der Arzt nicht nur über Art und Weise, sondern auch über Notwendigkeit der Behandlung entscheidet, dem Patienten gerade die Entscheidung über letzteres eigenverantwortlich überträgt. Daraus ergibt sich auch das maßgebliche Machtgefälle, denn nun soll der in aller Regel medizinisch Ungebildete darüber entscheiden, ob überhaupt behandelt wird. Andererseits muss wegen des vertraglichen Charakters der Behandlung auch feststehen, dass dem Arzt keine auf seinem Wissensvorsprung gründende höhere Position durch das Recht eingeräumt werden darf.[611] Aus diesen beiden Umständen ergibt sich das Erfordernis eines *informed consent*. Dennoch kann nicht geleugnet werden, dass eine gewisse paternalistische Grundstruktur dem Arzt-Patienten-Verhältnis wohl gerade aufgrund dieses Machtgefälles immer zu eigen sein wird und es daher vor allem um die Frage gehen muss, wie die Autonomiekosten mit den positiven Aspekten dieses Konzepts derart in Einklang gebracht werden können, dass die Patientenautonomie zu jedem Zeitpunkt zur größtmöglichen Entfaltung kommen kann, ohne dass damit Heilerfolge, die im tatsächlichen individuellen Interesse des Patienten sind, kompromittiert werden. Maßgeblich muss also auch hier eine differenzierte

611 Panagopoulou-Koutnatzi, 25f.

Betrachtungsweise sein, deren Ausgangspunkt die Autonomie ist, jedoch nicht ihre einzige Dimension.

So verweist etwa *Jox* darauf, dass die Vorstellungen des Arztes darüber, was für das Wohl des Patienten am besten sei, in aller Regel mit denen des Patienten oder denen von Angehörigen übereinstimme.[612] Paternalismus schlage „Handlungen vor, die von einem objektiven, wissenden und über den Patienten erhabenen Blickpunkt aus seinem Wohlergehen am meisten förderlich zu sein scheinen, auch wenn die Wünsche des Betroffenen dagegenstehen."[613] Er sieht dies zumindest in Fällen gerechtfertigt, in denen der Patient keine eigene autonome Entscheidung treffen könne. Er verweist dabei auf andere Situationen des Lebens, in denen eine derartige Fremdbestimmung sachgerecht sei und allgemein hingenommen werde, etwa, wenn der Flugpassagier dem Piloten und Fluglotsen die Steuerung des Flugzeuges und die Koordination überlasse und es auch keine Alternative gebe, weil der Betroffene das für die Entscheidung notwendige Fachwissen nicht erlangen könne.

> „Fasst man die Vorteile zuerst ins Auge, so ist das überzeugendste Argument der Hinweis, dass Ärzte ein überlegenes, erfahrungsreiches Fachwissen besitzen, das ihnen erlaubt, den Verlauf einer Erkrankung und die Möglichkeiten einer Therapie prognostisch zu beurteilen; dieses Fachwissen ist nicht vollständig kommunizierbar. (...) Entgegen einer verbreiteten Meinung scheint es mir so, dass der Wissensvorsprung des Arztes vor dem Laien in den letzten Jahrzehnten eher zu- als abgenommen hat: Der beschleunigte Transfer wissenschaftlich-technologischer Innovationen, die Auffächerung medizinischer Fachdisziplinen und die damit einhergehende Verlängerung der Aus-, Fort- und Weiterbildungen überwiegen die politisch unterstützten Bemühungen vieler Patienten, sich via Medien, Internet und Selbsthilfegruppen medizinisch zu informieren."[614]

Zudem würde Paternalismus, der ausschließlich auf das Wohl des Patienten gemünzt sei, eine empathische Arzt-Patienten-Beziehung fördern und dem Arzt zugleich große Handlungsflexibilität einräumen. Diese Wissensasymmetrie äußere sich jedoch auch in die andere Richtung. Denn genauso, wie der Arzt das überlegene Fachwissen habe, habe der Patient oder dessen Angehörigen das „Fachwissen" in Bezug auf die subjektiven Interessen und Vorstellungen des Betroffenen.[615] In diese habe der Arzt kaum Einblicke, diese seien jedoch

---

612 Jox, Ethik Med 2004, 405.
613 Jox, Ethik Med 2004, 405.
614 Jox, Ethik Med 2004, 405.
615 Jox, Ethik Med 2004, 406.

für eine Wohlfahrtsförderung unabdingbar, und selbst die vermeintlich objektive Stellung des Arztes dürfe nicht überbewertet werden, da auch der Arzt ein Individuum mit eigener Wertvorstellung sei, die er nicht vollständig ausschalten könne.

Man kann daraus zumindest den Schluss ziehen, dass die rein objektive Betrachtungsweise des Arztes über die Notwendigkeit einer Behandlung für das Wohl des Patienten durch die Entwicklung der aufgeklärten Einwilligung hinter sich gelassen wurde. Dabei muss man nicht so weit gehen und sagen, dass der Medizin damit ein vollkommen anderes Konzept durch das Recht aufgezwungen wurde, es wurde lediglich deren Bezugspunkt geändert. Ausgangspunkt ist nach wie vor das Wohl des Patienten, dieses definiert sich jedoch entscheidend als Ausdruck seiner Selbstbestimmung und individuellen Lebensgestaltung.

Mit dem Hintersichlassen von Paternalismus als Grundlage medizinischer Intervention wendet man sich damit also notwendigerweise auch ab von einer objektiven Wertordnung, an der sich die Entscheidung über die Behandlung messen lassen muss. Daher ist es nur folgerichtig, dass diese Frage nur noch anhand der subjektiven Präferenzen des Patienten beantwortet werden kann. Diese mag ihren Grund in relativer Kontraindikation aufgrund anderer Beschwerden haben, kann sich aber auch auf außermedizinische Umstände begründen. Der Zeuge Jehovas, der Bluttransfusionen ablehnt, ist in seiner Auswahl möglicher, zielführenderer oder überhaupt effektiver Behandlungen aufgrund seiner für Außenstehende nicht überprüfbaren, auf seinen Glauben ausgerichteten Ordnung beschränkt. Freilich sagt dies immer noch nichts über die Voraussetzungen der Autonomie. Allein mit der Rechtsprechung auf die Schwere der Folgen abzustellen, führt an dieser Stelle nicht weiter, sind doch gerade bei medizinischer Behandlung mit Art. 2 Abs. 2 GG hochrangige Verfassungsgüter betroffen. Nur auf das Ergebnis abzustellen führte dazu, dass besagter Zeuge Jehovas bei Lebensgefahr unabhängig von seiner Überzeugung zur Behandlung verpflichtet wäre. Gerade aber im medizinischen Bereich werden die subjektiven Vorstellungen und Wünsche des Patienten von großer Bedeutung, etwa bei medizinischen Wahleingriffen und kosmetischen Behandlungen, die mit schwerwiegenden Eingriffen verbunden sind. In jeder anderen Konstellation wären solche Eingriffe verfassungsrechtlich ob ihrer fehlenden objektiven Notwendigkeit nicht mehr zu rechtfertigen und daher zwingend verboten. Spiegelbildlich wäre auch die Ablehnung objektiv notwendiger und sinnvoller Behandlungen durch den Kranken selbst verboten und dürfte zwangsweise durchgesetzt werden. Die Einordnung der Patientenautonomie muss sich daher zwingend eng an den Grundrechten und deren *selbstbestimmter* Verwirklichung orientieren.

II. Verfassungsrechtliche Grundlagen der Patientenautonomie

1.) Entwicklung des Einwilligungserfordernisses

Die Möglichkeit eines Rechtsgutsträgers in eine Rechtsgutsbeeinträchtigung einzuwilligen, war im römischen Recht bekannt unter der Formel „nulla iniuria est, quae in volentem fiat“.[616] Als Rechtsgrundsatz hat sich daraus die Formulierung „volenti non fit iniuria“ herausgebildet,[617] aus der *Kant* die Legitimation staatlicher Gewalt gegenüber seiner Bürger herleitet.[618]

> „Die gesetzgebende Gewalt kann nur dem vereinigten Willen des Volkes zukommen. Denn da von ihr alles Recht ausgehen soll, so muß sie durch ihr Gesetz schlechterdings niemand Unrecht tun *können*. Nun ist es, wenn jemand etwas gegen einen *Anderen* verfügt, immer möglich, daß er ihm dadurch unrecht thue, nie aber in dem, was er über sich selbst beschließt (denn *volenti non fit iniuria*). Aber kann nur der übereinstimmende und vereinigte Wille, so fern ein jeder über Alle und Alle über einen jeden ebendasselbe beschließen, mithin nur der allgemeine vereinigte Volkswille gesetzgebend sein.“[619]

Im Laufe der Zeit entwickelte sich zu dem Verbrechenscharakter, den eine Handlung ohne die Einwilligung gehabt hätte, im Rahmen des Einflusses christlicher Werteordnungen das Erfordernis hinzu, dass die Einwilligung bei „an sich unveräußerlichen Rechten“ ihre Grenze finde.[620] Mit der Aufklärung rückte zunehmend das Selbstbestimmungsrecht des einzelnen in den Mittelpunkt der Betrachtung.[621] *Feuerbach* stellte die Voraussetzung für die rechtliche Wirksamkeit der Einwilligung auf, dass die Dispositionsmöglichkeit des Verletzten davon abhängt, dass das Recht die Verfügungsbefugnis der freien Willkür zuordnet oder der Betroffene bei Zuordnung des Rechtsgutes zu der Verfügung fähig sei.[622]

In diesem Spannungsverhältnis sieht *Ohly* auch den Zweck der Einwilligung innerhalb normativ verfasster Gesellschaften als „Aktualisierung von Autonomie“, denn „wer das Sprichwort ‚volenti non fit iniuria‘ anwendet, erkennt damit zugleich die Befugnis des Betroffenen zur *Selbstbestimmung in eigenen Angelegenheiten* an.“[623] Daher ist die Einwilligung mit ihm auch als Teilaspekt der Autonomie zu sehen.

---

616 Ulpian D.47.10.1.5.; etwa Wittmann, 32 Fn. 42; Frost, 6.
617 G. Schulze, 417.
618 Ohly, 66.
619 Kant, Metaphysik der Sitten, AA VI, 313, 29; 314, 3.
620 Schaffrath, Handbuch des sächsischen Strafrechts Bd. 2, 223.
621 Frost, 6.
622 Feuerbach, Lehrbuch §40; siehe auch Murmann, 64.
623 Ohly, 66.

Die Einwilligung war in einer Entwurfsfassung des BGB in § 706 als eigenständiger Tatbestand des Schadensersatzrechtes konzipiert, der Ansprüche ausschloss, wenn der Geschädigte eingewilligt hat, und zwar unabhängig davon, ob die Handlung unter Strafe stand; eine Übernahme ins BGB scheiterte an der als zu weitreichend und undifferenziert angesehenen Anwendbarkeit und ihrer Einstufung als Rechtsgeschäft.[624] Die Einwilligung hat sich daher als Rechtsfigur durch die Rechtsprechung entwickelt.

a.) Rechtsprechung des RG in Strafsachen

Die Frage der Notwendigkeit der Einwilligung in ärztliche Behandlungen beschäftigte bereits das RG sowohl aus zivil- als auch aus strafrechtlicher Perspektive. So hat das RG in einer frühen Entscheidung in Strafsachen vom 31.5.1894[625] den Freispruch eines Oberarztes aufgehoben, der gegen den mehrfach geäußerten entgegenstehenden Willen eines Vaters einer Siebenjährigen den Fuß amputiert hatte. Die Vorinstanz hatte ihren Freispruch damit begründet, dass einerseits bei einer Heilbehandlung, die die Gesundheit verbessere, nicht von einer körperlichen Misshandlung im Sinne des § 223 StGB gesprochen werden könne, zum anderen deshalb, weil der Oberarzt

> „jedoch zuversichtlich darauf gerechnet habe, es werde ihm nachträglich gelingen, den Willen des Vaters, den er für unvernünftig, dem Kinde schädlich und deshalb nicht ernsthaft gehalten, in seinem Sinne wieder umzustimmen."[626]

Diese Auffassung lehnte das Reichsgericht unter Verweis auf den schweren Eingriff in die körperliche Unversehrtheit, den eine Amputation auslöse, ab. Der Eingriff könne als tatbestandliche Körperverletzung nach § 223 StGB daher nur durch Einwilligung gerechtfertigt sein. Gerade der Auffassung, aus dem nachträglichen Ergebnis der Gesundheitsförderung und der größeren Erfahrung des Arztes die Rechtswidrigkeit auszuschließen, lehnte das RG entschieden ab und betonte:

> „Unhaltbar aber ist es, das ‚nicht rechtswidrige' darein setzen zu wollen, daß der Zweck oder gar der Erfolg der Körperverletzung sich als dem Verletzten heilsam, als vernünftig darstelle. Objektiv rechtswidrig ist jedes an sich normwidrige Handeln, solange dem Handelnden nicht ein die Norm einschränkendes, selbstständiges Recht zur Seite steht. Daß jemand nach seiner Überzeugung oder dem Urteile seiner Berufsgenossen die Fähigkeit besitzt, das wahre Interesse seines Nächsten besser zu verstehen, als dieser

624 Mugdan, Materialien, 407f, 1080, 1116; siehe auch etwa Frost, 7.
625 RGSt 25, 375ff.
626 RGSt 24, 375, 377.

> selbst, dessen körperliches oder geistiges Wohl durch geschickt und intelligent angewendete Mittel vernünftiger fördern zu können, als dieser es vermag, gewährt jenem entfernt nicht irgend eine rechtliche Befugnis, nunmehr nach eigenem Ermessen in die Rechtssphäre des Anderen einzugreifen, diesem Gewalt anzuthun und dessen Körper willkürlich zum Gegenstande gutgemeinter Heilversuche zu benutzen.“[627]

Dies würde dazu führen, dass der rein subjektive Glaube des Einzelnen an seine Fähigkeit und Möglichkeit dem anderen etwas Gutes zu tun „zum rechtsbildenden, Rechte schaffenden und Rechtsnormen aufhebenden Faktor“[628] erhoben würde. Das Abstellen auf gute Absicht würde dazu führen, dass diese Verneinung der Rechtswidrigkeit grundsätzlich jedem zur Seite stünde, der sich für heilkundig halte und jemanden behandelt, den er für krank halte. Dabei könne es auch keinen Unterschied machen, ob die vom Kranken gewollte Heilmethode überhaupt zur Heilung taugt.[629] In jedem Fall würde sich dies nicht auf den Tatbestand der Körperverletzung beschränken, es könne eigentlich jeder Tatbestand des StGB damit zu rechtfertigen sein, dass man es gut gemeint habe und sich besser dazu befähigt sah, dieses Gute auch umzusetzen.[630] Ebenfalls problematisch sei, wem von mehreren Ärzten, die alle für sich diese Expertise in Anspruch nähmen, indes jedoch unterschiedliche Heilmethoden vorschlügen, der Vorrang zu gewähren sei.

Vollends untauglich sei der Versuch, die Rechtfertigung an den ungewissen Erfolg der Heilbehandlung zu knüpfen, die Strafbarkeit also am Ergebnis derselben festzumachen, ebenso der Versuch, solche Befugnisse aus dem Berufsrecht der Ärzte herzuleiten. Dabei stellte das RG auch entscheidend darauf ab, dass die Heilberufe inzwischen ein Gewerbe seien und es daher eben auch um vertragliche Beziehungen gehe.[631] Daher müsse auch jegliches Berufsrecht, so man es als Begründung zuließe, seine Grenzen im Willen des (verfügungsfähigen) Patienten finden,[632] welcher den Arzt zu strafloser Körperverletzung legitimiere:

---

627 RGSt 25, 375, 378.

628 RGSt 25, 375, 379.

629 RGST 25, 275, 384; im vorliegenden Fall war der Vater der Siebenjährigen ein Verfechter von Naturheilmethoden.

630 RGSt 25, 375, 379.

631 RGSt 25, 375, 380; wobei zu berücksichtigen ist, dass zum Entscheidungszeitpunkt die Heilberufe von jedermann ausgeübt werden konnten. Eine Approbation als Arzt, geschweige denn ein Medizinstudium, waren zu dieser Zeit nicht erforderlich, um medizinische Dienste anbieten zu dürfen.

632 Für die zivilrechtliche Haftung aus Delikt ebenso RGZ 68, 431, 434.

> „Für das Verhältnis zwischen Arzt und Patienten wird innerhalb der Sphäre des bürgerlichen und peinlichen Rechtes an der zwischen den beiden Personen bestehenden Willensübereinstimmung unter allen Umständen als dem leitenden und entscheidenden Gesichtspunkte festzuhalten sein... in jedem Falle ist es der Wille des Kranken bzw. seiner Angehörigen und gesetzlichen Vertreter, welcher überhaupt gerade diesen Arzt beruft, die Behandlung dieses Kranken zu übernehmen. Solange solcher Wille nicht thätig geworden ist, besteht der Regel nach zwischen beiden Kategorien von Personen keinerlei rechtliche Beziehung.“[633]

Der Kranke räume dem Arzt auf keinen Fall durch die Einwilligung in die Behandlung eine „Gewaltherrschaft“ über seine Person ein. Ob der Patient den Eingriff im Nachhinein billige oder nicht, könne daher keinen Unterschied machen, eine Nachholung der Einwilligung sei rechtlich nicht möglich.

b.) Rechtsprechung des RG in Zivilsachen

Die Ansicht, dass sich schon aus dem vertraglichen Charakter des Behandlungsvertrags ein Einwilligungserfordernis ergibt, vertrat auch das RG in Zivilsachen.[634] So bejahte das Reichsgericht in einer frühen Entscheidung bereits einen Anspruch aus Delikt, § 823 Abs. 1 BGB, wenn ein Arzt die Behandlung ohne ausdrückliche oder zumindest mutmaßliche Einwilligung des Patienten oder dessen gesetzlichen Vertreter vornimmt.[635] Das Reichsgericht ging in einem Fall, in dem ein Arzt einer Patientin gegen deren Willen und Widerstand eine Kampferlösung in den Arm spritzte und er Arm deswegen kurze Zeit später vom Ellenbogen abwärts amputiert werden musste, von einer Haftung des Arztes aus. Die Berufungsinstanz (OLG Köln) hatte die Klage noch abgewiesen mit der Begründung, dass zwar grundsätzlich jeder Eingriff des Arztes der Einwilligung bedürfe, es sei jedoch eine Ausnahme zu machen, wenn der Eingriff nicht ohne unmittelbare Gefahr für das Leben des Kranken aufgeschoben werden könne und anzunehmen sei, dass der Kranke die zu erwartenden Nachteile der Verweigerung nicht richtig beurteilen könne.[636] Entsprechend dem Zeitgeist stütze sich das OLG Köln dabei einerseits auf die sich aus den Gesetzen ergebenden öffentlichen Verpflichtungen des Arztes aus der Reichsärzteordnung vom 13. Dezember 1935, nach deren §§ 1, 19 die deutsche Volksgesundheit, das Erbgut und die Rasse zu erhalten und andererseits erheblich auf das

633 RGSt 375, 381.

634 Exemplarisch RGZ 68, 431ff; 151, 349ff.

635 RGZ 68, 431, 433f.

636 RGZ 151, 350f.

„gesunde Volksempfinden, das die Herrschaft über den eigenen Körper zur Förderung der Gesundheit des Volksganzen mehr und mehr der Willkür des einzelnen entziehe und neuerdings in den Art. 3 und 4 der 4. Ausführungsverordnung vom 18. Juli 1935 zum Gesetz zur Verhütung erbkranken Nachwuchses vom 14. Juli 1933 in der Fassung des Änderungsgesetzes vom 26. Juli 1935 einen entsprechenden Ausdruck gefunden habe."[637]

Das Berufungsgericht stellte dabei entscheidend darauf ab, dass auch nach dem Gesetz zur Verhinderung erbkranken Nachwuchses eine Sterilisation oder ein Schwangerschaftsabbruch gegen den Willen des Betroffenen wegen einer unmittelbaren Gefahr für Leben und Gesundheit zulässig gewesen war. Dieser Auffassung erteilte das Reichsgericht dahingehend eine Absage, als dass sich aus dem Vertragscharakter des Behandlungsvertrags ergebe, dass unabhängig von der Schwere des Eingriffs in die Behandlung eingewilligt werden müsse.

„Nach wie vor ist der Arzt gehalten, bei der Behandlung die gesetzlich geschützten Güter des Kranken, insbesondere seine körperliche Unversehrtheit, zu achten, soweit sich nicht aus dem Vertrag der kraft gesetzlicher Vorschrift etwas anderes ergibt oder der Kranke oder sein gesetzlicher Vertreter in den die körperliche Unversehrtheit verletzenden Eingriff einwilligt... An diesen Grundsätzen ist festzuhalten und es kann ihnen gegenüber aus der gesteigerten öffentlichen Bedeutung des ärztlichen Wirkens eine allgemein gültige Ausnahme auch nicht für den Fall abgeleitet werden, daß der Eingriff nicht ohne unmittelbare Gefahr für das Leben des Kranken aufgeschoben werden kann, selbst wenn anzunehmen ist, daß der Kranke die zu erwartenden nachteiligen Folgen seiner Weigerung nicht beurteilen kann. Gegen den ausdrücklichen und ernstlichen Willen des Kranken darf der Arzt auch solchenfalls nicht zu dem Eingriff schreiten, wenn ihm nicht eine gesetzliche Ermächtigung zur Seite steht oder der Schritt nicht unter dem Gesichtspunkt eines überragenden öffentlichen Belanges gerechtfertigt ist."[638]

Die Ausnahmefälle, in denen auch ohne ausdrückliche Einwilligung behandelt werden kann, waren nach der ständigen Rechtsprechung des Reichsgericht auf Situationen beschränkt, in denen Gefahr im Verzug lag und die Einwilligung nicht mehr rechtzeitig eingeholt werden konnte, etwa wegen Bewusstlosigkeit oder wenn während eines eingewilligten Eingriffs neue Umstände hinzutraten, die unmittelbares Handeln zur Abwendung einer Lebensgefahr erforderten und der Arzt aufgrund dieser Sachlage davon ausgehen konnte, der Patient würde bei Kenntnis der Umstände seine Einwilligung nicht versagen.[639]

637 RGZ 151, 349, 351.

638 RGZ 151, 349, 352.

639 RGZ 68, 431, 434; RGZ 151, 349, 354; so auch schon in Strafsachen die obgenannte Entscheidung RGSt 25, 375, 384.

Andererseits verweist das Reichsgericht auch darauf, dass eine Behandlung gegen den ausdrücklichen Willen des Behandelten in Frage komme, wenn sich dieser nicht als ernstliche Willensäußerung erweise, sondern als ein „äußeres Sträuben, das sich ganz natürlich aus der Angst des Kranken vor dem drohenden Eingriff“[640] erkennbar sei. Letztlich stellt das Reichsgericht heraus, dass selbst eine gegenteilige ärztliche Praxis, gegen den Willen zu behandeln, unbeachtlich sei:

> „Daß ein Eingriff in die körperliche Unversehrtheit des Kranken gegen dessen Willen unerlaubt ist, weiß jeder Arzt. Über diesen Grundsatz darf er sich nicht hinwegsetzen, auch wenn er ihn vom beruflichen Standpunkt aus als ein Hemmnis empfindet. Eine gegenteilige Übung wäre mißbräuchlich und der Beklagte könnte sich nicht darauf berufen.“

c.) *Die Aufklärung als Erfordernis der Einwilligung in der Rechtsprechung des RG*

Die Darstellung dieser frühen Rechtsprechung verdeutlicht, dass sich das Einwilligungserfordernis keineswegs zwingend an unsere „moderne“ Auffassung von Grund- und Menschenrechten koppeln muss. Das Reichsgericht leitet das Einwilligungserfordernis maßgeblich aus dem Umstand her, dass es sich um eine vertragliche Beziehung handelt, die eine Willensbetätigung voraussetzt. Wegen der Hochrangigkeit der betroffenen Güter wird eine Ausnahme zugelassen, allerdings unter engen den Voraussetzungen unterstellter Einwilligung. Ebenfalls von Bedeutung für die vorliegende Untersuchung ist der Umstand, dass das Reichsgericht bestimmte Anforderungen an die Art und Weise stellt, in der ein widerstehender Wille geäußert werden müsse.

Die dargestellte Rechtsprechung sagt ebenfalls noch nichts über die Voraussetzungen eines autonom gefassten Patientenwillen aus, aus Perspektive der Paternalismusdebatte ist jedoch bemerkenswert, mit welcher Eindeutigkeit bereits das Reichsgericht paternalistisch motivierter ärztlicher Behandlung entgegentritt, sowohl strafrechtlich als auch zivilrechtlich. Der Verweis darauf, dass die Ansicht des Arztes, er wisse, was für den Patienten das beste sei, keine Legitimation für eine Behandlung gegen dessen Willen sei, weil sonst jeder, der es mit seinem Nächsten gut meint, in allen Handlungen gerechtfertigt wäre, entspricht der dargestellten Kritik an wohlfahrtsförderndem Paternalismus. Ebenso verhält es sich bei etwaigen Allgemeininteressen, die von einer nichterfolgten

640 RGZ 151, 349, 355.

Behandlung ausgehen. Gemessen an dem historischen Kontext und den Ausführungen des OLG Köln in RGZ 151, 349 ist die entschiedene Verwahrung des RG gegen die angeführten Überlegungen beachtenswert. Gerade die Vergegenständlichung des Patienten als reines Objekt der Wohltaten des Arztes wäre aus heutigem Grundrechtsverständnis wohl ein eindeutiger Verweis auf die zu Art. 1 Abs. 1 GG entwickelte Objektformel.

In späteren Entscheidungen des RG[641] rückt die Aufklärungspflicht zunehmend in den Mittelpunkt der Arzthaftung.[642] Eine weitergehende Aufklärungspflicht des Arztes als Voraussetzung der Entscheidungsfreiheit des Patienten lehnte das RG anfänglich noch ab.[643] Hatte das KG bei einer missglückten Operation zuvor noch einen Anspruch des Patienten angenommen, weil der Chirurg vor dem Eingriff nicht auf die Möglichkeit des Gehörverlustes hingewiesen hatte,[644] so hatte das RG in der Revision diese Auffassung abgelehnt:

> „Eine Verpflichtung des Arztes, den Kranken auf alle nachteiligen Folgen aufmerksam zu machen, die möglicherweise bei einer dem Kranken angeratenen Operation entstehen können, kann nicht anerkannt werden. Die Annahme einer derartigen Verpflichtung läßt sich weder aus der Übung der pflichtgetreuen und sorgfältigen Vertreter des ärztlichen Berufes, noch aus inneren Gründen herleiten. Eine umfassende Belehrung des Kranken über alle möglichen nachteiligen Folgen der Operation würde nicht selten sogar falsch sein, sei es daß der Kranke dadurch abgeschreckt wird, sich der Operation zu unterwerfen, obwohl sie trotz der damit verbundenen Gefahren geboten oder doch zweckmäßig ist, sei es daß der Kranke durch die Vorstellung der mit der Operation verbundenen Gefahren in Angst und Erregung versetzt und so der günstige Verlauf der Operation und der Heilung gefährdet wird.“[645]

Entscheidend sei jedoch auch, dass sich aufgrund des Umstandes einer Operation unter Narkose dem Patienten „bei seinem Bildungsgrade nicht unbekannt gewesen sein kann, daß bei in der Narkose vorzunehmenden, in den Gehörgang eindringenden Operation eine gewisse Gefahr, die Möglichkeit eines unglücklichen Verlaufes, nicht vollständig auszuschließen ist.“[646] Zusammengefasst zeichnet sich die Auffassung zur Reichweite der Aufklärungspflicht durch zwei Elemente aus, einerseits eine eher zurückhaltende Einstellung, um den Heilerfolg nicht zu gefährden,[647] andererseits die Einräumung eines weiten „rechtsfreien

641 RG, JW 1932, 3328 und RG, JW 1932, 3369.
642 Tempel, NJW 1980, 609; Garbe, 32.
643 RGZ 78, 432ff.
644 RGZ 78, 432, 433.
645 RGZ 78, 432, 434f.
646 RGZ 78, 432, 434.
647 RG, JW 1932, 3328.

Raumes“ auf Seiten des Arztes, innerhalb dessen er Art, Umfang und Inhalt der Aufklärung bestimmen konnte.[648]

In einer späten Entscheidung vom 3.12.1941[649] konkretisiert das RG die aufgeklärte Einwilligung dahingehend, dass die Frage, ob und in welchem Umfange aufgeklärt wurde, eine Tatfrage im Einzelfall sei und stellt immer noch darauf ab, dass eine Aufklärung den Heilerfolg beeinträchtigen könne. Es kommt aber zu dem Ergebnis, dass eine Einwilligung, die von dem Kranken angesichts notwendiger Aufklärung ohne oder ohne ausreichende Aufklärung erteilt werde, den Eingriff in die körperliche Unversehrtheit nicht rechtfertigen könne.[650]

An dieser Stelle zeigt sich, dass es dem Reichsgericht aufgrund des Abstellens auf die Vertragsbeziehung nicht schwer gefallen ist, eine Aufklärungspflicht des Arztes herzuleiten, es jedoch deutlich zurückhaltender war, wenn es um deren abstraktes und allgemeingültiges Dasein ging. Es fiel indes offenbar schwer, den dann doch als Gesundheitsverbesserung anzusehenden Heileingriff aus Sicht des Patienten an zu hohe Aufklärungsanforderungen zu knüpfen. Diese paternalistische Grundtendenz, dass der Patient nur im Einzelfall alles zu wissen braucht, was der Arzt aufgrund seiner Ausbildung und Erfahrung weiß, lässt sich wohl nur mit dem Wunsch erklären, dem Kranken möglichst die Hilfe zuteilwerden zu lassen, die er „objektiv benötigt“. Es wird also durchaus ein objektiver Maßstab zugrundegelegt und von einer gewissen Unmündigkeit des Patienten ausgegangen, der das zu seinem Wohlbefinden Notwendige nicht recht durchschaut, leicht in affektive Zustände der Erregung zu versetzen ist und sich im Zweifel aufgrund seines Unwissens und seiner Unfähigkeit durch Unentschlossenheit und Untätigkeit selbst schadet. Die dem RG zu diesem Zeitpunkt vorschwebende Reichweite der Aufklärung orientierte sich also vor allem an Funktion derselben aus medizinischer Sicht, dem Patienten vor allem die Angst vor Krankheit und Behandlung zu nehmen.[651]

Auf diese Weise wird das Problem umgangen, dass der Arzt seinen Eingriff allein mit seinen subjektiven Vorstellungen der Wohlbefindensförderung beim Kranken legitimiert, indem schlicht auf eine objektive Notwendigkeit oder Sinnhaftigkeit der Operation abgestellt wird. Dabei entsteht zumindest bei Betrachtung der früheren Rechtsprechung ein gewisser Gegensatz beim zugrundeliegenden Patientenbild: Der Patient ist einerseits leicht erregbar, ängstlich und

648 RG, JW 1932, 3078; dazu Tempel, NJW 1980, 610.
649 RGZ 168, 206.
650 RGZ 168, 206, 210, 213.
651 Fiebig, 113.

verwirrt und würde deswegen von einer Operation absehen, andererseits soll der zumindest gebildete Patient es dann doch von sich aus vorhersehen können, dass aus einem schwereren Eingriff wie auch immer geartete negative Folgen entstehen können. Letzteres soll ihn dann aber aus nicht erfindlichen Gründen nicht von einer Operation abhalten können. Das Ergebnis mutet widersprüchlich an, wenn das hypothetische Wissen, welches der (gebildete) Patient aus gerichtlicher Sicht hätte haben müssen, es aber nicht hatte, einer Einwilligung genügen sollte, während das tatsächlich verfügbare Wissen, welches er hätte haben können, für seine Einwilligung nicht maßgeblich sein sollte.

d.) Die Einwilligung in der Strafrechtsprechung des BGH

Mit Geltung des Grundgesetzes änderte sich auch die Ansicht in der Rechtsprechung hin zu einem einheitlichen und allgemeingültigen Aufklärungserfordernis.[652] Mit dem *Myom-Urteil* des 4. Strafsenats entschied der BGH 1957, dass sich eine Pflicht zur Aufklärung des Patienten aus seinem Selbstbestimmungsrecht aus Art. 2 Abs. 2 S. 1 GG ergibt:[653]

> „Das in Art. 2 II 1 GG gewährleistete Recht auf körperliche Unversehrtheit fordert Berücksichtigung auch bei einem Menschen, der es ablehnt, seine körperliche Unversehrtheit selbst dann preiszugeben, wenn er dadurch von einem lebensgefährlichen Leiden befreit wird. Niemand darf sich zum Richter in der Frage aufwerfen, unter welchen Umständen ein anderer vernünftigerweise bereit sein sollte, seine körperliche Unversehrtheit zu opfern, um dadurch wieder gesund zu werden. Diese Richtlinie ist auch für den Arzt verbindlich. Zwar ist es sein vornehmstes Recht und seine wesentlichste Pflicht, den kranken Menschen nach Möglichkeit von seinem Leiden zu heilen. Dieses Recht und diese Pflicht finden aber in dem grundsätzlich freien Selbstbestimmungsrecht des Menschen über seinen Körper ihre Grenzen. Es wäre ein rechtswidriger Eingriff in die Freiheit und Würde der menschlichen Persönlichkeit, wenn ein Arzt – und sei es auch aus medizinisch berechtigten Gründen – eigenmächtig und selbstherrlich eine folgenschwere Operation bei einem Kranken, dessen Meinung rechtzeitig eingeholt werden kann, ohne dessen vorherige Billigung vornähme. Denn selbst ein lebensgefährlich Kranker kann triftige und sowohl menschlich wie sittlich achtenswerte Gründe haben, eine Operation abzulehnen, auch wenn er durch sie und nur durch sie von seinem Leiden befreit werden könnte."

---

652 Zunächst OLG Frankfurt, VersR 1954, 180 und OLG Stuttgart, VersR 1954, 310.
653 BGHSt 11, 111, 113f.

Im Gegensatz zur Ansicht des RG und der bis dahin wohl vorherrschenden Ansicht in der Ärzteschaft[654] räumt der BGH dem Arzt keinen eigenen Ermessensspielraum mehr ein, vielmehr sei die Aufklärungspflicht eine Rechtsfrage:

> „Soweit die Ärzte für sich die alleinige Entscheidung darüber in Anspruch nehmen, ob und in welchem Umfang der Kranke im Einzelfall aufzuklären ist, kann dies nicht gebilligt werden, wenn damit gesagt werden soll, daß dem Richter jede Nachprüfung der ärztlichen Entscheidung untersagt sei. Die Frage, ob der Kranke im Einzelfall ausreichend aufgeklärt worden ist, berührt das rechtliche Gebiet, denn von ihr hängt die Beurteilung der vom Richter zu entscheidenden Rechtsfrage ab, ob der Patient rechtswirksam in die Behandlung eingewilligt hat.“[655]

Ebenso wird der Aspekt der Gefährdung des Patienten durch die Aufklärung weitestgehend verworfen und auf Fälle beschränkt, denen eine restlose Aufklärung das Leben oder die Gesundheit des Patienten ernsthaft gefährden würde.[656] Der Umfang der Aufklärungspflicht hängt jetzt vor allem an der abstrakten Gefährlichkeit des Eingriffs sowie der Häufigkeit und Schwere der möglichen Komplikationen.[657] Die Pflicht zur Aufklärung beschränkt sich nach der Rechtsprechung auf notwendige Folgen des Eingriffs und typische Gefahren, nicht jedoch auf seltene und abwegige Gefahren oder vermeidbare Fehler.[658] Die Informations- und Verständnislage des Patienten als maßgeblicher und einziger Anknüpfungspunkt der Einwilligung wurde jedoch nun erstmalig hergeleitet:

> „Nur, wenn der Patient Klarheit über seine Lage hat, also in großen Zügen weiß, worin er mit seiner Zustimmung zu dem ärztlichen Eingriff einwilligt, kann die Einwilligung ihren Sinn und Zweck erfüllen, die dahin gehen, dem Eingriff in den Körper des Patienten den Charakter des Rechtswidrigen zu nehmen und einen Teil der Verantwortung des Arztes auf den Patienten zu übertragen.“[659]

Als Gründe für diese frühe Veränderung in der Ansicht zur Aufklärung als Voraussetzung für Patientenautonomie werden neben dem Persönlichkeitsschutz aus Art. 2 Abs. 2 GG als neuen rechtlichen Maßstab[660] vor allem gesellschaftliche Veränderungen gesehen. Wegen des schnellen Fortschritts in der Medizin, ihrer

---

654 Zur Reaktion in der Ärzteschaft auf das Elektroschock Urteil des BGH Hallermann, in: Mergen, Band II, 55 und ausführlich Garbe, 33 Fn. 59 m.w.N.; Hengstenberg, 38, 45.

655 BGHZ 29, 46, 56 (Elektroschock).

656 BGHZ 29, 46, 56.

657 BGH, NJW 1956, 1106.

658 BGH, NJW 1963, 393, 394; BGH, VersR 1962, 155.

659 BGHZ 29, 46, 55.

660 Tempel, NJW 1980, 609, 610.

Technik und den möglichen Behandlungsmethoden hat der Patient einen immer schlechteren Überblick über die Möglichkeiten und Folgen einer Behandlung.[661] Man ging auch zunehmend von dem Konzept eines mündigen und selbstbewussten Menschen aus, der dem Arzt nicht mehr als unterlegener Patient gegenübertritt, sondern in einem partnerschaftlichen Verhältnis.[662] Zudem sei der Mensch zunehmend weniger bereit, die Folgen einer fehlgeschlagenen Behandlung als sein Schicksal zu akzeptieren, so dass er versuche, zumindest die finanziellen Folgen auf Dritte abzuwälzen.[663]

2.) Patientenautonomie als verfassungsrechtliches Konzept

a.) Grundrechtliche Verortung der Selbstbestimmung des Patienten

Das Recht, über die eigene körperliche Integrität zu verfügen, wird vom BVerfG in Art. 2 Abs. 1 GG verortet,[664] während es in der frühen Rechtsprechung des BGH und in der Literatur vor allem aus Art. 2 Abs. 2 S. 1 GG hergeleitet wurde,[665] teilweise auch aus Art. 1 Abs. 1 GG.[666] Teilweise wird die Patientenautonomie auch maßgeblich aus dem allgemeinen Persönlichkeitsrecht aus Art. 2 Abs. 1 i.V.m. Art. 1 Abs. 1 GG hergeleitet.[667]

aa.) Schutz der Patientenautonomie aus Art. 2 Abs. 2 S. 1 GG

Dabei erscheint eine Herleitung des Rechts auf Selbstbestimmung des Patienten aus Art. 2 Abs. 2 GG zunächst am naheliegendsten und am systemgerechtesten. Denn durch die ärztliche Heilbehandlung wird die körperliche Integrität

---

661 Laufs, VersR 1972, 1; siehe auch BGH NJW 2006, 2477 zur Anforderung an die Einwilligung in Eingriffe mittels neuer technischer Errungenschaften (Robodoc).

662 Mertens, VersR 1974, 510; Hollmann, NJW 1973, 1393.

663 Tempel, NJW 1980, 610.

664 BVerfG NJW 1979, 1925, 1930.

665 Pieroth, Schlink, Kingreen, Poscher, Grundrechte, Rn. 419f m.w.N.; BGHSt 11, 111, 113; BGHZ 29, 46, 49.

666 Kullmann, VersR 1999, 1190 m.w.N.; Fiebig, 17f. Das allgemeine Selbstbestimmungsrecht als in engem Zusammenhang mit der Menschenwürde stehend sieht Klug, FS Maihofer, 235.

667 Für die Rechtsprechung siehe das Sondervotum BVerfG NJW 1979, 1925, 1930; ebenso BVerfG NJW 1994, 1591; Laufs, NJW 1974, 2028; Weyers, Mirtsching, JuS 1980, 320; Katzenmeier, ZRP 1997,160; ders., Arzthaftung, 118ff, 126; Ballhausen, 163; Tag, 78; Holzhauer, in: Ratajczak, Stegers, 39; Lipp, Patientenautonomie und Lebensschutz, 9; Gleixner-Eberle, 238; C. Giese, 27; Jungbecker, 21; Bublitz, ZIS 2011, 716; siehe auch Hohmann, in: Barta, Kalchschmid, 162.

und damit der Schutzbereich des Art. 2 Abs. 2 GG betroffen.[668] Der grundlegende Interessenschutz der Güter aus Art. 2 Abs. 2 GG und der bereits erläuterte Umstand, dass sich aus dem Recht auf Leben und körperliche Unversehrtheit grundsätzlich keine Lebenspflicht und ein Selbstschädigungsverbot herleiten lassen, lassen den Schluss zu, dass das Recht aus Art. 2 Abs. 2 GG durch das Leben und die Gesundheit diejenigen Rechte garantieren, die für ein freiheitliches und selbstbestimmtes Leben erste und wichtigste Voraussetzung sind. Wegen der Einschlägigkeit eines speziellen Grundrechts bedarf es keines Rückgriffes auf Art. 2 Abs. 1 GG. Ob man die Menschenwürde für die Selbstbestimmung allein für maßgeblich hält, ist wegen ihres in alle anderen Grundrechte ausstrahlenden Charakters[669] im Ergebnis nicht ausschlaggebend.[670] Aus der die Menschenwürde maßgeblich prägenden Objektformel ergibt sich jedoch, dass der Mensch bei einer ärztlichen Behandlung nicht zum bloßen Behandlungsobjekt degradiert werden darf, zumal die Menschenwürde wegen der Bedeutung eines selbstbestimmten Lebens grundsätzlich auch die den Kern der Persönlichkeit betreffende Autonomie des Einzelnen umfasst.[671] Zumindest dort also, wo sich eine Behandlung möglicherweise gegen den Willen des Betroffenen richtet, kann neben Art. 2 Abs. 2 GG auch die Menschenwürde als eigenständiges Grundrecht betroffen sein, da eine Behandlung, die gegen den ausdrücklichen, ernsthaften und bedeutsamen Willen des Kranken durchgeführt wird, diesen in einer Verfügungsbefugnis über hochrangige, die eigene Autonomie begründende Rechtsgüter verletzt und ihn daher als menschliches Individuum zu negieren droht. Wegen der Einschlägigkeit speziellerer Grundrechte bleibt daher für die allgemeine Handlungsfreiheit aus Art. 2 Abs. 1 GG kein Raum. Im Bereich der Gesundheitsfürsorge kann es jedoch bestimmte, eigene Anwendungsbereiche eröffnen, etwa das Recht auf freie Arztwahl.[672] In diesem Fall entfaltet es aber nur Abwehrfunktion gegenüber dem Staat und hat auf das Verhältnis zum Arzt unmittelbar keine Auswirkung.[673]

Keine unmittelbare Selbstbestimmung lässt sich hingegen aus der Glaubens- und Gewissensfreiheit, Art. 4 GG herleiten, sie kann jedoch nebenher betroffen

---

668 Garbe, 37f; Panagopoulou-Koutnatzi, 67f.

669 etwa BVerfG NJW 2009, 2431, 2436.

670 a.A. Garbe, 37; Antoine, 145.

671 BVerfG NJW 2008, 2907, 2909.

672 Papier, VSSR 1990, 129; Wigge, MedR 1996, 58, der dies als Grundrecht auf „gesundheitliche Selbstbestimmung“ bezeichnet.

673 Offen gelassen durch BVerfGE 16, 286, 303f; 60, 367, 370; siehe dazu auch Panagopoulou-Koutnatzi, 71.

sein, wenn Behandlungen wie Bluttransfusionen oder lebensbeendende Maßnahmen gegen die (religiöse) Weltanschauung des Betroffenen verstößt.[674]

bb.) Schutz der Patientenautonomie aus dem Persönlichkeitsrecht aus Art. 2 Abs. 1 i.V.m. Art. 1 Abs. 1 S. 1 GG

Wegen der Höchstpersönlichkeit der betroffenen Rechtsgüter kann ein gewisser Einschlag des Persönlichkeitsrechts jedoch nicht geleugnet werden. In einer abweichenden Meinung der oben zitierten Entscheidung des BVerfG stellten *Hirsch, Niebler und Steinberger* darauf ab, dass die Verfügung über den eigenen Körper und das Leben dem höchstpersönlichen Lebensbereich zugeordnet sein soll, woraus sich das Einwilligungserfordernis ergebe:

> „Das Erfordernis der Einwilligung auch zu diagnostischen, zu vorbeugenden und zu Heileingriffen hat seine normative Wurzel in den grundlegenden Verfassungsprinzipien, die zu Achtung und Schutz der Würde der Freiheit des Menschen und seines Rechtes auf Leben und körperliche Unversehrtheit verpflichten, Art. 1 Abs. 1, Art. 2 Abs. 1, 2 Satz 1 GG. (...) Die Bestimmung über seine leiblich-seelische Integrität gehört zum ureigensten Bereich der Personalität des Menschen. In diesem Bereich ist er aus der Sicht des Grundgesetzes frei, seine Maßstäbe zu wählen und nach ihnen zu leben und zu entscheiden. Eben diese Freiheit zur Selbstbestimmung wird – auch gegenüber der normativen Regelung ärztlicher Eingriffe zu Heilzwecken – durch Art. 2 Abs. 2 S. 1 besonders hervorgehoben und verbürgt. Denn auch der zu Heilzwecken vorgenommene Eingriff tastet die leibliche und gegebenenfalls auch seelische Integrität des Menschen an."[675]

Der BGH erfasst in seiner Rechtsprechung zu § 823 Abs. 1 BGB[676] das Recht am eigenen Körper als Basis des Persönlichkeitsrechts.[677] Nach *Steffen* ist das Schutzgut des § 823 BGB „nicht die Materie, sondern das Seins- und Bestimmungsfeld der Persönlichkeit, das in der körperlichen Befindlichkeit materialisiert ist".[678] Nach *Jungbecker* geht der Schutz der Patientenautonomie ebenfalls „von der überragenden Stellung aus, die dem Persönlichkeitsrecht des Menschen (Art. 2 I GG) und dem Grundrecht auf Integrität des Körpers (Art. 2 II 1 GG) im System der Verfassung eingeräumt wurde."[679] Ebenso sieht *Lipp* eine doppelte

674 Kämpfer, 251.

675 BVerfGE 52, 131, 175.

676 Siehe dazu aber die Einordnung der Vernichtung kryokonservierten Spermas als Körperverletzung im Sinne des §823 Abs. 1 BGB BGH NJW 1994, 127.

677 BGH NJW 1980, 1452; NJW 1994, 127; NJW 1995, 2407; Tag, 78.

678 T. Schwarz, 95.

679 Jungbecker, 21.

Berührung dieser beiden Rechte, welches sowohl ein Recht zur Selbstgefährdung als auch der Selbstaufgabe unabhängig ärztlicher Indikation umfasse.[680] *Holzhauer* stellt dabei vor allem auf den Einschlag der Menschenwürde auf das Persönlichkeitsrecht ab und leitet daraus die Höchstpersönlichkeit der Verfügungsgewalt her, die aber wegen der Notwendigkeit einer entscheidenden Verfügung im ärztlichen Bereich Kompromissen zugänglich sein müsse.[681] Mit Verweis auf die bereits zur Frage der Selbsttötung erörterten Ansicht *Möllers* ist dem im Ergebnis zuzustimmen, dass sich der Schutz der Patientenautonomie auch aus dem Persönlichkeitsrecht ergibt. Das folgt auch daraus, dass die Entscheidung über medizinische Behandlungen nicht nur eine rein objektive Frage ist, welche lediglich die Untersuchung der Verletzung oder Wiederherstellung der körperlichen Integrität als äußere Tatsache betrifft, sondern der Einzelne entsprechend seiner subjektiven Wertvorstellungen über die eigentliche Gesundung hinausgehende Ziele verfolgen kann und auch der Krankheit selbst innerhalb seines Wertsystems einen von ihrer objektiven Schwere unabhängigen Wert zuordnen kann. Ähnlich den Ausführungen von *G. Dworkin* ist es in der Tat ausgesprochen von der Persönlichkeit des Einzelnen abhängig, welchen Einschlag ein bestimmtes Leiden in dessen Leben hat, wie er es kompensiert und ob und in welchem Umfang er sich dadurch in seinem Lebensmut und seiner Lebensqualität beeinträchtigen lässt.

Das Persönlichkeitsrecht sollte zumindest systematisch (da eine grundrechtliche Unterscheidung zwischen Körper und Persönlichkeit vorgenommen wird) spätestens dort betroffen sein, wo die Behandlung Auswirkungen auf die Psyche des Patienten hat. So hat etwa das OLG Zweibrücken die verfassungsrechtliche Grenze von Zwangsbehandlung mit Psychopharmaka in einer Veränderung im Kernbereich der Persönlichkeit gesehen.[682] *Bublitz* verweist dabei zutreffend darauf, dass es bei der Feststellung der Eröffnung des Schutzbereiches nicht darauf ankommen kann, ob man die vorliegende Persönlichkeit aufgrund einer Geistesstörung als krankhaft ansieht, weil dies von der nicht haltbaren These ausgeht, dass man bei einer geistigen Krankheit bestimmte Verhaltens- und Charakterzüge der Krankheit zuordnen könne, andere hingegen der „normalen" Persönlichkeit.[683]

---

680 Lipp, Patientenautonomie und Lebensschutz, 9.

681 Holzhauer, in: Ratajczak, Stegers, 39.

682 OLG Zweibrücken, Beschl. v. 18.3.2009, 1 WS 365/08.

683 Bublitz, ZIS 2011, 717.

b.) Schutz der Patientenautonomie durch positives Recht

Es kristallisiert sich zunehmend heraus, dass maßgeblich für eine autonome Selbstbestimmung des Patienten dessen freie, verantwortliche Verfügungsmacht über seinen Körper und seine Gesundheit ist. Wie es sich in den frühen Entscheidungen des Reichsgerichts schon abzeichnete, ist die Selbstbestimmung anknüpfend an Art. 2 Abs. 2 GG vor allem durch Normen des Strafrechts konkretisiert und geschützt. Allen voran wird das Selbstbestimmungsrecht über die eigene körperliche Unversehrtheit durch § 223 StGB und das daraus folgende Einwilligungserfordernis geschützt. Spezielle Konstellationen sind aber auch durch Nebenstrafgesetze geregelt, beispielsweise §§ 3, 19 TPG für Organspenden oder für Probanden von Arzneimittelstudien durch §§ 40, 96 AMG. Das Einwilligungserfordernis findet sich auch in § 3 KastrG, der besonders auf die persönliche Bedeutungsbeimessung des Betroffenen abstellt. Durch den Schutz des Selbstbestimmungsrechts kommt § 223 StGB daher eine doppelte Schutzrichtung zu, weil er nicht nur die körperliche Integrität schützt, sondern auch die Freiheit, darüber zu verfügen.[684]

c.) Zivilrechtliche Erfassung der Patientenautonomie und das Patientenrechtegesetz

Zivilrechtlich wird der Schutz der Selbstbestimmung zum einen aus dem Deliktsrecht, § 823 Abs. 1 BGB hergeleitet. Da § 823 Abs. 1 BGB wie § 223 StGB die körperliche Unversehrtheit schützt, kommt auch der zivilrechtlichen Deliktsnorm eine zweifache Schutzfunktion zu.[685] Mit dem Patientenrechtegesetz von 2013 und den damit eingeführten Regelungen zum Behandlungsvertrag hat die Selbstbestimmung des Patienten nun auch eine ausdrückliche positivrechtliche Manifestation im Zivilrecht erfahren. Sie orientiert sich jedoch weitestgehend an der bisherigen Rechtsprechung. Diese nun ausdrückliche Fixierung der Rechte und Pflichten aus dem Behandlungsvertrag macht jedoch weitergehende Überlegungen zur Herleitung einer Aufklärungspflicht aus den §§ 133, 157, 241 Abs. 2 BGB obsolet.[686] Mit dem Inkrafttreten des Gesetzes zur Verbesserung der Rechte von Patientinnen und Patienten vom 20.2.2013 (PatRG) zum 26.2.2013[687] wurde die bisher im Vertrags-, Delikts- und Beweisrecht entwickelte Rechtsprechung zu

---

684 BGHSt 35, 246, 249.

685 BGHZ 106, 391, 398; Deutsch, NJW 1965, 1989; Garbe, 39, 64; Ohly, 377.

686 etwa Hart, FS Heinrichs, 310.

687 BGBl. I 277.

den Rechten und Pflichten aus dem Behandlungsvertrag im BGB kodifiziert.[688] Nach der Begründung des Gesetzgebers trägt das PatRG dem Umstand Rechnung, dass die Patientenrechte zuvor in einer Vielzahl verschiedener Rechtsgebiete und Normen und nur lückenhaft geregelt waren, was es allen Beteiligten und insbesondere den Patienten erschweren würde, diese Rechte einzufordern.[689] Ziel des Gesetzes sei es daher, Patienten und Ärzte auf Augenhöhe zu bringen[690] und somit der Möglichkeit von Fremdbestimmung durch Bevormundung entgegenzuwirken.

> „Richtig verstandene Patientenrechte setzen nicht auf rechtliche Bevormundung, sondern orientieren sich am Leitbild der mündigen Patientin, des mündigen Patienten. Diesem Ziel trägt der Gesetzentwurf in zweierlei Weise Rechnung, nämlich zum einen durch Regelungen auf dem Gebiet des zivilrechtlichen Behandlungs- und Arzthaftungsrechts sowie zum anderen durch Regelungen im Bereich der gesetzlichen Krankenversicherung. (...) Transparente gesetzliche Regeln geben deshalb beiden Seiten die nötige Sicherheit. Verlässliche Informationen schaffen für die Patientinnen und Patienten Orientierung. Diese Informationen sind nicht Selbstzweck, sondern die Voraussetzung dafür, dass die Patientinnen und Patienten eigenverantwortlich und selbstbestimmt im Rahmen der Behandlung entscheiden können. Effektiv durchsetzbare und ausgewogene Rechte sichern das Gleichgewicht zwischen Behandelndem und Patientinnen und Patienten. Außerdem gilt es, Risiko- und Fehlervermeidungssysteme zu fördern, um die Behandlungsabläufe in immer komplexer werdenden medizinischen Prozessen zu optimieren. Um eine Verbesserung der Situation der Patientinnen und Patienten zu erreichen, ist ihnen ferner eine angemessene Beteiligung einzuräumen. Schließlich sollen auch die Krankenkassen zur verbesserten Unterstützung von Patientinnen und Patienten beitragen."[691]

Bei der Interessenabwägung zwischen der Therapiefreiheit des Arztes und der Patientenautonomie ist in § 630a Abs. 2 BGB ein nunmehr deutlicher Ausschlag in Richtung der Patientenrechte zu vermerken. Zuvor war es anerkannt, dass die Therapiefreiheit des Arztes die Behandlung nur unter Berücksichtigung des aktuellen medizinischen Standards anordnete, eine bestimmte Behandlungsmethode jedoch nicht vorsah.[692] Durch die Neuregelung ist indes nun eindeutig festgesetzt, dass der ärztliche (Facharzt-)Standard[693] nun der Maßstab der Behandlung ist, und nur im Rahmen der Vertragsfreiheit durch Vereinbarung

---

688 Lorenz, in: Lorenz, 7ff.

689 BT-Drs. 17/10488, 1.

690 Lorenz, in: Lorenz, 17; Jaeger, 2.

691 BT-Drs. 17/10488, 9.

692 Katzenmeier, MedR 2012, 579; Lorenz, in: Lorenz. 19.

693 Jaeger, 18, 24.

davon abgewichen werden kann.[694] Zwar stellt die Gesetzesbegründung ebenso heraus, dass grundsätzlich neue Therapieformen möglich sein sollen,[695] die vom Gesetzgeber getroffene Bewertung der beteiligten Interessen legt es jedoch nahe, dass solche Vereinbarungen grundsätzlich restriktiv auszulegen sind.[696] Ebenfalls bemerkenswert herauszustellen ist, dass in Reaktion auf die Rechtsprechung des BVerfG[697] einwilligungsunfähige Patienten stärker in die Behandlungsdurchführung mit einzubeziehen, der Gesetzgeber in § 630e Abs. 5 BGB das Erfordernis aufgestellt hat, dass auch in diesen Fällen die Erläuterung des geplanten Vorgehens gegenüber dem Einwilligungsunfähigen in einer für ihn verständlichen Weise zu geschehen hat.[698] Es kann zusammengefasst werden, dass zwar größtenteils bereits etabliertes Richterrecht kodifiziert worden ist, insgesamt jedoch vom Gesetzgeber eine Stärkung der Position des Patienten im Behandlungsverhältnis im Vordergrund gestanden hat und bezweckt worden ist.

d.) Beschränkung der Patientenautonomie

aa.) Beschränkung der Patientenautonomie aus Art. 2 Abs. 2 GG

Leitet man wie hier ein Recht auf Selbstbestimmung des Patienten aus Art. 2 Abs. 2 GG her, so ist dieses Recht nicht vorbehaltslos gewährleistet, sondern unterliegt gemäß Art. 2 Abs. 2 S. 3 GG einem Gesetzesvorbehalt. Als einen Eingriff rechtfertigende Grundlage kommen neben kollidierenden Verfassungsgütern Dritter und tatsächlichen Allgemeininteressen wie Volksgesundheit (z.B. durch die Regeln des BtmG) in Betracht. Für die vorliegende Betrachtung ist vor allem relevant, ob auch der Selbstschutz des Betroffenen eine Beschränkung rechtfertigen kann. Dabei ist vor allem das Verhältnismäßigkeitsprinzip und die Wesensgehaltsgarantie aus Art. 19 Abs. 2 GG zu beachten. Daher kann ein Gesetz, welches ärztliche Eingriffe von der Einwilligung des Patienten unabhängig macht, das Selbstbestimmungsrecht aus Art. 2 Abs. 2 GG vollkommen untergraben und ihn zum Objekt der Gesundheitspolitik machen.[699] Dies ergibt sich auch daraus, dass aus dem Selbstbestimmungsrecht des Patienten keine Pflicht besteht, überhaupt eine Entscheidung zu fällen oder dem ärztlichen Ratschlag zu folgen.

---

694 BT-Drs. 17/10488, 20.
695 BT-Drs. 17/10488, 20.
696 Lorenz, in: Lorenz, 19; Katzenmeier, MedR 2011, 210.
697 BVerfG NJW 2011, 2113, 2116.
698 Lorenz, in: Lorenz, 25.
699 BVerfGE 52, 131, 175; siehe auch Panagopoulou-Koutnatzi, 91.

bb.) Beschränkung der Patientenautonomie aus dem allgemeinen Persönlichkeitsrecht aus Art. 2 Abs. 1 i.V.m. Art. 1 Abs. 1 S. 1 GG

In Bezug auf die Herleitung aus dem Persönlichkeitsrecht aus Art. 2 Abs. 1 i.V.m. Art. 1 Abs. 1 S. 1 GG bemisst sich die Reichweite der Begrenzungsmöglichkeiten der Patientenautonomie in Bezug auf die ihrer Ausübung zugrundeliegenden Entscheidungen danach, welcher „Sphäre" man die Patientenautonomie an dieser Stelle zuordnet. Nach der Persönlichkeitsrechtsdoktrin liegt der maßgebliche Affront einer Behandlung ohne Aufklärung gerade in der Missachtung der Patientenautonomie als Ausdruck des Persönlichkeitsrechts.[700] Das Schutzniveau einer dem allgemeinen Persönlichkeitsrecht zugeordneten Entscheidung bestimmt sich nach der Sphärentheorie danach, ob sie der Sozial-, der Privat- oder der Intimsphäre zugeordnet wird.[701] Dem Staat ist dabei nur ein Zugriff auf die Intimsphäre völlig verwehrt, während die Privatsphäre wegen ihres noch vorhandenen sozialen Bezugs zwar insgesamt, aber nicht uneingeschränkt geschützt wird.[702] Das BVerfG bezeichnet die Intimsphäre als die „Sphäre privater Lebensgestaltung", die „letzter unantastbarer Bereich menschlicher Freiheit" sei.[703] In Betracht kommen hier wegen der Höchstpersönlichkeit der Entscheidung eigentlich nur die Privat- und die Intimsphäre. An einer Zuordnung zu letzterer ließe sich zumindest deswegen zweifeln, weil der Patient letztlich mit seiner Einwilligungsentscheidung seine Rechtsgüter dem Eingriff des Arztes eröffnet und somit einen – wenn auch nur kleinen – sozialen Bezug herstellt. Indes ist das Fehlen jeglichen sozialen Bezugs nicht Voraussetzung für die Annahme der Zuordnung in die Intimsphäre, dieser muss nur gemessen an dem höchstpersönlichen Charakter der Intimsphäre entsprechend gering sein.[704] Betrachtet man diejenigen Lebensbereiche, die die Rechtsprechung der Intimsphäre zuordnet, vor allem die eigene Sexualität,[705] ließen sich gute Gründe finden, auch die autonome Entscheidung über medizinische Eingriffe darunter zu fassen. Denn auch bei der Auslebung der eigenen Sexualität sind andere Personen beteiligt, denen man die eigenen Rechtsgüter in dieser Hinsicht eröffnet. Die Entscheidung ist daher zunächst der Intimsphäre zuzuordnen, die es dem Staat verbietet, wertend

700 etwa Katzenmeier, Arzthaftung, 126; für eine ausführliche Darstellung der Persönlichkeitsrechtsdoktrin ferner Müller-Hegen, 28ff.

701 BVerfGE 27, 1, 6; BVerfGE 32, 373, 379; BVerfGE 35, 202, 220.

702 Siehe etwa Ferdinand, 209.

703 BVerfGE 6, 32, 41.

704 Lehnig, 55; Fechner, 32ff.

705 BVerfG AfP 2009, 365; siehe auch Herles, StudZR 2013, 163.

über sie zu urteilen. Daraus ließe sich das Einwilligungserfordernis durchaus in seinem umfassenden Gehalt herleiten, hat der Arzt doch auf die individuellen Bedürfnisse des Patienten Rücksicht zu nehmen und seine Motive nicht zu bewerten. Andererseits würde das Abstellen rein auf die Höchstpersönlichkeit der Entscheidung dazu führen, dass der Staat im Grunde überhaupt keine Maßnahmen zum Schutze des einzelnen vor sich selbst ergreifen dürfe. Die Selbsttötungsintervention wäre also unabhängig von der Autonomie der Entscheidung immer verboten, die Einwilligung wäre unabhängig von Alter oder Geisteszustand immer wirksam. Diese Wertung kann dem deutschen Recht indes nicht entnommen werden. Im Bereich der eigenen Sexualität stellt der Gesetzgeber etwa in §§ 179, 182 StGB auf die Autonomie des Betroffenen ab, gleichwohl die eigene Sexualität der Intimsphäre zugeordnet wird. Es ließe sich also sagen, dass die autonome Entscheidung der Intimsphäre zuzuordnen ist, die nichtautonome jedoch soweit Sozialbezug hat, dass sie wenigstens unter die Privatsphäre fällt. Der soziale Bezug liegt dabei in der (unterstellten) Hilfebedürftigkeit einer Person, die sich unfreiwillig selbstschädigt. Diese Einordnung erweist sich jedoch insofern als paternalistisches Problem, als dass man vor den bereits dargestellten Konflikt gestellt wird, dass derjenige, der über die Maßstäbe einer rationalen Entscheidung urteilt, dies auch bei der konkreten Entscheidung tut. Man kann sich an dieser Stelle also nur dadurch behelfen, dass eine Entscheidung sich gerade als aus der der Intimsphäre zugeordneten Willensbildung ergeben muss. Die Handlung selbst ist an dieser Stelle schon wegen des Bezugs zum Arzt eine solche mit hinreichendem Sozialbezug. Aus diesem Umstand kann man auch schon an dieser Stelle herleiten, dass derjenige, der einzugreifen gedenkt, auch die Legitimationslast trägt, warum es sich ausnahmsweise nicht um eine intime Entscheidung handeln soll. Die Voraussetzungen dafür werden an anderer Stelle noch erörtert.

Das Einwilligungserfordernis ist im Ergebnis Ausfluss einer „westlichen", freiheitlich-demokratischen Rechtsprechung, die ihren Ursprung in den USA genommen hat und sich nahezu zeitgleich dazu im deutschen Richterrecht entwickelt hat. Gerade die Anerkennung der Selbstbestimmung des Patienten durch das Erfordernis der ärztlichen Aufklärung ist der Aspekt, an dem sich die Abkehr einer bevormundenden Beziehung zwischen Arzt und Patient und in gewisser Weise dadurch auch zwischen Staat und Bürger durch nun deutliche Zuweisung der umfassenden Verfügungsgewalt über die eigene Gesundheit an den Grundrechtsträger am stärksten abzeichnet. Der einzelne ist nur um seiner selbst willen da, sein Körper steht nur ihm zu, in Gesundheit wie in Krankheit. Auch wenn dies nach einem kontemporären Verständnis einer liberalen Gesellschaft als „verfassungsrechtliche Selbstverständlichkeit" anmuten mag, so zeigen schon die bereits getätigten Ausführungen zur paternalistischen Intervention bei der Selbsttötung und –gefährdung, dass im Sinne des aufgeworfenen Problems der schleichenden Ausweitung eine Loslösung von staatlicher Bevormundung mit zunehmender Relevanz des Rechtsgutes ein ausgesprochen diffiziler Prozess zu sein scheint. Das Bekennen zur Autonomie war und ist also ein stetes ideologisches Ringen zwischen dem Freiheitsbedürfnis des einzelnen und dem Schutzauftrag des Staates. Dies zeigt sich vor allem bei einem Vergleich mit dem Arztrecht in der DDR, in welchem weder Einwilligung noch Selbstbestimmung notwendiger oder überhaupt Teil des Behandlungsverhältnisses war.

Nach *Lohmann*[706] war diese Negierung der Patientenautonomie Resultat des Umstandes, dass eine gesunde Lebensführung des einzelnen nicht seine Privatangelegenheit gewesen ist, sondern als Allgemeininteresse eingeordnet wurde. *Mollnau* bezeichnete dies in seinem *Rechtshandbuch für den Bürger*: „Der sozialistische Staat sieht die Aufgabe, Gesundheit, Leistungskraft und Lebensfreude seiner Bürger zu erhalten als gesamtgesellschaftliches Anliegen an."[707] Das Rechtsverhältnis zwischen Arzt und Patient wurde dabei auch sprachlich nicht als Behandlungsvertrag oder –verhältnis bezeichnet, sondern als medizinisches Betreuungsverhältnis. Der Patient nahm also keine Behandlungen in Anspruch sondern medizinische Betreuungsleistungen.[708] Dabei ging man auch im Recht der DDR davon aus, dass der Patient „nicht Objekt, sondern Partner im medizinischen Betreuungsverhältnis ist, dem die verfassungsmäßig garantierten Persönlichkeitsrechte zustehen".[709] Zwar war der Unterschied im Wissen zwischen Arzt und Patient dabei zu beachten, dennoch sollte dies „keine schrankenlose ärztliche Autonomie"[710] begründen. Der Patient sollte also allein aufgrund seiner hilflosen Lage oder wegen der Notwendigkeit der Behandlung nicht seine

706 Lohmann, 223.

707 Mollnau, 447. Das Zitat findet sich im 17. Kapitel des Buches „Die medizinische Betreuung" unter dem Punkt 17.1. Das Recht des Bürgers auf Schutz der Gesundheit und dessen Pflicht, sich gesund zu erhalten."

708 Mollnau 449. Zu bemerken ist in diesem Zusammenhang, dass etwa das ambulante medizinische Betreuungsverhältnis „in der Regel mit der Wiederherstellung der Gesundheit" beendet sein soll, Mollnau 451. Daraus lässt sich zumindest implizit ein Gegensatz zu unserem heutigen Verständnis der gegenseitigen Pflichten aus dem Behandlungsvertrag, in dem in aller Regel gerade kein Heilerfolg geschuldet ist, erkennen. Der Arzt wurde vor dem Hintergrund der weitreichenden Zielsetzung medizinischer Behandlungen scheinbar ebenfalls bedeutend in die Pflicht genommen.

709 Mandel, Lange, 122.

710 Mandel, Lange, 123.

Persönlichkeitsrechte verlieren. Daher wurde in der ärztlichen Aufklärung auch ein grundlegendes Patientenrecht gesehen, welches nur durch eine individuelle und an den verschiedenen therapeutischen und diagnostischen Methoden ausgerichtete Information des Patienten erreicht werden können sollte.[711] Die Aufklärung war als Berufspflicht des Arztes in der Approbationsordnung geregelt.[712] Dem Patienten stand also grundsätzlich auch ein Weigerungsrecht zu. Bereits beim Umfang der Aufklärung wurden jedoch in Ansehung des Heilerfolges als Ziel der Behandlung Abstriche gemacht. So wurde im Rahmen der hypothetischen Einwilligung eine weitreichende Vermutung aufgestellt, der Patient hätte bei Aufklärung über die Notwendigkeit der Behandlungserweiterung zugestimmt.[713] Zudem wurde der Aufklärung ein gesundheitserzieherischer Aspekt zugeschrieben, den Patienten zu einer gesunden Lebensweise zu bewegen. Die rechtliche Bedeutungslosigkeit der Einwilligung ergab sich letztlich daraus, dass sie für die Rechtmäßigkeit der Behandlung nicht erforderlich war.[714] Dies war darin begründet, dass man in der fehlenden Aufklärung keine ärztliche Pflichtverletzung sah, die strafrechtliche Relevanz hatte. Unter betonter Abhebung von der in der BRD entwickelten strafrechtlichen Einwilligungsdogmatik stellen *Mandel und Lange* heraus:

> „Das sozialistische Strafrecht hat den alten bürgerlichen, in der Strafrechtsprechung entwickelten Rechtszustand – der in der BRD weiter Gültigkeit hat und ausgebaut wurde – beseitigt. Danach ist selbst jeder medizinisch indizierte Eingriff am Patienten eine strafrechtlich relevante, d.h. kriminelle Körperverletzung, die nur durch umfassende Aufklärung des Patienten über Art, Ausmaß und eventuelle Folgen des Eingriffs und die darauf beruhende Einwilligung in die ärztlichen Maßnahmen gerechtfertigt und rechtlich abgesichert wird. Die in dieser, der ärztlichen Tätigkeit oktroyierten Rechtskonstruktion liegenden negativen Konsequenzen für das gesamte ärztliche Verhalten gegenüber den Patienten sind im hohen Maße gegen den humanitären Inhalt des ärztlichen Berufs gerichtet. (...) Nicht der Mißerfolg ärztlicher Maßnahmen, nicht das Vorliegen einer Fehldiagnose schlechthin, nicht mangelnde Aufklärung des Patienten sind für die Charakterisierung eines bestimmten ärztlichen Handelns als kriminelle Tat maßgebend, sondern allein die Feststellung, daß der Arzt konkrete Rechtspflichten, zumeist eine Sorgfaltspflicht, verletzt und dadurch dem Patienten ungewollt einen Schaden zugefügt hat, obwohl es ihm möglich war, die Pflichten zu erfüllen und die Schäden vom Patienten abzuwenden."[715]

---

711 Mandel, Lange, 125.

712 GBl. DDR I 1977, 30; siehe dazu Macke, FS Erich Steffen, 295.

713 Mandel, Lange, 126.

714 Macke, FS Erich Steffen, 295.

715 Mandel, Lange, 303f.

Damit war also festgelegt, dass der medizinisch indizierte, lege artis durchgeführte Eingriff niemals rechtswidrig sein konnte, so dass die fehlende Aufklärung höchstens hätte bei Wahleingriffen relevant werden können.[716] Die Verletzung der Aufklärungspflicht konnte demnach allerhöchstens disziplinarrechtliche Folgen haben, wobei die Durchführung eines solchen Verfahrens im Gegensatz zum Strafverfahren fakultativ gewesen ist.[717] Durch die damit quasi vollständige Ausschaltung der Vorsatzstrafbarkeit kann mit *Lohmann* gefolgert werden, „daß die Zustimmung des Patienten in der DDR nicht seiner Selbstbestimmung, sondern dem Funktionieren des Gesundheitswesens diente und sozusagen nur innerhalb des therapeutischen Rahmens für den Arzt als verbindlich angesehen wurde."[718] Überspitzt ließe sich sagen, dass sich in der DDR derjenige Zustand, der Bürger sei zur Selbstoptimierung verpflichtet und er möge sich von unproduktiven, die Allgemeinheit belastenden Lebensweisen fernhalten, der auch erheblicher Teil der bereits dargestellten Paternalismuskritik ist, verwirklicht hatte und selbst die Herrschaft über den eigenen Körper und dessen Gesundheit dem Kollektiv zugeordnet gewesen war.

III. Einwilligungsfähigkeit und „Vernunft"

1.) Allgemeine Voraussetzungen der Einwilligungsfähigkeit

Es ist nach alledem davon auszugehen, dass für die Frage der Patientenautonomie nicht mehr ihr eigentliches Bestehen maßgeblich ist, sondern ihre unmittelbaren Voraussetzungen. Für eine wirksame Einwilligung muss der Patient einwilligungsfähig sein. Einwilligungsfähig ist, wer nach der Wertung der Rechtsordnung über die Fähigkeit verfügt, selbstständig wirksam in einen Eingriff einzuwilligen.[719] Abstrakter formuliert ist Einwilligungsfähigkeit die Fähigkeit, eine vernünftige Entscheidung zu treffen.[720] Die Einwilligungsfähigkeit hat, wie dargestellt, ihre Berührungspunkte zwischen Straf- und Zivilrecht, dort vor allem Deliktsrecht, Vertragsrecht und Familienrecht.[721] Aus dem Betreuungsrecht ist vorliegend das extreme Spannungsverhältnis zwischen dem Selbstbestimmungsrecht des Betreuten und dessen Schutzbedürfnis relevant.

716 Macke, FS Erich Steffen, 296.
717 Lohmann, 223.
718 Lohmann, 223.
719 Ohly, 293.
720 Amelung, JR 1999, 45.
721 Ohly, 293.

Die Ermittlung der normativen Voraussetzungen der Einwilligung werden in einem gewissen Rahmen dadurch erschwert, dass vielerseits zwar zwischen verschiedenen Formen der Zustimmung des Rechtsgutsträgers unterschieden wird, vor allem dem tatbestandsausschließenden Einverständnis und der rechtfertigenden Einwilligung,[722] die genaue Unterscheidung zwischen diesen Formen der Willensäußerung des Betroffenen häufig nur unzureichend skizziert sind.[723] Es ist etwa *Baston-Vogt*[724] und *Bloy*[725] dahingehend zuzustimmen, dass die rechtliche Einordnung der Einwilligungserklärung nicht in erster Linie eine formell-dogmatische Frage ist, sondern es vielmehr um die konkret-materielle Funktion und Bedeutung der Willenskundgabe in Bezug auf die konkrete Entscheidungssituation ankommt.[726] Die Herleitung und Einordnung der Einwilligungserklärung insbesondere in den ärztlichen Heileingriff kann jedoch bei der Ermittlung, welche Anforderungen an sie zu stellen sind, durch Vergleich mit bestehenden rechtlich etablierten Formen der Willensbildung, -kundgabe und –betätigung hilfreich sein. Insofern ist mit *Bloy* auch schon derart vorzugreifen, dass aus strafrechtlicher Sicht wegen der lediglich strafrechtsdogmatischen Unterscheidung zwischen tatbestandsausschließendem Einverständnis und rechtfertigender Einwilligung keine unterschiedlichen Anforderungen an Einverständnis und Einwilligung zu stellen sein können, weder im Bereich der Willensbildung, noch im Bereich der Willenszurechnung.[727] Es wirft zumindest gewisse Wertungswidersprüche auf, wenn ein durch Täuschung oder Drohung erlangtes Einverständnis eine Strafbarkeit ausschließen soll, weil der Wille trotz dieses Mangels dem Äußernden zugerechnet wird, während die irrtumsbedingte Einwilligung die Strafbarkeit unberührt lasse. Es soll zumindest im Sinne dieser Untersuchung davon ausgegangen werden, dass Einverständnis und Einwilligung in dieser Hinsicht grundsätzlich einheitlich zu betrachten sind.[728] Die Willenskundgabe ist also dann ein Ausdruck der Selbstbestimmung, wenn sie tatsächlich Ausdruck seiner autonomen Entscheidung ist.[729]

---

722 Baston-Vogt, 226.
723 Kothe, AcP 185 (1985), 107; siehe für das Recht am eigenen Bild Helle, AfP 1985, 94f; und Bloy, ZStW 96 (1984), 715.
724 Baston-Vogt, 227.
725 Bloy, ZStW 96 (1984), 715.
726 Ähnlich Kothe, AcP 185 (1985), 120, 143, 160; Gernhuber, FamRZ 1962, 94.
727 Bloy, ZStW 96 (1984), 715.
728 Kientzy, 10ff; Rudolphi, ZStW 86 (1974), 82; Kühne JZ 1979, 241.
729 Dasch, 45; Helle, AfP 1985, 93, 97; Baston-Vogt, 227.

2.) Strafrechtliche Herleitungsversuche

a.) Rechtsprechung des RG und des BGH in Strafsachen

Die strafrechtliche Herleitung der Einwilligungsfähigkeit wird dabei zunächst durch die „volenti non fit iniuria“ Rechtsprechung des Reichsgerichts begründet. In einem Fall, bei dem der Täter das Opfer, ein 15jähriges Mädchen, seine entblößten Genitalien gezeigt und sie in ihrem Intimbereich berührt hatte, ohne daß sie Gegenwehr oder sonstige Anzeichen von Abneigung gezeigt hätte, hatte die Vorinstanz den Täter nach dem Grundsatz volenti non fit iniuria vom Tatvorwurf der tätlichen Beleidigung freigesprochen.[730] Das RG hob den Freispruch auf. Eine Rechtsgutsverletzung sei zwar grundsätzlich entsprechend dieser Rechtsfigur zu verneinen, „wenn die Person, in deren rechtliche Interessen durch eine verbotene Handlung eingegriffen wird, die Übereinstimmung ihres Willens mit dem Eingriffe erklärt…“[731]. Eine Übereinstimmung sei jedoch ausgeschlossen, „wenn sie wegen mangelnder geistiger Reife nicht weiß, um was es sich handelt.“[732] So könne man in solchen Fällen aus dem äußeren Schein des Einverständnisses nicht auf die innere Willensrichtung schließen. Insbesondere dem bloßen Erdulden würde eine derartige Bedeutung nicht beikommen.

In einem ganz ähnlichen Fall entschied das RG später, dass die Rechtfertigungswirkung der Einwilligung davon abhängig sei, „ob die Einwilligung nach den persönlichen Fähigkeiten und Zuständen der noch jugendlichen Verletzten rechtliche Beachtung verdient, d.h. ob die Einwilligenden zur Zeit der Tat die zutreffende Beurteilung und ausreichende Würdigung der gegen sie gerichteten Handlung“[733] hätten vornehmen können. Maßgeblich seien dabei keine fixierten rechtlichen Grenzen, insbesondere nicht die zivilrechtliche Ansicht über Geschäftsfähigkeit oder die strafrechtliche Verantwortlichkeit, es sei vielmehr „ in jedem einzelnen Falle zu prüfen…, ob dem Einwilligenden das schon gekennzeichnete Urteilsvermögen innewohnt“.[734] In einer Entscheidung, in der es um eine Körperverletzung eines Arztes durch nicht indizierte Verschreibung von Opiaten für eine Suchtkranke ging, präzisierte das Reichsgericht das Erfordernis der Einsichtsfähigkeit dahin, dass der Betroffene sich hinreichende Gedanken

730 RGSt 29, 398, 399.
731 RGSt 29, 398, 399.
732 RGSt 29, 398, 399.
733 RGSt 41, 392, 394.
734 RGSt 41, 392, 396.

über die Gesundheitsfolgen der eingewilligten Körperverletzungshandlung mache.[735]

Die Rechtsprechung des BGH in Strafsachen schloss an diese Auffassung bereits früh an und es wurde erkannt, dass bei einer Einwilligung in eine Körperverletzung es darauf ankomme, dass „der Einwilligende eine zutreffende Vorstellung von der Tragweite seiner Erklärung hatte"[736]. Die dafür erforderliche Urteilskraft könne einem Betrunkenen fehlen, auch wenn kein Fall fehlender Geschäftsfähigkeit oder Zurechnungsfähigkeit vorliege. Sie bestimme sich danach, ob der Betroffene dazu in der Lage war, das „Für und Wider" verständig abzuwiegen.[737]

b.) Notwendigkeit der „Rationalität" der Einwilligungsentscheidung?

Die Formel der Rechtsprechung für die Definition von Einwilligungsfähigkeit umschreibt diese also als Fähigkeit, das Wesen, die Bedeutung und die Tragweite einer Entscheidung beurteilen zu können.[738] Ganz im Sinne der dargestellten Elemente des *informed consent* besteht die Einwilligungsfähigkeit demnach aus einer intellektuellen und voluntativen Komponente.[739] Die Frage dabei ist, ob dies eine „rationale" Entscheidung voraussetzt.

Die wohl herrschende Ansicht in der Strafrechtslehre ist, dass auch unvernünftige Einwilligungsentscheidungen Entscheidungsfähiger als wirksam zu akzeptieren seien.[740] Die Einwilligungsfähigkeit wird teilweise aus den Normen §§ 19–21 StGB, § 3 JGG analog abgeleitet. Anknüpfungspunkt ist dabei die Regelung zur mittelbaren Täterschaft bei Selbsttötung, denn wer sich etwa bei einer Selbsttötung oder (vorgetäuschten) gemeinschaftlichen Selbsttötung in einem § 35 StGB gleichkommenden Nötigungsdruck ausgesetzt sieht oder aber nach den §§ 19, 20 StGB, § 3 JGG absolut schuld- oder verantwortungsunfähig ist, der könne Tatwerkzeug gegen sich selbst sein und daher in mittelbarer Täterschaft zur Selbsttötung veranlasst werden.[741] Nach *Bottke* ergibt sich daraus, dass auf der Strafbegründungsebene abschließend zu ermitteln sei, ob Einwilligungsfähigkeit vorlag, oder nicht.[742] Denn es sei widersprüchlich, würde

735 RGSt 77, 17, 20.
736 BGHSt 4, 88.
737 BGHSt 4, 88, 90.
738 Begründend BGH NJW 1959, 811; etwa Roxin, Strafrecht AT Bd. 1, 480ff.
739 Ulsenheimer, in: Laufs, Kern, §139 Rn. 44.
740 etwa Roxin, Strafrecht AT Bd. 1, 480ff.
741 Bottke, 247.
742 Bottke, 248.

man einem Retter Straflosigkeit bescheinigen, der einen Freitodversuch rechtmäßig verhindert, gleichzeitig aber in Bezug auf einen Selbsttötungsveranlasser oder –förderer vorzuwerfen, er habe eine „unfreie“ Selbsttötung herbeigeführt. Eine solche „Freitodmündigkeit“ sieht er als einzig mit der strafrechtlichen Tatherrschaftslehre und den Ansichten zur mittelbaren Täterschaft vereinbar.[743] Ein strafrechtlicher Anknüpfungspunkt biete den Vorzug, sich nicht auf rein moralische Aspekte zu stützen, sondern auf positives Recht. Es sei nicht ersichtlich, warum bei selbstgefährdendem Verhalten eines Suizidenten ein anderer Maßstab anzulegen sei, als wenn es um seine Verantwortung ginge, würde er durch seinen Selbsttötungsversuch zugleich auch Dritte gefährden.[744] Ähnlich sieht auch *Roxin* in dem aus den §§ 19ff StGB ergebenden Verantwortungsprinzip eine deutlich, konkrete Aussage des Gesetzgebers über die rechtliche Verantwortlichkeit für das eigene Handeln.[745]

Im Gegensatz dazu wird teilweise auch die Einwilligungslehre zu § 216 StGB zur Ermittlung der Selbstbestimmtheit einer das eigene Leben und die Gesundheit betreffende Entscheidung herangezogen. Zumindest in Bezug auf die Selbsttötung sieht *Geilen* die Ernstlichkeit des Todeswunsches aus § 216 StGB generell als maßgeblich.[746] Hier bestehe Einigkeit, dass hohe Anforderungen an die Ernstlichkeit und Ausdrücklichkeit zu stellen seien und etwa kurzfristige, affektive Zustände für diese nicht ausreichen sollen.[747] Diese an der Relevanz des Rechtsgutes Leben gemessen zu Recht hohen Anforderungen seien der Maßstab, an dem sich grundsätzlich die (straf-)rechtlich relevante Preisgabe von Rechtsgütern bemessen lassen müsse. *Geilen* verweist jedoch selbst darauf, dass Studien nachgewiesen haben, dass es „psychisch unauffällige“ Selbstmörder kaum gebe, der „Bilanzselbstmord“, bei dem der Suizident aufgrund kritischer Abwägung aller Umstände sein Leben ohne übermäßigem inneren oder äußeren Zwang zu unterliegen beendet eher eine Seltenheit sei.[748] *Bottke* kritisiert die Heranziehung der Einwilligungslehre dahingehend, als dass sie mit der Tatherrschaftslehre nicht vereinbar sei. Denn die §§ 19ff StGB, § 3 JGG sorgten nicht dafür, dass der Tat ihre Eigenverantwortlichkeit abgesprochen werde (denn sie ist immer noch

743 Bottke, 252.

744 Bottke, 254.

745 Roxin, in: FS Dreher, 347, 349.

746 Geilen, JZ 1974, 151.

747 Geilen, JZ 1974, 151 m.w.N.

748 Geilen, JZ 1974, 152 m.e.N.; vgl. aber Klug, FS Maihofer, 242, der die Legitimität des Suizids gerade davon abhängig macht, ob dieser „Resultat einer freiverantworteten, frei reflektierten Lebensentscheidung“ ist.

objektiv wie subjektiv tatbestandsmäßig und auch rechtswidrig), der Täter werde nur von der Strafe (teilweise) freigestellt.[749] Zudem verweist *Fink* darauf, dass in der modernen Suizidforschung eine stärkere Zurückhaltung beim Begriff der Krankhaftigkeit zu beobachten sei.[750] Die Depressionsforschung rücke zunehmend davon ab, eine solche anzunehmen, sodass im Ergebnis nur noch manische Depressionen bei der rechtlichen Ermittlung Bedeutung erlangen könnten. Zudem trage das bloße Abstellen auf den Begriff der Krankheit dem Umstand, dass Selbsttötungen in aller Regel einer großen Anzahl verschiedener Faktoren unterliegen, nicht genügend Rechnung und reduziere sie auf eine reine Monokausalität. Insofern verweisen etwa *Dölling*, *Pohlmeier* und *Möller* darauf, dass sodann bei Heranziehung der Regeln der Schuldunfähigkeit das Gros der Selbsttötungen als freiverantwortlich zu sehen sein müsste, weil selbst bei Annahme von Einschränkungen in der Willensbildung diese nicht eine Schuldunfähigkeit begründen können.[751]

Daher verweist *Amelung* in Bezug auf die Analogie der §§ 19ff StGB darauf, dass für eine Betrachtung kein Raum sei.[752] Die Achtung fremder Rechtsgüter setze die Fähigkeit voraus, Verbote zu beachten, worauf es bei der Einwilligungsfähigkeit gerade nicht ankomme. Denn Verbote kennzeichneten gerade das Fehlen von Einwilligung. Es gehe daher um die Fähigkeit, eigene statt fremder Rechtsgüter richtig einzuschätzen und deren Wert zu erkennen, bevor diese aufgeopfert würden.[753] Die fehlende „Hemmkraft" des Verbots der Fremdtötungsdelikte erkennt auch *Bottke* an, will daraus aber nur die Strafbarkeit der Beteiligung einer in Analogie zu § 3 JGG, 19, 29, 35 StGB freibestimmten Selbsttötung ausgeschlossen wissen.[754]

c.) Die „Zahnextraktionsentscheidung" des BGH und deren Diskussion

In der Rechtsprechung des BGH ist vor allem die „Zahnextraktionsentscheidung"[755] diskutiert worden, weil der BGH bei seiner Entscheidung maßgeblich auf Vernunftaspekte abgestellt hat. Es ging dabei um eine Frau, die

---

749 Bottke, 253.

750 Fink, 159f m.e.N.

751 Dölling, NJW 1986, 1014; Pohlmeier, in: Pohlmeier, Schöch, Venzlaff, 37; Möller, KritV 2005, 237.

752 Amelung, ZStW 104 (1992), 526.

753 Amelung, ZStW 104 (1992), 526; Lenckner, ZStW 72 (1960), 454.

754 Bottke, 255.

755 BGH NJW 1978, 1206.

unter jahrelangen schweren Kopfschmerzen litt, ohne dass eine medizinische Erklärung gefunden werden konnte. Die Betroffene kam irgendwann zu dem Entschluss, die Schmerzen müssten mit ihren plombierten Zähnen zusammenhängen. Ein Arzt und ihr späterer Zahnarzt konnten diese Annahme jedoch nicht bestätigen und klärten sie darüber auf. Dies verunsicherte die Patienten zwar, sie bestand jedoch weiterhin auf Extraktion der Zähne. Der Zahnarzt kam zwar zu dem Ergebnis, dass die Entscheidung der Frau aufgrund von „Unkenntnis, Rat- und Hoffnungslosigkeit", dennoch aufgrund von reiflicher Überlegung getroffen wurde und entfernte daraufhin alle Zähne des Oberkiefers. Der BGH verurteilte den Zahnarzt wegen Körperverletzung, weil die Einwilligung für unwirksam erklärt wurde. Der BGH stützte sich dabei darauf, dass die Patienten in „laienhaftem Unverstand" an ihrer Selbstdiagnose festgehalten habe und ihre Unbelehrbarkeit auf „Unkenntnis und einer seelischen Verfassung" beruht habe, „die ein verstandesmäßiges Abwägen der vorgebrachten medizinischen Argumente verhindert" habe.

Die Entscheidung ist in der Literatur nahezu ausschließlich kritisiert worden mit der Begründung, der BGH verneine die Wirksamkeit der Einwilligung allein aufgrund der fehlenden medizinischen Indikation und daher mit der „Unvernunft" der Entscheidung.[756] *Hruschka* verweist unter Bezugnahme auf *Kant*[757] darauf, dass Maßstab nicht die Vernunft der Entscheidung selbst sein könne, sondern nur die Fähigkeit des Entscheidenden, vernünftig handeln zu können.[758] Die für eine rationale Entscheidung maßgeblichen Normen seien nicht der Maßstab der Beurteilung der Rationalität, sondern vielmehr deren Ausgangspunkt als Voraussetzung rationaler Entscheidung überhaupt. Die Zurechenbarkeit einer „irrationalen" Entscheidung sei demnach nicht bereits aufgrund ihrer (objektiven) Irrationalität ausgeschlossen. Nur wer die Grundsätze rationalen Verhaltens kenne und daher die mögliche Irrationalität seiner Entscheidung theoretisch erkennen könnte oder aber trotz der Möglichkeit der Kenntnis nicht in der Lage sei, nach dieser Erkenntnis zu handeln, handele unvernünftig. Aus dieser Erkenntnis ergebe sich schließlich auch das von Rechtsprechung und Literatur geforderte Kriterium, die Einwilligung müsse frei von Willensmängeln sein, sprich dem „wahren Willen" des Betroffenen entsprechen. Diese Kriterien

---

756 Hruschka, JR 1978, 519ff, 519f; Horn, Jus 1979, 29ff; Rogall, NJW 1978, 2344ff; Rüping, Jura 1979, 90ff; siehe auch Amelung, JR 1999, 45.

757 Nach Kant muss der Handelnde causa libera als Urheber seiner Entscheidung angesehen werden können, Kant, Metaphysik der Sitten, Einleitung IV.

758 Hruschka, JR 1978, 519.

seien zwar nicht als „psychologische Tatsachen" zu verstehen, enthielten aber ein normatives Element als Anknüpfungspunkt, was die „Wesentlichkeit" der Mängel und die „Wahrheit" des Willens ausmache.

Gerade aus dieser Normativität ergebe sich aber, dass über Vernunft und Unvernunft einer Entscheidung der Beurteiler zu entscheiden habe, nicht jedoch der Betroffene; die Zurechenbarkeit hängt also von dem Maßstab ab, den der Beurteiler zugrundelege.[759] Gerade bei der Ermittlung des „wahren Willens" dürfe man daher nicht der Annahme erliegen, der Urteiler habe nicht sein eigenes Rationalitätsurteil zu fällen, sondern müsse dies möglichst aus der Perspektive des Betroffenen vornehmen. Dies sei in dem Umstand begründet, dass jedermann eine Handlung normativ nur vom eigenen Standpunkt aus betrachten könne. Dabei gehe es nicht um die Frage, woher der Urteiler seine Maßstäbe ziehe oder ob und wie diese zu kritisieren seien, man könne nur aufgrund von Maßstäben, die man selbst akzeptiere, ein Verhalten beurteilen.[760] Im Ergebnis könne dies nur das „wohlverstandene Interesse des Betroffenen, *so wie der Urteiler es sieht*" sein, welches die Norm für die Rationalität einer Einwilligung abgebe. Daher könne die vom BGH geltend gemachte Unvernunft der Entscheidung zwar anhand des eigenen Maßstabes begründet werden, wegen des Gesagten genüge die bloße Unvernunft der Entscheidung aber nicht; es könne aus der Unvernunft einer Entscheidung nicht auf die Vernunftunfähigkeit geschlossen werden, da man nicht mit den Gründen, mit denen man einer zurechenbaren Einwilligung die Wirksamkeit abspreche, bereits die Zurechenbarkeit der Einwilligung selbst verneinen könne.[761] Dadurch nehme man einem Menschen, sei er auch noch so dumm, urteilsschwach oder „neurotisch", ein „wesentliches Stück seines Personseins". Erst wenn die getrübte Urteilskraft Krankheitswert erreiche, könne die Einwilligung nicht mehr zugerechnet werden.

In eine ähnliche Richtung Zielt die Kritik von *Horn*, der hinter der Entscheidung die Motivation vermutet, Ärzten schlechthin zu untersagen, therapeutisch sinn- oder aussichtlose Behandlungen durchzuführen.[762] Im Ergebnis führe die Gleichstellung von Einwilligungsunfähigen und Patienten, die zwar einwilligungsfähig seien, jedoch in Kenntnis der fehlenden Indikationslage trotzdem einwilligen, zu einem allgemeinen Abstellen auf die Sittenwidrigkeit des Vorgehens des Arztes. Wer als Patient mit einer Privatdiagnose zum Arzt

759 Hruschka, JR 1978, 520.
760 Hruschka, JR 1978, 520.
761 Hruschka, JR 1978, 519, 521.
762 Horn, 1979, 30.

ginge, würde für diesen tabu werden, auch wenn ihm die Unrichtigkeit mehrfach versichert worden sei. Unter Abstellung auf andere Rechtsverhältnisse stellt er heraus, man dürfe dem Unbelehrbaren zwar helfen, sich finanziell zu ruinieren, etwa ein Anwalt, der trotz Aussichtslosigkeit einen Prozess führt oder die Bank, die weisungsentsprechend aussichtslose Wertpapiere zeichnet, hinsichtlich der Gesundheit werde der Unvernünftige jedoch entmündigt. Zudem wirft er das Problem auf, eine Entfernung der Zähne aus kosmetischen Gründen (etwa, um sie durch besseraussehende Implantate zu ersetzen) solle trotz ebenfalls fehlender Indikation und daher therapeutischer Sinnlosigkeit straflos sein, während die Entfernung der Zähne aus einem anderen, ebenfalls therapeutisch sinnlosen Grunde strafbar sein solle.[763] Ebenfalls kritisiert er, dass der Arzt eine Beschwerdenlinderung aufgrund psychosomatischer Umstände (man könnte wohl sagen: Placeboeffekt) nach der Zahnentfernung für entfernt möglich gehalten habe, der BGH diesen Einwand jedoch damit abgeschmettert habe, dass fernliegende Möglichkeiten einer Verbesserung den Ausschluss der Heileingriffsqualität nicht berühre.[764] Insbesondere wegen solcher Unsicherheiten des Zusammenwirkens von Körper und Verstand sei es unhaltbar, aufgrund von „Rationalitätserwägungen" solchen Eingriffen die Heilqualität abzusprechen, zumal *Horn* bezweifelt, der BGH hätte bei einer tatsächlichen Linderung der Probleme genauso entschieden.

Rogall sieht vor allem die Anforderungen der Rechtsprechung, der Arzt habe auf eine zutreffende, medizinisch vernünftige Entscheidung des Patienten hinzuwirken, durch die Entscheidung überspannt.[765] Grenze der strafrechtlich relevanten Einwilligung sei nicht medizinische Indikation, sondern die Einwilligungsfähigkeit des Betroffenen. Der Patient willige daher auch nicht in einen Heilungs*erfolg* ein, sondern in eine Heil*behandlung*. *Rüping* verweist ebenfalls darauf, dass es strafrechtlich bei der Einwilligung auf die „individuelle, natürliche Einsichtsfähigkeit" des Kranken ankomme, dieser also nach Alter, Entwicklung, Bildung und Persönlichkeit die Gestaltung des Eingriffes nachvollziehen können müsse, was selbst bei psychisch Kranken[766] nicht von vornherein auszuschließen sei.[767] Die Auffassung des BGH wäre aus patientenrechtlicher Sicht ein enormer Rückschritt, würde sie dazu führen, dass Ärzte in Zukunft angehalten

---

763 Horn, JuS 1979, 31.
764 Horn, JuS 1979, 31.
765 Rogall, NJW 1978, 2345.
766 BGH VersR 1961, 632, 633.
767 Rüping, Jura 1979, 91.

seien, den Willen des Patienten nicht mehr zu beachten.[768] Dies stehe vor allem im Gegensatz zur Ansicht des BGH, die Beauftragung des Arztes verleihe demselben gerade keine Verfügungsbefugnis über die Persönlichkeitssphäre des Patienten.[769]

Bichlmeier hingegen stimmte der Entscheidung des BGH im Ergebnis zu.[770] Die Möglichkeit eines psychosomatischen Zusammenhangs sieht er als allein nicht ausreichend, um die Einwilligung als wirksam zu erkennen.[771] Die Einwilligung müsse sich als Akt wirklicher Selbstbestimmung äußern und daher Einwilligungs- und Urteilsfähigkeit voraussetzen. Aus dem sich vom Selbstbestimmungsrecht aus Art. 2 Abs. 1 GG ableitenden Prinzip der Selbstverantwortung ergebe sich, dass nicht alle Fehlvorstellungen des Einwilligenden zu Lasten des Täters gingen.[772] Das Selbstbestimmungsprinzip müsse jedoch dort zurücktreten, wo die Voraussetzungen wirklicher Selbstbestimmungen betroffen seien. Der Patient unterliege demnach einem rechtsgutsbezogenen Irrtum, wenn er Bedeutung, Tragweite und Risiken des ärztlichen Eingriffes nicht in seinen Grundzügen kenne.[773] Die Anforderungen stiegen dabei mit abnehmender Indikationslage. Er spricht sich für die Verurteilung aus, weil der Arzt trotz absolut fehlender Indikationslage der Patienten ihre Restüberzeugung auf eine Heilwirkung beließ. Aber auch *Bichlmeier* erkennt an, dass der Verweis des BGH auf das Vorliegen einer seelischen, die verstandesgemäße Abwägung ausschließende Verfassung schon deshalb fehlgehe, weil schwere Eingriffe für Patienten stets eine psychische Belastung darstellten und daher für eine solche Annahme stets außergewöhnliche Gründe hinzutreten müssten.[774]

d.) Die Vernunft der Entscheidung als Kriterium zur Ermittlung der Einwilligungsfähigkeit?

Anknüpfend an diese Entscheidung vertritt *Roxin*, dass ein abstrakter Maßstab der Vernunft und Unvernunft die Wirksamkeit einer Einwilligung deswegen nicht betreffe, weil menschliche Entscheidung wahrscheinlich stets durch unvernünftige Erwägungen zumindest mitverursacht sei.[775] Das abweichende

768 Rüping, Jura 1979, 91.
769 BGH VersR 1973, 244, 246.
770 Bichlmeier, JZ 1980, 53ff.
771 Bichlmeier, JZ 1980, 53.
772 Bichlmeier, JZ 1980, 53, 55.
773 Bichlmeier, JZ 1980, 53, 55.
774 Siehe auch Kaufmann, ZStW 73 (1961), 366.
775 Roxin, Strafrecht AT, 483, 484, Rn. 59.

Verhalten eines „Nonkonformisten" könne berechtigten Anlass geben, dessen Einwilligungsfähigkeit zu überprüfen, ihr Fehlen dürfe jedoch nicht bereits aus der Irrationalität seiner Entscheidung gefolgert werden. Es könne daher bei einem voll zurechnungsfähigen Menschen nur darum gehen, ihm die wissenschaftliche Unsinnigkeit seiner Entscheidung mitzuteilen, die Schlüsse jedoch, die daraus zu ziehen seien, seien ihm überlassen.

Amelung knüpft bei seiner Kritik gerade an das Kriterium der Rationalität an. Schon aufgrund der begrenzten fachlichen Kompetenz des Juristen verbiete es sich, dass dieser darüber bestimme, welche Krankheitsbilder, Intelligenzmängel und Unreifegrade für die Bestimmung der Irrationalität maßgeblich seien.[776] Die juristische Einwilligungsdogmatik biete wenig konkrete Anhaltspunkte dafür, wenn formelhaft auf den ungehinderten Gebrauch der persönlichen Freiheit oder den Grundsatz des mangelnden Interesses abgestellt würde.[777] Diese Grundsätze legten jedenfalls nahe, dass auch unvernünftige Entscheidungen erfasst seien. Er verweist in Übereinstimmung mit *Geilen*[778] jedoch darauf, dass die Einwilligung ein „Instrument der Interessenwahrnehmung" sei. Daraus ergebe sich auch die utilitaristische Natur des Vernunftbegriffs, die ihn von der Schuldfähigkeit abgrenze, denn wer eine vernünftige Entscheidung treffen wolle, benötige dazu nicht die Einsicht in die moralische und sozialethische Vernunft strafrechtlicher Verbote, sondern müsse erkennen, welche Entscheidungen ihm nützen.[779] Bei der Ermittlung der generellen Fähigkeit, eine wirksame Einwilligung zu tätigen, dürfe der Rationalitätsbegriff jedoch keine Rolle spielen.[780] Denn nur wer zur vernünftigen Entscheidung in der Lage sei, bedürfe nicht der Überprüfung durch Dritte, ob die Preisgabe seiner Rechtsgüter im Einzelnen vernünftig ist oder nicht. Dabei ergebe sich der Umstand, dass die Rechtsordnung die vereinzelte unvernünftige Entscheidung akzeptiere, auch aus einer Parallelwertung aus dem Strafrecht:[781]

> „So wie ein Schuldfähiger, d.h. zur Achtung von Rechtsnormen Fähiger, einmal eine normwidrige, schuldhafte Tat begehen kann, so kann auch ein zu einer rationalen Einwilligung Fähiger einmal eine ‚irrationale' Einwilligung erteilen. Wir akzeptieren auch eine solche Entscheidung, um zu vermeiden, daß vernünftige Menschen wegen der Möglichkeit einzelner ‚Entgleisungen' dauerhaft unter Kuratel gestellt werden."

776 Amelung, ZStW 104 (1992), 548.
777 Amelung, ZStW 104 (1992), 544 m.e.N.
778 Geilen, Einwilligung und ärztliche Aufklärungspflicht, 90.
779 Amelung, ZStW 104 (1992), 544f.
780 Amelung, JR 1999, 46.
781 Amelung, JR 1999, 46.

Würde man einen rein objektiven Rationalitätsbegriff zugrundelegen wie der BGH in der Zahnextraktionsentscheidung, so wäre ein solcher nur „ein Instrument der Bevormundung ‚normaler Menschen'".[782] Maßgeblich könne also nur der subjektive Rationalitätsbegriff sein, der von einem objektiven abweichen könne. Einen solchen könne man aus der ökonomischen Verhaltenslehre ableiten, aus rechtlicher Sicht sei jedoch dennoch von Bedeutung, wen man einer subjektiven Betrachtung zugrundelege: Den Betroffenen selbst anhand seiner eigenen Wertvorstellungen oder einen vernünftigen Dritten, „der sich an der ‚geronnenen Vernunft' gesetzlicher Rechtsgutsbewertungen orientiert."[783] Aus dem Umstand, dass es sich bei der Einwilligung um einen Akt der Selbstbestimmung handelt, leitet *Amelung* ab, dass es nur um die Entscheidung anhand eines eigenen Wertesystems gehen könne, da alles andere Fremdbestimmung wäre.[784] Die subjektiven Wertmaßstäbe des Einzelnen gebieten eine rein subjektive Auffassung, da anderenfalls die Frage, ob eine Einwilligung vernünftig sei, die Autonomie des Betroffenen beseitigen würde. Daraus ergibt sich auch das Erfordernis, dass der Einwilligende alle wesentlichen Aspekte der Behandlung kennen müsse, also insbesondere ein prognostisches Urteil fällen können müsse. Fehlten die Voraussetzungen dafür, willige er in die prognostizierte Folge schon gar nicht ein.[785]

> „Die kognitiven Voraussetzungen der Einwilligungsfähigkeit erfüllt..., wer erfassen kann, welchen Wert die von der Einwilligungsentscheidung berührten Güter und Interessen für ihn haben, um welche Tatsachen es bei der Entscheidung geht, welche Folgen und Risiken sich aus der Einwilligungsentscheidung ergeben und welche Mittel es zur Erreichung der mit der Einwilligung angestrebten Ziele gibt, die den Einwilligenden möglicherweise weniger belasten."[786]

Fehle ihm das notwendige Wissen dazu, so komme es entscheidend auf seine Fähigkeit an, eine Belehrung zu verstehen und die Informationen anhand seiner Wertordnung einordnen zu können.[787] Die prognostische Fähigkeit soll dabei nicht schon beeinträchtigt sein, wenn der Betroffene objektiv falsche Prognosen trifft, weil es im Wesen der Prognose liege, dass sie nicht eintreten könne; vielmehr soll diese dann nicht mehr gegeben sein, wenn natürliche

---

782 Amelung, JR 1999, 46.
783 Amelung, ZStW 104 (1992), 546.
784 Amelung, ZStW 104 (1992), 547; JR 1999, 47; siehe auch Küper, JZ 1986, 224.
785 Amelung, ZStW 104 (1992), 548.
786 Amelung, JR 1999, 47.
787 Amelung, ZStW 104 (1992); 554.

Kausalitätszusammenhänge nicht mehr erkannt werden und an wahnhafte Zusammenhänge, etwa das Wirken von Geistern glaube.

Bei der Frage der Übereinstimmung mit dem eigenen Wertemaßstab gehe es vor allem um die Ermittlung von Defekten, die dieses Wertesystem verzerren, sprich nicht um objektive, sondern subjektive Falschbewertung. Ein solcher Defekt könne sich vor allem aus Krankheit, Behinderung oder Minderjährigkeit ergeben.[788] Abweichende Entscheidungen können, so *Amelung*, daher bereits auf einer defekten Autonomie beruhen, die die Zurechnung der Entscheidung als selbstbestimmt verhindere. Auch er fordert eine biologische Abgrenzbarkeit um den an sich vernunftfähigen, im Einzelfall jedoch unvernünftig Handelnden nicht allein aufgrund seiner Einzelentscheidung als objektiv unvernünftig anzusehen.[789] Bei der eigentlichen Selbstbestimmung liege ein Defekt vor, wenn der zur vernünftigen Entscheidungsfindung Fähige nicht nach dieser Einsicht handeln könne, er also etwa wider besserer Einsicht den „Verlockungen eines vorgestellten Zustandes" erliege.[790] Dies könne sich durch übermäßigen Widerstand gegen einen Eingriff äußern.

Lenckner verweist auf den Umstand, dass sich die strafrechtliche Ansicht über die Einsichts- und Urteilsfähigkeit in das Zivilrecht nicht unverändert übertragen lasse.[791] Denn die wohl h.M. fordert für die Einwilligungsfähigkeit im Sinne der §§ 823ff BGB die Vollgeschäftsfähigkeit des Betroffenen.[792] Er wirft mit *Engisch* auf, dass dadurch ein Wertungswiderspruch entstehe, innerhalb dessen ein und derselbe Sachverhalt zugleich rechtmäßig und rechtswidrig sein könne.[793] Daraus ist zumindest zu folgern, dass die Einwilligung einen eigenständigen Rechtscharakter haben muss, der sich aus dem bestehenden, gesamten positiven Recht herleiten mag, insgesamt aber derart konkret sein muss, dass solche Wertungswidersprüche nicht entstehen können. So verwies bereits Zitelmann noch aus der Verbotsperspektive, dass es also nicht darauf ankomme, warum etwas verboten sei, solange sich dieses Verbot auf die Gesamtheit der Rechtsordnung erstrecke:

> „Für die Tatsache des Verbotenseins ist es offenbar gleichgültig, in welchem Rechtsteil, technisch betrachtet, das Verbot erscheint. Bei der Einheit der gesamten Rechtsordnung muß der Begriff der Rechtswidrigkeit insofern ein einheitlicher sein: ist eine

---

788 Amelung, JR 1999, 47; ZStW 104 (1992), 552.

789 Amelung, ZStW 104 (1992), 553.

790 Amelung, ZStW 104 (1992), 556.

791 Lenckner, ZStW 72 (1960), 454.

792 So schon RG, JW 1907, 505; 1911, 748; BGHZ 2, 159; 7, 207; BGH NJW 1958, 905.

793 Lenckner, ZStW 72 (1960), 455; Engisch, 55ff.

> Handlung durch irgendeinen Rechtssatz in irgendeinem Rechtsteil verboten, so ist sie eben verboten. Welche Folgen dann die Rechtsordnung an die Vornahme der verbotenen Handlung anknüpft, ob nun eine privatrechtliche,... oder nur eine öffentlichrechtliche, insbesondere eine Strafhaftung, oder beide zusammen, das ist eine Frage für sich und ebenso können die weiteren Voraussetzungen, von denen das Eintreten der Folge abhängen soll, in jedem Rechtsstreit verschieden geformt sein."[794]

Wenn auch nicht gesagt werden kann, dass alles, was zivilrechtlich rechtswidrig ist auch strafrechtlich verboten ist (man denke etwa an einfache Vertragsverletzungen, mögen sie auch vorsätzlich geschehen), so ergibt sich schon aus den betroffenen Rechtsgütern des Patienten aus Art. 2 Abs. 2 GG und deren unbedingte Voraussetzung für ein autonomes Leben, dass die Rechtsordnung bezüglich der Wahrung dieser Rechtsgüter umfassend und abschließend Stellung beziehen muss, auch um diese durch Rechtssicherheit für die Ärzte zu schützen. Es wäre dem Lebensschutzgebot aus Art. 2 Abs. 2 GG mit Hinblick auf die Wesensgehaltsgarantie aus Art. 19 Abs. 2 GG ebenso unerträglich, würde ein Arzt vor einer Behandlung davon abgehalten werden, weil er aufgrund unklarer Rechtslage Repressalien befürchtet.

3.) Zivilrechtliche Einordnung

a.) Die frühe Rechtsgeschäftslehre

Bei der zivilrechtlichen Einordnung der Einwilligung ist eines der ältesten Diskussionsthemen, ob es sich dabei selbst um ein Rechtsgeschäft bzw. eine Willenserklärung handelt. In der frühen Rechtsprechung des Reichsgerichts[795] und Ansicht der Literatur[796] zum BGB wurde dies angenommen. Bereits *Zitelmann* verwies darauf, dass ob des (damaligen) Schweigens des BGB zur Einwilligung man diese positivrechtlich herleiten müsse und die Grundsätze über das Rechtsgeschäft die einzigen seien, die dafür zur Verfügung stünden.[797] Die Fähigkeit des Einzelnen, über seine Rechtsverhältnisse gestaltend zu verfügen (wir würden heute sagen: seine Vertragsfreiheit oder Privatautonomie) erlaube es dem Rechtsinhaber über ein Recht, welches tatsächlich seinem verfügungsbefugten Rechtskreis zuzuordnen ist, frei zu verfügen. Als Beispiel nennt er etwa auch den Arztvertrag, bei dem die Preisgabe eigener Rechtsgüter notwendig für die Abwicklung des Vertrags ist und daher ein Teil dessen rechtsgeschäftlichen

794 Zitelmann, AcP 99 (1906), 11f.

795 RG JW 1907, 505; RGZ 68, 431; JW 1911, 748.

796 Zitelmann, AcP 99 (1906), 48.

797 Zitelmann, AcP 99 (1906), 48.

Charakters.[798] In der Rechtsprechung des Reichsgerichts ging das Reichsgericht in einem Fall, in dem eine Minderjährige[799] in eine Augenoperation ohne Zustimmung der Eltern eingewilligt und infolge der Operation ein Auge verloren hatte, von der Unwirksamkeit der Einwilligung aus.[800] Die Berechtigung des Arztes hänge von einer Willenserklärung des Kranken oder seines gesetzlichen Vertreters ab, so dass § 107 BGB unmittelbar Anwendung finde.[801] Während die zivilrechtliche Rechtsprechung bei dieser Auffassung blieb, ordnete das Reichsgericht in Strafsachen die Einwilligungsfähigkeit nie der Geschäftsfähigkeit zu, sondern stellte (bei Minderjährigen) stets auf individuelle Einsichtsfähigkeit ab.[802]

Der BGH stellte in einer ersten Entscheidung 1952[803] unter Verweis auf die frühere Rechtsprechung des RG ebenfalls darauf ab, dass es sich bei der Einwilligung um eine rechtsgeschäftsähnliche Willenserklärung handele, die unbeachtlich sei, wenn sie Willensmängeln unterliege oder wegen §§ 134, 138 BGB nichtig sei.[804] Die Entscheidung wurde teilweise deswegen kritisiert, weil der BGH verkannt habe, dass das RG sich bereits in seiner späten Rechtsprechung[805] von der Rechtsgeschäftslehre gelöst hatte.[806]

b.) Abkehr von der Rechtsgeschäftslehre in der Rechtsprechung des BGH

Die Änderung in der Rechtsprechung durch den BGH[807] verwarf diese sog. Rechtsgeschäftstheorie und lehnte eine Anwendbarkeit der §§ 107ff BGB ab.[808]

> „Bei der Einwilligung zu einem Eingriff in die körperliche Integrität handelt es sich nicht um eine Einwilligung im Sinne des § 183 BGB, nicht um die Zustimmung zu einem Rechtsgeschäft, also nicht um eine rechtsgeschäftliche Willenserklärung, sondern um eine Gestattung oder Ermächtigung zur Vornahme tatsächlicher Handlungen, die in den Rechtskreis des Gestattenden eingreifen."[809]

---

798 Zitelmann, AcP 99 (1906), 49.
799 Mit 18 Jahren nach damaligem Recht.
800 RG JW 1907, 505.
801 Siehe auch Ohly, 295.
802 RGSt 29, 389, 399; 41, 392, 394; 72, 399, 400.
803 BGHZ 7, 198, 207.
804 Siehe dazu Kohte, AcP 185 (1985), 112.
805 RGZ 168, 206, 210.
806 Rosener, 45 m.w.N. Fn. 156.
807 BGHZ 29, 33, 36f.
808 Ohly, 295.
809 BGHZ 29, 33, 36.

Begründet wurde dies damit, dass der Minderjährige keines Schutzes bedürfe, wenn er nach seiner geistigen und sittlichen Reife die Bedeutung und Tragweite des Eingriffs und seiner Gestattung ermessen könne. Das Elternrecht aus § 1626 BGB stehe dem jedenfalls dann nicht entgegen, wenn die elterliche Zustimmung nicht eingeholt werden könne und der Minderjährige kurz vor der Volljährigkeitsgrenze stehe. Zudem ermögliche eine Lösung von zivilrechtlicher Geschäftsfähigkeit eine Harmonisierung der strafrechtlichen Rechtsprechung. Von einer derart weit gefassten Ansicht über Einsichtsfähigkeit rückte der BGH jedoch dann wieder zunehmend ab.[810] Der BGH hielt die Einwilligung von 15- und 16-jährigen Patientinnen ohne Zustimmung der Eltern für unwirksam. Dabei löste sich die Rechtsprechung vor allem von der individuellen Betrachtung der Einsichtsfähigkeit, sondern stellte Abstrakt auf die Einsichtsfähigkeit von Menschen einer bestimmten Altersgruppe ab.[811]

Von Bedeutung scheint auch zu sein, dass diesen Fällen die Einwilligung in kosmetische Behandlungen zugrundelag. Zumindest bei Minderjährigen hat sich die Rechtsprechung trotz der Loslösung von der Rechtsgeschäftstheorie entscheidend dahin entwickelt, dass sich aus der Personensorge der Eltern ergebe, dass Minderjährige auch außerhalb rechtsgeschäftlichen Wirkens bei wichtigen Entscheidungen der Zustimmung ihrer Personensorgeberechtigten bedürfen,[812] so dass der BGH die Frage der Einwilligungsfähigkeit selbst bei Minderjährigen, die das 18. Lebensjahr fast erreicht haben, noch nicht ein Mal aufwirft und lediglich darauf verweist, dass es bei einer hypothetischen Einwilligung auch auf dessen Willen ankomme.[813]

c.) Vereinzelte Anwendung der §§ 133, 157 BGB durch den BGH

In späteren Entscheidungen stellte der BGH indes erneut auf eine (analoge) Anwendung der Regeln über Willenserklärung und Rechtsgeschäft ab.[814] So zog der BGH bei der Frage, ob die Sterilisation einer Frau, die keine Kinder mehr wünsche, gegen die guten Sitten verstoße, zumindest die Möglichkeit einer

---

810 BGH NJW 1970, 511; NJW 1972, 335.

811 BGH NJW 1970, 511, 512; NJW 1972, 335, 337, wo sogar von „jungen Mädchen dieses Alters“ die Rede ist.

812 BGHZ 105, 45, 47.

813 BGH NJW, 2344f, 2345; ebenso OLG Hamm NJW 1998, 3424, 3425; offenlassend BayObLG, FamRZ 1987, 87, 89; selbst bei Annahme der Einwilligungsfähigkeit des Minderjährigen entfiele nicht das Erfordernis der Zustimmung der Eltern.

814 BGHZ 67, 48; NJW 1980, 1903.

analogen Anwendung des § 138 BGB in Betracht.[815] Bei der Frage der Widerruflichkeit der Einwilligung ging der BGH in einer Entscheidung aus dem Jahr 1980 von einer Anwendbarkeit der Auslegungsregeln aus §§ 133, 157 BGB auf die Einwilligungserklärung aus, wobei sich die Begründung in der „Verwandtschaft" mit der rechtsgeschäftlichen Willenserklärung erschöpfte.[816] In einer weiteren Entscheidung ging der BGH sodann ohne weiteres von einer Willenserklärung aus, deren Erklärungsinhalt gewürdigt werden kann.[817]

d.) Ansichten in der Literatur

In der Literatur wird anknüpfend an das Minderjährigenrecht des BGB stärker differenziert. Die Grundsatzentscheidung des BGH wird teilweise dahingehend kritisiert, dass § 183 BGB schon nicht die maßgebliche Norm sei, um die Einwilligung einzuordnen.[818] Dies ist nach *Kohte* darin begründet, dass sich aus der Entstehungsgeschichte des BGB ergebe, dass es bei der Einwilligung im Sinne des § 183 BGB um die Zustimmung zu einem von einem Dritten vorzunehmenden Rechtsgeschäft gehe, es also um die Wiederherstellung der privatautonomen Zuständigkeitsordnung und nicht um die Rechtfertigung unerlaubter Handlungen gehe.[819] Das Argument, dass durch die Einwilligung über verfassungsrechtliche Güter verfügt werde, lasse nicht deren rechtsgeschäftlichen Charakter entfallen, weil sich aus § 134 BGB ergebe, dass sich nur aufgrund missbilligten Inhalts einer Erklärung deren Eigenschaft als Willenserklärung nicht beseitigen lasse.[820] Dass auch im Bereich der Verfügung über tatsächliche Rechtsgüter von großer Bedeutung die Erklärungen als Willenserklärung angesehen würde, ergebe sich etwa aus dem Sachenrecht, z.B. der Erwerbsgestattung gemäß § 956 BGB.[821] Die Dispositionsfähigkeit stelle also nicht Inhalt, sondern Grenze der Rechtsbindung dar. Der Anwendung der Normen des BGB stehe die Rechtsnatur der Einwilligung demnach nicht entgegen, sodass die Einwilligungserklärung zumindest eine Willenserklärung sei.[822] Die Einwilligung sei

---

815 BGHZ 67, 48, 51.

816 BGH NJW 1980, 1903, siehe Auch den Leitsatz: „Die allgemeinen Grundsätze für die Auslegung rechtsgeschäftlicher Willenserklärungen gelten für Äußerungen, die das Einverständnis des Patienten mit einem Eingriff betreffen, entsprechend."

817 BGH NJW 1984, 1395.

818 Etwa Kohte, AcP 185 (1985), 114; Diederichsen, FS Wieacker, 336f.

819 Kohte, AcP 185, 114f.

820 Kohte, AcP 185, 116.

821 Kohte, AcP 185, 117.

822 Kohte, AcP 185, 118f.

nicht mit reinen Realakten wie Fund oder Verarbeitung vergleichbar, die durch ihre Betätigung Rechtsfolgen auslösten, so dass eine vollständige Lösung vom Recht der Willenserklärung nicht sachgerecht sei.[823]

Ähnlich schließt *Voll* die Einwilligung als reine Tathandlung aus.[824] Genau wie bei der geschäftsähnlichen Handlung sei bei der Einwilligung nicht nur ein tatsächlicher Erfolg an die Willensäußerung geknüpft, sondern eine Rechtsfolge, daher sei die Einwilligungserklärung auch eine geschäftsähnliche Handlung.[825] Denn der Wille des Patienten sei auch auf die Setzung einer Rechtsfolge in Form der Rechtfertigung des Eingriffs gerichtet. Dies ergibt sich für sie gerade aus dem vom BGH entschiedenen Fall in der Grundsatzentscheidung BGHZ 29, 33, da es dort nicht um den „Normalfall“ der eigenen Einwilligung ging, sondern um die Einwilligung des Minderjährigen, sodass sich aus dieser Konstellation die Rechtsnatur der Einwilligung gerade nicht allgemein herleiten lasse.[826] Der Problembereich sei in diesem Fall nicht die Natur der Einwilligung, sondern das betroffene Persönlichkeitsrecht des Minderjährigen und die Frage der Einsichts- und Urteilsfähigkeit mit seinen Berührungspunkten der Grundrechte und des Familienrechts.

So argumentierte auch *Flume*, dass bei der Ermittlung, ob ein Minderjähriger in eine Behandlung im Sinne der §§ 104 BGB einwilligen könne, die Rechtsnatur der Einwilligung nicht maßgeblich sei.[827] Ebenso *Reuter*, der das Problem nicht in der dogmatischen Einordnung der Einwilligung sieht, sondern in der Frage, wie die Rechte des Einwilligenden und insbesondere Minderjähriger zu schützen seien.[828]

Ballhausen ordnet die Einwilligungserklärung zwischen der rechtsgeschäftlichen Willenserklärung und der rechtsgeschäftsähnlichen Handlung ein und sieht in ihr eine „rechtsgeschäftsähnliche Vertrauensäußerung“ in Form eines Vertrauensaktes.[829] Die Einwilligung soll demnach kein reiner Realakt sein, unterscheide sich aber von der rechtsgeschäftsähnlichen Handlung vom betroffenen Dispositionsgut. Da der Patient dem Arzt Eingriffe in höchstpersönliche Rechtsgüter eröffne, werde das Abstellen auf den Handlungsbegriff „dem besonderen psychologischen Charakter der Behandlungsbeziehung nicht gerecht“[830].

823 Kohte, AcP 185, 119.
824 Voll, 38.
825 Voll, 39.
826 Voll, 42.
827 Flume, BGB AT, 213, 219.
828 Reuter, 27f.
829 Ballhausen, 245.
830 Ballhausen, 245.

Die Patientenautonomie äußere sich an diesem Punkt zum einen durch die Selbstbestimmung des Patienten, andererseits auch durch die damit verbundene Selbstverantwortung, was sich daraus ergebe, dass, anders als bei rechtsgeschäftlichem Handeln, der Patient jederzeit von seiner Einwilligung Abstand nehmen könne. Der Arzt müsse jedoch grundsätzlich auf die Wirksamkeit der Einwilligung vertrauen können, um ausufernde Haftungsrisiken zu vermeiden. Daher greife die Einwilligung in den Rechtskreis eines anderen ein, so dass aus diesem Grunde die Anwendung der allgemeinen Auslegungsregeln für Willenserklärungen eröffnet sein.[831]

Amelung lehnt eine Heranziehung der §§ 104ff BGB zur Herleitung der Einwilligungsfähigkeit ab, weil es sich mit Verweis auf die überkommene Rechtsgeschäftstheorie bei Einwilligung und Willenserklärung um unterschiedliche Normtypen handele.[832] Bei den Normen des BGB handele es sich um konstitutive Normen, die die „Spielregeln" bestimmten, die es bei der Teilnahme am Rechtsverkehr zur Erreichung spezifischer Rechtserfolge einzuhalten gelte. Die Einwilligung hebe dagegen regulative Normen auf, also solche, die Interessen abgrenzen und vor Verletzung schützen. Dies trage dem Umstand Rechnung, dass die Einschätzung der eigenen Interessen wechseln könne, woraus sich die jederzeitige Widerruflichkeit der Einwilligung ergebe. Der andere Teil sei daher ausreichend geschützt, wenn er den Widerruf schlicht beachte. Bei Willenserklärungen gehe es hingegen darum, dass beide Parteien im Rechtsverkehr auf die konstituierende Wirkung der Erklärung vertrauten, was sich auch daraus ergebe, dass zugegangene Willenserklärungen wirksam sind.[833] Deswegen sei die Geschäftsfähigkeit auch an feste Altersstufen gekoppelt. *Lenckner* möchte zumindest im Bereich der Vermögensdelikte die §§ 104ff BGB heranziehen, da sich aus der zivilrechtlichen Wertung ergebe, ab welchem Alter ein Mensch in vermögensrechtlich relevante Handlungen einwilligen könne.[834]. Es wird in der Regel zwischen bestimmten Stufen der Mitbestimmung und der Alleinzuständigkeit unterschieden.[835]

Lüderitz stellt dabei besonders auf den Zweck der Erziehung ab, der sich in den §§ 104 ff BGB manifestiere und deren Ziel, an Selbstständigkeit schrittweise heranzuführen. Dies geschehe durch drei unterschiedliche Schritte,

831 Ballhausen, 246.
832 Amelung, ZStW 104 (1992), 527.
833 Amelung, ZStW 104 (1992), 528.
834 Lenckner, ZStW 72 (1960), 456.
835 Kohte, AcP 185 (1985), 143; Gernhuber, FamRZ 1962, 94; Lüderitz, AcP 178 (1978), 263, 275.

Beteiligung in Form von Mitbestimmung in eigenen Angelegenheiten lediglich im Innenverhältnis, durch Bündelung von Eltern- und Kindesentscheidungen als Mitwirkung im Außenverhältnis und durch echte Teilmündigkeit.[836] Diese Möglichkeiten der Heranführung an echte Selbstbestimmung müssten dann auf verschiedene Bereiche, etwa Erwerbstätigkeit oder Verfügung über den eigenen Körper angewendet werden. Im Bereich der Einwilligung in Heilbehandlungen stehe man vor dem Problem, das Bedürfnis nach Rechtssicherheit in Form fester Altersgrenzen in ein angemessenes Verhältnis zu den vielen denkbaren Formen von Erkrankungen und Heilbehandlungen zu setzen.[837] In der Literatur wird im Bereich der Patientenautonomie zum Teil eine Altersgrenze von 14 Jahren vorgeschlagen,[838] während etwa im Bereich der Pädiatrie eine bedeutend geringere Altersgrenze von zehn bis zwölf Jahren in der Regel als maßgeblich gesehen wird.[839] Aus der Teilmündigkeit der beschränkten Geschäftsfähigkeit ergebe sich, dass die schrittweise Selbstständigwerdung des Minderjährigen durch Korrekturmöglichkeiten erreicht werden solle:

> „Elterliche Erziehung und Verantwortung drücken sich darin aus, daß sie Freiheit wagen, aber nicht unwiderruflich. Gelernt wird auch hier durch trial and error- error muß aber dann, wenn Selbstkorrektur durch den Jugendlichen ausbleibt oder nicht zu erwarten ist, zur Korrektur durch die Eltern führen."[840]

Der Minderjährige soll also ein durch die Eltern korrigierbares Initiativrecht haben, da eine Behandlung gegen den Willen des Minderjährigen dessen Freiheitsinteresse stärker berührt werde als durch Kontrolle und Versagung einer von ihm angestrebten Behandlung.

Dies entspricht auch dem Einwand von *Zenz,* dass es bei Einwilligung in ärztliche Behandlungen nicht nur um einen Ausgleich von Eltern- und Kindesinteressen gehe, sondern entscheidend um das Entgegenwirken gegen Fremdbestimmung im Arzt-Patienten-Verhältnis.[841] Für eine derartige zweifache Zuständigkeit spricht sich auch *Belling* aus, der eine Alleinentscheidungsbefugnis nur im Ausnahmefall zulassen will.[842] Das Familienrecht sei treuhänderisch gebunden und die Eltern hätten daher auf die wachsende Selbstbestimmung des

---

836 Lüderitz, AcP 178 (1978), 275.
837 Lüderitz, AcP 178 (1978), 277.
838 etwa Kern, NJW 1994, 755.
839 Jox et. al, Monatsschr Kinderheilkd 2007, 155:12, 172 m.e.N.
840 Lüderitz, AcP 178 (1978), 277.
841 Zenz, StAZ 1973, 258.
842 Belling, FuR 1990, 76.

Kindes und dessen zunehmende Grundrechtsmündigkeit als Grundrechtsträger Rücksicht zu nehmen. Bei Vorliegen medizinischer Selbstbestimmungsfähigkeit dürfe der Minderjährige daher selbst über Durchführung und Unterlassen medizinischer Behandlungen entscheiden, sei diese zweifelhaft, so habe das Vormundschaftsgericht über die Einwilligungsfähigkeit zu entscheiden.[843]

Gernhuber will die §§ 104 ff BGB anwenden, weil sie nicht nur ein typisierter Fall von Schutzbedürftigkeit seien, sondern vor allem Verkehrsschutzvorschriften, die zumindest im Bereich von Massengeschäften eine klare Grenzziehung ermöglichen sollen.[844]

Lenckner verweist diesbezüglich jedoch auf die große Individualität des Heileingriffs und der Preisgabe höchstpersönlicher Rechtsgüter bei diesen, so dass der von den §§ 104 ff BGB maßgeblich bezweckte Verkehrsschutz diesbezüglich ohnehin nicht erreicht werden könne.[845] Dieser müsse jedenfalls hinter die Belange höchstpersönlicher Rechtsgüter zurücktreten, zumal der behandelnde Arzt über das Verschuldenserfordernis aus dem Deliktsrecht hinreichend geschützt sei.[846]

Bosch hält die §§ 104 ff BGB hingegen für auf körperliche Eingriffe uneingeschränkt anwendbar.[847] Da der Einwilligende über seinen deliktischen Schadensersatzanspruch und damit letztlich über einen Vermögenswert verfüge, ergebe sich daraus der Charakter der Einwilligung als zumindest rechtsgeschäftsähnliche Erklärung, so dass der Normzweck der §§ 104 ff BGB, nämlich der Schutz des Minderjährigen einerseits und der Schutz der Rechtssicherheit andererseits, an dieser Stelle eingreife. Auch könne dem Arzt letztlich nicht das Risiko übergeholfen werden, die geistige und sittliche Reife des Minderjährigen korrekt beurteilen zu können.[848] Allerdings stehe dem Minderjährigen in Anerkennung seines Selbstbestimmungsrechts ein Veto gegen die Entscheidung des gesetzlichen Vertreters zu. So entschied auch der BGH in einer jüngeren Entscheidung[849] und gesteht einer 15-jährigen bei einem nur relativ indizierten medizinischen Eingriff, der erhebliche Folgen für die spätere Lebensgestaltung haben kann, ein Vetorecht gegen die Einwilligung seiner gesetzlichen Vertreter

843 Belling, FuR 1990, 77.

844 Gernhuber, FamRZ 1962, 94.

845 Lenckner, ZStW 72 (1960), 445, 457; ebenso Eberbach, FamRZ 1982, 452 und Kohte, AcP 185 (1985), 146.

846 Rosener, 149.

847 Bosch, 42.

848 Bosch, 45.

849 BGH, NJW 2007, 217.

zu, solange er ausreichend urteilsfähig ist. Ohne nähere Begründung nimmt der BGH die Möglichkeit eines solchen Vetorechts an und geht auch davon aus, dass zur Wahrnehmung dieses Vetorechts eine Aufklärung der Minderjährigen selbst notwendig sei, nicht nur die der Eltern.[850] Der Arzt dürfe jedoch regelmäßig darauf vertrauen, dass die Aufklärung der Eltern ausreiche. Daran lässt sich jedoch der eigentliche Kern des Problems darstellen: Denn zumindest, wenn man davon ausgeht, dass beide, also sowohl die Eltern als auch der Minderjährige selbst einverstanden sein müssen, so lässt sich das mit der Logik der §§ 104ff BGB nicht adäquat abbilden.

Einen möglichen Anhaltspunkt für die Herleitung einer Einwilligungsfähigkeit bei Minderjährigen sehen *Lüderitz* und *Becker* in § 36 SGB I, nach dem jeder, der das 15. Lebensjahr vollendet hat, Sozialleistungsanträge stellen könne, zu denen auch ärztliche Leistungen zählten.[851] Daher müsse der Minderjährige in solche auch einwilligen können. Da der gesetzliche Vertreter jedoch über den Antrag unterrichtet werden soll, ergebe sich nach *Kohte* zumindest eine beschränkte Handlungsfähigkeit.[852] Die elterliche Einwilligung sei also grundsätzlich erforderlich, müsse jedoch bei bestimmten Kindeswohlinteressen zurücktreten. *Gernhuber* sieht diese Loslösung von § 107 BGB dadurch legitimiert, dass im Bereich höchstpersönlicher Rechtsgüter der Einzelne so früh wie möglich selbstbestimmt handeln können müsse, entsprechend also auch in ärztliche Behandlungsverträge einwilligen können müsse.[853]

Zusammenfassend setzt eine wirksame Einwilligung die Einwilligungsfähigkeit voraus, die sich aus Einsichts- und Steuerungsfähigkeit zusammensetzt. Die Einsichtsfähigkeit wiederum setzt sich aus drei Elementen zusammen: Verständnisfähigkeit, Verarbeitungsfähigkeit, Urteilsfähigkeit und Steuerungsfähigkeit.[854] Verständnisfähigkeit meint die Fähigkeit des Betroffenen, die ihm präsentierten Informationen im Wesentlichen verstanden zu haben. Teilweise wird zudem vertreten, dass dazu auch die Krankheitseinsicht gehört, die Unfähigkeit, den eigenen Zustand als Krankheit zu erkennen also die Einsichtsfähigkeit ausschließe.[855] Verarbeitungsfähig ist, wer die verstandene Information in der Lage

850 BGH, NJW 2007, 218.

851 Becker, FS Bosch, 1976, 60; Lüderitz, AcP 178 (1978), 267; ebenso Belling, FuR 1990, 77.

852 Kohte, AcP 185 (1985), 149.

853 Gernhuber, FamRZ 1962, 1989, 93.

854 Götz, 43f.

855 Dodegge, NJW 2006, 1628; LG Berlin FamRZ 1993; 597, 598; BayObLG FamRZ 1994, 1060; Götz, 44.

ist abzuwägen. Urteilsfähig ist, wer diese Abwägung anhand seines subjektiven Wertemaßstabes vornehmen kann. Sie fehlt etwa, wenn der Betroffene den ihm unterbreiteten Möglichkeiten anhand seiner Werteordnung keine individuelle Bedeutung zuordnen kann.[856] Steuerungsfähigkeit meint letztlich das voluntative Element, dass der Betroffene also sein Handeln anhand seiner Einsicht unter Ausschaltung heteronomer Einflüsse bestimmen kann.[857] Im Ergebnis sind dies also Umschreibungen der Tatbestandsvoraussetzungen eines *informed consent.*

4.) Losgelöste Betrachtung von zivil- und strafrechtlicher Systematik an feste Altersgrenzen und allgemeinen Vernunftkriterien

Wie die Regelung des § 36 Abs. 1 SGB I schon deutlich gemacht hat, knüpft der Gesetzgeber bestimmte Einsichtsfähigkeiten losgelöst von einer rein zivil- und strafrechtlichen Systematik an bestimmte Alterskategorien. Diese verschiedenen Einzelfallbetrachtungen haben zumeist einen medizinischen Bezugspunkt und zeigen wenigstens auf, dass sich der Gesetzgeber dem Umstand der schier endlosen Möglichkeiten und Konstellationen im Bereich der Einwilligung in medizinische Behandlungen durchaus bewusst ist und ihnen eher auf der Ebene einer Einzelfallbetrachtung begegnen will. So ist die Altersgrenze zur Einwilligung in eine Kastration nach dem Kastrationsgesetz 25 Jahre gem. § 2 Abs. 1 Nr. 3 KastrG, gem. § 1631c BGB können weder der Minderjährige noch dessen gesetzlicher Vertreter in eine Sterilisation einwilligen.[858] Auch die Rechtsprechung unterscheidet stark einzelfallbezogen, ohne dass sich eine deutliche Linie erkennen ließe. Bei kosmetischen Operationen Minderjähriger wurde, wie gezeigt, eine Einwilligungsfähigkeit abgelehnt.

Das LG München ging von der Einwilligungsfähigkeit einer 16jährigen zum Schwangerschaftsabbruch aus, nachdem die Eltern die Zustimmung aus religiösen Gründen verweigert hatten.[859] Demgegenüber sah das AG Celle eine fast 17jährige bei durchschnittlicher Intelligenz und Lebenserfahrung als überfordert an, und lehnte eine Einwilligungsfähigkeit ab.[860] Ebenso ging das OLG Hamm davon aus, dass die Zustimmung des gesetzlichen Vertreters notwendig sei.[861] Das BVerfG geht wohl ebenfalls davon aus, dass Minderjährige

---

856 Amelung, R&P 1995, 24.
857 Dodegge, NJW 2006, 1628.
858 Ohly, 306.
859 LG München, NJW 1980, 646.
860 AG Celle, NJW 1987, 2307, 2308.
861 OLG Hamm NJW 1998, 3424, 3425.

beim Schwangerschaftsabbruch einwilligungsbefugt sind.[862] Es zeichnet sich also ab, dass sowohl Gesetzgeber als auch Gerichte und teilweise auch die Literatur die Einwilligungsfähigkeit von der Indikationslage abhängig machen. Beim Schwangerschaftsabbruch werden teilweise auch wieder Drittschutzerwägungen (bzgl. des ungeborenen Lebens) ins Feld geführt, so etwa *Belling*, der den Eltern aber ebenfalls die Verfügungsbefugnis über das ungeborene Leben abspricht und daher meint, es sei ein Pfleger nach § 1912 BGB zu bestellen.[863] Warum aber dieser Pfleger gerade die Interessen des Ungeborenen besonders schützen können soll und warum dessen Entscheidung denen der Mutter oder der Eltern vorzugswürdig sei, lässt sich wohl nicht objektiv begründen.[864] Insofern bietet die Darstellung der Herleitung der Rechtsnatur der Einwilligung einige Orientierungspunkte. Die Argumentation anhand des Minderjährigenrechtes zeigt auf, dass ein gewisser Berührungspunkt zu den leitenden Gedanken hinter der Schutzrichtung der Geschäftsfähigkeit trotz Abkehr von der Rechtsgeschäftstheorie nach wie vor vorhanden ist.

Die Schwierigkeit der Einordnung der Einwilligungserklärung in die deutsche Straf- und Zivilrechtsdogmatik wird auch durch die nun nach dem Patientenrechtegesetz ausdrücklich erwähnte Einwilligung und das Aufklärungserfordernis ob ihres doch eher deklaratorischen Charakters kaum beseitigt werden. Im Ergebnis ist den Ausführungen von *Amelung* zuzustimmen. Das Abstellen auf eine rein subjektive Vorstellung des Einwilligenden erscheint gleich aus mehreren rechtlichen Gesichtspunkten am sachgerechtesten. Zum einen ist zu berücksichtigen, dass die Preisgabe der Rechte aus Art. 2 Abs. 2 S. 1 GG wegen deren höchstpersönlichen Charakter auch ein höchstpersönlicher Akt ist, bei dem sich jegliche schematische Betrachtungsweise eigentlich ohnehin verbieten müsste. Deshalb kann es dabei auch nicht auf einen „objektiven“ Vernunftbegriff ankommen, der sich rein an der medizinischen Indikationslage orientiert. Ein Festhalten daran würde ignorieren, dass die Einwilligungsbefugnis des Patienten auch sein Recht umfasst, eine Behandlung auszuschlagen, gleichwohl diese absolut indiziert sein könnte.

Spiegelbildlich müsste man, wenn man die Einwilligung eines Einwilligungsfähigen aufgrund mangelnder Indikation „objektiv unvernünftig“ sähe und daher für unwirksam erklärte, dies genauso bei der Ablehnung einer Behandlung tun, die absolute Indikationslage aufweist und daher ebenfalls „objektiv

862 BVerfGE 88, 203.
863 Belling, FuR 1990, 74.
864 dazu Ohly, 310.

vernünftig" wäre. Wäre dann die Folge, dass man den Einwilligungsfähigen gegen seinen Willen behandeln müsste? Die Behandlung könnte dann wohl nur anhand der zu befürchtenden Gefahren eines Sträubens und des Widerstandes gegen dieselbe abgelehnt werden. Spätestens bei medizinischen Wahleingriffen wie kosmetischen Behandlungen, die keinerlei Indikation aufweisen, in die aber gleichsam wirksam eingewilligt können werden soll, findet diese Ansicht ihre Grenze im nicht begründbaren Widerspruch. Im Grunde würde dies dazu führen, dass es bei Abstellen auf objektive Vernunftkriterien auf die individuelle Willensfreiheit gar nicht mehr ankäme, so dass solche Eingriffe stets unzulässig wären.[865]

Es liefe vor allen Dingen darauf hinaus, dass die Fähigkeit des Einzelnen, in medizinische Behandlungen einzuwilligen, von externen Faktoren abhing, nämlich dem Stand der medizinischen Wissenschaft. Nun ist der einzelne durch den stetig voranschreitenden Fortschritt ohnehin kaum noch in der Lage, selbst bei Aufklärung alle Umstände, Folgen und Alternativen einer Behandlung zu überschauen. Ihm aber deswegen unter Abstellen auf einen sich wandelnden wissenschaftlichen Erkenntnisstand die Fähigkeit zur Verfügung über seinen Körper abzusprechen, mündete wohl in der bereits skizzierten Technokratie, in der Macht sich nicht mehr aus Konsens, sondern kraft überlegenen Wissens legitimierte.

Dies entspricht auch der ständigen Rechtsprechung des BGH und des BVerfG, die aus diesem Umstand ein „Recht auf Krankheit" annehmen.[866] Dies wird gerade aus der Unverletzlichkeit der Freiheit der Person (habeas corpus) aus Art. 2 Abs. 2 S. 2 GG hergeleitet, so dass schon der Verhältnismäßigkeitsgrundsatz gebiete, dass eine Zwangsbehandlung nicht um jeden Preis stattfinden könne, da das Recht, ärztliche Eingriffe auch bei Notwendigkeit auszuschlagen, bei der persönlichen Entscheidung für oder gegen medizinische Eingriffe zur Geltung kommen können müsse.[867]

Ebenso kann eine „Verkehrsauffassung" nicht dazu taugen, die Vernunft oder Unvernunft und damit die Wirksamkeit der Einwilligung herzuleiten. Wie bereits erläutert erscheint es bei der Preisgabe höchstpersönlicher Rechtsgüter schon begrifflich nicht möglich, von einer normativen Verkehrsauffassung auszugehen. Bei Heilbehandlungen auf einen durchschnittlichen Menschen abzustellen,

---

865 G. Meyer, 113.

866 BGH NJW 2001, 888, 890; NJW 2006, 1277, 1278; BVerfG NJW 1982, 691, 693; NJW 1998, 1774; NJW 2011, 2113, 2115.

867 BVerfG NJW 1982, 691; NJW 1998, 1774, 1775; BGH NJW 2006, 1277, 1278.

der sich in dieser Situation befände, ist auch nur eine Kaskade, weil sie eine Vorstellung des Entscheiders gegen eine andere austauscht, der von der Sache weiter entfernt ist. Es mag zumindest nicht einleuchten, warum die Ansicht eines fiktiven, hinzugedachten Durchschnittsmenschen zu einem exakteren und sachgerechteren Ergebnis führen soll als der Versuch, sich in die Lage des Betroffenen zu versetzen. Fiktion bleibt beides, und in diesem Fall sollte die individuelle der normativen gegenüber Vorrang genießen. Alles andere liefe wiederum auf einen Menschen hinaus, dessen Wertordnung von außen aufgrund seines Verhaltens objektiv bestimmbar sein soll. Solange der Entscheider also diese nicht vom Betroffenen erfahren hat, bleibt es bei einer Einschätzung.

Daraus ergibt sich auch, dass es sich bei der Einwilligung nicht um eine Willenserklärung oder rechtsgeschäftsähnliche Handlung handeln kann.[868] Denn diese ist nach den allgemeinen Auslegungsregeln wieder einer weitreichenden Interpretation nach dem objektiven Empfängerhorizont zugänglich und damit letztlich wieder einem Abstellen auf einen Verkehrskreis.[869] Die Eröffnung einer Verkehrsbetrachtung der Einwilligung würde zudem konsequenterweise auch zu einer Aufweichung des Aufklärungserfordernisses führen. Denn dann ginge es nicht mehr um die Frage, ob der Patient aufgrund der ihm *tatsächlich* präsentierten und von ihm *tatsächlich* verstandenen und verarbeiteten Information Durchführung, Erfolgsaussichten und Risiken einer Behandlung erkannt und aufgrund dieser eingewilligt hat, sondern darum, ob er dies anhand der Informationen normativ – eben aus Sicht eines durchschnittlichen Verkehrsteilnehmers – hätte tun *können*. Wenn man sich vor Augen führt, dass die Einwilligung vor allem eine strafrechtliche Dimension zur Rechtfertigung der tatbestandlichen Körperverletzung hat, ist dieses Ergebnis wohl unausweichlich. *Meyer* verweist zutreffend darauf, dass es im Strafrecht nicht um den Schutz des Rechtsverkehrs geht, sondern allein um die Frage, ob strafenswertes Unrecht trotz der Einwilligung des Betroffenen vorliegt.[870] Daher ist die Wirksamkeit der Einwilligung auch danach zu bestimmen, ob diese „zu dem Angriff auf das geschützte Handlungsobjekt Ausdruck der durch die Rechtsordnung anzuerkennenden persönlichen Entscheidungsfreiheit des Rechtsgutsinhabers"[871] ist.

868 Voll, 36f.

869 So etwa Berger, JZ 2000, 801f; Roth, JZ 2004, 499; ähnlich Baumann, Hartmann, DNotZ 2000, 607.

870 G. Meyer, 162.

871 G. Meyer, 162f.

Eine Einordnung in die Systematik der Rechtsgeschäftslehre hat zudem den Nachteil, dass sie den höchstpersönlichen Charakter der Einwilligung in die Heilbehandlung in den Schatten rückt. Die Einwilligung in die Preisgabe höchstpersönlicher und elementarer Rechtsgüter ist vor allem ein *tatsächlicher* Akt und erst in zweiter Linie ein rechtlich relevanter Vorgang. Dies mag man schon daran erkennen, dass demjenigen, der aufgrund unterlassener Aufklärung in eine Operation einwilligt, sich ein Operationsrisiko manifestiert, bei dessen Kenntnis er den Eingriff nicht hätte durchführen lassen, und er daraufhin etwa den Gesichtssinn verliert, gegen den Behandler zweifelsfrei einen rechtlichen Anspruch auf Schadensersatz haben mag. Dieser bringt ihm den tatsächlich eingebüßten Gesichtssinn auch nicht wieder. So stellte auch der BGH in Strafsachen in einer Entscheidung über die Unterlassensstrafbarkeit des Arztes bei Selbsttötung des Patienten heraus, dass das Arzt-Patienten-Verhältnis keine rein rechtsgeschäftliche, ausschließlich vom Willen der beiden Vertragsparteien bestimmte Beziehung sei.[872]

a.) Die Lehre der fehlenden Rechtsqualität von Selbstbestimmungsakten von Flume

Die getrennte Betrachtung von der rechtlichen Qualität von Realhandeln und deren zivilrechtlicher Folge entspricht dabei *Flumes* Lehre der fehlenden Rechtsqualität von Selbstbestimmungsakten[873], in der scharf zwischen den kraft privatautonomer Gestaltung eintretenden Rechtsfolgen und den gesetzlichen Rechtsfolgen unterschieden wird. Privatautonome Betätigung in Form von Rechtsverhältnissen ist demnach immer Verwirklichung von Selbstbestimmung.[874] Die Rechtsfolge einer privatautonomen Vereinbarung zwischen zwei Parteien gelte deshalb, weil sie vereinbart wurde und nicht, weil das Gesetz sie bestimme. Daraus ergebe sich auch, dass bei Rechtsfolgen, die zwar aufgrund des privatautonomen Aktes entstünden, aber nicht durch diesen bestimmt worden sind, die vom Gesetz vorgeschriebene Folge ihre Grenzen in der Wertung des privatautonomen Geschäftes finden solle. Als Beispiel nennt er den vertraglichen Schadensersatzanspruch, der sich auf das vertraglich vereinbarte Erfüllungsinteresse bezieht. Außerhalb privatautonomer Betätigung gehe es bei der Ermittlung der Rechtsfolge elementar um die Bewertung menschlichen Verhaltens. Dem privatautonomen Akt fehle nämlich die materielle Qualifikation des

872 BGHST 32, 367, 378.

873 Flume, AT II, 4; FS Juristentag, 142.

874 Flume, AT II, 5.

Rechtes, dennoch soll seine gestaltende Wirkung Rechtens sein.[875] Daraus ergibt sich nach *Flume* auch die Notwendigkeit der Rechtsordnung, reglementierend und begrenzend auf die Privatautonomie als „festes Gefüge“ einzuwirken. Selbstbestimmte Gestaltung wirke sich aber trotz des rechtsverbindlichen Charakters nicht rechtsetzend aus,[876] weil der einzelne nur einseitig über die Güter seines eigenen Rechtskreis bestimmen könne.[877] Gestaltungsgrund ist dabei aber stets die Anerkennung der Selbstbestimmung durch die Rechtsordnung, gerade ohne ihm dabei materielle Rechtsqualität zu geben. Der Gesetzgeber steckt demnach also nur den Rahmen ab, innerhalb dessen der einzelne seine eigenen Interessen und Vorteile verfolgen können soll, ohne dass es dem Staat zustünde, über die Art des Vorteils oder die Weise seiner Verfolgung zu urteilen.[878]

Flume sieht anhand der von ihm getätigten Abgrenzung rechtlichen und tatsächlichen Handelns zur Verwirklichung der Selbstbestimmung nicht eine Abgrenzung zur reinen „Willensherrschaft“, vielmehr stelle diese gerade den zu erfragenden Sinn dar, der eine privatautonome Betätigung „richtig“ mache.[879] Das Recht müsse sich bei der Frage, ob ein Vertrag „richtig“ ist, also auf dessen Zustandekommen beschränken, da „in einer Rechtsordnung, welche die freie Entfaltung der Persönlichkeit als Grundwert bejaht“ es richtig sei, dass die Rechtsverhältnisse von den einzelnen gestaltet würden.[880] Ein Werturteil über die Richtigkeit oder Unrichtigkeit des Inhalts selbstbestimmten Handelns sei ein Widerspruch in sich, soweit die Selbstbestimmung reiche, es keine rechtliche Norm gebe, an der sich der Inhalt der Gestaltung messen lassen könne. Insofern beruhe die Anerkennung selbstbestimmten Handelns schlicht auf der Tatsache, dass Selbstbestimmung als Wert anerkannt sei. Die selbstbestimmte Gestaltung eigener Verhältnisse bedürfe daher gerade keiner anderen Rechtfertigung, als dass der einzelne sie wolle.[881] Möge auch sein, dass das die selbstbestimmte Betätigung idealerweise die ethisch-moralischen Ansichten des Rechts und der Gesellschaft widerspiegele, die rechtliche Anerkennung dieser Betätigung sei jedoch davon unabhängig, ob die Freiheit im Sinne dieses Ideals ausgeübt werde.[882] Nur dort, wo aufgrund von Erfahrung mit einer ungleichen

---

875 Flume, FS Juristentag, 142.
876 Flume, AT II, 5.
877 Flume, FS Juristentag, 142.
878 Flume, AT II, 6.
879 Flume, FS Juristentag, 142f.
880 Flume, FS Juristentag, 143.
881 Flume, AT II, 6.
882 Flume, AT II, 7.

Machtlage bereits bei Vertragsschluss zu rechnen sei, dürfe und müsse rechtlich durch unabdingbare Normen Autonomie entzogen werden.[883]

Aus diesen Umständen ergebe sich auch, dass zum einen selbst rein begünstigende Verträge, wie Schenkung, § 516 Abs. 1 BGB oder Erlass, § 397 BGB, der Vertragsform unterliegen, da selbst altruistische Zuwendungen den Rechtskreis des anderen berühren und die Frage der Annahme einer solchen Zuwendung Teil der Selbstbestimmung ist. Zum anderen führe dies zu dem Ergebnis, dass beim Handeln für andere, etwa in Stellvertretung, es sich nicht um eine Form der Selbst-, sondern der Fremdbestimmung handele, die dem Fremdentscheider zwar einen Ermessenspielraum einräumen kann, dieser aber kein selbstbestimmtes, freies Ermessen erlaubt, sondern nur pflichtgemäßes Ermessen im Sinne desjenigen, der die Fremdbestimmung veranlasst habe.[884]

b.) Zivilrechtliche Willensdogmatik im Verhältnis zwischen Behandlungsvertrag und Einwilligung?

Vertragstheoretische Ansätze gehen zwar von einer jeweils einseitigen Interessenverfolgung in einem vertraglichen Kontext aus. Sie lassen sich jedoch insofern auf das Arzt-Patienten-Verhältnis anwenden, als dass die Einwilligung in den allermeisten Fällen im Rahmen eines Behandlungsvertrages abgegeben wird, und somit zwischen der Rechtsfolge des Vertragsabschlusses und der der Einwilligungserklärung zu unterscheiden ist. Mehr noch als im Vertragsrecht lässt sich bei der Einwilligung sagen, dass durch die vom Gesetz und der Rechtsprechung aufgestellten Anforderungen an ihre Wirksamkeit nur Rahmenbedingungen aufgestellt worden sind, anhand derer zu ermitteln ist, ob die Selbstbestimmung als notwendiger Ausgangspunkt der Preisgabe hochrangiger Verfassungsgüter in einem Maße zur Geltung gekommen ist, dass die grundrechtlich zugesicherten Freiheiten zu voller Entfaltung kommen. Der vertragliche Teil der Einwilligung in eine ärztliche Heilbehandlung muss schon deswegen in den Hintergrund treten, weil sich die Imparität zwischen Arzt und Patient nicht nur auf die kraft überlegenen Wissens stärkere Position des Arztes bezieht, sondern auch weil die Grundrechtsgüter und damit die verfolgten Interessen sich in umgekehrter Gewichtung gegenüberstehen und dem Behandlungsvertrag als Vertragstypus sui generis ein Kräfteungleichgewicht stets immanent ist.

883 Flume, FS Juristentag, 143f.

884 Flume, AT II, 8f. Zur Bedeutung dieser Theorien für die allgemeine Vertrags- und Rechtsgeschäftslehre siehe ausführlich Singer, Selbstbestimmung und Verkehrsschutz, 10ff.

Der Patient kann die stärkeren Rechte für sich beanspruchen, nämlich vor allem diese aus Art. 2 Abs. 2 GG und ggf. Art. 1 Abs. 1 GG, während dem Arzt in aller Regel nur seine Berufsfreiheit aus Art. 12 GG zur Seite steht. Diese besondere Situation begründet gerade die Anforderungen, die an eine Einwilligung zu stellen sind: Der Unterlegene in der Beziehung gibt dem Überlegenen die höherrangigen Verfassungsgüter preis. Dies soll keineswegs den vertraglichen Charakter von Behandlungsverhältnissen in Frage stellen. Gerade die jüngste nun im Gesetz fixierte Ausgestaltung als Vertragsform sui generis zeigt auf, dass es dem Gesetzgeber darauf ankam ob der Wichtigkeit der betroffenen Verfassungsgüter wenigstens appellativ die Rahmenbedingungen und damit die „Spielregeln“ zu erfassen und in den Wertekanon des Zivilrechts explizit aufzunehmen. Wenn es dem Gesetzgeber schon darum ging, Patientenrechte zu stärken, so müssen dies vor allem diejenigen sein, die von ihm durch ärztliche Behandlungen besonders gefährdet und daher am schützenswertesten sind.

Der Maßstab ist dabei jedoch insofern keiner, der sich aus der rechtsgeschäftlichen Beziehung herleitet, sondern weiterhin der subjektive Maßstab des Patienten, soweit er innerhalb der Arzt-Patienten-Beziehung reicht. Die Einwilligung findet den Ursprung seiner Regelungen nicht im Zivilrecht, sondern leitet sich direkt aus den Grundrechten des Patienten her, so dass diese Verfügung schon nicht der Regelungsgewalt der Zivilrechtsordnung unterworfen ist Insofern ist eine Loslösung von den Einschränkungen der §§ 104 ff BGB zu befürworten, die sich ausschließlich auf zivilrechtlich erfasste Rechtsgeschäfte bezieht, zumal eine abstrakte Grenzziehung wohl kaum möglich sein wird, ab welchem Grad der Einsichtsfähigkeit und Lebenserfahrung ein Mensch wirksam über seinen Körper verfügen kann. Ob das vorgeschlagene „Vetorecht“ des Minderjährigen (oder ein solches der Eltern) sinnvoll nutzbar gemacht werden kann, hängt davon ab, welche Anforderungen an ein solches zu stellen wären. Genau wie die Frage der Natur und der Voraussetzungen der Einwilligung selbst lässt die Rechtsordnung diese Frage unbeantwortet.[885] *Odenwald* sieht als Grundvoraussetzung die Notwendigkeit der Behandlung, weil ansonsten das natürliche Abwehrbedürfnis gegenüber Eingriffen in den Körper nicht überwunden werden könne.[886] *Golbs* verlangt, dass es sich nicht um ein bloß reflexives Abwehrverhalten oder eine Spontanreaktion handeln dürfe, sondern ein Grundmaß an Ernsthaftigkeit vorliegen müsste und es zudem auf die Nachvollziehbarkeit der Entscheidung aus Sicht des Minderjährigen ankommen soll.[887] *Amelung* unterscheidet danach, ob

885 Gleixner-Eberle, 320.
886 Odenwald, 153.
887 Golbs, 223.

das Veto vornehmlich die Würde des Betroffenen wahren soll oder die Wahrung vorhandener Vernunft.[888] In dem ersten Fall soll ein „natürlicher Abwehrwille“ ausreichen, in zweitem sei zu ermitteln, ob derjenige wenigstens eine grobe Vorstellung bezüglich der Folgen seines Widerspruchs habe. Ähnlich sieht *Taupitz* unter Verweis auf die Sterilisation im Sinne von § 1905 Abs. 1 Nr. 1 BGB in einem Vetorecht einen „Würdevorbehalt“ für Eingriffe mit besonderer Relevanz für die Menschenwürde.[889]

Die Menschenwürde als Anknüpfungspunkt erscheint jedoch insofern ungeeignet, als dass sie als weitestreichendes Grundrecht tatsächlich nicht unbedingt die meisten Berührungspunkte mit der Möglichkeit des Ausübens desselben hat. Freilich kann man an eine natürliche Einsichtsfähigkeit nicht anknüpfen, denn läge diese vor, wäre der Betroffene bereits Einwilligungsfähig und die Frage würde sich nicht stellen. Auch wenn der Begriff wenig greifbar ist, so scheint ein Abstellen auf einen natürlichen Abwehrwillen die Individualität der Situation ohne Heranziehen der äußerst abstrakten Menschenwürde zumindest im Ansatz nachvollziehbarer, wobei auch hier einzuräumen ist, dass die Frage der Voraussetzungen, die an einen solchen zu stellen sind, nicht geklärt sind, und vor allem auch nicht, warum nur eine medizinisch indizierte Behandlung diesen überkommen können soll. Es knüpft die Frage, ob der Behandlung ein „natürlicher Wille“ entgegenstünde, nicht nur maßgeblich an eine objektive Indikationslage, sondern führt wieder zu dem Ideal eines „vernünftigen“ Menschen, der in eine indizierte Behandlung stets einwilligen wird. Eine solche Betrachtung ermöglicht im Kern jedoch zumindest eine Unterscheidung in der notwendigen Willensqualität vorzunehmen, wenn es um die Alternative zwischen Behandlung und Nichtbehandlung geht. Mag man noch sagen, dass die Einsichtsfähigkeit bei der Einwilligung in eine Behandlung ein gewisses Verständnis für deren Behandlung mit all ihren Eventualitäten und Modalitäten erfordert, so erscheint es ein geringeres Maß an Einsicht zu erfordern, die Folgen der Nichtbehandlung zu erfassen. Dies zumindest dann, wenn es sich um komplizierte Eingriffe mit vielen möglichen Ausgängen und zu erwartenden Komplikationen handelt und der unbehandelte Verlauf im Wesentlichen vorhersehbar ist.

Mit *Gleixner-Eberle* ist darauf zu verweisen, dass der Gesetzgeber bestimmte Gewissensentscheidungen etwa mit § 5 S. 2 des Gesetzes über die religiöse Kindererziehung nicht an die Volljährigkeit knüpft, sondern dem 14jährigen erlaubt,

888 Amelung, Vetorechte beschränkt Einwilligungsunfähiger im Grenzbereich medizinischer Intervention, 12f.

889 Taupitz, DJT 2000, A 77.

sein Bekenntnis frei zu wählen und der Zwölfjährige einer Änderung desselben Widersprechen kann.[890] In Anlehnung an *Scherer,*[891] der dieses Vetorecht analog zumindest für den Schwangerschaftsabbruch heranziehen will, erscheint dieser Ansatz zumindest wegen der Bedeutung der religiösen Weltanschauung für die eigene Wertordnung auch für den restlichen medizinischen Bereich überdenkenswert. Auch der bereits genannte Verweis auf § 36 Abs. 1 S. 1 SGB I kann zumindest als Anhaltspunkt herangezogen werden, dass Gesundheitsentscheidungen ab dem 15. Lebensjahr dem Minderjährigen selbst überantwortet sein sollen.[892] Denn ab diesem Zeitpunkt kann der gesetzlich Versicherte selbst Anträge auf Sozialleistungen stellen und solche auch entgegennehmen, der gesetzliche Vertreter wird hingegen nur noch informiert.

Daher ist die abstrakte Anknüpfung an das Alter und damit die Begründung der Einsichtsfähigkeit mit *Amelung* ebenfalls abzulehnen. Nicht nur im Strafrecht, wo die §§ 20, 21 StGB eine andere Fähigkeit erfassen, so geht es auch bei den §§ 104 ff BGB nicht nur um die Preisgabe eigener Rechtsgüter, sondern um die Teilnahme am Rechtsverkehr, der grundsätzlich auch die Rechtsgüter anderer berührt und daher um die „Spielregeln" des geschäftlichen Zusammenlebens. Dies wird auch aus einer Wertung aus dem Deliktsrecht deutlich, bei dem die Deliktsfähigkeit gem. § 828 BGB bedeutend früher vorliegen kann und im Einzelfall festzustellen ist. Die „Spielregeln" des tatsächlichen Zusammenlebens, anders als im rechtsgeschäftlichen Zusammenleben, sind also nach Ansicht des Gesetzgebers durch eine andere Form der Einsichtsfähigkeit zu erfassen, als es beim Erreichen der Vollgeschäftsfähigkeit der Fall ist. Auch wenn mit *Amelung,* wie gezeigt, die Bewertungen der Bedeutung eigener Rechtsgüter und die Einsicht in Verbote zum Schutze Dritter einen unterschiedlichen Bezugspunkt haben, so kann man doch zumindest sagen, dass der Gesetzgeber selbst davon ausgeht, dass rechtsgeschäftliches und tatsächliches Handeln in dem Grad der erforderlichen Einsichtsfähigkeit deutliche Unterschiede aufzeigen und vor allem unterschiedlich in ihrer Konsequenz und ihrer Reversibilität und Widerruflichkeit sind. Wenn dies schon der Fall ist, wenn es um die Berührung der Rechtskreise Dritter geht, so muss dies erst recht gelten, wenn nur die eigenen Rechte gemessen an der eigenen, persönlichen Wertordnung betroffen sind.

Das genannte Vetorecht des Minderjährigen erscheint daher zumindest deswegen gangbar, weil es ohnehin nur in Fällen in Frage kommt, in denen die

---

890 Gleixner-Eberle, 318.

891 Scherer, FamRZ 1997, 593.

892 Gleixner-Eberle, 381.

Eltern in eine Behandlung einwilligen wollen, der Minderjährige indes nicht. In solchen Fällen dürfte man anhand der aufgestellten Kriterien in der Tat zumindest im Ansatz sachgerecht ermitteln können, ob die Ablehnung des Minderjährigen Wirkung für sich beanspruchen kann, zumal stets zu berücksichtigen sein sollte, das mit zunehmendem Alter und geistiger wie körperlicher Reife die Folgen eines zu erwartenden Widerstandes erheblicher werden und diese bei der Frage, ob ein Eingriff gegen den Willen des Minderjährigen durchgesetzt werden kann, eine entscheidende Rolle spielen. Dies ergibt sich auch aus der genannten Wertung des § 36 Abs. 1 SGB I, dass Minderjährige auch vor Vollendung des 18. Lebensjahres zur eigenständigen Entscheidung auch über Gesundheitsleistungen in der Lage sein sollen. Daraus kann man zumindest schließen, dass spätestens ab diesem Zeitpunkt auch eine Behandlung gegen den Willen des Minderjährigen endgültig nicht möglich sein soll. Die Implikation sollte entsprechend auch auf Minderjährige unterhalb von 15 Jahren übertragbar sein[893], freilich mit der Maßgabe, dass keine unwiderlegliche gesetzliche Vermutung greift.

Zumindest beim Minderjährigen, der unter § 36 Abs. 1 SGB I fällt, kann auch ein faktisch bestehendes Vetorecht der Eltern, welche ihre Einwilligung zum Abschluss des Behandlungsvertrages ablehnen, diesen nicht mehr unwirksam werden lassen, weil der Vertrag lediglich rechtlich vorteilhaft ist, § 107 BGB. Denn zumindest der minderjährige Kassenpatient hat selbst dann, wenn man wie der BGH die wirtschaftlichen Folgen vollkommen außer Acht lässt und allein auf die rechtliche Verpflichtung abstellt, nur rechtliche Vorteile, weil ihn auch rechtlich keine Zahlungsverpflichtung trifft.[894] Denn an die zivilrechtliche Zahlungsverpflichtung des Minderjährigen tritt der sozialrechtliche Vergütungsanspruch.[895] Der Ansicht, die etwa *Brückner* vertritt, nach der der rechtliche Nachteil in der Preisgabe der Rechte aus Art. 2 Abs. 2 GG zu sehen sein soll,[896] verkennt, dass es sich, wie hier dargestellt, bei der Einwilligung in ärztliche Heilbehandlungen nicht um einen Rechts-, sondern Realakt handelt, der nicht nach der Frage seiner rechtlichen Vor- oder Nachteilhaftigkeit hin untersucht werden kann. Zu demselben Ergebnis kommt

893 Gleixner-Eberle, 379, die in der Regelung des § 36 Abs. 1 SGB I keine „Teilmündigkeitsregelung" sieht, die Rechtsfolgen der § 36 SGB I, §§ 85, 108, 109 SGB V aber bei den §107 BGB berücksichtigen will.

894 Siehe etwa Gleixner-Eberle, 379 m.w.N. in Fn. 837.

895 Ausführlich Gleixner-Eberle, 379f.

896 Brückner, 6.

auch die Rechtsprechung des BSG unter dem Begriff der „Versorgungskonzeption".[897] Im Falle des § 36 SGB I komme ein Behandlungsvertrag nicht zwischen Arzt und dem minderjährigen Patienten zustande, sondern es handele sich um einen Vertrag zwischen Arzt und der gesetzlichen Krankenversicherung zustande als Vertrag zugunsten Dritter.[898] *Gleixner-Eberle* verweist auch zutreffend darauf, dass andere Verpflichtungen aus dem Behandlungsvertrag, insbesondere Nebenpflichten wie die Mitwirkungspflicht oder die Einwilligung in die Behandlung, keine rechtlichen Nachteile begründen, weil es sich genau genommen nicht um Pflichten, sondern um reine Obliegenheiten handelt, die der Arzt auch nicht erzwingen kann.[899] *Brückner* weist allerdings auf das letztlich schwierige Problem hin, dass das Minderjährigenrecht in Verbindung mit der Ausgestaltung des Behandlungsverhältnisses als rechtsgeschäftlicher Vertrag dazu führen, dass unterhalb dieser Altersgrenze und des Einflusses des Sozialrechts auf die zivilrechtliche Dogmatik der Einwilligung der Eltern dazu führt, dass eine einheitliche Betrachtung von Geschäftsfähigkeit und Einwilligungsfähigkeit außerhalb des § 36 Abs. 1 SGB I in den allermeisten Fällen zwingend erscheint.[900] Zutreffend stellt sie heraus, dass die Möglichkeit alleine in die Behandlung einzuwilligen, nicht jedoch ohne elterliche Erlaubnis in den Behandlungsvertrag, der Durchführung der Behandlung im Wege steht. Dem Minderjährigen wird so „die Ausübung seiner verfassungsrechtlichen Selbstbestimmung durch zivilrechtliche Regelungen verwehrt".[901] Umgekehrt wäre bei Annahme stets lediglich rechtlicher Vorteilhaftigkeit des Behandlungsvertrages wegen de facto Kostendeckung durch die Krankenkasse der abgeschlossene Behandlungsvertrag nicht viel wert, wenn der Minderjährige nicht ohne Zustimmung der Eltern einwilligen könnte. Unabhängig von der Diskussion um die Reichweite des § 36 SGB I[902] und dessen Implikation für die „Mündigkeit" des über 15jährigen Kassenpatienten lässt sich festhalten, dass derzeit selbst bei individueller Betrachtung der Einwilligungsfähigkeit oder einem möglicherweise bestehenden Vetorecht trotz Loslösung der Einordnung von der Geschäftsfähigkeit allein

897 BSGE 33, 158, 160f; 59, 172, 177; siehe dazu etwa Ballhausen, 118ff; Kubella, 112f; Gleixner-Eberle, 381; Schröder, 24ff.

898 Zustimmung in der Literatur etwa durch Tiemann, MedR 1983, 176, 180; Schnapp, Düring, NJW 1989, 2913, 2916; Bender, MedR 1997, 7ff;

899 Gleixner-Eberle, 380.

900 Brückner, 6f.

901 Brückner, 6.

902 Siehe ausführlich Schröder, 25ff.

durch die Einkleidung der Behandlung in einen rechtsgeschäftlichen Rahmen der Selbstbestimmung Minderjähriger über ihren Körper nahezu dieselben Grenzen gesteckt sind, wie bei ihrer Bewegung im Rechtsverkehr. Ob dieser Eingriff im Hinblick auf die betroffenen Grundrechte aus Art. 2 Abs. 2 GG und Art. 2 Abs. 1 i.V.m. Art. 1 Abs. 1 GG gerechtfertigt ist, kann an dieser Stelle nicht weiter verfolgt werden. Es sollte jedoch zumindest die ausgesprochene Schwierigkeit aufwerfen, die die Erfassung höchstindividueller Lebensentscheidungen und Grundrechtsbetätigungen durch darauf nicht ausgelegte Rechtsnormen bereitet. Im Rahmen der Untersuchung bringt es trotzdem annäherungsweise die Erkenntnis, dass zur Einwilligung über Beeinträchtigung des eigenen Körpers andere Maßstäbe anzulegen sind, als bei Bewegung im rechtsgeschäftlichen Verkehr.[903]

c.) Maßgeblichkeit der subjektiven Wertordnung des Betroffenen

Ein Abstellen auf rein subjektive Wertordnungen der Betroffenen bietet vor allem in Hinblick auf Art. 2 und 4 GG einen entscheidenden Vorteil: Es wird vermieden, dass der Staat sich zum Richter über „gute“ und „schlechte“ Gründe für die Ablehnung oder Zustimmung zu einer Behandlung aufschwingt. Der bereits skizzierte Nachteil ist jedoch, dass die subjektive Wertordnung von außen grds. nicht oder zumindest nicht umfassend beurteilt werden kann. Die Gründe, warum ein Patient eine aus Sicht des Arztes sinnvolle oder notwendige Behandlung ablehnen kann, sind mannigfaltig, und stehen der Ausbildung, Erfahrung und Kenntnis des Arztes gegenüber.[904] So können etwa die Angst vor Schmerzen oder schlicht der Erfahrung der medizinischen Behandlung den Patienten schon dazu bringen, nicht in die Behandlung einzuwilligen, und diesen Faktoren kann, selbst wenn sie ermittelt worden sind, nur schwer eine abstrakte Gewichtung zukommen, wie sehr sie die Motivation des Patienten beeinflussen.[905] Ebenso können, betrachtet man etwa die (inzwischen wieder abgeschaffte) „Praxisgebühr“, soziale oder wirtschaftliche Aspekte eine Rolle spielen, etwa, wenn Patienten einen vielleicht sinnvollen Arztbesuch hinauszögern, weil sie die finanziellen Kosten scheuen.[906] Größere

---

903 Das Problem vor dem Hintergrund des Art. 3 Abs. 1 GG bei privatversicherten Minderjährigen, die deswegen nicht in den Genuss des §36 Abs. 1 SGB I kommen können, kann hier ebenfalls nicht weiter verfolgt werden. Kritisch Gleixner-Eberle, 381; Bender, MedR 1997, 7ff.

904 Brock, Wartman, in: Brock, 80f.

905 Brock, Wartman, in: Brock, 86.

906 Brock, Wartman, in: Brock, 89.

Schwierigkeiten ergeben sich bei ideologisch oder kulturell geprägter Motivation, etwa, wenn Jehovas Zeugen eine notwendige Bluttransfusion ablehnen, oder Patienten nach homöopathischer oder anderer „Alternativmedizin" wie Akkupunktur fragen, deren Heilwirkung abseits eines Placebo Effekts bisher nicht wissenschaftlich nachgewiesen werden konnte. Bei solchen Methoden besteht wohl Einigkeit, dass der Arzt diese nicht vornehmen oder zur Verfügung stellen muss, er aber im Rahmen einer aus seiner Sicht effektiven Therapie auch solche Patientenwünsche respektieren kann, die aus medizinischer Sicht weniger oder sogar ineffektiv sind (etwa Akkupunktur zusätzlich zu einer konventionellen Behandlung).[907]

Die Ablehnung einer Behandlung wie etwa einer Bluttransfusion wird auch aus Vernunftsperspektive nicht zu beanstanden sein, wenn gleichwertige Alternativen zur Verfügung stehen, die nur aufgrund anderer Faktoren weniger zu bevorzugen sind, etwa finanzielle oder Verfügbarkeitsaspekte. Problematisch wird dies in dem Moment, wo es sich um die einzige oder die mit Abstand erfolgversprechendste Behandlungsalternative handelt. An dieser Stelle fühlt man sich an das Beispiel *Amelungs* zur Verarbeitungs- und Urteilsfähigkeit erinnert, dass etwa das Wirken von Geistern oder anderen außerweltlichen Entitäten in die gedankliche Kausalitätskette mit eingewoben wird. Es läge an dieser Stelle nahe den Schluss zuzulassen, dass kein großer funktionaler Unterschied besteht, ob sich ein streng religiöser Patient auf seine Glaubensvorschriften beruft, die einer weltlichen, will heißen empirisch-wissenschaftlichen Begründung unter Umständen nicht zugänglich sein können, und meint, sein Gott bzw. seine Götter werden das Nötige veranlassen, um ihn aus seiner Lage zu erlösen, oder ob jemand es auf nicht näher identifizierbaren Mystizismus, Geisterwirken oder schlicht die „Stimmen in seinem Kopf" schiebt, dass er sich nicht behandeln lassen möchte. Eine Bezugnahme auf tradierte Glaubens- und Kulturbekenntnisse bietet aber zumindest einen Anhaltspunkt über die Verarbeitungs- und Urteilsfähigkeit des Patienten: Wer sein Verhalten mit einer religiös-kulturell (und damit zwangsläufig einer durch tradierte Moralvorstellung) geprägten Werteordnung in ein Verhältnis setzen kann, mag sie auch noch so „unvernünftig", widerlegt oder abwegig sein, der eröffnet damit zumindest theoretisch Dritten eine bessere Möglichkeit, dieses Verhältnis anhand ihnen zugänglicher Kriterien (nämlich der überlieferten Wertordnung selbst) zu beurteilen. Das kann zumindest bei der Ermittlung eines mutmaßlichen Willens größere Bedeutung erlangen.

907 Brock, Wartman, in: Brock, 87.

5.) Grenze der Einwilligungsfähigkeit durch Grundrechtsmündigkeit?

a.) Größere Reichweite des Grundrechtsschutzes als der einfacher Gesetze

Da nun etabliert wurde, dass sich die Einwilligung in ärztliche Heilbehandlungen nicht am einfachen Recht bemessen lässt, sondern sich als tatsächliche Handlung direkt aus den grundrechtlichen Freiheiten ableiten lässt, erscheint es zielführend, sie aus dem Blickwinkel der ebenfalls aus dem Bereich des Minderjährigenrechtes entstammenden Frage der Grundrechtsmündigkeit zu betrachten.[908] Ein reiner aus den Grundrechten hergeleiteter Schutz scheint außerdem bereits anfänglich den Vorteil zu bieten, dass Grundrechtsschutz grundsätzlich weiter reicht als der einfachgesetzliche. Zivilrechtlich etwa beginnt die Rechtsfähigkeit mit der Vollendung der Geburt, § 1 BGB und endet mit dem Tode.[909]

Nach ständiger Rechtsprechung des BVerfG kann sich Grundrechtsschutz indes auch über den Tod hinaus erstrecken, etwa die Menschenwürde aus Art. 1 Abs. 1 GG, nicht jedoch aber das allgemeine Persönlichkeitsrecht aus Art. 2 Abs. 1 GG.[910] Auch setzt nach der Rechtsprechung des BVerfG der Grundrechtsschutz auch bereits beim nichtgeborenen Menschen an, etwa Art. 1 Abs. 1 GG[911] oder Art. 2 Abs. 2 S. 1 GG.[912] Offengelassen hat das BVerfG bisher, ob es das entstehende Leben jedoch selbst als Grundrechtsträger ansieht oder nur mangels Grundrechtsfähigkeit durch die objektiven Normen der Verfassung geschützt sieht.[913] Die Ausdehnung wenigstens des Lebensschutzes begründet des BVerfG damit, dass zwischen Empfängnis und Geburt ein so steter Entwicklungsprozess stattfinde, dass der Schutz aus Art. 2 Abs. 2 GG weder auf den „fertigen" Menschen, noch auf den nasciturus beschränkt werden könne und die staatliche Sicherung des Lebens unvollständig sei, wenn sie nicht jede Vorstufe des Lebens miterfasse.[914]

Diese Ansicht des BVerfG ist teilweise kritisiert worden, etwa durch *Hoerster*, der unter Verweis auf die Regelungen des BGB etwa zur Geschäftsfähigkeit darauf verweist, dass die Schwierigkeit, fließende Prozesse in einzelnen Etappen

---

908 für die allgemeine Frage der Grundrechtsmündigkeit in der Paternalismusdebatte Möller, Paternalismus und Persönlichkeitsrecht, 145f.

909 Pieroth, Schlink, Kingreen, Poscher, Grundrechte, 36.

910 BVerfG NVwZ 2008, S. 549, 559.

911 BVerfGE 88, 203, 251.

912 BVerfGE 39, 1, 36.

913 BVerfGE 39, 1, 41.

914 BVerfGE 39, 1, 37.

zu trennen zwar in gewisser Weise willkürlich sei, dennoch approximativ möglich sei.[915] *Ipsen* sieht in der Herleitung der Menschenwürde und des Rechts auf Leben für das entstehende Leben ebenfalls keinen Raum.[916] Er sieht diese Ansicht in Widerspruch zur Objektformel, weil der freiwillige Schwangerschaftsabbruch nicht per se verboten sei (vgl. §§ 218 a, 218 StGB) und es nicht sein könne, dass die vorbehaltslos garantierte Menschenwürde durch eine Abtreibung nun doch beseitigt werden könne. Zudem verweist er in Bezug auf Art. 2 Abs. 2 GG darauf, dass für Annahme einer Rechtssubjektivität ein genauer Zeitpunkt für deren Eintritt, wie etwa § 1 BGB, festgelegt werden müsse. Die Ansicht möglichst weitreichenden Grundrechtsschutzes kann jedoch als wohl herrschende Auffassung gesehen werden.[917]

b.) Grundrechtsmündigkeit als Trennung zwischen Trägerschaft und Ausübung von Grundrechten

Mit der Frage der Grundrechtsfähigkeit steht eng in Verbindung die Frage, ob und ggf. welche Grenzen es gibt, anhand derer sich die Grundrechtsmündigkeit bestimmen lässt. Mit Grundrechtsmündigkeit wird meist die Fähigkeit umschrieben, eine grundrechtliche Berechtigung selbst wahrzunehmen[918] und ob die Grundrechtsträger gemessen am Stand dieser Fähigkeit in ihrer grundrechtlichen Betätigung eingeschränkt werden können.[919] Erstmals als Unterscheidung zwischen der „Zuständigkeit“ und der „Ausübbarkeit“ eines Rechts tritt der Begriff der Grundrechtsmündigkeit wohl bei *von Mangoldt und Klein* auf[920] und wurde als definierter Rechtsbegriff in seiner heutigen Bedeutung von *Krüger* verwendet.[921] Diese Unterscheidung zwischen Grundrechtsfähigkeit und -mündigkeit geht von einem dualen Verhältnis von „Haben“ und „Ausüben“ eines subjektiven Rechtes aus.[922] Noch im gemeinen Recht herrschte Uneinigkeit darüber, ob subjektive Rechte den Schutz eines tatsächlichen

---

915 Hoerster, JuS 1989, 173.
916 Ipsen, JZ 2001, 991, 994f.
917 statt vieler Jarass, Pieroth, Grundgesetz, Art. 1 Rn. 9 m.w.N. und v.Münch, Kunig, Grundgesetz Bd. 1, Art. 1 Rn. 14.
918 Sachs in: Sachs, Grundgesetz, Vor Art. 1, Rn. 75.
919 Reuter, 51; ders., FamRZ 1969, 623.
920 v. Mangoldt, Klein, Das Bonner Grundgesetz, 127, Vorbem. B XV 2c.
921 Krüger, FamRZ 1956, 329ff; Krüger, Breetzke, Nowak, Gleichberechtigungsgesetz, 279.
922 Reuter, 52.

Interesses bezwecken,[923] oder ob es eine „rechtlich geschützte Willensmacht"[924] sei. Heute geht die wohl überwiegende Ansicht[925] von einer Trennung zwischen „'Haben' und ‚Ausüben'"[926] subjektiver Rechte aus. *Reuter* umschreibt dies so, „daß das Interesse, dessen Schutz durch das jeweilige subjektive Recht bezweckt wird, für den Unmündigen im wesentlichen ebenso wertvoll wie für den Mündigen"[927] sei, dies jedoch erforderlich mache, „daß auch für den Unmündigen ein Mittel zur Befriedigung des Interesses rechtlich gewährleistet wird, indem er ein subjektives Recht und sein gesetzlicher Vertreter die Befugnis zur Ausübung des Rechts erhält".[928] Diese Unterscheidung geht also davon aus, dass der einzelne zwar dazu in der Lage sein kann, ein subjektives Recht kraft seiner eigenen Willensherrschaft zu haben, jedoch aufgrund mangelnder Urteils- und Einsichtsfähigkeit das Interesse nicht erkennen und sachgerecht verfolgen kann, so dass er zur Wahrung seiner Rechte nur durch andere Mittel, etwa Stellvertretung gelangen kann. Einzugrenzen soll dies anhand der Frage sein, ob das Recht nach seiner Wesensart „sowohl durch den Schutz der Willensmacht des Berechtigten als auch durch die gesetzliche Vertretung befriedigt werden können"[929] muss. *Moritz* unterscheidet bei der Grundrechtsmündigkeit des Weiteren zwischen „echter" und „unechter" Grundrechtsmündigkeit.[930] Erstere betrifft die Frage der Ausübungskompetenz im Verhältnis zwischen dem Grundrechtsträger und der öffentlichen Gewalt, zweitere „die Wirkung der Grundrechte zwischen Privaten als Wertungsrest der Verfassung".[931]

Das Bestehen einer eigenständigen Grundrechtsmündigkeit wird teilweise schon deswegen abgelehnt, weil eine solche der zivilrechtlichen Geschäftsfähigkeit nachempfundene Beschränkung der Grundrechtsträger in der Verfassung nicht vorgesehen sei.[932] *Ipsen* verweist darauf, dass die Frage der Fähigkeit der

923 Jhering, Der Geist des römischen Rechts auf den verschiedenen Stufen seiner Entwicklung, Bd. III, §§60, 61, 392f; siehe auch zur Zweckbestimmtheit des Handelns als Ausfluss der Willensmacht ders., Zweck im Recht, Bd. I, 10ff.

924 Kipp, in: Windscheid, Lehrbuch des Pandektenrechts, Bd. 1, 155ff.

925 Reuter, 52, m.e.N.

926 Reuter, 53.

927 Reuter, 53.

928 Reuter, 53.

929 Reuter, 53.

930 Moritz, 127.

931 Moritz, 127.

932 Sachs in: Sachs, GG, Vor Art. 1, Rn. 75; Ipsen, Grundrechte, 26 Rn. 80.

Wahrnehmung von Grundrechten nicht mit der Frage der Grundrechtsträgereigenschaft verwechselt werden dürfe.[933]

Nach *Sachs* scheidet eine solche Konstruktion auch deswegen aus, weil etwa das Recht auf Leben oder der Gleichheitssatz aus Art. 3 GG unabhängig von deren Wahrnehmung durch den Grundrechtsträger bestünden, so dass sich bei Verzicht nur die Frage der Einsichtsfähigkeit stelle.[934] Allerdings könnten verhaltensschützende Grundrechte nur von denjenigen Wahrgenommen werden, die tatsächlich dazu in der Lage seien. Daran anknüpfend seien demnach Altersgrenzen oder standardisierte Anforderungen an bestimmte Betätigungen regulär auf der Ebene von Grundrechtseinschränkungen zu verorten, die sich im Rahmen der Grundrechtseingriffe legitimieren müssten.

Roell lehnt eine Grundrechtsmündigkeit in Form einer Einschränkung der Wahrnehmbarkeit grundrechtlicher Freiheiten und Güter mit Verweis auf Art. 1 Abs. 1 GG ab.[935] Sie stellt darauf ab, dass die Grundrechte als Ausfluss der Menschenwürde die Grundlage der menschlichen Gesellschaft sind. Die Menschenwürde knüpft dabei an die geistigen Anlagen zur freien sittlichen Entscheidung an, so dass es unbestritten auch Unmündige Träger der Menschenwürde sein können. Dies ergebe sich auch schon aus der Zuordnung der jeweiligen Grundrechte an „Jedermann“ oder „alle Menschen“, so dass die Grundrechte als Positivierung der Menschenwürde unabhängig von etwaiger geistiger Reife oder Einsichtsfähigkeit gewährleistet seien.[936] Diese Gewährleistung könne sich auch nicht nur in der bloßen Einräumung der Rechte erschöpfen, der Staat müsse zur Effektiven Wahrnehmung der Grundrechte entsprechende Möglichkeiten ihrer (gerichtlichen) Durchsetzung schaffen.

c.) Herleitung einer Grundrechtsmündigkeit

aa.) Einsichts- und Entscheidungsfähigkeit als Ausgangspunkt der Betrachtung

Bei einer Herleitung eventueller Grundrechtsmündigkeit wird ebenfalls an die Einsichts- und Entscheidungsfähigkeit angeknüpft, entweder an die starren Altersgrenzen, die der Gesetzgeber einfachgesetzlich gezogen hat, oder flexible, an der individuellen Person festzustellende.[937] Das BVerfG geht wohl ebenfalls

933 Ipsen, Grundrechte, 26 Rn. 80.

934 Sachs in: Sachs, GG, Vor Art. 1 Rn. 56, 75.

935 Roell, 33.

936 Roell, 33f.

937 Pieroth, Schlink, Kingreen, Poscher, Grundrechte, 37.

von einer gewissen Form zunehmender Grundrechtsmündigkeit aus, wenn es feststellt, „Der Jugendliche ist mit zunehmendem Alter in immer stärkerem Maße eine eigene durch Art. 2 Abs. 1 i.V.m. Art. 1 Abs. 1 GG geschützte Persönlichkeit".[938] Das VG Köln stellte etwa einer Entscheidung über die Kriegsdienstverweigerung eines Minderjährigen auf eine abstrakte Altersgrenze ab.

> „In Bezug auf Art. 4 III 1 GG ist die Kammer der Auffassung, daß es für 17jährige jedenfalls nicht ausgeschlossen war, sich auf dieses Grundrecht zu berufen. Da das Gesetz die Frage, mit welchem Alter ein Antrag auf Anerkennung als Kriegsdienstverweigerer gestellt werden konnte, nicht beantwortete, müssen andere Kriterien für die Grundrechtsmündigkeit bezüglich Art. 4 III 1 GG herangezogen werden. Die Grundrechtsmündigkeit setzt mit Sicherheit voraus, daß der junge Mensch die Fähigkeit, eigenverantwortlich eine als bindend empfundene, an den Kategorien von Gut und Böse orientierte Entscheidung (Gewissensentscheidung) zu treffen, bereits ausgebildet hat. In Anlehnung an die Religionsmündigkeit stellt die Vollendung des 14. Lebensjahres eine Altersgrenze dar, unterhalb derer die Grundrechtsmündigkeit für die Entscheidung gegen den Kriegsdienst mit der Waffe sicher nicht gegeben ist."[939]

Des Weiteren müsse die Entscheidung eine gewisse Zeit gereift sein und Festigkeit erlangt haben, so dass die Ernsthaftigkeit nicht mehr bezweifelt werden könne. Zudem müsse eine Notwendigkeit der Geltendmachung des Grundrechts durch einen zeitlichen und sachlichen Zusammenhang mit einer das Recht betreffenden Lage bestehen. Insgesamt stellt das VG Köln vor allem auf parallele Wertungen in anderen Rechtsgebieten und auch die Volljährigkeit als Bezugspunkt ab.

bb.) Grundrechtsmündigkeit und Elternrecht

Von einer grundsätzlichen Grundrechtsmündigkeit, die sich aus dem Elternrecht und den daran anknüpfenden Normen des Familienrechts im BGB herleiten, sieht eine Ansicht es für legitim, dass Eltern bis zur Volljährigkeit des Heranwachsenden dessen Entscheidungen umfassend regeln können.[940] Die Normen des BGB würden dafür die entsprechenden sachgerechten „Kollisionsnormen" darstellen.[941] Für die Richtigkeit der Ausübung des Elternrechts spreche, so etwa *Kittner*, eine „natürliche Vermutung".[942] Gegen eine einfachgesetzliche Herleitung anhand fester Altersstufen sprechen sich dagegen etwa

---

938 BVerfGE 47, 46, 74.
939 VG Köln, NVwZ 1985, 217, 218.
940 Bosch, 43; ders., FamRZ 1959, 203; Jayme, 161.
941 Schwerdtner, AcP 183 (1973), 232.
942 Kittner, ArbuR 1971, 284.

Perschel und *Leuschner* aus, die im Einzelfall eine Interessenabwägung zwischen dem Elternrecht und den Grundrechten des Minderjährigen anstreben, so dass beide im Rahmen praktischer Konkordanz in ihrem Kern, Art. 19 Abs. 2 GG, erhalten bleiben.[943]

Abstellend auf das Elternrecht aus Art. 6 Abs. 2 S. 2 GG will etwa *Schwerdtner* bei Unmündigkeit des Grundrechtsträgers die Frage der Grundrechtsmündigkeit zulassen.[944] Für ihn kommt durch das Elternrecht der Umstand zum Ausdruck, dass diesen das Kindeswohl grundsätzlich wichtiger sei, als allen anderen Einrichtungen. Dieses Freiheitsrecht der Eltern stehe dem Persönlichkeitsrecht des Kindes gegenüber und werde mit zunehmender Selbstbestimmungsfähigkeit des Kindes immer weiter zurückgedrängt. Er nimmt aus diesem Schutzgedanken zwar eine Grundrechtsmündigkeit an, sieht den dadurch bezweckten Schutz aber nicht nur nach außen, also vor Selbstschädigung und Drittschädigung, sondern auch nach innen gegen übergebührliche Bevormundung der Eltern, wo diese nicht (mehr) wegen der Einsichts- und Entscheidungsfähigkeit des Minderjährigen angezeigt sei.[945] Auch unterhalb der Grenze der Volljährigkeit sei daher Grundrechtsmündigkeit im jeweiligen Einzelfall zu ermitteln. In diese Richtung zielt wohl auch die Entscheidung des VGH BW, dass das Elternrecht ein pflichtgebundenes Recht ist, im Sinne des Kindeswohles zu entscheiden.[946] So verweist auch *Schwerdtner* darauf, dass das Erziehungsrecht der Eltern kein Selbstzweck im Sinne einer „personalen Schutzorganisation“ sein könne.[947] Er verweist zudem darauf, dass auch die Frau einst im Verhältnis zum Manne als unmündig angesehen wurde, bis der gesellschaftliche Wandel diese Ansicht überholt hat.[948] *Kästner* geht hingegen davon aus, dass die Grundrechtsmündigkeit sich nicht durch die Abwägung mit dem Recht der Eltern aus Art. 6 GG herleiten lasse.[949] Das Elternrecht schütze nur vor staatlichen Eingriffen und könne daher im „Innenverhältnis“ zum Kind keine unmittelbare Rechtswirkung entfalten. Auch nach seiner Ansicht ist die Grundrechtsmündigkeit individuell und am Gehalt des jeweiligen Grundrechts zu ermitteln. Bei der prozessualen Wahrnehmung sei er zwar nach wie vor auf seine Eltern angewiesen, würden sie ihm indes nicht zur Seite stehen, so könne das Vormundschaftsgericht durch

943 Perschel, 36; Leuschner, 77.
944 Schwerdtner, VBlBW 1986, 121; ders., AcP 173(1973), 227.
945 Schwerdtner, VBlBW 1986, 122.
946 VGH BW, NJW 1985, 2965.
947 Schwerdtner, AcP 173, S. 227f.
948 Schwerdtner, AcP 173, 221, 248f.
949 Kästner, DÖV 1977, 502f.

entsprechende Anordnungen für eine Wahrung der Rechte sorgen.[950] Dabei stellt die prozessuale Geltendmachung grundrechtlich geschützter Güter ein besonderes Problem der Grundrechtsmündigkeit dar, dass die Prozessfähigkeit an die Geschäftsfähigkeit gekoppelt ist und selbst der im Einzelfall grundrechtsmündige Minderjährige seine Rechte allein nicht geltend machen kann. An dieser Stelle wird auch der Autonomiekonflikt deutlich, der sich aus dem die Eltern-Kind-Beziehung bezeichnenden Sorgeverhältnis ergibt. Denn das Erziehungsziel sei die Erreichung künftiger Selbstbestimmung.[951]

Daher sieht etwa *Gernhuber* die Grundrechte des Minderjährigen nicht im Konflikt mit dem Elternrecht, vielmehr sei dieses eine Institution, die den Grundrechten des Kinders überhaupt erst zur Geltung verhelfen können.[952] Demnach sei die elterliche Gewalt ein Mittel, um dem Recht des Minderjährigen aus Art. 2 Abs. 1 GG in einer Lebensphase, in der Selbstbestimmung noch nicht umfassend gewährleistet ist, zur Geltung zu verhelfen. Sie sei diesem Anspruch dann gerecht geworden, wenn es dem Minderjährigen die Fähigkeit zur Existenz als selbstverantwortliche Persönlichkeit zu bestehen vermittelt habe.[953] Daher geht auch er von einer einheitlichen Mündigkeitsgrenze in Form der Volljährigkeit aus, zur Wahrung der Selbstbestimmung des Minderjährigen soll das Elternrecht jedoch mit zunehmender Reife an Bedeutung verlieren.[954]

Ähnlich sieht *Schwab* eine direkte Herleitung einer Teilmündigkeit direkt aus den Grundrechten im Konflikt mit dem Elternrecht, die zu einer „verfassungsrechtlichen Senkung des Volljährigkeitsalters" führe.[955] Denn es sei kein Aspekt des Lebens des Kindes denkbar, in dem es nicht zu einer Kollision von Freiheits- und Elternrecht käme. Das Elternecht sei daher keine Beschränkung der Grundrechte, sondern sei vielmehr „als Organisation stellvertretender oder treuhänderischer Bewahrung und Entfaltung der Individualgüter des ihr Unterworfenen zu verstehen."[956] Auch er geht jedoch davon aus, dass die Ausübung des Elternrechts sich daran bemessen lassen muss, ob es auf die Errichtung von zukünftiger Selbstbestimmung gerichtet ist. Auch er wirft das Problem auf, dass sich das Elternrecht nicht nur auf rechtlich relevante Verhältnisse bezieht, die durch das Minderjährigenrecht im BGB abschließend geregelt sind, sondern

950 Kästner, DÖV 1977, 505.
951 Zenz. 86f; Lüderitz, AcP 178 (1978), 274f.
952 Gernhuber, FamRZ 1962, 91.
953 Gernhuber, FamRZ 1962, 92.
954 Gernhuber, FamRZ 1962, 95.
955 Schwab, JZ 1970, 746.
956 Schwab, JZ 1970, 746.

auch auf tatsächliche Lebensführung, die sich mit zunehmender Unmöglichkeit körperlichen Zwangs auf eine pädagogische Ebene verlagere.[957] Die Zweckmäßigkeit gemessen an der Herstellung zukünftiger Selbstbestimmung könne dann im Streitfall durch das Vormundschaftsgericht überprüft werden. Als Lösung von Missbrauchsproblemen der Elternrechte schlägt er vor, bei wichtigen Entscheidungen über die Lebensführung im rechtsgeschäftlichen Bereich ab einem Alter von 15 oder 16 Jahren etwa die Abgabe der Willenserklärung durch die Eltern von der Zustimmung des Minderjährigen abhängig zu machen.[958]

Reuter schließlich unterzieht die Frage der Grundrechtsmündigkeit einer differenzierten Betrachtung danach, ob und inwieweit die Wahrnehmung eines Grundrechts des Betroffenen durch den gesetzlichen Vertreter zulässig ist.[959] Er stellt dabei entscheidend auf die Trennung zwischen Innehaben und Ausübung des Rechtes ab und fragt als erstes, ob das zu schützende Interesse für den Unmündigen ebenso wertvoll ist wie für den Mündigen. Dies begründe überhaupt erst die Erforderlichkeit, dem Unmündigen ein „Mittel zur Befriedigung des Interesses" in Form des Eingreifens durch den Vertreter rechtlich zu gewährleisten.[960] Die zweite Voraussetzung ist nach *Reuter*, dass das Interesse sowohl durch den Grundrechtsträger als auch durch seinen Vertreter befriedigt werden könne, es also gleichgültig sein müsse, ob der Schutz durch den Berechtigten selbst oder seinen Vertreter besorgt würde. Dies treffe demnach auf eine Reihe von Grundrechten des status positivus zu, etwa die Grundrechte aus Art. 101 Abs. 1 S. 2, Art. 103 Abs. 1 GG, aber auch auf Art. 2 Abs. 2 S. 1, Art. 3, Art. 10, Art. 13 und 14 GG.

> „Der Unmündige hat genauso wie der [Mündige] ein Interesse daran, daß er nicht körperlich verletzt, daß er im Verhältnis zu anderen gleichbehandelt wird, daß seine Briefe nicht von anderen gelesen werden, daß niemand in seine Wohnung eindringt, daß ihm der ‚reale Nutzen' des Eigentums zugutekommt und daß er Erbe werden kann. Auch fordert der wirksame Schutz der genannten Interessen Fürsorge von fremder Seite, solange der Berechtigte infolge geistiger Unreife unfähig ist, Verletzungen aus eigener Initiative zu verhindern."[961]

Diese Möglichkeit stoße jedoch bei den Verhaltensgrundrechten an ihre Grenzen, etwa und insbesondere bei Art. 2 Abs. 1 GG. Die Voraussetzung der

957 Schwab, JZ 1970, 747.

958 So schon Krüger, Gleichberechtigungsgesetz, Einl. Rn. 300, die eine Senkung der Geschäftsfähigkeit für höchstpersönliche Rechtsgeschäfte auf 16 Jahre vorschlug.

959 Reuter, 52ff, 53.

960 Reuter, 53.

961 Reuter, 54.

Gleichwertigkeit für Mündige und Unmündige stoße hier auf Schwierigkeiten. Handlungsfreiheit bedeute, dass der Grundrechtsträger von Rechts wegen nach seinen eigenen Vorstellungen verfahren darf. Sei er jedoch nicht dazu in der Lage, die Folgen seiner beabsichtigten Betätigung zu überblicken und die Vor- und Nachteile mehrerer Verhaltensalternativen sach- und interessengerecht gegeneinander abzuwägen, wirke sich die Handlungsfreiheit auf Dauer als Schaden aus.[962] Ihm fehle also bereits eine realistische Möglichkeit, die Freiheit zu seinem Vorteil zu nutzen. Zum anderen ergebe sich das Problem, dass bei den Freiheitsgrundrechten die freie Betätigung nach eigenem Gutdünken nicht nur Inhalt, sondern (Selbst-)zweck der Handlungsfreiheit sei. Daher könne es schon, anders als im Privatrecht, bei Unfähigkeit des Rechtsträgers nicht zur Ausübung an einen Vertreter delegiert werden.

> „Dem einzelnen *Handlungsfreiheit mittels Bevormundung* gewährleisten zu wollen, wäre in sich widersprüchlich. Bevormundung und Handlungsfreiheit sind direkte Gegensätze. Wer bevormundet, *befriedigt* das Interesse des Berechtigten an Handlungsfreiheit nicht, sondern er *verletzt* es notwendig, mag er auch im Übrigen das Wohl des Mündels optimal fördern. Im Rahmen des Rechts auf Handlungsfreiheit taucht also die Frage nach der Grundrechts*mündigkeit* nicht auf. Ist das Interesse an Handlungsfreiheit überhaupt rechtlich anerkannt, so ist damit automatisch die selbstständige Ausübungsbefugnis verbunden. Mangelnde geistige Reife kann hier allenfalls das ‚Haben' des Grundrechts, die Grundrechts*fähigkeit* des einzelnen beeinflussen."[963]

d.) Ablehnung der Grundrechtsmündigkeit als allgemeine Voraussetzung der Einwilligung in Verfügungen über Grundrechtsgüter

aa.) Grundrechtsmündigkeit als Versuch der Beschränkung grundrechtlicher Freiheit durch Anwendung einfachgesetzlicher Wertungen

Mit den bisherigen Untersuchungsergebnissen ist das Konzept der Grundrechtsmündigkeit abzulehnen. *Möller* verweist zutreffend darauf, dass die Figur der Grundrechtsmündigkeit nicht dazu geeignet ist, die notwendige Differenziertheit zur Frage der Abgrenzung von legitimem und illegitimem Selbstschutz zu erfassen, weil der Umstand, dass der Betroffene kein allumfassend selbstbestimmtes Leben führen kann, nicht dessen Rechtlosigkeit bewirkt.[964] Im Ergebnis ist es auch nur der Versuch, anhand einfachgesetzlicher Grundlagen oder kollidierender Verfassungsgüter – und damit Drittschutzinteressen – ein

---

962 Reuter, 54.

963 Reuter, 54f.

964 Möller, Paternalismus und Persönlichkeitsrecht, 147.

gewisses Abstraktum an der Hand zu haben, ob in jemandes Grundrechte eingegriffen werden kann. Gegen eine so weitreichende Herleitung aus dem einfachen Recht sprechen sich auch Vertreter aus, die von einer grundsätzlichen Grundrechtsmündigkeit ausgehen, so etwa *Schwab*, der selbst darauf verweist, dass der unvollkommene rechtsgeschäftliche Schutz des Minderjährigen vor negativen oder nutzlosen Rechtsfolgen durch das BGB bei der Frage von Mündigkeit (hier in Bezug auf Volljährigkeit) nicht überbewertet werden dürfe.[965] Aus dem bloßen Dasein als Minderjähriger lässt sich noch nicht herleiten, dass jemand nicht dazu in der Lage ist, seine eigenen grundrechtlich geschützten Interessen wahrzunehmen. Die Grundrechte werden jedoch unabhängig davon, ob ihr Träger vorhat, sie überhaupt wahrzunehmen, gewährleistet. Daraus ergibt sich letztlich auch die negative Dimension bestimmter Freiheitsrechte, etwa der Versammlungs- oder Meinungsfreiheit. Spätestens bei den Grundrechten aus Art. 1 Abs. 1 GG und Art. 2 Abs. 2 GG muss die Figur der Grundrechtsmündigkeit ihre Geltung aufgeben, da diese Rechte, wie gezeigt, notwendige Voraussetzung für jede freiheitsrechtliche Betätigung sind. Betätigung in Bezug auf das Recht auf Leben und körperliche Unversehrtheit ist, wie erläutert, von einer rein rechtlichen Betätigungsperspektive loszulösen, insbesondere das binäre Recht auf Leben. Wenn man sich darauf einigt, dass es kein normativ lebenswertes oder lebensunwertes Leben gibt, so kann dessen Betätigung nicht von einer Mündigkeit, will heißen Einsichtsfähigkeit abhängen, weil selbst der oben beschriebene auf Dauer Komatöse in seinem Zustand sein Recht auf Leben betätigt, wobei wahrlich nicht von einer überlegten, mündigen Entscheidung zu sprechen ist.

Damit erschöpft sich der Verweis gegen die Grundrechtsmündigkeit wohl darin, dass Grundrechtsbetätigung generell tatsächlichen Charakter hat. So verweist etwa *Lüderitz* darauf, dass Teil eines selbstbestimmten Lebens auch die Fähigkeit ist, mit dem eigenen Körper umzugehen.[966] Selbstbestimmung bedeutet daher tatsächliche Verfügungsherrschaft über das eigene Dasein. Rein grundrechtliche Selbstbestimmung ist nicht auf eine Rechtsfolge gerichtet. Die Rechtsfolgenlosigkeit endet freilich dort, wo die Rechte Dritter betroffen sind, doch ist sie nicht Zweck des Realhandelns, sondern lediglich daraus resultierender notwendiger Reflex. Solch schlichtem Handeln zum Selbstzweck kann aber aus der Rechtsordnung keine starre Altersgrenze entnommen werden.[967] Es kann also nur im Einzelfall darum gehen, ob der Grundrechtsträger zu der

965 Schwab, AcP 172 (1972), 268.
966 Lüderitz, AcP 178 (1978), 275.
967 Reinicke, 199.

Wahrnehmung seiner Grundrechte tatsächlich in der Lage ist und zwar unabhängig davon, ob und wie „vernünftig" er dies zu tun gedenkt. Jegliche starre, auf die allgemeine Erfahrung abstellende Regelung würde wieder einen Ansatzpunkt bieten, an dem die „Vernunft" der Entscheidung einer subjektiven Bewertung des jeweiligen Entscheiders eröffnet wird um daraus die fehlende Einsichtsfähigkeit des Handelnden zu folgern.

Daher ist mit *Moritz* und auch *Reinicke* der Versuch, auf Grundrechtsunmündigkeit beruhende Eingriffe mit einem Verweis in das „Naturrecht" zu rechtfertigen, entschieden abzulehnen.[968] Sich auf übergesetzliche, sich aus der „Natur" manifestierende Umstände wie eine „Unmündigkeit" zu stützen, die gesetzgeberisch weder begründ- noch behebbar sein soll, ist wegen der immensen Willkür, die dies ermöglicht, verfassungsrechtlich schon wegen Art. 3 Abs. 1 GG unhaltbar. *Moritz* verweist zutreffend darauf, dass diese „natürlichen" Betrachtungen erheblich von kulturellen und moralischen Entwicklungen abhängig sind. Auf die Untersuchung bezogen wäre dies erneut also ein Verweis auf den aktuellen medizinischen Stand, was alles als – insbesondere geistige! – Krankheit zu verstehen ist, und was nicht. Dies entspricht im Übrigen der Kritik einiger Stimmen aus der Psychiatrie, vor allem der Kritik von *Szasz,* der der Meinung ist, dass gerade psychiatrische Krankheiten erst ab dem Zeitpunkt ihrer durch Konsens vorgenommenen Definition von der medizinischen Wissenschaft als Krankheit anerkannt würden.[969]

Insofern ist *Reuter* zuzustimmen, dass Freiheitsschutz durch Bevormundung nicht erreicht werden kann. Es kann also nur darum gehen, demjenigen, der zwar ein Grundrecht als subjektives Recht innehat, aber aus den benannten Gründen eben nicht zur Wahrnehmung seines konkreten, in der Situation eingeräumten grundrechtlichen Interesses in der Lage ist, in diesem Rahmen zur Geltung zu verhelfen. Das Interesse ist dabei aus Sicht des Grundrechtsträgers zu bestimmen. Ein solches Betätigungsinteresse anhand des eigenen, subjektiven Wertemaßstabs kann nur dort verneint werden, wo der Grundrechtsträger entweder wirksam auf sein Grundrecht verzichtet hat oder dessen Voraussetzungen nicht mehr vorliegen.

Erst Recht verbietet sich daher, die Fähigkeit der Mündigkeit zur Ausübung von Grundrechten aus einfachgesetzlichen Grundlagen herleiten zu wollen, weil es nicht um die *rechtliche* Möglichkeit der gesetzesvorbehaltlichen Einschränkung geht, sondern um die Frage *tatsächlicher* Betätigung der verfassungsmäßig

---

968 Moritz, 129 m.e.N.; ähnlich Reinicke, 40.
969 Szasz, The Myth of Psychotherapy, 129ff.

garantierten Freiheit, die sich direkt aus dem grundrechtlichen Schutzbereich ergibt.[970] Wer darauf abstellt, dass es wegen effektiven Grundrechtsschutzes angebracht sei, dass das einfache Recht bestimmte Altersgrenzen als Stadium der Betätigung voraussieht, übersieht, dass es sich dabei, erneut, lediglich um die *Rechtsfolgen rechtserheblichen* Tuns handelt.[971] Das tatsächliche Vorliegen geistiger Reife zur Betätigung des Grundrechts darf nicht mit dem Interesse der Wahrnehmung konkreter Positionen, die durch Grundrechte geschützt werden und der Bewahrung der Grundrechtsposition selbst verwechselt werden.

bb.) Anwendbarkeit auf Einsichtsunfähigkeit aus anderen Gründen als dem Alter?

Die Situation des Minderjährigen unterscheidet sich natürlich insofern von der eines aus anderen Gründen als dem Alter Einsichtsunfähigen zunächst dadurch, dass die Eltern-Kind-Beziehung entscheidend durch das Elternrecht aus Art. 6 Abs. 2 GG überlagert ist, welches ja gerade nicht nur den personensorgerischen Aspekt schützt, sondern und vor allem auch das Erziehungsrecht der Eltern. Dieses kollidierende Recht genießt eine besondere Reichweite, die Einschränkungen der Rechte des Kindes legitimieren können. Bereits um diese Reichweite ist das Recht sonstiger Vertreter beschnitten, wenn es um die Einwirkung der Rechte des nicht einsichtsfähigen Grundrechtsträgers geht. Als eigene, kollidierende Verfassungsgüter kommen etwa die Berufsfreiheit des Arztes oder Berufsbetreuers, Art 12 GG, in Betracht, oder deren Gewissensfreiheit, Art. 4 GG. Es ist jedoch herauszustellen, dass diese Rechte sich keinesfalls auf das „Innenverhältnis" auswirken können, spätestens wenn hochrangige Verfassungsgüter aus Art. 2 Abs. 2 GG betroffen sind. Der Arzt kann sich also für seine Behandlung gegen den Willen des Patienten diesem Gegenüber nicht aus der beruflichen Praxis oder dem medizinischen Status Quo legitimieren, erst recht nicht aus seiner religiösen oder sonst weltanschaulichen Überzeugung; dasselbe gilt für den Betreuer.

Wegen dieses Unterschieds problematisiert *Möller* auch, dass etwa bei geistiger Krankheit kaum andere Ansatzpunkte für legitimen Schutz vor sich selbst bestünden, als auf eine Form der Grundrechtsmündigkeit abzustellen.[972] Wenn man jedoch davon ausgehe, dass auch Geisteskrankheit die Rechtsträgereigenschaft nicht beseitige, so muss sich auch hier jeder Eingriff in die Rechte

970 Perschel, 87; Woltereck, AuR 1965, 194.

971 So aber Reuter, 56.

972 Möller, Paternalismus und Persönlichkeitsrecht, 146.

legitimieren. Es ließe sich natürlich leicht sagen, dass man die Grenze sodann eben bei den „offensichtlich Einsichtsunfähigen" zieht und diese als legitimes Ziel paternalistischer Intervention ansieht, wenn schon der durchschnittliche Patient derartige Schwierigkeiten bei der Entscheidungsfindung habe.[973]

Entsprechend *Wikler* kann dabei die entscheidende Frage aufgeworfen werden: Wenn man sagt, dass man etwa Menschen mit geistiger Krankheit – im Vergleich zum *durchschnittlichen* Menschen – wegen fehlenden intellektuellen Kapazitäten und damit bereits fehlender Autonomiefähigkeit paternalistisch behandeln dürfe, so müsste man ebenso argumentieren, dass die durchschnittlich intelligenten Menschen berechtigterweise Ziel von Paternalismus durch die intellektuelle Elite würden.[974] Diese Konzeption basiere also entscheidend auf der Relativität intellektueller Überlegenheit, im Grunde also just so, wie im Verhältnis von Eltern zu ihren Kindern. Im Sinne der Abwägung zwischen den Gefahren, welche durch die Intervention einerseits und den ungehinderten Verlauf andererseits entstünden, wirft *Wikler* auf, ob in solchen Fällen für den Betroffenen von sich selbst eine größere Gefahr ausgeht als von einer mit weitreichendem Einfluss, fragwürdiger Weisheit und inkonsistenter Motivation bewegter Staatsmacht, es andererseits aber ebenso wahrscheinlich sei, dass sie sich bei ungehindertem Handeln selbst schädigen würden.[975] Es sei daher anzunehmen dass Selbstbestimmung an einen bestimmten Schwellwert an intellektueller Kapazität (*threshold conception*) geknüpft sei, die den einzelnen im Verhältnis zu der vorzunehmenden Handlung als Selbstbestimmt oder nicht selbstbestimmt erscheinen lasse, es gehe also nicht darum, ob der Betroffene im Verhältnis zum Intervenienten geringere intellektuelle Kapazitäten aufweise (*relativist conception*).[976] Denn kognitive Kapazitäten, die über diesem für eine bestimmte Handlung notwendigen Schwellwert liegen, würden sich nicht oder nur minimal auf die Betätigung der Selbstbestimmung auswirken.

Insofern stellt auch *Möller* auf diese Konzeption *Wiklers* und dessen Unterscheidung zwischen *relativist* und *threshold conception* ab, wobei er aufwirft, dass es nicht um die allgemeine intellektuelle Fähigkeit gehen könne, sondern nur um die individuelle Fähigkeit des einzelnen, eine konkrete Entscheidung zu treffen.[977] Der Schwellwert könne sich also demnach ebenfalls nicht aus der

973 Kittay, in: Nys, Denier, Vandevelde, 40.

974 Wikler, in: Sartorius, 84.

975 Wikler, in: Sartorius, 84.

976 Wikler, in: Sartorius, 87ff, 91ff.

977 Möller, Paternalismus und Persönlichkeitsrecht, 156f.

grundsätzlichen psychischen Verfassung ergeben, sondern müsse auch hier auf die Handlung bezogen festgestellt werden. Dies entspricht auch der Ansicht *Feinbergs*, dass ebenso, wie ein schlecht regierter Staat seine Souveränität behalte, ein Mensch sein Recht auf Selbstbestimmung behalte, er jedoch an dessen faktischer Betätigung gehindert sein könne.[978] Die grundsätzliche Trägerschaft von Autonomie kann nicht aus der Unfreiheit einer Entscheidung hergeleitet werden, weil sich eine absolute Informationslage, die dann anhand des subjektiven Präferenzmaßstabes zu einer unfehlbar zutreffenden Nutzenmaximierungsprognose führt, als unerreichbar utopische Fiktion entlarvt sieht.[979] Daher macht die von *Beauchamp und Childress* vorgeschlagene Unterscheidung zwischen abstrakter Autonomie und der Fähigkeit, diese durch konkrete Entscheidungsfreiheit zu betätigen, Sinn. Nur auf diese Weise können Fälle als die Patientenautonomie wahrend erfasst werden, in denen ein „vernünftiger“, will heißen autonomer und entscheidungsfähiger Patient eine „unvernünftige“ medizinische Entscheidung trifft. Denn erst an dieser Stelle kann überhaupt untersucht werden, ob sich die Handlung als Ausdruck der Selbstbestimmung darstellt, oder aber Resultat von Kontrolle ist.[980] Die Beantwortung solcher Grenzfälle beschäftigt die forensische Psychiatrie und Psychologie schon seit langem. So verwies bereits *Ideler* in seinem *Lehrbuch der Gerichtlichen Psychologie* von 1857 darauf, dass eine individuelle Betrachtungsweise des Zusammenwirkens wohl unabdingbar ist:

> „...es giebt eine Menge pathologischer Hindernisse des freien Seelenwirkens, welche bei gleicher physischer Grösse von einem kräftigen Verstande und Willen mit Leichtigkeit überwunden werden, während sie einem schwachen Geist und Charakter völlig in Fesseln schlagen. Hier tritt also zu den bisher erläuterten Schwierigkeiten des Urtheils noch die grossentheils unberechenbare Bedeutung der Individualität hinzu, welche in ihr ganz speciellen Charaktereigenthümlichkeit, wie sie bei keiner anderen Person angetroffen wird, der wissenschaftlichen Erklärung grossentheils unzugänglich bleibt. Wir müssen uns freilich bemühen, den individuellen Charakter des geistigen und körperlichen Lebens auf möglichst allgemeine Bestimmungen zu bringen... Indess können wir es bei einer solchen summarischen Abschätzung kaum vermeiden, das manche Züge des Bildes zu stark oder zu schwach hervortreten, und dadurch ein Urtheil irre leiten.“[981]

Eine Übertragung der Überlegungen zur Grundrechtsmündigkeit auf psychische Erkrankungen erscheint daher weiterführend. Es gibt keinen Grund, nur mangels des Elternrechts (und damit ohnehin wieder Drittinteressen) den aus

---

978 Feinberg, Harm to Self, 30.
979 Siehe auch O'Neill (1984), 175.
980 Brock, Wartman, in: Brock, 87f.
981 Ideler, 159.

anderen Gründen als dem Alter in seiner Selbstbestimmung Beschränkten anders zu behandeln. Auch hier kann nicht auf eine „Grundrechtsmündigkeit" zurückgegriffen werden. Es entspricht auch den bisher dargestellten Ergebnissen zur Paternalismusdebatte, dass ein Unterschied besteht zwischen der Fähigkeit, subjektive Präferenzen aufzustellen, und diese dann auch zielgerichtet zu verfolgen. Insofern ist auf die Grundrechtsmündigkeit abzustellen auch bei Minderjährigen insoweit verfehlt, als dass das Ziel der Erreichung von zukünftiger Selbstbestimmung der Langzeitpräferenz wieder eindeutig Vorrang vor der Kurzzeitpräferenz gegeben wird. Auch hier kann eine solche jedoch allenfalls in den Fällen gesehen werden, wo die Entscheidung des „Unmündigen" die Gefahr elementarer und unwiederbringlicher Autonomiebeseitigung in der Zukunft birgt, was nicht nur bei ärztlichen Heileingriffen der Fall ist, sondern etwa auch, wenn der Betroffene durch vertragliche Selbstbindung seine wirtschaftliche Betätigungsfreiheit gefährdet, oder aber durch Aufgabe des Schulbesuchs seine Berufsfreiheit. Einzuräumen ist auch hier, dass dies in letzter Konsequenz ebenfalls schwer zu begründen ist, weil selbst dafür dem Kind oder Jugendlichen in diesen Bereichen jegliche Kompetenz abgesprochen werden muss. Zumindest für die vertragliche Selbstbindung sind wegen deren *rechtlichen* Charakters die gesetzlichen Regelungen im Ergebnis nicht zu beanstanden, soweit sie die zukünftige Autonomie durch *Rechtsfolgen* bedrohen. Wenigstens in diesem Bereich kann man die durch das Elternrecht eingeräumten Einflussmöglichkeiten als freiheitswahrende Hilfestellungen sehen, durch die die Eltern das Entscheidungsverhalten des Minderjährigen mit zunehmendem Alter weniger kontrollierend und paternalistisch motiviert beeinflussen, sondern mehr in Form eigenständiger Entscheidungsfindung unterstützen. Analog zur der Argumentation zu den Gefahren im Straßenverkehr trägt der Gesetzgeber hier auch eine Verantwortung dafür, dass derjenige, der in seinen Rechtskreis hineingeboren wird, den aus seiner Eröffnung resultierenden Gefahren nicht schutzlos ausgeliefert wird und darauf hinwirkt, dass er sich innerhalb der von ihm mittels der Volljährigkeit gesetzten „Geschäftsfähigkeitsfrist" dieser Gefahren zumindest ansatzweise gewahr ist.

Deutlich wird, dass eine Grenzziehung, anhand welcher Kriterien die Fähigkeit, über die eigenen Rechtsgüter zu verfügen zu bestimmen sein soll, vor dem Hintergrund der Wirkung der Grundrechte außerordentliche Schwierigkeiten bereitet. Zwar erscheint der Ansatz, zunächst die verfassungsrechtliche Stellung Minderjähriger zu betrachten und daraus zu versuchen generelle Rückschlüsse zu ziehen, insofern zielführend, als dass durch die Berührung mit dem Elternrecht zumindest in Grundzügen ein Zusammenspiel zwischen Grundrechtsinhaberschaft und Grundrechtsbetätigung aus der Verfassung abgeleitet werden kann. Da insofern jedoch auch verfassungsrechtlich geschützte Positionen der Eltern (insbesondere das Erziehungsrecht) betroffen sind, kann man daraus nur schwerlich allgemeingültige Regelungen ableiten, wie mit „Unmündigen“ oder „Einsichtsunfähigen“ umzugehen sein soll, möchte man vermeiden, den Bürger aufgrund seiner „intellektuellen Unterlegenheit“ der „Allmacht“ des Staates gegenüber per se wie ein im Zweifel unmündiges Kind behandeln. Selbst die Betrachtungen der Minderjährigen allein stößt schnell an ihre Grenzen, wenn man bedenkt, dass sich nicht jede Beschränkung grundrechtlich garantierter Freiheiten Minderjähriger durch Verweis auf kollidierende Rechte der Eltern rechtfertigen oder erklären lässt. Man kann zunehmend zu der Erkenntnis kommen, dass der historische Verfassungsgesetzgeber weder Kinder noch „Geisteskranke“ oder sonst „Unmündige“ bei der Konzeption der Grundrechte und dem Bild der Grundrechtsbetätigung durch autonome Grundrechtsträger vor Augen hatte; man fühlt sich unweigerlich an die Grundlagen der Paternalismusdebatte erinnert, bei der bestimmte Gruppen von Menschen „von Natur aus“ von den Vorbehalten gegenüber staatlicher Bevormundung ausgenommen werden sollten. Das Konzept der Grundrechtsmündigkeit ist dabei allein deswegen schon verfassungsrechtlich bedenklich, weil es als ungeschriebenes Recht auf der Ebene eines Gesetzesvorbehaltes die Ausübung der grundrechtlich garantierten Freiheiten einschränken kann. Dass man darauf verweist, es diene letztlich dem wohlverstandenen Interesse des Grundrechtsträgers und man beschränke seine Grundrechte nicht, man übe sie nur in seinem Sinne aus, würde den Kreis zum wohlmeinenden, letztlich jedoch allein durch gute Absichten legitimierten Paternalismus, der sich allein aufgrund vermeintlicher intellektueller Überlegenheit und guten Intentionen rechtfertigt, wieder schließen. Es erscheint ausgesprochen fragwürdig, ein so weitreichendes Institut in das Grundgesetz „hinein zu lesen“, wenn man dadurch Eingriffe in Grundrechte legitimieren möchte. Man kann sich auch nur schwerlich damit behelfen, einen „Konflikt“ zwischen Grundrechtsinteressen derselben Person zu sehen, der dann ähnlich praktischer Konkordanz aufzulösen sei. Erneut kann darauf verwiesen werden, das Grundgesetz kennt weder ausdrücklich noch implizit die Rechtfertigung eines Eingriffs in Grundrechte zu eigenen Gunsten. Auf die Wesensgehaltsgarantie zurück zu greifen könnte, wie dargestellt, selbst unter der engen Voraussetzung des Erhalts oder Wiederherstellens elementarer Grundlagen von Freiheit allenfalls als ultima ratio herangezogen werden, will man die umfassende Freiheitsgarantie der Grundrechte ernst nehmen und gerade keine grundrechtlichen „Enklaven“ erschaffen, in denen legitime Grundrechtsbetätigung dem Grundrechtsträger zu seinem eigenen Schutze entzogen wird. Der Konflikt entsteht vor allem dadurch, dass dieses Ergebnis natürlich unbefriedigend daherkommt. Intuitiv liegt es wohl auf der Hand, dass hilfsbedürftigen Menschen geholfen werden soll und wenn sich diese Hilfsbedürftigkeit aus intellektueller Überforderung ergibt, eben auch an dieser Stelle anzusetzen. Genauso wenig kann man leugnen, dass Konstellationen denkbar sind, in denen der Außenstehende es gemessen an der inneren Wertordnung des Betroffenen tatsächlich „besser weiß“, welche Handlung dessen Wohl besser zu fördern geeignet ist. Menschliche Intuition und das soziale Bedürfnis der Hilfestellung sind jedoch keine taugliche Grundlage für staatliche Eingriffe in grundrechtlich garantierte Positionen, weil sie weder rechtlich noch tatsächlich überprüfbar sind und keinerlei normative Begrenzung ermöglichen, sondern sich allein auf die moralisch auf die schwankende Grundlage stützen, man meine es ja nur gut mit dem Adressaten der Hilfsmaßnahme. Die Auflösung des Konfliktes hängt also entscheidend sowohl von den rechtlichen als auch tatsächlichen Voraussetzungen menschlicher Willensbildung ab.

Die Einwilligung in ärztliche Heilbehandlungen bei der Erforschung dieser Frage in den Fokus zu rücken bietet den Vorteil, dass sowohl Rechtswissenschaft als auch Medizin ein eigenes Verständnis des Begriffs des „Willens“ entwickelt haben. Zudem ist mit der (psychiatrischen) Zwangsbehandlung auch der Problemkreis der „Einsichtsfähigkeit“ eröffnet. Ein Ansatz für die Lösung dieses Dilemmas kann also in einer Betrachtung der Frage gesucht werden, welcher „Wille“ für eine Einwilligung erforderlich ist. Da es um tatsächliche Willensbetätigung geht und nicht um eine rein rechtsgeschäftliche, kann eine weit gefasste Betrachtung vorgenommen werden, wie bestimmte Formen des Willens im Recht behandelt werden.

IV. Der „natürliche Wille“ als Begriff in Recht und Medizin

Die Möglichkeit, von einer als „unvernünftig“ zu sehenden Entscheidung auf die generell fehlende Einsichtsfähigkeit abzustellen, hat die Rechtsprechung in Einklang mit der Literatur schon ausgeräumt. Es stellt sich allerdings sodann die Frage, ab welchem Punkt die Einwilligungsfähigkeit nicht mehr vorliegen soll und ob man es an der Qualität der in einem anderen Kontext getroffenen Entscheidungen festmachen kann, der Quantität der bisher „unvernünftig“ getroffenen Entscheidungen oder generell an der Fähigkeit des Betroffenen, seine Entscheidungen anhand seiner Wertordnung zu begründen und danach zu handeln. Durch das informative Machtgefälle zwischen Arzt und Patient und die schier unüberschaubare Menge an verschiedenen Krankheiten und Behandlungsmethoden lassen sich zumindest ernsthafte Zweifel daran hegen, dass Patienten zu einer Entscheidung, die den dargestellten Kriterien der Einwilligungsfähigkeit eines *informed consent* entsprechen, überhaupt in der Lage sind.

Entscheidend ist dabei, in welchem Verhältnis dabei die von der Rechtsprechung zur Einwilligungsfähigkeit geforderte „natürliche Einsichtsfähigkeit“[982] und die Möglichkeit einer Betätigung durch Kundgabe als Manifestation des Willens zueinander stehen.

1.) Das Merkmal des „natürlichen Willens“ und der „natürlichen Einsichtsfähigkeit“

a.) Entwicklung des Rechtsbegriffs des „natürlichen Willens“

Mit dem Gesetz zur Regelung der betreuungsrechtlichen Einwilligung in eine ärztliche Zwangsmaßnahme hat der Gesetzgeber in das BGB mit dem „natürlichen Willen“ in § 1906 Abs. 3 BGB a.F. als Tatbestandsmerkmal ärztlicher Zwangsbehandlungen diesen Begriff erstmals gesetzlich erfasst und durch das Gesetz zur Änderung der materiellen Zulässigkeitsvoraussetzungen von ärztlichen Zwangsmaßnahmen und zur Stärkung des Selbstbestimmungsrechts von Betreuten in § 1906 Abs. 1 S. 1 Hs. 1 BGB a.F. als Tatbestandsmerkmal der dort legaldefinierten ärztlichen Zwangsmaßnahme festgeschrieben. Nach dem Willen des Gesetzgebers entspricht dieser Wille dem Willen des Betreuten im Sinne des § 1905 Abs. 1 Nr. 1 BGB.[983] Bei der Einführung des Betreuungsrechts in das BGB ging der Gesetzgeber davon aus, dass natürlicher Wille jede Form der Ablehnung, der Gegenwehr und des Widerstandes zum Ausdruck gebrachte Willensäußerung ist, die nicht von Einsichts- oder Steuerungsfähigkeit getragen ist.[984] Auf diese Weise soll dieser Wille wohl von dem „freien Willen“ des Betreuten aus § 1896 Abs. 1a BGB abgegrenzt werden. Jedoch unterliegt diese Auslegung des Begriffs einer gewissen Konfusion, ist er doch in der Rechtsprechung mit Intention in anderer Bedeutung herausgebildet worden.

Einleitend kann bei der begrifflichen Erörterung kurz festgehalten werden, dass der Begriff des „Natürlichen“ in Verbindung mit der menschlichen Geistestätigkeit seine frühen Wurzeln bereits im römischen Recht hatte und unter dem Begriff der „naturalis ratio“ bei Gaius zu finden ist.[985] Diese „natürliche Vernunft“ bezeichnete wohl nach Gaius[986] die Grundlage des „ius gentium“ (teilweise auch

982 BGHZ 29, 33, 36.

983 BT-Drs. 17/11513, 7.

984 BT-Drs. 11/4528, 143; siehe ausführlich R. Beckmann, JZ 2013, 604; I. Götz in Palandt, § 1905 Rn. 5; Jürgens, in: Jürgens, § 1905 Rn. 7; vgl. auch die Darstellung bei Neuner, AcP 218 (2018), 14.

985 Siehe dazu ausführlich Honsell, 21ff, 23; Jörs, Kunkel, Wenger, 50f.

986 Gai. 1.158; siehe auch D. 1, 1, 9; siehe Jörs, Kunkel, Wenger, 51, Fn. 12, 13, 14, dort m.w.N.

„ius naturale"), derjenigen Rechtssätze also, die bei allen Völkern zu beobachten seien und daher gerade aus der Natur des menschlichen Verstandes entspringen.[987] Als Beispiel wird etwa die Zulässigkeit der Notwehr darauf begründet, es entspreche der natürlichen Vernunft, sich gegen Gefahren zu verteidigen.[988] Der Begriff des natürlichen Willens (voluntas naturalis) ist außerhalb der rechtlichen Einordnung vor allem in der philosophischen und christlich-theologischen Betrachtung aufgeworfen gewesen; dabei ging man zwar eher davon aus, dass es sich vor allem um die Instinktebene des menschlichen Verstandes handelte, die Auseinandersetzung bezog sich dabei jedoch vor allem auf die Frage, ob der Mensch einen „natürlichen Willen" zum Guten besitzt, über den sich der Mensch beim „Sündigen" hinwegsetzt (voluntas deliberative) oder ob der natürliche menschliche Zustand auch das „Böse" mit umfasst.[989] Diese vor allem der christlichen Ethik zuzuordnende Betrachtung berührt die heutige Diskussion wohl nur in ihren Grundzügen und kann hier auch nicht weiter verfolgt werden. Sie ist jedoch wegen der unzweifelhaft starken kulturellen Prägung der christlich-abendländischen Kultur immer als maßgeblicher Faktor zu berücksichtigen, wenn es um moralische Wertungen geht. Als Grundtenor kann aber sowohl aus dieser Betrachtung als auch aus den römischen Rechtsquellen schon übernommen werden, dass bei der Einordnung notwendigerweise die anthropologischen Grundlagen des „Menschseins" bei dem Versuch einer modernen rechtlichen Erfassung betrachtet werden müssen.

Erstmals erwähnte das BVerfG den Begriff des natürlichen Willens bei einer Entscheidung über die Frage, ob die vormundschaftliche Unterbringung in einer geschlossenen Anstalt durch den mit dem Aufenthaltsbestimmungsrecht ausgestatteten Vormund dem Richtervorbehalt aus Art. 104 Abs. 2 S. 1, 2 GG unterliegt.[990] Das BVerfG nutzte das Abstellen auf die natürliche Entscheidungsfähigkeit als Argument, um diese als von der zivilrechtlichen Geschäftsfähigkeit losgelöst zu unterscheiden:

> „Unzweifelhaft wird ein Eingriff in die persönliche (körperliche) Freiheit nicht schon begrifflich dadurch ausgeschlossen, daß die von dem Eingriff betroffene Person nicht voll geschäftsfähig ist. Im Gebiet des straf- und zivilrechtlichen Freiheitsschutzes (§ 239 StGB, § 823 BGB) war von jeher unbestritten, daß es bei Freiheitsverletzungen gegenüber nicht vollgeschäftsfähigen Personen lediglich auf den tatsächlichen, natürlichen Willen des Verletzten, nicht auf den Willen seines gesetzlichen Vertreters

987 Jörs, Kunkel, Wenger, 51; Long in: Smith, 539.
988 Gaius D. 9, 2, 4pr.; siehe Honsell, 23.
989 Dazu ausführlich J. Müller, 291ff.
990 BVerfGE 10, 302.

> ankommt. Ebenso dürfen auch die Begriffe „Beschränkung“ und „Entziehung“ der Freiheit im Sinne des Grundgesetzes nicht dahin gedeutet werden, daß der „rechtlich erhebliche“ Wille des Gewalthabers gegenüber dem natürlichen oder dem fehlenden Willen des Gewaltunterworfenen schlechthin maßgebend sei, so daß eine „Freiheitsentziehung“ schon begrifflich nicht vorliege, wenn der Gewalthaber ihr zustimme.“[991]

Diese Rechtsprechung des BVerfG wurde insofern vom BGH aufgegriffen, als dass bei der Frage der Einwilligungsfähigkeit bei ärztlichen Heilbehandlungen gerade als Abgrenzungskriterium zur Geschäftsfähigkeit auf die *natürliche* Einsichtsfähigkeit und Urteilskraft abgestellt wurde:

> „Dafür ist kein bestimmtes Alter erforderlich, und dafür ist es unerheblich, ob der Betroffene unter Vormundschaft oder Pflegschaft steht, sondern es genügt eine ausreichende Einsichtsfähigkeit, nämlich eine solche verstandesmäßige, geistige und sittliche Reife, die es gestattet, die Bedeutung und die Tragweite des Eingriffs zu erkennen, und die Urteilskraft, um das Für und Wider abzuwägen, sowie die Fähigkeit, das Handeln nach dieser Einsicht zu bestimmen. Es genügen also die *natürliche* Einsichtsfähigkeit und Urteilskraft zur Erkenntnis der Tragweite der Entscheidung.“[992]

Ganz ähnlich führte der BGH in einem Urteil zur Wirksamkeit einer durch Irrtum beeinflussten Einwilligung in eine Freiheitsentziehung durch Unterbringung in einer geschlossenen Anstalt aus.[993]

b.) Widersprüchlichkeit des Begriffs durch die Einführung des Betreuungsrechts

Die ersten Widersprüchlichkeiten erzeugte der Gesetzgeber durch die Einführung des Betreuungsrechts zum 1.1.1992.[994] Einerseits bezieht sich der Gesetzgeber bei der Frage der Heilbehandlung in § 1904 BGB auf die durch die Rechtsprechung etablierte Definition der natürlichen Einsichts- und Steuerungsfähigkeit,[995] verweist hingegen bei § 1905 Abs. 1 S. 1 Nr. 1 BGB darauf, dass der Wille im Sinne dieser Norm als der natürliche Wille zu verstehen sei, auch wenn dieser nicht von Einsichts- oder Steuerungsfähigkeit getragen werde[996], weil gerade Voraussetzung sei, dass der Betreute nicht einwilligen könne und sein Wille, mit dem er widerspreche, daher auch nicht von Einsichtsfähigkeit

991 BVerfGE 10, 302, 309f.
992 BGH VersR 1961, 632, 633.
993 BGH NJW 1964, 1177, 1177f.
994 Ausführlich R. Beckmann, JZ 2013, 605.
995 BT-Drs. 11/4528, 71.
996 BT-Drs. 11/4528, 143.

getragen werden könne. Des Weiteren nutzt der Gesetzgeber den „natürlichen Willen“ auch als Bezugspunkt für Wohl und Wünsche des Betreuten im Sinne des § 1901 Abs. 3 S. 1, 2 BGB.[997] Auch in der Literatur wird der Begriff des natürlichen Willens als Anknüpfungspunkt für § 1901 Abs. 3 BGB[998] und auch die Wunschbeachtungspflicht nach § 1901a BGB oder den Betreuervorschlag nach § 1897 Abs. 4 BGB gesehen.[999] Insbesondere die Einführung eines „freien Willens“ des Betreuten im Sinne des § 1896 Abs. 1a BGB macht eine Abgrenzung auch aus Sicht des Gesetzgebers notwendig. Er geht davon aus, wenn entweder die Einsichts- oder die Steuerungsfähigkeit fehlt, kein freier, sondern ein natürlicher Wille vorliegen soll.[1000] Die Unterscheidung soll sich daher aus einer bereichsspezifischen Begrenzung auf benannte betreuungsrechtliche Fälle beschränken und gerade von der natürlichen Einwilligungsfähigkeit beim Heileingriff zu unterscheiden sein.[1001] Die natürliche Einwilligungsfähigkeit hat als Voraussetzung demnach einen freien Willen.[1002]

Gleichsam ging der Gesetzgeber bei der Einwilligung in dem nun seit dem Patientenrechtegesetz geregelten Behandlungsvertrag davon aus, dass die Einwilligungsfähigkeit bei § 630d Abs. 1 S. 2 BGB natürliche Willensfähigkeit im Sinne natürlicher Einsichts- und Steuerungsfähigkeit voraussetze.[1003] In der Literatur besteht ebenfalls kaum Einigkeit darüber, wie der „natürliche Wille“ denn nun exakt zu verstehen sei. Teilweise wird er im Sinne des Gesetzgebers,[1004] teilweise wird er auch im betreuungsrechtlichen Kontext im Sinne der Rechtsprechung verstanden, ohne dies jedoch weitergehend zu begründen.[1005] *Beckmann* verweist an dieser Stelle zutreffend differenzierend darauf, dass eine Vermischung der Begriffe schon wegen der unterschiedlichen Qualität der Einwilligungen und der Eingriffe in die Rechtsgüter sowie deren Rechtsfolgen Schwierigkeiten bereite.[1006]

Diese unterschiedliche Verwendung kann bei einem ohnehin schon komplexen Thema wie der Erforschung des menschlichen Willens zu erheblicher

---

997 BT-Drs. 11/4528, 67.
998 Etwa Riedel, Stolz, BtPrax 2013, 11.
999 Sonnenfeld, FamRZ 2005, 942.
1000 BT-Drs. 15/2494, 28.
1001 BT-Drs. 15/2494, 28.
1002 Vgl. die Darstellung bei Neuner, Neuner, AcP 218 (2018), 16ff.
1003 BT-Drs. 17/10488, 23.
1004 Etwa Steenbreker, NJW 2012, 3207; Warmbrunn, Stolz, BtPrax 2006, 167.
1005 Müller, MedR 2011, 341.
1006 R. Beckmann, JZ 2013, 606.

Rechtsunsicherheit beitragen, wenn der Gesetzgeber den Begriff des natürlichen Willens in sehr artverwandten Konstellationen jeweils mit unterschiedlichen Bedeutungen versieht, die insgesamt das genaue Gegenteil voneinander bedeuten sollen.[1007] Insbesondere ob des Umstandes, dass die natürliche Willensfähigkeit als Teil Voraussetzung der Einwilligungsfähigkeit durch die Rechtsprechung lange etabliert war und der Gesetzgeber durch das Patientenrechtegesetz selbst beim Behandlungsvertrag von dieser ursprünglichen Bedeutung ausging, kann eigentlich nur gefolgert werden, dass die Grundsätze, die sich im Rahmen der eingewilligten ärztlichen Heilbehandlung entwickelt haben, im Bereich des Betreuungsrechts nicht angewendet werden sollen.

Die Frage, die sich einem dabei aufwerfen muss, ist die nach der Notwendigkeit einer solch neuen Nomenklatur. Wenn der Gesetzgeber schon selbst den natürlichen Willen als Tatbestandsmerkmal der *ärztlichen(!)* Zwangsmaßnahme sieht und die Voraussetzungen normiert, unter denen dieser Wille unbeachtlich sein soll, ist eigentlich kaum zu erklären, warum gerade derjenige Begriff, der sich just für Konstellation der Einwilligung in ärztliche Heilbehandlungen etabliert hat, ausgerechnet in dieser Situation nicht mehr maßgeblich sein soll. Es verhält sich doch gerade nicht so, dass es auf den Willen des Betreuten überhaupt nicht ankommen soll. Dadurch, dass der Gesetzgeber auf die „Notwendigkeit“ der ärztlichen Maßnahme abstellt, wird zudem ein konkreter Handlungsbezug gerade auf eine ärztliche Heilmaßnahme hergestellt. Daher erscheint es geboten, sich mit anderen Konstellationen auseinanderzusetzen, in denen durch das Recht und insbesondere die Rechtsprechung im Bereich der Willensbetätigung ebenfalls auf die „Natürlichkeit“ eines Willens abgestellt wird, um möglicherweise Erkenntnisse über die generelle Einordnung der Anforderungen, die an einen „natürlichen Willen“ zu stellen sind, zu gewinnen – zumindest so, wie sie juristisch einzuordnen und zu verstehen sind.

2.) Der natürliche Besitzwille in § 854 BGB

Beim Besitz im Sinne des § 854 BGB wird neben der tatsächlichen Sachherrschaft als Realakt[1008] in Form einer tatsächlichen Machtbeziehung nach heute überwiegender Auffassung auch ein Besitzwille gefordert.[1009] Bei diesem Willen

1007 Neuner, AcP 218 (2018), 16.

1008 Vgl. etwa Neuner, AcP 218 (2018), 21, der in § 854 Abs. 1 BGB das „Musterbild eines Realaktes“ sieht, für den ein natürlicher Wille in Form von Entschlossenheit Voraussetzung ist.

1009 Joost, in: MüKo, Vor § 854 Rn. 6; §854 Rn. 8. m.w.N.; für die Rechtsprechung schon RGZ 106, 135, 136 und BGH NJW 1958, 1286.

handelt es sich nach heute ebenfalls überwiegender Meinung um einen „natürlichen Willen", der keine Geschäftsfähigkeit voraussetzt.[1010] Des Weiteren soll es sich um einen „allgemeinen Willen" handeln, der sich nicht auf eine bestimmte Sache beim Erwerb beziehen muss, sondern nur auf die Erlangung der tatsächlichen Sachherrschaft. Maßgeblich soll ebenfalls sein, dass dieser Wille nach der Verkehrsauffassung erkennbar nach außen tritt.[1011] Die Frage des Besitzwillens wird auch hier vor allem bei Kindern und Personen relevant, die zum Zeitpunkt der Besitzbegründung geistigen Beschränkungen unterliegen und umfasst sowohl den Besitzbegründungswillen als auch den Besitzaufgabewillen.

a.) Der Besitzwille in der Rechtsprechung

aa.) Rechtsprechung des RG

Das RG entschied in einem Fall, dass dem Besitzer zurechenbarer und auch wirksam geäußerter Besitzaufgabewille vorliegt, wenn der Besitzer erkennt, dass seine Ehefrau den Brief versehentlich an sich genommen hat, sich zwar zunächst um die Rückgabe bemüht, ihm der Verbleib desselben danach jedoch gleichgültig wird.[1012] Danach liegt in der Übergabe des Briefes durch die Frau keine verbotene Eigenmacht. In einer anderen Entscheidung ging das RG davon aus, dass bei der Übergabe von Aktienpapieren durch einen Geisteskranken an einen Vertrauensmann zur Verwertung der Geisteskranke trotz Unwirksamkeit des Auftrages mittelbarer Eigenbesitzer bleibt, weil der Vertrauensmann ihm im Rahmen einer Geschäftsführung ohne Auftrag den Besitz mitteln würde.[1013]

Zudem beschäftigte sich das RG mit der Frage, welcher Wille beim Abhandenkommen einer Sache maßgeblich sein soll.[1014] Wenn das Abhandenkommen der Sache den Verlust des Besitzes „ohne den Willen" des Eigentümers meint, könne dies entweder den rechtlichen oder den tatsächlichen Willen meinen.[1015] Abstellend auf die Entstehungsgeschichte des § 935 BGB folgert das Reichsgericht, dass es auf einen tatsächlichen Willen ankomme und daher eine willentliche Aufgabe des Besitzes trotz Täuschung, Irrtum oder Drohung kein Abhandenkommen sei. Eine Abgrenzung nimmt das RG anhand der Frage vor, ob der Besitzer dem Druck widerstehen konnte.[1016] Verbotene Eigenmacht soll demnach vorliegen,

---

1010 Joost, in: MüKo, § 854 Rn. 9.
1011 Joost, in: MüKo, § 854 Rn. 10.
1012 RGZ 72, 192, 198.
1013 RGZ 98, 131.
1014 RGZ 101, 224.
1015 RGZ 101, 224, 225.
1016 RG JW 1928, 497.

wenn der Wille zur Besitzaufgabe unter dem Druck unerträglicher Störung gefasst wird. Die Ermittlung, ob dies vorlag, ist demnach keine Rechts- sondern eine Tatsachenfrage.[1017]

bb.) Abstellen des BGH auf eine tatsächliche Willensbildung

An diese Rechtsprechung anknüpfend entschied der BGH in einer frühen Entscheidung, dass es bei der Frage des Abhandenkommens einer Sache im Sinne des § 935 BGB unbeachtlich sei, wenn der Besitz aufgrund einer durch Irrtum, Drohung oder arglistiger Täuschung beruhenden Willensentschließung aufgegeben wird.[1018] In dem zu entscheidenden Fall wurde das Fahrzeug des Klägers durch Polizeibeamte „beschlagnahmt", wobei der Kläger das Fahrzeug aufgrund dieser Beschlagnahme „freiwillig" herausgegeben hatte. Der BGH problematisiert zum einen die Frage der Bedingtheit durch Irrtum, Täuschung oder Drohung und zum anderen die Frage, ob sich die Herausgabe nur nach außen als Äußerung eines Willensaktes darstellt, während es sich eigentlich um die Beugung unwiderstehlicher Gewalt handelt.[1019] Der BGH stellt im Ergebnis auf die Trennung zwischen Eigentum und Besitz ab und möchte die §§ 932 ff BGB als Rechtsverhältnis von denen des Besitzes als tatsächliches Verhältnis abgrenzen.[1020] Die äußere Betätigung des Willens sei dem Betroffenen nur dann nicht zuzurechnen, wenn sie auf unwiderstehlicher, physischer Gewalt oder gleichwirkendem seelischen Zwang beruhe. Maßgeblich sei also, ob für eine eigenständige Willensbildung und -betätigung überhaupt Raum ist. Solange der Betroffene aber an der Übergabe mitwirken könne, mag ihn dies in seinem Rechtsbindungswillen hemmen, spreche jedoch im Ergebnis für ein über bloßes Geschehenlassen und Dulden hinausgehendes Tun als Ausdruck einer Willensbetätigung, die Sache freiwillig, wenn auch unter einigem Sträuben und Ungemach, herauszugeben.[1021]

cc.) Erstmalige Nutzung des Begriffs des natürlichen Willens als Abgrenzungskriterium von rechtsgeschäftlichem Willen durch das BVerwG

Durch das Abstellen nicht auf die rechtliche, sondern die tatsächliche Ebene der Willensbildung eröffnete der BGH die Loslösung der Rechtsprechung von

---

1017 Raape, JW 1928, 497.
1018 BGHZ 4, 10, 11.
1019 BGHZ 4, 10, 34.
1020 BGHZ 4, 10, 38.
1021 BGHZ 4, 10, 43.

der Frage der Geschäftsfähigkeit. Das BVerwG hatte sich in den Nachkriegsjahren mit der Frage zu beschäftigen, ob Anspruch auf Lastenausgleichszahlung wegen Eigentumsverlust von Kriegsflüchtlingen bestehen, die zum Zeitpunkt des Besitzerwerbs minderjährig oder sonst geschäftsunfähig gewesen sind. So wurde in einem frühen Beschluss entschieden, dass Eigentumserwerb durch Ersitzung, § 937 BGB durch zehnjährigen Eigenbesitz, § 872 BGB, nicht dadurch ausgeschlossen wird, dass der Besitzer während eines Teils der Besitzzeit noch geschäftsunfähig gewesen ist.[1022] Maßgeblich begründete das BVerwG in einer Entscheidung über Lastenausgleichszahlung einer aus Ostpreußen stammenden Kriegsvertriebenen die Betrachtung nach der tatsächlichen Einsichtsfähigkeit als Grundlage eines natürlichen Besitzwillens.[1023] Die Klägerin begehrte Feststellung ihres Ausgleichszahlungsanspruchs für Möbel ihrer Großeltern, die diese ihr zum alleinigen Gebrauch in der elterlichen Wohnung überlassen hatten, als die Klägerin noch minderjährig und aufgrund von schwerer Krankheit körperlich und geistig unterentwickelt war. Das BVerwG ging davon aus, dass die Klägerin die Möbel gem. § 937 BGB ersessen hatte, weil sie diese im Eigenbesitz gehalten hatte. Dem zur Erlangung von Eigenbesitz notwendigen Besitzerwerbswillen stünden weder das geringe Alter von sechs Jahren noch auch die beschränkten geistigen Fähigkeiten zum Zeitpunkt des Besitzerwerbs entgegen. Der erkennende Senat benutzte dabei erstmals den Begriff eines natürlichen Willens zur Abgrenzung eines rechtsgeschäftlichen Willens.

> „Dieser natürliche Besitzwille, der auch dem geschäftsunfähigen Kinde eigen zu sein pflegt, (...) zur tatsächlichen Beherrschung einer Sache kann seiner Natur nach nur durch ganz besondere Umstände ausgeschlossen werden.“[1024]

Insbesondere hindere ein etwaiger danebenstehender Besitz der Eltern nicht. Ausschlaggebend sei vor allem, dass sich die Klägerin in diesem Fall in ihrem beschränkten Verstand als Eigentümerin der Sache fühlte und nach Belieben mit den Möbeln verfuhr.

Um welche besonderen Umstände es sich handeln soll, ließ das BVerwG dabei offen. Es kann jedoch davon ausgegangen werden, dass damit Umstände gemeint sind, die die Willensbildung oder Ausübung des Besitzers derart beeinträchtigen, dass er keinen tatsächlichen Bezug zu der von ihm ausgeübten Sachherrschaft aufbauen kann.

1022 BVerwG MDR 1957, 634 Nr. 64.

1023 BVerwG MDR 1961, 254.

1024 BVerwG MDR 1691, 254.

dd.) Weitere Differenzierung in der Rechtsprechung und das Problem des Machtbereichs als räumlicher Bezug zur Herrschaft über die Sache

Dies entspricht zumindest der weiteren Entwicklung in der Rechtsprechung. So entschied etwa das OLG Düsseldorf, dass ein noch nicht siebenjähriges Kind nur dann unmittelbaren Besitz erwerben könne, wenn es nach seiner psychischen und physischen Reife zur Ausübung der tatsächlichen Sachherrschaft in der Lage sei.[1025] In dem zu entscheidenden Fall ging es um die Frage, ob ein Fünfjähriger den Erbenbesitz an einem Kraftfahrzeug erwerben kann.

> „Der unmittelbare Besitz einer Sache wird durch die Erlangung der tatsächlichen Gewalt über sie erworben (§ 854 I BGB), die von einem entsprechenden Willen des (angehenden) Besitzers getragen sein muß. Zwar bedarf es hierzu keines rechtsgeschäftlichen Willens; es genügt vielmehr ein zur Vornahme rein tatsächlicher Handlungen ausreichender **natürlicher Wille,** wie ihn grundsätzlich auch beschränkt Geschäftsfähige bilden können. Ein **noch nicht siebenjähriges Kind** kann aber nur dann Besitz erwerben, wenn es nach seiner physischen und psychischen Reife zur Ausübung der tatsächlichen Sachherrschaft über die konkrete Sache überhaupt in der Lage ist. Dies mag für die im unmittelbaren Zugriffsbereich eines gerade fünfjährigen Kindes stehenden Spielsachen anzunehmen sein, nicht aber bei einem ‚aufgebockten‘ Kraftfahrzeug, das sich in einer außerhalb des elterl. Wohngebäudes gelegenen Garage befindet.“[1026]

Insbesondere diese Entscheidung zeigt auf, dass die Frage der tatsächlichen Sachherrschaft eine gewisse Vermischung räumlichen Bezugs und faktischer Zugriffsmöglichkeit einerseits und dem konkreten, auf Beherrschung der Sache ausgerichteten Willen andererseits vorweisen kann. Sie ist insofern etwas weiter von der Konstellation entfernt, welche die Auffassung des BVerwG begründete, weil es letztlich um den unmittelbaren Eigenbesitzerwerb des Erbens geht, der keinen physischen Bezug des Besitzers zu der Sache oder überhaupt Wissen um ihre Existenz voraussetzt. In dieser Konstellation überhaupt von einer natürlichen, will heißen tatsächlichen Willensbildung zu sprechen, erscheint daher nicht sachgerecht. Man kann sich hier wohl nur durch die Konstruktion des allgemeinen (will heißen: normativen) Besitzwillens behelfen.

Vor diesem Hintergrund ist dann wohl auch zu sehen, dass das OLG Düsseldorf trotz Ablehnung der Anwendung von Normen über die Geschäftsfähigkeit betont, dass es sich um ein noch nicht siebenjähriges, will heißen voll geschäftsunfähiges Kind handelt. Wenig überzeugend scheint es nämlich, bei der Frage tatsächlicher Ermittlung der Umstände eines natürlichen Willens über den

---

1025 OLG Düsseldorf, FamRZ 1999, 652.

1026 OLG Düsseldorf, FamRZ 1999, 653. Alle Hervorhebungen im Original.

Umweg der Geschäftsfähigkeit als Orientierungspunkt doch wieder normative und damit rein rechtliche Überlegungen einfließen zu lassen. Auch der Einwand, der natürliche Besitzwille eines Kindes beschränke sich auf die Dinge in seiner unmittelbaren Nähe, kann in dieser Absolutheit wohl nicht angenommen werden. Denn die räumliche Trennung wäre genauso gegeben, wäre der Erbe volljährig gewesen. Man wird nicht sagen können, dass der den allgemeinen Beherrschungswillen begrenzende Machtbereich eines Volljährigen in dieser Situation die für ihn fremde Garage umfasse. Es liefe also allein darauf hinaus, ob das Kleinkind die notwendige Vorstellungskraft besitzt, sich der Besitzsituation hinreichend gewahr zu werden. Das erscheint schon deswegen fragwürdig, weil es dem Sinn und Zweck, den Erben in den Genuss des unmittelbaren Erbenbesitzes unabhängig dessen Kenntnis vom Erbfall zu bringen, zuwiderliefe. Selbst der besonnenste Volljährige hat über eine Sache, über deren Existenz er zum Zeitpunkt des Erbfalls nichts weiß, keinerlei Vorstellung oder einen auch nur irgendwie tatsächlich bestehenden Herrschaftswillen. Zwar ist einzuräumen, dass gemessen an den auch bisher gelieferten Erkenntnissen willentliche Entscheidungen als Ergebnis eines Abwägens des Für und Wider ein gewisses Maß an abstraktem Vorstellungsvermögen voraussetzen und dies durchaus als erstes greifbares Kriterium herausgestellt werden kann. Den „natürlichen Willen“, der ja gerade in dieser Situation ein „Weniger“ zu einer wirklich bewussten, komplexen Bewertung und darauf gestützten Handlung sein soll, gerade auf die Fähigkeit abstrakten Erfassens eines Lebenssachverhaltes zu reduzieren, trägt nicht zu einer erfassbaren Eingrenzung des Begriffes bei.

Die Rechtsprechung versucht daher auch seit jeher durch ein Abstellen auf die Verkehrsauffassung eine gewisse Trennung von räumlicher und voluntativer Beherrschung der Sache zu erreichen. So ging das RG in der „Toiletten-Entscheidung“ davon aus, dass der Gast, der eine liegengelassene Sache (hier Schmuck) auf dem Abort findet und an sich nimmt, Besitzer wird und nicht der Gastwirt, zu dessen Einrichtung der Abort gehört.[1027] Dies wird damit begründet, dass der Gastwirt in diesem Fall keinen allgemeinen Besitzwillen habe, weil ein Abort nicht zum Liegenlassen oder Aufbewahren von Gebrauchsgegenständen bestimmt sei. Das RG ging dabei davon aus, dass die Anweisung des Gastwirtes an die „Aufwartefrau“, sie möge auf liegengebliebene Gegenstände achten, diese an sich nehmen und wenn möglich den Berechtigten wieder aushändigen, kein ausreichender Ausdruck eines eigenen Besitzwillens gewesen sei, im Gegenteil der Gastwirt dadurch zum Ausdruck gebracht habe, er wünsche die

1027 RG JW 1925, 784.

schnellstmögliche und unmittelbare Rückführung der Sache an den Eigentümer.[1028]

Anders entschied der BGH in der „Kino-Entscheidung“, dass eine Platzanweiserin, die vertraglich zur Suche nach verlorenen Gegenständen im Vorführungsraum und deren Abgabe bei der Geschäftsführung verpflichtet sei, keinen Besitz an den Fundsachen erwerbe, sondern den Besitz als Besitzdienerin für den Arbeitgeber ausübe.[1029] Die rein willentliche Bezugnahme durch Erblicken des Ringes begründe noch kein Finden im Sinne des § 965 BGB und die tatsächliche Ansichnahme begründe zwar Sachherrschaft, jedoch werde diese aufgrund der Verpflichtung aus dem Arbeitsvertrag für den Arbeitgeber ausgeübt. Ein entgegenstehender Wille des Besitzdieners sei wegen des faktischen Verhältnisses unbeachtlich. Der BGH erstreckt diesen allgemeinen Willen des Inhabers des Machtbereichs generell sehr weit und knüpft ihn nicht an eine direkte, körperliche Habhaftwerdung oder deren konkrete Möglichkeit. So entschied der BGH ähnlich der Kino-Entscheidung, dass der Inhaber eines Lebensmittelmarktes Besitzer eines Geldscheines wird, den ein Kunde hat unter ein Warenregal fallen lassen, und nicht der Kunde, der den Schein findet und an sich nimmt, Besitzer wird.[1030] In wessen Herrschaftsgewalt sich die Sache befindet, hängt demnach maßgeblich von der Verkehrsanschauung ab.[1031] Daher komme es für die tatsächliche Sachherrschaft auch nicht darauf an, ob der Inhaber des Machtbereiches überhaupt Kenntnis von der Existenz oder dem konkreten Aufenthaltsort der Sache habe.[1032] Das RG hatte in einem ähnlichen Fall noch anders entschieden und den Besitz des Wohnungsbesitzers an Gegenständen, die in dessen Wohnung ohne sein Wissen für Dritte, die sich dort gelegentlich aufhalten, verbracht werden, abgelehnt.[1033]

b.) Besitzwille vor Inkrafttreten des BGB: Jherings objektive Theorie des Willens

Nicht zuletzt aus diesen Gründen wird die Frage des Besitzwillens schon seit der Zeit vor dem Inkrafttreten des BGB diskutiert, vor allem hinsichtlich der Frage, ob für den Besitz die rein tatsächliche Sachherrschaft ausreiche, ob ein

1028 RG JW 1925, 784, 785.
1029 BGHZ 8, 130.
1030 BGHZ 101, 186.
1031 BGHZ 101, 188.
1032 BGHZ 101, 189.
1033 RGZ 106, 135, 136.

Besitzwille hinzutreten müsse und in welchem Verhältnis diese zueinanderstehen. So ging maßgeblich *Jhering* davon aus, dass diese zwei Elemente des Besitzes, die Sachherrschaft (corpus) über die Sache als tatsächliche Raumbeziehung und der Wille (animus) über die Sache zu herrschen, nicht getrennt voneinander betrachtet werden können, sondern nur in einer gemeinsamen Beziehung.[1034] Ohne den Besitzwillen bestünde zu der Sache ein rein räumlicher Bezug, ohne den räumlichen Bezug könne sich kein konkreter, auf die Sache bezogener Besitzwille entwickeln. Besitz ist danach nicht das bloße Zusammentreffen von Sachherrschaft und Wille, die Ergreifung der Sache müsse sich beim Besitz vielmehr als Tat des Willens äußern und diesem zur tatsächlichen Manifestation verhelfen. Ähnlich argumentierte auch *Windscheid,* dass die Gewalt über die Sache der Ausdruck des Aneignungswillens sein müsse.[1035] Nach *Jhering* ergibt sich daraus auch die wesentliche Unterscheidung des tatsächlichen Besitzwillens als für die Rechtsbeziehung zu der Sache konstituierend und damit tatsächlich und unbeschränkt wirkend, während rechtsgeschäftlicher Wille bereits in seiner Entstehung von Rechtsnormen abhängig sei:

> „Das Besitzverhältniß ist eine That des Willens, die das Recht als solche respektiert, in der es die Macht des Willens als solchen anerkennt und schützt. Auf allen anderen Gebieten des Rechts ist der Wille, um die von ihm beabsichtigte Wirkung zu erzeugen, an die Voraussetzung gebunden, welche das Recht ihm vorzeichnet, auf dem Gebiete des Besitzes schafft er als solcher eine rechtliche Beziehung zur Sache, der wir den Charakter eines wenn auch noch so schwachen Rechtsverhältnisses an derselben nicht anerkennen können."[1036]

Aus diesem Grund ergebe sich auch, dass bereits der Wille des Besitzers wegen seiner rechtsschaffenden Wirkung dem Besitzschutz unterliegt und nicht nur seine körperliche Beziehung zu der Sache.[1037] *Jhering* wirft dabei jedoch auf, wenn der Besitzschutz sich auf Schutz vor Willensverletzungen ergibt, bereits die Vereitelung der Realisierung des Willens sanktioniert werden müsse.[1038] Andererseits könne das bloße Abstellen auf das physische Verhältnis zur Sache den Besitz deswegen nicht legitimieren, weil es ansonsten darauf hinausliefe, wer sich mit der größeren Kraft die Herrschaft über die Sache verschaffen könne.[1039] Wenn aber der Wille eines jeden einzelnen in Bezug auf eine Sache grundsätzlich gleich

1034 Jhering, Der Besitzwille, 36.
1035 Windscheid, § 153 Anm. 1a.
1036 Jhering, Der Besitzwille, 50.
1037 Jhering, Über den Besitzschutz, 28.
1038 Jhering, Über den Besitzschutz, 38.
1039 Jhering, Über den Besitzschutz, 41.

sei und die rein körperliche Bindung der Sache allein nicht zur Abgrenzung ausreiche, so müsse sich die Anerkennung des Besitzes gerade aus der Rechtsfolge der Willensmanifestation ergeben.

c.) Diskussion nach Inkrafttreten des BGB

Mit dem Inkrafttreten des BGB wurde die Diskussion um das Vorliegen von Besitzwillen bei Besitzerwerb und dessen Natur vor allem unter dem Gesichtspunkt der Geschäftsfähigkeit fortgeführt.[1040] Begründet wurde dieser Streit durch den Umstand, dass sowohl die Begründer[1041] als auch eine Entwurfsfassung des BGB[1042] davon ausgingen, dass es sich beim Besitzerwerb im Sinne von Eigenbesitz um ein Rechtsgeschäft handelt und daher Geschäftsfähigkeit erforderlich ist. In einer frühen Entwurfsfassung hieß es:

> „Der Besitz einer Sache wird erworben, durch die Erlangung der tatsächlichen Gewalt über die Sache (Inhabung) in Verbindung mit dem Willen des Inhabers, die Sache als die seinige zu haben (Besitzwille).“[1043]

Problematisch erscheint bei dieser Ansicht, dass damit die Einordnung von Sachherrschaft eines nicht oder nur beschränkt Geschäftsfähigen erheblich erschwert wird, kennt das BGB doch nur den Eigen- und den Fremdbesitz. Geht man von dem Erfordernis von Geschäftsfähigkeit aus, so kommen eigentlich nur Fremdbesitz oder Besitzdienerschaft in Frage. Nach *Wieling* erscheine es unangemessen, dass ein Geschäftsunfähiger etwa nicht ersitzen können soll. Eigenbesitz ist eine reine Tatsache, die kein Recht sei, so dass es für den Willen auf eine natürliche Willensfähigkeit ankomme.[1044]

Eine weitreichende Auseinandersetzung führte etwa *Kress* kurz nach Einführung des BGB durch. Er stellt bei seiner Abgrenzung maßgeblich auf die Trennung zwischen obligatorischen und dinglichen Rechten ab. So verweist er darauf, dass das BGB unter dem Begriff des Rechtsgeschäfts nicht alle Handlungen fasse, die Rechtswirkung entfalten, sondern nur solche, auf die sich die Überprüfung von Übereinstimmung und Wirksamkeit der Willenserklärungen beziehen.[1045] Keinen rechtsgeschäftlichen Charakter haben demnach Handlungen, die sich anhand natürlicher Gesichtspunkte beurteilen würden, deren Zustandekommen

1040 Wieling, Sachenrecht Band I, 144.
1041 Johow, § 55, Begründung 379.
1042 Johow, § 800 E 1.
1043 zitiert nach Goldschmitz, FG v. Gneist, 63.
1044 Wieling, Sachenrecht Bd. 1, 144.
1045 Kress, 136.

also nicht an irgendwelche Anforderungen geknüpft sei. Ähnlich *Jhering* stellt er darauf ab, ob die Handlung selbst durch das Recht reguliert wird oder das Ergebnis. Daher könne es nicht immer nur auf die innere Willensrichtung ankommen, sondern auch auf die Handlung selbst. So sei der Wille des Verarbeiters, der eine Sache zu Eigentum erwirbt, nicht auf die rechtliche Folge des Eigentumserwerbs, sondern vielmehr auf die tatsächliche Folge der Herstellung gerichtet.[1046] Gleichsam gehe es jedoch bei einer Gesamtbetrachtung dem Käufer bei Abgabe seiner Willenserklärung ebenfalls nicht um die Rechtsfolge der obligatorischen Bindung des Verkäufers auf Übertragung des Eigentums, sondern er hat bei seiner Selbstbindung vor allem die Vorteile im Blick, die ihm aus der Eigentümerstellung an der Kaufsache erwachsen.

Das Recht setze jedoch durch die Anerkennung von Eigentum und Verpflichtung einen Bezugsrahmen, innerhalb dessen die Willensbetätigung stattfinde. Ohne diese Betätigung seien die rechtlichen Institute jedoch wiederum leere Hülsen ohne jeglichen Wert. Die Aufgabe von Recht müsse es also einerseits sein, zur Formung des Rechtsverkehrs beizutragen, andererseits müsse der Normgeber ebenso darauf achten, dass stetige Übung des Rechtsverkehrs berücksichtigt und durch künstliche Rechtsgebilde nicht behindert werde. Dennoch könne das Recht und die Rechtslage nicht der Maßstab sein, an dem sich der Willen bemessen lassen müsse, anderenfalls, so *Kress*, müsste dem einzelnen wohl bei jeder Handlung ein Jurist als Sachverständiger zur Seite stehen:

> „Wollte man freilich an das Verständnis der Laien die Anforderung stellen, daß sie sich das künstliche Rechtsgeschäft in juristischer Beleuchtung vorstellen, alle möglichen rechtlichen Wirkungen des Geschäfts überblicken, dann wären die Kunstbegriffe und Kunstgeschäfte des bürgerlichen Rechtes für den Verkehr unbrauchbar“[1047]

Daher genüge auch hier ein natürliches, für den Laien ausreichendes Verständnis. Daraus ergebe sich auch, dass Willensbildung und Verständnis getrennt voneinander zu betrachten seien. Für die Willensbildung sei der Rechtseffekt als Ziel maßgeblich, für das Verständnis die laienhafte Vorstellung.[1048] Im Gegensatz dazu stünden die rein natürlichen Handlungen, die das BGB und das Recht anerkennen, etwa die GoA, Herstellung oder Fund einer Sache, der Besitz oder die Zeugung eines Kindes.[1049] Bei all diesen Handlungen könne der Betroffene zwar die Rechtsfolge seines Handelns als maßgebliches Ziel ins Auge fassen, an

1046 Kress, 137.
1047 Kress, 138.
1048 Kress, 139.
1049 Kress, 140.

ihrem Eintritt ändert dies jedoch nichts. Das Recht unterstelle an diesem Punkt schlicht die Übereinstimmung von Wille und Handlung. Die Frage, ob die zur Willensbildung notwendigen Voraussetzungen gegeben seien, müsse demnach im Einzelfall betrachtet werden. Der einzelne könne daher auch nicht sein Handeln mit einer bei Willenserklärungen möglichen Stellvertretung oder Bedingung belegen, um ihren Eintritt zu verhindern.

Gerade aus dem Besitzschutz ergebe sich, dass der Besitz umfassend geschützt sei, unabhängig von der Geschäftsfähigkeit. Insofern müsse auch zwischen dem tatsächlichen (Eigen-)besitz und dem rechtlichen Besitz (Fremdbesitz, Mittelbarer Besitz, Besitzdienerschaft) unterschieden werden, weil sich letztere gerade nicht aus einer Tatsache, sondern einer rechtlichen Beziehung anhand der Verkehrsauffassung ergeben würden.[1050] Insofern tritt er *Jherings* Theorie über den objektiven Willen entgegen, weil gerade der subjektive Wille bei tatsächlichen Handlungen wie der Eigenbesitzbegründung den Unterschied zwischen einer rein körperlichen Beziehung und dem der willensgetragenen Herrschaft ausmache. Dies ergebe sich im Übrigen auch bei einer Betrachtung des mittelbaren Besitzes oder der Besitzdienerschaft, weil eine rein innerliche Änderung des Willens, den Besitz zu mitteln oder Besitzdiener zu sein, ausreiche, um die Besitzform zu ändern.[1051] Daraus ergibt sich für *Kress,* dass auch der Geschäftsunfähige Besitz erwerben könne, wenn er die nötige Einsicht in die tatsächliche Bedeutung der Besitzerwerbshandlung habe, also über ein entsprechendes Maß an Vernunft und Auffassungsgabe verfüge.[1052] Anderenfalls erwerbe der gesetzliche Vertreter eigenen Besitz, weil es auf seinen Willen ankomme, und für den Geschäftsunfähigen rechtlichen Besitz.

Die heutige wohl herrschende Meinung geht von einem Willenserfordernis aus, das sich direkt auf die Erlangung der Sachherrschaft beziehen muss. Dass es eines Besitzerwerbswillens bedürfe, ergebe sich schon aus dem Wortlaut des § 854 Abs. 1 BGB, da man ohne eigenes Zutun eine Sache zwar erhalten oder bekommen könne, eine Erlangung tatsächlicher Herrschaftsgewalt sei aber ohne einen zielgerichteten Willen undenkbar.[1053] Vor allem könne nur die bewusste Inbesitznahme die mit dem Besitz verbundenen Pflichten aus §§ 985, 987ff, 1007, 836, 837 BGB begründen.[1054] *Beurskens* zieht zudem die Parallele zwischen dem

---

1050 Kress, 142f.
1051 Kress, 146.
1052 Kress, 180.
1053 Joost, in: MüKo, § 854 Rn. 8 m.e.N., siehe auch Hartung, 172.
1054 Hartung, 172; in Bezug auf §867 Joost, in: MüKo, § 854 Rn. 8.

Besitz- und dem Selbsthilfewillen in § 229 BGB.[1055] Der Besitz knüpfe sich an die tatsächliche Sachherrschaft, da bis zu einer möglicherweise späteren gerichtlichen Klärung über die die Sache betreffenden Rechtsverhältnisse die Rechtsordnung diese Sachherrschaft unabhängig von Delikts- oder Geschäftsfähigkeit schütze.[1056] Spiegelbildlich müsse dann auch bei Angriffen gegen den Besitz wegen §§ 858, 859 BGB, der Wille des Gesetzgebers beachtet werden, diese für den Besitzer sofort durchsetzbaren Rechte nicht an die Geschäftsfähigkeit zu knüpfen.[1057]

Insgesamt lässt sich wohl festhalten, dass es bei der Diskussion um den natürlichen Besitzwillen im Zivilrecht vorrangig um eine Differenzierung von der „starren", an die Geschäftsfähigkeit gebundenen Willenserklärung ging und um das Verhältnis zwischen der Rechtsstellung des Eigentümers und der Tatsachenstellung des Besitzers. Das erscheint nur folgerichtig, da die Begründung von Besitz in erster Linie Realhandeln ist, welches faktisch nicht von Geschäftsfähigkeit abhängig ist. Die vorgestellte Diskussion und insbesondere die Behandlung des (Erben-)besitzes Minderjähriger verdeutlicht, dass trotz der Stellung als Realakt eine „vorbehaltslose" Annahme eines natürlichen Besitzwillens bei fehlender Geschäftsfähigkeit weder in der Literatur noch der Rechtsprechung anerkannt wird. Diese Begrenzung bemisst sich jedoch anhand des Einzelfalls, was sowohl Fluch als auch Segen ist. Denn einerseits ermöglicht die konkrete Betrachtung eine individuellere und damit sachgerechtere Entscheidung unter Berücksichtigung der persönlichen Fähigkeiten des (vermeintlichen) Besitzers, den Spezifika der Sache selbst und dem Kriterium des räumlichen Bezugs zu der Sache in Form eines metaphysischen Herrschaftsbereiches. Andererseits ergibt sich dadurch auch eine gewisse Ungewissheit für den Rechtsverkehr, da wie gezeigt diese drei Aspekte nicht losgelöst voneinander betrachtet werden können und sich sogar gegenseitig bedingen. Die Art der Sache scheint zugleich den Herrschaftsbereich mit zu bestimmen, innerhalb dessen sie noch dem Besitzer zugeordnet wird, während dessen Einschränkung aufgrund von Alter, Krankheit usw. ihrerseits beeinflussen, welche Reichweite der Wille hat über eine bestimmte Sache zu herrschen und ob man dem Betroffenen anhand dieser Umstände auch die willensgetragene tatsächliche Einflussmöglichkeit zugesteht. Obwohl also Geschäftsfähigkeit also mangels rechtsgeschäftlichen Charakters eigentlich keine Rolle spielt, wird deren Fehlen regelmäßig als Anhaltspunkt

1055 Beurskens, 107.
1056 Beurskens, 107.
1057 Beurskens, 107f.

gesehen, überhaupt die Frage des natürlichen Besitzwillens zu erörtern. Bemerkenswerter Weise kann auch hier schon erkannt werden, dass ein solcher natürlicher Wille eigentlich keine „schwächere“ Position hat als ein unterstellter „freier“ Wille des Vollgeschäftsfähigen, da er schließlich für die Begründung des Besitzwillens ausreicht. Er ist also gewissermaßen als „Grundlage“ von Natur aus in einer (umfassend) freien Willenstätigkeit enthalten, die jedoch offenbar durch die Geschäftsfähigkeit indiziert werden soll, ohne dass es dafür jedoch einer Begründung bedürfe – und je „weiter“ man sich (durch Alter oder Krankheit) von dieser entfernt, desto eher scheint man gewillt zu sein, auch einen derart natürlichen Herrschaftswillen nicht annehmen zu wollen. Das erscheint zumindest deswegen problematisch, als dass der zivilrechtliche Besitz als eine rechtlich geschützte Position gerade bei demjenigen, der ohnehin weniger Einfluss oder Einsicht in sein eigenes Handeln, seine Umgebung und die Beziehung zu der Sache hat, unter Umständen nicht oder zumindest nicht ohne eine Erörterung seiner Persönlichkeit i.w.S. zugestanden wird. Das lässt sich wohl nur dadurch begründen, dass Besitz und natürlicher Besitzwille als tatsächliche und nicht rein rechtliche Vorgänge gemeinsam Realität sein müssen. Freilich ist hierbei das Problem, dass der (tatsächliche) Besitz als vornehmlich physikalische Tatsache leichter objektiv zu bestimmen ist, während die Tatsache des Besitzwillens als innerer Vorgang allein anhand äußerer Umstände durch Dritte nicht nur ermittelt werden sondern mit konstituierender Wirkung bestimmt werden muss. Anders formuliert werden Herrschaftswille und Herrschaftsbereich erst durch ihre rechtliche Erfassung und Anerkennung Realität, wobei trotz fehlender Notwendigkeit der Geschäftsfähigkeit die Frage nach deren Vorliegen zentraler Ankerpunkt zu sein scheint.

3.) Der Gewahrsamswille in § 242 StGB

Wegen der Berührung mit dem zivilrechtlichen Besitz erscheint es sinnvoll, wenn sogleich quasi spiegelbildlich die strafrechtliche Dimension des Gewahrsamswillens im Tatbestand des Diebstahls, § 242 Abs. 1 StGB, betrachtet wird. Unter dem Aspekt des Gewahrsams wird ebenfalls größtenteils von der Voraussetzung eines „natürlichen Herrschaftswillens“ gesprochen.[1058] Der Gewahrsam ist nicht identisch mit dem zivilrechtlichen Besitz, kennzeichnet sich aber ebenfalls im Wesentlichen durch eine Herrschaftsbeziehung zwischen Mensch und Sache aufgrund einer physisch-räumlichen und psychisch-willentlichen Komponente. Nach der allgemeinen Definition ist Gewahrsam die von einem natürlichen

1058 Bosch, in: Sch, Schr, § 242 Rn. 29.

Herrschaftswillen getragene tatsächliche Ausübung der Sachherrschaft.[1059] Die Bedeutung des Herrschaftswillens wird dabei an zwei Punkten relevant: Einmal der Herrschaftswille bei der Begründung des Gewahrsams und der Wille bei der Übertragung des Gewahrsams. Eine willenswirksame Übertragung des Gewahrsams schließt den Bruch desselben aus.

Die Herleitung des Willenserfordernisses bei der Begründung von Gewahrsam ist in ihrer Entstehung nicht unbedingt einheitlich. Das RG ging in verschiedenen Entscheidungen davon aus, dass ein Herrschaftswille Voraussetzung des Gewahrsams ist.[1060] Andererseits entschied das RG in anderen Fällen, in denen die Sache in den Machtbereich des vermeintlichen Gewahrsamsinhabers ohne dessen Willen gelangt war, dass ein konkret auf diese Sache gerichteter Wille nicht gefordert werden könne, sondern sich die Sachherrschaft bereits durch die Verkehrsauffassung begründet werde, ab welchem Näheverhältnis eine Sache als von einer Person beherrscht angesehen werden könne.[1061] Teilweise ging das RG auch davon aus, dass Gewahrsam ein rein tatsächlicher Zustand sei, der keine Kenntnis der Sachlage erfordere.[1062] Entscheidend sei demnach also nur eine rein hypothetische Verfügungsgewalt.[1063] Jedenfalls können aber auch geschäftsunfähige Kinder und Geisteskranke „gewahrsamsfähig“ sein, wenn sie dazu in der Lage sind, einen natürlichen Herrschaftswillen mit eigener Gedankenarbeit und Willensbildung zu bilden.[1064]

Diese Inkonsistenz ließ sich zunächst auch beim BGH beobachten, der einerseits früh vom Fehlen eines Willenserfordernisses ausging, dass also das Bewusstsein zum Erhalt der Sachherrschaft nicht vorausgesetzt werde und daher auch ein bewusstloser Betrunkener Gewahrsam haben könne[1065], andererseits in einem ähnliche Fall darauf abstellte, dass der Betrunkene seinen einmal begründeten Herrschaftswillen nicht durch seine Trunkenheit verliere.[1066] Der Wille müsse darauf gerichtet sein, mit der Sache nach Belieben verfahren zu können.[1067] Insbesondere könnten nicht geschäftsfähige Kinder, auch wenn sie

1059 Statt vieler etwa Vogel, in: LK, § 242, Rn. 53Ff, 58; Bosch, in: Sch, Schr, § 242 Rn. 31.
1060 RGSt 27, 222, 225; RGSt 60, 271, 272.
1061 RGSt 50, 46, 48.
1062 RGSt 54, 343, 346.
1063 RGSt 56, 207.
1064 RGSt 2, 332; siehe dazu auch Vogel, in: LK, § 242, 58.
1065 BGHSt 4, 210, 211.
1066 BGH GA 1962, 78.
1067 OLG Köln, NJW 1986, 392.

zivilrechtlich nur Besitzdiener oder zumindest Besitzmittler ihrer Eltern sind, bei räumlicher Trennung von den Eltern eigenen Gewahrsam begründen.[1068]

Der für die Diskussion entscheidendere Punkt ist die Frage, welche Anforderungen an den Willen des Betroffenen bei der freiwilligen Aufgabe des Gewahrsams zu stellen sein sollen, da dies bereits den Tatbestand des Diebstahls auf Ebene des Gewahrsamsbruchs ausschließt.[1069] Das RG ging davon aus, dass zivilrechtliche Willensfähigkeit nicht erforderlich sei, so dass auch ein Betrunkener wirksam den Gewahrsam übertragen könne.[1070] Dies entspricht auch der wohl herrschenden Ansicht in der Literatur, dass die Voraussetzungen für die Aufgabe des Gewahrsams dieselben seien wie die für seine Begründung.[1071] Dies ergebe sich daraus, dass es sich bei dem Gewahrsamswechsel um ein tatbestandsausschließendes Einverständnis und nicht um eine rechtfertigende Einwilligung handele. Dem wird vereinzelt entgegengetreten, so etwa von *Toepel,* der darauf verweist, dass es wegen der Preisgabe von Rechtsgütern keinen Unterschied für die Anforderungen des vorliegenden Willens machen könne, ob es sich um ein Einverständnis oder eine Einwilligung handele.[1072] Daher fordert er, dass beim Diebstahl wie bei der Einwilligung in die Körperverletzung im Rahmen der ärztlichen Heilbehandlung nicht nur eine natürliche Willensfähigkeit vorliegen müsse, sondern Einsichtsfähigkeit, wirft aber gleichsam auf, dass der Unterschied zwischen dem natürlichen Willen zur Begründung des Gewahrsams und der Einsichtsfähigkeit zu dessen Aufgabe marginal sei.[1073] Entscheidend sei, dass auch der Diebstahl in dieser Hinsicht die Autonomie des Opfers schütze und daher dieselben Kriterien maßgeblich seien.

Das Problem ist auch hier, dass der Herrschaftswille durch die Anschauung des täglichen Lebens geprägt wird.[1074] Dadurch wird der Wille und die Anforderungen, die an ihn zu stellen sind, wieder bedeutend unschärfer. Wenn etwa ein genereller Gewahrsamswille ausreichen soll, der sich auch auf Dinge erstreckt, die sich zwar im generellen Herrschaftsbereich befinden, jedoch etwa verlegt sind, oder aber auch auf Gegenstände, die nicht unbedingt bekannt sein müssen, wird der Willensmaßstab dadurch wieder aufgeweicht und die Ermittlung einer natürlichen Willensfähigkeit, die sich auf die konkrete Gewahrsamssituation

1068 OLG Hamburg, MDR 1947, 35.
1069 Bosch, in: Sch, Schr, § 242 Rn. 36.
1070 RG JW 1939, 224.
1071 Vogel, in: LK, § 242 Rn. 58; Bosch, in: Sch, Schr, § 242 Rn. 36.
1072 Toepel, FS Rudolphi, 589f.
1073 Toepel, FS Rudolphi, 590f.
1074 Bosch, in: Sch, Schr, § 242 Rn. 30.

beziehen muss, erschwert. Das Anerkennen eines potenziellen Gewahrsamswillens, der in die Bewusstlosigkeit hineinwirkt, auch wenn der Gewahrsamsinhaber vor dem Erwachen stirbt,[1075] mag strafrechtlich nicht zu beanstanden sein, wirft aber dennoch die Frage auf, warum der potenzielle Wille eines Bewusstlosen, der zu einer autonomen Willensbetätigung in keinster Weise in der Lage ist, schützenswerter sein soll als der Wille eines Kleinkindes oder Geisteskranken, der „gerade so" nicht mehr eines natürlichen Herrschaftswillens fähig sein soll. Faktisches Vorliegen der Möglichkeit eines natürlichen Gewahrsamswillens und die Vermutung, man habe grundsätzlich Interesse daran an Dingen, die sich im eigenen Herrschaftsbereich befinden, werden dadurch vermengt. Natürlich werden die Rechte derer ohne einen solchen Willen durch das Anerkennen von Gewahrsam des gesetzlichen Vertreters nicht schutzlos gestellt. Dennoch ist in Bezug auf die Selbstbestimmung des Rechtsgutsträgers zu fragen, ob dieser Schutz in Aberkennung der unter dem Bereich des natürlichen Herrschaftswillen liegenden Willenstätigkeit und damit der Verneinung einer in dieser Hinsicht schützenswerten Position der Selbstbestimmung sinnvoll und notwendig ist.

Wenn man wie *Toepel* davon ausgeht, dass die Einsichtsfähigkeit wegen des autonomieschützenden Charakters der Strafnorm notwendig ist, so wird dem Schutz der Selbstbestimmung zwar einerseits Rechnung getragen, andererseits wird durch eine höhere Anforderung die dadurch erreichte Anerkennung möglicherweise sofort wieder negiert, weil der zwar zu einem natürlichen Herrschaftswillen, aber eben nicht zur Einsicht Fähige den Schutz seiner Rechtspositionen von einem Dritten ableiten muss, der für ihn darüber verfügt.

Ohnehin scheint das Willenselement durch das erhebliche Abstellen auf faktische und rechtliche Beziehungen deutlich abgeschwächt. Denn derjenige, dem gerade so noch ein natürlicher Herrschaftswille zugestanden werden kann, dem es aber im Sinne von Einwilligungsfähigkeit schon an der Einsichtsfähigkeit fehlt (etwa das Kleinstkind oder der Betreute), dürfte in aller Regel schon anhand der Verkehrsauffassung über keinen derartig weitreichenden „Herrschaftsbereich" verfügen, dass er in den Genuss umfassender Gewahrsamsinhaberschaft kommt. An dieser Stelle wäre dann auch noch zu fragen, ob sich dieser natürliche Wille nicht schon überhaupt auf die eigene Herrschaftssphäre erstrecken muss. Insofern mag das zum Besitzwillen zitierte Urteil des OLG Düsseldorf zumindest in diesem Fall zu überzeugen, weil ein Kleinkind zwar die ihm zugeordneten Gegenstände in seiner gewohnten Umgebung als zu ihm gehörig erfassen kann, es jedoch zumindest bezweifelt werden kann, dass

1075 BGH NJW 1984, 1911.

dieser grundsätzliche natürliche Herrschaftswille sich auf Dinge erstreckt, die fernab der für es erreichbaren oder überhaupt begreifbaren Orte liegen. Freilich verschiebt das den Fokus der Bestimmung eines natürlichen Willens wieder bedeutend in Richtung abstrakter Vorstellungskraft und fort von einem zumindest in Grundzügen zielgerichteten Willensakt. Strafrechtlicher Gewahrsamsschutz scheint also vorauszusetzen, dass Herrschaftswille, Herrschaftsobjekt und Herrschaftssphäre nicht nur kumulativ miteinander korrespondieren müssen, sondern einander sogar bedingen und gegenseitig beschränken. Innerhalb diesem Trias greift dann eine Art Vermutung, dass derjenige, dem ein Gegenstand zur Herrschaft zugewiesen ist und auch in dessen Herrschaftssphäre als Bereich tatsächlicher Einflussmöglichkeit fällt, auch unbedingt und in seinem eigenen Sinne über das ihm zustehende Gut verfügen können soll. In letzter Konsequenz wird zumindest beim Diebstahl als Eigentumsdelikt jedoch nicht der Wille zur Herrschaft allein geschützt, da manipulative Einwirkung auf den Gewahrsamsinhaber zur freiwilligen Übertragung des Gewahrsams einen Bruch desselben ausschließt, sondern die tatsächliche Ausübung der Sachherrschaft als Ausdruck dieses Willens. Man kann zumindest beim sachbezogenen Willen sowohl zivil- als auch strafrechtlich erkennen, dass eine isolierte Betrachtung der einzelnen Aspekte, die ein konkretes Besitz- bzw. Gewahrsamsverhältnis begründen sollen, nicht vorgesehen ist und auch kaum möglich erscheint. Willensbildung und deren Manifestation durch tatsächliche Sachherrschaft innerhalb eines bestimmten Herrschaftsbereiches sind im Kern untrennbar miteinander verwoben und begrenzen sich gleichzeitig gegenseitig. Diese Begrenzungsfunktion tritt an die Stelle einer umfassenden normativen Betrachtung, auch wenn gerade der Herrschaftsbereich erheblich von der maßgeblichen Verkehrsauffassung abhängig gemacht wird.

4.) Der Fortbewegungswille in § 239 StGB

Diese Betrachtung geht von einem Willensverhältnis zu einer außerhalb des Betroffenen liegenden Sache als Bezugspunkt aus, die Beziehung zu der Sache ermöglicht die Bestimmung einer Willensmanifestation als tatsächliche Betätigung. Dieses Auseinanderfallen von Herrschaftsobjekt und –subjekt entfällt dort, wo es um die autonome Bestimmung über den eigenen Körper und die körperliche Freiheit geht. Da der „natürliche Wille“ bei der Einwilligung in ärztliche Heilbehandlungen die Verfügung über den eigenen Körper betrifft, erscheint es sinnvoll zu erörtern, wie und wie weit ein der Einwirkung auf den Körper entgegenstehender Wille strafrechtlichen Schutz erfährt und welche Voraussetzungen dafür erfüllt sein müssen.

Die Frage welche Anforderungen ein solcher entgegenstehender Willen zu erfüllen hat, wird vor allem im achtzehnten Abschnitt des StGB (Straftaten gegen die persönliche Freiheit) relevant, §§ 232ff. Dabei lässt sich eine Trennung dahingehend vornehmen, ob vor allem die körperliche Freiheit oder die Willensfreiheit geschützt wird. So schützt etwa § 234 StGB allein die Verfügungsgewalt des einzelnen über seinen eigenen Körper.[1076] Daher reicht rein psychische Kontrolle generell nicht aus, sie soll nur dann maßgeblich sein, wenn das Opfer die Absicht des Täters nach Verbringung in den Herrschaftsbereich des Täters erkannt hat und diesen nicht mehr verlassen kann.[1077] Der BGH geht daher auch beim (erpresserischen) Menschenraub davon aus, dass es für eine Strafbarkeit irrelevant sei, ob das Opfer die Bemächtigungslage erkennt, etwa wenn der Vater sein eigenes Kleinstkind entführe, da es gerade dem Zweck der §§ 234, 239a, b StGB entspreche, Strafbarkeitslücken in diesem Bereich, in dem das Opfer noch nicht zu einer eigenständigen Aufenthaltsbestimmung in der Lage sei, zu schließen.[1078] Maßgeblich sei demnach nur, dass das Opfer tatsächlich an der potenziellen Änderung seines Aufenthaltsorts gehindert ist.[1079] Wegen der Unbeachtlichkeit eines tatsächlichen Willens sollen daher die Freiheitsdelikte, die sich rein auf die körperliche Freiheit beziehen, vorliegend ausgeklammert werden und nur diejenigen untersucht werden, die die Willensfreiheit des Opfers schützen.

Eine gewisse „Zwitterstellung" nimmt dabei die Freiheitsberaubung ein, die zwar nach herrschender Meinung bereits die bloße körperliche Bewegungsfreiheit des Ortes als potenzielle persönliche Bewegungsfreiheit schützt,[1080] aber auch den auf tatsächliche Verwirklichung einer Ortsveränderung gerichteten Willensentschluss.

a.) Der Fortbewegungswille in der Rechtsprechung

In der frühen Rechtsprechung des RG wurde die Frage, welche Anforderungen an den Willen zu stellen seien, noch offen gelassen.[1081] Zwar stellte das RG noch auf die objektive Lage ab, also ob durch die Handlung des Täters dem Opfer ein Verlassen des Ortes in Betätigung seiner persönlichen Freiheit unmöglich gemacht werde, letztlich hatte das Opfer es stets versucht, den Ort zu verlassen,

---

1076 Krehl, in: LK, § 234, Rn. 3; Wieck-Noodt, in: MüKo, § 234 Rn. 12f.

1077 Wieck-Noodt, in: MüKo, § 243 Rn. 14.

1078 BGH GA 1975, 53.

1079 Krel, in: LK, § 234 Rn. 3f; Wieck-Noodt, in: MüKo, § 234 Rn. 13.

1080 Schluckebier, in: LK, § 239 Rn. 1.

1081 RGSt 7, 259, 260.

so dass es auf eine Klärung des Problems nicht ankam und es eher um die Frage des unmittelbaren Ansetzens zum Versuch ging.[1082] Das RG ging später davon aus, dass es für die Freiheitsberaubung eines aktuell betätigten Fortbewegungswillens bedürfe. Eingesperrt oder sonst der Freiheit beraubt sei das Opfer also nur dann, wenn es durch die Handlung des Täters an einem gewollten Gebrauch der Freiheit gehindert werde.[1083] Die Straflosigkeit bei Fehlen eines tatsächlichen Willens soll sich aus dem Umkehrschluss ergeben, dass derjenige, der trotz des der Handlung des Täters fortgehen könne, nicht seiner Freiheit beraubt sei, umgekehrt also derjenige, der zwar eingesperrt sei, sich aber währenddessen gar nicht fortbewegen wolle, ebenfalls nicht in der Ausübung seiner Freiheit gehindert sei. Allerdings seien keine Anforderungen an die Willensäußerung zu stellen, sodass es ausreiche, wenn sich aus der Gesamtsituation ergebe, dass er nur geblieben sei, weil er nicht anders konnte. Das RG stellte dabei auch auf die Willensrichtung ab, die das Opfer beim Betreten des Raumes hatte, in den es eingesperrt wurde. So entfalle ein Einsperren dann, wenn das Opfer zweckgerichtet den Raum zum Aufenthalt betreten habe und es dieser Zweck nicht vorsah, den Raum während seiner Ausübung zu verlassen. Diese Rechtsprechung wurde vom RG jedoch im Laufe der Zeit zugunsten eines abstrakten Fortbewegungswillens aufgegeben.[1084] In dem zu entscheidenden Fall ging es um die Frage der Strafbarkeit einer Festnahme als Freiheitsberaubung. Die Fähigkeit, nach eigenem Belieben den Aufenthalt zu bestimmen, sei anhand der objektiven Lage tatsächlicher Unmöglichkeit zur freien Willensbetätigung zu bestimmen.[1085] Unbeachtlich sei daher, wenn das Opfer zunächst den Willen gehabt haben mag, freiwillig auf die Polizeiwache zu gehen, da rein psychischer Zwang nicht mit der körperlichen Zwangswirkung der Freiheitsberaubung vergleichbar sei:

> „Mag auch, wenn die Behinderung der Bewegungsfreiheit auf psychischem Zwang beruht, dieses Bewußtsein wegen der besonderen Gestaltung des Zwangsmittels notwendig sein, so gehört es doch nicht begrifflich zum Wesen des äußeren Tatbestandes der Freiheitsberaubung, deren Möglichkeit auf dem Wege der Hypnose, der Betäubung oder der Vorspiegelung unbedenklich anzuerkennen ist. Daraus folgt, daß der Wille des Betroffenen für die Tatsache der Freiheitsberaubung keine entscheidende Bedeutung haben kann. Seine Belanglosigkeit zeigt sich gerade bei der polizeilichen Festnahme, bei der jede Betätigung einer Willensänderung des Festgenommenen an der Schranke des Zwangs scheitern würde.“[1086]

1082 RGSt 7, 259, 261.
1083 RGSt 33, 234, 236.
1084 RGSt 61, 239.
1085 RGSt 61, 239, 241.
1086 RGSt 61, 239, 241f.

Diese Rechtsprechung setzte der BGH fort und urteilte, dass das Einsperren einer Schlafenden, die bis zum Wiederaufsperren des Zimmers nicht erwacht, „zwar knapp, aber doch hinreichend“ den Tatbestand des § 239 Abs. 1 StGB erfülle.[1087] Die Norm schütze bereits die potenzielle Bewegungsfreiheit, in die auch eingegriffen werde, wenn das Opfer zum Tatzeitpunkt von ihr keinen Gebrauch machen wolle.[1088] Der BGH leitet dies vor allem aus dem Gedanken her, dass auch der Kranke, der zwar theoretisch aufstehen könne, es aber Krankheitsbedingt nicht wolle und liegenbliebe, vom strafrechtlichen Schutz aus § 239 StGB erfasst werden soll.

Diese Rechtsprechung weitete der BGH dahingehend aus, dass er die potenzielle Fortbewegungsfreiheit auch bei einem autistischen 14jährigen Mädchen annahm, das aufgrund seiner Selbstbezogenheit den affektiven Entwicklungsstand einer Einjährigen hatte.[1089] Der BGH nahm eine solche Freiheit an, da das Mädchen zu einfachen, mit der Ortsveränderung verbundenen Wünschen in der Lage gewesen sei.[1090] In dem zu entscheidenden Fall lehnte der BGH jedoch abstellend auf die Willensfähigkeit des Mädchens eine Strafbarkeit aus § 239 StGB mit der Begründung ab, dass der Täter ihr ihre persönliche Fortbewegungsfreiheit nicht dadurch genommen habe, dass er sie in einem Auto aus dem Heim, in dem sie lebte, fortgebracht hatte. Er habe ihr dadurch die Möglichkeit der Fortbewegung nicht genommen, weil sie jederzeit hätte fortgehen können, sie sei ihm aber aufgrund ihrer psychischen Störung freiwillig gefolgt, weil sie den Anordnungen vertrauter Personen gehorche und sich schlicht keine alternativen Vorstellungen habe bilden können.[1091]

Aus dieser Rechtsprechung lässt sich also ableiten, dass es für den Fortbewegungswillen des § 239 StGB auf einen Willen im Sinne natürlicher Fähigkeit ankommen soll, den Aufenthaltsort willkürlich zu verändern.[1092] Ähnlich den Anforderungen an den natürlichen Gewahrsamswillen kommt es demnach darauf an, dass jemand aufgrund seiner Konstitution dazu in der Lage sei, einen Fortbewegungswillen zu entwickeln und seinen Aufenthaltsort zu verändern.[1093] Ein Zusammenspiel zwischen einer physischen und psychischen Komponente, die zueinander in einem direkten Verhältnis stehen, kann also auch hier als

1087 BGHSt 14, 314, 315.
1088 BGHSt 14, 314, 316.
1089 BGHSt 32, 183.
1090 BGHSt 32, 183, 188.
1091 BGHSt 32, 183, 189.
1092 Schluckebier, in: LK, § 239 Rn. 4.
1093 Schluckebier, in: LK, § 239 Rn. 4; Geppert, Bartl, Jura 1985, 222.

Grundlage erkannt werden: Eine gezielt gesteuerte Herrschaftsbeziehung zwischen dem eigenen physischen Aufenthalt (und dem darauf gezielten Entschluss, dort zu verweilen) einerseits und dem abstrakten Erfassen der Möglichkeit der Ortsveränderung (und dazu selbst und jederzeit ungehindert in der Lage zu sein) andererseits.

Gerade bei der Beurteilung Behinderter, Geisteskranker oder bei Kleinstkindern bedarf es daher also einer Ermittlung im Einzelfall. So ging das BayObLG davon aus, dass das bei einem einjährigen Kind noch nicht der Fall sei und verneinte daher § 239 StGB, ging aber von der Möglichkeit einer Nötigung zulasten der Mutter des Kindes aus.[1094] Die Fähigkeit des Kindes, einfache Ortsveränderungswünsche abzugeben und diese durch Krabbeln oder Gehen zu ihm vertrauten Personen umzusetzen, sei dafür noch nicht ausreichend. Nicht jedoch könne der fehlende Fortbewegungswille des Kindes dadurch ersetzt werden, dass an dessen Stelle der Wille des Erziehungsberechtigten trete. Eine solche Substitution scheide gerade deswegen aus, weil es auf eine natürliche, tatsächliche Willensfähigkeit zur willkürlichen Aufenthaltsänderung ankomme. Daher wird teilweise auch darauf abgestellt, dass die natürliche Fähigkeit zur Fassung eines Ortsveränderungswillens die eines Kleinstkindes übersteigen können müsse.[1095] Durch das Abstellen auf den potenziellen Willen des Opfers werden daher nach der herrschenden Meinung auch Schlafende und Bewusstlose geschützt.[1096]

b.) Kritik am potenziellen Fortbewegungswillen

Die These, dass der Fortbewegungswille bereits potenziell geschützt wird, ist nicht unbestritten geblieben. So geht etwa *Fischer* davon aus, dass ein tatsächlicher Fortbewegungswille notwendig sei.[1097] Nach seiner Auffassung ergibt sich die Unterscheidung vor allem aus Gründen der Beweiserleichterung, wenn es auf das Bewusstsein des Opfers nicht ankommen solle.[1098] Daher soll bei § 239 StGB auf die objektive Handlungsmöglichkeit des Opfers abgestellt werden, den Aufenthaltsort zu wechseln. Gelähmte, Kranke und Bewusstlose würden dann nicht von § 239 StGB geschützt, sehr wohl aber Schlafende und Fortbewegungsunwillige. Die Ausweitung auf einen potenziellen, hypothetischen Fortbewegungswillen würde den Schutz persönlicher Fortbewegungsfreiheit auf den objektiver

1094 BayObLG JZ 1952, 237.
1095 Schluckebier, in: LK, § 239 Rn. 6.
1096 Geppert, Bartl, Jura 1985, 222.
1097 Fischer, § 239 Rn. 3–5.
1098 Fischer, § 239 Rn. 4.

Fortbewegungsmöglichkeit ausweiten. Für ihn ist durch die Möglichkeit der untauglichen Versuchsstrafbarkeit genügend Schutz gegeben, wenn der Täter etwa einen bewusstlosen Menschen einsperre. Die Rechtsprechung des RG sieht er als Bestreben, die damals nicht gegebene Versuchsstrafbarkeit durch Vorverlagerung der Vollendung zu umgehen. Für ihn ist § 239 StGB daher ein besonderer Fall der Nötigung, der sich allein auf einen tatsächlichen Willen richtet.[1099]

c.) Eingrenzung eines natürlichen Fortbewegungswillens

Die weiteren Implikationen für das Strafrecht der genauen Einordnung des Schutzgutes bei der Freiheitsberaubung sind für eine fortführende Betrachtung nicht weiter von Belang. Die Problemkreise, die sich bei der rechtlichen Anerkennung von Reichweite und Gültigkeit einer natürlichen Willensfähigkeit ergeben, können anhand der Freiheitsberaubung jedoch gut hervorgehoben werden, vor allem, weil ähnlich der Einordnung von Besitz und Gewahrsam eine deutliche Vermengung objektiver, subjektiver, hypothetischer und normativer Kriterien stattfindet. Der maßgebliche natürliche Fortbewegungswille soll sich anhand objektiver, in der Person des Opfers befindlicher Kriterien herleiten lassen, gleichsam aber durch persönliche Betätigungsmöglichkeit begrenzt sein. Insofern ist *Fischer* in seiner Kritik an dieser Stelle zuzustimmen, dass eine Trennung zwischen Trägerschaft der Fortbewegungsfreiheit und deren Möglichkeit der Ausübung eine deutlichere Abtrennung normativer und faktischer Betrachtung und dadurch engere, konkretere Kriterien der eigentlichen Willensermittlung ermöglicht. Die Willensermittlung eines natürlichen Fortbewegungswillens objektiv von der theoretischen Wahrnehmbarkeit bestehender Fortbewegungsmöglichkeiten abhängig zu machen, würde in bestimmten Konstellationen den Schutz deutlich verkürzen. Derjenige, der ohnehin schon wenig körperliche Bewegungsfreiheit hat, würde bei der Ermittlung des Willens, ob er sich über diesen faktischen Bewegungsspielraum hinaus bewegen möchte, außer Acht bleiben, was die Schutzwirkung des § 239 StGB verkürzen und damit demjenigen, der ohnehin schon Einbußen bei seiner Selbstbestimmungsfähigkeit hinnehmen musste, weiter einschränken. Wenn es richtigerweise bei § 239 StGB um die vollständige Aufhebung der Fortbewegungsfreiheit geht, so müssen auch verbliebene Reste dieser Freiheit respektiert werden.[1100] Anderenfalls würde es darauf hinauslaufen, dass etwa durch Aufenthalt in einer JVA oder durch betreuungsrechtliche Unterbringung und die damit zwangsweise

1099 Fischer, § 239 Rn. 4.

1100 Sack, Denger, MDR 1982, 973.

verbundene Freiheitsentziehung der natürliche Fortbewegungswille bereits in seinem Geltungsanspruch beschränkt werden könnte.[1101] Es mutet zumindest widersprüchlich an, wenn man den potenziellen Fortbewegungswillen des Bewusstlosen schon deswegen schützen will, weil er jederzeit erwachen könnte, bei einem bei Bewusstsein befindlichen Kind oder Geisteskranken den Schutz durch Abstellen auf das Fehlen eines natürlichen Fortbewegungswillens verneinen will mit dem Argument, er könne sein Recht aufgrund in seiner Person begründeter Umstände ohnehin nicht wahrnehmen. Es würde in der Tat darauf hinauslaufen, dass es nicht auf die Eigenschaft als Träger von Grundrechten aus Art. 2, 104 GG ankomme, sondern darauf, ob das Opfer sie überhaupt benutzen kann. Im Endeffekt käme das einem Absprechen von Grundrechtsgütern allein aufgrund der Prognose, der Grundrechtsträger würde sie ja doch nicht in dem Maße nutzen, wie es andere zu tun pflegen, gleich und damit einer Identifizierung von Grundrechtsträgerschaft und Grundrechtsbetätigung (und damit de facto einer Grundrechtsmündigkeitsgrenze). Die Parallele zur bisher herausgearbeiteten Problematik paternalistischer Interventionen wird dabei deutlich, wenn bestimmte Formen von Grundrechtsbetätigung unbeachtlich oder weniger schützenswert sein sollen, obwohl sie die Rechte Dritter nicht berühren und deren Reichweite allein durch bestimmte „Makel“ in der Existenz des Grundrechtsträgers beschränkt werden soll.

Ein schützenswertes Grundrechtsinteresse im Sinne von Grundrechtsbetätigung kann nur dort denkbar entfallen, wo eine Betätigung kategorisch ausgeschlossen ist. Fallgruppen, die nicht mit dem möglicherweise erwachenden Bewusstlosen vergleichbar sind, sind dabei schwerlich auszumachen. Ein seit Jahren komatöser Patient etwa kann rein hypothetisch jeden Augenblick erwachen und einen zu schützenden Fortbewegungswillen entwickeln. Wenn Schutzgut von § 239 StGB nicht nur die tatsächliche Ausübung der Bewegungsfreiheit ist, sondern auch die Willensbildung als notwendiger Teil der Selbstbestimmung darüber, muss bei diesen beiden Schutzgütern auch zu differenzieren sein. Insofern erscheint auch die Unterscheidung von *Park und Schwarz* als zutreffend, dass der potenzielle Wille zumindest soweit geschützt ist, als dass derjenige, der nach dem Einsperren ohne Fortbewegungswillen bemerkt, dass er sich nicht mehr entfernen kann, schon deswegen geschützt ist, weil er bereits in seiner Willensbildung, einen anderen Ort aufsuchen zu können, durch das faktische Hindernis beeinträchtigt ist.[1102]

1101 Schluckebier, in: LK, § 239 Rn. 12.
1102 Park, Schwarz, Jura 1995, 295.

Die Behandlung von Bewusstlosen ist auch unter dem Aspekt etwaiger mutmaßlicher oder antizipierter Willensbildung zu betrachten. Der Schutz Bewusstloser durch § 239 StGB wird von der Rechtsprechung zumindest dann angenommen, wenn das Opfer vor der Bewusstlosigkeit seinen konkreten Fortbewegungswillen kundgetan hat.[1103] Als Lösung für Fälle, in denen dieser Wille nicht kundgetan wurde, verweist etwa *Schluckebier* darauf, dass diese ähnlich der Konstellation der mutmaßlichen Einwilligung in die ärztliche Heilbehandlung gelöst werden könnten.[1104] Dadurch würde eine Gleichstellung von mutmaßlichem und tatsächlich geäußertem Willen dazu führen, dass auch die Rechte des Bewusstlosen zur Ansehung kommen und dieser nicht „wie eine Sache" straflos eingesperrt oder beliebig transportiert werden könne. Es sei nicht einzusehen, warum die vorübergehende Unfähigkeit zur Betätigung der Freiheit zu einer Schutzminderung dieses Rechtsguts führen sollte. Er verweist mit *Schröder* auch darauf, dass der Mensch, der bewusstlos werde und bis zum Tode nicht wieder zu Bewusstsein komme, bei den Eigentumsdelikten in seinem Sachgewahrsam geschützt werde, auch wenn er nicht mehr im Stande sei, seine Persönlichkeit durch Willensakte zu äußern.[1105] Ähnlich argumentiert *Wolters,* der zwar weder Schlafende noch Bewusstlose als taugliche Tatopfer des § 239 StGB sieht, bei einem tatsächlich fehlenden Willen zum Ortswechsel jedoch einen hypothetischen Willen sieht, der an dessen Stelle tritt.[1106] Für ihn werden davon solche Fälle erfasst, in denen das Opfer zwar grundsätzlich zur Bildung eines Willens in der Lage ist, aufgrund psychischer Störungen und durch die Einflussnahme des Täters nicht dazu in der Lage ist, eine entsprechende Willensbildung vorzunehmen.[1107] *Park und Schwarz* hingegen meinen, dass der Vergleich zum Gewahrsam nicht zulässig sei. Wer bewusstlos ist, mag weiterhin Gewahrsamswillen haben, will sich aber de facto nicht fortbewegen.[1108] Sie lehnen die von *Wolters* angeführte Ansicht mit Bedenken gegen das Analogieverbot ab, wollen aber gleichsam nur den tatsächlichen Fortbewegungswillen geschützt sehen. Das von ihnen angeführte Beispiel der Einflussnahme auf der Ebene der Willensbildung wird dennoch unter § 239 StGB mit der Begründung gefasst, dass ansonsten das Opfer schutzlos würde, welches sich dem Druck des Täters in dem Bewusstsein

---

1103 BGH Urt. v. 4.5.1965, 1 Str 136/65, Schluckebier, in: LK, § 239 Rn. 8.

1104 Schluckebier, in: LK, § 239, Rn. 8.

1105 Siehe Schröder, Urteilsanmerkungen, 151.

1106 Wolters, in: SK, § 239 Rn. 4.

1107 Wie im skizzierten Fall BGHSt 32, 183.

1108 Park, Schwarz, Jura 1995, 295.

beuge, weil es sowieso keine andere Wahl habe und daher keinen konkreten Fortbewegungswillen fassen würde.[1109]

Noch deutlicher als in der Diskussion des natürlichen Herrschaftswillens bei § 242 StGB bedingen einander hier die Fähigkeit einen Willen zu fassen und diesen durch Fortbewegung in die Tat um zu setzen. Durch den Problemkreis des potenziellen Fortbewegungswillens wird erneut der Reflex deutlich, mit dem teilweise der „freie Wille“ (besser gesagt: der zu einem freien Willen Fähige) bereits in seiner potenziellen Entstehung geschützt werden soll (ohne dass er sich durch den Versuch der tatsächlichen Fortbewegung manifestiert), andererseits Bedenken bestehen, wenn aus Sicht äußerer Beurteilung zwar die Fähigkeit der Fortbewegung vorliegt, diese jedoch nicht als Willensäußerung anerkannt wird (wie etwa im Beispiel des krabbelnden Säuglings).

Bemerkenswert ist bei § 239 StGB die Tendenz, den potenziellen Fortbewegungswillen derjenigen, denen man eine „freie Willensbetätigung“ generell zugesteht, auch dann zu schützen, wenn ein solcher Wille zum Tatzeitpunkt nicht entstehen kann und daraus folgend eine entsprechende Handlung auch gar nicht umgesetzt werden kann, gleichsam aber am Kriterium eines natürlichen Willens festgehalten werden soll. Entscheidend wäre demnach also vor allem, ob der Betroffene jemals überhaupt zu einer „freien Willensbildung“ in der Lage gewesen ist.

Welche Anforderungen an die Willensbetätigung und –äußerung im Vergleich zwischen „freier“ und „natürlicher“ Willensfähigkeit zu stellen sind, kann durch die bisherigen Ausführungen immer weiter eingegrenzt werden. Es lässt sich indes zunehmend einkreisen, dass ungeachtet der rechtsdogmatischen Einordnung von Willensbekundungen und -betätigungen der Wille des einzelnen durch das Recht nur dort geschützt wird, wo er sich in irgendeiner Weise durch Äußerung in der Welt manifestiert hat.[1110] Just dies macht die Willensermittlung bei denen, die zwar nicht handlungsunfähig sind (also insbesondere Kindern und Geisteskranken), denen indes rechtliche Vermutungen von Übereinstimmung von Willen und Handlung (wie etwa Volljährigkeit) nicht oder nicht mehr zur Seite steht, zu einem schwierigen Unterfangen. Denn in diesen Fällen muss anhand der Umstände auf die innere Willensrichtung geschlossen werden. Im Strafrecht eröffnet sich diese Problematik in Tatbeständen, bei denen ein objektives Tatbestandsmerkmal diese innere Willensrichtung des Opfers betrifft. Dem Täter muss nachgewiesen werden können, dass sich sein Vorsatz auf diese

1109 Park, Schwarz, Jura 1995, 294, 296.
1110 Vgl. Neuner, AcP 218 (2018), 30.

Eigenschaft des Opfers zum Zeitpunkt der Tatbegehung erstreckte. In gewisser Weise kumuliert das dargestellte Problem an diesem Punkt: Es ist zunächst anhand äußerer Betrachtung die Willensfähigkeit des Opfers zu ermitteln, ob sich der fehlende Wille durch eine Handlung objektiv manifestiert hat und ob aus Sicht des Täters diese Manifestation oder Nichtmanifestation des Willens derart deutlich war, dass sich sein Vorsatz auf diese erstreckte.

5.) Der natürliche Wille in §§ 177, 179 StGB a.F.

Die Grenzziehung zwischen Selbstbestimmungsfreiheit und –möglichkeit anhand von § 239 StGB erscheint deswegen schwierig, weil es bei der Freiheitsberaubung nicht notwendigerweise zu einer interpersonellen Interaktion zwischen Täter und Opfer kommt und der Täter insbesondere auf die Willensbildung des Opfers keinerlei Einfluss nehmen muss. Sein Tätigwerden hat nach der etablierten Begrifflichkeit einen stärkeren Bezug insbesondere zur Möglichkeit der Handlung und in weitestem Sinne dem die Bewegungsfreiheit des Opfers betreffenden räumlichen Herrschaftsbereich des Opfers. Insofern erscheint es sinnvoll diejenigen Strafnormen zu betrachten, die eine Form von Nötigungselement enthalten, weil Schutzgut hier die Freiheit der Willensbildung und –betätigung nach heute herrschender Ansicht ist.[1111] Denn hier kommt es auf eine natürliche Willensbildungs- und Betätigungsfreiheit an, so dass entsprechend den bisherigen Ausführungen geringes Alter oder geistige Störungen allein aufgrund der Willensfähigkeit beurteilt werden.[1112] Die Ermittlung der Willensfähigkeit kann sich dabei direkt an der konkreten Tathandlung bemessen lassen, ob das Opfer in Bezug auf die Zielrichtung des Täters zu einer Willensbildung und –betätigung in der Lage war. Ein Blick ins Sexualstrafrecht mag dabei vor dem Hintergrund einer Erörterung des „natürlichen Willens“ in einem medizinrechtlichen Kontext zunächst befremdlich erscheinen. Bei nüchterner Betrachtung sollte jedoch klar werden, dass die „Interessenlage“ der Beteiligten einander stark ähnelt: Die Einwilligung in sexuelle Handlungen durch einen anderen gibt diesem intimste und höchstpersönlichste Rechtsgüter preis, die in den Schutzbereich der Art. 2 Abs. 2 GG und Art. 2 Abs. 1 i.V.m Art. 1 Abs. 1 GG fallen, ohne dabei die Form eines Rechtsgeschäftes zu haben. Es geht also auch hier um eine komplexe Bewertung anhand individueller Wertmaßstäbe, die ein empfindliches Einwirken auf den eigenen Körper als Ausdruck dieser Entscheidung erlaubt.

1111 Altvater, in: LK, § 240 Rn. 1.
1112 Altvater, in: LK, § 240 Rn. 5.

a.) Wille und Willensfähigkeit als Abgrenzungskriterium zwischen § 177 a.F. und § 179 StGB a.F.

Die Möglichkeit des Fehlens der Fähigkeit zur Einwilligung trotz äußerer Handlungsfähigkeit erfährt auch eine besondere Behandlung im Sexualstrafrecht, so dass der Begriff des „natürlichen Willens“ hier eine besondere Bedeutung erhält.[1113] Die sexuelle Nötigung aus § 177 Abs. 1 StGB stellt die Abnötigung sexueller Handlungen gesondert unter Strafe. Anders als bei der „unqualifizierten“ Nötigung, bei der die fehlende natürliche Willensfähigkeit eine Strafbarkeit ausschließt, war für diesen Fall im § 179 StGB a.F. ein Auffangtatbestand aufgestellt. Die Abgrenzung wurde durch den Gesetzgeber durch die Erweiterung des § 177 StGB a.F. um die Variante der Ausnutzung einer Lage, in der das Opfer der Einwirkung des Täters schutzlos ausgeliefert ist, wieder bedeutend erschwert.[1114] Der Gesetzgeber ging dabei davon aus, dass für § 179 StGB a.F. die schlichte Vornahme sexueller Handlungen ausreiche, unabhängig davon, ob der Täter sie mit Gewalt oder Drohung erreicht oder die hilflose Lage des Opfers ausgenutzt hat.[1115] Er ging also davon aus, dass grundsätzlich auch Behinderte unter § 177 StGB a.F. fallen können, soweit sie zu einer natürlichen Willensbildung fähig sind und § 179 StGB a.F. durch seine Auffangfunktion einen zusätzlichen Schutz darstellte. § 179 a.F. StGB enthielt also im Gegensatz zu § 177 StGB a.F. kein Nötigungselement.[1116] Der Schutz des § 179 StGB a.F. erstreckte sich

1113 Die jüngste Reform des Sexualstrafrechts bleibt bei der vorliegenden Betrachtung außen vor, schon weil die Änderungen keine Berührung mit der dogmatischen Frage des Begriffs des natürlichen Willens aufweist. Auch wenn ernsthafter Klärungsbedarf besteht, wie die Formulierung eines „erkennbaren Willens“ in die Systematik eines reinen Vorsatzdeliktes passt, dürfte es schon strafrechtsdogmatisch schwierig sein, darin etwas anderes als eine redaktionelle Änderung zu erkennen, möchte man an dem Vorsatzerfordernis bei § 177 StGB festhalten. Der „erkennbare Wille“ soll hier jedenfalls als eigenständig zu betrachtende Willensform nicht weiter erörtert werden. Da der Meinungsstreit vorwiegend in der Abgrenzung zwischen § 177 und § 179 StGB a.F. ausgefochten wurde, letztere Norm jedoch mit dem 50. Gesetz zur Änderung des StGB aufgehoben worden ist, wird auch weiterhin auf Literatur Bezug genommen, welche die unterschiedlichen Schutzrichtungen dieser Normen diskutierten. Die rechtspolitischen und strafrechtlichen Implikationen des Wegfalls von § 179 ist für den Fokus auf die Frage der dogmatischen Begründung unterschiedlicher Willensqualitäten nicht von Interesse.

1114 Oberlies, ZStW 114 (2002), 130.

1115 BT-Drucks. 13/7663, 5.

1116 BGH NStZ 2000, 141.

demnach auf Personen, die einen sexuellen Widerstandswillen nicht oder nicht sinnvoll fassen oder einen solchen nicht körperlich betätigen können.[1117] Widerstandsunfähig ist demnach, wer gegenüber den sexuellen Annäherungen des Täters keinen ausreichenden Widerstandswillen bilden, äußern oder ausführen kann.[1118] Bei psychischer Widerstandsunfähigkeit ist demnach entscheidend, dass das Opfer den Täter gerade auf Grund des Defekts nicht zurückweisen konnte.[1119] Zur Abgrenzung der schutzlosen Lage aus § 177 StGB a.F. und der Widerstandsunfähigkeit wurde teilweise darauf abgestellt, ob der Täter die Lage selbst verursacht hat (dann § 177 StGB a.F.), oder ob der eine schutzlose Lage begründende Umstand im Opfer bereits vorlag (dann § 179 StGB a.F.).[1120]

b.) Die schutzlose Lage und das Nötigungselement in § 177 Abs. 1 Fall 3 StGB a.F. vor dem Hintergrund beeinträchtigter Willensfähigkeit des Opfers

aa.) Ansicht in der Rechtsprechung

Der BGH hat zur Abgrenzung zwischen §§ 177, 179 StGB a.F. im Falle der schutzlosen Lage im Sinne des § 177 Abs. 1 Fall 3 StGB a.F. entschieden, dass es ausreichend sei, dass der Täter bei Vornahme der sexuellen Handlung die schutzlose Lage des Opfers sich bewusst zunutze mache, um den der Tat entgegenstehenden Willen des Opfers zu überwinden, wobei es unerheblich sei, auf welchem Umstand die Schutzlosigkeit beruhe.[1121] Demnach sei dem § 179 StGB a.F. Auffangcharakter zu für Opfer zugekommen, die keinen entgegenstehenden Willen bilden können. In dem zu entscheidenden Fall hatte der Täter sein Opfer, eine 66 Jahre alte Frau, auf der Straße angesprochen und später bei sich zu Hause aus Ärger über eine zuvor gescheiterte Beziehung heftig verprügelt, unter anderem stieß er ihren Kopf mehrfach auf den Boden. Das Opfer leistete zunächst Widerstand, war aber durch die Misshandlungen des Täters bald so geschwächt, dass Gegenwehr unterblieb. Der Täter legte die Frau auf sein Bett und entschuldigte sich bei ihr. In den darauffolgenden Tagen verübte er zwei Mal Geschlechtsverkehr mit ihr. Das Opfer war durch die vorherigen Misshandlungen derart geschwächt und eingeschüchtert, dass es die Annäherungen nur versuchte, durch einmaliges bitten, er solle sie in Ruhe lassen, abzuwehren, im

1117 Eisele, in: Sch, Schr (29. Auflage), § 179 Rn. 1.
1118 Eisele, in: Sch, Schr (29. Auflage), § 179 Rn. 3.
1119 Eisele, in: Sch, Schr (29. Auflage), § 179 Rn. 6; Wolters, in: SK, § 179 Rn. 3.
1120 Wolters, in: SK, § 177 Rn. 14.
1121 BGH NJW 2000, 1048.

Übrigen jedoch keine weitere Gegenwehr leistete. Der BGH bestätigte die Verurteilung als Vergewaltigung im Sinne des § 177 Abs. 1 Fall 3, Abs. 3 S. 1 Nr. 1 StGB a.F. Eine schutzlose Lage sei gegeben, „wenn die Schutz- und Verteidigungsmöglichkeiten des Opfers in einem solchen Maße verringert sind, daß es dem ungehemmten Einfluß des Täters preisgegeben ist.“[1122] Es bedürfe jedoch keiner vollständigen Beseitigung aller Verteidigungsmöglichkeiten. Die schutzlose Lage könne sich dabei sowohl aufgrund von äußeren wie inneren Umständen ergeben, insbesondere also auch aufgrund von Merkmalen der § 179 Abs. 1 Nr. 1, 2 StGB a.F. vorliegen. Dies wird nebst dem Verweis auf die Gesetzesbegründung damit begründet, dass es ansonsten zu Abgrenzungsschwierigkeiten komme, wenn sowohl innere als auch äußere Umstände die Schutzlosigkeit begründeten, vor allem, weil bei der Ermittlung auch Folgen der Tatsituation (Überraschung, Schreck, Schock) zu berücksichtigen seien.[1123] Die Begrifflichkeit solle sich nach Auffassung des BGH an dem vergleichbaren Begriff des „Sich-Bemächtigens“ der §§ 239a, b StGB als die Erlangung physischer Herrschaftsgewalt orientieren.[1124]

Das Nötigungselement legt der BGH dahingehend aus, dass es einer Nötigungshandlung im Sinne des § 240 StGB in dieser Variante nicht bedürfe, es reiche vielmehr aus, dass der Täter sich die schutzlose Lage bewusst zunutze mache, um den entgegenstehenden Willen des Opfers zu überwinden. Das Nötigungselement in § 177 StGB a.F. sei also nicht identisch mit dem des § 240 StGB:

> „Nötigen bedeutet seinem Wortsinn nach einem anderen ein von ihm nicht gewolltes Verhalten aufzuzwingen... Begrifflich erfaßt wird jede Einwirkung von Zwang auf den Willen eines anderen. Um den Schutz der Willensfreiheit des einzelnen auf den strafwürdigen Bereich zu beschränken, stellt das Strafrecht das Nötigen allerdings nur bei Einsatz bestimmter, in den verschiedenen Tatbeständen unterschiedlich umschriebener Angriffsmittel unter Strafe... So definiert § 240 Abs. 1 StGB die Nötigung als gerade mittels Gewalt oder Drohung mit einem empfindlichen Übel erfolgender Willenszwang. Wenn aber erst die tatbestandliche Verknüpfung mit den Tatmitteln Gewalt oder Drohung mit einem empfindlichen Übel in § 240 Abs. 1 StGB das Nötigen zur strafbaren Nötigung macht, folgt daraus zwingend, daß der Begriff des Nötigens im Kontext anderer Vorschriften in seinem Bedeutungsgehalt nicht mit einer Nötigung im Sinne des § 240 Abs. 1 StGB gleichgesetzt werden kann. Vielmehr ist insoweit... der weiterreichende allgemeine Sinngehalt des Begriffs zugrunde zu legen.“[1125]

1122 BGH NJW 2000, 1048.

1123 BGHSt 36, 145, 147 mit Anm. Hillenkamp NStZ 1989, 529.

1124 BGH NStZ 1996, 166; siehe auch etwa Renzikowski, NStZ 1999, 378.

1125 BGH NJW 2000, 1049.

Es sollen also gerade solche Fälle erfasst werden, in denen das Opfer aufgrund qualifizierter Nötigungsmittel die sexuellen Handlungen über sich ergehen lasse, weil Widerstand aufgrund der Hilflosigkeit der Lage und der Überlegenheit des Täters aussichtslos erscheine.

In einer späteren Entscheidung präzisierte der BGH die Abgrenzung zwischen den inneren und äußeren Umständen der Schutzlosigkeit.[1126] So sei zwar nach wie vor daran festzuhalten, dass innere Umstände im Sinne des § 179 Abs. 1 Nr. 1, 2 StGB a.F. eine schutzlose Lage begründen können, es seien jedoch in solchen Fällen erhöhte Anforderungen an die Ermittlung zu stellen. Erforderlich sei, dass das Opfer Widerstandshandlungen gegenüber dem Täter wegen Befürchtung von Körperverletzungen oder Tötungshandlungen unterlasse. Nicht ausreichend seien hingegen, das Opfer befürchte die Zerstörung seiner Ehe durch den Täter. So hatte in diesem Fall der Schwiegervater seine Schwiegertochter mehrfach zur Durchführung von Oralverkehr bewogen, weil er in Aussicht stellte, er würde als Familienoberhaupt „ihre Ehe kaputtmachen". Die Erwägung des Vorliegens von § 179 Abs. 1 Nr. 1, 2 StGB a.F. wurden im Wesentlichen darauf gestützt, dass es sich bei der zur Tatzeit 33 bis 34 Jahre alten Frau um eine „recht naive und unselbstständige Frau" gehandelt habe. Den Ausschluss begründete der BGH damit, dass § 177 StGB a.F. die sexuelle Selbstbestimmung nur vor besonders intensiven Formen der Nötigung schützen solle und es daher nicht angemessen sei, bei Nachteilen nichtkörperlicher Art eine schutzlose Lage anzunehmen.

bb.) Diskussion in der Literatur

In der Literatur wurde die Frage der Notwendigkeit und des Umfangs des Nötigungselements ebenfalls bei der Frage der Abgrenzung zwischen §§ 177, 179 StGB a.F. und vor allem unter dem Gesichtspunkt diskutiert, ob für § 179 StGB a.F. wegen § 177 Abs. 1 Nr. 3 StGB überhaupt ein eigener Anwendungsbereich bestand. Es bestand vor allem Uneinigkeit, ob mit dem Nötigungselement des § 177 StGB a.F. die Nötigung im Sinne des § 240 StGB zu verstehen gewesen sei. *Fischer* nimmt dies mit der Begründung an, das Gesetz unterscheide in § 177 StGB a.F. durch die Trennung von sexueller Nötigung und Vergewaltigung durch Anknüpfung an die Mitwirkung des Opfers selbst dazwischen, ob der entgegenstehende Wille gebrochen, gebeugt, durch Täuschung manipuliert oder allein missachtet werde.[1127] Eine reine Missachtung komme wegen

1126 BGH NJW 2003, 2250.

1127 Fischer, ZStW 112 (2000), 90; ders. NStZ 2000, 143.

Art. 103 Abs. 2 GG nicht in Betracht, die Abgrenzung müsse anhand der rechtlichen Anerkennung von Entscheidungsfreiheit durch die Person vorgenommen werden.[1128] Die Beurteilung hänge, so *Fischer*, auch entscheidend an der sozialen Adäquanz des Täter- und Opferverhaltens.

Hingegen will etwa *Mildenberger* jede zwangsweise Einwirkung auf den Willen ausreichen lassen und geht davon aus, dass jede Überwindung oder Missachtung eines entgegenstehenden Willens tatbestandsmäßig sei.[1129] Sie will daher bereits jeden unter § 177 StGB a.F. fassen der „überhaupt in der Lage ist, einen entgegenstehenden Willen zu bilden, äußern oder artikulieren, der theoretisch zur Abwehr ausreichen könnte“.[1130] Dann soll bereits eine Nötigung vorliegen, weil der Täter sich auch ohne die Nutzung der Nötigungsmittel aus § 240 Abs. 1 StGB über den Willen hinwegsetze. Denn in diesem Moment sei dem Täter bewusst, dass das Opfer mit dem Verhalten nicht einverstanden sei und diese Ablehnung würde es auch signalisieren. Daher würden auch eingeschränkt widerstandsfähige Opfer aus § 179 StGB a.F. herausfallen. Ähnlich argumentiert *Schroeder*, der unter Bezugnahme auf die Rechtsprechung des BGH darauf verweist, dass bereits von Gewalt auszugehen sei, wenn eine körperbehinderte Frau ihren Widerwillen durch Wälzen oder Schreien zum Ausdruck bringe.[1131] Daher könne es bei der Frage der Abgrenzung vorliegend ohnehin nur um Personen mit geistiger Behinderung gehen. *Mildenberger* sieht also eine Anwendbarkeit von § 179 StGB a.F. nur in Fällen der Widerstandsunfähigkeit im engeren Sinne, die also dauerhaft oder vorübergehend nicht dazu in der Lage seien, einen Widerstandswillen im Sinne einer ablehnenden Haltung zu bilden, also vor allem Bewusstlose, Betäubte, Hypnotisierte, Berauschte oder vollkommen Betrunkene oder Erschöpfte, wenn diese aufgrund ihrer geistigen Behinderung oder schwerer hirnorganischer Schäden nicht dazu in der Lage seien, einen sinnvollen Widerstandswillen zu bilden.[1132] In diesen Fällen könne es dann auch nicht mehr zu einem Handeln gegen den Willen kommen.

Nach *Eisele* komme es unter Bezugnahme der Schutzrichtung von § 179 StGB a.F auf eine kausale Verknüpfung zwischen psychischer Beeinträchtigung und Widerstandsunfähigkeit an.[1133] Die Tatsache einer sexuellen Beziehung eines psychisch Kranken oder Behinderten könne für sich genommen noch nicht für

1128 Fischer, ZStW 112 (2000), 91.
1129 Mildenberger, 80.
1130 Mildenberger, 80.
1131 Schroeder, JZ 1999, 930.
1132 Mildenberger, 81f.
1133 Eisele, in Sch, Schr (29. Auflage), § 179 Rn. 6.

eine Widerstandsunfähigkeit sprechen, so dass man die Entscheidung davon abhängig machen solle, ob das Nachgeben gegenüber der Annäherung durch den Täter durch äußere Umstände gekennzeichnet ist, unter denen ein geistig Gesunder sich in aller Regel nicht mit diesem eingelassen hätte. Bei tatsächlichem Widerstand sei ohnehin kein Raum für § 179 StGB a.F..

Renzikowski wirft das Problem auf, dass der Gesetzgeber die entscheidende Frage der Abgrenzung von der schutzlosen Lage und der Widerstandsunfähigkeit nicht beantwortet habe.[1134] Er möchte zur Abgrenzung anhand absoluter und relativer Widerstandsunfähigkeit unterscheiden: Solange das Opfer prinzipiell noch körperlichen Widerstand leisten könne, wenngleich auch nur eingeschränkt, soll § 177 StGB a.F. einschlägig sein und zwar unabhängig davon, ob der Täter die schutzlose Lage geschaffen oder ausgenutzt habe (relative Widerstandsunfähigkeit). Nur bei absoluter Widerstandsunfähigkeit soll § 179 StGB a.F. anwendbar sein. Die Ansicht von *Fischer*, der zwischen der Schutzlosigkeit aufgrund äußerer oder innerer Umstände unterscheidet, lehnt er mit der Begründung ab, dass äußere Umstände (Lage) wie etwa einsame Orte oder fehlende Fluchtmöglichkeiten nicht für sich allein genommen zur Schutzlosigkeit des Opfers führen würden, sondern diese auch von der individuellen körperlichen Konstitution abhängig sei. Für ihn liegt der Unterschied zwischen § 177 Abs. 1 Nr. 3 a.F. und § 179 StGB a.F. in der Art, wie das Opfer einen entgegenstehenden Willen ausdrücken könne.[1135]

Oberlies verweist darauf, dass allein die innere Wille nicht ausschlaggebend sein könne, andererseits ebenso nicht erforderlich sei, dass dieser ausdrücklich artikuliert werde; vielmehr sei maßgeblich, dass er erkennbar werde.[1136] Weiterhin müsse bei einer scheinbar einvernehmlichen sexuellen Handlung die Wirksamkeit der Einwilligung untersucht werden.[1137] So sei schon der Gesetzgeber davon ausgegangen, dass die Zustimmung des Opfers zur Handlung den Missbrauch nicht ausschließe.[1138] Daraus ergebe sich sodann auch der Unterschied zu § 179 StGB a.F., bei dem grundsätzlich jede Form der Missachtung des Willens genügen soll, also insbesondere auch Täuschung und Nichtbeachtung. Nach *Oberlies* bestand der Anwendungsbereich der Norm also dort, wo das Opfer entweder nicht zu irgendeiner Willensbildung in der Lage sei oder es diesen nicht

1134 Renzikowski, NStZ 1999, 379.
1135 Renzikowski, NStZ 1999, 380.
1136 Oberlies, ZStW 114 (2002), 133.
1137 Fischer, ZStW 112 (2000), 92.
1138 BT-Drucks. 13/8267, 7.

mit der hinreichenden Erforderlichkeit signalisieren könne.[1139] Sie verweist zudem darauf, dass in der Rechtspraxis erstinstanzliche Urteile häufig von einer Gleichstellung von geistiger Behinderung und Widerstandsunfähigkeit ausgegangen seien, so dass in diesem Fällen allein aufgrund der Behinderung des Opfers der erleichterte Strafrahmen eingreife.[1140] Die Problemfälle entstünden dort, wo der Gesetzgeber darauf verwiesen habe, dass Einverständlichkeit eine Bestrafung wegen Missbrauchs nicht ausschließe. Zwar sei davon auszugehen, dass der Gesetzgeber damit behinderten Menschen nicht das Recht auf eine eigene Sexualität habe absprechen wollen.[1141] Insofern gelte aber für die Zustimmung auch hier das allgemeine Erfordernis, dass die Zustimmung mit vollem Verständnis der Sachlage erteilt werde. Insofern sei offen, ob eine rechtlich unbeachtliche Einwilligung eine Strafbarkeit nach § 177 oder § 179 StGB a.F. nach sich ziehe. Sie ging davon aus, dass Täuschung, Manipulation und schlichte Nichtbeachtung des Willens den Willen beugen können und bei intellektueller Überlegenheit des Täters die Schutz- und Verteidigungsmöglichkeiten des Opfers derart verringert würden, dass es dem uneingeschränkten Einfluss des Täters preisgegeben sei. Daher müsse man die Frage der Zwangswirkung an den individuellen körperlichen und kognitiven Fähigkeiten des Opfers festmachen, soweit diese für den Täter erkennbar waren.[1142] *Fischer* wollte die Willensbildung des Opfers einer normativen Wirksamkeitsbewertung unterwerfen und im Falle unwirksamer Zustimmung von Missbrauch im Sinne des § 179 StGB a.F. ausgehen.[1143] *Frommel* wollte ähnlich Fälle, in denen das behinderte Opfer aufgrund von Täuschung des Täters keinen entgegenstehenden Willen hat bilden können, ebenfalls dem § 179 StGB a.F. zuweisen.[1144]

cc.) Entscheidendes Kriterium der Widerstandsunfähigkeit

Es kommt also entscheidend darauf an, wann eine Widerstandsunfähigkeit vorliegen soll. Dabei kann ein Rückgriff auf die §§ 19ff StGB zum einen wegen der bereits zur Frage der Einwilligungsfähigkeit gemachten Ausführungen nicht taugen, zum anderen deshalb, weil durch die Änderung des Wortlautes des § 179 StGB a.F. durch das 6. StrRG die an den § 20 StGB angelehnte

1139 Oberlies, ZStW 114 (2002), 134.
1140 Oberlies, ZStW 114 (2002), 135.
1141 Oberlies, in: Zinsmeister, 171.
1142 Oberlies, in: Zinsmeister, 171.
1143 Fischer, ZStW 112 (2000), 92f.
1144 Frommel, in: Sexualstrafrecht auf dem Prüfstand, 15.

Umschreibung der krankhaften seelischen Störung, des Schwachsinns und der schweren anderen seelischen Störung durch die Begriffe der geistigen und seelischen Krankheit ersetzt worden ist.[1145] Daher wurde danach nicht mehr an die Schuldunfähigkeit und die sie umschreibenden biologischen Faktoren angeknüpft, sondern an die in der Behindertenhilfe gängige Unterscheidung nach geistiger und seelischer Behinderung.[1146] Problemfälle ergaben sich vor allem aus der Rechtsprechung des BGH, da die vom BGH vorausgesetzte Widerstandsunfähigkeit auch auf Überraschung, Schreck und Schock beruhen können soll, wobei das Opfer in diesem Fall möglicherweise eine psychische Vorerkrankung gehabt hatte.[1147] Bereits das RG urteilte jedoch schon in einem Fall, in dem der Täter in einer öffentlichen Toilette durch ein Loch in der Wand in den Intimbereich gefasst hat, dass Gewalt nicht vorliegen kann, wenn die sexuelle Handlung bereits selbst die Gewalt darstellt.[1148] Von Gewalt im Sinne einer Willensbeugung könne jedoch schon begrifflich nicht gesprochen werden, wenn der Täter seine Tat unbemerkt vom Opfer ausführen könne, jedoch „die Umstände dem Täter seine Tat so sehr erleichtern, daß es der Überwindung keines Widerstandes"[1149] bedürfe. So urteilte auch der BGH in dem Fall des Täters, der im Vorbeifahren mit dem Fahrrad Frauen auf Geschlecht, Brust oder Gesäß geschlagen hat.[1150]

dd.) Erfassung des Schlafs durch § 179 Abs. 1 Nr. 1 StGB a.F.

Ebenfalls problematisch war die Einordnung der Fälle von Schlafenden, die der BGH unter die tiefgreifende Bewusstseinsstörung im Sinne von § 179 Abs. 1 Nr. 1 StGB a.F. fasste.[1151] Diese Einordnung zeigt, dass durch Gesetzgeber und Rechtsprechung der Schutz der sexuellen Selbstbestimmung vor allem durch eine Gleichstellung der körperlichen mit der psychischen Widerstandsunfähigkeit erreichen wollte. Die Probleme, dass Strafbarkeitslücken bei psychisch Kranken, die zwar nicht per se einwilligungsunfähig sind, aber eben keinen ausreichenden Widerstandswillen bilden können, werden durch das Recht an dieser Stelle schon deswegen kaum zu bewerkstelligen sein, weil ohne das Vorsatzerfordernis bei den Sexualstraftaten anzutasten ein Nachweis, der Täter habe die Widerstandsunfähigkeit erkannt, im Einzelfall bedeutend schwieriger sein

1145 M. Kieler, 185.
1146 M. Kieler, 185.
1147 BGHSt NJW 1989, 3028.
1148 RGSt 77, 81, 82.
1149 RGSt 77, 81, 82.
1150 BGH JR 1983, 158, 159.
1151 BGH Beschl. V. 21.3.2013, 1 StR 108/13; BGH NStZ-RR 2013, 316.

wird als bei rein körperlicher Widerstandsunfähigkeit. Daraus leitet sich auch das Erfordernis ab, dass hohe Anforderungen an das Vorliegen der Annahme von Widerstandsunfähigkeit zu stellen sind, solange das Tatopfer handlungsfähig ist. Es wird spätestens hier deutlich, dass ein Widerstandswille noch so stark sein kann, das Recht kann ihn nur schützen, wenn er sich in irgendeiner Weise manifestiert. Daher war das Abstellen auf eine hypothetische Widerstandsfähigkeit zur Abgrenzung von § 177 a.F. und § 179 StGB a.F. nicht unproblematisch.

Es stellt sich daher auch hier die Frage, warum der – aus welchen Gründen auch immer – nicht gefasste und damit schlicht und ergreifend nicht existente Wille eines Opfers für § 177 StGB a.F. ausreichen sollte, während das schlafende, bewusstlose oder schlicht überraschte Opfer einen solchen genauso wenig hatte und auch nicht hat bilden können, dieses aber von § 179 StGB a.F. geschützt sein sollte. Im Grunde wäre das Abgrenzungskriterium in Anlehnung an die bisherigen Begrifflichkeiten ein „natürlicher Abwehrwille“ gegen jeglichen ungewollten sexuellen Übergriff, der auch noch irgendwie eine zumindest rudimentäre Abwehrfähigkeit voraussetzt. Diese müsste das Ansinnen des Täters zumindest theoretisch hätte beenden oder behindern können und damit als weiterer gedachter Umstand des nicht durch eine Handlung geäußerten Willens hinzutreten.[1152] Eine derartige Willensantizipation dürfte selbst für das Opfer kaum zu bewerkstelligen sein, außer man dehnt den Willensbegriff auf alle denkbaren hypothetischen Umstände aus, die dem Opfer unangenehm sind und nicht seinen Vorstellungen und Wünschen entsprechen.

Der Wunsch, möglichst von allem Unangenehmen ferngehalten und alles Angenehme für sich beanspruchen zu wollen, dürfte indes wohl jedem Menschen in seinem täglichen Streben zu Eigen sein, unabhängig von den betroffenen Rechtsgütern. Die dabei maßgeblichen subjektiven Elemente können sich daher nur auf eine konkrete Situation beziehen. Ein reines Abstellen auf einen abstrakten, hypothetischen Abwehrwillen müsste sich daher auf „objektive“ Angriffe beschränken, auf die ein jeder gleichsam mit Abneigung reagieren würde. Dadurch nähert man sich aber im Endeffekt wieder dem bloßen Abwehrreflex an, der mangels Willenssteuerung gerade nicht ausreichen soll und verschleift dogmatisch Kriterien der Willensfähigkeit und der Handlungsfähigkeit vollends. Dadurch verliert das Willenselement jegliche normative Eingrenzungsfunktion.

So hat der BGH in der bereits zu § 239 StGB zitierten Entscheidung entschieden, dass bei dem autistischen Mädchen nicht schon deswegen ein beachtlicher

---

1152 So im Ergebnis auch BGH JR 1983, 158, 159.

Widerstandswille angenommen werden könne, weil es einer Festhaltetherapie durch Wegstemmen und Sträuben – was bei Autisten für diese Therapieform aufgrund der gesteigerten Aversion gegen Körperkontakt typisch sei – Widerstand geleistet habe.[1153] Dies entspricht auch der Rechtsprechung in Arzthaftungsfragen, dass ein bloßes Sträuben gegen die Behandlung noch kein Anzeichen für das Ablehnen oder den Widerruf einer Einwilligung darstellen soll.

Es kann also in gewisser Weise als gesichert gelten, dass insbesondere durch die Anerkennung des Schlafes als Teil der Widerstandsunfähigkeit und ebenso den eher kurzfristigen Erscheinungen wie Schock und Überraschung die sexuelle Selbstbestimmung auf der Willensebene erfasst wird. Dabei kann die Ansicht, die bei der Frage der Beachtlichkeit des Willens darauf abstellt, ob ein objektiver Dritter in das Ansinnen des Täters eingewilligt hätte, nicht überzeugen. Schon aus dem Schutz der Intimsphäre nach der Sphärentheorie des BVerfG zum allgemeinen Persönlichkeitsrecht ergibt sich, dass nicht nur dem Staat, sondern jedem Dritten das Urteil über das Ausleben der eigenen Sexualität entzogen ist. Dies würde die legitime Sexualität geistig Kranker oder Behinderter im Endeffekt unter einen paternalistischen Kontrollvorbehalt stellen und im Ergebnis die Legitimität ihrer Möglichkeit der autonomen Sexualpartnerwahl in Frage stellen.[1154] Zudem kann eine solche Auffassung keinerlei Kriterien aufweisen, anhand derer eine Einwilligung in sexuelle Handlungen objektiv vernünftig sein soll. Eine derartige Ökonomisierung der Intimsphäre mutet jedenfalls insofern befremdlich an, als dass in gewisser Weise unterstellt wird, die Einwilligung in sexuelle Handlungen verfolge in aller Regel über die eigentliche Ausübung des Aktes hinausgehende, davon unabhängige Ziele. Solange man jedoch an dem Kriterium des natürlichen Willens bei der Einwilligung festhält, können „Motivirrtümer" über den Grund der Einwilligung nicht erfasst sein.[1155] Auch hier kann die dargestellte paternalistische Betrachtung fruchtbar gemacht werden, denn auch wenn man in solchen Situationen sozialen Zwangs ein erhebliches moralisches Unrecht verorten mag, so kann die Fehlvorstellung des Opfers über die Vereinbarkeit der konkreten autonomen Aufgabe eigener Rechtsgüter mit seiner individuellen Werteordnung innerhalb des § 177 StGB a.F. nicht auf den Täter abgewälzt werden, mag man sein Vorgehen auch noch so verwerflich finden. Auch hier ergibt sich dies nicht aus Täterschutzaspekten, sondern allein aus Gründen der Achtung von Autonomie des Opfers, da eine Strafbarkeit

1153 Prekop, in Fikar, 119ff.

1154 L. Dietrich, 134.

1155 So im Ergebnis BGH NZ 1999, 581, Anm. Laubenthal, 583, 584.

des Täters zwingend auf der Missachtung der autonomen Entscheidung durch Nichtanerkennung der subjektiven Wertvorstellungen basieren würde.

Für die vorliegende Auseinandersetzung kann damit zum einen die Erkenntnis gewonnen werden, dass man bei der Verfügung über höchstpersönliche Güter den Bezugsrahmen der verfolgten Ziele auch bei der Bestimmung aus der subjektiven Perspektive des Rechtsgutsträgers zurückhaltend agieren sollte, da der Grund der Preisgabe meist in einem unmittelbaren Bezug zu dem Rechtsgut selbst zu verorten sein wird. Zum anderen wird deutlich, dass auch bei einer eingeschränkten Willensfähigkeit das Verfügungsrecht über den eigenen Körper dem Urteil des Staates so lange entzogen ist, wie die Entscheidung noch als autonom gelten kann. Freilich sagt dies an dieser Stelle ebenfalls nichts über die konkreten Voraussetzungen aus, doch auch hier kann die Betrachtung des Sexualstrafrechts zumindest dahingehend abstrahiert werden, als dass es zum einen auf eine Einzelfallbetrachtung ankommt und zum anderen durch die Vergleichstatbestände der körperlichen Widerstandsunfähigkeit ein gewisser Bezugsrahmen hergestellt wird. Ein weiterer Gesichtspunkt, der sich als Problemfeld abzeichnet, ist die Abgrenzung eines natürlichen Willens nicht von einem weiter reichenden „freien Willen“ als ein „Mehr“, sondern zum bloßen Reflexhandeln als ein „Weniger“. Diese äußert sich zwar gleichsam einer willensgetragenen Abwehrhandlung, soll aber mangels eines dahinterstehenden Willens keine Willensäußerung mehr darstellen.

Unter Berücksichtigung der Paternalismusdiskussion wird man wohl sagen können, dass die Willensbildung oder -äußerung so weit eingeschränkt sein muss, dass sich die Entscheidung für den Rechtsgutsträger gleichsam als fremdbestimmter Zwang darstellt als ob er aufgrund körperlicher Widerstandsunfähigkeit nicht zu einer gegenteiligen Willensbildung oder -äußerung in der Lage gewesen ist. Die sich aus der noch verbliebenen Handlungs- und Äußerungsfähigkeit ergebenen Unsicherheiten sind dabei der Grund, warum hohe Anforderungen an die Frage der fehlenden Autonomie zu stellen sind. An dieser Stelle muss im Zweifel in Ansehung der sexuellen Selbstbestimmung geistig Kranker von einer entsprechenden Willensfähigkeit ausgegangen werden, nicht um Täter zu privilegieren, sondern um diesen absolut geschützten Teil des Persönlichkeitsrechts hinreichend zu Geltung zu verhelfen. Problembereiche ergeben sich wegen des hohen Spektrums psychischer Erkrankungen vor allem im Bereich der Hypersexualität.[1156] Ein gewisses moralisches Dilemma kann jedenfalls nicht geleugnet werden, wenn man einem Menschen mit krankhaft ausgeprägtem

1156 L. Dietrich, 134.

Sexualtrieb dem Frönen desselben dadurch ein faktisches Verbot auferlegen wollte, weil er als Widerstandsunfähiger anzusehen sei und es daher einer Willensbeugung im Sinne des § 177 StGB a.F. nicht bedürfe, damit sich der Partner strafbar macht. Es kann diesbezüglich also nur auf die Interaktion ankommen, also auf das konkrete Ansinnen des Täters und ob diesbezüglich eine Widerstandsunfähigkeit vorliegt. Entscheidend kommt es hier also darauf an, ob der Rechtsgutsträger zu einer selbstbestimmten Entscheidung nicht abstrakt, sondern in dieser Situation überhaupt in der Lage ist. Dies ergab sich im Übrigen auch aus dem Wortlaut des § 179 StGB a.F. (aber etwa auch aus § 182 StGB in Bezug auf die sexuelle Unerfahrenheit des Minderjährigen), dass die Widerstandsunfähigkeit *wegen* der Krankheit vorliegen muss und unabhängig von der Handlung des Täters (Ausnutzung) vorliegen muss. Es musste also eine strikte Trennung zwischen der Täter- und der Opfersphäre vorgenommen werden,[1157] was aus Sicht der Anerkennung von (sexueller) Selbstbestimmung nur folgerichtig ist. Denn wenn der einzelne die grundsätzliche Möglichkeit seiner Selbstbestimmung als Rechtsgut unabhängig von der Fähigkeit ihrer Ausübung schon nicht von Dritten abzuleiten braucht, dann muss sich deren Vorliegen oder Nichtvorliegen auch ausschließlich anhand seines inneren Willens bemessen lassen. Dass dieser Wille äußeren Faktoren unterliegt, soll dabei nicht geleugnet werden, doch stellt dieser innere Vorgang gewissermaßen die transitive Verbindung zwischen der Verarbeitung der äußeren Eindrücke anhand der eigenen inneren Wertordnung und der letztlich konkreten, handlungsbezogenen Äußerung dar. Selbstverständlich liegt Widerstandsunfähigkeit damit erst Recht vor, wenn der Täter die Möglichkeit der entgegenstehenden Willensbildung durch manipulative Einwirkung beseitigt hat.

c.) Zusammenfassung und Bewertung des „natürlichen Willens"

Es kann für die Ermittlung eines Rechtsbegriffs des natürlichen Willens zusammengefasst werden, dass dieser sich in seiner Reichweite, seinem Bezugsrahmen und dem Umfang, in dem er sich äußern soll oder vermutet wird, je nach Rechtsgut und Regelungszweck erheblich unterscheidet. Dennoch kann eine gewisse gemeinsame Grundlage daraus abgelesen werden. Bei dem Versuch einer Einordnung durch einen Blick in andere Rechtsgebiete zur Ermittlung dessen, was sich an verschiedenen Orten Juristen unter dem Begriff eines natürlichen Willens vorstellen, sind jedoch die Limitationen und Zielrichtungen der jeweiligen Normen zu beachten.

1157 Gnüchtel, 193; Renzikowski, NStZ 1999, 379.

Bei der Erörterung eines natürlichen Besitzwillens darf letztlich nicht außer Acht gelassen werden, dass der Besitz nicht vollständig als bloße Tatsache ausgestaltet ist, sondern dieses Prinzip an vielen Stellen durchbrochen wird (etwa beim Erbenbesitz, bei der Besitzdienerschaft oder mittelbaren Besitzverhältnissen). Die strafrechtlichen Herleitungsversuche müssen vor dem Hintergrund gesehen werden, dass es sich dabei um vorwiegend im Opfer vorliegende objektive Tatbestandsmerkmale handelt, deren Ziel es nicht ist, dem Opfer rechtsverbindlich und mit konstituierender Wirkung irgendeine Form von Willensfähigkeit zu- oder ab zu sprechen. Mit *Beurskens* kann man festhalten, dass die meisten notwehrfähigen Individualrechtsgüter (Fortbewegungsfreiheit, sexuelle Selbstbestimmung, körperliche Unversehrtheit, persönliche Ehre) nicht erst mit Geschäftsfähigkeit oder Volljährigkeit erworben werden, sondern dem Rechtsträger originär zugeordnet sind.[1158]

Dennoch liegt in dem Erfordernis eines bestimmten Tatbestandsmerkmales, welches sich allein auf den Willen des Opfers bezieht, ein rechtliches Anerkenntnis desselben in Bezug auf ein bestimmtes ihm zugeordneten Rechtsgutes und gleichsam auch die Voraussetzungen, unter denen diese Zuordnung aufgehoben werden soll. Allen Herangehensweisen ist jedoch gemein, dass beim Abstellen auf einen natürlichen Willen dieser eine gewisse normative Begrenzung erfährt, diese aber nicht rechtliche Voraussetzung, sondern Folge der eigentlichen Willensbildung ist. Es handelt sich also nicht um einen Willen, der durch das Recht konstituiert wird und überhaupt erst Relevanz entfaltet, innerhalb des Bezugsrahmens erzeugt er vielmehr rechtliche Folgen und wirkt daher selbst konstituierend und als Grenze in Bezug auf die Rechte und Pflichten Dritter. Die Willensbildung steht dabei in einem engen Zusammenhang mit einer von diesem Willen getragenen Handlung als Äußerung des Willens und einer Herrschaftssphäre, innerhalb derer die Willensbetätigung dem Betroffenen einerseits zugeordnet wird und andererseits eine „Vermutung“ genießt, originär willensgesteuert zu sein. Entsprechend der von *Neuner* vertretenen Auffassung lässt sich feststellen, dass es sich bei dem „natürlichen Willen“ im Wesentlichen um einen Realakt handelt.[1159] Das ist nicht nur relevant im Rahmen einer bloßen rechtsdogmatischen Einordnung, sondern von schwerwiegender Bedeutung für die rechtlichen Folgen für die Anerkennung des „natürlichen Willens“ und welche Folgen Willensmängel nach sich ziehen. Denn Realhandeln lässt sich durch rechtliche Gestaltungsakte weder modifizieren noch beseitigen oder rückgängig

---

1158 Beuerskens, 107f.

1159 Neuner, AcP 218 (2018), 22.

machen. Er lässt sich nicht anfechten und seine Unbeachtlichkeit lässt seine tatsächlichen, sich in die Umwelt als objektive, physikalische Realität entfaltenden Folgen unberührt.[1160]

Es erscheint daher folgerichtig, dass Gesetz und Rechtsprechung einen auf den konkreten Handlungsbezug zugeschnittenen Ermittlungsmaßstab anlegen, da sich der Wille durch die konkrete Handlung in die Umwelt entfaltet und sich damit Berührungen zu den Rechtskreisen Dritter ergeben. Damit ist aber zugleich gesagt, dass es *den* natürlichen Willen nicht geben kann, sondern sich Wille und Willensfähigkeit immer anhand der konkreten Situation, der Bedeutung des Rechtsguts und den individuellen Möglichkeiten des Betroffenen bestimmt und auch bestimmen muss. An diesen Willen können daher auch bestimmte, grobe Anforderungen gestellt werden. Zum einen muss er als allermindestes Maß potenziell entstehen können und sich auf irgendein Herrschaftsobjekt (Besitz, Gewahrsam, körperliche Freiheit und Integrität, sexuelle Selbstbestimmung, etc.) beziehen, welches dem Willensträger rechtlich oder tatsächlich zugeordnet wird und sich zum Zeitpunkt der Zuordnung auch innerhalb seines ebenfalls rechtlichen oder tatsächlichen Herrschaftsbereichs im Sinne tatsächlicher Einflussnahmemöglichkeit befindet. Innerhalb dieses Rahmens muss sich der Wille dann *natürlich* durch einen Bezug der Elemente untereinander ergeben, der Betroffene also insbesondere gemessen an Bedeutung und Tragweite des Rechtsgutes eine auf Grundlage der ihm zur Verfügung stehenden kognitiven Fähigkeiten eine zielgerichtete Willensherrschaft entfalten. Wichtig erscheint auch im Hinblick auf Besitz- oder Gewahrsamswillen herauszustellen, dass die Anforderungen an einen „natürlichen" Willen, eine derartige Herrschaftsbeziehung zu persönlichen Gütern und diese auch für sich beanspruchen zu wollen, auch gemessen an ihrer jeweiligen Relevanz nicht zu hoch angesetzt werden können.

Ein wesentliches Kriterium, welches gerade durch die Betrachtung der §§ 177, 179 StGB a.F. eklatant wird, ist also, dass dieser Wille nur dann rechtliche Relevanz und damit für Dritte beachtliche rechtliche Grenzen in Form verbindlicher Rechtsfolgen beanspruchen kann, wenn er sich als Ausfluss dieser willensgetragenen Herrschaftsbeziehung irgendwie in der Umwelt manifestiert, um seine Funktion als rechtliche Begrenzung der Einflussnahme Dritter erfüllen zu können. Man muss an dieser Stelle also ganz klar zwischen der Frage des Vorhandenseins des Willens und der Möglichkeit seiner Äußerung unterscheiden. Doch liegt es in der Natur des Willens als rein innere Tatsache, mag er rechtlich

---

1160 Vgl. Neuner, AcP 218 (2018), 22.

auch noch so sehr seinem Träger zugeordnet sein und grundrechtlich grundsätzlich anerkannt und geschützt sein, dass er seine Wirkung, die rechtliche Einflussnahme Dritter zu beschränken, nur soweit entfalten kann, wie er sich ihnen gegenüber in dieser Funktion offenbart.

Durch den fehlenden Rechtscharakter der natürlichen Willensäußerung selbst ergibt sich zum einen, dass es stets einer individuellen Betrachtung bedarf. Zum anderen sind an die Form der Äußerung weniger allgemeine, sondern ebenfalls auf die Situation bezogene Anforderungen zu stellen, die sich gerade aus der Rechtsgutsbezogenheit und der (vermuteten) Herrschaft des Trägers über dasselbe ergibt. Aus dieser Vermutung erwächst jedoch unter Ansehung des Selbstbestimmungsrechtes aus Art 2 Abs. 2 S. 1 GG auch, dass, wie es das BVerwG in Bezug auf den Besitzwillen zutreffend ausdrückte, dieser Wille eben gerade wegen seiner Natürlichkeit nur unter sehr strengen Voraussetzungen keine Beachtung finden kann und sich vor allem derjenige, der sich auf dessen Nichtbeachtlichkeit beruft, diese Vermutung nicht nur erschüttern, sondern vollständig ausräumen muss. Dieser konkrete Kontext ist bei der Einwilligung in die ärztliche Behandlung in der rechtlichen Dimension gerade dieses Selbstbestimmungsrecht aus Art. 2 Abs. 2 S. 1 GG und keine weitere einfachgesetzliche Wertung oder Systematik.

Eines scheint der Betrachtung des natürlichen Willens jedoch gemein. Er soll zum einen dazu dienen eine Form des Willens – oder konkreter: willensgetragener Handlungen – von einer autonomen, will heißen „freien“ Willensbetätigung als darüberliegend und reinem reflexartigen Triebhandeln als darunter liegend abzugrenzen. Der Begriff soll im wesentlichen die Frage beantworten, ob jemand, dem man die allgemeine oder zumindest in einem konkreten Fall die Fähigkeit abspricht, zielgerichtet autonome Entscheidungen insgesamt oder über bestimmte Rechtsgüter zu fällen, in einem bestimmten Tätigkeitsbereich in einer genauso authentischen Willensbeziehung zu seinen Handlungen und Entscheidungen steht, als hätte er umfassende Willensautonomie. Natürlicher und freier Wille schließen sich also gegenseitig nicht aus, ersterer kann aber auch vorliegen, ohne dass umfassende (wie auch immer man dies definieren mag) Willensautonomie bestünde. Damit ist aber auch gleichzeitig gesagt, dass der natürliche Wille keinesfalls eine schwächere Form von Willensautonomie darstellt. Auch wenn jemand also irgendeiner Form von Willenseinschränkung unterliegt, so macht das bei der Frage der rechtlichen Folge keinen Unterschied, wenn er eine natürliche Willensbeziehung hat. So hat etwa der Geschäftsunfähige mit natürlichem Besitzwillen die gleichen Besitz- und Besitzschutzrechte wie der Vollgeschäftsfähige. Die Hürde zur Überwindung dieses Willens ist also nicht von der eigentlichen Störung der Geistestätigkeit abhängig. Derjenige, der sich über diesen Willen hinwegzusetzen sucht, ist derjenige, der sich dafür zu legitimieren hat. Die Untersuchung also, ob ein natürlicher Wille vorliegt, ist eigentlich bei „Gesunden“ und „Kranken“ identisch vorzunehmen.

Dennoch erscheint es so, als gäbe es einen Reflex, die Wirkung des „natürlichen Willens“ auf anderer Ebene als weniger weitreichend oder schwächer anzusehen als einen umfassenden unterstellten „freien Willen“. Diese Beschränkung findet genau genommen eigentlich nicht auf der Ermittlung des Vorliegens desselben statt, sondern wird auf eine Metaebene verlagert. Zum einen wird der natürliche Wille als Problem überhaupt nur dort aufgeworfen, wo bei dem Betroffenen überhaupt Anlass gegeben ist, seine Willensfähigkeit zu hinterfragen. Ob etwa ein Opfer in eine bestimmte Handlung eingewilligt hat, stellt beim volljährigen Geschäftsfähigen in der Regel kein Problem dar, obwohl die Frage der Einwilligungsfähigkeit mit der der Volljährigkeit oder Geschäftsfähigkeit im Grunde eigentlich nichts zu tun hat. Es geht schließlich nicht um die Abgabe einer Willenserklärung im rechtsgeschäftlichen Verkehr, sondern um willensgesteuertes Tatsachenhandeln. Im Grunde müsste diese Ermittlung eigentlich auch beim „Mündigen“ stattfinden. Dennoch kann anhand der dargestellten Rechtsprechung sowohl im Bereich des Zivil- als auch des Strafrechts deutlich aufgezeigt werden, dass sich Probleme nur dort ergeben, wo ein „Defekt“ in der Willensbildung zur Debatte steht. Dieser wird aber nicht unmittelbar über rechtliche Aspekte eröffnet, sondern über das Vorliegen bestimmter Tatsachen, welche die Vermutung der Willensautonomie erschüttern, ohne dass der Betroffene darauf Einfluss haben kann. Bereits die Feststellung der Minderjährigkeit oder Geisteskrankheit ist das Einfallstor in die Ermittlung der Frage des „natürlichen Willens“ und damit notwendigerweise mit einem Absprechen allgemeiner freier Willensfähigkeit verbunden. Allein diese Feststellung bewirkt schon, dass nicht nur die Fähigkeit über einen bestimmten Aspekt der eigenen Selbstbestimmung zu verfügen und eine damit übereinstimmende Willensbetätigung vorzunehmen in Frage gestellt wird, sondern zugleich auch aufgeworfen wird, ob die eigene Herrschaftssphäre diesen Aspekt überhaupt umfasst. Die Willensäußerung als Manifestation des Willens muss sich also auch elementar daran bemessen lassen, ob die Beeinträchtigung der Willenstätigkeit selbst bereits die Reichweite beschränkt, innerhalb derer die Herrschaft über eigene Rechte demjenigen noch zugesprochen wird. Wie bereits erläutert ist das nicht unproblematisch, weil damit im Grunde den Betroffenen, welche aufgrund ihres Zustandes ohnehin schon eine schwächere Stellung einnehmen, weitere rechtlich geschützte Positionen genommen und damit ihrer Verfügung entzogen werden können. Insoweit ist der von *Neuner* aufgestellte Grundsatz, der Wille sei „in Form seiner Erklärung… immer mitbedingt durch die Verständnismöglichkeiten des Adressaten, der die Verlautbarung interpretieren muss“[1161], dahingehend zu erweitern, dass der Wille auch durch die *Erklärungs*möglichkeiten des Erklärenden mitbedingt wird.

Die Frage, wie sich diese Willensäußerung jedoch in concreto in medizinischen Kontexten zu äußern hat und unter welchen Voraussetzungen ein solch geäußerter Wille nicht mehr als genuin natürlicher Wille anzuerkennen ist, sollte wegen des medizinisch-psychiatrischen Zusammenhangs auch durch Gegenüberstellung zum Begriffsverständnis des „natürlichen Willens“ geschehen, wie er in der Medizinethik diskutiert wird.

6.) Der natürliche Wille als Begriff in der Medizinethik

Der Begriff des natürlichen Willens wird in der Medizin und Medizinethik ebenfalls diskutiert. Teilweise wird im natürlichen Willen schlicht die Zusammenfassung der Handlungsintentionen eines Menschen gesehen.[1162]

In einem Versuch der Abgrenzung zwischen Selbstbestimmung und einem „natürlichen Willen“ geht etwa *Hofmann* davon aus, dass zwar grundsätzlich jede leibliche Ausdrucksform einen Akt menschlicher Selbstbestimmung darstelle und Hilfestellungen daran zu orientieren seien und stellt daher auf die Ebene der Interpretation ab.[1163] Sie geht dabei davon aus, dass mit abnehmender geistiger Kapazität und Verarbeitungsfähigkeit ein innerer Rückzug von Menschen stattfindet und sich durch zunehmende Entfernung von der Möglichkeit, die umgebende Welt zu begreifen und sich rational mit ihr Auseinanderzusetzen, die Reaktionen „leiblicher“ werden, also als Ausdruck des dem Körper innewohnenden Lebens und Lebenswillens. Wegen des fehlenden Verständnisses würden diese dann von Außenstehenden nicht mehr als autonom angesehen. Diese leiblichen Reaktionen können durch Gesunde schlicht besser gesteuert werden, weil etwa Aspekte wie bewusstes Sozialverhalten diese natürlichen Kommunikationsformen in eine verständlichere Bahn lenken könnten. Daher sei man etwa bei Demenz besonders auf die äußere Manifestation angewiesen, etwa Zeichen von Wohlbehagen, Kooperation als Zeichen von Zustimmung oder Abwehrreaktionen als Zeichen von Unbehagen. Bei der Frage, ob ein Wille dahintersteckt, müsse sich der Außenstehende stets fragen, wie viel der Interpretation seiner eigenen Einstellung und Gefühlslage entspringe. Konsistenz des Verhaltens könne dahingehend ein wichtiger Anhaltspunkt sein.

1161 Neuner, AcP 218 (2018), 30.

1162 Ritzenthaler, in: Mathwig, Meireis, Porz, Zimmermann, 174.

1163 Hofmann, in: Wiesemann, Simon, 355.

Jox vertritt die Auffassung, dass es eine allgemeingültige Definition des natürlichen Willens nicht gebe,[1164] geht aber allgemein von einem natürlichen Willen als Willensäußerung im Zustand fehlender Urteilsfähigkeit aus.[1165] Für ihn ist daher die Abgrenzung zwischen Willen und anderen mentalen Zuständen des Menschen wichtig, die insgesamt als Streben nach bestimmten Zielen zu verstehen seien.

> „Da Willensinhalte, Absichten, Wünsche, Wertungen und andere Intentionen nicht direkt erfahrbar sind, sondern sich nur durch sprachliche Äußerungen und nonverbales Verhalten mitteilen, müssen letztere gedeutet werden, um den ‚natürlichen Willen' zu bestimmen".[1166]

Diese Form des Ausdrucks dürfe jedoch nicht mit Selbstbestimmung verwechselt werden, da Verhaltensweisen zwar wichtige Indizien seien, wie den medizinethischen Verpflichtungen des Nutzens und der Schadensabwehr und –meidung genüge getan werden könnte, als Anhaltspunkte für die Wahrung von Patientenautonomie seien sie indes ungeeignet.[1167] Anlehnend an die von *Beauchamp und Childress* aufgestellten Kriterien des *informed consent* seien „Selbstbestimmte, höchstpersönliche Entscheidungen über die medizinische Behandlung des eigenen Körpers… Willensakte, die normalerweise bewusst, informiert, reflektiert und freiverantwortlich getroffen"[1168] würden. Der natürliche Wille sei also derjenige Wille, der hinsichtlich dieser vier Kriterien defizitär sei, sofern die dahinterstehenden Vorgänge überhaupt als Wille bezeichnet werden könnten. Nur Entscheidungen, die diesen Kriterien entsprechen, könnten sinnvollerweise als selbstbestimmt bezeichnet werden.[1169] Problematisch sei dabei weniger die „Obergrenze" des natürlichen Willens, sondern seine „Untergrenze", „also diejenige Fähigkeit, die notwendig gegeben sein muss, um einen natürlichen Willen zu besitzen."[1170] Dabei könne die Beschränkung nicht auf die Betrachtung des Willens von Geisteskranken reduziert werden, da etwa Kleinstkinder und Säuglinge mangels Krankheit nicht darunter fielen, obwohl diese zwar zu einer starken Willensbildung in der Lage seien, dieser aber genauso wenig wie bei Krankheit als rational abgewogener, autonomer Wille anzuerkennen sei.[1171] Daher fielen „natürliche Willensäußerungen"

1164 Jox, in: Schildmann, 71.
1165 Jox, in: Wiesemann, Simon, 331; ders., in: Schildmann, Fahr, Vollmann, 70.
1166 Jox, in: Wiesemann, Simon, 331.
1167 Jox, in: Wiesemann, Simon, 337.
1168 Jox, in: Wiesemann, Simon, 337.
1169 Jox, Ach, Schöne-Seifert, Dtsch Arztebl 2014; 111(19): A-394 /B-340/ C-324.
1170 Jox, in: Schildmann, 73.
1171 Jox, in: Schildmann, 74.

auch nicht unter das Prinzip der Patientenautonomie, was jedoch nicht mit ihrer ethischen Irrelevanz gleichbedeutend sei. Im Gegenteil seien sie als Indikatoren bei der medizinischen Fürsorge von Bedeutung. Nonverbale Äußerungen wiesen jedoch den Nachteil auf, dass sie schwer interpretierbar seien und auch verbale können mit zunehmender Abnahme kognitiver Fähigkeiten schwierig einzuordnen sein. So könne etwa die Nahrungsverweigerung eines Demenzkranken unter Umständen nicht als eindeutiger Ausdruck von Wunschäußerung angesehen werden. Eine Abwehrhandlung könnte also etwa Appetitlosigkeit bedeuten, Abneigung gegenüber der gereichten Nahrung, gegenüber der reichenden Person, auf Schmerzen hindeuten oder eine depressive Stimmung oder gar Todeswunsch. So verweisen etwa auch *Strätling et al.* darauf, dass in diesen Fällen die Interpretation des Verhaltens bedeutend von den Empfindungen des Interpreten beeinflusst wird, da „das scheinbare ‚Lächeln‘ auf dem Gesicht eines schwerst Demenzkranken oder eines chronisch ‚apallischen‘ Patienten keineswegs einen auch nur ansatzweise hinreichend sicheren Rückschluss auf z.B. dessen tatsächliches Wohlbefinden, … geschweige denn auf eine bejahende Annahme der Erkrankung“[1172] zulasse.

Jox et al. gehen wie *Hofmann* davon aus, dass nur durch Überprüfung der Konsistenz des Verhaltens eindeutige Schlüsse gezogen werden könnten. Allerdings sei auch bei Verhaltensmustern zu hinterfragen, ob sie eher eine momentane Befindlichkeit ausdrückten. Die Transferleistung der sozialen Außenwahrnehmung zu den inneren Prozessen sei dabei der entscheidende und schwierige Prozess. Diese *substitutive Autonomie* von Drittentscheidungen müsse dabei auf die Perspektive des Betroffenen rekurrieren und anhand diesem mutmaßlichen Willen die Entscheidung treffen, wobei *Jox* darauf verweist, dass selbst nahe Angehörige in einer Vielzahl von Fällen diese nicht korrekt beurteilen könnten.[1173] Daher sehen *Jox et. al.* an dieser Stelle auch die medizinische Forschung gefordert, durch Studien weitere Kriterien herauszubilden.

Ritzenthaler stimmt dem unter Verweis auf von Geburt an Mehrfachbehinderter zu, weil diese, anders als etwa Demenzkranke, niemals zur Bildung eines autonomen Willens in der Lage gewesen seien und einen individuellen Wertemaßstab niemals mitteilen konnten, an dem sich Drittentscheider würden orientieren können.[1174] Aus diesem Umstand ergebe sich jedoch, dass Ärzte, Betreuer und Pflegende in solchen Fällen auf reine „Leibesäußerungen“ angewiesen seien. Aus diesem Umstand ergebe sich auch das Erfordernis, dass vor allem Betreuer und Betreuende den Betreuten gut kennen sollen, um diese Äußerungen durch

1172 Strätling et al., MedR 2005, 586.
1173 Jox, Ethik Med 2004, 404f.
1174 Ritzenthaler, in: Mathwig, Meireis, Porz, Zimmermann, 174f.

Mimik und Gestik einordnen zu können.[1175] Da ein dahinterstehender Wille nicht vermutet werden könne, können diese Leibesäußerungen auch als objektiver Maßstab für die Lebensqualität zugrundelegt werden, ohne dass es dann noch auf die Ermittlung der subjektiven Wertvorstellungen ankäme.

Gemessen an dieser Darstellung erscheint es naheliegend, dass der Gesetzgeber mit dem natürlichen Willen in § 1906a BGB wohl derartige Konstellationen vor Augen hatte, also psychisch Kranke, die nur noch zu solch „Leibesäußerungen" oder sonst ähnlichen Ausdrucksformen in der Lage sind. Nach einer juristischen Analyse des Begriffs des „natürlichen Willens" und des Vergleichs mit den medizinethischen Einordnungen kann daher als Ergebnis festgehalten werden, dass es „den natürlichen Willen", wie ihn der Gesetzgeber im Sinne des § 1906a BGB verstanden haben will, nur in einer ganz eng begrenzten Fallgruppe geben kann, etwa bei den angesprochenen von Geburt an Mehrfachbehinderten. Dabei wäre es insofern unpräzise zu sagen, dass diese keinen Willen bilden können (denn dafür soll der Begriff des natürlichen Willens ja gerade da sein), sondern sie konnten keine willentliche subjektive Wertordnung entwickeln, anhand derer sich ein konkreter Wille in Bezug auf eine bestimmte Handlung hätte bilden oder bemessen lassen können. Anders als bei der Geschäftsfähigkeit, die als objektiven rechtlichen Anknüpfungspunkt die rechtsgeschäftliche Willensbetätigung hat, kann im Bereich des willensbezogenen Realhandelns nicht davon gesprochen werden, dass es einen abstrakten natürlichen Willen gibt. Die Fähigkeit, über die eigenen Rechtsgüter zu verfügen, kann nicht anhand eines abstrakten psychopathologischen Zustandes ermittelt werden, sondern muss für jedes Rechtsgut und jede konkrete Rechtsgutsverfügung einzeln beurteilt werden. Begrifflich taugt diese Neuschöpfung nur wenig, um freies, willensgesteuertes Handeln von unfreiem Handeln aufgrund von Geistesbeeinflussungen zu unterscheiden. Auch zu einer Abgrenzung rein reflexhaften Triebhandelns taugt der Begriff nicht, zumindest nicht in der vom Gesetzgeber intendierten Bedeutung. Insofern wird man an dieser Stelle wohl den medizinethischen Herleitungsversuchen den Vorrang zu gewähren haben, um zu verhindern, dass paternalistisch motivierte Handlungen bereits auf der Ebene der Willensbildung dadurch legitimiert werden, weil durch die Notwendigkeit der Behandlung bereits die Unbeachtlichkeit des Willens wegen objektiver, außerhalb des Betroffenen liegender Umstände festgestellt wurde.

Allerdings bereitet es aus verfassungsrechtlicher Sicht Bedenken, wenn man wie etwa *Jox* diesen natürlichen Willen aus der Selbstbestimmung ausklammern möchte. Die Abgrenzung zu reinen Leibesäußerungen, wie *Hofmann* sie

---

1175 Ritzenthaler, in: Mathwig, Meireis, Porz, Zimmermann, 175.

bezeichnet, wird durch den Begriff wahrscheinlich nicht erleichtert, doch kann dieser von ihr entwickelte Ansatz aus rechtlicher Sicht zur Wahrung von Patientenautonomie nutzbar gemacht werden. Es gibt wenig einleuchtende Gründe, in solchen Fällen die Patientenautonomie als maßgeblichen Faktor ausblenden zu wollen, wenn es um die Einwilligung in ärztliche Behandlungen geht. Dass der betreute Patient ohnehin schon in seiner Handlungs- oder Selbstbestimmungsfähigkeit eingeschränkt sein mag und fremder Hilfe bedarf, kann nicht zum Anlass genommen werden, ihm die verbliebene Autonomie auch noch grundsätzlich abzusprechen. Der Versuch von *Jox*, den in seinem Sinne verstandenen „natürlichen“ Willen aus der Patientenautonomie auszunehmen, teilt sich im Ergebnis wohl mit dem juristischen Ansatz die Idee, eine Grenze zwischen beachtlichem und unbeachtlichem Willen und Willensausdruck ziehen zu wollen, kann aber für die Frage einer Grenzziehung nur wenig weiterhelfen. Ob ein solch unbeachtlicher Wille vollständig aus der Patientenautonomie herausfiele und nur auf einer untergeordneten Ebene eine Rolle spielt, oder aber als Teil der Patientenautonomie grundsätzlich anzuerkennen, jedoch unter bestimmten Voraussetzungen hinter den mit paternalistischer Intervention bezweckten Schutz höherrangiger Rechtsgüter zurücktreten muss, mag, auf den ersten Blick lediglich eine grundrechtsdogmatische Unterscheidung zwischen der Frage der Eröffnung des Schutzbereiches sein oder aber der Eingriffslegitimation. In Anbetracht der dargestellten Ergebnisse zur Frage der Grundrechtsmündigkeit und dem Umstand, dass an die Widerlegung der Vermutung der Willentlichkeit einer Entscheidung hohe Anforderungen zu stellen sind, dürfte der Vorzug der Auslegung zu gewähren sein, die jede Form der Willensbetätigung und -äußerung dem Schutzbereich des Persönlichkeitsrechtes und des Rechtes auf Selbstbestimmung unterstellt. Wie dargestellt ist es zumeist der Intervenient selbst, der die Parameter seiner Intervention bestimmt und unter welchen Voraussetzungen er den Willen überhaut anerkennt. Derjenige, dessen Verhalten beurteilt wird, befindet sich wegen der Notwendigkeit einer Interpretation durch die Außenwelt und die im Falle geistiger Krankheit möglicherweise verminderte Möglichkeit des verständlichen Ausdrucks in einer strukturell erheblich geschwächten Position. Ein „Angriff“ gegen den Willen und dessen „Authentizität“ würde die Begründungslast wieder zum Nachteil des Patienten verkehren, der sich strukturell, wie gezeigt, bei Preisgabe höherrangiger Verfassungsgüter in Unterlegenheit befindet und diese dadurch weiter perpetuiert und verstärkt würde. Dies wird besonders deutlich, wenn man auf die sog. „Leibesäußerungen“ abstellt. Das Recht kann an dieser Stelle nur versuchen, diese strukturellen Defizite durch das Errichten besonders hoher Hürden ansatzweise auszugleichen und denjenigen, der zur Äußerung eines wie auch immer vorhandenen, gebildeten oder verbliebenen Willens fähig oder vielleicht auch nicht mehr fähig ist, nicht auch noch mit dem Nachweis der Beachtlichkeit seines Willens zu belasten.

Daher muss es zutreffenderweise darum gehen, wie innerhalb des Bezugsrahmens der Selbstbestimmung dem Hilfebedürftigen zur Verwirklichung seiner Rechte durch Drittbestimmung verholfen werden kann. Der Bezugsrahmen wird dabei durch Trag- und Reichweite des Grundrechts abgesteckt, nicht jedoch durch die Möglichkeit seiner Handlungsbetätigung. Für Dritte kann sich dieser Wille in erster Linie nur anhand seiner Betätigung äußern, muss dann aber auf das konkrete Rechtsgut und den dahinterstehenden Willen des Einzelnen bezogen werden, nicht auf außerhalb liegende Tatsachen. Der Begriff aus § 1906a BGB ist daher so auszulegen, als dass es um das Nichtvorliegen einer freien Willensentscheidung in Bezug auf eine im Raume stehende medizinische Maßnahme geht, gemessen an den bekannten oder zu ermittelnden Wertvorstellungen und Wünsche des Betreuten. Diese Auslegung kann auch im Lichte der Auffassung des Gesetzgebers, der Wille entspreche dem aus § 1905 BGB, noch vertretbar angenommen werden, weil auch die Entscheidung der Sterilisation eine bestimmte, hinreichend umgrenzte medizinische Maßnahme darstellt, auf die der Wille bezogen sein muss. Aus dem dargestellten Problem der Willensermittlung von willensunfähigen Handlungsfähigen und den hohen Anforderungen, die an das Vorliegen der Unbeachtlichkeit des Willens als Ausdruck der Selbstbestimmung zu stellen sind, ergibt sich auch der Vorrang des ausdrücklichen vor dem vermuteten Willen. Diese Dreistufigkeit lässt sich aus der etablierten medizinethischen Betrachtungsweise juristisch nutzbar machen: Der tatsächlich geäußerte Wille steht dabei als Ausdruck der Autonomie auf erster Stufe. Da es ein Wille ist, der sich durch Äußerung in der Welt manifestiert hat, liegt es an demjenigen, der sich über ihn hinwegzusetzen gedenkt, den Nachweis zu erbringen, dass er nicht Ausdruck von Autonomie ist. Ist dieser Wille nicht selbstbestimmt oder kann er nicht eingeholt werden, muss anhand der subjektiven Wertordnung des Betroffenen eine Mutmaßung getroffen werden. Denn wenn der Gesetzgeber schon die Möglichkeit eröffnet, einen geäußerten Willen als unbeachtlich zu erklären und damit mit dem Willen eines Bewusstlosen gleichsetzt, dessen ausdrücklicher Wille ebenfalls nicht nach außen tritt, dann muss er sich an dieser Einordnung festhalten lassen und dieselben Maßstäbe anlegen. Nur bei Fehlschlag dieser Versuche kann als ultima ratio unter dem Aspekt effektiven Grundrechtsschutzes auf die objektive Interpretation der Leibesäußerungen des Betroffenen zurückgegriffen werden, bei denen jedoch die medizinischen Implikationen, die sich aus einem bestimmten psychopathologischen Zustand ergeben, maßgeblich zu berücksichtigen sind.

C. Dritter Teil: Reichweite und Grenzen der Einwilligung im Lichte der Patientenautonomie

Mit diesem Ergebnis im Hinterkopf sollen nun die einschlägigen rechtlichen Konstellationen der Einwilligung in die ärztliche Heilbehandlung beleuchtet werden, die sich in Rechtsprechung und Gesetz herausgebildet haben, und in welchem Kontext diese zum Verhältnis zwischen Autonomie und Fremdbestimmung stehen. Dabei soll im Vordergrund vor allem stehen, welche Rolle dabei objektive Vernunftkriterien spielen und welche Reichweite die Aufklärung haben muss, um als für eine Einwilligung ausreichend angesehen zu werden. Dabei kann es durchaus zu verschiedenen Reibungspunkten mit dem aufgestellten Erfordernis des *informed consent* kommen.

Beauchamp und *Childress* verweisen mit dem Beispiel von Behandlung mit Placebos auf ein Gebiet, in dem das *informed consent* Modell bei der Wahl der Behandlung bereits bei dem Erfordernis der umfassenden Aufklärung an seine Grenzen stößt.[1176] Die durch den Placeboeffekt ausgelöste Gesundheitsverbesserung hängt entscheidend davon ab, dass der Patient nichts davon weiß, dass er an sich unwirksame Medikation einnimmt bzw. an deren Wirkung glaubt.[1177] Um den Erfolg der Therapie zu gewährleisten, muss der behandelnde Arzt die konkrete Behandlungsform gerade geheim halten, ihm also just die Information, die für *informed consent* notwendig wäre, vorenthalten. Danach wäre eine Heilbehandlung mit Placebos grundsätzlich unzulässig und könnte daher nur dann als legitim angesehen werden, wenn man der Therapiefreiheit des Arztes an dieser Stelle den Vorrang vor der Patientenautonomie gewährte. Der Einsatz von Placebos wird daher als besonderer Problemkreis des *informed consent* in der Medizinethik diskutiert, weil es sich im Prinzip um eine im Sinne von *Beauchamp und Childress* verbotene Form der Beeinflussung handelt. Daher wird vor allem der negative Effekt problematisiert, den Täuschung auf das Vertrauensverhältnis zwischen Arzt und Patient haben kann. Anhand dieses Problems wird daher auch immer wieder die Notwendigkeit hergeleitet, die Einwilligung müsse in ihrer Reichweite auf die fundamentalen Aspekte der Behandlung beschränkt werden und könne daher nicht jeden trivialen Punkt der Behandlung betreffen.[1178] Der

1176 Beauchamp, Childress, 84f.
1177 Blease, in: Schramme, 166.
1178 Etwa O'Neill (1984), 176.

Schutz der Selbstbestimmung und des Persönlichkeitsrechts ließe sich jedoch selbst bei einer einschränkenden Betrachtung bei einem wesentlichen, die Behandlungsmethode und deren Erfolg betreffenden Punkt nicht als Trivialität erfassen, so dass auch im Bereich der Placebotherapie ihre Effektivität im Zweifel zugunsten der Patientenautonomie geopfert werden muss.[1179]

Nicht nur die unterschiedliche Darstellung der Information, sondern die Entscheidungsumstände und -umgebung sowie die Verfassung des Patienten können einen derart enormen Einfluss auf die Entscheidung haben, dass allein die Verfügbarmachung der notwendigen Informationen nicht mehr als ausschlaggebend gesehen werden müsste. Die Informationen zu geplanten Eingriffen müssten demnach dem Patienten in einem Zustand vollkommener Gleichmütigkeit präsentiert werden, in dem er ohne Schmerzen, Beklemmung und Anspannung über sein Schicksal entscheiden kann. Die Präsentation müsste in einer vollkommen neutralen Weise geschehen, die jede positive oder negative Wertung verhindert, so dass diese Bewertung rein durch den Patienten anhand seiner individuellen Präferenzen, die ihm sowohl als Kurz- als auch als Langzeitpräferenz bekannt wäre, geschehen kann.[1180] Mit *G. Dworkin* kann darauf verwiesen werden, dass es wohl in der Natur des Menschen liegt, Entscheidungen zu treffen, die dem eigenen Wohle abträglich sind.[1181] Dies muss in der Behandlungssituation umso mehr berücksichtigt werden. Denn die Entscheidungssituation kann schon wegen der Krankheit, die sie überschattet, niemals eine vollkommene Loslösung jeglicher Beeinträchtigung erreichen, schlicht, weil die Auswirkungen der Krankheit mit ihren Symptomen, Befindlichkeitsstörungen, Schmerzen und Auswirkung auf die restliche Lebensgestaltung des Patienten weder vom Arzt noch vom Patienten selbst beeinflusst werden kann. Die Krankheit selbst beeinflusst also die Entscheidung, die der Betroffene über ihre Behandlung fällt.[1182] Ob das allerdings die Maßgeblichkeit des dahinterliegenden Willens entfallen oder zumindest abschwächen können soll, ist wieder eine Frage der Bewertung und des Vergleichsmaßstabes. Wenn man davon ausgeht, dass es einen Zustand vollkommenen Gleichmutes gibt, der als Ideal herangezogen werden kann, dann wird man wohl sagen müssen, dass jede Gefühlsregung die Authentizität des Willens in Frage stellt, ganz gleich, ob es sich um „unerwünschte“ und spontane

1179 Im Ergebnis so Blease, in: Schramme, 179.

1180 Darauf verweisen innerhalb ihres libertären Paternalismuskonzepts schon Thaler, Sunstein (2003), 240, 246.

1181 G. Dworkin, in: Coons, Weber, 37.

1182 Waibl, in: Barta, Kalchschmid, 98; siehe auch Fiebig, 17, der von der „Herrschaftsgewalt“ der Krankheit über den Kranken spricht.

Gefühlsregungen wie Trauer, Schmerz, Wut oder Verwirrung aufgrund von Alkohol oder Drogen oder aber um „erwünschte" Gefühle wie Ekstase oder Euphorie. Negative Gefühlsregungen sind jedenfalls nicht exklusive Voraussetzung dafür, eine für das eigene Wohl abträgliche Entscheidung zu treffen. Wenn man indes nur die negativen Einflüsse aus der Entscheidungsfindung ausklammern wollte, so wäre diese Unterscheidung schlicht willkürlich.

Dass der Arzt in dieser Situation ganz eigenen Fehlvorstellungen unterliegen kann, tritt dabei noch erschwerend hinzu, zumal er im Zweifel einer derjenigen ist, der die Einwilligungsfähigkeit des Patienten zu ermitteln hat. Da er jedoch in dieser Situation nicht derjenige ist, dessen Entscheidungsverhalten durch die Krankheit direkt beeinflusst wird, ist er allein deswegen schon in der überlegenen Position.[1183] Hinzu tritt, dass der Mensch dazu neigt, sich selbst anhand seiner Verhaltensmotivation zu beurteilen, andere jedoch nach ihrem Handeln, und er bei der Ermittlung der eigenen Autonomie großzügiger ist, schlicht weil er auf seine eigene Werteordnung direkt zugreifen kann und diese nicht anhand äußerer Faktoren erst zu ermitteln hat.[1184]

I. Die mutmaßliche Einwilligung

1.) Die Entwicklung der mutmaßlichen Einwilligung im Strafrecht als Rechtfertigungsgrund

In Situationen, in denen Einwilligungs- und Entscheidungsunfähigkeit bei einem Patienten eingetreten ist und nun medizinisch relevante Entscheidungen zu fällen sind, sei es die Vornahme einer Behandlung oder deren Unterlassen oder Aufgabe, stellt sich die Frage, anhand welcher Kriterien über diese zu entscheiden sein soll. Ein Kriterium, welches sich erneut im Strafrecht herausgebildet hat, ist auf den mutmaßlichen Willen des Unfähigen abzustellen. Von der Figur des *hypothetischen* Willens unterscheidet sich der mutmaßliche Wille dadurch, dass bei der Frage des hypothetischen Willens die Einholung der Einwilligung möglich gewesen wäre, aber unterlassen wurde, während beim mutmaßlichen Willen gerade keine solche Möglichkeit bestand.[1185] Bei der hypothetischen Einwilligung geht es vor allem um Verletzungen der Aufklärungspflicht, ob der Patient also auch bei korrekter Aufklärung eingewilligt hätte.

1183 Waibl, in: Barta, Kalchschmid, 99.

1184 Waibl, in: Barta, Kalchschmid, 99.

1185 Garbe, 65; ähnlich Hruschka, FS Dreher, 203, Hengstenberg, 194f.

Die Entwicklung in der Rechtsprechung des BGH ist vor allem aus strafrechtlicher Perspektive geprägt. In zivilrechtlichen Urteilen hat der BGH zwar die Möglichkeit einer Rechtfertigung durch mutmaßliche Einwilligung anhand identischer Voraussetzungen generell angenommen,[1186] Urteile, in denen von einer mutmaßlichen Einwilligung zur Rechtfertigung auch ausgegangen wurde, lassen sich indes nur bei den OLG finden.[1187] Der BGH stellte in frühen Entscheidungen zu dieser Frage auf das Spannungsverhältnis zwischen der Patientenautonomie aus Art. 2 Abs. 2 GG und dem daher maßgeblichen, ausdrücklichen Willen des Patienten einerseits und der Standesethik und dem „ärztlichen Selbstverständnis" Leben zu erhalten andererseits ab.[1188] So sei der ausdrückliche Wille eines Sterbewilligen, den er vor dem Eintritt seiner Handlungsunfähigkeit geäußert hatte, für den Arzt in diesem Moment nicht mehr maßgeblich, sondern er müsse grundsätzlich lebenserhaltende Maßnahmen ergreifen, auch wenn dies mit dem Risiko auch erheblicher körperlicher Folgeschäden verbunden sei. Andererseits müsse sich die Behandlung Bewusstloser nach dem vernünftig verstandenen Interesse und dem mutmaßlichen Willen des Kranken in seiner gegenwärtigen Situation richten.[1189] Eine allumfassende Rechtspflicht zur Erhaltung scheidenden Lebens gebe es nicht schon deshalb, weil dies mit fortschreitendem medizinischen Fortschritt möglich sei.[1190] So hatte der BGH die Straflosigkeit des Arztes nicht aus dem vor Eintritt ihrer Handlungsunfähigkeit geäußerten Sterbewillen gefolgert, sondern aus dem Umstand, dass der Arzt aufgrund seiner Einschätzung zu der Überzeugung gekommen war, das Leben der Suizidentin „allenfalls noch mit von ihr stets verabscheuten Maßnahmen der Intensivmedizin und auch dann nur unter Inkaufnahme irreparabler schwerer Schäden verlängern zu können."[1191] Dabei betont der BGH auch gerade die Konfliktlage des Arztes in dieser Situation,

1186 So ging etwa BGH NJW 1974, 602, noch von einer „ausnahmsweise" Möglichkeit einer Rechtfertigung aus, während BGHZ 116, 268, 272 die generelle Möglichkeit unter Aufgabe dieser Rechtsprechung herausstellt.

1187 Etwa OLG Frankfurt, NJW 1981, 1322, 1323; OLG Zweibrücken NJW-RR 2000, 27, 28.

1188 BGHSt 32, 367, 378f.

1189 BGHSt 32, 367, 379.

1190 Ebenso BGHSt 37, 376, 378: „Die Ausschöpfung intensivmedizinischer Technologie ist, wenn sie dem wirklichen oder anzunehmenden Patientenwillen widerspricht, rechtswidrig."

1191 BGHSt 32, 367, 380.

solange er in Ansehung der Persönlichkeit und der Selbstbestimmung des Patienten seine Entscheidung fällt.[1192]

Dogmatisch ordnet der BGH die mutmaßliche Einwilligung dabei als eigenständigen Rechtfertigungsgrund ein.[1193] Dieser sei nicht nur auf Fälle vitaler Indikation beschränkt, ärztliche Eingriffe ohne ausdrückliche oder konkludente Einwilligung dürften vielmehr auch abseits gegenwärtiger Lebensgefahr durchgeführt werden, solange dies dem mutmaßlichen Willen entspreche.[1194] Gerade bei Operationserweiterungen sei der mutmaßliche Wille heranzuziehen, wenn der Arzt vor der Frage stehe, ob er den Eingriff aufgrund neuer Erkenntnisse erweiternd vornimmt oder den Patienten zunächst aus der Narkose erwachen lässt um ihn zu befragen. Maßgeblich sei dabei vor allem, ob durch eine erneute Operation größere Risiken entstünden. Dies gelte auch dann, wenn der Arzt den Patienten nicht über eine vorhersehbare Erweiterung aufgeklärt hat, entscheidend sei vielmehr der konkrete Zeitpunkt, in dem sich die Frage stellt. Maßgeblich für die Ermittlung des Willens sei jedoch die Person des Patienten:

> „Im Hinblick auf den Vorrang des Selbstbestimmungsrechts des Patienten ist der Inhalt des mutmaßlichen Willens in erster Linie aus den persönlichen Umständen des Betroffenen, aus seinen individuellen Interessen, Wünschen, Bedürfnissen und Wertvorstellungen zu ermitteln. Objektive Kriterien, insbesondere die Beurteilung einer Maßnahme als gemeinhin vernünftig und normal sowie den Interessen eines verständigen Patienten üblicherweise entsprechend, haben keine eigenständige Bedeutung, sondern dienen lediglich der Ermittlung des individuellen hypothetischen Willens. Liegen keine Anhaltspunkte dafür vor, daß sich der Patient anders entschieden hätte, wird allerdings davon auszugehen sein, daß sein (hypothetischer) Wille mit dem übereinstimmt, was gemeinhin als normal und vernünftig angesehen wird."[1195]

Entscheidend ist für den BGH also auch in diesen Fällen, dass es auf die Ermittlung aus der Perspektive des Patienten ankommt und gerade nicht das Ermessen der Ärzte als rechtlicher Maßstab herhalten könne.[1196] An die Ermittlung des mutmaßlichen Willens seien jedoch strenge Anforderungen zu stellen, wobei es vor allem auf frühere Äußerungen des Patienten, seine religiöse Weltanschauung und persönlichen Wertvorstellungen sowie seine altersbedingte

1192 Eine „Auffangstrafbarkeit" aus § 323c StGB wegen der Selbsttötung als Unglücksfall lehnt der BGH anhand dieser Argumentation aufgrund von Zumutbarkeitsüberlegungen ab, BGHSt 32, 367, 381.

1193 BGHSt 35, 246, 249.

1194 BGHSt 35, 246, 249.

1195 BGHSt 35, 246, 249f.

1196 BGHSt 37, 376, 378.

Lebenserwartung und das Vorliegen von Schmerzen ankomme.[1197] Dies ergebe sich vor allem aus dem Bedürfnis, Missbrauch und Fehleinschätzungen vorzubeugen:

> „Der Gefahr, daß Arzt, Angehörige oder Betreuer unabhängig vom Willen des entscheidungsunfähigen Kranken, nach eigenen Maßstäben und Vorstellungen das von ihnen als sinnlos, lebensunwert oder unnütz angesehene Dasein des Patienten beenden, muß von vornherein entgegengewirkt werden."[1198]

Der Wille müsse auch anhand der ermittelten subjektiven Betrachtungsweise auf den aktuellen Augenblick hin ermittelt werden, sprich wie der Handlungsunfähige anhand der von ihm früher geäußerten Vorstellungen die konkrete Situation, in der er sich befindet, gegenwärtig bewerten würde. Ebenso sei bei Unmöglichkeit der Ermittlung des mutmaßlichen Willens und der daher zulässigen Zugrundelegung allgemeiner Wertvorstellungen Zurückhaltung geboten, so dass im Zweifel der Schutz menschlichen Lebens den Vorrang vor persönlichen Ansichten von Arzt, Betreuer oder Angehörigen genießen müsse. In diesen Fällen komme es dann jedoch entscheidend auf die ärztliche Prognose an:

> „Je weniger die Wiederherstellung eines nach allgemeinen Vorstellungen menschenwürdigen Lebens zu erwarten ist und je kürzer der Tod bevorsteht, um so eher wird ein Behandlungsabbruch vertretbar erscheinen."[1199]

Der BGH entscheidet sich in seiner Rechtsprechung im Ergebnis in dem Widerstreit der Interessen zwischen Selbstbestimmung des Patienten und Lebensschutz durch den Arzt wohl eher in Richtung Selbstbestimmung und damit gegen das Rechtsgut des Lebens.[1200] Dabei arbeitet die Rechtsprechung vor allem die Unabhängigkeit der Ermittlung des mutmaßlichen Willens von der medizinischen Indikationslage heraus. *Rieger* ist daher auch zuzustimmen, dass das Abstellen auf einen medizinischen Beurteilungsspielraum des Arztes dabei dazu führen würde, dass der jeweilige Patientenwille aus dessen subjektiver Perspektive heraus definiert würde.[1201]

1197 BGH NStZ 1995, 80, 81.
1198 BGH NStZ 1995, 80, 81.
1199 BGH NStZ 1995, 80, 81.
1200 Arzt, JR 1986, 311.
1201 Rieger, 62.

2.) Die mutmaßliche Einwilligung zur Wahrung von Selbstbestimmung

a.) Widerstreit zwischen Grundrechtsschutz und Patientenautonomie

Die Zurückhaltung des BGH ist an dieser Stelle zwar wegen der Bedeutung des Rechtsgutes des Lebens und der körperlichen Unversehrtheit angebracht, eines Rückgriffs rein auf die medizinische Indikationslage und die ärztliche Meinung bedarf es in dieser Situation jedoch nicht. Es geht bei der Frage des mutmaßlichen Willens einzig um die Frage, ob dieser hinreichender Ausdruck von Selbstbestimmung sein kann, so dass bei Erfüllung der vom BGH aufgestellten Bedingungen die Heranziehung „objektiver" Kriterien überhaupt nicht erforderlich ist.[1202]

Die Herleitung eines mutmaßlichen Willens ist also der Versuch, in einem unsicheren Kontext Freiheit in Form von Selbstbestimmung so weit wie möglich zu erhalten.[1203] Denn durch die Rechtsprechung wird die mutmaßliche Einwilligung der tatsächlichen Einwilligung sowohl in Bezug auf Behandlung als auch auf Behandlungsverzicht funktional gleichgestellt und daher der Neigung entgegenwirkt, den mutmaßlichen Willen als nur eines von vielen Kriterien bei der Beurteilung anzusehen.[1204] *Arzt* sieht in der Entwicklung des mutmaßlichen Patientenwillens vor allem eine Begrenzung der Garantenstellung des Arztes, so dass dieser weder behandeln muss noch bei entgegenstehendem (mutmaßlichen) Willen behandeln darf.[1205] So wird mit *Eser* vor allen Dingen vermieden, dass sich die ärztlichen Pflichten auf eine rein mechanische Lebenserhaltungspflicht reduziert sehen.[1206] Ansonsten hinge die Gebotenheit des Einschreitens und vor allem der Lebensschutz aus Art. 2 Abs. 2 GG einzig und allein am aktuellen medizinischen Entwicklungsstand und ob eine Lebenserhaltung technisch gesehen machbar wäre.[1207] Dem hat sich daher zu Recht, wie gezeigt, der BGH auch ablehnend gegenübergestellt.

Dennoch darf nicht außer Acht gelassen werden, dass bei aller Selbstverwirklichungsliebe des Patienten ohne Mitwirkung des Arztes deren Verwirklichung nicht geschehen kann, weil er, um auf die Ergebnisse zur Grundrechtsmündigkeit zu verweisen, die interessengerechte Wahrnehmung seiner Rechte aus

---

1202 Rieger, 62.
1203 Kutzer, NStZ 1994, 114; Schöch, NStZ 1995, 155.
1204 Schöch, NStZ 1995, 155 m.e.N.
1205 Arzt, JR 1986, 311.
1206 Eser, in: Auer, 130.
1207 Rieger, 63.

Art. 2 Abs. 2 GG nicht mehr ausüben kann. Die funktionale Gleichwertigkeit der mutmaßlichen Einwilligung an strenge Anforderungen zu knüpfen, erscheint daher nur als folgerichtiger Ausgleich des „Minus", welches der mutmaßliche gegenüber dem tatsächlich geäußerten Willen an Sicherheit mit sich bringt. Dieses Minus wird auch dadurch zum Ausdruck gebracht, dass die Wahrung der Selbstbestimmung des Patienten durch eine fremdbestimmte Auslegung geschieht, die dabei ganz im Sinne *Flumes* nach pflichtgemäßem Ermessen vorzunehmen ist. Die Ersetzung des fremden durch den eigenen Willens ist wesensbezeichnend für Paternalismus, der überhaupt nur denkbar gerechtfertigt sein kann, wenn er die Autonomiegrundlage erhält oder wiederherstellt. Die Frage ist also, ob sich die mutmaßliche Einwilligung überhaupt zur Wahrung von Selbstbestimmung eignet. Nur auf diese Weise kann sie nämlich als strafrechtlicher Grund der Straflosigkeit Geltung beanspruchen.[1208]

b.) Vergleich mit der tatsächlichen Einwilligung

Die mutmaßliche Einwilligung hat dabei gewisse Gemeinsamkeiten und Unterschiede zur tatsächlichen Einwilligung.[1209] Beide beziehen sich auf äußere Umstände, aus denen ersichtlich ist, dass die Befolgung oder Nichtbefolgung einer Regel im Sinne des Betroffenen ist.[1210] Ihr Unterschied ergibt sich jedoch daraus, dass bei ausdrücklicher Einwilligung die Zustimmung sich aus der Entscheidung des Betroffenen ergibt, während bei der mutmaßlichen Einwilligung es gerade an einer zurechenbaren Entscheidung und deren Äußerung fehlt und diese auch nicht eingeholt werden kann. Die ausdrückliche Einwilligung manifestiert sich also gerade direkt aus der Selbstbestimmung des Patienten, was bei der mutmaßlichen nicht der Fall ist. Eingriffe, die auf einer solchen basieren, stehen gerade im Gegensatz zur Selbstbestimmung des Individuums,[1211] unabhängig davon, ob seine Interessen dadurch gefördert werden.[1212] Für ihre Rechtfertigung kann es also wegen der Negierung der Selbstbestimmung nicht allein auf interessengerechte Wahrnehmung ankommen, sondern darauf, „ob der Unwertcharakter der Bevormundung aufgehoben wird."[1213] Die

---

1208 Rieger, 67ff. Die strafrechtlich dogmatische Einordnung der mutmaßlichen Einwilligung als tatbestandsausschließend, rechtfertigend oder entschuldigend soll an dieser Stelle nicht weiter vertieft werden.

1209 Hruschka, FS Dreher, 202f.

1210 Siehe auch Stratenwerth, ZStW 68 (1956), 46.

1211 v. Weber, 50.

1212 Stratenwerth, ZStW 68 (1956), 46.

1213 Stratenwerth, ZStW 68 (1956), 46.

grundsätzliche Entscheidungsbefugnis über eigene Rechtsgüter verbleibt auch dann beim Rechtsgutsträger, wenn er an der Ausübung der Entscheidung gehindert ist. Entscheidend ist also, ob man den Bezugspunkt in einem hinzugedachten Willen des Betroffenen oder seinem überwiegenden Interesse sieht.

aa.) Güterabwägung zwischen Selbstbestimmung und Gesundheitsschädigung

Nach *Stratenwerth* ergibt sich aus der Güterabwägungslehre, dass ein reines Abstellen auf das Interesse schon deswegen ausscheidet, weil rechtliche Abwägungen anhand von Gütern (hier also Selbstbestimmung versus Gesundheitsschädigung im Falle des Abwartens) nur anhand der beteiligten Rechtsgüter stattfänden, nicht jedoch daran, *wessen* Rechtsgüter betroffen sind.[1214] Er stellt darauf ab, dass die Selbstbestimmung des eigentlich zur Entscheidung Befugten deswegen schon nicht betroffen sei, weil nicht das Einschreiten oder Nichteinschreiten des Fremdentscheiders die Möglichkeit der Selbstbestimmung ausschließe, sondern sich diese bereits aus der Sachlage selbst ergebe.[1215] Er folgert daraus, dass für die Frage, ob der Eingriff im Interesse des Betroffenen gelegen haben muss, daher kein Raum bleibe. Die Dringlichkeit der Gefahr und das gefährdete Rechtsgut können dabei nur bei der Ermittlung des mutmaßlichen Willens dienen, nicht jedoch als Grundlage der Rechtfertigung herhalten.[1216] Aus diesem Umstand folgern einige Autoren auch, dass die Selbstbestimmung des Betroffenen überhaupt nicht tangiert wird. Da der wirkliche Wille zum maßgeblichen Zeitpunkt gerade nicht ermittelt werden könne, sei der mutmaßliche Wille als „ein höchst irreales und keiner Weise überprüfbares Phänomen",[1217] so dass es auch keinen Anlass gebe, das Selbstbestimmungsrecht dort zu schützen, wo es überhaupt nicht mehr bestehe.[1218]

Ähnlich formulieren *Schachtschneider und Siebold,* die darauf verweisen, dass sich der Wille des Menschen erst durch seine Äußerung offenbare, wie sich schon aus der zivilrechtlichen Herleitung der Willenserklärung ergebe.[1219] Alles, was sich im Inneren des Menschen abspiele, sei kein Wille, sondern allenfalls Willensvorbereitung.[1220]

1214 Stratenwerth, ZStW 68 (1956), 47.
1215 Stratenwerth, ZStW 68 (1956), 48.
1216 Ebenso Roxin, FS Welzel, 447ff.
1217 Heidner, 135.
1218 Zielinski, ArztR 1995, 191.
1219 Schachtschneider, Siebold, DÖV 2000, 135.
1220 So im Ergebnis auch Höfling, JuS 2000, 116.

Eine solche Ansicht verkennt jedoch gerade den Charakter der mutmaßlichen Einwilligung. Es geht doch gerade nicht darum, dass der Betroffene zum Eingriffszeitpunkt einen bestimmten Willen gehabt hätte oder überhaupt Anlass zu dessen Bildung, sondern darum, dass auf normativer Ebene eine nicht auf Willkür, sondern auf individueller Betrachtung basierende Vermutung aufgestellt wird, welche Entscheidung der Betroffene getroffen hätte.[1221] Aus diesem Unsicherheitsfaktor ergibt sich doch gerade, dass der BGH nicht unerhebliche Anforderungen an die Annahme des Vorliegens eines mutmaßlichen Willens stellt. Insofern besteht eine gewisse Deckung mit der Frage des gefahrenabwehrrechtlichen Einschreitens bei Selbsttötungen. Der Unterschied besteht freilich darin, dass es dabei weniger um die Ermittlung des mutmaßlichen Willens geht (denn dieser dürfte wohl durch die Selbsttötungshandlung offensichtlich geworden sein, es liegt also dadurch eine zurechenbare Willensäußerung durch Betätigung vor), sondern darum, ob der so gefasste Wille von der Rechtsgemeinschaft tatenlos hinzunehmen ist, er also eine tatsächlich wie rechtlich verbindliche Grenze setzt, die ein Einschreiten ver- oder gebietet. Genau diese Begrenzungsfunktion soll der mutmaßliche Wille auch erfüllen, obwohl er sich gerade nicht als Ergebnis einer auf die Situation bezogene Willensbetätigung äußert. Das Bemerkenswerte ist an dieser Stelle also, dass ein mutmaßlicher Wille bei genauer Betrachtung eine wesentlich geringere (genau genommen: gar keine) Authentizitätsbeziehung zum Betroffenen für sich beanspruchen kann und dabei allein der Interpretation des Intervenienten entspringt, während der Suizident durch seine Willensbetätigung zumindest den Anschein erweckt, er habe seine Lebensbeendigung aus „freien Stücken“ beschlossen und umgesetzt, dieser Wille aber im Zweifel eher als „unfrei“ und daher unbeachtlich gesehen wird. Es ließe sich sagen, dass paradoxer Weise die nach außen getretene und damit eigentlich stärkere Willensbekundung dieselbe rechtliche Verbindlichkeit haben soll wie ein vollkommen den Vorstellungen eines Dritten entsprungenes „Willensfaksimile“, welches sich allein anhand begleitender Umstände oder gar einem objektiv zu bestimmenden Interesse ergeben soll.

bb.) Heranziehung der Regeln der GoA zur objektiven Interessenwahrung

An das objektive Interesse will daher auch eine Ansicht anknüpfen, die in Kombination desselben mit dem mutmaßlichen Willen des Betroffenen eine Parallele in die entwickelten Regeln zur Geschäftsführung ohne Auftrag zieht.[1222]

1221 Roxin, FS Welzel, 452; Rieger, 73.
1222 Tiedemann, JuS 1970, 109; Dahm, 87.

Tiedemann sieht dies zumindest für Fälle ärztlicher Heilbehandlung, Schwangerschaftsabbruch oder Suizidverhinderung als gegeben an und wirft lediglich die Frage auf, ob alle Voraussetzungen der §§ 677 ff BGB und damit die Gesichtspunkte des objektiven und „wahren" Wohles des Betroffenen entscheidend sein sollen, die subjektive Vorstellung oder beides.[1223] Für direkt anwendbar hält die GoA etwa *Zitelmann*, der in den Regeln der §§ 677 ff BGB diese Konstellation auch für das Strafrecht abschließend geregelt sah.[1224]

Der Anwendbarkeit der GoA wird jedoch entgegengehalten, dass diese nur die vermögensrechtlichen Folgen im Innenverhältnis zwischen Geschäftsführer und Prinzipal regele, ohne dabei ein Eingriffsrecht in Rechtsgüter einzuräumen.[1225] *Schroth* verweist in diesem Zusammenhang jedoch darauf, dass sie auch ohne eine solche Befugnis rechtfertigend wirken müsse, weil der Gesetzgeber dem Geschäftsführer bei gerechtfertigter GoA einen Anspruch auf Aufwendungsersatz einräume.[1226]

Ohne weiteres übertragen können wird man die Regeln der GoA mit dem bloßen Verweis auf Aufwendungsersatzansprüche des Geschäftsführers indes wohl nicht, weil auch der Prinzipal Ansprüche gegen diesen haben kann und eine solche Auffassung der Funktion der GoA nicht gerecht würde. Ziel der GoA ist es, den Konflikt zwischen „dem Interesse der Rechtsgemeinschaft an der Förderung verantwortungsvoller Initiative zugunsten des Nächsten einerseits und dem Schutze des einzelnen vor aufdringlichen, unerwünschten Eingriffen andererseits"[1227] zu lösen. Die GoA dient also nicht nur dem Interessenschutz des Einzelnen, sie soll ihn in gleichem Maße davor bewahren, dass jemand ungefragt (wohlmeinend) in Rechtspositionen eingreift, die dem Prinzipal zugeordnet sind. Dass eine gerechtfertigte GoA auch wegen der Einheitlichkeit der Rechtsordnung weder einen Schadensersatzanspruch aus § 823 BGB auslösen kann, noch eine Strafbarkeit auslösen dürfte,[1228] hat mit der Frage, ob deren Voraussetzungen vorliegen, nicht viel zu tun. Man müsste bei Annahme der GoA aber zumindest konsequenterweise deren Prinzipalsschutzcharakter ebenso berücksichtigen und bei Nichtvorliegen des Willens des Geschäftsherrn eine Rechtfertigung ausschließen. Ohnehin dürfte dieser, wenn der Geschäftsführer in durch die Verfassung zugeordnete und hochrangige Güter wie dem Recht auf Leben

1223 Tiedemann, JuS 1970, 109.
1224 Zitelmann, AcP 99 (1906), 104.
1225 Etwa Jeschek, AT, 15f; Wollschläger, 271.
1226 Schroth, JuS 1992, 477.
1227 Weber, FS Baur, 139.
1228 Schroth, JuS 1992, 477; Weber, FS Baur, 139f, Rieger, 69.

und körperliche Unversehrtheit eingreift, gegenüber dem Schutz des Geschäftsführers von vornherein überlegen sein, da man ansonsten bei der bereits vom RG aufgeworfenen und zurecht kritisierten Konstellation wäre, in der derjenige, der ein Urteil über eigene Heilkundigkeit und fremde Krankheit für sich in Anspruch nimmt, stets mit jeder subjektiv gutmeinenden Intervention in die Rechte Dritter aus Art. 2 Abs. 2 GG gerechtfertigt wäre.

Teilweise wird auch eingewendet, wegen § 682 BGB sei die Rechtsfolge der GoA auf Geschäftsfähige gem. § 104 BGB beschränkt, die Rechtmäßigkeit einer Handlung hänge jedoch gerade nicht von der Geschäftsfähigkeit ab.[1229] *Rieger* sieht die Anwendbarkeit der GoA eher deswegen problematisch, weil mit ihr ein objektiver Maßstab der Interessengerechtigkeit als gleichberechtigt neben den subjektiven, vermuteten Willen des Prinzipals tritt.[1230] Das Abstellen auf objektive Maßstäbe verhindert zudem eine effektive Selbstbestimmung des Betroffenen, weil es ihm die Möglichkeit nimmt, die für ihn vorgenommene Handlung im Sinne seiner individuellen Wünsche und Vorstellungen zu leiten bzw. davon leiten zu lassen, ohne dass für einen solchen Ausschluss ein Grund bestünde.[1231] Die Achtung subjektiver Vorstellung macht jedoch, worauf *Rieger* verweist, den entscheidenden Unterschied zwischen Bevormundung und Interessenschutz aus.[1232] Rein zivilrechtliche Überlegungen könnten danach auch schon deswegen nicht herhalten, weil es zivilrechtlich möglich sei, ein Geschäft nachträglich zu genehmigen, strafrechtlich die erforderliche (mutmaßliche) Einwilligung jedoch bei der Tatbegehung vorliegen müsse, unabhängig davon, ob ein später ermittelter Wille des Betroffenen gegenläufig wäre.

3.) Grenzen des mutmaßlichen Willens bei nie bestandener Willensfähigkeit

Ihre Grenzen findet die Figur des mutmaßlichen Willens dort, wo der Betroffene zu keinem Zeitpunkt jemals dazu in der Lage gewesen ist, einen entsprechenden Willen zu formulieren.[1233] Gemeint sind Fälle etwa von Minderjährigen oder Geisteskranken.[1234] *Merkel* verweist darauf, dass Ansatzpunkt des mutmaßlichen Willens nicht der objektive Interessenschutz, sondern die Erweiterung der

1229 Heidner, 153.
1230 Rieger, 69.
1231 Roxin, FS Welzel, 451.
1232 Rieger, 71.
1233 Siehe dazu Hodson, 47f.
1234 Merkel, ZStW 107 (1995), 563.

tatsächlichen und rechtlichen Reichweite persönlicher Autonomie sei. In diesen Fällen sei die Herleitung des mutmaßlichen Willens nicht nur Spekulation, sondern verkomme zur Unmöglichkeit.[1235] Er geht jedoch im Gegensatz zu *Rieger*[1236] davon aus, dass diese Problematik auf Fälle übertragbar ist, in denen ein einst Willensfähiger in einen Zustand verfällt, in dem er aller Voraussicht nach nie wieder einen eigenen Willen wird entwickeln können. Für *Merkel* besteht kein funktional relevanter Unterschied zwischen einem Toten und einem Komatösen, der niemals wieder zu Bewusstsein kommen wird, da die Annahme er würde einwilligen, wenn er könnte, im Grunde auf jedes beliebige Wesen angewendet werden könnte.[1237] *Rieger* verweist darauf, dass die Rechtsordnung die Ermittlung des mutmaßlichen Willens im Erbrecht bei der Auslegung eines Testamentes auch bei nachträglich eintretenden Entwicklungen zulässt, auch wenn der Tod eine gegenwärtige Willensbildung ausschließe, § 2078 Abs. 1 BGB.[1238]

Merkel ist insofern zuzustimmen, als dass ein Abstellen auf frühere Möglichkeiten der Willensbildung in solchen Fällen nicht ohne weiteres zur Lösung herangezogen werden kann, als dass die subjektive Wertordnung mit dem Ausschalten der Subjektivität ihre Bedeutung verliert. Die mutmaßliche Einwilligung ist ohnehin eine Prognose, die anhand früher beobachtetem Verhalten, Wünschen und Präferenzen bestimmt werden soll. In einem Zustand, in dem eine Willensbildung (voraussichtlich) nie mehr möglich ist, erübrigen sich Prognosen über zukünftige Präferenzen schon deshalb, weil es sie nicht mehr geben kann. Insofern kann in diese Lücke nur diejenige Wahl eintreten, die der Betroffene just für diesen Fall gehabt hätte. Daher wird die Entscheidung durchaus erleichtert, weil sie sich in der binären Frage erschöpft, ob das körperliche Leben erhalten oder beendet werden soll.

Dabei hilft es jedoch nicht, wenn *Merkel* kritisiert, der zuvor frei gefasste Wille würde für den Betroffenen an dieser Stelle zum Zwang werden.[1239] Der Zwang entsteht nicht durch den zuvor gefassten Willen, sondern durch die autonomiebeendende Situation. An dieser Stelle kann ein paternalistischer Eingriff im Sinne des Patienten dessen Grundlage von Selbstbestimmung nicht mehr wiederherstellen oder erhalten, sondern einzig den rein mechanischen Lebensvorgang, die bloß physische Existenz. Erhalten und verwirklicht werden kann daher nur noch

1235 Merkel, ZStW 107 (1995), 564.
1236 Rieger, 73.
1237 Merkel, ZStW 107 (1995), 565.
1238 Rieger, 74.
1239 Merkel, ZStW 107 (1995), 567.

die Autonomie, die zuvor gefasst wurde und ideologisch der physischen Existenz als letzter greifbarer Fortsatz der Selbstbestimmung aus Art. 2 Abs. 2 S. 1 GG anhaftet. Im Gegensatz zum handlungsunfähig gewordenen Suizidenten besteht hier auch kein Konflikt bezüglich der Ermittlung von sich ändernden Präferenzen, weil diese mit dem Ende der Willensfähigkeit ebenfalls ihr Ende gefunden haben. Im Grunde genommen hilft nicht mal mehr ein Verweis auf das Interesse des Betroffenen an seinem Recht aus Art. 2 Abs. 2 S. 1 GG, weil auch ein Interesse eine kurz- und langzeitige Präferenz voraussetzt. Dort, wo das Leben nicht mehr Voraussetzung für Autonomie ist, bedarf es für deren Wahrung auch keines Schutzes vor „Selbstzerstörung" mehr. Aus diesem Umstand kann man auch die Gleichstellung mit demjenigen schließen, der nie zu einer Willensbildung in der Lage war. Auch dort würde jeder Versuch, autonomieerhaltend oder auch nur -verwirklichend zu intervenieren, schon begrifflich scheitern, weil es die dafür notwendige Selbstbestimmung nie gegeben hat.

Im Ergebnis ist daher auch die Ansicht *Rothaars* zu eingeschränkt, der darauf abstellt, dass „in dubio pro vita" die Legitimationslast für eine lebensbeendende Maßnahme stets bei demjenigen liegen soll, der das Leben beenden möchte.[1240] Er stellt darauf ab, dass die Grundrechte primär Abwehrrechte seien und daher vor Fremdbestimmung schützen sollen, während „die eigentliche, innere Autonomie im Sinn einer tatsächlichen Orientierung an der Universalisierbarkeit unserer Handlungsmaßstäbe"[1241] nur der einzelne selbst herstellen könne. Aus dem Schutzgehalt als Abwehrrecht gegen lebensbeendende Maßnahmen durch Dritte könne aber indes kein Anspruch auf Geschehenlassen der Selbsttötung oder Zurverfügungstellung der Mittel dazu erwachsen von anderen getötet zu werden. Aus dieser „fundamentalen Differenz zwischen Abwehr- und Anspruchsrecht"[1242] folgert er auch die zwingende Unterscheidung zwischen aktiver und passiver Sterbehilfe. Die Rechtsordnung habe bezüglich der Abwägung zwischen Autonomie und Lebensschutz die Entscheidung zugunsten des Lebens getroffen, sodass eine Gleichwertigkeit von Leben und Tod nicht gefolgert werden könne. Da das Leben entsprechend dem kantianischen Ideal nichts anderes sei als seine spezifische Seinsweise als Vernunftwesen, trage eben auch derjenige die Beweislast, der das Leben beenden wolle. Zuzustimmen ist diesem Aspekt insofern, als dass wegen des Lebens als Höchstgut der Begründungsaufwand für die Lebensbeendigung entsprechend hoch zu

1240 Rothhaar, in: Hoffmann, Knaup, 104f.
1241 Rothhaar, in: Hoffmann, Knaup, 105.
1242 Rothhaar, in: Hoffmann, Knaup, 105.

sein hat. Daraus jedoch auch eine Begründungslast des einzelnen zu folgern, würde das Selbstbestimmungsrecht unterminieren und im Ergebnis wieder eine Lebenspflicht begründen. Der Drittschutzcharakter kann auch in Ansehung der Wesensgehaltsgarantie nur soweit reichen, wie die Entscheidung tatsächlich in der Hand Dritter liegt, etwa bei der Ermittlung des mutmaßlichen Willens eines Handlungsunfähigen. Dort, wo jedoch keine Zweifel an der Entscheidung des Betroffenen bestehen, können an Begründungen keine weiteren Anforderungen gestellt werden als die „Rationalität" der Entscheidung gemessen an dem individuellen Maßstab des einzelnen. Dass ein Anspruch jedem Dritten gegenüber auf Fremdtötung nicht entsteht, wird dadurch weder ausdrücklich verlangt oder impliziert. Aus den etablierten Ergebnissen zur Selbsttötung ergibt sich schon, dass niemand tatenlos zusehen muss und es sowohl eines jeden Dritten als auch des Staates Recht ist, den Betroffenen umstimmen zu wollen oder im Falle der Unfreiheit der Entscheidung auch abzuhalten. Das Abstellen auf eine „spezifische Seinsweise als Vernunftwesen" bringt diesbezüglich jedoch keine neuen Erkenntnisse oder Möglichkeiten der Abgrenzung, wann die Entscheidung vernünftig sein soll, so dass es sich im Ergebnis auch wieder um eine Leerformel handelt, auf die sich eine sozusagen „grundrechtliche Beweislastumkehr" nicht stützen lässt. Dies lässt sich auch nicht durch die Ummünzung des Abwehrrechts aus Art. 2 Abs. 2 GG in ein Anspruchsrecht begründen, weil die Frage der Verfügbarkeit über das Leben als Ausdruck der Selbstbestimmung nichts mit der tatsächlichen Durchführbarkeit zu tun hat. Ansonsten könnte man Betätigung und Nichtbetätigung eines jeden Grundrechtes in ein Anspruchsrecht umformulieren und damit die faktische Betätigung des Grundrechts unter Rechtfertigungserfordernis durch den Rechtsgutsträger stellen und im Endeffekt die Grundrechte nicht auf der Frage ihres Erhalts oder Vorliegens, sondern im Rahmen ihrer Betätigung beliebig einschränken, wenn der Träger keinen „vernünftigen Grund" vorweisen kann.

Freilich ist dies kein Plädoyer dafür, das Recht als legitimen Rahmen einer Tötungsmaschinerie „lebensunwerten Lebens" zu missbrauchen. Letztlich verweist auch *Merkel* darauf, dass es „gewichtige *postpersonale* Interessen, selbst wenn sie nie artikuliert worden sein sollten"[1243] gibt, die Lebensbeendigungen rechtfertigen können. Wenn man der Auffassung folgt, dass staatliche Eingriffe zum Schutze des Individuums vor sich selbst nur höchstens durch Freiheitserhaltung gerechtfertigt sein können, können bei Auslegung des mutmaßlichen Willens anhand dieses Kriteriums auch solche Problemfälle

1243 Merkel, ZStW 107 (1995), 573.

gelöst werden. Solange bei der Interessenermittlung also die subjektive Wertordnung des Betroffenen zumindest ernsthaft versucht wird zu ermitteln, ist ein derart motivierter Eingriff sicherlich das „geringere Übel" für den Betroffenen und damit in jedem Fall der verhältnismäßigere Eingriff in Art. 2 Abs. 2 S. 1 GG. Nur dort, wo jegliche Willensermittlung fehlgeschlagen ist, ist Raum für einen rein objektiven Maßstab, wie ein durchschnittlicher Dritter in Ansehung der vorliegenden konkreten Situation den Wert seines Lebens bewerten würde.

Ein interessengerechter Ausgleich mit den Konflikten desjenigen, der letztlich über Leben und Tod zu entscheiden hat, kann durch die Gleichstellung von Behandlung und Nichtbehandlung als gleichwertige Alternativen erreicht werden. Dort, wo Autonomie nicht mehr erreicht werden kann und eine Handlung auch nicht ihrer Durchsetzung dienen kann, gibt es auch keine Garantenstellung, sie zu erhalten. Damit lässt sich auch das von *Merkel* und wohl auch *Höfling* aufgeworfene Dilemma lösen, dass mit Ansteigen der Anforderungen an die mutmaßliche Einwilligung zum Behandlungsabbruch zur Straflosigkeitsbegründung aus § 212 StGB in demselben Maße bei Weiterbehandlung eine Strafbarkeit aus § 223 StGB „erzwinge".[1244] Denn die hohen Voraussetzungen an einen Behandlungsabbruch führen nicht dazu, dass bei deren Nichtannahme und damit Verpflichtung zur Weiterbehandlung automatisch der die „Restwahrscheinlichkeit" ausfüllende „Wille zum Weiterleben" greift, der dann seinerseits durch den möglichen Todeswillen negiert und damit eine Strafbarkeit ausgelöst wird. Der mutmaßliche Wille erfasst als Prognose nur den Versuch, den tatsächlichen Willen zu fingieren, der mangels tatsächlicher Äußerung selbst keine Geltung beanspruchen kann und zwar ganz gleich, ob es sich dabei um einen „freien" oder „natürlichen" Willen handeln möge. Ein Fehlschlag bei der Ermittlung, weil die geforderte Sicherheit nicht erreicht wurde, führt jedoch nicht dazu, dass nun das genaue Gegenteil als mutmaßlicher Wille an dessen Stelle tritt. Die Weiterbehandlung ist doch letztlich nur die notwendige Folge einer binären Entscheidung und nicht Ausdruck und Achtung eines (unterstellten) Willens. Dies lässt die Intervention zumindest dann legitimiert erscheinen, wenn man die Autonomie der Entscheidung als Anknüpfungspunkt wählt, weil bei Fehlschlag der Ermittlung eines gegen lebenserhaltende Maßnahmen gerichteten mutmaßlichen Willens das Erleben der lebensbedrohenden Situation jedenfalls nicht als Ausdruck von Selbstbestimmung erscheint.

1244 Merkel, ZStW 107 (1995), 560; Höfling, JuS 2000, 116f.

II. Die hypothetische Einwilligung

1.) Die hypothetische Einwilligung als Instrument der Haftungsbeschränkung des Arztes im zivilrechtlichen Arzthaftungsprozess

Die hypothetische Einwilligung hat bei ihrer Legitimation im Gegensatz zur mutmaßlichen einen bedeutend schlechteren Ausgangspunkt: Der Betroffene hätte einen tatsächlichen Willen bilden, also gefragt werden können, die Einwilligung zu erteilen, die Einholung ist jedoch unterblieben. Daraus erklärt sich auch ein wichtiger Unterschied: die Frage der mutmaßlichen Einwilligung ist zwingend eine ex ante Betrachtung, während bei der hypothetischen Einwilligung eine Befragung des Betroffenen ex post sogar notwendig ist, wenn er geltend machen will, er hätte sich anders entschieden.[1245] Die hypothetische Einwilligung unterscheidet sich dabei von der Figur des rechtmäßigen Alternativverhaltens durch das Bilden einer „Additionshypothese".[1246]

a.) Zivilrechtliche Entwicklung in der Rechtsprechung des RG

In der zivilrechtlichen Rechtsprechung des RG tauchen Erwägungen zu einer hypothetischen Einwilligung noch zu einer Zeit auf, in der das Aufklärungserfordernis, wie dargestellt, keine übergeordnete Rolle spielte.[1247] Bei einer Augenoperation, die der Arzt ohne Einholung der Einwilligung des gesetzlichen Vertreters durchführte, obwohl dieser in der unmittelbaren Nähe des Krankenhauses wohnte, und sich postoperativ der Bulbus entzündete und entfernt werden musste, lehnte das RG einen Anspruch mit der Begründung ab, dass

> „der klägerische gesetzliche Vertreter, falls er darum angegangen worden wäre, seine Einwilligung zu der, von sehr seltenen fast nie vorkommenden Ausnahmen abgesehen, gefahrlosen... Operation... erstreckt hätte, gegeben haben würde..."[1248]

Maßgeblich stellte das RG jedoch auf die ohnehin vorliegende Entbehrlichkeit der Einwilligung ab, die es aus der Wertung des § 113 BGB folgerte und verneinte zudem einen ursächlichen Zusammenhang zwischen fehlender Einwilligung und der eingetretenen Entzündung als Spätfolge der Operation.[1249] Erst

1245 Kuhlen, FS Müller-Dietz, 443.
1246 Richter, 322.
1247 RG, JW 1907, 505, 506.
1248 RG, JW 1907, 505, 506.
1249 RG, JW 1907, 505, 505.

nach dem dargestellten Wandel zur Aufklärungspflicht ließen sich erste Entscheidungen erkennen, die darauf abstellten, ob der Patient auch bei korrekter Aufklärung eingewilligt hätte.[1250] Denn die Operation als die tatbestandliche Körperverletzungshandlung verläuft unabhängig von der Wirksamkeit der Einwilligung des Patienten,[1251] so dass sich die Hypothese allein auf den Legalisierung durch die hinzugedachte wirksame Einwilligung bezieht.[1252]

b.) Die hypothetische Einwilligung in der zivilrechtlichen Rechtsprechung des BGH

Die heutige Auffassung zur hypothetischen Einwilligung hat sich in nunmehr ständiger Rechtsprechung des BGH bereits früh herausgebildet. Ihre Entstehungsgeschichte ist insofern von gewisser Bedeutung, als dass sie vor allem aus Problemen von Kausalität und Beweislastverteilungen innerhalb des Arzthaftungsprozesses heraus entstanden ist und daher vor allem in ihrer Funktion als „Richterliche Fortune-Korrektur" übergebührlicher Haftung in Erscheinung tritt.[1253] Dadurch, dass die Beweislast für die Aufklärung in der Rechtsprechung jeher beim Arzt verortet wurde, konnten Patienten bei Unzufriedenheit mit dem Ergebnis des Eingriffs ohne den Nachweis einer groben Falschbehandlung allein auf den Umstand der unzureichenden Aufklärung als haftungsbegründende Kausalität verweisen, so dass dem Arzt im Gegenzug die Möglichkeit eingeräumt wurde nachzuweisen, der Patient hätte auch bei korrekter Aufklärung in die Behandlung eingewilligt.[1254] Seit dem Patientenrechtegesetz ist dies auch gesetzlich fixiert, § 630h Abs. 2 S. 2 BGB.[1255] Auch hier müssten, so der BGH, die Interessen von dem Patienten als der dem Arzt ausgelieferten einerseits und die des Arztes als demjenigen, der das Risiko einer „gefahrgeneigten Tätigkeit"[1256] trage, berücksichtigt werden.[1257] Die Beweislast dabei auf den Patienten zu verlagern

1250 OLG Naumburg, JW 1932, 3369.

1251 Spickhoff, in Lorenz 2007, 64f.

1252 Richter, 322; zu der Abgrenzung auch Gebauer, 6ff; Lange, Schiemann, 180ff.

1253 Dunz, 19; siehe auch Garbe, 69; Hengstenberg 7, 12.

1254 Katzenmeier, Arzthaftung, 348; Gehrlein, Grundwissen Arzthaftungsrecht, 121; Begründend BGHZ 29, 176, 187; siehe auch BGH NJW 1976, 365; abstellend auf die Beweisnöte auf beiden Seiten NJW 1980, 1333, 1334; unter Berücksichtigung des PatRG BGH NJW 2015, 74.

1255 siehe BR-Drucks. 312/12, 42.

1256 BGH NJW 1979, 1925, 1927.

1257 BGH NJW 1980, 1333.

ergebe sich aus dem Umstand, „daß das krankheitsbedingte Eingriffsrisiko mit seinem dem lebenden Organismus eigenen Unberechenbarkeiten zunächst aus seiner Sphäre kommt".[1258] Die Anforderungen des BGH an ein Berufen auf hypothetische Einwilligung unterliegen ähnlich strengen Anforderungen wie die der mutmaßlichen Einwilligung. Auch hier könne die Indikationslage nur einen Anhaltspunkt dafür darstellen, es komme indes auch hier entscheidend auf den individuellen Patienten mit seinen Besonderheiten, Wünschen und Vorstellungen an:

> „Insbesondere geht es nicht an, daß sich der Tatrichter seine Überzeugung von der hypothetischen Einwilligung des Patienten aufgrund der Erwägungen bildet, daß die große Mehrzahl der Patienten oder daß ‚alle verständigen' Patienten so gehandelt haben würden. (...) Denn dadurch würde die Freiheit des Patienten, sich eben anders, vielleicht nach Meinung anderer gar unvernünftig zu entscheiden, rechtswidrig unterlaufen. Daß dadurch der Arzt, der seiner Aufklärungspflicht nicht nachgekommen ist, mitunter in eine fast aussichtslose Beweislage geraten kann, muß um der Selbstbestimmung des Patienten willen in Kauf genommen werden."[1259]

Der Tatrichter könne zwar bei fehlenden Anhaltspunkten die Erfahrung einfließen lassen, dass Kranke normalerweise einem sinnvollen Eingriff, welcher mit geringen Risiken verbunden ist und eine nachhaltige Gesundheitsverbesserung in Aussicht stelle, oder aber einem indizierten, dringlichen Eingriff zur Abwehr schwerwiegender Gefahren bei hinreichender Erfolgsaussicht zustimme, dies allein könne den konkreten Nachweis der hypothetischen Einwilligung des Patienten nicht ersetzen.[1260] Habe der Patient eine Einwilligung ausdrücklich abgelehnt, bleibe für die hypothetische Einwilligung kein Raum.[1261] Dem Patienten obliege im Gegenzug bei medizinisch sinnvollen Behandlungen oder in Fällen, in denen ein Absehen von Behandlung ähnliche Gefahren geborgen hätte, darzulegen, er hätte sich bei korrekter Aufklärung in einem Entscheidungskonflikt befunden, wobei er jedoch nicht darlegen müsse, wie er sich entschieden hätte.[1262]

1258 BGH NJW 1980, 1333.

1259 BGH NJW 1980, 1333, 1334.

1260 BGH NJW 1980, 1333, 1334; NJW 1980, 2751, 2753; NJW 1994, 799, 801.

1261 BGH NJW 1991, 2342, 2343; NJW 2000, 885.

1262 BGHZ 90, 103, 111; BGH NJW 1990, 2928, 2929; NJW 1991, 1543, 1544; 1998, 2734, 1999, 863.

2.) Die hypothetische Einwilligung im Verhältnis zur Patientenautonomie

Abseits der hier hier nicht weiter zu beleuchtenden haftungs- und beweisrechtlichen Implikationen ergibt sich die Problematik daraus, dass ein wesentliches Kriterium der Wirksamkeit der Einwilligung, die Aufklärung (Stichwort *INFORMED consent*) durch diese Rechtsprechung zumindest von Aushöhlung bedroht ist. Ähnlich wie bei der Rechtsprechung zur Helmpflicht bei Fahrrädern muss natürlich berücksichtigt werden, dass bei der Frage der hypothetischen Einwilligung letztendlich um zivilrechtliche Schadensersatzansprüche und deren Reichweite geht, nicht primär um die abschließende Bestimmung irgendeines Willens oder Willensfähigkeit des Patienten. Dennoch bedarf die hypothetische Einwilligung einer Rechtfertigung, weil auch hier die Autonomie des Patienten vor Bevormundung durch Dritte geschützt werden soll. Die Schadensersatzpflicht hat letztlich auch den Sinn, die Partner einer gegenseitigen Beziehung zur Rechtstreue anzuhalten. Jede Exkulpationsmöglichkeit bedarf daher der Rechtfertigung, weil sie Rechtsbruch sanktionslos belässt und damit in die Rechte des Geschädigten eingreift.

a.) Rechtliche Einordnung der hypothetischen Einwilligung

Bei der Einordnung der hypothetischen Einwilligung kann daran anknüpfend, anders als bei der mutmaßlichen Einwilligung, ein Rechtfertigungsgrund nicht erkannt werden, auch kein solcher sui generis. Wenn in § 630h Abs. 2 S. 2 BGB die Pflicht des Arztes zur umfassenden Aufklärung im Sinne eines *informed consent* bereits aus dem Gesetz ergibt, dann ist notwendige Folge der Missachtung dieses Erfordernisses dessen Rechtswidrigkeit, da dem Zweck des Aufklärungserfordernisses, die Selbstbestimmung des Patienten zu achten, entgegengewirkt wird.[1263] Vor diesem Hintergrund ist daher von einem Fall rechtmäßigen Alternativverhaltens auszugehen, weil sich der Arzt gerade darauf beruft, dass er bei korrekter Aufklärung zu demselben Ergebnis gekommen wäre, der „Verfahrensfehler“ der unterbliebenen oder unvollständigen Aufklärung keine rechtlich missbilligte Wirkung entfaltet hat.[1264] Da die hypothetische Einwilligung nur in Situationen in Frage kommt, in denen der Betroffene einwilligungsfähig ist, seine Einwilligung also anders als bei der mutmaßlichen Einwilligung ohne Probleme hätte eingeholt werden können, bleiben für die

1263 Garbe, 96; Hengstenberg, 354.

1264 Garbe. 99.

Fälle der hypothetischen Einwilligung bei Einwilligungsunfähigkeit nur Konstellationen, in denen ein Dritter zur Abgabe der Einwilligung berechtigt und bestimmt ist.[1265] Im Ergebnis sind unterschiedliche Ansätze bei der rechtsdogmatischen Einordnung der Wirkung einer hypothetischen Einwilligung eher akademischer Natur und insbesondere unter Autonomiegesichtspunkten nicht von entscheidender Bedeutung.

b.) Anwendungsfälle der hypothetischen Einwilligung

Maßgeblicher Anknüpfungspunkt für eine Abgrenzung von der mutmaßlichen Einwilligung ist also die Patientenautonomie und dass diese auch bei korrekter Aufklärung nicht verletzt worden wäre, sprich, ob der Patient in Ansehung aller bisher etablierten Anforderungen *informed consent* gegeben hätte. Aus dem Abstellen auf die Patientenautonomie ergibt sich dann auch das Erfordernis, dass bei der Frage der Glaubhaftmachung eines Entscheidungskonflikts ebenfalls auf die subjektive Perspektive des Patienten abzustellen ist. Anders jedoch stellte das OLG Köln in einer Entscheidung, bei der es um die hypothetische Einwilligung der Mutter des zwischenzeitlich geborenen und hier klagenden Kindes in den Schwangerschaftsabbruch bei der mit der Klägerin schwangeren Mutter ging, auf das Kindeswohl ab, wenn es darum ginge, ob das ungeborene Kind aus damaliger Sicht eine Chance auf ein gesundes Leben habe.[1266] *Garbe* kritisiert die Entscheidung insofern, als dass sie zu keinem Gesamtinteressenausgleich führe, sondern die Interessen der Mutter vollkommen ausblende.[1267] Allein der Verweis auf das Kindeswohl könne nicht genügen, die legitimen Interessen der Mutter per se zurücktreten zu lassen. Dem ist insofern zuzustimmen, als dass dasungeborenen Leben nach Rechtsprechung des BVerfG dem Schutz des Art. 1 Abs. 1 GG untersteht[1268] und die Menschenwürde vorbehaltslos garantiert wird, diejenige der Mutter jedoch ebenfalls durch die Frage des Schwangerschaftsabbruches tangiert wird. Unter der maßgeblichen Objektformel erscheint es nicht vertretbar, das Wohl und den Willen der werdenden Mutter komplett auszublenden und sie damit zu einem staatlich sanktionierten lebendigen

1265 Laufs, NJW 2000, 1757, 1761.

1266 OLG Köln, NJW 1998, 3422, 3423.

1267 Garbe, 138.

1268 BVerfGE 39, 1ff (Schwangerschaftsabbruch I); BVerfGE 88, 203ff (Schwangerschaftsabbruch II).

Brutkasten zu verdammen, der die Herrschaft über seinen eigenen Körper zum Schutze der Leibesfrucht in jedem Fall aufzugeben hat und notfalls das eigene Leben zugunsten derselben aufzuopfern hat.Der BGH jedenfalls erkennt in dieser Hinsicht durchaus an, dass es etwa bei der hypothetischen Einwilligung der Mutter zu einem Kaiserschnitt entscheidend auf den Entscheidungskonflikt der Mutter zwischen dem eigenen Leben und dem des Kindes ankomme.[1269] Interessant ist die Entscheidung des OLG Köln jedoch insofern, als dass maßgeblich auf die Erhaltung zukünftiger Autonomie als Entscheidungskriterium abgestellt wird. Eine Auseinandersetzung mit der Abwägung zwischen den Rechten der Mutter und des ungeborenen Lebens würde an dieser Stelle jedoch den Rahmen der vorliegenden Betrachtung sprengen. Entscheidend ist, dass es aus Sicht der Rechtsprechung auch bei der hypothetischen Einwilligung auf den konkreten Behandlungszeitpunkt ankommt.

So stellte der BGH in einer Entscheidung, bei der einer Frau die Gebärmutter ohne Aufklärung über naheliegendere und stärker indizierte, weniger invasivere Eingriffe entfernt wurde, sich bei der späteren Untersuchung des Gewebes jedoch herausstellte, dass die Entfernung aufgrund dieser neuen Befunde indiziert gewesen wäre, auf den Zeitpunkt der Aufklärung ab und erteilte dem Verweis auf die später gewonnenen Erkenntnisse als Begründung der hypothetischen Einwilligung eine Absage.[1270]

Ähnlich argumentierte der BGH in einer Entscheidung, in der es um die Einwilligung in eine *Robodoc*-Operation ging.[1271] Insbesondere bei neuen technischen Methoden seien an die Aufklärung besonders hohe Anforderungen zu stellen, die einer hypothetischen Einwilligung entgegenstünden. Allerdings soll sich ein Aufklärungsmangel dann nicht auswirken, wenn die Aufklärung in Bezug auf eine andere Methode erfolgt wäre und sich ein Risiko, welches dieser Methode anhaftete, sich bei der neuen Methode aus Umständen verwirklichte, die mit der eigentlichen Operationsmethode nicht zusammenhängen.[1272]

1269 BGH NJW 1993, 2372, 2374; siehe auch BGHZ 106, 153, 158, wo die Mutter zur „Sachwalterin" über das eigene und das ungeborene Leben erklärt wird und daher alleinverfügungsbefugt sein soll.

1270 BGH, NJW 2003, 1862.

1271 BGH, NJW 2006, 2477.

1272 BGH, NJW 2006, 2477, 2479.

c.) Die hypothetische Einwilligung im Strafrecht

aa.) Einordnung der hypothetischen Einwilligung als strafrechtlicher Rechtfertigungsgrund

Im Strafrecht ist die hypothetische Einwilligung als eigenständige Rechtsfigur ebenfalls durch die Rechtsprechung anerkannt.[1273] Dort stellt sich die hypothetische Einwilligung ähnlich dem Zivilrecht als eine Beweisfrage dar, es muss dem Arzt also nachgewiesen werden, dass der Patient bei korrekter Aufklärung nicht eingewilligt hätte.[1274] Um dadurch entstehende Strafbarkeitslücken zu vermeiden, dass dem Arzt ein hypothetischer Umstand nachgewiesen werden muss, geht der BGH bei der Ermittlung dessen, wie die hypothetische Aufklärung ausgesehen hätte, von einer „Grundaufklärung"[1275] aus, die alle wesentlichen, d.h. anhand der bisher dargestellten Maßstäbe erforderlichen, Informationen enthält.[1276] Ging der BGH in früheren Entscheidungen wohl noch von einem Wegfall der Kausalität der Körperverletzung aus,[1277] wird heute dabei ebenfalls von einer rechtfertigenden Wirkung ausgegangen.[1278]

bb.) Kritik in der Literatur wegen der Subsidiarität der hypothetischen Einwilligung

Die strafrechtliche Anerkennung der hypothetischen Einwilligung wird in der Literatur vor allem wegen des ansonsten unterlaufenen Schutzes des Selbstbestimmungsrechts kritisiert. *Arzt* verweist auf die doppelte Schutzrichtung des § 223 StGB, der nicht nur die körperliche Unversehrtheit in ihrem Bestand schützt, sondern auch und gerade die Dispositionsfreiheit und –befugnis des Inhabers.[1279] Daher könne die hypothetische Einwilligung den Zusammenhang nur vollständig unterbrechen, wenn die Behandlung gelingt und die Einwilligung auch bei korrekter Aufklärung vorgelegen hätte.

Riedelmeier verweist darauf, dass durch eine Anerkennung der hypothetischen Einwilligung der Vorrang der Einwilligung und die damit verbundene

1273 Maßgeblich das „Surgibone"-Urteil, BGH NStZ 1996, 34, 35; siehe auch JR 1996, 69; JZ 2004, 800, MedR 2005, 159, NStZ-RR 2007, 340; siehe dazu auch Gaede, 9ff.

1274 BGH NStZ 1996, 34; NStZ-RR 2004, 16.

1275 Zu Umfang und Inhalt der Grundaufklärung ausführlich Schenk, 55ff.

1276 BGHZ 144, 1, 7f.

1277 BGH, Urt. v. 25.9.1990, 5 StR 342/90; siehe dazu Gaede, 8f.

1278 BGH NStZ-RR 2007, 340, 341.

1279 Arzt, GS Schlüchter, 169.

Subsidiarität der mutmaßlichen Einwilligung unterlaufen würde.[1280] Die hypothetische Einwilligung würde dann aus reinen Gründen der Haftungsbegrenzung die individuelle Entscheidung des Patienten ersetzen. Das Abstellen der Rechtsprechung darauf, dass sich kein aufklärungsspezifisches Risiko verwirklicht habe und die Schwierigkeit, dies zu beweisen, würde das Aufklärungserfordernis wegen in dubio pro reo zumindest im Strafrecht vollkommen unterlaufen.[1281] Das Abstellen auf eine „Grundaufklärung" könne dabei nicht für Rechtssicherheit sorgen, weil deren Anforderungen stark eingriffsspezifisch sind und es ansonsten im Ergebnis darauf ankäme, ob der Patient zufällig aus eigenem Antrieb bestimmte Risiken als für ihn besonders wichtig angemerkt hätte.[1282] Ihr Lösungsansatz besteht darin, bei den verwirklichten Risiken zu ermitteln, ob gerade diese von der tatsächlichen Einwilligung des Patienten umfasst gewesen sind. Auch *Schmoller* verweist dabei auf die Problematik, dass es dem Patienten selbst große Schwierigkeiten bereitet seine Entscheidung anhand einer hypothetischen Situation zu beurteilen, in der er sich nie befunden hat.[1283]

Ähnlich kritisiert *Kuhlen* unter Verweis auf die Subsidiarität der mutmaßlichen Einwilligung gegenüber der tatsächlichen Einwilligung, dass dies den Selbstbestimmungsschutz des Körperverletzungstatbestandes unterlaufe.[1284] Allerdings folgert er daraus keine grundsätzliche Unzulässigkeit der hypothetischen Einwilligung. Es gehe beim Schutz der Patientenautonomie vor allem um die subjektive Interessendefinition des Rechtsgutsträgers und welchen Wert der seiner Gesundheit zumisst.[1285] Zwar mache die Annahme einer hypothetischen Einwilligung die tatsächliche Selbstbestimmung unmöglich, dies ändere jedoch nichts daran, dass er seine Selbstbestimmung genauso betätigt hätte, wäre er korrekt aufgeklärt worden. Demnach fehle es also an der Kausalität der Rechtsgutsverletzung durch die fehlende Einwilligung.

Riedelmeier tritt diesem Argument jedoch erneut gegenüber, dass damit noch nicht gesagt wird, warum einer fiktiven Einwilligung der Vorrang vor der tatsächlichen zu gewähren sei.[1286] Konkrete Anhaltspunkte, anhand derer sich der hypothetische Wille des Patienten ermitteln lasse, seien keine adäquate

1280 Riedelmeier, 86; ebenso Eisele, JA 2005, 254; Bollbacher, Stockburger, Jura 2006, 913; Eisele, FS Strätz, 181.

1281 Riedelmeier, 81.

1282 Riedelmeier, 81, 86.

1283 Schmoller, ZStW 103 (1991), 117.

1284 Kuhlen, FS Roxin, 333.

1285 Kuhlen, FS Müller-Dietz, 442.

1286 Riedelmeier, 85, Fn. 339.

Substitution für eine tatsächlich einholbare Einwilligung. Ebenso sieht *Paeffgen* in dieser Konstruktion die Begründung nicht hinnehmbarer Strafbarkeitslücken.[1287] Insbesondere beim Versterben des Patienten käme der Arzt in den Genuss, „ihn trotz eines u.U. *abenteuerlichen* Aufklärungsmangels von einer strafrechtlichen Haftung freizustellen, weil der Patientenvertreter/StA nicht mehr plausibel machen kann, dass jener bei korrekter Aufklärung sich anders entschieden hätte."[1288] Das Problem ergebe sich weniger bei einem überlebenden Patienten, doch aus dem Zweifelsgrundsatz könne sich auch hier schnell bei gegenüberstehenden Aussagen eine Straflosigkeit ergeben. Insbesondere würde dem Patienten durch diesen Zwang einer restrospekten Entscheidung, die er sich beliebig lange überlegen kann, die zur Selbstbestimmung gehörende Möglichkeit genommen, sich spontan „aus dem Bauche heraus" zu entscheiden.[1289] Aus ähnlichen Erwägungen will daher *Hengstenberg* die hypothetische Aufklärung auch auf (leicht) fahrlässiges Handeln des Arztes beschränken.[1290]

Böcker sieht den Zweck der Haftungsprivilegierung durch die hypothetische Einwilligung schon wegen der Möglichkeit einer Versuchsstrafbarkeit nicht gewährleistet und meint, dass es im Strafrecht, anders als im Zivilrecht, im Ergebnis auch keine Notwendigkeit gibt, Haftungsprivilegien für den Arzt zu erschaffen.[1291] Andererseits spricht er sich gegen die vollständige Ablehnung der hypothetischen Einwilligung aus, da so die Tendenz gefördert würde, persönliche Schicksalsschläge auf den Arzt abzuwälzen.[1292] Dem könne dann nur noch durch eine deutliche Absenkung des Aufklärungserfordernisses entgegengewirkt werden.

Puppe und *Otto* sehen das Problem vor allem darin, dass der Arzt durch das Erfordernis der Erfolgszurechnung dem Patienten jedes Behandlungsrisiko durch vorsätzlich unvollständige Aufklärung aufzwingen könne, das noch von den lex artis gedeckt sei.[1293] Die Frage, ob ein Patient eingewilligt hätte, lasse sich nicht beantworten, nicht wegen Beweisschwierigkeiten, sondern weil sich die Entscheidungsfindung des Patienten nicht anhand allgemeiner Gesetze determinieren lasse.[1294] Nur aber in Bereichen, in denen solche (Natur-)Gesetze

---

1287 Paeffgen, FS Rudolphi, 208.
1288 Paeffgen, FS Rudolphi, 208 (Hervorhebungen im Original).
1289 Paeffgen, FS Rudolphi, 209.
1290 Hengstenberg, 383.
1291 Ph. Böcker, JZ 2005, 927f, 929; ähnlich Eisele, JA 2005, 254.
1292 Ph. Böcker, JZ 2005, 931.
1293 Otto, Jura 2004, 683; Puppe, GA 2003, 769; dies. JR 1994, 516.
1294 Puppe, GA 2003, 769.

bestünden, könne sich ein hypothetischer Kausalverlauf überhaupt bestimmen lassen.

> „Für existentielle menschliche Entscheidungen, wie es die Entscheidung von Patienten über die bei ihnen anzuwendenden Heilverfahren in aller Regel sind, haben wir solche strikt allgemeinen Gesetze nicht zur Verfügung. Wir können die Geltung solcher allgemeinen Gesetze auch nicht postulieren und dürfen über ihren vermutlichen Inhalt nicht spekulieren, solange wir die Freiheit des Individuums und die Menschenwürde ernstnehmen. Denn diese Freiheit wird verletzt, wenn die erforderliche wirkliche Entscheidung des Einzelnen durch Spekulation darüber ersetzt wird, wie er sich bei Kenntnis aller relevanten Entscheidungsvoraussetzungen sicher, wahrscheinlich oder möglicherweise entschieden hätte. Der Verzicht auf solche Spekulationen führt zu der Erkenntnis, dass die Antwort auf die Frage, ob ein bestimmter Patient auch bei vollständiger Aufklärung in die vom Arzt gewählte Heilmethode eingewilligt hätte, nicht zweifelhaft ist, sondern sinnlos, weil es keine Methode gibt, um über ihre Richtigkeit oder Falschheit zu entscheiden. Deshalb ist hier auch kein Raum für die Anwendung des Zweifelsgrundsatzes; die Frage ist vielmehr im strengen Sinne des Wortes unsinnig."[1295]

Letztlich wirft *Eisele* auf, dass eine hypothetische Einwilligung aus keinem ersichtlichen Grund auf das Arztstrafrecht zu beschränken wäre und etwa auch der Dieb einwenden könnte, das Opfer hätte ihm die Sache bei Nachfrage geschenkt, was bis zum Beweis des Gegenteils seine Strafbarkeit ausschließen würde.[1296] *Garbe* verweist jedoch anekdotisch auf einen wenig beachteten Fall des ArbG Mannheim, bei dem dieses die Kündigung eines Arbeitnehmers wegen von diesem eigentlich eingeräumten Diebstahls von Gegenständen des Arbeitgebers die Kündigung wohl deshalb beanstandete, weil der Arbeitnehmer glaubhaft machen konnte, er ging davon aus, der Arbeitgeber hätte ihm die Erlaubnis zur Mitnahme der streitgegenständlichen Sachen erteilt, hätte er ihn nur gefragt.[1297]

Nach *Bollbacher und Stockburger* und *Eisele*[1298] bestünde jedenfalls die Gefahr, die hypothetische Einwilligung auch auf Fälle der vollständig unterbliebenen Aufklärung auszuweiten, weil einleuchtende Gründe, warum dieser Einwand dem Arzt in diesen Fällen nicht zur Seite stehen sollte, nicht ersichtlich seien, was einer vollständigen Abschaffung des Selbstbestimmungsrechts des Patienten darstellen würde.[1299] Letztlich werfen sie auch mit *Böcker*[1300] und

1295 Puppe, GA 2003, 769; siehe auch dies., FS Roxin, 302.

1296 Eisele, JA 2005, 254.

1297 Garbe, 167.

1298 Eisele, FS Strätz, 182.

1299 Bollacher, Stockburger, JURA 2006, 913.

1300 Böcker, JZ 2005, 925, 927.

i.E. auch *Gropp*[1301] das Problem auf, dass nicht nur die subjektive Perspektive des Patienten einer ex post Betrachtung erhebliche Schwierigkeiten bereite, sondern auch, auf welchen Teil der inneren Willensrichtung des Arztes abzustellen sei. Der Arzt könne sich schlecht auf den Standpunkt zurückziehen, er habe in Kenntnis der hypothetischen Einwilligung gehandelt – denn dann hätte er sie auch gleich durch eine korrekte Aufklärung einholen können.

Mitsch schließlich will die Anwendbarkeit der hypothetischen Einwilligung davon abhängig machen, ob der Eingriff die Heilchancen aus ex post Betrachtung erhöht hat und deswegen nachträglich vom Patienten gebilligt worden wäre, oder ob mangels Heilmöglichkeiten nicht auf eine hypothetische Einwilligung geschlossen werden könne.[1302] Er begründet dies damit, dass nur dort, wo eine Handlung Erfolgsunwert aufweise, es überhaupt auf die Frage der objektiven Zurechnung ankomme, die durch die hypothetische Einwilligung unterbrochen würde.[1303] Nur in letzterem Fall soll eine Körperverletzung vorliegen, weil es am das Erfolgsunrecht ausschließenden Rechtfertigungselement fehle. Bei Vorsatz des Arztes komme nach diesem Ausschluss des Erfolgsunrechts daher nur ein strafbarer Versuch in Betracht, wenn der Patient die Behandlung im Nachhinein billigt.[1304]

d.) Unvereinbarkeit der hypothetischen Einwilligung mit der Patientenautonomie

Die vorgetragenen Bedenken stellen für sich genommen die Rechtsfigur der hypothetischen Einwilligung in ihrer Daseinsberechtigung in ernsthafte Zweifel. Gerade der Verweis darauf, dass es keinen ersichtlichen Grund gibt, warum die hypothetische Einwilligung sich auf Fälle des Arztstrafrechts begrenzen soll, macht die offensichtliche Schwäche dieser Begründung von Straflosigkeit deutlich. Dieser Aspekt wird seit dem Patientenrechtegesetz zwar dahingehend ein wenig abgeschwächt, als dass durch die ausdrückliche Regelung in § 630h Abs. 2 S. 2 BGB man

1301 Gropp, FS Schroeder, 207.

1302 Mitsch, JZ 2005, 283f; siehe auch T. Schwartz, 33.

1303 Mitsch, JZ 2005, 283. Es sei an dieser Stelle angemerkt, dass Mitsch a.a.O. den Begriff des Erfolges einmal wohl im technischen, strafrechtlichen Sinne benutzt, andererseits die nachträgliche Billigung ebenfalls vom „Erfolg“ abhängig mach, JZ 2005, 281. Er soll daher dahingehend verstanden werden, dass er bei diesem „Erfolg“ nicht den tatbestandlichen Unrechtserfolg der Körperverletzung meint, sondern den (untechnischen) Heilerfolg der Behandlung. Dadurch lässt sich die Konfusion bei T. Schwartz, 33, erklären.

1304 Mitsch, JZ 2005, 284.

von einer nun ausdrücklichen Ausnahme für den Behandlungsvertrag sprechen könnte. Als einziges Argument ist dies jedoch ausgesprochen schwach, weil die Behandlung nicht die einzige gefahrgeneigte Tätigkeit ist, in der Unsicherheiten das Ergebnis beeinflussen, eine vorrangige Schutzbedürftigkeit gerade von Ärzten keine Grundlage hat. Aus einer Perspektive von Autonomieerhaltung und -wiederherstellung wird sie zudem vollständig widerlegbar. Denn wie zutreffend festgestellt wurde, ist die hypothetische Einwilligung im Gegensatz zur mutmaßlichen nie unter den Aspekt der Autonomiewahrung des Patienten erschaffen worden, sondern primär als Instrument der Haftungsbeschränkung des Arztes, also des (paternalistischen) Intervenienten. Denn der Arzt, der nicht korrekt über die Behandlung aufklärt, ersetzt unabhängig seiner Motivationen den Willen des Patienten durch den eigenen und übernimmt die Entscheidung der Behandlung. Der Verweis darauf, dass der ungründliche Arzt dadurch gegenüber dem lege artis handelnden privilegiert würde, legt für sich genommen schon die maßgeblichen Wertungswidersprüche dar. Die Grundlage dieser Privilegierung scheint nach wie vor die zu Zeiten der zitierten Entscheidungen des RG vorherrschende Ansicht des ängstlichen, unmündigen Patienten zu sein, der bei einem gelungenen und lege artis durchgeführten Eingriff in den Genuss einer „objektiven" Gesundheitsverbesserung gekommen ist, derer er sich bei hinreichender Kenntnis der Sachlage verschlossen hätte. Es handelt sich dabei also nicht wie bei der mutmaßlichen Einwilligung um möglicherweise zu rechtfertigenden Paternalismus, sondern um eine Intervention, die sich über die originären Grundlagen der Selbstbestimmung hinwegsetzt, nach eigenem Gutdünken anhand persönlicher Wertüberzeugungen über das Schicksal des eigenen Körpers zu entscheiden. Denn die hypothetische Einwilligung tritt nicht an die Stelle eines nicht geäußerten Willens, sondern setzt an einem früheren Punkt ein und verhindert dessen wirksames Zustandekommen. Ihre Fiktion umfasst also nicht die fehlende Äußerung des Willens als autonome Willensbetätigung, sondern die Willensbildung. Dies wird spätestens an der Stelle deutlich, an der man den Patienten im Nachhinein fragen kann, wie er sich entschieden hätte.

Dieser ex post Wille ist jedoch zumindest aus strafrechtlicher Sicht gerade nicht der maßgebliche. Das Problem wirft sich bei einer rein auf § 223 StGB beschränkten Betrachtungsweise nicht auf, weil die fahrlässige Körperverletzung ebenfalls unter Strafe steht. Nach § 16 Abs. 1 StGB würde in jedem Fall also die Vorsatzschuld wenigstens nach den Regeln eines Erlaubnistatbestandsirrtums entfallen[1305] und damit ebenfalls eine Versuchsstrafbarkeit. Maßgeblich

1305 So für das Arztstrafrecht inzwischen ausdrücklich BGH NStZ 2012, 205, der damit

wäre also wieder nur eine objektive Abwägung anhand dessen, was aus Sicht eines Richters ein „vernünftiger Mensch" in dieser Situation gemacht hätte.

Im Grunde kann selbst der Patient, der einen Eingriff übersteht, nur wenige, subjektive Umstände vortragen, die die Annahme eines hypothetischen Willens widerlegen können. Die Möglichkeit des Patienten, einen Entscheidungskonflikt geltend zu machen, ohne sich dabei auf eine Entscheidung festlegen zu müssen, schwächt das Problem zwar deutlich ab, verlagert die Autonomieverletzung jedoch größtenteils schlicht auf eine andere Ebene, da auch dieser Entscheidungskonflikt ex post betrachtet ermittelt wird und daher denselben Vorbehalten begegnet. Immerhin wird dem Patienten dadurch ein Teil seiner Autonomie retrospektiv wiederhergestellt, auch wenn sie massiv die ex post Betrachtung beschränkt und daher schon kein adäquater Ersatz für eine tatsächliche Einwilligung ist.

Es liefe also bei der Frage der hypothetischen Einwilligung wieder maßgeblich auf objektive Umstände heraus, anhand derer die Einwilligung fingiert würde, wie also ein hypothetischer Dritter mit den Kenntnissen des Patienten in dieser Situation entschieden hätte. Hier würde es sich also durchaus bewahrheiten, dass diese hypothetische Entscheidung für den Patienten nahezu ebenso fremd wäre, wie die eines Dritten. Ein solcher „fiktiv-rationaler Maßstabs-Homunculus", wie *Paeffgen*[1306] diese Situation trefflich umschreibt, sieht sich zum einen den bereits ausgeführten Bedenken zum objektiven Rationalitätsmaßstab der Entscheidung ausgesetzt. Diese wird sogar noch dadurch verstärkt, dass dieser objektive Verkehrsmaßstab bei der Einwilligung des Patienten angesetzt wird, sondern auch bei der Annahme, der Arzt hätte die hypothetische Aufklärung entsprechend der notwendigen „Grundaufklärung" durchgeführt. Er fällt also schlimmstenfalls auf dasjenige Maß zurück, welches Gesetz und Rechtsprechung für eine ordnungsgemäße Aufklärung anhand der Krankheit und der gewählten Behandlungsmethode ansetzen. Im Grunde wirkt in diesem Fall das zum Schutz der Patientenautonomie entwickelte Konzept des *informed consent* zugunsten des Arztes und gegen den Patienten, es werden also wenig Anreize gesetzt, die Patientenautonomie zu achten.

---

eine Gleichbehandlung der hypothetischen und mutmaßlichen Einwilligung herstellt; siehe zur Kritik die Anm. Jäger, JA 2012, 71f; dazu ausführlicher auch Hengstenberg, 143; T. Schwarz, 12; Swoboda, ZIS 2013, 20, 26, Kuhlen, FS Roxin, 337 Fn. 38; Ulsenheimer, 294; Gaede, 13; Sickor, JA 2008, 11ff.

1306 Paeffgen, FS Rudolphi, 209.

Zum anderen kann der Einwand, die ex post Betrachtung der hypothetischen Einwilligung könne selbst aus der subjektiven Sicht des Patienten niemals die Entscheidungssituation simulieren, nicht von der Hand gewiesen werden. Denn der Patient kann, selbst wenn man ihn befragen würde, selbst wenn man seine nachträgliche Feststellung, er hätte oder hätte nicht eingewilligt ohne das zivilrechtliche Erfordernis der Glaubhaftmachung eines Entscheidungskonflikts anzuwenden, zugrunde legen würde, diese Feststellung nicht mit der notwendigen Sicherheit treffen, so dass sie für die Beantwortung der Frage kaum einen Wert hat. Wie dargestellt ist die Entscheidungssituation nicht binär auf „ja oder nein" beschränkt, was durch das Erfordernis der Darlegung eines Entscheidungskonfliktes durchaus berücksichtigt wird. Wenn Patienten schon bei korrekter Aufklärung Schwierigkeiten bei der Entscheidungsfindung haben können, ist der Versuch, sich im Nachhinein in genau diese Entscheidungssituation faktisch wie gefühlsmäßig hineinzuversetzen, kaum haltbare Fiktion, auch wenn es nur um einen „Konflikt" geht. Die nachträgliche „Entscheidung" wird auch dadurch entwertet, weil der Patient prinzipiell ein unendliches Maß an Zeit und Einsicht zur Verfügung hat, die Entscheidung im Kopf zu wälzen, sie zu diskutieren, sich zu informieren. Es ist doch gerade Sinn und Zweck der Aufklärung, diese konkrete Entscheidung in der konkreten Situation für den Patienten durch Bereitstellung der wesentlichen Informationen in einer für ihn verständlichen Weise in einer Weise zu ermöglichen, die dem zu diesem Zeitpunkt vorliegenden Präferenzen entspricht. Auch Entscheidungen „aus dem Bauch" heraus sind legitimer Teil von Patientenautonomie.

Es lässt sich auch nicht sagen, dass der einzelne bei „summarischer Betrachtung" keinen Verlust erleidet, weil er zwar keine autonome Entscheidung treffen konnte, obwohl es möglich gewesen wäre, ihm aber andererseits die dargestellten Probleme in der konkreten, möglicherweise durch die Krankheit oder die Situation selbst beeinflussten Entscheidung erspart geblieben sind. Eine solche Argumentation wäre Einfallstor für jede Form wohlmeinender Fremdbestimmung, die im Sinne der dargestellten Rechtsprechung des RG alle unangenehmen Aspekte der Entscheidung von dem Patienten fernhalten will. Kehrseite der Selbstbestimmung ist zum einen die Selbstverantwortung, zum anderen kann der Patient auch in Ausübung seiner Patientenautonomie auf Aufklärung oder das Fällen einer eigenen Entscheidung verzichten und diese dem Arzt überlassen. Wenn der Patient indes nicht auf Aufklärung verzichtet und eine eigene Entscheidung treffen will, ist dies ein deutliches Anzeichen dafür, dass er auch in einem Zustand, in dem er möglicherweise krankheitsbedingten oder sonstigen Einflüssen unterliegt, eine für ihn in dieser Situation akzeptable und seiner zu diesem Zeitpunkt maßgeblichen Werteordnung entsprechende Entscheidung treffen möchte.

Allein wegen der Beraubung des Aspekts der Selbstbestimmung kann unter Autonomieerhaltungsgesichtspunkten für die hypothetische Einwilligung kein Raum bleiben, weil sie sich über den Vorrang des tatsächlichen vor dem fiktiven Willen wenigstens in diesem Aspekt hinwegsetzt und daher günstigstenfalls ungerechtfertigten Paternalismus darstellt – vorausgesetzt, man sieht darin überhaupt einen Mechanismus zum Schutze vor „unvernünftigen", selbstschädigenden medizinischen Entscheidungen, was angesichts der Herleitung als Haftungssperre für den Arzt ohnehin äußerst fragwürdig wäre – und ungünstigstenfalls schlicht willkürliche Zwangsbehandlung. Paternalismus wäre es zumindest in solchen Fällen, in denen der Arzt auf ausreichende Aufklärung verzichtet, weil er der Meinung ist, die Behandlung sei zum Besten des Patienten.

Eisele verweist gerade auf diese Schwachstelle, dass bei dieser hypothetischen Kausalität ein Umstand aus der Opfersphäre hinzugedacht werden muss.[1307] Dieser Umstand ist es doch, der die hypothetische Einwilligung als fiktives, alternatives Kausalszenario der selbstbestimmten Verfügung über den eigenen Körper entzieht. Es gibt keinen ersichtlichen Grund, die Sphäre auf das Opfer zu beschränken, so dass der Patient gleichsam einwenden könnte, er hätte bei korrekter Aufklärung eine Zweitmeinung eingeholt, sich mit seiner Familie beraten oder den Eingriff von einem anderen Arzt durchführen lassen. All dieser Möglichkeiten wird er beraubt, wenn er sich in der Situation der hypothetischen Einwilligung befindet. Dieselben Ausführungen gelten daher auch für die Sphäre des Arztes und damit für die hypothetische Aufklärung: Auch hier ist zu beachten, dass Ärzte genauso wie Patienten selbst nicht immer „vernünftig" entscheiden und vor allem stärker als diese die Entscheidung durch die Art und Weise der Aufklärung beeinflussen. Dadurch wird der nichtaufklärende Arzt erneut weiter privilegiert, weil er sich so dem Risiko entzieht, auf dieser Ebene einem Fehler zu unterliegen.

Ein Erhalt der hypothetischen Einwilligung wäre an dieser Stelle also nur durch ein Absenken der Anforderungen an die Aufklärung möglich.[1308] Es gibt jedoch keinen Anlass, die Patientenautonomie aufgrund von Beweisschwierigkeiten oder Billigkeitsüberlegungen hinter die Interessen des Arztes zurücktreten zu lassen, da die Patientenautonomie mit dem Recht auf körperliche Unversehrtheit, dem daraus hervorgehenden Selbstbestimmungsrecht und dem

1307 Eisele, FS Strätz, 181.
1308 Eisele, FS Strätz, 181.

Persönlichkeitsrecht die höherrangigen Verfassungsgüter schützt. Dies ergibt sich auch daraus, dass von dem paternalistischen Arzt-Patienten-Verhältnis abgerückt wurde, hin zu einem paritätischen Modell, wo sich Arzt und Patient als Gleiche gegenüberstehen.[1309] Eine Vorrangigkeit kann daher wenn überhaupt nur in den Rechten des Patienten gesehen werden, wie sich schon aus dem Namen des Patientenrechtegesetzes ergibt, welches die Regelungen über den Behandlungsvertrag in das BGB eingeführt hat. Entsprechend *Limbach* ist zudem anzumerken, dass der Patient die schwächere Position, die er gegenüber dem Arzt einnimmt, nicht selbst verschuldet hat, seine individuelle Schutzbedürftigkeit also nicht auf persönliche Eigenschaften oder Veranlagung zurück zu führen ist,[1310] sondern aufgrund seiner „fehlenden" medizinischen Bildung und seiner Krankheit.

Es ist mit *Garbe* zuzustimmen, dass nicht ersichtlich ist, warum durch die § 823 BGB, § 223 StGB einerseits sowohl der Bestand der körperlichen Integrität als auch die Selbstbestimmung über dieselbe geschützt sein soll, die Rechtsordnung bei fehlerhafter Aufklärung aber die Verletzung des Körpers nicht hinnehmen will, die Verletzung der Autonomie dagegen schon.[1311] Das ist zutreffend, weil diese beiden Rechte bei der Einwilligung in Heilbehandlungen schlicht nicht voneinander getrennt werden können, die Ausübung der Selbstbestimmung ermöglicht doch gerade die Sanktionslosigkeit der Körperverletzung. *Kaufmann* führte schon aus, dass die Verletzung der Aufklärungspflicht als eine der Kardinalpflichten des Behandlungsvertrages eine Pflichtwidrigkeit und ein gegen die freie Willensbestimmung gerichtetes Unrecht sei.[1312] *Schroeder* bezeichnet die hypothetische Einwilligung auch als „die ärztliche Kunst diskreditierender Systemfehler",[1313] für *Lilie* ist sie eine „dogmatische Schieflage".[1314]

Wenn dabei aus zivilrechtlicher Sicht eine ausufernde Haftung beschränkt werden soll, so ist die Frage, ob diese Einschränkung des Selbstbestimmungsrechts des Patienten verhältnismäßig wäre. Der Arzt übernimmt naturgemäß das Risiko der Aufklärung und ist für sie mit dem Beweis belastet. Es ist jedoch nicht so, dass die Anforderungen für die Aufklärung ein undurchdringliches Bollwerk von Rechtsunsicherheit darstellte, die Anforderungen sind durch die Rechtsprechung und durch die in der Medizinethik entwickelten Grundsätze

1309 Bender, NJW 1999, 2706; Duttge, FS Schroeder, 193.

1310 Limbach, KritV 1986, 182.

1311 Garbe, 242.

1312 Kaufmann, ZStW 73 (1961), 373; siehe auch Duttge, FS Schroeder, 194.

1313 Maurach, Schröder, Maiwald, § 8 Rn. 23.

1314 Lilie, in: LK, Vor. §223 Rn. 3.

des *informed consent* hinreichend sicher herausgearbeitet. Das lässt sich doch schon daran erkennen, dass diese „Grundaufklärung" bei der hypothetischen Einwilligung auch maßgeblich sein soll. Wenn aufgrund des stetig ändernden medizinischen Standes die exakten Umstände über Inhalt und Reichweite der Aufklärung unsicher sein sollten, so kann dem seitens des Arztes immer durch eine allumfassende Aufklärung begegnet werden, um sich selbst schadlos zu halten. Ein vergleichbares Gegenelement hat der Patient wohl nur durch einholen einer Zweitmeinung. Den Patienten jedoch auf eine dann stets notwendige Einholung einer Zweitmeinung zu verweisen, damit er Gewissheit erlangen kann, würde unverhältnismäßig hohen Aufwand für ihn darstellen, da er damit dazu gezwungen wäre, selbst für den Erhalt seiner Patientenautonomie zu sorgen, zumal auch zu bezweifeln ist, dass ein derartiger Generalverdacht der unrichtigen Aufklärung sich positiv auf das Vertrauensverhältnis zwischen Arzt und Patient auswirken würde. Das medizinische Fachwissen liegt doch gerade in der Verantwortungssphäre des Arztes, wäre es anders, bräuchte der Patient den Arzt wohl nicht aufzusuchen. Letztlich besteht ein Schutzbedarf des Arztes vor ausufernder Haftung für „Schicksalsschläge" auch nicht, wenn sich negative Folgen aus Umständen ergeben, in die der Patient eingewilligt hat, wie es von *Voll* vorgeschlagen wird.

Es ist im Ergebnis nicht ersichtlich, warum der Arzt auf Kosten der Autonomie des Patienten sein von ihm zum absolut überwiegenden Teil durch korrekte und patientenbezogene Aufklärung auch beherrschbares Berufsrisiko aus rein finanziellen Aspekten der Haftung auf den Patienten abwälzen können soll. Letztlich wäre sogar ein milderes Mittel in Form verpflichtender Berufshaftpflichtversicherung für Ärzte denkbar, um den Arzt bei Erhaltung der Patientenautonomie vor übergebührlicher finanzieller Belastung zu bewahren.[1315] Vor einer dahingehend zu befürchtenden strafrechtlichen Verantwortung ist der Arzt insofern selbst bei Einräumen eines Fehlers durch das in § 630c Abs. 2 S. 3 BGB geregelte strafrechtliche Beweisverwertungsverbot hinreichend geschützt ist. *Jaeger* verweist auch zutreffend darauf, dass nach wie vor die Aufklärung im deliktsrechtlichen Sinne mit der nun in § 630e BGB festgelegten Aufklärung identisch ist und diese daher keinesfalls enger zu verstehen ist.[1316] Diese Überlegungen gelten entsprechend in Situationen, in denen die Einwilligung von einem Dritten abzugeben gewesen wäre. Rechtsunsicherheit besteht für den Arzt auch dort nicht, weil

1315 Eingeschränkt Lorenz, in: Lorenz, 53f; weiterreichend Schirmer, in: Lorenz, 110, 111; siehe dazu auch Püster, 215ff.

1316 Jaeger, 8.

der Wille des eigentlichen Patienten in dieser Situation für ihn nicht maßgeblich ist, sondern nur der substituierte des Zuständigen. Auch in dieser Situation ist die Figur der hypothetischen Einwilligung aus denselben Gründen unnötig und daher abzulehnen. Die einzige „Nische“, die die hypothetische Einwilligung wohl für sich beanspruchen könnte, wäre Therapie unter Nutzung des Placebo Effekts, sofern dies nicht dazu führt, dass der Patient durch Vorenthaltung einer effektiven Behandlungsvariante Schaden erleidet.

III. Antizipierte Einwilligung: Die Patientenverfügung

1.) Die Patientenverfügung in § 1901a BGB

In eine gewisse Schnittstelle zwischen mutmaßlicher und tatsächlicher Einwilligung schlägt die Patientenverfügung als „antizipierte Einwilligung“. Aus paternalistischer Sicht stellt diese eine Kumulation der vorgestellten Prinzipien aber auch Probleme dar: Ein Entscheidungsfähiger trifft eine Entscheidung betreffend in der Zukunft liegende medizinische Eingriffe, die bei ihm in einem Zustand der Entscheidungsunfähigkeit durchgeführt oder nicht durchgeführt werden sollen. Unter Verweis auf die dargestellten Schwierigkeiten, die der einzelne bei der Bestimmung seiner zukünftigen Präferenz insbesondere in einem medizinischen Kontext hat, bedarf diese Konstellation einer genaueren Betrachtung, ob sie in ihren Institutionen und ihrer Durchführung im deutschen Recht ihren Zweck als Selbstbestimmungsinstrument durch Wahrung von Autonomie erreichen kann.[1317]

a.) Das Dritte Gesetz zur Änderung des Betreuungsrechts und seine Entstehung

Die Patientenverfügung hat durch das „Dritte Gesetz zur Änderung des Betreuungsrechts“[1318] seit dem 1.9.2009 mit § 1901a BGB Einzug in das deutsche Recht gefunden. Bereits davor war die Verbindlichkeit der Patientenverfügung durch die zivil- und strafrechtliche Rechtsprechung des BGH anerkannt.[1319] Sie richtet sich als Vorsorgeinstrument für den Fall der eigenen Handlungsunfähigkeit an zukünftige behandelnde Ärzte.[1320] Die Legaldefinition des

1317 Zur historischen Entwicklung der Patientenverfügung aus dem Institut des „Living Will“ im angloamerikanischen Recht Eisenbart, 29ff; ausführlich Füllmich, 45ff; siehe auch Wietfeld, 126.

1318 BGBl. 2009 I, 2286ff.

1319 Albrecht, Albrecht, 1.

1320 Schwab, in: MüKo,§ 1904 Rn. 20.

§ 1901a Abs. 1 S. 1 BGB versteht unter der Patientenverfügung eine schriftliche Erklärung, in der ein einwilligungsfähiger Volljähriger für den Fall seiner Einwilligungsunfähigkeit in bestimmte, zum Zeitpunkt der Festlegung noch nicht unmittelbar bevorstehende Untersuchungen seines Gesundheitszustandes, Heilbehandlungen oder ärztliche Eingriffe einwilligt oder sie untersagt.

b.) Entwicklung in der Rechtsprechung: Die Bluttransfusionsentscheidung des BVerfG

Ausschlaggebend für den Beginn der Debatte über die Patientenverfügung war die bereits zitierte Entscheidung des BGH zur Abgrenzung von aktiver und passiver Sterbehilfe.[1321] Erste Anzeichen für die Anerkennung von Patientenverfügungen durch die Rechtsprechung deutete die Bluttransfusion-Rechtsprechung des BVerfG an.[1322] In dem der Verfassungsbeschwerde zugrundeliegenden Sachverhalt ging es um eine entscheidungsunfähig gewordene Zeugin Jehovas, die vor Eintritt ihrer Entscheidungsunfähigkeit ihrer religiösen Überzeugung entsprechend Bluttransfusionen abgelehnt hatte. Ihr Ehemann, der nicht dieser Glaubensgemeinschaft angehörte, wurde wegen ihrer eingetretenen Entscheidungsunfähigkeit vorläufig zum Betreuer bestellt und veranlasste in dieser Funktion Bluttransfusionen, obwohl ihm und dem Betreuungsgericht ein „Dokument zur ärztlichen Versorgung" mit ihrem niedergelegten Willen vorgelegen hatte. Das BVerfG sah in der Betreuerbestellung des Ehemanns zunächst nur einen unmittelbaren Eingriff in die Entscheidungsfreiheit der Frau, jedoch nicht in ihre Rechte aus Art. 2 Abs. 2 GG. Ein solcher komme höchstens mittelbar in Betracht, ebenso wie ein Eingriff in ihre Rechte aus Art. 4 Abs. 1 und 2 GG. Dieser sei jedoch wegen Zweifeln an der Aktualität des Patientenwillens und wegen der vorzunehmenden Abwägung mit dem Recht auf Leben und dem Recht des Ehemanns und der Kinder aus Art. 6 GG verfassungsrechtlich nicht zu beanstanden.[1323] Insbesondere bei diesem Punkt verwies das Gericht darauf, dass die Missachtung des Willens sie noch nicht deshalb zum Objekt staatlichen Handelns mache, weil Mann und Kinder ein Interesse an ihrem Weiterleben haben, betont aber, dass dies vor allem auf der Unsicherheit der Aktualität des Willens im Rahmen der Verhältnismäßigkeitsprüfung Einschlag gefunden habe. Dem schloss sich in dem daran anknüpfenden Schadensersatzprozess

1321 BGH NJW 1995, 204.
1322 BVerfG NJW 2002, 206.
1323 BVerfG NJW 2002, 206, 207.

das OLG München an.[1324] Der an sich maßgebliche Patientenwille bedürfe in dem vorliegenden Zusammenhang einer Ergänzung und Korrektur. Das OLG stellte dabei maßgeblich auf die Interessen des Arztes ab. Wenn dieser selbst kein Zeuge Jehovas sei, könne er sich über den ausdrücklichen Willen des Patienten hinwegsetzen, denn nur weil ein Arzt die Behandlung in Kenntnis einer Verfügung übernimmt, mache ihn das nicht „zu einem willenlosen Spielball dieser Verfügung bar jeden ärztlichen Gewissens“[1325], der es gebiete, dass er „sich in jedem denkbaren Fall unter Ausschaltung seines Gewissens gleichsam maschinenhaft“[1326] daran zu halten habe. Es sei dem Zeugen Jehovas zumutbar, sich zu einem seine Überzeugung teilenden oder zumindest respektierenden Arzt zu begeben. Hingegen sei es dem „vertrauenswürdigen, christlichen Grundsätzen verpflichteten Arzt“[1327] nicht zuzumuten, sich bereits bei Annahme einer an sich unkomplizierten Behandlung mit möglichen zukünftigen Problemen auseinanderzusetzen, die sich bei möglicherweise später auftretenden Komplikationen aus der Ablehnung einer Bluttransfusion ergeben würden. In einer weiteren Entscheidung entschied erneut das OLG München sich gegen eine Einstellung der künstlichen Ernährung, obwohl dies dem Willen des Betreuten entsprach.[1328] Die Mitarbeiter des Heimes hatten die Ausführung der Anordnung des Betreuers verweigert, die dagegen gerichtete Klage wurde abgewiesen. Das OLG stützte sich dabei vor allem auf den Inhalt des Heimvertrags, der nur die Verpflichtung zur Pflege, nicht aber das Mitwirken am Tod umfasste. Dieser sei auch bei sich später änderndem Behandlungsinteresse des Patienten nicht einseitig änderbar. Das Gericht ging insofern davon aus, dass das Selbstbestimmungsrecht des Patienten durch den Vertrag wirksam eingeschränkt worden war. Zudem stehe die Selbstbestimmung in Konflikt mit den Rechten des Personals aus Art. 1, 2 und 4 GG und müsse denen gegenüber zurücktreten.

c.) Kritik in der Literatur

Die Entscheidung des BVerfG ist in der Literatur größtenteils kritisiert worden *Ohler und Weiß* kritisieren vor allem die Verhältnismäßigkeitsabwägungen bezüglich der Drittinteressen der Angehörigen.[1329] In seiner Anmerkung wirft

1324 NJW-RR 2002, 811, 811.
1325 OLG München NJW-RR 2002, 811, 812.
1326 OLG München NJW-RR 2002, 811, 812.
1327 OLG München NJW-RR 2002, 811, 812.
1328 OLG München NJW-RR 2003, 1743, 1744.
1329 Ohler, Weiß, 2002, 195.

Bienwald die Frage auf, ob in Anbetracht des offensichtlichen Interessenkonflikts des Ehemanns dessen Betreuerbestellung rechtens gewesen ist und ob es arztrechtlich nicht zu beanstanden gewesen wäre, dass der Arzt die Sache nicht an einen Kollegen abgegeben hat, der bereit war dem Willen der Betreuten zu folgen.[1330] Er verweist wie *Hessler* zudem darauf, dass durch das Bewirken des genauen Gegenteils dessen, was der Patient als seinen Willen geäußert hat, die durch das Betreuungsrecht bezweckte Wahrung der Selbstbestimmung des Betreuten und im weiteren Sinne auch die Patientenautonomie außer Kraft gesetzt würde, weil der ausdrückliche Wille der Patienten die Gerichte nicht von ihrer angestrebten Korrektur abhalten könnte.[1331] *Uhlenbruck* kritisiert unter Verweis auf die Rechtsprechung des OLG München, dass durch ein Abstellen auf den Heimvertrag als Begrenzung der durch die Patientenverfügung bezweckten Selbstbestimmung eine Ungleichbehandlung zwischen entscheidungsfähigen und nicht entscheidungsfähigen Patienten entstünde; das Heim dürfte also einen Patienten, der seinen Willen äußern kann, auch unter Berufung auf den Heimvertrag nicht gegen diesen Willen behandeln, hingegen soll der zuvor geäußerte Wille durch just diesen Heimvertrag eingeschränkt werden.[1332] Letztlich sei die Magensonde doch schon entgegen dem eigentlichen Willen des Patienten bei diesem angebracht worden, so dass daraus eigentlich eine Pflicht zum Entfernen folgen müsste, wenn der wahre oder mutmaßliche Wille des Patienten ermittelt worden ist.

d.) Die Patientenverfügung in der Zivilrechtsprechung: Die Lübecker Entscheidung des BGH

Die für die Zivilrechtsprechung maßgebliche Lübecker-Entscheidung[1333] des BGH nimmt dabei Bezug auf diese Entscheidung in Strafsachen. Dem Beschluss lag der Fall zugrunde, ob die Einwilligung eines Betreuers eines irreversibel nicht mehr entscheidungsfähigen Betreuten in den Abbruch der parenteralen Ernährung mittels Magensonde in entsprechender Anwendung des § 1904 BGB der betreuungsgerichtlichen Genehmigung bedürfe.[1334] Von dem Patienten wurde eine Patientenverfügung errichtet und das Betreuungsgericht bestellte seinen Sohn zum Betreuer u.a. für den Aufgabenkreis der Gesundheitssorge.

1330 Bienwald, FamRZ 2002, 314.

1331 Hessler, MedR 2003, 16; siehe auch Wietfeld, 150.

1332 Uhlenbruck, NJW 2003, 1712.

1333 BGH NJW 2003, 1588.

1334 Siehe auch Hager, 41; Albrecht, Albrecht, 7.

Nach etwa 16 Monaten des Komas beantragte der Sohn beim Betreuungsgericht die Einstellung der Ernährung zu genehmigen, da sein Vater die künstliche Ernährung in seiner Patientenverfügung ausgeschlossen hatte. Die Vorinstanzen hatten mangels eindeutiger gesetzlicher Grundlage den Antrag zurückgewiesen, das OLG Schleswig legte die Sache dem BGH nach § 28 Abs. 2 FGG vor. Während in ähnlichen Fällen das OLG Karlsruhe[1335] und das OLG Frankfurt[1336] eine analoge Anwendung des § 1904 BGB und damit eine Genehmigungsbedürftigkeit angenommen hatten, stützte sich der BGH bei seiner Entscheidung auf ein unabweisbares Bedürfnis des Betreuungsrechts. In seinem Leitsatz arbeitet der BGH heraus, dass lebenserhaltende oder –verlängernde Maßnahmen unterbleiben müssten, wenn dies dem zuvor geäußerten Willen des Patienten entspricht. Dies folge aus der Menschenwürde, die es gebiete, seine in einwilligungsfähigem Zustand ausgeübte Selbstbestimmung auch dann noch zu respektieren, wenn er zu eigenverantwortlichen Entscheidungen nicht mehr in der Lage ist. Nur wenn ein solcher ausdrücklicher Wille fehle, könne auf den mutmaßlichen Willen abgestellt werden.[1337] Bei Bestellung eines Betreuers müsse dieser dem Patientenwillen im Sinne des § 1901 BGB zur Geltung verhelfen, seine Einwilligung in eine ärztlich angebotene Maßnahme könne er jedoch nur mit Zustimmung des Betreuungsgerichts wirksam verweigern. Jedoch sei für eine Einwilligung des Betreuers und damit für eine Zustimmung des Betreuungsgerichts kein Raum, wenn der Arzt eine solche Behandlung aus Gründen fehlender Indikation, Sinnhaftigkeit oder sonstiger Unmöglichkeit nicht anbietet. Eine Analogie des § 1904 BGB scheitere an einer fehlenden planwidrigen Regelungslücke, weil der Gesetzgeber bei der Errichtung des Betreuungsrechts auch den Fall des Behandlungsabbruchs bedacht und trotzdem von einem Genehmigungserfordernis abgesehen habe. Bei § 1904 BGB gehe es um Einwilligungen in Maßnahmen, die unter Abwägung der Risiken der Wiederherstellung der Gesundheit dienen würden, während die Einwilligung in den Behandlungsabbruch auf die Beendigung des Lebens abziele. Diese habe eine andere Qualität und stünde damit nicht in einem quantitativen Vergleich mit der Behandlungsgenehmigung. Zudem gehe es bei der Einstellung der Lebenserhaltung nicht um ein ärztliches Tun, sondern ein ärztliches Unterlassen und genau genommen nicht um die Anordnung, sondern den Widerruf einer medizinischen Maßnahme. Bei Annahme der Regelungslücke müsse hingegen der Gesetzgeber eine entsprechende Regelung

1335 FamRZ 2002, 488.
1336 FamRZ 1998, 1137.
1337 BGH NJW 2003, 1588.

erlassen. Ansonsten bestünde die Gefahr, dass bei Nichtvorliegen eines geäußerten Willens und daher der Ermittlung des mutmaßlichen Willens die Entscheidung auf Sachverständige und den Richter vollends ausgelagert würde, was ein Abstellen auf „allgemeine Wertvorstellungen“ befürchten lasse.[1338]

> „Solche Kriterien dürften geeignet sein, die Meinung zu fördern, im Vormundschaftsrichter ‚den Richter über Leben und Tod‘ zu sehen oder ‚den Schritt in eine andere Republik‘ befürchten lassen. Ferner machte ein möglicherweise religiös oder sonst ethisch beeinflusstes ‚Kriterium‘ die Entscheidung des gesetzlichen – und damit unentrinnbaren – Richters unberechenbar.“[1339]

Mit Bestellung des Betreuers komme es zwar auf die mutmaßliche Einwilligung des Betreuten nicht mehr an, weil nun die tatsächliche Einwilligung des Betreuers eingeholt worden sei. Indes wirke die Selbstbestimmung des Patienten durch seine Patientenverfügung fort, so dass die Verweigerung des Betreuers diesem Willen entspricht. Es könne auch keinen Unterschied machen, ob es sich dabei um den Widerruf einer erteilten Genehmigung oder um die erstmalige Ausübung der Verweigerung handele, weil funktional zwischen dem Unterlassen der Genehmigung einer lebenserhaltenden Maßnahme und deren Widerruf kein Unterschied bestehe. Ansonsten liefe man Gefahr, dass bei betreuungsrichterlicher Kontrolle nur des Widerrufs es zu einer nur noch zögerlicheren Gebrauchnahme lebenserhaltender Maßnahmen komme. Auch entfalle das Erfordernis nicht wegen des höchstpersönlichen Charakters der Lebensbeendigung, da der Betreuer letztlich keine eigene Entscheidung treffe, sondern nur die bereits gefällte Entscheidung des Betreuten umsetze.[1340] Ein Entzug der Entscheidung auch über die lebensbeendende Maßnahme aus den Kompetenzen des Betreuers würde zudem dazu führen, dass dieser entweder auch gegen den Willen des Betreuten lebenserhaltende Maßnahmen anordnen müsste, oder aber die Entscheidung der Willensermittlung dem Arzt oder nahen Angehörigen übertragen würde. Eine solche Übertragung der Entscheidungsbefugnis vom gesetzlichen Vertreter auf Dritte wäre nicht mehr durch die Selbstbestimmung des Patienten gedeckt und könne zu Entscheidungskonflikten wegen Eigeninteresses führen. An die von der Rechtsprechung des BGH in Strafsachen aufgestellten Erfordernisse zur Zulässigkeit der „Sterbehilfe“ sei der Arzt über den Betreuer gebunden. Die Prüfung dieser Voraussetzungen sei dem betreuungsgerichtlichen Verfahren vorbehalten. Auch wenn eine Erklärung nicht vorliege, habe sich die Ermittlung

---

1338 BGH NJW 2003, 1588, 1589.
1339 BGH NJW 2003, 1588, 1589.
1340 BGH NJW 2003, 1588, 1590.

der Wünsche des Betreuten durch den Betreuer im Sinne des § 1901 Abs. 2 BGB zu dessen Wohl an den individuellen Vorstellungen des Betroffenen zu orientieren.[1341] Liege eine ausdrückliche Willensbekundung vor, verbiete sich daher ein Rückgriff durch den Betreuer auf den mutmaßlichen Willen des Betreuten, außer die aktuelle Sachlage erfasse den zuvor gefassten Willen nicht. Auch für die Feststellung der erschöpfenden Willensermittlung und wenn die erfasste Situation vorliege, sei das betreuungsgerichtliche Verfahren indes das richtige Forum. Letztlich sei der Arzt in dieser Konstellation nur durch seinen Heilauftrag gebunden, er könne also nicht zur Durchführung von Maßnahmen veranlasst werden, die aus medizinischer Sicht keine Indikationslage aufweisen.[1342] Diese Regeln der ärztlichen Kunst begrenzten auch das Betreuungsverhältnis, da der Betreute auch außerhalb der Betreuung keine anderen ärztlichen Leistungen beanspruchen könne. Die Frage der Indikation könne daher nur als Vorfrage geklärt werden, nicht jedoch für sich genommen losgelöst von der Prüfung des Betreuungsverhältnisses Gegenstand eines betreuungsrechtlichen Verfahrens sein. Das Verfahren könne auf diese Weise einerseits dem Schutzbedürfnis des Betreuten Rechnung tragen, andererseits verhindern, dass dem Betreuer schwerwiegende Entscheidungen allein aufgebürdet würden. Die Beschränkung auf Konfliktfälle diene auch dem Umstand, dass die Betreuungsgerichte nicht zu arztrechtlichen Revisionsinstanzen umfunktioniert würden, wozu ihnen schon die Kompetenz fehle.[1343] Praktische Folge dieser Rechtsprechung war also, dass der BGH eine betreuungsgerichtliche Genehmigung nicht nur bei Entscheidungen des Betreuers annahm, die das Leben des Patienten gefährdeten, sondern auch die verweigerte Zustimmung zu lebenserhaltendenden oder -verlängernden Maßnahmen des Betreuers richterlicher Kontrolle unterworfen hatte, ohne dabei auf eine analoge Anwendung des § 1904 Abs. 1 BGB zu rekurieren.[1344] So sei der „Schutz eines heilungsfähigen vor den Einsatz riskanter medizinischer Mittel… etwas völlig anderes als die medizinische Versorgung eines tödlich kranken Menschen. § 1904 BGB will… dem Betroffenen das Leben und Gesundheit erhalten, der geforderte Behandlungsabbruch will das Leben gerade beenden“[1345]. Auch hielten die Genehmigungsvorbehalte der §§ 1904 bis 1907 BGB keine allgemeinen Grundsätze zur Genehmigungspflicht, welche die Frage der

1341 BGH NJW 2003, 1588, 1591.
1342 BGH NJW 2003, 1588, 1593.
1343 BGH NJW 2003, 1588, 1594.
1344 Kaiser, in: Ratzel, Luxenburger, Rn. 527.
1345 BGH NJW 2003, 1588, 1591.

Lebensbeendigung entsprechend beantworten könnten. Die Genehmigungspflicht wird vielmehr im Wege der richterlichen Rechtsfortbildung aus einer Gesamtwürdigung des Betreuungsrechts hergeleitet und dem damit verbundenen „unabweisbaren Bedürfnis, mit den Instrumenten dieses Rechts auch auf Fragen im Grenzbereich menschlichen Lebens und Sterbens für alle Beteiligten rechtlich verantwortbare Entscheidungen zu finden.“[1346]

Durch den Verweis auf die dargestellte strafgerichtliche Rechtsprechung des BGH wird die Reichweite der Patientenverfügung an die Voraussetzungen der Sterbehilfe geknüpft. Das die Einwilligungsfähigkeit ausschließende Leiden muss also irreversibel sein und einen tödlichen Verlauf genommen haben, bei dem der Tod entweder in kurzer Zeit eintritt (passive Sterbehilfe) oder bei fehlender unmittelbarer Todesnähe eine besonders qualifizierte Einwilligung des Patienten vorliegt.[1347] Insbesondere diese Reichweitenbeschränkung wurde dahingehend kritisiert, dass es eine Prognose über den irreversiblen, tödlichen Krankheitsverlauf wohl nie mit hinreichender Wahrscheinlichkeit geben könne.[1348] Zudem wurde beanstandet, dass durch das Abstellen auf die Indikationslage und das tatsächliche Angebot der medizinischen Leistung die vom BGH aufgestellte Notwendigkeit betreuungsrichterlicher Kontrolle durch den Arzt umgangen werden könne.[1349] *Alberts* wirft zudem auf, dass unter der Prämisse, der Betreuer fälle mit der Verweigerung der Einwilligung keine eigene Entscheidung, sondern die Entscheidung für den Betreuten, konsequenterweise eine Überprüfung durch die Betreuungsgerichte nicht hätte stattfinden können, weil diese nur Entscheidungen des Betreuers selbst überprüfen könnten.[1350] Insgesamt wurde in der Entscheidung keine wesentliche Stärkung der Patientenautonomie oder der Rechtssicherheit gesehen, insbesondere weil der Umsetzung der Patientenverfügung die betreuungsrichterliche Kontrolle zwingend zwischengeschaltet wurde.[1351]

1346 BGH NJW 2003, 1588, 1591.

1347 Albrecht, Albrecht, 8f.

1348 Kutzer, ZRP 2003, 213; Höfling, Rixen, JZ 2003, 887; Saliger, MedR 2004, 237, 241.

1349 Saliger, MedR 2004, 237, 243.

1350 Alberts, BtPRax 2003, 140.

1351 Siehe ausführlich Wietfeld, 158; a.A. etwa Kaiser, in: Ratzel, Luxenburger, Rn. 528, der in der Entscheidung eine Stärkung der Patientenautonomie sah, da das Gericht die Entscheidung des Betreuers nur auf die Deckung mit dem Patientenwillen hin habe überprüfen können.

e.) Änderung des Betreuungsrechts als Reaktion auf die Rechtsprechung

Diese Umstände führten maßgeblich zum Zustandekommen des Änderungsgesetzes zum Betreuungsrecht. In der Diskussion zur Entstehung wurde verstärkt die Frage der Reichweitenbegrenzung aufgeworfen, also unter welchen Bedingungen die Patientenverfügung wirksam sein solle, also insbesondere auch unterhalb eines irreversiblen und tödlichen Verlaufs.[1352] Die dazu entwickelten Entwürfe rückten entweder mehr die Autonomie des Patienten oder aber den Lebensschutz in den Mittelpunkt.[1353] Während der *Bosbach-Entwurf*[1354] den Willen des Patienten nur als maßgeblich sah, wenn es sich um eine unheilbar tödliche Krankheit handelt oder aber mit an Sicherheit grenzender Wahrscheinlichkeit das Bewusstsein nicht wiedererlangt werden würde, sah der *Stünker-Entwurf*,[1355] der sich letztlich in modifizierter Weise durchgesetzt hat,[1356] keine Reichweitenbegrenzung vor und eine Genehmigung durch das Betreuungsgericht nur in besonders schwierigen Entscheidungen.

f.) Das Verhältnis der Patientenverfügung zur Patientenautonomie

Die Einordnung der Patientenverfügung im Sinne des § 1901a Abs. 1 BGB in die bisher dargestellte Dogmatik der Patientenautonomie bedarf aus mehreren Gründen einer genaueren Betrachtung. Zum einen schon deshalb, weil der Patient eine Entscheidung bezüglich einer zukünftigen Behandlung trifft, die über Leben und Tod entscheidet, in einer Situation, in der deren Eintritt und genaues Ausmaß für ihn noch nicht genau erkennbar ist und auch nicht unmittelbar bevorsteht. Zum anderen, weil sich in Anbetracht der dargestellten Rechtsprechung die Frage stellt, ob die gesetzlichen Anforderungen dem Ziel der Wahrung der Patientenautonomie gerecht werden können. Insbesondere weil es sich um einen Teil des Betreuungsrechts handelt, ist dort an die Interventionsmöglichkeiten nicht nur durch den behandelnden Arzt, sondern vor allem den Betreuer und das Betreuungsgericht zu denken. Nach den dargestellten Schwierigkeiten, die sich für den Patienten im Bereich der medizinischen Entscheidungsfindung ergeben, bedarf die Konstruktion einer solch antizipierten

1352 Albrecht, Albrecht, 11.
1353 Zu den Entwürfen Ausführlich Müller, ZEV 2008, 583 und Albrecht, Albrecht, 12f.
1354 BT-Drucks. 16/11360.
1355 BT-Drucks. 16/8442.
1356 Protokoll des Deutschen Bundestages, 16. Wahlperiode, 227. Sitzung, 18. Juni 2009, 25124.

Entscheidung über ärztliche Maßnahmen nach Eintritt der Einwilligungsunfähigkeit eines gewissen Begründungsaufwandes.[1357]

g.) Rechtsnatur der Patientenverfügung

Welche Rechtsnatur die Patientenverfügung hat, ist in der Rechtslehre zwar umstritten, der Streit knüpft aber im wesentlichen an die bereits dargestellte Einordnung der Einwilligungserklärung selbst an, so dass sich der Streitstand im Ergebnis an den dazu etablierten Ergebnissen orientiert und wohl überwiegend der Patientenverfügung dieselbe Rechtsnatur zugeordnet wird, wie der grundsätzlichen Einwilligung in ärztliche Heilbehandlungen[1358] und wohl von einer Einordnung der Einwilligungserklärung als rechtsgeschäftsähnliche Handlung ausgeht.[1359] Daher kann an dieser Stelle auf die bereits erörterten Ergebnisse der Einordnung der Einwilligungserklärung verwiesen und festgestellt werden, dass es sich bei der Patientenverfügung um faktisches Handeln ohne eigenen originären rechtsgeschäftlichen Charakter handelt,[1360] welches durch die Normen des Betreuungsrechts bestimmte Rechtsfolgen für Dritte begründet.[1361]

2.) Voraussetzungen der Patientenverfügung

a.) Keine Notwendigkeit ärztlicher Aufklärung

Die Anforderungen, die § 1901a BGB an die wirksame Errichtung der Patientenverfügung stellt, sind Volljährigkeit und Schriftform. Aus der Formulierung, dass der Betreuer nur noch das Vorliegen der in der Patientenverfügung angegebenen Situation zu prüfen und so dann dem Willen des Betreuten Ausdruck und Geltung zu verschaffen hat, ist wohl eindeutig zu entnehmen, dass sich der Gesetzgeber von einer unmittelbaren Geltung der Patientenverfügung ausgeht. Der Betreuer hat also bei Vorliegen der Voraussetzungen keinen eigenen Ermessenspielraum und wird direkt durch die Verfügung gebunden.[1362]

1357 Loer, in: Jürgens, §1901a BGB, Rn. 2.

1358 Stürner, in Jauernig, §§1937–1941, Rn. 2; Wagenitz, FamRZ 2005, 671.

1359 etwa Holzhauer, FamRZ 2006, 519, Nachweise in Fn. 19.

1360 Hohmann, in: Barta, Kalchschmid, 163.

1361 So sehen die Patientenverfügung (allerdings noch vor der Gesetzesänderung) im Ergebnis ebenfalls nicht als (verbindliche) Rechtsakte etwa Laufs, NJW 1998, 3400; ders., NJW 1999, 1762; Spickhoff, NJW 2000, 2302.

1362 Loer, in: Jürgens, §1901a BGB, Rn. 2; Kieß, in: Jurgeleit, Betreuungsrecht, §1901a BGB Rn. 39; BGH BtPRax 2010, 226.

In Anbetracht des Aufklärungserfordernisses erscheint eine derart weitreichende antizipierte Einwilligung jedoch nicht unproblematisch. Denn wenn man die Patientenverfügung als Teil der Patientenautonomie betrachtet und antizipiert in eine ärztliche Heilbehandlung eingewilligt bzw. deren Unterlassen verbindlich festgelegt werden soll, so ist könnte dies in einem Widerspruch zu dem Prinzip des *informed consent* stehen. Eine vorherige ärztliche Aufklärung ist nämlich ausdrücklich nicht vorgesehen, was auch dem Willen des Gesetzgebers entspricht. Man ging zwar davon aus, dass eine solche „vielfach hilfreich" sein könne,[1363] sie müsse aber weder zwingend durchgeführt werden, noch müsse sie von einem Arzt vorgenommen werden.[1364] So könne sich der Patient auch durch kirchliche Seelsorger, Interessenverbände oder Selbsthilfegruppen beraten lassen, jedenfalls ist ein entsprechender Gesetzesentwurf nicht verabschiedet worden, der eine ärztliche Aufklärung vorgeschrieben hätte.[1365] Dies wird teilweise wegen der Tragweite der Entscheidung und deren unbedingter Bindungswirkung kritisiert, etwa von *Kieß*, der das Problem vor allem in den vielen frei verfügbaren und formularmäßig vorformulierten Verfügungen sieht.[1366] *Bobbert* stellt ebenfalls auf das ansonsten unterlaufene Einwilligungserfordernis ab und verweist darauf, dass Patienten in aller Regel äußerst begrenzte Kenntnis über Paliativmedizin.[1367] Bei diesem Kenntnisstand wäre eine Einwilligung in eine Behandlung bei Vorliegen von Einwilligungsfähigkeit wohl abzulehnen. Ebenso knüpft *Spickhoff* an das Aufklärungserfordernis im Behandlungsvertrag an und meint, dass der Arzt, wenn er in diesem Fall schon über die Folgen des Behandlungsabbruchs aufklären muss, dies erst recht geltend müsse, wenn es um irreversible Fragen der Lebensverlängerung und –verkürzung ginge.[1368] Zudem wirft er die Frage auf, dass sich, wenn bei der Patientenverfügung aufzuklären sei, die Frage stelle, ob dies der Arzt vorzunehmen habe, der Rechtsberater, oder beide zusammen. *Albrecht und Albrecht* werfen zwar das Problem auf, dass der Patient insbesondere zukünftige lebenserhaltende Methoden der Behandlung nicht abschätzen könne, geben aber zu bedenken, dass die Ablehnung einer ärztlichen Maßnahme auch nicht von einer Aufklärung abhängig sei und der Patient zudem auch bei der Vornahme einer ärztlichen Behandlung ausdrücklich auf

---

1363 BT-Drucks. 16/13314, 19.
1364 Kieß, in: Jurgeleit, §1901a BGB, Rn. 18.
1365 Entwurf §1901b Abs. 2 S. 1 Nr. 1 BGB BT-Drucks. 16/11360, 4.
1366 Kieß, in: Jurgeleit, §1901a BGB, Rn. 19.
1367 Bobbert, in: Düwell/Steigleder, 315f.
1368 Spickhoff, NJW 2001, 1765.

die Aufklärung verzichten könne.[1369] Ähnlich argumentieren *Baumann* und *Keilbach*, die auf die Aufklärung als Wirksamkeitsvoraussetzung der Einwilligung als Rechtfertigung der Rechtsgutsverletzung durch die ärztliche Behandlung verweisen, die jedoch bei einem durch die Patienten aufgestellten Behandlungsverbot gerade nicht maßgeblich sei.[1370]Aus diesen Gründen sieht auch *Eberbach* das Aufklärungserfordernis bei Errichtung der Patientenverfügung als mit dem Selbstbestimmungsrecht unvereinbar.[1371] In diesem Kreis der antizipierten Einwilligung bewegt sich auch die Frage der Geltungsdauer.[1372] So werfen etwa *Milzer* und *Hager* auf, dass Entscheidungen und Wertzuordnungen einem stetigen Wandel unterzogen seien und ob eine periodische Erneuerung daher nicht sinnvoll sei.[1373] *Eberbach* hält dem entgegen, dass doch gerade Sinn der Patientenverfügung sei, einen zukünftigen Sachverhalt zu regeln, in dem man nicht mehr entscheidungs- oder handlungsfähig ist, diese unbeschränkte Zeitdauer entspreche daher gerade ihrem Wesenszweck und Sinn.[1374] Der Gesetzgeber hat eine Geltungsdauer zumindest diskutiert, von einer Übernahme jedoch abgesehen.[1375] Ein letzter wichtiger Punkt betrifft die Frage, ob die Patientenverfügung auch direkte Wirkung gegenüber dem behandelnden Arzt entfaltet.

b.) Das fehlende Aufklärungserfordernis als Problem für die Selbstbestimmung?

Diese Problemdarstellung wirft die Frage auf, ob eine derart weitreichende antizipierte Einwilligung in zukünftige ärztliche Maßnahmen nicht aus rechtspaternalistischer Sicht Bedenken begegnen müsste. Es ließe sich an dieser Stelle sagen,

---

1369 Albrecht, Albrecht, 35.

1370 Baumann, Hartmann DNotZ 2000, 607f; Keilbach, FamRZ 2003, 972.

1371 Eberbach, in: Wienke, Lippert, 34 Rn. 5.3.

1372 Als kurzer Ausblick wird auf § 7 Patientenverfügungs-Gesetz Österreichs verwiesen, welcher nicht nur die ärztliche Aufklärung vorschreibt, sondern die Patientenverfügung zeitlich auf fünf Jahre begrenzt, von der der Patient nur nach unten abweichen kann:

> „Eine Patientenverfügung verliert nach Ablauf von fünf Jahren ab der Errichtung ihre Verbindlichkeit, sofern der Patient nicht eine kürzere Frist bestimmt hat. Sie kann unter Einhaltung der Formerfordernisse des §6 nach entsprechender ärztlicher Aufklärung erneuert werden; damit beginnt die Frist von Fünf Jahren neu zu laufen."

1373 Hager, 15; Milzer, NJW 2004, 2277f.

1374 Eberbach, in: Wienke, Lippert, 34 Rn. 5.1., 5.2.

1375 BT-Drucks. 16/8442, 14.

dass der Abstraktionsgrad einer solchen Entscheidung schlicht zu hoch sei, als dass er dem Patienten ohne weitere Überprüfung oder Aufklärung eingeräumt werden könnte. Stellt man auf die „gewöhnliche" Behandlungssituation zwischen Arzt und Patient ab, so lässt sich zunächst sagen, dass auch hier in einem gewissen Rahmen Einwilligungen erteilt werden, die über die Möglichkeit der Einflussnahme des Patienten hinausgehen und zukünftige Behandlungen mit erfassen. So verweist *Eisenbart* darauf, dass grundsätzlich jede Einwilligung in ärztliche Behandlungen ein antizipatorisches Element enthält, was besonders bei Operationen unter Vollnarkose deutlich wird.[1376] Die zuvor abgegebene Einwilligung solle doch gerade diesen Zustand der Handlungsunfähigkeit überbrücken. Mit *Deutsch* ist daher auch anzumerken, dass sich mit daraus das strafrechtliche Rechtfertigungselement der Einwilligung ergibt, die im konkreten Zeitpunkt der Behandlung vorliegen muss.[1377] Daraus ergibt sich schließlich auch die bereits dargestellte Problematik der mutmaßlichen Einwilligung bei unvorhergesehenen Operationserweiterungen. Für vorhersehbare, d.h. mit gewisser Wahrscheinlichkeit notwendig werdende Operationserweiterungen, kann die Einwilligung des Patienten auch vorher eingeholt werden, auch wenn deren Eintritt noch nicht sicher feststeht. Auch hier wird dem Patienten also eine Prognose über seine Entscheidung abverlangt, die er für den Fall des Eintritts eines Umstandes, in dem er nicht mehr einwilligungsfähig ist, zu treffen hat. Die Patientenverfügung unterscheidet sich also demnach von der eigentlichen Einwilligung nur in ihrer Reichweite, sowohl zeitlich als auch auf die Behandlungsformen bezogen. Daraus ergibt sich ebenfalls, dass die Patientenverfügung die gleiche Rechtsnatur wie die Einwilligungserklärung aufweisen muss. *Schöllhammer* verweist auch zutreffend darauf, dass es dabei nicht primär um die Prognose medizinischer Abläufe geht, sondern welche individuelle Bedeutung die Konsequenzen der Behandlung und Nichtbehandlung für den Patienten hat.[1378] Dies ist unter Verweis der bisherigen Einordnung des Einwilligungserfordernisses, welches sich an der individuellen Werteordnung des Patienten und gerade nicht an der objektiven medizinischen Indikationslage oder abstrakter „Vernunft" orientiert, nur folgerichtig. Das deutsche Recht erkenne auch, so *Deutsch*, in genügend anderen Situationen den Fortbestand eines früher geäußerten Willens an, bis dieser widerrufen wird.[1379]

1376 Eisenbart, 126; ebenso Schöllhammer, 100; Rickmann, 144; Deutsch, NJW 1979, 1907.

1377 Deutsch, NJW 1979, 1907.

1378 Schöllhammer, 100.

1379 Deutsch, NJW 1979, 1906.

Indes sind die Verweise auf die Möglichkeit der Errichtung eines Testaments, §§ 2064 BGB[1380] oder die Organspende keine tauglichen Anknüpfungspunkte. Sie betreffen zwar durchaus den Tod des Äußernden, sollen aber gerade erst nach dessen Eintritt eingreifen, nicht über die Frage entscheiden, ob er bei Entscheidungsfähigkeit in etwas eingewilligt hätte. Der Fall, der von der Antizipation erfasst werden soll, ist bereits vollständig und unwiederbringlich eingetreten. Die Entscheidung zur Organspende oder zum Testament betrifft daher grundlegend nicht die zukünftige Verwirklichung eigener Interessen, sondern dient dem Interessenschutz Dritter. Die Grenze im Bereich der Heilbehandlung liege nach *Deutsch* jedoch in ihrer Aktualität, etwa wenn eine Operation, in die eingewilligt wurde, nicht zustande kommt, so sei ein Berufen bei einer erneuten Operation auf die einstmals erteilte Einwilligung nicht möglich.[1381] Wenn das Recht nun aber antizipierte Einwilligungen zur Durchführung von Heilbehandlungen anerkenne, so müsse man konsequenterweise auch die antizipierte Ablehnung solcher Behandlungen zulassen.[1382] Die Frage ist also nicht, ob eine solche antizipierte Entscheidung überhaupt möglich ist, sondern nur, welche Anforderungen an die Wirksamkeit zu stellen sind.[1383] Auf ein rein zeitliches Element kann es also nicht ankommen.[1384] Maßgeblich kann also nur die Frage sein, ob der Betroffene ob der Ungewissheit des Eintritts und der noch nicht exakt bestimmbaren Maßnahmen überhaupt abstrakt einwilligen kann.

Rickmann folgert aus dem Umstand, dass derjenige, der in Todesgefahr schwebt, oft erstaunt über seinen Überlebenswillen sei und möchte daran anknüpfend zu dem Ergebnis kommen, dass ohne konkrete Todeserfahrung die Entscheidungsfähigkeit und -möglichkeit unabhängig von den intellektuellen Fähigkeiten ausschließe.[1385] Nur so könne diese Erfahrung mit der eigenen Wertvorstellung und Leidensfähigkeit in ein korrektes Verhältnis gesetzt werden.[1386] *Schöllhammer* stimmt zwar insoweit zu, als dass eine Auseinandersetzung mit dem Tod eine Voraussetzung der Entscheidungsfindung ist, wirft aber auf, dass ohne Patientenverfügung entweder der Betreuer oder der Arzt zu entscheiden hätten und dass diese, selbst eine solche Todeserfahrung unterstellt, diese nicht ohne weiteres auf den Betreuten übertragen können.[1387]

1380 Wietfeld, 170.
1381 Deutsch, NJW 1979, 1906.
1382 Deutsch, NJW 1979, 1908.
1383 Schöllhammer, 100.
1384 Wietfeld, 171; Eisenbart, 126; W. Lange, 75f.
1385 Rickmann, 169 m.w.N.; 162, 171.
1386 ebenso Schöllhammer, 101.
1387 Schöllhammer, 102.

„Inwieweit dieser der subjektiv gefärbten und individuellen hypothetischen Entscheidung des Patienten näher als die Prognose des Betroffenen selbst kommen kann, erscheint äußerst fraglich. Sowohl Betreuer wie Arzt müssen nicht unbedingt selbst bisher persönliche Erfahrungen mit dem Tod gehabt haben. Die beruflich begründete Erfahrung des Arztes mit dem Sterben von Patienten ist keineswegs vergleichbar mit der, die aus der Konfrontation mit dem eigenen Tod oder dem Tod naher Angehöriger entsteht. Im Übrigen rechtfertigt die Eigenbetroffenheit des entscheidungsberechtigten Dritten wegen der gerade auch in diesem Bereich gegebenen Individualität jedes Menschen keineswegs den Schluß darauf, daß der Betroffene genauso entscheiden würde. Daß sich ein Dritter durch abstrakt-logische Überlegung regelmäßig besser in die Situation des Betroffenen hineinversetzen kann, als es diesem selbst in einer antizipierten Entscheidung möglich ist, kann keineswegs angenommen werden. (...) Würde man in dieser Situation auf das abstellen, was das objektive – nach dem gesellschaftlichen Üblichen definierten – Interesse des Patienten darstellt, so bliebe die Individualität des Patienten unberücksichtigt."[1388]

Von Dellingshausen und *Rickmann* fordern eine solche Todeserfahrung jedoch dann nicht, wenn der Betroffene zu einem späteren Wechsel nicht mehr in der Lage ist, weil er dauerhaft handlungsunfähig geworden ist.[1389] Damit dürfte diese Ansicht jedoch weitestgehend gegenstandslos werden, wenn man bedenkt, dass die Patientenverfügung gerade diese Fälle erfassen soll. Dennoch muss wegen der Hochrangigkeit der mit Art. 2 Abs. 2 GG betroffenen Rechtsgüter berücksichtigt werden, dass die Entscheidung des Patienten in jedem Fall – unabhängig davon, wer nun als Adressat in Frage kommt – einer konkreten Umsetzung bedarf, wenn ihre Voraussetzungen eintreten.[1390] In eine ähnliche Richtung geht daher eine Ansicht, die generell darauf abstellt, dass der Betroffene die spezifische Behandlungssituation, in der er sich noch nie befunden hat, auch nicht zutreffend beurteilen und darauf aufbauend eine für Dritte verbindliche Entscheidung treffen könne.[1391] *Spann* meint, da es niemals gelingen könne den Willen eines Bewusstlosen zu ermitteln, verbleibe nur die Möglichkeit aus vergleichbaren Verläufen des täglichen Lebens Analogien zu ziehen.[1392] Für ihn bieten sich als Vergleichsgruppe erfolglose Suizidenten an, bei denen sich ergebe, dass sich ein einmal gefasster Todeswunsch rückblickend nicht immer aufrecht erhalten bleibe. Er stellt maßgeblich auf die klinische Erfahrung ab, nach der

1388 Schöllhammer, 102.

1389 V. Dellinghausen, 371; Rickmann, 179.

1390 Wietfeld 172; Schreiber, FS Deutsch, 782; Albers, MedR 2009, 140.

1391 Spann, MedR 1983, 15; Sahm, ZfL 2005, 51; Landau, ZRP 2005, 50, 52; Student, ZfL 2007, 91.

1392 Spann MedR 1983, 14.

Menschen sich im Angesicht des Todes entgegen zuvor geäußerten Willens für Lebenserhaltung entscheiden würden. Eine derart antizipierte Lebensaufgabe widerspreche dem potenziellen Lebenswillen in solche Situationen. *Uhlenbruck* lehnt diese Auslegung jedoch mit der Begründung ab, dass die Situation mit dem Suizidenten, der später seinem Retter dankbar ist, mit den von der Patientenverfügung erfassten Situationen nicht vergleichbar sei.[1393] Es ging dabei vor allem um Situationen irreversibler Schädigungen, in denen der Betroffene gerade nicht wieder jemals zur Handlungsfähigkeit zurückkehren könne. Beim Patienten komme es zu der Kollision zweier Grundrechte, dem Recht auf Leben und dem Selbstbestimmungsrecht, dem der Vorzug einzuräumen sei.[1394]

c.) Die Patientenverfügung als Erweiterung der Einwilligungserklärung

Stellt man, wie vertreten, darauf ab, dass es sich bei der Patientenverfügung nur um eine Erweiterung der Einwilligungserklärung handelt, so kann man nur zu dem Ergebnis kommen, dass Einwendungen, die sich gegen die abstrakte Entscheidungsfähigkeit des Patienten stellen, schon aus Gründen der Selbstbestimmung aus Art. 2 Abs. 2 GG nicht haltbar sind. Der Einwand, aufgrund mangelnder Erfahrung oder Auseinandersetzung nicht zu einer Entscheidung in der Lage zu sein, liefe auf die bereits vielfach kritisierte Heranziehung eines objektiven Verkehrsmaßstabes hinaus, ab welchem Zeitpunkt jemand dazu in der Lage ist, eine die Lebensbeendigung betreffende Maßnahme zu bestimmen. Würde man diesen Maßstab anlegen, so wäre wohl jede Form der menschlichen Entscheidungsfindung, die nicht auf Erfahrungen erster Hand basiert und daher eine Prognose darstellt, der Befugnis des einzelnen entzogen. Es gibt jedoch keine Anhaltspunkte dafür, dass die Selbstbestimmung eine genaue Kenntnis zukünftiger Ereignisse voraussetzt, oder dass die Bewertung anhand der eigenen Nutzenordnung die vergangene Erfahrung eines Ereignisses benötigt.[1395] Insbesondere weil der § 1901a Abs. 1 BGB die Patientenverfügung an die Volljährigkeit knüpft, muss sich das Gesetz an der Vermutung, dass Erwachsene in der Regel unbeschränkt selbstbestimmungsfähig sind, festhalten lassen. Die Situation ist auch nicht mit dem erfolglosen Suizidenten vergleichbar, der in Rückschau das Einschreiten billigt. Wie bereits dargestellt unterscheidet sich die Situation der „passiven Sterbehilfe“ dadurch, dass die Grundlage einer autonomen Betrachtung, die Einsichts- und Handlungsfähigkeit, in dieser Situation

---

1393 Uhlenbruck, MedR 1983, 17; ders., MedR 1992, 135.
1394 Uhlenbruck, MedR 1992, 135.
1395 Taupitz, FG BGH, 518.

nicht vorliegt und in den meisten Fällen auch nicht wieder hergestellt werden wird. In den letzteren Fällen hat der Patient also ohnehin kein „Interesse“ mehr, das durch seine Patientenverfügung zur Einstellung oder Weiterführung der Behandlung betroffen werden kann. Mag er auch weiterhin Grundrechtsträger des Rechts aus Art. 2 Abs. 2 GG sein, ist er in dessen Betätigung und damit seiner Autonomie selbst dauerhaft gehindert. In Fällen, die noch keinen zwingend tödlichen Verlauf genommen haben, mag dies nicht zutreffen. In solchen Fällen hat der Patient jedoch die abstrakte, nicht auf medizinischer Einsicht und Expertise beruhende Gewissensentscheidung aufgrund seiner eigenen Abwägung zwischen Leben, Tod und der eigenen Handlungsfähigkeit getroffen, über die ihn an sich niemand aufklären kann. Die Frage ist auch, was die Alternative wäre. Selbst wenn man davon ausginge, dass die eigene Entscheidung in dieser Hinsicht genauso fremd sein soll wie die eines Dritten, wird sie nicht unter „rationalen“ Bedingungen gefällt, so lässt sich daran immer noch nicht festmachen, warum die Fremdbestimmung maßgeblich sein soll. Dass es auf das Wohl des Betreuten ankommt, ergibt sich aus § 1901 Abs. 2, 3 BGB. Die Auslegung der Norm ergibt jedoch, dass das Wohl des Betreuten nach ganz herrschender Meinung anhand der subjektiven Vorstellungen, Wünsche und Interessen des Betreuten auszurichten ist.[1396] Dem Betreuer steht bei Volljährigen auch gerade kein Erziehungsrecht zu. Auch hier kann ein Vergleich mit einer Einwilligung in eine konkrete Maßnahme Erkenntnisse bringen. Denn der Patient kann eine Aufklärung selbstbestimmt ablehnen und dabei kann wahrlich nicht die Rede davon sein, dass er seine Entscheidung auf Grundlage der Kenntnis aller Umstände getroffen hat.[1397] Im Grunde verweist *Heyers* zutreffend darauf, dass die Fähigkeit über über Leben und Tod zu entscheiden, wenn man sie vollkommen aus der menschlichen Kognition mangels Begreifbarkeit ausklammert, auch nicht im Fall anderer Gesundheitsentscheidungen angenommen werden kann.[1398] Zu den Grenzen der Verfügungsbefugnis des Einzelnen kann dabei auf die bisher etablierten Ergebnisse zur rechtlichen Einordnung der Selbsttötung verwiesen werden.

Die Entscheidung des Patienten ist daher, wie sich aus § 1901a Abs. 1 BGB ergibt, zunächst einmal umfassend zu berücksichtigen und kann nicht allein aufgrund von Umständen der Entscheidungsbefugnis des Patienten abgelehnt werden. Da sie den Fall der Handlungsunfähigkeit betrifft, ergibt sich aus der

1396 Kieß, in: Jurgeleit, § 1901 BGB, Rn. 29ff.

1397 Wietfeld, 174.

1398 Heyers, 111.

Natur der Sache, dass der Patient im Falle des Eingreifens der Patientenverfügung nicht mehr dazu in der Lage ist, den zuvor gefassten Willen in die Tat umzusetzen. Ist ein Betreuer gemäß § 1896 Abs. 1 BGB bestellt, so obliegt dem Betreuer gem. § 1901a Abs. 1 BGB nach dem Willen des Gesetzgebers die Prüfung, ob die durch die Patientenverfügung festgelegte Behandlungssituation der in Frage stehenden konkreten Situation entspricht, wobei alle Aspekte zu berücksichtigen seien, die sich aus der aktuellen Lebens- und Behandlungssituation ergeben.[1399] Wenn man wie hier vertreten davon ausgeht, dass es sich bei der Patientenverfügung um eine besondere Erscheinungsform der Einwilligung in ärztliche Heilbehandlungen handelt, kann Anknüpfungspunkt also nicht eine Diskussion um die Zuweisung der Entscheidungsbefugnis an den Betroffenen sein sondern die Frage, ob und inwieweit sich diese antizipierte Einwilligung an den etablierten Kriterien des *informed consent* bemessen lassen muss.

d.) Das Kriterium der Volljährigkeit

In diesem Zusammenhang ist es jedoch zu beachten, dass der Gesetzgeber in § 1901a Abs. 1 BGB die Wirksamkeit der Patientenverfügung an das Erfordernis der Volljährigkeit geknüpft hat.[1400] Darin ließe sich durchaus der Wille des Gesetzgebers sehen, die Einwilligungsfähigkeit Minderjähriger in ärztliche Behandlungen generell auszuschließen und damit eine Gleichstellung mit der Geschäftsfähigkeit zu erreichen. Dies würde zudem bedeuten, dass sich der Gesetzgeber der Rechtsgeschäftstheorie wieder angenähert hätte. Dem kann man indes schon mit dem Argument entgegentreten, dass der Gesetzestext selbst von einem „einwilligungsfähigen Volljährigen“ ausgeht. Diese Doppelung wäre sinnlos, würde der Gesetzgeber die Einwilligungsfähigkeit mit der Geschäftsfähigkeit gleichstellen, da jeder Volljährige grundsätzlich die Vermutung der Geschäftsfähigkeit für sich beanspruchen kann. Dennoch ließe sich argumentieren, dass der Gesetzgeber auf diese Weise bezüglich der Einwilligungsfähigkeit abschließend Stellung beziehen will. Denn das BVerfG räumt dem Gesetzgeber etwa im Rahmen der Testamentserrichtung ein Ermessen ein, die Voraussetzungen festzulegen, unter denen die erbrechtliche Selbstbestimmungsfähigkeit typischerweise fehlt.[1401]

Wenn nun der Gesetzgeber die Vermutung der Einwilligungsfähigkeit an die Volljährigkeit klammert, so bedeutet dies jedoch nicht zwingend einen

1399 BT-Drucks. 16/8442, 14.

1400 Kritisch Spickhoff, FamRZ 2009, 1951; Renner, ZAP 2009, 1078.

1401 BVerfGE 99, 341, 352.

Ausschluss der Einwilligungsfähigkeit Minderjähriger im Allgemeinen. Ein gewichtiger Unterschied zur Einwilligung in eine ärztliche Maßnahme ergibt sich bei der Patientenverfügung schon daraus, dass gerade keine ärztliche Aufklärung zu einer konkreten Behandlung stattfindet und daher die individuelle Ermittlung der Einsichtsfähigkeit zum Entscheidungszeitpunkt nicht stattfinden kann. Sie müsste bei dem Minderjährigen ex-post stattfinden. Vor der Ermittlung des (mutmaßlichen) Willens müssten Betreuer und Arzt also eine Ermittlung der „mutmaßlichen Einwilligungsfähigkeit" vornehmen, wofür wohl noch bedeutend weniger Anhaltspunkte zu ermitteln wären, als es bei dem mutmaßlichen Willen der Fall sein kann. Nachdem jedoch festgestellt wurde, dass es gerade keiner ärztlichen Aufklärung und erst recht keiner Erfahrung mit dem Tod bedarf, um eine Patientenverfügung wirksam zu errichten, erscheint ein Verweis auf die fehlende Lebenserfahrung Minderjähriger zur Begründung wenig tauglich.[1402] Auf die fehlende Vorstellungsfähigkeit abzustellen kann ebenso wenig ausreichen, da diese beim Volljährigen ebenfalls nicht erforderlich ist. In Anbetracht der zur Einwilligung Minderjähriger dargestellten Rechtsprechung und Literatur erscheint es zumindest fragwürdig, warum der Gesetzgeber das Errichten einer Patientenverfügung durch Minderjährige kategorisch ausschloss. So verweist *Neuner* darauf, dass der Gesetzgeber die Patientenverfügung auch hätte an die Einwilligung der gesetzlichen Vertreter knüpfen können.[1403] Dies ist jedoch insofern kritisch zu betrachten, als dass die Patientenverfügung vor Fremdbestimmung schützen soll. Es wäre bei einer mit den Eltern errichteten Verfügung wohl nie auszuschließen, dass der Minderjährige diese nur unter Aufzwängen der elterlichen Wertvorstellungen aufgesetzt hat, ein entgegenstehender Wille demnach nie zu Papier gebracht worden wäre. Dadurch wäre nichts gewonnen, weil die Überzeugung der Eltern sich sowieso durchsetzt, wenn sie bei Einwilligungsunfähigkeit oder Handlungsunfähigkeit zu entscheiden haben. Auch eine Beschränkung, wie *Wietfeld* sie vorschlägt, auf Fälle, in denen es nicht um lebensbeendende Maßnahmen geht, wäre im Ergebnis wohl sinnlos, weil die Patientenverfügung letztlich vor allem für solche Fälle maßgeblich errichtet wird.[1404] Er schlägt jedoch als Lösungsinstrument vor, bei Minderjährigen solle eine vorherige ärztliche Untersuchung verpflichtend sei, so dass der Arzt die Einsichtsfähigkeit des Minderjährigen bestimmen und festhalten könne. Im Ergebnis wird man aber auch in diesem Kontext die elterliche

---

1402 So aber Wietfeld, 234.

1403 Neuner, in: Albers, 126.

1404 Wietfeld, 236.

Einflussnahme über das normale Maß hinaus wohl nie ganz ausschließen können, so dass sich die Möglichkeit entsprechend *Spickhoffs* Vorschlag, eine von Minderjährigen errichtete Patientenverfügung sei zwar nicht wirksam im Sinne des § 1901a Abs. 1 BGB, könne aber zumindest bei der Ermittlung des mutmaßlichen Willens, § 1901a Abs. 2 BGB eine Hilfestellung sein, die vor allem eine Überprüfbarkeit durch Dritte möglich machen, am interessengerechtesten darstellt.[1405] Es sei dazu gesagt, dass in der Medizin die Bereitschaft, Patientenverfügungen in der Pädiatrie anzuerkennen, durchaus zu bemerken ist. So können *Jox et. al.* eine erste Studie vorweisen, die darauf hinzuweisen scheint, dass Kinderärzte gegenüber dem Einsatz von Patientenverfügungen positiv eingestellt zu sein scheinen, allerdings noch weitere rechtliche, ethische und palliativmedizinische Kenntnisse benötigten, um diese effektiv nutzbar zu machen.[1406] Allerdings sei zu beobachten, dass Ärzte bei in Patientenverfügungen, in denen lebensverlängernde Maßnahmen angeordnet würden, diesen auch folgen würden, indes aber nur ein geringer Teil dies auch bei Verzicht auf künstliche Ernährung täten.[1407] *Jox et al* führen dies darauf zurück, dass „die Ärzte durch die in der Gesellschaft tief verwurzelten Ängste vor dem ‚Verhungern-' und ‚Verdurstenlassen' geprägt" seien, weil „Ernährung als Ausdruck von Zuneigung, Zugehörigkeit und Verantwortlichkeit in der Kinderheilkunde einen noch größeren Stellenwert besitzt... als in der Erwachsenenmedizin. Künstliche Ernährung und Flüssigkeitszufuhr wird daher oft als pflegerische Basisversorgung aufgefasst, die als mitmenschliche Tat nicht zur Disposition steht."[1408]

e.) Die Kongruenzprüfung in § 1901b BGB

Die Regelung der Patientenverfügung in § 1901a BGB berücksichtigt diese Umstände auch in ausreichendem Maß. Zum einen wird mit dem Erfordernis, dass sich die Verfügung auf bestimmte Behandlungen beziehen muss, ein gewisses Maß an Rechtssicherheit für die später an der Umsetzung beteiligten geschaffen, was auch dem Autonomieschutz des Betroffenen dient. Denn durch eine eindeutige Regelung der Voraussetzungen stellt der Patient sicher, dass der Betreuer bei seiner späteren Entscheidung gebunden ist und lediglich prüfen kann, ob die Voraussetzungen vorliegen. Das Vorgehen dieser sog. Kongruenzprüfung ist dabei in § 1901b Abs. 1 BGB geregelt. Dabei obliegt es zunächst dem

1405 Spickhoff, FamRZ 2009, 1951.
1406 Jox et al., Monatsschr Kinderheilkd 2007, 1172f.
1407 Jox et al., Monatsschr Kinderheilkd 2007, 11172.
1408 Jox et al., Monatsschr Kinderheilkd 2007, 1172 m.w.N.

behandelnden Arzt festzustellen, ob eine Behandlung medizinisch überhaupt noch indiziert ist. Bei Nichtvorliegen einer Indikation soll es auf den Willen des Patienten nicht mehr ankommen, etwa Reanimation im nicht mehr aufzuhaltenden Sterbeprozess.[1409] Anderenfalls hat er gem. § 1901b Abs. 1 S. 2 BGB zusammen mit dem Betreuer zu ermitteln, ob und welche Behandlung dem durch die Verfügung festgelegten Willen entspricht, sprich, ob die antizipierte Einwilligung des Patienten vorliegt. Damit wirft sich die Frage auf, ob dem Arzt eine eigene Entscheidungskompetenz zukommt. *Albrecht und Albrecht* verweisen auf den Wortlaut des § 1901a Abs. 1 BGB, der die Eigenverantwortlichkeit der Betreuerentscheidung bestimmt und folgern daraus, dass der Arzt keine eigene Entscheidungskompetenz hat. Dies entspreche auch generell der im Betreuungsrecht festgelegten starken Stellung des Vertreters.[1410] Ähnlich sehen auch *Loer* und *Kieß* in den zugewiesenen Kompetenzen, dass der dialogische Prozess aus § 1901b Abs. 1 BGB darauf beziehe, dass der Arzt die Indikationslage bestimme und der Betreuer gemäß § 1901a BGB die Entscheidung für den Patienten.[1411]

Auch *Schwab* und *Locher* sehen eine strikte Trennung zwischen der Kompetenz des Betreuers und des Arztes, ersterer sei dem Betreuten verpflichtet, letzterer kläre nur über die therapeutischen Maßnahmen und Risiken auf und sei insoweit nur seiner professionellen Kompetenz und seinem ärztlichen Gewissen verpflichtet.[1412] *Wietfeld* sieht hingegen Raum für eine eigene Kompetenz des Arztes unter Verweis auf die Konfliktlösung in § 1904 Abs. 4 BGB, nach welcher eine betreuungsgerichtliche Entscheidung nur im Falle unterschiedlicher Auffassungen von Arzt und Betreuer ergeht.[1413] Daraus leitet er ab, dass sich der Arzt auch eigene Gedanken über den Willen des Patienten machen könne. Teilweise wird in dem Gespräch im Sinne des § 1901b Abs. 1 BGB die Nachholung eines Aufklärungsgespräches gesehen. So meinen *Diehn und Rebhan,* dass sich dies aus dem Heranrücken der Patientenverfügung an die Einwilligung in ärztliche Behandlung ergebe.[1414] Da die Patientenverfügung ohne ärztliche Aufklärung vorgenommen werden könne, würde das Gespräch mit dem Betreuer diese Voraussetzung nachholen. *Schwab* sieht zumindest bei Entscheidungsunfähigkeit des Betreuten Raum für ein Aufklärungsgespräch im Rahmen des § 1901b BGB,

1409 Albrecht, Albrecht, MittBayNot 2009, 431.

1410 Albrecht, Albrecht, MittBayNot 2009, 431.

1411 Loer, in: Jürgens, § 1901b Rn. 1; Kieß, in: Jurgeleit, § 1901b Rn. 2, 3ff.

1412 Schwab, in: MüKo, § 1901b Rn. 5; Locher FamRB 2010, 56, 61.

1413 Wietfeld, 308.

1414 Dien, Rebhan, NJW 2010, 327.

da die Aufklärung in diesen Fällen dem Betreuer gegenüber vorzunehmen ist.[1415] *Schmitz* und *Wietfeld* gehen zwar davon aus, dass das Gespräch allein der Ermittlung des Patientenwillens dient, sehen aber bei dem Arzt gleichsam eine Pflicht zu prüfen, ob die Patientenverfügung selbst bereits in einem Zustand der Einwilligungsunfähigkeit erstellt wurde.[1416] *Spickhoff* hingegen geht davon aus, dass sich die Prüfung auf die Kongruenz der Behandlungssituationen beschränkt, was sich aus der fehlenden Einräumung eines Ermessens auf der Rechtsfolgenseite für den Betreuer (und damit wohl auch für den Arzt) ergebe, wenn die in der Verfügung beschriebene Situation vorliegt.[1417] Der BGH ging in der Lübecker Entscheidung noch davon aus, dass eine direkte Wirkung gegenüber dem Arzt nicht in Frage komme. Dies wird teilweise aus der höchstpersönlichen Natur der Einwilligung in medizinische Behandlungen angenommen, weil ein Vertreter eine solche Entscheidung nicht treffen könne und deswegen die Patientenverfügung unmittelbar auch den Arzt binde.[1418] *Jürgens* leitet eine unmittelbare Wirkung aus den Regeln des Behandlungsvertrages ab, § 630d Abs. 1 S. 2 BGB.[1419] Da die Einwilligung für die Behandlung maßgeblich sei, diese bei einem Einwilligungsunfähigen jedoch nicht eingeholt werden könne, müsse der zuvor in der Patientenverfügung gefasste Wille dementsprechend direkt gelten. Wenn noch kein Betreuer bestellt sei, so müsse der Arzt selbst entscheiden, ob und inwieweit er der Verfügung folge oder aber die Bestellung eines Betreuers besorgen.[1420] *Diehn und Rebhan* und *Stolz* gehen dabei davon aus, dass der Arzt zur Einholung von Informationen über das Vorliegen einer Patientenverfügung indes nicht verpflichtet sei, insbesondere nicht in Notsituationen.[1421] So gehen *Diehn und Rebhan* und auch *Albrecht und Albrecht* davon aus, dass sich die Patientenverfügung nur an den Betreuer richte, nicht jedoch an den Arzt. Dies wird mit der Einordnung in das Betreuungsrecht und gerade nicht in das Vertragsrecht begründet, sodass der Betreuer in diesem Fall als Stellvertreter des Betreuten handele.[1422] *Albrecht und Albrecht* ziehen diese Erkenntnis auch aus

1415 Schwab, in: MüKo, §1901b Rn. 6.

1416 Schmitz, FamFR 2009, 64; Wiefeld 308f.

1417 Spickhoff, FamRZ 2009, 1951.

1418 Lilie, in: Wienke, Lippert, 83; Seitz, ZRP 1998, 420.

1419 Loer, in: Jürgens, § 1901a BGB Rn. 2f.

1420 So auch Spickhoff, FamRZ 2009, 1949; Albrecht, Albrecht, 43.

1421 Diehn, Rebhan, NJW 2010, 326; Stolz, BtPrax 2011, 103.

1422 Diehn, Rebhan, NJW 2010, 327f; Albrecht, Albrecht, 42; in diesem Sinne auch Roglmeier, FPR 2010, 284; Ihrig, notar 2009, 383; Renner, ZNotP 375, der dies als den entscheidenden Mangel der gesetzlichen Regelung zur Patientenverfügung sieht.

der Konzeption des § 1901b BGB, der ein Gespräch zur Feststellung des Patientenwillens festschreibt. Diese für sie entscheidend zur Wahrung der gebotenen Abwägung zwischen Lebensschutz und Patientenautonomie wäre sinnlos, wenn der Arzt, so kein Vertreter vorhanden ist, das weitere Vorgehen mit sich selbst besprechen müsste.[1423] Letztlich sei es gerade Ziel des Gesetzes, Rechtsklarheit zu schaffen und nicht wie in der früheren Rechtsprechung des BGH noch geschehen eine doppelte Adressatenstruktur zu haben.

Schwab hingegen geht von einer differenzierten Betrachtungsweise aus.[1424] So tritt er dem Argument der Befugnis der Aktualisierungsentscheidung entgegen, weil dies im Widerspruch mit der Konzeption des Gesetzes und der Patientenautonomie als Ausfluss des Persönlichkeitsrechts stehe. Er spricht sich dabei für die Anwendung des Erforderlichkeitsprinzips aus. Soweit der Betreute in der Verfügung verbindlich entschieden habe, sei schon der Betreuer nicht zu einer Entscheidung berufen und könne auch für diese Entscheidung nicht bestellt werden. Es sei nicht ersichtlich, warum gerade im Bereich der Sterbehilfe bei Vorliegen einer eindeutigen Anordnung ein Betreuer notwendig sei und „das Sterben somit zu einem staatlich-bürokratischen Vorgang gemacht werden“[1425] müsse. Zumindest also die Untersagung, die keiner weiteren medizinischen Auseinandersetzung über eine Behandlungsmethode bedürfe, könne daher direkte Wirkung auch gegenüber dem Arzt entfalten. Insbesondere verlören, nähme man den formgerecht niedergelegten Patientenwillen ernst, die Fälle von „Eilbedürftigkeit“ an Bedeutung. Nach dem Willen des Gesetzgebers soll bei Vorliegen einer eindeutigen, auf die Behandlungssituation zutreffende Verfügung die Einwilligung des Betreuers in die anstehende ärztliche Behandlung entbehrlich machen, da der Betreute diese Entscheidung bereits selbst getroffen habe.[1426] Dies wird dem Umstand, dass es sich bei der Patientenverfügung um eine Erweiterung der Einwilligung handele, zugeschrieben. Es soll gerade keine Fremdentscheidung getroffen werden, sondern eine eigene des Betreuten umgesetzt werden. Der Betreuer stellt nur fest, ob der Patient in der Verfügung die Situation erfasst hat.[1427]

1423 Albrecht, Albrecht, 42f.

1424 Schwab, in: MüKo, § 1901a, Rn. 29, 33.

1425 Schwab, in: MüKo, § 1901a, Rn. 33; W. Lange, 39.

1426 BT-Drucks. 16/8442, 14; siehe auch 15: „Hat der Patient die Entscheidung bereits selbst getroffen…“; siehe auch Schwab, FS Henrich, 518.

1427 Wietfeld, 314; Müller, DnotZ 2010, 177.

f.) Bindungswirkung der Patientenverfügung für Betreuer und Arzt zur Wahrung der Patientenautonomie

Daher wirkt die Entscheidung des Betreuers entgegen *Albrecht und Albrecht*[1428] und *Dien und Rebhan*[1429] auch nicht konstituierend, sondern unmittelbar als Geltendmachung des Patientenwillens nach außen. Dies trägt der Patientenautonomie am besten Rechnung, zumal das Betreuungsrecht gerade vor Fremdbestimmung schützen soll.[1430] Es gibt keinen Grund, warum einer eindeutigen Entscheidung des Patienten eine eigenständige Entscheidung des Betreuers oder gar des Arztes zwischengeschaltet sein soll. Dies ergibt sich auch aus der Systematik des § 1901b BGB. In Abs. 1 ist davon die Rede, dass der Arzt die Maßnahme im Hinblick auf ihre Indikation hin überprüft, mithin einem rein objektiven Zustand, der sich an dem Bereich manifestierten Patientenwillen orientiert. Eine ähnliche Wertung ist auch Abs. 2 zu entnehmen, dass Angehörigen Gelegenheit zur Äußerung gegeben werden soll, nicht aber zur eigenen Willensbekundung. Es handelt sich also um eine rein der objektiven Wahrheit verpflichtete Informationsermittlungspflicht.[1431] Wenn die Patientenverfügung als Ausdruck der Selbstbestimmung schon keiner Reichweitenbeschränkung unterliegt, der sich also über eindeutig festgelegte Behandlungswünsche nicht hinwegsetzen darf,[1432] bleibt für eine eigenständige Entscheidungsbefugnis des Arztes kein Raum. Aus diesen Umständen ergibt sich auch, dass die Patientenverfügung grundsätzlich auch unmittelbare Wirkung gegenüber dem Arzt entfaltet, was jedoch entgegen etwa *J.P. Beckmann* die Notwendigkeit der Betreuerbestellung nicht entbehrlich macht.[1433] Er wirft dabei auf, dass man, gehe man von einer unmittelbaren Wirkung gegenüber dem Arzt aus, einen Betreuer nicht zu bestellen bräuchte, zumindest wenn die Verfügung eindeutig sei und kein Anzeichen für eine Willensänderung vorliege. Er befürchtet, dass der Arzt dadurch nicht in Ansehung der Patientenautonomie eine Betreuerbestellung beantragt, sondern nur aus Selbstschutz, auch wenn keine Zweifel am Patientenwillen bestehen. Dem kann man jedoch entgegenhalten, dass der Arzt, der auf seine in § 1901b Abs. 1 BGB festgeschriebene Funktion reduziert ist, zwar grundsätzlich verbindlich den

1428 MittBayNot 2009, 433.
1429 NJW 2010, 327.
1430 Wietfeld, 315.
1431 J.P. Beckmann, Jahrbuch für Wissenschaft und Ethik 15 (2010), 232.
1432 Renner, in: Müller, Renner, Betreuungsrecht und Vorsorgeverfügung in der Praxis, 152.
1433 J.P. Beckmann, Jahrbuch für Wissenschaft und Ethik 15 (2010), 233.

Patientenwillen zu beachten hat, jedoch eben gerade keine eigene Prüfungsberechtigung hat, ob eine Willensänderung vorliegt. Diese dialogische Zweiteilung, die durch den Prozess in § 1901b BGB festgelegt ist, hat gerade den Zweck, dass eine designierte Partei nur den Patientenwillen vertritt. Auch in dieser Situation wird der Arzt, genau wie bei regulärer medizinischer Behandlung auch, nur beratend tätig. Wenn man auch hier wieder auf die funktionelle Identität der Patientenverfügung zur regulären Einwilligung rekurriert, kommt man ohne weiteres zu diesem Ergebnis, dass eine eigene Prüfkompetenz des Arztes nicht vorgesehen ist. Denn auch bei der Einwilligung in eine ärztliche Behandlung ist die Prüfungsmöglichkeit des Arztes auf die Feststellung der Einwilligungsfähigkeit beschränkt, nicht aber darauf, was der Patientenwille „sinnvollerweise" zu sein hätte. Insofern ist auch *Schwab* zuzustimmen, dass der Arzt ein derartiges Gespräch schwerlich mit sich selbst vornehmen kann und eine ausgeglichene Vertretung der Patienteninteressen frei von Sachfremden Erwägungen damit wohl nicht mehr gewährleistet wäre.

Es ist an dieser Stelle hilfreich sich immer wieder vor Augen zu führen, dass durch eigenständige Befugnisse des Betreuers oder des Arztes über Umwege doch wieder eine „Korrektur" des Willens anhand der subjektiven Einschätzung Dritter bezüglich des mutmaßlichen Willens des Betreuten ermöglicht wird.[1434] *Lindner und Huber* ist zuzustimmen, dass insbesondere bei verbliebener Resthandlungsfähigkeit „natürlichem Willen" der Rückgriff auf die Ermittlung des mutmaßlichen Willens, obwohl eine einschlägige Patientenverfügung vorliegt, die Regelung des § 1901a Abs. 1 BGB nicht nur ausgehebelt werden kann, sondern dies auch zu einem Zirkelschluss führen würde.[1435] Man würde die Anwendbarkeit des § 1901a Abs. 2 BGB annehmen und zur Begründung Unverbindlichkeit der Patientenverfügung heranziehen, obgleich die Unverbindlichkeit für die Wirkung des § 1901a Abs. 2 BGB vorausgesetzt wird.[1436]

Aus diesem Umstand ergibt sich auch, dass bei der Ermittlung durch den Betreuer, ob die Behandlungssituation auch vorliegt, grundsätzlich keine weitreichende „Aktualisierungsentscheidung" getroffen werden kann. Damit ist nicht der Fall gemeint, in der der Patient zum Zeitpunkt des Verfassens der Verfügung einem Irrtum über medizinische Möglichkeiten unterliegt, sondern der, dass seit dem Verfassen der Verfügung neue Entwicklungen im medizinischen Bereich stattgefunden haben, die neue Behandlungsweisen ermöglichen oder erhöhte

---

1434 BGHZ 154, 204, 217; Lindner, Huber, NJW 2017, 7f.

1435 Lindner, Huber, NJW 2017, 8.

1436 Lindner, Huber, NJW 2017, 8.

Heilchancen aufweisen. Der Gesetzgeber geht zwar grundsätzlich in seiner Begründung davon aus, dass eine derartige Aktualisierungsentscheidung möglich sein soll, wenn sich die Sachlage so erheblich geändert hat, dass die frühere selbstverantwortlich getroffene Entscheidung diese konkrete, aktuelle Situation nicht umfasst.[1437] *Wietfeld* wirft zu Recht auf, dass eine objektive Grenzziehung, ab welcher höheren Heilungschance man von einer erheblichen Änderung auszugehen hat, nicht vorgenommen werden kann.[1438] Auch hier besteht das Risiko, dass dadurch eine Metaebene die Willensermittlung eröffnet würde und diese wieder durch eigene Überlegungen korrumpiert, weil man darauf abstellt, ob der Patient, wenn er diese höheren Heilchancen gekannt hätte, die Patientenverfügung dann so nicht errichtet hätte. Aus den bisher etablierten Ergebnissen zur Möglichkeit von Rechtspaternalismus kann sich daher nur ergeben, dass es dem Gesetzgeber grundsätzlich nicht zusteht, über eine auch weit zurückliegende selbstbestimmte Entscheidung zu urteilen und ihren Fortbestand an den medizinischen Kenntnisstand zu koppeln. Wenn der medizinische, objektive Status quo schon nicht für die „Vernunft" einer Patientenentscheidung maßgeblich ist, kann er das auch nicht sein, wenn er sich ändert. Dabei kann man den staatlichen Lebensschutzauftrag aus Art. 2 Abs. 2 GG mit der Selbstbestimmung in Einklang bringen, wenn auf die Ermittlung des Betreuers und die medizinische Indikationsbestimmung des Arztes abstellt. Denn sollte es inzwischen eine Behandlungsmethode geben, die den Patienten ohne größere Umschweife, Schmerzen oder Leiden wieder zur vollständigen Genesung führen kann, so ließe sich argumentieren, dass schon der in der Patientenverfügung umschriebene Tatbestand nicht vorliegt.[1439] In allen anderen Fällen wird der ausdrücklich erklärte Wille nur dann nicht maßgeblich sein, wenn *aus der Patientenverfügung selbst* (und daher *nicht* anhand außerhalb liegender, mutmaßlicher Umstände) ersichtlich ist, dass der Betroffene bereits bei Errichtung der Patientenverfügung von falschen medizinischen Annahmen ausgegangen ist.[1440] Für eine solche Ermittlung stehen dem Betreuer jedenfalls ausreichende Möglichkeiten zur Verfügung, insbesondere die aus § 1901b BGB. Die Patientenverfügung muss jedoch als erklärter Wille stets die Vermutung der Richtigkeit und der abschließenden Regelung für sich in Anspruch nehmen können, sodass im Zweifel davon auszugehen ist, dass der Patient auch diese Facette bei der Entscheidung berücksichtigt hat.

1437 BT-Drucks. 16/8442, 15.

1438 Wietfeld, 317.

1439 So wohl schon BGHZ 154, 204, 217.

1440 Diederichsen, FS Schreiber, 647.

g.) Notwendigkeit gerichtlicher Kontrolle

aa.) Abwendung vom Konfliktmodell

In diesem Lichte ist daher die Frage zu betrachten, ob und inwieweit die Einwilligung in die Vornahme oder die Einstellung einer medizinischen Maßnahme nicht betreuungsgerichtlicher Kontrolle bedarf. Teilweise ist etwa in Bezug auf die Kongruenzprüfung des § 1901b Abs. 1 BGB vertreten worden, dass es sich dabei um originär richterliche Befugnisse handele.[1441] Eine betreuungsgerichtliche Überprüfung findet grundsätzlich in Fällen des § 1904 Abs. 1 u. 2 BGB statt, die jedoch entbehrlich wird, wenn zwischen Arzt und Betreuer Einigkeit besteht, dass die Erteilung bzw. Nichterteilung der Einwilligung oder deren Widerruf dem nach § 1901 BGB festgestellten Willen des Betreuten entspricht.[1442] Die Beschäftigung des BGH mit der Frage der Notwendigkeit betreuungsrichterlicher Kontrolle der Entscheidung war letztlich maßgeblicher Ausgangspunkt für das Zustandekommen des Gesetzes. Ein derartiger verfahrensrechtlicher Grundrechtsschutz der Güter aus Art. 2 Abs. 2 GG ist wegen der Wesensgehaltsgarantie aus Art. 19 Abs. 2 GG grundsätzlich nicht zu beanstanden, wenn er den Betreuten vor voreiligen Entscheidungen des Betreuers bewahren soll.[1443] Umfasst sind von der Genehmigung jedoch nicht nur solche Entscheidungen, die der Betreuer aufgrund der Ermittlungen des mutmaßlichen Willens gemäß § 1901a Abs. 2 BGB gefällt hat, sondern auch solche, die sich unmittelbar aus der Patientenverfügung selbst ergeben. Insofern unterscheidet § 1904 Abs. 1, 2 BGB nicht zwischen dem mutmaßlichen und dem tatsächlichen Willen. Andererseits sind mutmaßlicher und tatsächlicher Wille ebenso gemäß § 1904 Abs. 4 BGB gleichgestellt. Wenn Arzt und Betreuer also über die Maßnahme bzw. deren Einstellung einig sind, dann soll eine Genehmigung nicht erforderlich sein.[1444] Insofern kann aber wegen der Subsidiarität des mutmaßlichen Willens davon ausgegangen werden, dass das Gericht bei Vorliegen einer Patientenverfügung, die den konkreten Sachverhalt betrifft, eine Prüfung des mutmaßlichen Willens nicht vornehmen darf.[1445] Jüngst geht der BGH sogar so weit, dass er eine betreuungsrichterliche Entscheidung gemäß § 1904 Abs. 2 BGB für entbehrlich hält, wenn eine Patientenverfügung vorliegt und distanziert sich daher von dem

1441 Lange, ZEV 2009, 541.

1442 Loer, in: Jürgens, § 1901a BGB Rn. 25; siehe auch LG Oldenburg BtPrax 2010, 246.

1443 Saliger, KritV 1998, 118, 124; Wiefeld, 327.

1444 Loer, in: Jürgens, § 1901a Rn. 25.

1445 Schwab, in: MüKo, § 1904 Rn. 47.

zuvor aufgestellten Konfliktmodell.[1446] Dabei wird im Sinne der bisherigen Ausführungen darauf verwiesen, dass bei Einschlägigkeit der Patientenverfügung selbst der Betreuer nicht zustimmen müsse, „da der Betroffene diese Entscheidung selbst in einer alle Beteiligten bindenden Weise getroffen hat".[1447] Der BGH knüpft also eindeutig an die Patientenautonomie als entscheidendes Kriterium an und stellt heraus, dass nicht die Entscheidung des Betreuten selbst der Kontrolle gemäß § 1904 Abs. 2 BGB unterliegt, sondern nur die des Betreuers. So sei das Genehmigungserfordernis auf Fälle beschränkt, in denen nicht alle Voraussetzungen des § 1901a Abs. 1 BGB erfüllt seien, insbesondere also auch Fälle der mutmaßlichen Einwilligung. Angesichts der schwerwiegenden Eingriffe sei die Schwelle jedoch nicht zu hoch anzusetzen, insbesondere würden bereits Zweifel eines der Beteiligten ausreichen. Dies diene vor allem dem Schaffen eines rechtsstaatlichen Rahmens der Betreuerentscheidung sowie der subjektiven Entlastung desselben. Insbesondere könne daher auch bei Einvernehmen zwischen Arzt und Betreuer ein fakultatives Verfahren auf Antrag eröffnet werden.[1448]

bb.) Kritik am Fehlen eines obligatorischen Verfahrens

Die generelle Kritik am Fehlen eines obligatorischen betreuungsgerichtlichen Verfahrens wird teilweise dahingehend ausgedrückt, dass nur ein objektives Verfahren sicherstellen könne, dass Arzt und Betreuer wirklich den Patientenwillen ermittelt haben.[1449] Auch sei eine Voreingenommenheit des Betreuers zu befürchten, wenn dieser zu den nahen Angehörigen des Betreuten zähle.[1450] Auch könne dem behandelnden Arzt die notwendige Objektivität fehlen, weil er an der Willensermittlung beteiligt sei.[1451] *Spickhoff* wirft zudem auf, dass der Gesetzgeber durch die abweichend von § 287 Abs. 1 FamFG geregelte Karenzzeit von zwei Wochen für § 1904 Abs. 2 BGB gemäß § 287 Abs. 3 FamFG auf die Unumkehrbarkeit der Entscheidung lebensbeendender Maßnahmen reagiert habe. Durch den Übereilungsschutz soll sichergestellt sein, dass Arzt und Betreuer nicht zulasten des Betreuten aufgrund sachfremder Erwägungen einen missbräuchlichen Konsens schließen.[1452] Andererseits verweist er ebenso darauf, dass bei Vorliegen einer Patientenverfügung das Gericht selbst mit Einholung von Gutachten,

1446 BGH, NJW 2014, 3572.
1447 BGH, NJW 2014, 3574.
1448 BGH, NJW 2014, 3575.
1449 Duttge, 57; Saliger, MedR 2004, 237, 243.
1450 AG Frankfurt a.M.; BtPrax 2002, 223.
1451 Duttge, 51.
1452 Spickhoff, FamRZ 2009, 1956; ders., NJW 2000, 2303; Wietfeld, 335.

§ 298 Abs. 4 S. 1 FamFG und Befragung der Beteiligten, § 298 Abs. 1 FamFG kaum zu einem anderen Ergebnis kommen könne, als dem Patientenwillen Vorrang zu gewähren, da der mutmaßliche Wille ja gerade subsidiär ist. *Wietfeld* verweist zudem darauf, dass sich gerichtliche Verfahren oft über mehrere Monate erstrecken können und die Situation einer Weiterbehandlung, die die Patientenverfügung im Falle der Verweigerung ärztlicher Behandlung ja gerade verhindern soll, dadurch gerichtlich forciert wird.[1453] *Eberbach* verweist darauf, dass es keine Anhaltspunkte für eine besondere Missbrauchsanfälligkeit gebe.[1454] Er sieht das Erfordernis von Übereilungsschutz und Rechtssicherheit bereits durch das Schriftformerfordernis gewahrt und daher in einer betreuungsrichterlichen Kontrolle ein „doppeltes Kontrollregime“, welches sich gegen den Betroffenen selbst richte. Es gebe keinen Anlass, Arzt und Betreuer unter einen Generalverdacht zu stellen. Eine gerichtliche Kontrolle würde dem Patienten sein zuvor eingeräumtes Recht, über seine Zukunft zu bestimmen, schlicht wieder wegnehmen.[1455] Er sieht mit *Uhlenbruck* einen unsubstantiierten Verweis auf möglichen Missbrauch als nicht belegte Alibibehauptung.[1456] *Schwab* sieht zudem die Möglichkeit, bei Zweifeln an der Geeignetheit des Betreuers diese im Rahmen des Auswahlverfahrens durch das Betreuungsgericht zu berücksichtigen.[1457] Jedenfalls können auch Befürchtungen strafrechtlicher Unsicherheiten des Arztes und des Betreuers eine weitreichende Einschränkung der Selbstbestimmung nicht begründen. *Wietfeld* verweist letztlich auch darauf, dass es keinen Grund zu der Annahme gibt, dass ein Betreuungsrichter besser dazu in der Lage sein sollte, die „zutreffende“ Ermittlung des Patientenwillens durchzuführen.[1458]

In dem obligatorischen Verfahren ist, wenn der Wille durch die Patientenverfügung eindeutig festgestellt ist, eine zum Schutze des Patienten nicht erforderliche formale Hürde zu sehen.[1459] Die Entlastung von Betreuer und Arzt,[1460] wie sie der BGH auch noch sieht, kann jedenfalls nicht zu einer Einschränkung des Selbstbestimmungsrechts führen. *Holzhauer* verweist zutreffend darauf, dass im Ergebnis der Patient stärker in seinem Selbstbestimmungsrecht eingeschränkt

1453 Wietfeld, 336.

1454 Eberbach, in: Wienke, Lippert, 15.

1455 Eberbach, in: Wienke, Lippert, 16.

1456 Uhlenbruck, ZRP 1998, 46.

1457 Schwab, in: MüKo, § 1897, Rn. 30; ähnlich Uhlenbruck, ZRP 1998, 47.

1458 Wietfeld, 337.

1459 Lipp, FamRZ 2004, 323; Kutzer, FPR 2004, 688, Schwab, FS Henrich, 518; Keilbach, FamRZ 2003, 975; Holzhauer, FamRZ 2003, 992.

1460 Saliger, KritV 1998, 118, 135.

wird als in seinem Recht auf Leben und der Betreuer den ihm angedachten Schutz unter Umständen auch gar nicht benötigt oder wünscht.[1461] *Ingelfinger* verweist zudem darauf, dass wegen der alternden Gesellschaft ein Ansteigen solcher gerichtlicher Entscheidungen abzusehen sei, so dass zumindest zu besorgen sei, dass die gewünschte Objektivität und Gründlichkeit allein wegen der Masse der Verfahren wieder ernsthaft in Frage gestellt würde.[1462] Das vermeintliche Missbrauchsargument lässt sich dahingehend auch als offenbar vom Gesetzgeber als nicht sonderlich maßgeblich angesehen einordnen, als dass der Sachverständige gemäß § 298 Abs. 4 FamFG auch der behandelnde Arzt sein kann. In Anbetracht dessen, dass bei der Genehmigung der Einwilligung in die Sterilisation der durchführende Arzt gemäß § 297 Abs. 6 S. 3 FamFG als Gutachter ausgeschlossen ist, wird sich wohl auch das Gericht dasselbe Missbrauchspotenzial vorhalten lassen müssen, könnte es doch den behandelnden Arzt als Gutachter bestellen um – aus welchem Grund auch immer – die Entscheidung in die eine oder andere Richtung zu lenken. Zu Recht geht der BGH daher davon aus, dass nur bei Gefahr im Verzug der behandelnde Arzt auch das Gutachten erstellen darf und die Einschaltung eines externen, einrichtungsunabhängigen Gutachters zwingend ist.[1463]Indem der Patient seine Patientenverfügung errichtet, will er doch aber gerade jeglicher Kontrolle durch Arzt oder Gericht vorbeugen und seine autonome Entscheidung für die Zukunft sichern.[1464] Dieses Ansinnen ist ein bedeutend effektiveres Instrument zur Missbrauchsverhütung als weitreichende Drittkontrolle, wenn man sich darauf besinnt die Verfügung als ihrem Umfange nach verbindlich anzusehen. Missbrauch kann also gerade nur dort entstehen, wo Dritte versuchen diesen erklärten Willen irgendwie „hinwegzurationalisieren". Zwingende staatliche Kontrolle ist also nur dort notwendig, wo die Autonomie des einzelnen nicht durch ausdrückliche Erklärung hinreichend gesichert ist. In allen anderen Fällen kann auch eine richterliche Überprüfung zur Verhinderung von Missbrauch wohl nur wenig beitragen, weil auch sie sich über den erklärten Willen durch „normative Auslegung" hinwegsetzen müsste. Wegen der bereits dargestellten Höchstpersönlichkeit der verfügten Rechtsgüter wäre aber selbst dann, wenn man von einer Anwendbarkeit der §§ 133, 157 BGB auf die Einwilligungserklärung und die Patientenverfügung ausgeht, kein Raum,

---

1461 Holzhauer, FamRZ 2003, 992.

1462 Ingelfinger, JZ 2006, 830; siehe schon BGHZ 154, 205, 228.

1463 BGH NJW 2014, 3572.

1464 Lange, 45.

weil der damit bezweckte Verkehrsschutz mangels Verkehrskreis nicht erreicht werden könnte.[1465]

Letztlich kann man auch aus der Neuregelung des § 630d Abs. 1 S. 2 BGB durch das PatRG andeutungsweise herleiten, dass ein Überprüfungsverfahren nicht zwingend durchzuführen ist.[1466] Nach dieser Norm muss der Arzt bei Einwilligungsunfähigkeit des Patienten die Einwilligung des Berechtigten nur dann einholen, soweit keine Patientenverfügung die Maßnahme gestattet oder untersagt. Entgegen dem Bundesratsbeschluss im Gesetzgebungsverfahren, nach dem das dritte Betreuungsrechtsänderungsgesetz die Patientenverfügung abschließend geregelt habe und die §§ 1901a, 1901b BGB unberührt lasse,[1467] hat sich der Gesetzgeber mit dem Patientenrechtegesetz auch an dieser Stelle eindeutig für eine unmittelbare Geltung der Patientenverfügung ausgesprochen, die keiner obligatorischen gerichtlichen Kontrolle unterliegt.

h.) Widerruf der Verfügung und die Anforderungen an den Widerrufswillen und Widerruf durch natürlichen Willen

aa.) Unergiebigkeit der Gesetzesmaterialien

Ein letzter Punkt, der dabei sowohl aus Sicht der Autonomiewahrung als auch aus paternalistischer Perspektive besondere Beachtung verdient, ist die Möglichkeit des Widerrufs der Patientenverfügung, § 1901a Abs. 1 S. 3 BGB, der zugleich auch als Überleitung in den letzten Teil der vorliegenden Betrachtung dienen soll. Die Patientenverfügung kann jederzeit formlos widerrufen werden. Die entscheidende Frage, die sich auftut, ist, ob der Widerruf auch in einem Zustand möglich ist, in dem der Betreute zwar seine Handlungsfähigkeit nicht (vollständig) einbüßt, sich jedoch in einem Zustand der Einwilligungsunfähigkeit befindet. In der Gesetzesbegründung lässt sich nur finden, es genüge, wenn die Willensäußerung hinreichend deutlich zum Ausdruck komme und der Betreuer zu ermitteln habe, ob sich aus der aktuellen Willensbekundung ergebe, dass der Betreute an seinem zuvor gefassten Willen nicht mehr festhalte.[1468] Zur Frage, welche kognitiven Anforderungen an die Widerrufsfähigkeit zu stellen sind, lässt sich indes nichts entnehmen. Der Wortlaut bietet ebenfalls kaum Anhaltspunkte, lediglich das Abstellen auf die Jederzeitigkeit des Widerrufs könnte erahnen lassen, dass grundsätzlich jede Willensäußerung ausreicht. In Betracht kommt dies

---

1465 Berger, JZ 2000, 801; Roth, JZ 2004, 499; Lange, 47.

1466 Diener, 105f.

1467 BR-Drs. 312/12 (B), 10f.

1468 BT-Drucks. 16/8442, 14f.

ohnehin nur in Situationen, in denen der Betreute nicht vollständig handlungsunfähig ist, insbesondere also bei psychischer Krankheit oder Behinderung. Die Ansicht, von der der Gesetzgeber ausgeht, ist dabei nicht exakt bestimmbar. Der Ansicht der Enquete-Kommission Ethik und Recht der modernen Medizin aus der 15. Legislaturperiode in ihrem Zwischenbericht zur Patientenverfügung ist zu entnehmen, dass die Legitimationspflicht bei demjenigen liege, der von der Patientenverfügung abweichen wolle:

> „Indem Fürsorge sich an Selbstbestimmung orientiert, verliert sie nicht ihre spezielle Verantwortung. Es geht dabei um bestimmte Pflichten, die sich aus dem Arztethos ergeben, wenn die Kriterien, z.B. Selbstbestimmung und Wohl des Patienten, erklärter Wille und natürlicher Wille, hinterlassene Anweisung und Votum der Vertrauensperson nicht miteinander übereinstimmen. Die Erstrangigkeit der Selbstbestimmung des Patienten bleibt dabei bestehen. Erstrangigkeit bedeutet: Begründungs- bzw. Rechtfertigungszwang besteht bei Abweichung von diesem Vorrang. Die Pflichten der Fürsorge und der Wahrung der Gerechtigkeit behalten ein relatives Recht, das begrenzt Abwägungen ermöglicht. Fürsorge und Gerechtigkeit sind so aufeinander bezogen, dass Gerechtigkeit den Vorrang der Gleichbehandlung bedeutet, Fürsorge den Aspekt der unterschiedlichen Bedürfnisse und der entsprechend unterschiedlichen Sorgemaßnahmen. Werden Patientenverfügungen im Kontext von Fürsorge und Gerechtigkeit betrachtet, dann werden sie in ihrer ethischen und rechtlichen Bedeutung nicht gemindert, aber sie werden nicht mehr isoliert betrachtet, sondern in den Gesamtzusammenhang individueller Freiheit, menschlichem Wohl, ärztlichen und pflegerischen Pflichten, patientenrechtbasierter Regeln und medizinischer Effektivität gestellt."[1469]

In derselben Stellungnahme heißt es zwar, dass an die Frage der Willensänderung hohe Anforderungen zu stellen seien, um Fremdbestimmung zu verhindern, es sei jedoch zu berücksichtigen, dass der Betroffene diesen Willen nicht immer äußern könne. In der Kurzfassung heißt es jedoch ohne weitere Begründung, dass bei der Feststellung einer beachtlichen Willensänderung auch solche Äußerungen zu beachten seien, die nicht als ausdrücklicher Widerruf der Entscheidung zu verstehen seien. Der aktuell geäußerte Wille gehe der Patientenverfügung vor.[1470] Das Bundesministerium der Justiz vertritt in der Arbeitsgruppe Patientenautonomie am Lebensende, dass für den Widerruf der Patientenverfügung dieselbe Einwilligungsfähigkeit vorliegen müsse wie bei ihrer Errichtung.[1471]

1469 Bt-Drs. 15/3700, S. 10.

1470 Sekretariat der Enquete-Kommission „Ethik und Recht der modernen Medizin", Berlin 2004, 11.

1471 Patientenautonomie am Lebensende, Ethische, rechtliche und medizinische Aspekte zur Bewertung von Patientenverfügungen, Bericht der Arbeitsgruppe „Patientenautonomie am Lebensende" vom 10.Juni 2004, 17.

Allerdings sei trotz der hohen Anforderungen an den ausdrücklichen Widerruf unterhalb dieser Schwelle ein gewisser Spielraum eingeräumt, wenn sich aufgrund konkreter Anhaltspunkte ergebe, dass der Betroffene zum Behandlungszeitpunkt die Verfügung nicht mehr gelten lassen wolle. Anzuknüpfen sei dabei an Äußerungen und Verhalten des Betroffenen. Man kann dem zumindest die Tendenz entnehmen, dass der Gesetzgeber davon ausging, einen Widerruf nicht unbedingt an die Schwelle der Einwilligungsfähigkeit knüpfen zu wollen.[1472] Die Problematik des natürlichen Willens war dem Gesetzgeber unter dem Gesichtspunkt des Widerrufs der Patientenverfügung also durchaus bewusst.[1473]

bb.) Diskussion in der Literatur

Da der Widerruf spiegelbildlich zur Errichtung der Patientenverfügung gesehen wird, gingen etwa schon *Rickmann* und *Schöllhammer*, aktueller auch *Duttge* und *Spickhoff* davon aus, dass an beide Rechtsgutsdispositionen dieselben Anforderungen zu stellen seien.[1474] Sie gehen also von Einsichts- und Entscheidungsfähigkeit als Voraussetzung aus, zumal ein Widerruf ähnlich weitreichende Konsequenzen haben könne wie die eigentliche Verfügung selbst. Hingegen stellt etwa *Eisenbart* auf die Wesensgehaltsgarantie des Lebensschutzes aus Art. 2 Abs. 2 GG ab und meint, daraus ergebe sich, dass die jeweils das Leben erhaltende Entscheidung den Vorrang zu genießen habe.[1475] Dies ergebe sich auch aus der Menschenwürdegarantie, dass dem Einzelnen bis zum Ende die Möglichkeit über die Verfügung seines Lebens eingeräumt werden müsse. *Eisenbart* stellt dabei darauf ab, es verkenne die Bedeutung des Lebensschutzes, wenn der Patient gegen einen später auftretenden natürlichen Willen an seine ursprünglichen Wünsche gebunden sei, so dass ihm bis zum Schluss die Möglichkeit verbleiben müsse, seine Meinung zu ändern.[1476] Diese Ansicht würde jedoch erneut die Selbstbestimmung per se dem Lebensschutz unterordnen, so dass allein auf paternalistische Motive nicht abgestellt werden kann. Damit würde wieder das Wohl des Patienten nicht im Sinne seiner subjektiven Wünsche sondern im Sinne eines rein objektiven Lebensschutzes gesehen werden, was, wie *Wietfeld* herausstellt, zwar moralisch nachvollziehbar sei, jedoch verkennt, dass das Selbstbestimmungsrecht dem Lebensschutzauftrag des Staates

1472 Wietfeld, 253.
1473 BT-Drs. 16/8442, 14f.
1474 Rickmann, 185; Schöllhammer, 61; Duttge, 42; Spickhoff, FamRZ 2009, 1955.
1475 Eisenbart, 69.
1476 Eisenbart, 69f.

nicht untergeordnet sein kann.[1477] Dies würde im Ergebnis wieder gefährlich nahe an eine staatlich sanktionierbare Lebenspflicht um jeden Preis heranrücken. Ein von der deutschen Hospiz Stiftung vorgelegter Entwurf für ein „Gesetz zur Sicherung der Autonomie und Integrität von Patienten am Lebensende" ging davon aus, dass die Äußerung eines natürlichen Willens bei der Ermittlung des mutmaßlichen Willens zu berücksichtigen sei, sich aber nicht über die Patientenverfügung hinwegsetzen könne.[1478] *Lindner und Huber* problematisieren unter Bezug auf die jüngste Entscheidung des BGH zur Frage der Bestimmtheit der Patientenverfügung[1479], ob der Widerruf allein durch „natürliche" Willensäußerung ausreichen soll.[1480] Das Problem ist ihrer Ansicht nach, dass es sowohl dem Willen des Gesetzgebers als auch der Wertung der Rechtsprechung entspreche, dass der natürliche Wille grundsätzlich Beachtung zu finden hat und nicht ohne weiteres für unbeachtlich befunden werden könne. So könnten bestimmte körperliche Äußerungen nach Wegfall einer freien Willenstätigkeit für einen Widerruf der Patientenverfügung sprechen.

cc.) Systematische Betrachtung anhand der Kriterien der Einwilligungsfähigkeit und des „natürlichen Willens"

Die Beantwortung hängt dabei von der Frage ab, an welchem Punkt man von einer Unbeachtlichkeit des Willens ausgeht. Bereits die Rechtsprechung des RG stellte darauf ab, dass das „natürliche Sträuben" gegen eine ärztliche Behandlung keine Willensbekundung ist. Dies entspricht auch der Ansicht des BGH,[1481] der darin weder einen Widerruf noch ein Versagen der Einwilligung sieht. Davon, dass bloßes Reflexhandeln noch nicht als rechtlich bedeutsame Willensäußerung im Sinne eines Widerrufs zu sehen sein soll, ging im Übrigen auch der Gesetzgeber aus.[1482] Das Dilemma wird jedoch in jedem Fall offenbar, denn so oder so bedeutet es, dass man sich über einen der beiden Willen hinwegsetzen muss. Dabei können hier die herausgestellten Erkenntnisse zur Herleitung des Begriffs des „natürlichen Willens" und der mutmaßlichen Einwilligung für die Einordnung in das Spannungsverhältnis zwischen Patientenautonomie und Betreuungsrecht nutzbar gemacht werden. Denn geht man vom Vorrang

1477 Wietfeld, 254.
1478 Jox, in: Schildmann, Fahr, Vollmann, 71.
1479 BGH NJW 2016, 3297.
1480 Lindner, Huber, NJW 2017, 8.
1481 BGH NJW 1980, 1904; BGH VersR 1954, 98, 99.
1482 BT-Drs. 16/8442, 15.

des erklärten Willens aus, so müssen bei der Ermittlung einer mutmaßlichen Willensänderung dieselben Anforderungen gestellt werden wie bei der Herleitung eines mutmaßlichen Patientenwillens. Wer wie etwa *Verrel* darauf abzielt, dass an den mutmaßlichen Willen keine zu hohen Anforderungen zu stellen seien, weil dieser ähnlich der Patientenverfügung wirken solle und ansonsten der Patientenwille Gefahr laufe nur noch Beachtung zu finden, wenn er aktuell oder antizipiert erklärt worden wäre,[1483] so wird dadurch der entscheidende Unterschied zwischen ausdrücklichem und mutmaßlichem Willen verkannt. Natürlich soll auch der mutmaßliche Wille die Patientenautonomie genauso schützen wie die ausdrückliche Erklärung auch in Form der Patientenverfügung, er ist dazu aber schlicht weniger geeignet. Wenn man die mutmaßliche Einwilligung zur Wahrung der Selbstbestimmung heranzieht, so *Höfling,* so müssen an diese dieselben Anforderungen zu stellen sein, wie an die Formen ausdrücklicher Einwilligung.[1484] Dabei müssen allerdings die Unterschiede in der Sicherheit berücksichtigt werden, allerdings ohne die Individualität des Betroffenen und der konkreten Situation, in der er sich befindet, zu negieren. Insofern sind *Höflings* Bemühungen anzuerkennen, in dem bereits angesprochenen Gesetzentwurf für die Deutsche Hospiz Stiftung konkrete Kriterien aufzustellen,[1485] jedoch erscheinen starre Fristen (er schlägt zwei Jahre vor), innerhalb dessen Willensbekundungen bei der Ermittlung des mutmaßlichen Willens zu berücksichtigen seien, eine solche Individualität doch zu unterminieren. Denn wenn der Schutzgehalt schon der Patientenverfügung angenähert werden soll, dann ist darauf zu verweisen, dass auch diese keiner absoluten zeitlichen Begrenzung unterliegt. *Duttge* verweist dahingehend zutreffend darauf, dass der Zweck der Patientenverfügung der selbstbestimmten Lebensgestaltung nur dann erreicht werden kann, wenn an den Widerruf grundsätzlich dieselben Anforderungen zu stellen seien, wie an deren Errichtung.[1486]

Lindner und Huber werfen dabei die Frage auf, wie die Frage der Einwilligungsfähigkeit bei verbliebenem „natürlichen Willen“ systematisch einzuordnen sein solle.[1487] Sie sehen dabei im Wesentlichen zwei Möglichkeiten, an welcher Stelle das Problem eines der Patientenverfügung entgegenstehenden „natürlichen Willens“ zu verorten sei: Entweder als ungeschriebenes Tatbestandsmerkmal oder

1483 Verrel, Gutachten C zum 66. DTJ 2006, C 90.

1484 Höfling, Brysch, Recht und Ethik der Palliativmedizin, 134.

1485 Höfling, Brysch, 134f, Fn. 29.

1486 Duttge, 43; Wietfeld, 255; ähnlich Spickhoff, FamRZ 2009, 1955.

1487 Lindner, Huber, NJW 2017, 8.

beim Zutreffen auf die in der Verfügung beschriebene Lebens- und Behandlungssituation.[1488] Im ersten Fall müsste der Betreuer dann neben der Kongruenzprüfung auch ermitteln, ob das Verhalten des entscheidungsunfähigen Betreuten Anhaltspunkte dafür liefere den in der Patientenverfügung niedergelegten Willen nicht mehr gelten lassen zu wollen. Da dem Gesetzgeber das Problem des natürlichen Willens jedoch bekannt gewesen sei, wäre ihrer Ansicht nach wenig Raum für die Annahme eines ungeschriebenen Tatbestandsmerkmales. Im zweiten Fall hinge die Maßgeblichkeit des natürlichen Willens davon ab, ob der Patient bei Errichtung der Patientenverfügung die Situation eines bloß natürlichen Willens mitbedacht habe. Ist das nicht der Fall, so könne dann erneut ermittelt werden, ob anhand konkreter Anhaltspunkte ein Widerruf durch den bloß natürlichen Willen gewollt sei und die Patientenverfügung daher auf die konkrete Lebens- und Behandlungssituation nicht zutreffe.[1489]

Der Gesetzgeber hat dadurch, dass er auf den „natürlichen Willen" abstellt und diesen nunmehr in § 1906a BGB verankert hat, auch abschließend Stellung bezogen. § 1906 Abs. 3 BGB a.F. stand noch in keinem direkten Verhältnis zur Patientenverfügung, dennoch ist durch den (zwar zweifelhaften, aber dennoch getätigten) Verweis auf die Identität mit dem Willen aus § 1905 BGB eine systematische Eingliederung des Begriffs in das Betreuungsrecht vorgenommen worden. Nach dem Willen des Gesetzgebers soll der Wille im nunmehr maßgeblich § 1906a Abs. 1 Nr. 3 BGB nunmehr wie der Wille des Patienten in § 1901a BGB zu verstehen sein soll.[1490]

Es ist aus systematischen Gründen und nunmehr auch nach Ansicht des Gesetzgebers ausgeschlossen, dass dieser „natürliche Wille" dem tatsächlichen Willen vorgehen kann.[1491] Der Gesetzgeber kann nicht an einer Stelle der Patientenautonomie den Vorrang in Form antizipierter Einwilligung geben und andererseits den Vorrang des nach seiner eigenen Ansicht unfrei(r)en Willens anordnen. Diese Einordnung sagt natürlich nichts über die Möglichkeit der Ermittlung, ob eine beachtliche Willensänderung vorliegt. Jede andere Ansicht würde die durch die Patientenverfügung als maßgeblich etablierte Selbstbestimmung wieder unter den allgemeinen Lebensschutz unterordnen und der bereits dargestellten Ansicht entsprechen, dass sich stets der „Lebenserhaltungswille"

1488 Lindner, Huber, NJW 2017, 8.

1489 Lindner, Huber, NJW 2017, 8f.

1490 Dettmers, Weis, Rn. 968, siehe dort Fn. 277.

1491 i.E. so auch bereits Wietfeld, 255; problematisierend Lindner, Huber, NJW 2017, 9; Dettmers, Weis, Rn. 968.

durchzusetzen habe. Dieser „Wunsch-Wohl-Konflikt", wie *Diener*[1492] es beschreibt, ist dabei das ethische Kernproblem der Willensermittlung bei der Patientenverfügung. Die Ansicht des zwingenden Vorranges des Lebensschutzes als „objektives Interesse" (man könnte auch sagen: „wahren Willens") ist schon wegen der dargestellten Schwierigkeiten der Einordnung von Verhalten, welches im Zustand der Einwilligungsunfähigkeit geäußert wird,[1493] nicht haltbar. Patientenverfügungen würden hinfällig werden, würde man vom Vorrang des „natürlichen Willens" ausgehen, wenn er auf Lebenserhaltung ausgelegt ist und der Patient „zum Opfer fremder Interpreten seines eigenen Willens"[1494] wird, wie *Hufen* es ausdrückt.

dd.) Berücksichtigung „natürlicher Willensäußerungen" bei Patienten mit Patientenverfügung und das Problem der Bestimmtheit in Patientenverfügungen in der jüngeren Rechtsprechung des BGH

Lindner und Huber problematisieren zu Recht, dass gegen die Berücksichtigung des natürlichen Willens in diesen Fällen Aspekte der Rechtssicherheit sprechen, die gerade durch die Patientenverfügung beseitigt werden sollen.[1495] Zutreffend werfen sie das Problem auf, wenn der natürliche Wille stets vorrangig beachtlich sein soll, jeder Angehörige das Betreuungsgericht anrufen und geltend machen könnte, eine bestimme Tätigkeit oder Äußerung des Einwilligungsunfähigen spreche dafür, dass die Patientenverfügung nun nicht mehr gelten solle oder die in ihr umschriebene konkrete Lebenssituation nicht mehr vorliege. Sie zeichnen übereinstimmend mit der dargestellten Problematik der medizinischen Perspektive auf „natürliche Willensäußerungen" (insbesondere durch „Leibesäußerungen") das bereits aufgeworfene Bild, dass Gericht, Angehörige, Betreuer und Ärzte nunmehr jede noch so kleine Regung des Betreuten als Ausdruck oder Nichtausdruck eines bestimmten dahinterliegenden Willen interpretierten würden und anhand dieser Auslegung den einen oder anderen Willen als maßgeblich sehen wollten.[1496] In der Tat lässt sich festhalten, dass das Betreuungsrecht zur Lösung dieses Problems keine expliziten Antworten bietet.

1492 Diener, 141f.

1493 für die Abhängigkeit der Interpretation von den Empfindungen des Interpreten selbst auch in diesem Kontext Strätling et al., MedR 2005, 586.

1494 Hufen, NJW 2001, 856.

1495 Lindner, Huber, NJW 2017, 9.

1496 Lindner, Huber, NJW 2017, 9.

Das verdeutlicht sich auch anhand der Rechtsprechung des BGH zur Bestimmtheit der Patientenverfügung,[1497] auf die *Lindner und Huber* Bezug nehmen. Der BGH hatte sich mit der Frage zu beschäftigen, ob ein absolut formulierter Wunsch, lebenserhaltende Maßnahmen einzustellen, eine bindende Behandlungsentscheidung darstelle. Die Betreute war zum Entscheidungszeitpunkt bereits seit mehreren Jahren unfähig mit der Umwelt zu kommunizieren und war auch sonst wegen schwerer Dauerschädigungen des Gehirns auf ständige Pflege angewiesen. Die Vorsorgebevollmächtigte richtete sich gegen die Entscheidung des Landgerichts die künstliche Ernährung über die Magensonde einzustellen. Der BGH verneinte die unmittelbare Bindungswirkung der Äußerung „keine lebenserhaltenden Maßnahmen" zu wünschen mit der Begründung, damit sei keine konkrete ärztliche Behandlung hinreichend bestimmt. Es sei nicht ersichtlich, dass sich der Wille der Betreuten gerade auf die Einstellung künstlicher Ernährung bezogen habe. Zudem stellt er das Erfordernis auf, der Bevollmächtigte oder Betreuer habe auch anhand des aktuellen Verhaltens des nicht mehr Entscheidungsfähigen zu ermitteln, ob konkrete Anhaltspunkte dafür sprächen den schriftlich gefassten Willen nicht mehr gelten lassen zu wollen.

Ob der BGH damit tatsächlich zu der Frage des „natürlichen Willens" Stellung beziehen wollte, lässt sich wohl nicht eindeutig klären.[1498] Deutlich wird jedoch auch hier die Tendenz den durch die gesetzliche Regelung der Patientenverfügung gesteckten Rahmen so weit wie möglich in Richtung des Lebensschutzes auszureizen und bei Äußerungen in Verfügungen, die die Lebensbeendigung direkt betreffen, im Zweifel die Selbstbestimmung zurücktreten zu lassen. Das sieht sich den bereits erörterten Bedenken ausgesetzt insbesondere vor dem Hintergrund, eine absolut formulierte Aussage sei nicht hinreichend konkret auf eine Behandlungssituation bezogen. Der BGH überspannt damit die Anforderungen, die § 1901a BGB an den Inhalt der Patientenverfügung stellt, enorm und stellt den Verfügenden damit de facto vor ein Erfordernis medizinischen Sachverstandes, welches sich nur durch vorherige ärztliche Aufklärung beseitigen ließe. Die Funktion der Patientenverfügung für den Verfügenden Klarheit und für alle anderen Rechtssicherheit zu schaffen, wird dadurch erheblich unterminiert. Denn wenn eine unmissverständliche und absolut formulierte Äußerung keine Lebenserhaltung unter bestimmten Voraussetzungen zu wünschen an dem Merkmal der Lebens- und Behandlungssituation scheitern soll, kann dem

1497 BGH NJW 2016, 3297.

1498 Lindner, Huber, NJW 2017, 7f.

nur durch Aufnahme aller möglichen medizinischen Indikationen und Behandlungsarten in die Patientenverfügung entgegengewirkt werden. Das führt jedoch wiederum dazu, dass bei ausführlicher Beschreibung verschiedener Situationen angenommen werden muss, bei anderen Situationen seien gerade keine lebensbeendenden Maßnahmen gewollt. Gepaart mit der Implikation, dass Betreuer und Bevollmächtigter beim Entscheidungsunfähigen zusätzlich noch anhand seiner konkret verbliebenen Handlungsmöglichkeit nach Indizien Ausschau halten sollen, die einer Anwendbarkeit auf die konkrete Situation entgegenstehen könnte, wird die Sinnhaftigkeit von Patientenverfügungen in einer Vielzahl von Fällen erheblich in Frage gestellt.[1499] Hier manifestiert sich das ebenfalls bereits thematisierte Problem paternalistischer Intervention den Betroffenen je nach Situation gegen seine eigene Schwäche auszuspielen und nur dasjenige gelten lassen zu wollen, was der Intervenient als „das Beste“ für den Betroffenen auserkoren hat.

Dieses Dilemma kann gedanklich nur dadurch aufgelöst werden, in dem man auf die grundsätzliche Gleichwertigkeit der Entscheidung des einzelnen für oder gegen das Leben verweist. Als Kontrollfrage kann die – freilich deutlich hypothetischere – Frage gestellt werden, ob unter denselben Gesichtspunkten eine Willensänderung angenommen würde, ginge es nicht um die Änderung von Sterben- auf Lebenwollen, sondern umgekehrt. Auf diese Weise kann zumindest dafür sensibilisiert werden, möglichst wenig eigene moralische Überzeugungen in die Beurteilung einfließen zu lassen und den Paternalismusmaßstab dabei von der Autonomie des Betroffenen auf dessen subjektiv betrachtetes Wohl zu verändern. Man wird dem wohl auch nicht dieselben Einwände entgegenhalten können, wie es vorliegend der hypothetischen Einwilligung gegenüber getan wurde, dass der Betroffene bei der antizipierten Entscheidung nicht derselben Entscheidungssituation ausgesetzt wird wie zum Zeitpunkt, in dem die Patientenverfügung eingreifen soll. Denn zum einen unterscheidet sich die Situation schon dadurch, dass es bei der Kritik an der hypothetischen Einwilligung um die Vermeidung von Fremdbestimmung in Form von unterlassener Aufklärung geht, während bei der Patientenverfügung die Selbstbestimmung originär betroffen ist. Zum anderen, geht es dem Patienten doch gerade darum, diese Situation zu erfassen, er möchte von vornherein ausschließen, dass die von ihm befürchtete Entscheidungssituation sich auf seine Entscheidung eine wesentliche Frage der Lebensgestaltung betreffend auswirkt. Er möchte sich durch eine antizipiertrationale Entscheidung der erwarteten Rationalitätsbeschränkung entziehen.

1499 i.E. Lindner, Huber, NJW 2017, 9f.

Insofern erscheint es widersprüchlich, wenn *Wietfeld* einerseits dahingehend zustimmt, dass die vom Gesetzgeber bezweckte Rechtssicherheit auch in schwierigen Fällen durch niedrigere Anforderungen an die Widerrufsfähigkeit unterminiert würde, gleichsam aber „für den Widerruf einer Patientenverfügung grundsätzlich ein Minimum an natürlicher Einsichts- und Entscheidungsfähigkeit“[1500] verlangen will.

Das Dilemma, einerseits Willensäußerungen von insbesondere noch handlungsfähigen Betreuten nicht grundsätzlich als unbeachtlich zu sehen und andererseits den in einer Patientenverfügung niedergelegten Wunsch zu respektieren, aufzulösen, erscheint mit den gegenwärtigen Mitteln des Betreuungsrechts ausgesprochen schwierig. Der antizipiert geäußerte Wille der Patientenverfügung, der bestimmte zukünftige Ereignisse und Konstellationen nur abstrakt vorhersehen kann, sieht sich einer möglicherweise Willensänderung in der konkreten Situation gegenübergestellt. Kriterien zu entwickeln, anhand derer nun zu gewichten ist, was sich allgemein oder auch nur im konkreten Einzelfall durchsetzen kann, ist eine Aufgabe, die nicht allein juristisch bewältigt werden kann. Man kann zumindest eingrenzend festhalten, dass Mechanismen, welche die Interpretationshoheit allein an die subjektiven Vorstellungen von Betreuer, Arzt oder Gericht knüpfen, dem Wohl des Patienten nicht gerecht werden können. Mit dem Sinn und Zweck der Patientenverfügung ist es wohl am ehesten vereinbar, die Einwilligungsfähigkeit zunächst für erforderlich zu halten. Die in der Natur der Sache liegende Schwierigkeit, Handlungen eines etwa psychisch kranken Betreuten als Ausdruck eines geänderten Willens zu bestimmen, kann damit zwangsläufig nicht behoben werden, da selbst unter Medizinern kaum Einigkeit über die dafür zu erfüllenden Voraussetzungen bestehen.

3.) Auslotung der Grenzen der Reichweite antizipierter Einwilligung anhand sog. „Odysseus-Verfügung“ als Sonderfall der Patientenverfügung

a.) Der Begriff der „Odysseus-Verfügung“

aa.) Die Odysseus-Verfügung

Mit *Lindner und Huber* kann festgehalten werden, dass ohne Einschreiten des Gesetzgebers das Betreuungsrecht an dieser Stelle weiterhin lückenhaft bleiben

1500 Wietfeld, 256.

wird.[1501] Personen, die eine Patientenverfügung zur Erlangung von Sicherheit errichten wollen, kann daher nur geraten werden, den Aspekt des „natürlichen Willens“ mit in dieselbe aufzunehmen.[1502] Dies umfasst zunächst natürlich die (unproblematische) Konstellation, in der der natürliche Wille maßgeblich sein soll. Vor dem Hintergrund der bisher etablierten Ergebnisse bedeutend schwieriger stellt sich die Situation dar, wenn festgelegt wird, ein natürlicher Wille soll später unbeachtlich sein. Die Problematik liegt dabei auf der Hand, da der Patient damit möglicherweise faktisch die (gesetzlich vorbehaltslos gewährleistete) Möglichkeit des Widerrufs der Patientenverfügung für sich selber ausschließt.

Es stellt sich also die Frage, ob (insbesondere psychisch kranke) Patienten, die zu einer wie auch immer gearteten („natürlichen“) Willensäußerung noch in der Lage sind, „natürliche“ Willensäußerungen ebenfalls antizipiert als unbeachtlich erklären können. Elementar geht es also darum, die mögliche Reichweite einer Patientenverfügung auszuloten, vor allem vor dem Hintergrund, dass ein einmal gefasster antizipierter als autonom anerkannter Wille, der in einer Patientenverfügung verbindlich festgehalten ist, in direkten Konflikt mit einem später geäußerten, anderslautenden „natürlichen“ Willen treten kann. Wie dieser Konflikt zumindest umgangen oder abgeschwächt werden kann, soll anhand der in der juristischen Diskussion in Deutschland bisher nur wenig berücksichtigten sog. „Odysseus-Verfügungen“ erörtert werden. Dieser Begriff hat sich im Rahmen der Diskussion um Patientenverfügungen im angloamerikanischen Recht entwickelt („*Odysseus-Pact/-Transfer*“[1503], später *Ulysses-Contracts*[1504], auch als „psychiatric wills“[1505]) und meint die Selbstbindung von Patienten durch die vorweggenommene Verfügung an Ärzte, einen später geäußerten Willen nicht mehr zu beachten, unabhängig davon, ob dieser im Zustand der Entscheidungsfähigkeit oder –unfähigkeit geäußert wird.[1506] Der Begriff geht auf die griechische Heldensage des Odysseus zurück, der ob des Wissens um die todbringende Verlockung der Sirenengesänge sich von seiner Mannschaft an den Mast seines Schiffes binden ließ, nachdem er sich die Ohren mit Wachs verschlossen hatte und sie anwies, ihn unter keinen Umständen loszubinden,

1501 Lindner, Huber, NJW 2017, 9f.
1502 Lindner, Huber, NJW 2017, 9.
1503 Diesen Begriff erstmals nutzend Culver, Gert, in: Spicker, Healy, Engelhart, 159ff.
1504 Winston, Winston, Appelbaum (1981), 27f.
1505 Radden, 163; Atkinson, 40.
1506 Romfeld, in: Hoffstadt et al: 105f; ebenso Hallich, ZPhF 65 (2011), 151.

auch nicht auf seinen ausdrücklichen Befehl oder Wunsch hin.[1507] Eine solche Patientenverfügung trifft also nicht nur die antizipierte Entscheidung über bestimmte Behandlungsmaßnahmen, die in einem noch ungewissen Zeitpunkt eintreten können, sondern stellt zugleich die Unbeachtlichkeit einer etwa später eintretenden Meinungsänderung fest. In Bezug auf die Patientenverfügung schaltet er damit also die Möglichkeit des Betreuers vollständig aus, eine Neubewertung der Lage vorzunehmen. Zunächst sieht sich eine solche Verfügung denselben Problempunkten ausgesetzt wie die reguläre Patientenverfügung. Ihr weitergehender Gehalt liegt jedoch darin, dass sie jede andere Willensbildung danach für unbeachtlich erklärt und damit technisch gesehen auch die Möglichkeit des Widerrufs der Patientenverfügung ausschließt. Die Kernprobleme sind also zum einen, dass es sich um eine rein binäre Entscheidung der Behandlung oder Nichtbehandlung handelt und diese nicht widerruflich ist.[1508] Zum anderen die Frage, warum der früher geäußerte Wille vor dem später geäußerten Willen (oder vice versa) Priorität genießen soll.[1509] Damit einher geht natürlich die Frage, ob § 1901a Abs. 1 S. 3 BGB, der die jederzeitige formlose Widerruflichkeit der Patientenverfügung regelt, für den Patienten abbedingbar ist.

Das Prinzip eines „Psychiatrietestaments" geht dabei auf *Szasz* zurück, nach dessen Auffassung Geisteskrankheiten lediglich eine Umschreibung für unerwünschtes, verbotenes oder gefürchtetes Handeln sei, gegen das es keine Behandlung gebe.[1510] Die Furcht vor „plötzlichem Wahnsinn" und „akuter Psychose" seien Dinge, die der einzelne berechtigterweise antizipieren und vorausplanen wolle, sie müsse daher genauso vorbeugbar sein, wie die Angst vor dem Schicksal der Zwangsbehandlung oder -einweisung.[1511] Daher könne ein derartiges Patiententestament beide Seiten gleichermaßen zufriedenstellen:

> "Individuals who dread the power of psychosis and desire protection from it by embracing, in case of ‚need', the use of involuntary psychiatric interventions could execute a psychiatric will in helping with their beliefs. Individuals who dread the power of psychiatry and desire protection from it by rejecting, regardless of 'need', the use of involuntary psychiatric interventions could execute a psychiatric will in keeping with their beliefs. Thus no one who believes in psychiatric protectionism would be deprived of its alleged benefits, while no one who disbelieves in it would be subjected to its policies and practices against his or her will."[1512]

1507 Feinberg, Harm to Self, 83; Romfeld, in: Hoffstadt et al: 104f.
1508 Atkinson, 41.
1509 Hallich, ZPhF 65 (2011), 151.
1510 Grundlegend Szasz (1960).
1511 Szasz (1982), 768.
1512 Szasz (1982), 762.

Diese Verfügungsform bezieht sich demnach ausschließlich auf psychiatrische Behandlungen und nicht auf Behandlungen körperlicher Beschwerden, die in diesem Zusammenhang auftreten. Betreuungsrechtlich gesprochen geht es also schlicht um die Anlasskrankheit.

bb.) Diskussion der Möglichkeit und Reichweite einer solchen Verfügung

Teilweise werden solche Verfügungen schon deswegen abgelehnt, weil der Arzt nicht zur Vornahme oder Nichtvornahme einer bestimmten Behandlung verpflichtet sei, weil der Patient letztlich mit seiner Verfügung die Entscheidungshoheit auf den Arzt übertrage.[1513] Gegen die Möglichkeit einer solch weitreichenden Verfügung in einem psychiatrischen Kontext führt etwa auch *Dresser* aus, dass trotz möglicher Vorteile diese „Odysseus-Verfügungen“ ein zu großes Risiko fälschlicher Aufgabe von Autonomie mit sich brächten.[1514] Dies ergebe sich im Wesentlichen daraus, dass die Bestimmung der Einwilligungsfähigkeit bei psychischen Erkrankungen bedeutende Schwierigkeiten aufweise und es daher auch schwierig sei zu ermitteln, wann die Voraussetzungen der Verfügung wirklich vorliegen sollen. Als Problem ist zudem bei psychischen Erkrankungen zu berücksichtigen, dass die Schwierigkeit der Bestimmung ihres Verlaufs und wann genau sie sich auf die Entscheidungsfähigkeit des einzelnen ausgewirkt haben, die Ermittlung erschwert, ob der Betroffene bereits zum Zeitpunkt der Errichtung der Verfügung möglicherweise nicht Einwilligungsfähig gewesen sei. Diese Schwierigkeit stellt sich vor allem bei Erkrankungen, die episodenhaft verlaufen. Diesbezüglich sieht *Davis* das Problem, dass zwar nicht alle Geisteskranken einwilligungsfähig seien, es aber bei jedem einzelnen der Fall sein könnte.[1515]

Saks stimmt mit *Dresser* insofern überein, der ebenfalls darauf verweist, dass Betreuung, die aufgrund körperlicher Krankheit angeordnet würde, generell erst bei deutlich stärkerer Beschränkung der Handlungsfreiheit des Patienten vorgenommen würde.[1516] Dennoch gibt sie zu bedenken, dass eine solche Verfügung im Grunde keinen funktionalen Unterschied zur Selbstbindung in anderen Lebensbereichen darstelle, in denen eine spätere Lösung von dem einmal gesetzten Kurs auch bei später abweichendem Willen nur erschwert oder überhaupt nicht möglich sei, ohne dass dabei jemand davon ausginge, die Autonomie des einzelnen würde nicht gewahrt.[1517] Zwar gehe man keine Verträge ein, um

---

1513 H.T. Engelhardt, 323f.

1514 Dresser (1984), 13ff.

1515 Davis (2008), 96.

1516 Saks, 202.

1517 Saks, 204.

Freiheit aufzugeben, sondern um sie zu betätigen, doch müsse man die freiwillige Aufgabe von Rechten auch für die Zukunft gerade wegen dieser Autonomie auch akzeptieren. Letztlich gehe es darum, dem einzelnen die Möglichkeit zu geben, paternalistische Fremdbestimmung durch diese antizipierte Entscheidung auszuschließen.

> "...allowing self-binding is to respect the self in one sense – the earlier self. It is true that we then do not respect the self whose choices are paternalistically taken away. But we have reasons for thinking that the earlier self is the better self – the less impaired self, perhaps even the true self. Allowing self-binding, then, is a strange mixture of autonomy protection and paternalism. Essentially, we allow a person to engage in self-paternalism, which is the most autonomy protecting kind."[1518]

Daher handele es sich also um eine Form von „Selbstpaternalismus",[1519] bei dem das frühere Selbst für das spätere Selbst entscheidet, legitimiert durch die Ansicht, dass das frühere Selbst in der besseren Entscheidungsposition sei. Das Problem stelle sich also nur dort, wo die Entscheidung auch für Fälle gelten soll, in denen der Patient seine Einwilligungsfähigkeit nicht einbüßt.[1520] Immerhin bedeutet dies, einem autonomen Individuum seine in diesem Zeitpunkt autonom getroffene Entscheidung abzusprechen. Sie sieht die Lösung dieser Probleme vor allem in Prozessen wie Wahl- und Entscheidungshilfen, durch verpflichtende Erneuerung der Entscheidungen nach einem gewissen Zeitablauf und durch unabhängige Überprüfung, ob die in der Verfügung bezeichneten Umstände eingetreten seien.[1521] Letztlich müsse man sich stets vergegenwärtigen, dass es primär nicht um das körperliche Wohl des Betroffenen gehe, sondern um die Achtung seiner Autonomie. Maßgeblich könne also gerade nicht sein, stets die Variante zu wählen, die eine Behandlung ermögliche, sich also bei zuvor abgelehnter Behandlung an dem nun geänderten vorliegenden Willen zu orientieren und bei zuvor gewünschter Behandlung diesen Wunsch zu respektieren.[1522] Es laufe letztlich also nur auf die Frage hinaus, ob antizipierte Entscheidungen irreversibel sein sollen und ob man dem früheren Selbst, das die genaue Situation noch nicht erlebt hat, die Situation richtig eingeschätzt habe.[1523] Sie sieht als Lösung daher die Möglichkeit, auch bei einer „Odysseus-Verfügung" eine Meinungsänderung

---

1518 Saks, 204.
1519 So auch Dresser (1984), 15; kritisch zu dem Begriff Quante, 289f.
1520 Saks. 205.
1521 Saks, 208.
1522 Saks, 211.
1523 Saks, 213.

in der eingetretenen Situation anzuerkennen, da der Patient sie nun erlebt, ihm aber für das nächste Mal die Vorausbindung zuzugestehen.[1524]

> "After a second free shot, self-binding to no treatment should be respected. After all, the patient may have good reason, articulated or not, for not wanting treatment. If we are committed to respecting the choices of the unimpaired self, we must respect choices that we think bad for it as well; we should let the self decide. Self binding in the psychiatric context, then, makes eminent sense. It returns choice to the individual. It allows people more mastery over their fate. It has achieved widespread acceptance in the medical context in general and deserves to be imported to the psychiatric context as well."[1525]

Cholbi möchte solche Fälle generell ausschließen, in denen der Patient seine Willensänderung auch für Fälle der Einwilligungsfähigkeit antizipiert ausschließen will, geht jedoch davon aus, dass solche Fälle eher die Ausnahme darstellen dürften.[1526] Auch wenn es insbesondere bei Lebensmüdigkeit die Regel sein dürfte, dass eine in diesem Zustand getroffene Entscheidung zwar autonom, aber dennoch „irrational" sei, gebe es keinen Grund, die frühere der späteren Willensäußerung vorzuziehen, weil der Betroffene schlicht seine Meinung geändert habe. Diese Änderung, mag sie auch wenig nachvollziehbar sein, müsse daher respektiert werden.

R. Dworkin[1527] und *Quante*[1528] gehen von der Gültigkeit der Verfügung aus. Sie sehen dabei in Anlehnung an die von *R. Dworkin* aufgestellte Unterscheidung von critical und volitional well being, dass Personen ein *critical interest* und ein *experiential interest haben.*[1529] Ersteres meint die Wertvorstellungen und Überzeugungen einer entscheidungsfähigen Person, experiental interests hingegen solche, die ein Nichtentscheidungsfähiger, jedoch zur Gefühlsregungen in der Lage Seiender haben und auf deren Basis er Interessen und Präferenzen ausbilden kann. Dem folgend soll also etwa in Fällen, in denen ein lebenswilliger Demenzkranker, der zuvor im Zustand der Einwilligungsfähigkeit in seiner Patientenverfügung die Einstellung oder Unterlassung bestimmter Maßnahmen angeordnet hat, diese zuvor als *critical interest* gefassten Entschlüsse maßgeblich sein. *Quante* führt dazu aus:

1524 Saks, 213f.
1525 Saks, 215.
1526 Cholbi, 131.
1527 R. Dworkin, Life's Dominion, 286.
1528 Quante, 286.
1529 R. Dworkin, Life's Dominion, 275.

„Sein Leben als Person zu führen bedeutet, sich wertend mit der eigenen Zukunft zu identifizieren (positiv wie negativ), die eigenen zukünftigen experiential interests mit eingeschlossen. Sobald in einer Kultur die Vorstellung, sein Leben als Person zu führen, zentral ist, gibt es einen starken Grund, die Evaluation einer Person, die sich in einer Patientenverfügung niedergeschlagen hat, als zu respektierende Ausübung ihrer personalen Autonomie anzuerkennen."[1530]

Anknüpfend an die Frage von Differenz und Identität des Akteurs sieht auch *Platzer* das Problem verortet.[1531] So sei es zwar bei dem namensgebenden Helden Odysseus zweifelsfrei, dass dessen Anweisung an seine Mannschaft, ihn an den Mast zu fesseln, in seinem Willen ausgeführt wurde, der Unterschied bestehe jedoch darin, dass Odysseus (nicht zuletzt wegen der Warnung der Circe)[1532] zu einer adäquaten Einschätzung der seiner zukünftigen Lage im Stande gewesen sei und er zudem davon ausgehen konnte, er würde sich nur vorübergehend in ihr befinden und wieder „zu Sinnen" kommen. Diese Form der Sicherheit könne in der Realität indes nur selten erreicht werden. Teil einer selbstbestimmten Lebensführung sei dabei gerade durch die beiden Elemente geprägt, dass der Mensch einerseits dazu in der Lage ist, Zielvorstellungen zu entwerfen und diese zu verfolgen, er andererseits genauso legitim diese jederzeit verwerfen, zu ändern und neu zu bestimmen.[1533] Gerade die letzte Fähigkeit werde bei geistigen Veränderungen wie Demenz jedoch verloren gehen und werde auch nicht wiederhergestellt, so dass es in diesen Fällen auf das vergangene Selbst ankommen müsse. Allerdings müsse man auch solchen Patienten durch ihre leiblichen Äußerungen grundsätzlich zugestehen, wertbezogene Interessen zu haben, denn es könne „die ‚Zuschreibung' von wertebezogenen Interessen... nicht nur an die Bewusstseinskontinuität eines Patienten gebunden werden", vielmehr müsse „in diesem Fall auch die Erfahrungsdimension von Leiblichkeit"[1534] eingezogen werden. Das Schicksal des Patienten und der Einfluss auf dasselbe müsse also auch in dieser Lage anhand des Wertes und Erfolges des gesamten Lebens betrachtet werden, nicht nur der nun bevorstehenden oder bereits vergangenen Episode. Für ihn soll es daher maßgebliches Kriterium sein, ob sich diese Leibesäußerungen als eine „Verarbeitung der Biografie", also eine Form der Lebensaufarbeitung darstellen und man anhand dessen von wertebezogenen Interessen reden könne, was zumeist der Fall sei. Liegt in der fraglichen Leibesäußerung eine derartige

1530 Quante, 286.
1531 Platzer, 281.
1532 Siehe auch Feinberg, Harm to Self, 87.
1533 Platzer, 281.
1534 Platzer, 281.

Verarbeitung, so solle dies als Wille zu respektieren sein, der dem aus der Patientenverfügung auch bei Ausschluss des Widerspruchs vorgehen solle.[1535] Unter Verweis auf die Ergebnisse der Demenzforschung soll eine Abstufung danach möglich sein, je weiter der Patient sich dem Ende der Demenz nähert, umso beachtlicher solle der Wille der Patientenverfügung werden.[1536]

Hallich geht im Ergebnis von einer Zulässigkeit von „Odysseus-Verfügungen" aus,[1537] sieht darin aber kein Instrument der „Selbst-Paternalisierung".[1538] Schon begrifflich könne Paternalismus nur gegenüber einer anderen Person verübt werden, so dass bei der Annahme, es handele sich nicht um dieselbe Person, im Grunde jede Selbstdisziplinierung als Paternalismus anzusehen sei, was den Begriff überspanne. So sei „Selbst-Paternalismus" in solchen Fällen wohl kaum von rationaler Lebensplanung abzugrenzen. Er geht dennoch von einem paternalistischen Charakter der „Odysseus-Verfügung" aus, da die Person durch sie paternalistisches Handeln autorisiere.[1539] Es gehe also dabei um die Frage, ob dieser Paternalismus durch die Verfügung gerechtfertigt sei, sprich, ob es sich um harten oder weichen Paternalismus handele. Auch er verweist dabei darauf, dass es Teil der Selbstbestimmung sei, eine einmal getroffene Autorisierung in paternalistische Eingriffe zu revidieren.[1540] Die Präferenzen würden sich in der aktuellen Entscheidungssituation der medizinischen Behandlung im Vergleich zu der zuvor getroffenen Entscheidung schlicht ändern. Daher sei maßgeblich, ob der Betroffene die Möglichkeit einer späteren Entscheidungsänderung vorausgesehen habe oder nicht. Dieses Problem ergebe sich in diesem Maße jedoch nur in Fällen, in denen die Einwilligungsfähigkeit nach Eintritt des in der Patientenverfügung bestimmten Zeitpunktes noch vorliegt, da in Fällen der späteren Einwilligungsunfähigkeit es bedeutend leichter sei, den zuvor gefassten Willen als den „wahren Willen" anzuerkennen.[1541] Doch auch hier sei zu berücksichtigen, dass bei es beim Abstellen auf beschränkte Rationalität als Legitimation von Paternalismus nicht dazu kommen dürfe, unerreichbare Rationalitätsideale anzunehmen. Letztlich müsse auch hier eine gewisse Begründung dafür gefunden werden, warum ein zuvor gefasster Wille, mag er auch als „autonomer" gesehen werden, sich gegen den in der Situation tatsächlich geäußerten Willen

1535 Platzer, 281f.
1536 Platzer, 282.
1537 Hallich, ZPhF 65 (2011), 151, 171.
1538 Hallich, ZPhF 65 (2011), 151, 153.
1539 Hallich, ZPhF 65 (2011), 151, 154.
1540 Hallich, ZPhF 65 (2011), 151, 160.
1541 Hallich, ZPhF 65 (2011), 151, 161.

durchsetzen soll, da man auf diese Weise das frühere Selbst zu einem „höheren Selbst“ erklären würde.[1542] Er schlägt daher als Lösung vor, zur Vermeidung der durch antizipierte Zustimmung aufgeworfenen Probleme auf ein Modell der antizipierten späteren Zustimmung im Sinne mutmaßlicher Einwilligung auszugehen.[1543] Darunter versteht er, dass paternalistische Intervention dadurch gerechtfertigt sein könne, dass man anhand der vom Patienten aufgestellten „Odysseus-Verfügung“ nicht von ihrer Verbindlichkeit ausginge, sondern sie lediglich als Indiz zur Ermittlung des mutmaßlichen Willens heranzuziehen habe, um die Prognose zu stellen, ob der einwilligungsunfähige Patient nach Vornahme der Maßnahme und Widererlangung der Einwilligungsfähigkeit dieser rückblickend zustimme. Zwar sei auch diese irrtumsanfällig, doch verweist *Hallich* dabei auf die Situation der Notoperation, in der eine Mutmaßung ebenfalls die Legitimation der Maßnahme nicht in Frage stelle. Für ihn ist es daher letztlich eine Frage der Güterabwägung. Der Ansicht *R. Dworkins* und *Quantes* begegnet er mit der Frage, auf welcher Grundlage das *critical interest* höher zu bewerten sein soll als das *experiential interest.*[1544] Für ihn ist das *experiential interest* zumindest in Fällen, in denen der Patient nie wieder in einen Zustand der Einwilligungsfähigkeit versetzt werden kann bzw. diesen erreichen wird, maßgeblich, da in solchen Fällen eine späteren Billigung durch den Patienten nicht mehr eintreten könne. Daher sei dieser letzte, verbliebene Wille, das einzige, was noch maßgeblich sein könne. Für ihn ist die „Odysseus-Verfügung“ daher insgesamt nur eine Auslegungshilfe für die Ermittlung des mutmaßlichen Willens, könne aber keine unmittelbare Wirkung entfalten.[1545]

b.) Legitimation von „Odysseus-Verfügungen“ anhand der Systematik der Patientenverfügung und Patientenrechte

Die philosophische Frage, ab welchem Zeitpunkt die Identität eines Menschen oder einer Sache aufhört und eine neue beginnt, beschäftigte bereits die römischen Juristen. So verwies *Alfenus* bei der Frage, ob ein Schiff noch dasselbe Schiff sei, wenn jede einzelne Planke erneuert wurde, darauf, dass man bei einem Menschen auch nicht sagen könne, er sei zu unterschiedlichen Zeitpunkten ein anderer, obwohl nach einer gewissen Zeit sich jede Zelle seines Körpers erneuert

1542 Hallich, ZPhF 65 (2011), 151, 163.

1543 Hallich, ZPhF 65 (2011), 151, 163. Er spricht zwar von hypothetischer Einwilligung, meint aber offensichtlich die mutmaßliche Einwilligung im juristischen Sinne.

1544 Hallich, ZPhF 65 (2011), 151, 169.

1545 Hallich, ZPhF 65 (2011), 151, 170f.

habe.[1546] Die rein philosophischen, ethischen und anthropologischen Implikationen, die aus der tiefergehenden Fragestellung der Personenidentität zwischen ein und derselben Person vor und nach dem Eintritt einer Krankheit oder einer geistigen Störung im Sinne der multiple-selves Theorie zu ziehen sind, können an dieser Stelle nicht weiter verfolgt werden.[1547] Diese Kritik zielt also darauf an, dass das frühere Selbst das spätere durch seine bindende Entscheidung zu „versklaven" drohe und man damit die Grenze des (Selbst-)Paternalismus zumindest nach *Mill* überschritten wäre. Dies trifft die Situation der „Odysseus-Verfügung" schon aus zweierlei Gründen nicht.[1548] Zum einen ist *Hallich* zuzustimmen, dass der Begriff Selbstpaternalismus schon in sich widersprüchlich ist, da Paternalismus ja gerade die Willensersetzung durch einen anderen betrifft und man in der Tat davon ausgehen müsste, dass keinerlei personelle Identität zwischen ein und derselben Person zu unterschiedlichen Zeiten bestünde. Zum anderen ist daran anknüpfend eine Versklavung ebenfalls durch sich selbst nicht denkbar, da der einzelne gerade durch seine Selbstbestimmung Zugriff auf seine körperliche und geistige Verfügungsgewalt hat, die sich der Versklavende gerade in Negierung dieser Autonomie anmaßt.[1549] Man müsste an dieser Stelle also in der Tat so weit gehen zu sagen, dass der „an den Mast Gebundene", der seine Meinung unter dem Einfluss von Krankheit, Schmerz oder anderen Einflüssen später tatsächlich freibestimmt ändert, wirklich eine andere Person ist, als derjenige, der die antizipierte Entscheidung getroffen hat.[1550] Dieser Auffassung liegt natürlich in gewisser Weise ebenfalls zugrunde, dass der frühere Mensch der „authentischere", der „echte" gewesen ist, weil dies schließlich die Legitimation dafür sein soll, den später geänderten Willen zu ignorieren.[1551] Für Rechtssicherheit kann eine solche Ansicht freilich nicht sorgen, welche die Verbindlichkeit einer Patientenverfügung an die Frage knüpft, welches philosophische Menschenbild derjenige zugrundelegt, der die Verfügung auslegen soll. Wenn durch die Patientenverfügung selbst Entscheidungen über Leben und Tod getroffen werden können und ersichtlich ist, dass es dem Wunsch des Betroffenen entspricht, so sollte

---

1546 Dig. 5,1,76 (Alfenus, Digest 6), für diese Problematik des „Schiff des Theseus" im Sachenrecht Behrends, INDEX 37, 397ff, 427.

1547 dazu ausführlich etwa Buchanan, Brock, Chap. VI, 165ff.

1548 so auch die Kritik von Radden an dieser von Buchanan und Brock aufgeworfenen Problematik, Radden, 165.

1549 Radden, 165.

1550 Feinberg, Harm to Self, 83.

1551 Feinberg, Harm to Self, 83, "… but his sailors wisely keep the promise they made to his earlier self, rightly inferring that the earlier self was the real Odysseus."

zumindest die Möglichkeit in Betracht gezogen werden, diesem Wunsch die größere Authentizitätsbeziehung zum Patienten zu unterstellen.

aa.) Reichweite des Willensausschlusses und das Verhältnis zwischen früherem und späterem Willen

Das Problem, dem sich eine solche Verfügung stellen muss, ist die Frage, wie weit der Ausschluss eines späteren Willens begriffen werden soll. Dabei müssen zwei Konstellationen unterschieden werden: Der Patient lehnt eine Behandlung ab oder wünscht diese entgegen seinem früheren Willen (und damit entsprechend seiner Prognose) zum einen, zum anderen der Versuch, die Patientenverfügung als Ganzes zu widerrufen.[1552] Nur wenn eine „Odysseus-Verfügung" in beiden Fällen Bestand hat, kann sie die mit einer Patientenverfügung bezweckte Planungssicherheit für den Patienten gewährleisten.[1553] Abzulehnen ist daher die Ansicht *Hallichs,* der auf eine antizipierte spätere Zustimmung abstellt, schon weil die Antizipation damit aus dem Herrschaftsbereich des Patienten auf die Perspektive Dritter verlagert wird. Er verkennt dabei, dass auch der mutmaßliche Wille nicht ex post betrachtet gebildet oder von der tatsächlichen Einwilligung abhängig ist, sondern als Minus zum tatsächlichen Willen anhand äußerer Umstände ermittelt wird und dann als aliud an die Stelle des tatsächlichen Willens tritt, also dieselbe Wirkung hat wie dieser. Wegen dieser Unsicherheit sind doch gerade hohe Anforderungen an die Ermittlungen zu stellen. Er vermischt dabei letztlich Aspekte der hypothetischen Einwilligung mit der der mutmaßlichen und der antizipierten, die zu rein zufälligen Ergebnissen führt und ausschließlich von Umständen abhängig ist, die außerhalb der Herrschaftssphäre des Betroffenen liegen. Genau dieser Umstand soll doch aber durch Patientenverfügungen ausgeglichen werden, nämlich die fehlende Herrschaft über die Situation.

Auf die nachträgliche Legitimation zu hoffen würde diese von Zufällen und frommen Hoffnungen abhängig machen, der Betroffene werde die wohlmeinende Intervention schon gutheißen. Genau diese Form von Paternalismus kann nicht legitimiert werden. Das Eingreifen des Willens vom Zufall abhängig zu machen, ob die Veränderung chronisch bleibt oder nicht, kann im Übrigen mit der bereits bei der mutmaßlichen Einwilligung geäußerten Kritik widerlegt werden. Erneut sollte man sich stets vor Augen führen, dass der Großteil der Patientenverfügungen doch just dafür errichtet wird, spätere Unsicherheiten

1552 Cuca (1993), 1173.
1553 Cuca (1993), 1173.

abzudecken und für alle später Beteiligten Klarheit zu schaffen. *Hallich* widerlegt sich damit im Ergebnis selbst, denn es lässt sich spiegelbildlich die Frage aufwerfen: Wenn der Betroffene nie wieder selbstbestimmt wird handeln können und für genau diesen Fall antizipiert eine Entscheidung getroffen hat, warum sollte bei Kenntnis dieser chronischen Einwilligungsunfähigkeit sein *experiential interest* seinem *critical interest* vorgehen? Dies entspricht der bereits geäußerten Kritik der Außerachtlassung der von *Kleinig* aufgeworfenen Metapräferenz. Dem einzelnen ist nicht nur grundsätzlich eine gleichwertige Lang- und Kurzzeitpräferenz zuzugestehen, sondern auf der Metaebene ebenfalls die Präferenz, diese im Sinne der multiple-selves-Theorie als „sub-selves" zu unterschiedlichen Zeitpunkten gegeneinander verschieden zu gewichten.[1554]

Dahingehend kann auch die Lösung von *Saks* nicht überzeugen, weil auch diese von Zufall abhängt. Sie steht unter der Prämisse, dass der Patient überhaupt wieder handlungsfähig wird um dann erneut in dieselbe Situation zu geraten und dass die Situationen, in denen die Handlungsfähigkeit wegfällt oder zumindest eingeschränkt wird, miteinander vergleichbar sind. Mangelnde Lebenserfahrung bzw. Erfahrung mit bestimmten Situationen ist als Indikator für die Kompetenz, eine eigene Lebensentscheidung zu treffen, keine ausreichende Grundlage. Man muss es an dieser Stelle dem einzelnen schlicht zugestehen, dass er bestimmte Dinge anhand seiner subjektiven Wertordnung einordnen und beurteilen kann, ohne sie selbst erlebt zu haben. Insbesondere Aspekte, die die höchstpersönliche Lebensgestaltung (man denke etwa an die Sexualität) betreffen, müssen auch ohne einschlägige (Gegen-)Erfahrung allein der Entscheidungsgewalt des einzelnen zugeordnet werden. Ansonsten wäre man wieder bei der Fremdbestimmung, die sich einzig aus überlegenem Wissen legitimiert.

Aus bereits genannten Gründen ist auch ihr Ansatz zu verwerfen, die Zustimmung zeitlich zu begrenzen. Man wird daher etwa *Vollmann* zustimmen können, die Selbstbestimmung des einzelnen auch zu verschiedenen Zeitpunkten müsse „als Recht ein und derselben Person verstanden werden, die als ganze Person verschiedene Lebensstadien durchlebt und darüber auch vorsorglich verfügen kann".[1555] Auch *Platzers* Lösungsansatz vermag dahingehend nur wenig Klarheit zu bringen, vor allem, weil er mit dem Abstellen auf die Leibesäußerungen als „Lebensverarbeitung" letztlich ein Kriterium aufstellt, welches nur bei der Ermittlung eines mutmaßlichen Willens ausschlaggebend sein kann. Es kann an dieser Stelle aus juristischer Sicht nicht bewertet werden, ob es sich wirklich bei

1554 George, 37, 40.
1555 Vollmann, Aufklärung und Einwilligung, 118.

der überwiegenden Zahl der Personen so darstellt. Indes würde sich die Möglichkeit eröffnen, auf diesem Wege die Verbindlichkeit der Patientenverfügung insgesamt anzugreifen, sie auch ohne Abbedingen des Widerrufs in ihrem Sinn und Zweck aushöhlen. Ohnehin versteht *Platzer* den Begriff der Odysseus-Verfügung schon fast so weit, dass auch die reguläre Patientenverfügung und wohl auch die Vorsorgevollmacht darunter fielen.[1556] Er geht letztlich auch davon aus, wegen des von ihm vertretenen „Leib-Konzepts" sollten die Patientenverfügungen selbst „in erster Linie als Indikatoren für den mutmaßlichen Willen eines nicht mehr oder kaum entscheidungsfähigen Patienten angesehen, und nicht primär als verbindliches Instrumentarium einer *verlängerten* Autonomie"[1557] betrachtet werden. Mag man darin auch eine theoretische Möglichkeit sehen, eine Trennung von „erlebens- und wertebezogenen Interessen" leichter vornehmen zu können, so wird dennoch verkannt, dass dies den Schwerpunkt wieder auf die Interpretation durch Dritte und damit in Richtung Fremdbestimmung verlagert, und zwar nicht nur in Hinsicht der Interpretation des Verhaltens, sondern auch in der Gewichtung anhand des ebenfalls durch Fremdbestimmung ermittelten „objektiven" Zustand und des Verlaufs der Krankheit. Es erscheint dabei auch aus ethischer Sicht äußerst fragwürdig, ob die eingeschränkte Selbstbestimmung des Patienten in Verbindung mit diesen Interpretationsspielräumen wirklich eine im Vergleich mit der antizipierten Einwilligung gesteigerte „authentische Identifikation"[1558] der Willensäußerung ermöglichen soll.

bb.) Herleitung der Möglichkeit einer Odysseus-Verfügung aus der Systematik des Betreuungsrechts

Die ausschlaggebenden Argumente für die Möglichkeit, eine solche „Odysseus-Verfügung" als legitim anzusehen und damit eine Abdingbarkeit der Widerrufsmöglichkeit anzunehmen, können aus der Gesetzessystematik und den zum natürlichen Willen aus § 1906a BGB hergeleiteten Ergebnissen gezogen werden. Zum einen erscheint es auch hier systemwidrig, wenn der Gesetzgeber selbst von der Unbeachtlichkeit eines natürlichen Willens (wenn auch nur unter engen Voraussetzungen) ausgeht, gleichwohl aber dessen mögliche Vorrangigkeit annehmen wollte. Wenn Gesetz und Rechtsprechung an die Einwilligungsfähigkeit bestimmte „Rationalitätserfordernisse" stellen, mögen sie auch die subjektive Wertordnung zur Grundlage haben, so muss man sich auch

1556 Platzer, 59.
1557 Platzer, 284.
1558 Platzer, 284.

insgesamt daran festhalten lassen. Denn durch eine „Odysseus-Verfügung" wird letztlich der „rationaleren" und damit selbstbestimmten Handlung zur Geltung verholfen.[1559] Der Gesetzgeber hat durch die Bestimmtheitserfordernisse an Patientenverfügung (in Bezug auf die Situation und die Maßnahme) und Vorsorgevollmacht (bestimmte Person) zwar durchaus zum Ausdruck gebracht, er wolle eine ausufernde Selbstbindung im Bereich höchstpersönlicher Rechtsgüter verhindern.[1560] Diese Argumente lassen sich jedoch schwerlich auf die Frage des Ausschlusses des Widerrufs übertragen, weil diese an einem Zeitpunkt anknüpft, in dem die Selbstbindung schon stattgefunden hat, es mit der Bestimmtheit und damit einem Ausufern der Selbstbindung nichts zu tun hat. Die bereits eingetretene Selbstbindung wird nur in ihrer Intensität verändert, nicht ihrer Qualität oder Quantität. Soweit es also die Einwilligung in ärztliche Heilbehandlungen betrifft, ist dem Betroffenen durch die Regelungen der Patientenverfügung die Selbstbestimmung weitreichend zugeordnet. Dies ergibt sich auch daraus, dass der Betroffene durch Ausschluss der Behandlung bereits die tatbestandlichen Voraussetzungen bestimmter betreuungsrechtlicher Instrumente beseitigen und damit effektiv über deren Eintritt verfügen kann. So kann mit *Diener* festgehalten werden, dass bei Einschlägigkeit der Patientenverfügung bereits die Voraussetzungen für die Betreuerbestellung nicht vorliegen, weil der Betroffene seine Angelegenheiten bereits antizipiert geregelt hat.[1561] Der Patient hat also damit die effektive Hoheit über den Eintritt der Voraussetzungen für die Betreuerbestellung. Auch bei der Unterbringung liegt im Falle des § 1906 Abs. 1 Nr. 2 BGB die Dispositionsbefugnis effektiv beim Patienten.[1562] Bei der Unterbringung gemäß Nr. 2 kann bereits durch den Ausschluss der Behandlung selbst erreicht werden, dass diese unzulässig wird. Denn Voraussetzung für die Unterbringung nach § 1901a Abs. 1 Nr. 2 BGB ist, dass sie zur Vornahme einer ärztlichen Untersuchung, Heilbehandlung oder einem Eingriff angeordnet wird. Dem Betroffenen ist jedoch diese Entscheidung durch die antizipierte Einwilligung in Form der Patientenverfügung ausdrücklich zugeordnet.[1563] Die Zulässigkeit

1559 Cholbi, 131.

1560 Beermann, FPR 2010, 253; Spickhoff, in: Spickhoff, § 1901a BGB, Rn. 7.

1561 Diener, 147. Die Fragestellung der allgemeinen Abdingbarkeit auch für Aufgabenkreise außerhalb der medizinischen Fürsorge sollen an dieser Stelle nicht weiter verfolgt werden, so dass dafür auf Diener, 147ff verwiesen wird.

1562 Für die Fälle der Unterbringung nach § 1906 Abs. 1 Nr. 1 BGB und die nichtärztlichen Zwangsmaßnahmen nach § 1906 Abs. 4 BGB siehe Diener, 153ff, 169ff.

1563 Diener, 165.

der Unterbringung ist also akzessorisch zu der Zulässigkeit der geplanten Maßnahme.[1564] Sind also die entsprechenden ärztlichen Maßnahmen bereits durch die Patientenverfügung ausgeschlossen, so würde die Unterbringung ins Leere gehen.[1565]

Die Bestimmtheit der Patientenverfügung ist dabei auch nicht reiner Selbstzweck, sondern soll die Autonomie des Patienten für einen Moment, in dem er nicht mehr gefragt werden kann, für Dritte verbindlich erhalten. Eine autonomieschädigende Selbstbindung kann daher nur dort eintreten, wo eine bestimmte Situation der antizipierten Erklärung mangels Bestimmtheit nicht zugeordnet werden kann. Die Möglichkeit dieser Selbstbindung wird dem Patienten an dieser Stelle also unter bestimmten Voraussetzungen durch den Gesetzgeber als Ausdruck seiner Autonomie zugewiesen, sodass er bei Erfüllung innerhalb dieses Rahmens mit ihr auch nach Belieben verfahren können muss. Geht man zutreffend davon aus, dass an den Widerruf keine anderen Anforderungen zu stellen seien als an die Errichtung der Patientenverfügung in Bezug auf den dazu nötigen Willen, so kommt man ohne Schwierigkeiten zu diesem Ergebnis. Geht man hingegen davon aus, dass auch ein später wie auch immer geäußerter „natürlicher Wille" grundsätzlich einen Widerruf ermöglicht, so ist es schon um dem Zweck der Patientenverfügung, dem Patienten gerade die autonome antizipierte Entscheidung zu ermöglichen, gerecht zu werden, zuzulassen, dass der Patient eine wie auch immer geartete spätere natürliche Willensäußerung antizipiert für unbeachtlich erklären darf. Die einzige Konstellation, in der die Selbstbestimmung des Patienten und seinen „multiple-selves" in Konflikt kommen kann, ist, wenn der Patient antizipiert auch geänderte freie Willensäußerungen nicht als beachtlich verstehen will.

Doch auch hier stellt sich die Frage, warum die Entscheidung des Patienten nicht berücksichtigt werden sollte. Es ließe sich zwar in Bezug auf die eintretende Situation sagen, der Patient könne gar nicht antizipieren, wie er sich in dieser Situation entscheiden würde und daher diese konkrete Situation auch gar nicht ex ante beurteilen.[1566] Im Grunde könnte man hier also diejenigen Argumente, die man gegen die hypothetische Einwilligung ins Feld führen kann, anbringen und gleichsam sagen, da sich der Patient nicht in dieser konkreten Entscheidungssituation befinde, unterliege er auch zum Zeitpunkt der Entscheidung nicht den Einflüssen der konkreten Entscheidungssituation. Auch

1564 BGH FamRZ 2010, 202, 203.

1565 Diener, 166; Brosey, BtPrax 2010, 166; Olzen, Schneider, MedR 2010, 748.

1566 Am Beispiel der Demenz Platzer, 287.

hier kann man zu einem sachgerechten Ergebnis kommen, wenn man von einer grundsätzlichen Gleichwertigkeit von Langzeit- und Kurzzeitpräferenz sowie von Behandlungswunsch und Behandlungsverzicht ausgeht.[1567] Die „Odysseus-Verfügung“ wird vor allem anhand der Langzeitpräferenz in einem Umfeld aufgesetzt, in dem der Patient ein prinzipiell unendliches Maß an Deliberation zur Verfügung hat. Er befindet sich zwar nicht in der konkreten Entscheidungssituation, unterliegt aber auch nicht den durch diese und von seiner befürchteten Prognose ja gerade umfassten Einflüssen wie Schmerz, Schock, Verwirrtheit usw., so dass er diese prognostisch in seine Entscheidung mit einbezieht und gerade vermeiden will, dass seine eintretende Kurzzeitpräferenz etwas an diesem Entschluss ändert. Mit *Elster*, der in seiner umfassenden Betrachtung die generelle Zulässigkeit solches „precommitments“ auch außerhalb eines medizinischen Kontextes herleitet, ist daher herauszustellen, dass diese Selbstbindung gerade bezwecken soll, sich in einer Zeit der emotionalen Ausgeglichenheit vor unerwünschten Gefühlsregungen wie Ärger, Wut oder Trauer durch Selbstbindung zu schützen.[1568] Man wird dem einzelnen auch an dieser Stelle zugestehen müssen, dass er sich selbst in dieser Hinsicht besser kennt als ein anderer. Geht man davon aus, dass eine betreuungsrichterliche Genehmigung bei Einigkeit von Betreuer und Arzt nicht erforderlich ist, der Wille des Patienten also in diesen Fällen keines (paternalistischen) Schutzes durch Kontrolle mehr bedarf, so wird man erst recht sagen können, dass kontrollierende Eingriffe dort, wo der Patient „sich mit sich selbst einig ist“, ebenfalls nicht erforderlich sind. Ähnlich dazu kann man auch auf die Vorsorgevollmacht abstellen und sagen, wenn der Patient schon dazu in der Lage ist, antizipiert in vollständige Fremdbestimmung einzuwilligen, dies doch erst Recht gelten muss, wenn er seine Autonomie mittels Selbstbeschränkung dadurch erhalten will, dass er eine spätere Willensänderung nicht mehr für beachtlich erklärt. Dies umso mehr, als dass es sich bei der Vorsorgevollmacht entsprechend dem hier angenommenen Paternalismusbegriff um „fiduziarischen Paternalismus“ (*fiduciary paternalism* nach *Engelhardt*)[1569] handelt, der zwar auf die Erhaltung der Patientenautonomie abzielt, jedoch anders als bei der Patientenverfügung der Wille des Bevollmächtigten an die Stelle des Patientenwillens tritt, mag er seine Legitimation für diese Entscheidung auch von einer ihrerseits autonomen Entscheidung des Patienten herleiten. Die Vorsorgevollmacht hat also ein eindeutig fremdbestimmendes Element.[1570]

1567 So im Ergebnis auch Saks, 211.

1568 Elster, 17f,

1569 H. T. Engelhardt, 323.

1570 Lipp, in: Henking, Vollmann, 76.

Dies stellt auch den wesentlichen Unterschied zwischen Patientenverfügung und Vorsorgevollmacht dar, so dass es sich entgegen *Spickhoff* nur bei der Vorsorgevollmacht um „selbstbestimmte Fremdbestimmung“[1571] handelt, bei der Patientenverfügung hingegen um selbstbestimmte Fremdbetätigung. Es entspricht der Unterscheidung zur „regulären“ rechtsgeschäftlichen Vollmacht, bei der der Bevollmächtigte eine eigene Willenserklärung in fremdem Namen abgibt und der Einordnung der Einwilligung als Tatsachenhandeln, dass der Betreuer insoweit den bereits geäußerten Willen als fremde Erklärung abgibt. Er steht damit dem Erklärungsboten näher, als dem Bevollmächtigten. Ein derartiger Paternalismus wirkt dabei autonomierhaltend und kann daher zulässig sein.

Das letzte Restproblem, welches sich aus dem Schriftformerfordernis zur Errichtung und der Formlosigkeit des Widerrufs ergibt, ist die Frage, wie mit unterschiedlichen Patientenverfügungen desselben Patienten umzugehen ist, die zu unterschiedlichen Zeiten entstanden sind. Denn auf diese Weise bindet sich der Patient natürlich auf alle Zeit selbst, da er den Widerruf gerade ausschließt. Es geht also darum, ob die ältere oder die frühere Patientenverfügung dann Geltung beanspruchen soll.

Doch auch dieses Problem lässt sich lösen, wenn man auf den Sinn des Schriftformerfordernisses abstellt. Es soll einerseits dem Patienten die Sicherheit der schriftlichen Fixierung geben, damit sein Wille gerade nicht anhand von Aussagen ermittelt werden muss, sondern sich auf konkrete, schriftlich erfasste Wünsche bezieht. Zum anderen soll es eine gewisse Warnfunktion erfüllen und dem Patienten die Gewichtigkeit seiner Entscheidung vor Augen führen.[1572] Das Formerfordernis dient also ausschließlich der Autonomiewahrung des Patienten und muss daher auch in diesem Sinne ausgelegt werden, wenn der Patient in einer „Odysseus-Verfügung“ die Unbeachtlichkeit eines später eintretenden Willens festlegt. Auf diese Weise kann auch verhindert werden, dass die für die „Odysseus-Verfügung“ problematische Dauerbindung aufgrund eines Impulses[1573] ausgeschlossen wird. Die Odysseus-Verfügung würde sich demnach problemlos und stimmig in das bestehende System einfügen.

cc.) Abbedingbarkeit des (formlosen) Widerrufs

Es kann indes nicht geleugnet werden, dass eine „Odysseus-Verfügung“ mit dem Wortlaut des § 1901a Abs. 1 BGB nicht ohne weiteres vereinbar ist. Zu der

---

1571 Spickhoff, AcP 208 (2008), 399.

1572 BT-Drs. 16/8442, 13; Mankowski, JZ 2010, 665.

1573 Elster, 23.

Frage, ob die Widerruflichkeit abbedungen werden kann, bezieht der Gesetzgeber in den Materialien keine Stellung. Es lassen sich in der Gesetzesbegründung lediglich vage Aussagen zu einem mutmaßlichen Widerruf finden, bei der also zu untersuchen sein solle, ob sich anhand konkreter Umstände eine Willensänderung des Patienten ergeben könne.[1574] *Wietfeld* verweist jedoch zutreffend darauf, dass der Gesetzgeber damit wohl eher eine Willensänderung anhand konkludenten Verhaltens meint,[1575] weil er später bekräftigt, dass ein nur mutmaßlicher Wille dem ausdrücklichen in der Patientenverfügung nicht entgegenstehen könne.[1576] Denn in der Tat würde die Ermöglichung solcher Mutmaßungen die Patientenverfügung sinnlos machen, wenn die Möglichkeit ihrer Unbeachtlichkeit wegen einer Mutmaßung von der antizipierten auf die gegenwärtige Willenserforschung umgelagert würde.[1577] Auf diese Weise würde, wie *Sternberg-Lieben* ausführt, „von Dritten zugesprochenes, abstraktes Lebensinteresse… im Falle einer Patientenverfügung… gegen die Selbstbestimmung des Patienten ausgespielt“[1578]. Die „Odysseus-Verfügung“ kann dadurch, dass die Unbeachtlichkeit des Willens angeordnet wird, auf diese Weise einen weiteren Unsicherheitsfaktor ausschalten, da auch diese Ermittlung keiner eigenen Interpretation durch Arzt oder Betreuer zugänglich ist. Auf diese Weise kann der Patient also die Gefahr in Form der Projektion des Behandlungspersonals oder Betreuers umgehen, die einer Beachtung seines Willens aus der Patientenverfügung entgegenstehen kann.[1579] Insbesondere kann damit der Patient den Zufall ausschließen, etwa im Bereich der Notfallmedizin die Beachtung des antizipierten Willens davon abhängig zu machen, in welche Klinik er eingeliefert wird und von wem er dort behandelt wird.[1580]

Aus verfassungsrechtlicher Sicht ist unter Bezugnahme auf die bereits dargestellten Ausführungen zum Grundrechtsverzicht zumindest problematisch aufzuwerfen, dass diesem nach *Singer* zumindest im Privatrecht dort Grenzen aufgeworfen sein sollen, wo der einzelne in extremer Weise Grundrechtsgüter zur Disposition stellt.[1581] *Dürig* meint, dass eine solche Preisgabe zumindest soweit durch Widerruf geschützt sein müsse, dass der einzelne sich unter

1574 BT-Drs. 16/8442, S. 15.
1575 Wietfeld, 257.
1576 BT-Drs. 16/8442, S. 13.
1577 zu dem Verbot eines solchen Rückgriffs BGHZ 154, 205, 217.
1578 Sternberg-Lieben, FS Lenckner, 359.
1579 Kreß, in: May, Grützmann, Brokmann, 34.
1580 Burghofer, Lackner, Notfall & Rettungsmedizin 2006, 689.
1581 Singer, GS Jeand’Heur, 183.

Beachtung der Objektformel zu Art. 1 Abs. 1 GG nicht durch dauerhafte Selbstbindung sich „unkorrigierbar zum heteronom bestimmten Objekt… entwürdigen“[1582] würde. Die Rechtsprechung hat diesbezüglich noch keine Stellung beziehen können. Wenn jedoch zur Argumentation gegen einen Verzicht, wie etwa von *Wietfeld*,[1583] eine Entscheidung des BGH zu der Frage der antizipierten Einwilligung durch den Betroffenen zur Weiterführung der Behandlung durch privatrechtlichen Heimvertrag herangezogen wird, verkennt dies die konkrete Entscheidungskonstellation.[1584] Zwar stellt der BGH heraus, dass „das vom Betreuer wahrgenommene Recht des Klägers zur Bestimmung über den eigenen Körper… einem antizipierten Verzicht nicht zugänglich“[1585] sei, in diesem Fall ging es jedoch gerade nicht um eine Selbstbindung durch Patientenverfügung, sondern das Pflegeheim hatte in Ansehung seiner weltanschaulichen Ausrichtung zuvor vom Betroffenen privatvertraglich vereinbart, dass lebensbeendende Maßnahmen nicht durchgeführt werden sollen. Der Unterschied wird schon dadurch offensichtlich, dass nach Ansicht des BGH selbst bei unterstellter Rechtsverbindlichkeit der Vereinbarung der Kläger zur Annahme der angebotenen „Leistung“ in Form der Zwangsernährung nicht verpflichtet sei.[1586] Dass es in diesem Fall insbesondere auf die Bindung an einen Dritten ankommt, wird auch dadurch zum Ausdruck gebracht, dass sich der BGH mit den Erwägungen des Heims, welches sich insbesondere auf die in Art. 4 GG verbürgten Rechte berufen hat, auseinandersetzt und mit den Rechten des Patienten in ein Verhältnis setzt.[1587] Diese Erwägungen sind indes unnötig, weil, wie der BGH in dieser Entscheidung auch eindeutig herausstellt, der Betreuer die Rechte des Betroffenen auf Selbstbestimmung über den eigenen Körper nur wahrnimmt. Ein solcher Konflikt kann also denklogisch nur in Situationen entstehen, in denen sich der Patient mit seiner Selbstbindung Dritten gegenüber verpflichtet und damit gerade nicht mehr sein eigener Wille maßgeblich sein soll, sondern der eines

---

1582 Dürig, AöR 81 (1956), 117, 153.

1583 Wietfeld, 261f.

1584 BGHZ 163, 195, 199; inzwischen insoweit bestätigt in BGH NStZ 2010, 630; ebenso schon zuvor OLG Düsseldorf, VersR 2002, 611; OLG Köln VersR 2000, 492; anders zuvor noch OLG München FamRZ 2003, 557, 558; LG Traunstein NJW-RR 2003, 221, 224; dazu Duttge, Perspektiven des Medizinrechts, 81; Brauer, 30; Balz, 145; zur Kritik am Offenlassen der Frage der passiven Sterbehilfe Rosenau, FS Rissing-van Saan, 561, Fn. 66.

1585 BGHZ 163, 195, 199.

1586 BGHZ 163, 195, 199.

1587 BGHZ 163, 195, 200.

Dritten. Daher kann *Wietfeld* auch nicht gefolgt werden, wenn er die Unwirksamkeit aus § 138 BGB wegen Sittenwidrigkeit herleiten will,[1588] handelt es sich bei der Patientenverfügung schon nicht um eine Willenserklärung, sondern um eine Realhandlung als Ausdruck der Selbstbestimmung aus Art. 2 Abs. 2 GG. Die Gefahr, dass im Sinne von *Roth* der Patient damit zum „Gefangenen seiner eigenen Erklärung“[1589] werde, oder von *Bauer*, der einzelne würde „sich schon weit im Vorfeld… unwiderruflich selbst zum Tode verurteilen können“[1590], besteht aus den bereits genannten Gründen ebenfalls nicht.

Auch Ansichten zur Frage der Abdingbarkeit von Formerfordernissen im Vertragsrecht können hier nicht nutzbringend herangezogen werden, weil die Patientenverfügung keine Willenserklärung darstellt. Aspekte gegenseitigen Interessenschutzes und Rücksichtnahme spielen hier keine Rolle, da der Patient nur seine eigenen Interessen schützt.[1591] Problemfälle können sich bei Anordnung des schriftlichen Widerrufs jedoch dort ergeben, wo der Patient die Fähigkeit schriftlicher Artikulation verliert.[1592]

c.) Vorschlag einer Gesetzesänderung

Es zumindest aus Gründen der Klarstellung ratsam, den § 1901a Abs. 1 BGB entsprechend zu erweitern. Als Vorschlag wäre etwa geeignet:

> „§ 1901a Abs. 1 BGB-Ergänzungsvorschlag
> Hat ein einwilligungsfähiger Volljähriger für den Fall seiner Einwilligungsunfähigkeit schriftlich festgelegt, ob er in bestimmte, zum Zeitpunkt der Festlegung noch nicht unmittelbar bevorstehende Untersuchungen seines Gesundheitszustandes, Heilbehandlungen oder ärztliche Eingriffe einwilligt oder sie untersagt (Patientenverfügung), prüft der Betreuer, ob diese Festlegungen auf die aktuelle Lebens- und Behandlungssituation zutreffen. Ist dies der Fall, hat der Betreuer dem Willen des Betreuten Ausdruck und Geltung zu verschaffen. Eine Patientenverfügung kann jederzeit formlos widerrufen werden. *Der Widerruf kann insgesamt oder für Teile der Verfügung mit der Maßgabe ausgeschlossen werden, dass ein der Verfügung entgegenstehender freier oder natürlicher Wille zu dem bezeichneten Zeitpunkt unbeachtlich sein soll; insoweit kann die Patientenverfügung nur schriftlich widerrufen werden. Der Ausschluss gilt auch dann als widerrufen,*

1588 Wietfeld, 262.
1589 Roth, JZ 2004, 497; ebenso Wietfeld, 262; Lipp, FamRZ 2004, 318.
1590 Bauer, ZfmE 55 (2009), 175.
1591 Siehe aber Schmitz, FamFR 2009, 66; Roth, JZ 2004, 497 und Wietfeld, 262, die in der Auferlegung eines Schriftformerfordernisses zum Widerruf dieselben Bedenken wie bei der Abdingbarkeit des Widerrufs selbst ins Feld führen.
1592 Zum Schriftfformerfordernis ausführlich Wietfeld, 220ff.

wenn eine neue Patientenverfügung festgelegt wird, auch wenn diese den vorherigen Ausschluss nicht betrifft, die Patientenverfügung vernichtet oder aus der amtlichen Verwahrung zurückgenommen wird. In der Patientenverfügung kann auch bestimmt werden, dass zu ihrem Widerruf ein natürlicher Wille ausreichen soll. Die Patientenverfügung kann bei ihrer Errichtung zeitlich befristet werden."

Die Ausgestaltung orientiert sich dabei an den Regelungen zum Widerruf eines Testaments, §§ 2254ff BGB.[1593] Auf diese Weise können alle möglichen Konstellationen abgedeckt werden und dem Patienten die verschiedenen Möglichkeiten der Ausgestaltung für Konstellationen, in denen er sich nach seiner Patientenverfügung befinden könnte, aufgezeigt werden. Es ist durchaus anzunehmen, dass der einzelne beim Errichten der Verfügung bestimmte Situationen schlicht nicht bedacht hat und sie aufgenommen hätte, wären sie ihm bekannt gewesen. Gerade wegen der Bedeutung der betroffenen Rechtsgüter und der Selbstbestimmung des Patienten, über sie weitreichend zu verfügen, wäre eine deutliche gesetzliche Benennung der bestehenden Möglichkeiten zu befürworten, auch um für spätere Ärzte und Betreuer Rechtssicherheit zu gewährleisten. Ganz im Sinne von *Szasz* kann derjenige, der sich vor medizinischem Zwang mehr fürchtet als vor den Folgen einer Krankheit, sich durch stärkere Verbindlichkeit in diesem Ansinnen selbst binden, während derjenige, der sich nicht sicher ist, ob er nicht auch im Zustand von Demenz oder sonstiger Geisteskrankheit noch ein glückliches Restdasein fristen wird, kann, wie auch *Verrel* schon vorgeschlagen hat, in seine Patientenverfügung sodann aufnehmen, dass ein zuvor verfügter Behandlungsverzicht bei sichtbarer, will heißen wenigstens im Sinne eines natürlichen Willens vorliegender, Lebensfreude auch in diesem Zustand widerrufen können werden soll.[1594] Diese Lösung geht auch mit dem Ansatz *Kleinigs* im Sinne der *multiple-selves-Theorie* konform, da durch das Schriftformerfordernis und die Möglichkeit, die Bedingungen für dessen Erforderlichkeit auch beim Widerruf durch den Patienten selbst bestimmen zu lassen, ein Außerachtlassen der Interessen des zukünftigen Selbst bei der Entscheidung effektiv verhindert wird, da sich der Patient notwendigerweise und zielgerichtet bei der Errichtung der Patientenverfügung in diesem Punkt Gedanken dazu macht.

Das Dilemma sollte ohnehin nicht auf der Ebene der Willensantizipation verortet werden, da diese durch die Patientenverfügung selbst schon eindeutig und weitreichend dem Patienten zugeordnet ist. Wenn schon der Gesetzgeber den natürlichen Willen in § 1906a BGB unter bestimmten Voraussetzungen für

---

1593 Für eine direkte Anwendbarkeit ist etwa Lange, 68.

1594 Verrel, Gutachten C zum 66. DTJ 2006, C 88.

unbeachtlich erklären kann, so muss diese Freiheit dem einzelnen erst Recht zustehen, da sich der Gesetzgeber ansonsten an dieser Stelle erneut die Deutungshoheit über die Vernunft des individuellen Willens und dessen Bedeutung für den Betroffenen anmaßt. Es ist sich stets zu vergegenwärtigen, dass die Patientenverfügung gerade als Instrument zum Schutze vor dieser Fremdbestimmung eingeführt wurde. Das Problem ist vielmehr einzig dort zu sehen, wo der Patient nach Eintritt des in der Verfügung beschriebenen Ereignisses einwilligungsfähig bleibt, so dass sich hier durchaus berechtigte Zweifel hegen lassen, ein solcher Zwang gegen jemanden, der diesen selbstbestimmt ablehnt, könnte gerechtfertigt sein kann.[1595] Denn bei verbliebener Einwilligungsfähigkeit würde Zwang auf eine autonome Person ausgeübt, die zu dem Zeitpunkt des Zwangs ihren vorherigen Willen nicht mehr gelten lassen möchte.[1596] Man kann sich daher jedoch durch eine gesetzessystematische Auslegung dahingehend behelfen, als dass in § 1901a Abs. 1 BGB der Betreuer bei Einschlägigkeit der Patientenverfügung den Wünschen des Betreuten zum Ausdruck verhelfen soll. Auch wenn eine Betreuung in diesen Fällen nicht vorliegen muss, so kann man darin erkennen, dass es in diesen Fällen sich nicht einmal um Paternalismus handelt. Nimmt man die von *Shiffrin* aufgestellte Definition, dass der Paternalist seinen Willen an die Stelle dessen des Betroffenen setzt, so lässt sich sagen, dass die Durchsetzung des Willens zumindest nicht mit dem Ziel vorgenommen wird, diesen Willen durch den eigenen des Betreuers zu ersetzent. Mag man noch sagen, dass der Betreuer bei der Ermittlung bestimmte eigene Überlegungen anstellt, aus denen sich die letztlich kaum zu leugnende paternalistische Grundtendenz des Betreuungsrechts ergibt, die natürlich zu einer gewissen Willenssubstitution führen können, so ist das bloße Umsetzen des erklärten Willens eines anderen nicht dessen Austausch mit einem eigenen Willen, sondern nur ein Austausch der Willensbetätigung (die ja unmöglich geworden ist) durch eine eigene Handlung. Greift man diesen Gedanken für die Fälle der Odysseus-Verfügung auf, so erkennt man, dass diese nicht dem Erhalt von Handlungskontrolle dient, sondern der Authentizität der eigenen Persönlichkeit und deren Wirken über den Zustand der Einwilligungsfähigkeit oder Handlungsfähigkeit hinaus.[1597] Bei Einwilligungsunfähigkeit ist das Ziel, Freiheit von durch die Geisteskrankheit ausgeübtem „Selbstzwang" zu erreichen, da wegen Rationalitäts- und Bezugsverlust zu den zuvor autonom gefassten Interessen und Idealen keine authentische

---

1595 So auch Walker (2012), 78.

1596 Davis (2008), 93.

1597 v. Willigenburg, Delaere (2005), 407.

Beziehung mehr besteht. Hingegen lässt sich für den Fall der verbliebenen Einwilligungsfähigkeit sagen, dass es sich bei Zwang gegen den aktuell bekundeten Willen aufgrund des antizipierten Willens nicht um illegitime Fremdbestimmung handelt, sondern entsprechend der Geltendmachung des Betreutenwillens um reinen „Selbstzwang", bei dem ebenfalls nicht der dahinterstehende Wille ausgetauscht wird, sondern nur die fehlende Handlungsmöglichkeit ersetzt wird. Der für den Betroffenen Handelnde betätigt sich letztlich nur als Formgeber der zuvor gefassten Entscheidung und gewissermaßen als „Willensmittler". Es lassen sich Bedenken gegen die Bevormundung eines Entscheidungsfähigen aufgrund seines antizipierten Willens dahingehend zumindest abschwächen, dass diese ja immer noch nur in den von der Patientenverfügung umfassten Fällen eintreten würde. Liegt also ein einschlägiger Fall von Einwilligungsunfähigkeit nicht vor (und in diesen Fällen kann man den Betroffenen wohl auch noch bei fehlender Eindeutigkeit befragen, ob der diese Situation tatsächlich gemeint hat), so greift auch der antizipierte Wille nicht ein. Man muss sich vergegenwärtigen, dass die Selbstbindung den bereits angesprochenen und abgelehnten Vergleich mit der Selbstversklavung schon wegen deren stark begrenzter Reichweite nicht besteht.

d.) Die Odysseus-Verfügung als systemkonformes Bindeglied zwischen Vorsorgevollmacht und Patientenverfügung

Abschließend lässt sich zusammenfassend festhalten, dass die sich die tatsächliche Reichweite von solchen Odysseus-Verfügungen allein anhand der Systematik des deutschen Betreuungsrechts nur bedingt herleiten lässt. Es ist ein Aspekt, welcher vom Gesetzgeber schlicht nicht berücksichtigt worden ist und welcher wegen seiner geringen praktischen Bedeutung (bisher) noch nicht hinreichend diskutiert oder richterrechtlicher Rechtsfortbildung ausgesetzt gewesen ist. Einzuräumen ist, dass die Regelungen über die Notwendigkeit der Schriftform, des Widerrufs und der Volljährigkeit bei der Errichtung der Patientenverfügung eine Vereinbarkeit mit dem Gesetz zwar nicht grundsätzlich verhindern, sie aber auch nicht gerade nahelegen. Dabei ließe sich die „Odysseus-Verfügung" im bestehenden System als Bindeglied zwischen der Patientenverfügung und der Vorsorgevollmacht darstellen, da letztere ebenfalls nicht nur den Schutz der eigenen Autonomie bezweckt, sondern auch den Schutz vor sich selbst.[1598] Die Erklärung der Unbeachtlichkeit des späteren Willens kann daher als ein die Patientenverfügung intensivierender Annex angesehen werden, der in seinem Bestand auch losgelöst ist von der restlichen Verfügung. Wegen seiner

1598 Löhning, in: Löhning et al., 18f, 22f.

Abtrennbarkeit von der restlichen Verfügung wird zudem selbst bei Annahme einer notwendigen gerichtlichen Überprüfung oder der Annahme der Unbeachtlichkeit dieses Annex' verhindert, dass auf diese Weise die eigentliche Bestimmung der Verfügung für unbeachtlich erklärt wird.

Im Zweifelsfall können „Odysseus-Verfügungen" zumindest entsprechend *Hallich* wenigstens bei der Ermittlung des mutmaßlichen Willens herangezogen werden und somit wenigstens in dieser Hinsicht Indizwirkung zum Schutze der Autonomie entfalten. Es bleibt abschließend daran zu erinnern, dass schon in der allgemeinen Patientenverfügung kein Instrument absoluter Sicherheit gesehen werden kann und das auch nicht der Maßstab sein kann, an dem sich die Funktionalität und Praktikablität der Ausgestaltung bemessen lassen muss. Das ist weder ihr Zweck, noch wäre sie dafür geeignet. Es geht nicht um die Ausschaltung aller denkbaren Risiken für Leben und Gesundheit, sondern um die Freiheit des einzelnen, bewusst, planend und lebensgestaltend damit umzugehen, für Eventualitäten vorzusorgen und anhand der eigenen, subjektiven Wertordnung eine Abwägung zu treffen, die andere verbindlich für ihn umsetzen sollen. Ohne dabei auf den Begriff des „Selbstzwangs" zu rekurrieren, so erkauft sich der Patient die Wahrung seiner Autonomie mit dem Risiko, dass seine einmal wirksam errichtete Erklärung nicht mehr rechtzeitig geändert werden kann.[1599] Diese Eigengefährdung als notwendige Begleiterscheinung übernimmt der Patient als Teil seiner Lebensplanung bewusst,[1600] so dass die möglicherweise fehlende Widerrufsmöglichkeit die Kosten seiner Entscheidung darstellt.[1601] Diese „Januskӧpfigkeit", wie *Lipp*[1602] den Zustand beschreibt, ist Patientenverfügung und Vorsorgevollmacht als Hilfsinstrument, welches an irgendeinem Punkt zwingend in die Rechte des Betroffenen eingreift, nicht nur immanent, sondern wesensbestimmend für das gesamte Betreuungsrecht. Wie bei der „normalen" Patientenverfügung kann die Lösung auch hier in der Metapräferenz des Patienten gesehen werden, der innerhalb seiner subjektiven Bewertung und Gewichtung der Kurz- und Langzeitpräferenz dieses Dilemma berücksichtigt und bei der Abwägung zugrundelegt. Der Preis, dieses Risiko auf sich zu nehmen, ist im Verhältnis zum Autonomiegewinn jedenfalls als ausreichend gering anzusehen, insbesondere, wenn ansonsten auf Mutmaßung basierende und damit letztlich paternalistisch motivierte Eingriffe die einzige Alternative darstellen.

1599 Lipp, FamRZ 2004, 317, 320.

1600 Wietfeld, 259.

1601 Sternberg-Lieben, FS Eser, 1193.

1602 Lipp, in: Henking, Vollmann, 97.

Insofern kann auch die Kritik *Bauers*, die er schon gegenüber einer gesetzlichen Regelung der Patientenverfügung als solche angebracht hatte, es bestehe eine Gefahr für die Patientenautonomie, weil dadurch ein moralischer Druck aufgebaut würde, „auch noch die Umstände des eigenen Sterbens gedanklich präzise zu antizipieren und das Ende des Lebens lange im Voraus juristisch wasserdicht organisieren"[1603] zu müssen,[1604] nicht nachvollzogen werden.

Denn genauso, wie dem einzelnen die Möglichkeit gegeben wird, anhand einer Auseinandersetzung mit dem eigenen Lebensende und seinen Umständen eine durch Patientenverfügung verbindliche Entscheidung zu treffen, ist denjenigen, die das nicht machen wollen, dies an dieser Stelle nicht verwehrt. Jedenfalls sind solche unerwünschten Reflexionen entsprechend *van Aaken* bei der Frage, welche Nachteile es für den Betroffenen bringt, eine vernachlässigbare Größe. Auch hier sollte berücksichtigt werden, dass mit der Betätigung von Autonomie zugleich eine eigenverantwortliche Übernahme der in der Betätigung begründeten (aber auch nur diesen) Risiken einhergeht. Aus dem gleichen Grund könnte man bei der Einwilligung in ärztliche Heilbehandlungen sagen, durch das Aufklärungs- und Einwilligungserfordernis werde der Patient (nicht nur moralisch, sondern tatsächlich!) gezwungen, sich mit der Vergänglichkeit und Verletzlichkeit des Körpers, bei schwereren Eingriffen auch mit seinem Tode auseinanderzusetzen. Damit wäre man wohl wieder an dem Punkt der Rechtsprechung des RG, welches von einem eher unmündigen Patienten ausging, der durch zu viel Auseinandersetzung mit seiner Behandlung eher von dem für ihn doch so notwendigen Heileingriff abgebracht werden könnte. Man kann nicht umhin anzunehmen, dass all diese Argumente letztlich nur der Versuch zu sein scheinen, auf irgendeine Weise noch ein „Hintertürchen" für eine rein objektive, nicht ausschließlich an der Patientenautonomie ausgerichtete Betrachtung der Behandlungssituation mit dem Ziel des Lebensschutzes offen zu lassen. Gleichwohl man ob der großen Anfälligkeit für Emotionaliät des Themas dafür Verständnis aufbringen kann, müssen sich Recht und Gesetz an dieser Stelle unbedingt jeglicher Gefühlsregung enthalten, um dem einzelnen in Ausübung seiner Autonomie nicht die eigenen Ansichten als einzig richtig und allgemeingültig aufzudiktieren. Daher spricht vieles dafür, eine derartige Erweiterung von Patientenverfügungen zuzulassen, da nicht ersichtlich ist, warum eine bewusste, eigenverantwortliche Risikoübernahme als Betätigung der Selbstbestimmung hinter Paternalismus und damit letztlich Fremdbestimmung, sei sie noch so sehr

1603 Bauer, ZfmE 55 (2009), 181.
1604 Platzer, 161.

auf die Wahrung der Autonomie gerichtet, zurücktreten sollte. Die Patientenverfügung und die mit ihr verbundenen Risiken sollten sich letztlich nur daran bemessen lassen, ob sie institutionell dem Betroffenen ermöglicht zu einem für ihn hinnehmbaren, brauchbaren Ergebnis zu kommen. Jeder außerhalb dessen liegende Bezugspunkt wäre wieder der Versuch, einen externen Vernunftmaßstab anzubringen.

IV. Entbehrliche Einwilligung: Anwendung der Ergebnisse auf die (psychiatrische) Zwangsbehandlung nach § 1906a BGB

1.) Zwangsbehandlung im Betreuungsrecht nach § 1906a BGB

Dem Gesetz zur Regelung der betreuungsrechtlichen Einwilligung in eine ärztliche Zwangsmaßnahme v. 18.2.2013[1605] gingen einige maßgebliche Entscheidungen des BVerfG und des BGH voraus, die ihren Ursprung nicht im zivilrechtlichen Betreuungsrecht hatten, sondern im Bereich der Zwangsbehandlung im Maßregelvollzugsrecht und den PsychKG der Länder. Dabei liegt eine Übertragung dieser Rechtsprechung in das Betreuungsrecht mitunter nicht sofort auf der Hand, denn anders als im zivilrechtlichen Betreuungsrecht, in dem es um die Interessen des Betreuten geht, steht der Betroffene dort unmittelbar dem Staat gegenüber.[1606] Demgegenüber gestaltet sich das Betreuungsverhältnis ungleich diffiziler, weil der Betreute im Grunde nicht direkt dem Staat gegenübersteht, dieser aber einerseits nur auf institutioneller Ebene tätig wird und andererseits in Form der gerichtlichen Kontrolle der Betreuerentscheidung nur kontrollierend. Die eigentliche Entscheidungs- und Durchführungsgewalt liegt beim Betreuer bzw. Bevollmächtigten und dem behandelnden Arzt.[1607] Den Betreuer an dieser Stelle trotz seiner gerichtlichen Bestellung als Träger öffentlicher Gewalt anzusehen,[1608] erscheint dabei nicht sachgerecht, wenn man wie *Mittag* und *Deinert* darauf verweist, dass vor allem Familienangehörige als Betreuer bestellt werden.[1609] Dennoch kann sich der Staat nicht darauf zurückziehen, dass es sich um eine rein zivilrechtliche Konstellation handelt, hat er doch mit der

1605 BGBl. I S. 266.

1606 Mittag, in: Henking, Vollmann, 42; Henking, Mittag, JR 2013, 341f.

1607 Mittag, in: Henking, Vollmann, 42f.

1608 So aber BGHZ 193, 337.

1609 Mittag, in: Henking, Vollmann, 43; Deinert, BTPrax 2012, 242, 243; siehe auch zur Ablehnung des Betreuers als Träger öffentlicher Gewalt Mittag, R&P 2012, 198f; Lipp, Freiheit und Fürsorge, 2000, 128.

Möglichkeit der Betreuerbestellung, der Bestimmung seines Aufgabenkreises und seinen Prüfungspflichten Institutionen geschaffen, die sich unmittelbar auf die Rechtsverwirklichung des Betreuten auswirken.[1610] Schon in Bezug auf die Institutsgarantie ist der Staat damit verpflichtet, den Grundrechten auch in einem zivilrechtlich eingekleideten Verhältnis zur Geltung verhelfen zu können. Folgend soll die Entwicklung in der Rechtsprechung, welche die Gesetzesänderung angestoßen hat, kurz dargestellt werden.

a.) Die Entwicklung in der Rechtsprechung

aa.) Beschlüsse des BVerfG zur Zwangsbehandlung im Maßregelvollzug

Bis zu der maßgeblichen Änderung in der Rechtsprechung ging der BGH davon aus, dass § 1906 Abs. 1 Nr. 2 BGB a.F. die Zwangsbehandlung als „Vollzug der Unterbringung" auch gegen den Willen des Betreuten erlaubte.[1611] Im ambulanten Bereich ging der BGH jedoch seit jeher davon aus, dass es an einer gesetzlichen Grundlage dafür fehle.[1612]

In den grundlegenden Beschlüssen erklärte das BVerfG die Maßregelvollzugsgesetze der Länder Rheinland-Pfalz, Baden-Württemberg und Sachsen insoweit für verfassungswidrig, als dass sie keine ausreichende gesetzliche Grundlage für medizinisch-psychiatrische Zwangsbehandlung darstellten.[1613] Die bisherigen Regelungen genügten nicht dem Bestimmtheitsgebot, weil Regelungen betreffend materielle und prozessuale Voraussetzungen für die Zwangsbehandlung als Mittel zum Erreichen des Vollzugsziels fehlten.[1614] Erforderlich sei vor allem eine ausdrückliche Erklärung der Zwangsbehandlung unabdingbares Erfordernis zur Erreichung des Vollzugsziels. Aus dem Umstand, dass nach den Maßregelvollzugsgesetzen die Einrichtungen nicht zur Zwangsbehandlung verpflichtet seien, ergebe im Umkehrschluss nicht ihre Berechtigung dazu. Zudem fehle den gesetzlichen Regelungen das Erfordernis, dass zuvor versucht werden müsse das Einverständnis zu erlangen. Die Anforderungen, unter denen unmittelbarer physischer Zwang zur Durchsetzung der Behandlung möglich sein soll, müssten eindeutig gefasst sein, „denn eine Zwangsbehandlung im Sinne einer medizinischen Behandlung, die gegen den Willen des Betroffenen erfolgt – und schon damit einen besonders schweren Eingriff in dessen Grundrechte darstellen

1610 Mittag, in: Henking, Vollmann, S. 44.
1611 BGH FamRZ 2006, 615; Mittag, in: Henking, Vollmann, 45.
1612 BGH FamRZ 2001, 149.
1613 BVerfG NJW 2011, 2119; 129, 269; BVerfG Beschl. v. 20.2.2013, 2 BvR 228/12.
1614 BVerfG NJW 2011, 2119.

kann – liegt unabhängig davon vor, ob eine gewaltsame Durchsetzung der Maßnahme erforderlich wird oder der Betroffene sich, etwa weil er die Aussichtslosigkeit eines körperlichen Widerstands erkennt, ungeachtet fortbestehender Ablehnung in die Maßnahme fügt und damit die Anwendung körperlicher Gewalt entbehrlich macht."[1615] Insbesondere lasse der Umstand, es handele sich um eine Heilbehandlung, den Zwangscharakter der Maßnahme und damit ihren Eingriff in die Grundrechte nicht entfallen. Das Selbstbestimmungsrecht aus Art. 2 Abs. 2 S. 1 GG sei besonders betroffen, weil der Betroffene genötigt werde, „eine Maßnahme zu dulden, die den Straftatbestand der Körperverletzung erfüllt und normalerweise nur mit Einwilligung zulässig ist". Als Ziel der Zwangsbehandlung könne, wie das BVerfG ausdrücklich betont, nur die Wiederherstellung der Entscheidungsfähigkeit dienen. Schließlich fehle es auch an den verfahrensrechtlichen Möglichkeiten, die Zwangsbehandlung durch Dokumentation in „in gesicherter Unabhängigkeit von der Unterbringungseinrichtung"[1616] überprüfen zu können.

bb.) Entscheidungen des BGH zur Übertragung der Rechtsprechung in das Betreuungsrecht

Unter Aufgabe der bisherigen Rechtsprechung übertrug der BGH die Begründung des BVerfG in das Betreuungsrecht.[1617] Wegen der unmittelbaren Wirkung der Grundrechte im Betreuungsverhältnis seien in diesem Verhältnis keine anderen Maßstäbe anzulegen als im strafrechtlichen Maßregelvollzug. Dies ergebe sich auch aus der gerichtlichen Kontrollfunktion, die dazu führe, dass sich der Staat so behandeln lassen müsse, als habe er die entsprechende Maßnahme selbst angeordnet. Der BGH rügt wie auch das BVerfG sowohl materielle als auch prozessuale Mängel der Regelung. Zum einen sei die Zwangsbehandlung nicht ausdrücklich geregelt, was ob der schweren Grundrechtsbetroffenheit jedoch zwingend erforderlich sei, zum anderen fehle es daher auch an entsprechender Regelung der Überprüfbarkeit im FamFG.[1618] Zudem reiche in Fällen, in denen die Genehmigung der Zwangsbehandlung mit der Unterbringung einhergeht, eine rein ärztliche Stellungnahme nicht aus, sondern es müsse ein ärztliches Gutachten eingeholt werden, was ebenfalls nicht geregelt sei. Auch

1615 BVerfG NJW 2011, 2120.

1616 BVerfG NJW 2011, 2120. Die oben zitierten Beschlüsse des BVerfG sind nahezu wortidentisch und inhaltsgleich, daher wird hier auf eine Bezugnahme verzichtet.

1617 BGH NJW 2012, 2967.

1618 BGH NJW 2012, 2971.

§ 1906 Abs. 4 BGB a.F. könne nicht als Legitimation herangezogen werden, weil der Gesetzgeber selbst bei den dort geregelten Maßnahmen von einer geringeren Eingriffsintenstität ausging, als bei der Unterbringung.

Zusammengefasst stellte die Rechtsprechung an eine Neuregelung des § 1906 BGB folgende Anforderungen:

Der Betroffene muss die Notwendigkeit der Behandlung gerade aufgrund seiner Krankheit nicht erkennen können. Dabei darf die Ablehnung der Behandlung nicht als Argument für die Uneinsichtigkeit herangezogen werden (1), die Behandlung muss zur Heilung oder Linderung der Krankheit *geeignet* sein. Sie darf nicht lediglich dazu dienen, die Unterbringung zu erleichtern (2), Zwang muss wegen seines Charakters als schwerstmöglicher Grundrechtseingriff ultima ratio bleiben. Zwangsbehandlung ist daher nur erforderlich, wenn kein milderes, gleicheffektives Mittel zur Verfügung steht. Daher muss auch zunächst versucht werden, die Zustimmung des Betreuten durch Aufklärung zu erlangen (3), der zu erwartende Nutzen muss in einem angemessenen Verhältnis zu den zu erwartenden Einbußen für die Rechtsgüter des einzelnen stehen (4), der Betroffene muss durch rechtzeitige Ankündigung die Möglichkeit haben, Rechtsschutz gegen die Maßnahme zu suchen (5) und die Maßnahme muss überwacht und dokumentiert werden, sowie zuvor durch eine Einrichtungsunabhängige Institution überprüft werden (6).

b.) Erneute Betrachtung der Verfassungsmäßigkeit des § 1906 Abs. 3 BGB a.F. durch BVerfG, Beschl. v. 26.7.2016, 1 BvL 8/15

Als jüngsten und von der Tätigkeit des Gesetzgebers noch nicht erfassten Punkt der Entwicklung hat das BVerfG in dem bereits zitierten Beschluss vom 26.7.2016 die Verfassungsmäßigkeit des § 1906 Abs. 3 a.F. BGB erneut verneint, diesmal jedoch aus einer anderen Perspektive. So sieht das BVerfG eine Verletzung in der sich aus Art. 2 Abs. 2 S. 1 GG ergebenden Schutzpflicht, dass nach der reformierten Fassung der Norm eine Behandlung gegen den natürlichen Willen des Betreuten nicht möglich sei, sofern diese zwar stationär behandelt würden aber nicht geschlossen untergebracht seien, weil sie sich der Behandlung entweder nicht entziehen wollten oder dazu nicht in der Lage seien.[1619] Dies sei nicht unter dem Gesichtspunkt einer Ungleichbehandlung zwischen untergebrachten und stationären Psychiatriepatienten zu betrachten, Art. 3 Abs. 1 GG, sondern leite sich schon aus einer Schutzpflicht des Staates aus Art. 2 Abs. 2 S. 1 GG ab. Zwar erkennt das Gericht an, dass es zu einer Kollision zwischen Schutzpflicht und

1619 So der amtliche Leitsatz.

Freiheitsgehalt bei demselben Grundrecht komme und dieser auf schonendste Weise aufzulösen sei, bei drohenden schweren Gesundheitsschäden die Schutzpflichten wegen der Hilfsbedürftigkeit des Betreuten überwiegen würden und eine Zwangsbehandlung auch gegen den natürlichen Willen des Betreuten nach Abwägung der Risiken möglich sein müsse. Die Schutzpflicht folge gerade aus der Hilfsbedürftigkeit. Wie bereits ausgeführt wird diese Pflicht durch die Feststellung begründet: „Die staatliche Gemeinschaft darf den hilflosen Menschen nicht einfach sich selbst überlassen.“[1620]

c.) Die Neuregelung des § 1906a BGB

Der BGH wies selbst darauf hin, dass diese Entscheidung zu einem faktischen Verbot der Zwangsbehandlung im Betreuungsrecht führe.[1621] Sowohl der Gesetzgeber als auch die Diskussion in der Fachliteratur gingen daran anknüpfend auch davon aus, dass Handlungsbedarf seitens des Gesetzgebers bestehe; die Option, auf Zwangsbehandlung zu verzichten, wurde offenbar nicht in Betracht gezogen.[1622] Dieser Umstand lässt sich durchaus unter Verweis auf das dargestellte Problem der schleichenden Ausweitung paternalistischer Rechtssetzung kritisieren. Der Gesetzgeber hätte diese Möglichkeit in Betracht ziehen müssen und nicht sofort von deren zwingender Notwendigkeit ausgehen dürfen. Es hätte sich angeboten, mit dem Gesetz den Auftrag zu verbinden, entsprechende Forschung zu betreiben und nach einem gewissen Zeitablauf zwingend erneut über den Bestand des Gesetzes zu verhandeln, vor allem unter dem Aspekt, ob eine Verbesserung der ambulanten und stationären psychiatrischen Versorgung sich positiv ausgewirkt hätte. Einige Vertreter aus Recht und Psychiatrie zufolge hätte es zu einer solchen Überlegung durchaus Anlass gegeben. Denn vereinzelt ist aus dem Bereich der Psychiatrie darauf verwiesen worden, dass die Abwesenheit von Zwangsmaßnahmen zu einer Stärkung des Vertrauensverhältnisses zwischen Arzt und Patienten geführt habe und eine bedeutend größere Compliance zur freiwilligen Einnahme von Psychopharmaka beobachtet werden konnte. So kritisiert etwa *Marschner*, man habe es insbesondere versäumt, sich mit den Interessenvertretern von Psychiatrie und Psychiatrieerfahrenen auseinanderzusetzen.[1623] Er merkt an, dass selbst Chefärzte deutscher Psychiatrieeinrichtungen die Erfahrung gemacht haben, dass das „Verbot“ von Zwangsbehandlung

1620 BVerfG, Beschl. v. 26.7.2016, 1 BvL 8/15.

1621 BGH NJW 2012, 2972.

1622 Mittag, in: Henking, Vollmann, 47.

1623 Marschner, R&P 2013, 2.

mitnichten dazu geführt habe, dass Patienten Behandlungen abgelehnt hätten, oder wegen ausbleibender Behandlung es zu vermehrten Schädigungen derselben oder Übergriffen auf Klinikmitarbeitern gekommen sei, vielmehr sei zu verzeichnen, dass eine Vertrauensbasis für die Behandlung zwischen Behandelndem und Behandeltem entstanden sei.

Intuitiv wird man bei der Frage, ob eine Neuregelung notwendig oder überhaupt verfassungsmäßig ist, wohl der jüngsten Argumentation des BVerfG folgen wollen, ein hilfsbedürftiger Mensch müsse vom Staat eben Schutz erfahren. Gemessen daran wird man die Tätigkeit des Gesetzgebers im Grunde beanstanden wollen. Es lässt sich durchaus sagen, dass ein Abwarten verwertbarer Forschungsergebnisse erhebliche Zeit beanspruchen würde. Sowohl als Gesetzgeber als auch als Gesellschaft und soziale Rechts- und Schicksalsgemeinschaft steht man dabei vor einem schwierigen Dilemma. Hätte man die Zwangsbehandlung zunächst „verboten" gehalten und hätte sich im Nachhinein herausgestellt, dass es zu einer Verschlechterung der Gesundheit von Untergebrachten geführt hätte, hätte man sich vorwerfen lassen müssen, auf Kosten Schutzbedürftiger medizinische Experimente durchzuführen. Trifft man eine Neuregelung und „erlaubt" Zwangsbehandlung und kommt man dann zu dem Ergebnis, dies richte mehr Schaden an als es nütze, hat man jahrelang psychisch Kranken schreckliches Leid angetan ohne Grund. Aus rein juristischer Perspektive lässt sich die Frage der Notwendigkeit von Zwangsbehandlung nicht beantworten, was die lapidare Feststellung des BVerfG, sie müsse möglich sein, ebenfalls erfasst.[1624] Eine Auseinandersetzung mit dieser Fragestellung wäre jedenfalls angezeigt und wahrscheinlich auch notwendig gewesen, anstatt eine Schutzpflicht wegen Hilfsbedürftigkeit tautologisch mit dem Vorliegen von Hilfsbedürftigkeit zu erklären. Just dies entspricht der dezidiert dargestellten Kritik an der Alternativlosigkeit von Paternalismus. Die Frage also, ob diese neuerliche Entscheidung des BVerfG im Ergebnis vertretbar ist oder nicht, lässt sich nicht beantworten, weil der Beschluss nicht nur keine überzeugende dogmatische Begründung enthält, sondern schlicht gar keine. Entsprechend den Ausführungen von *Lindner und Huber* zur Frage der Beachtlichkeit eines natürlichen Willens auf die Wirkung der Patientenverfügung[1625] kann jedoch festgehalten werden, dass die entscheidende Frage nicht thematisiert wird. Derjenige, der staatlicher Hilfe bei der Geltendmachung seiner Grundrechte braucht, braucht diese ganz offensichtlich unabhängig davon, ob er an einer Geisteskrankheit leidet. Das ist doch

1624 BVerfG, Beschl. v. 26.72016, 1 BvL 8/15.
1625 Lindner, Huber, NJW 2017, 7.

gerade der Sinn hinter der Schutzpflichtenlehre, dass ein Grundrechtsträger in der Ausübung oder Wahrnehmung seiner Grundrechte gehindert ist und nur die staatliche Intervention Abhilfe schaffen kann. Maßgeblich ist doch aber die Beantwortung der Frage, ob der Einwilligungsunfähige, der „aber durch sein tatsächliches Verhalten willensäquivalente Emotionen, Ängste und Wünsche zum Ausdruck bringt“[1626] in dieser Form der (wie auch immer zu bezeichnenden) Willensäußerung übergangen werden und diese vollkommen ignoriert werden kann. Dies bejaht das BVerfG zwar unter Verweis auf die Hilfsbedürftigkeit des Betroffenen, wenn man aber in der grundsätzlichen Achtung auch dieses „natürlichen Willens“ entsprechend *Lindner und Huber* zutreffend eine Berührung mit dem Grundrecht aus Art. 1 Abs. 1 GG sieht und damit auch ein Verfassungsgebot der Beachtlichkeit solcher Willensäußerungen, kann man bereits die Möglichkeit der Unbeachtlichkeit des natürlichen Willens nicht durch apodiktischen Verweis auf die Hilfsbedürftigkeit und damit die Unvermeidbarkeit ärztlicher Zwangsbehandlungen begründen.

Insofern kann man hier also nur auf die vorgestellten Ergebnisse zum Begriff des natürlichen Willens abstellen, dass die Begründung der Hilfsbedürftigkeit weniger auf das Vorliegen des natürlichen Willens selbst geschieht, sondern durch eine Einschränkung des Herrschaftsbereichs (Verfügung über den eigenen Körper) gerade aufgrund der bestehenden psychischen Krankheit. Allein aus der Feststellung, der Staat dürfe den Hilfsbedürftigen nicht sich selbst überlassen, zu folgern, dies sei im Zweifel als ultima ratio nur durch Zwangsbehandlung möglich, das bedarf einer ausgesprochen stichhaltigen und nachvollziehbaren Begründung. Dies allein aus der unterstellten Hilfsbedürftigkeit herzuleiten, ohne dieses Tatbestandsmerkmal überhaupt einer Prüfung zu unterziehen und dies dann auch noch als grundrechtlich in Art. 2 Abs. 2 S. 1 GG niedergelegte Schutzpflicht zu deklarieren, ermöglicht jedenfalls keinerlei juristische Beurteilung des Ergebnisses. Im Grunde ist der Verweis darauf, der Hilfsbedürftige dürfe nicht allein gelassen werden, das kaum zu widerlegende Eingeständnis, dass es sich nicht um ein juristisches sondern ein rein moralisches Urteil handelt, wenn auch sicherlich mit guten Absichten. Es bleibt zu hoffen, dass dies nicht einen Trend in der Rechtsprechung des BVerfG bedeutet, der sich mit der vermeintlichen Alternativlosigkeit paternalistischen Rechts abgefunden hat.

Für die vorliegende Betrachtung ist daher vor allem das Verhältnis zur Autonomie und des „Wohls“ des Betreuten von Relevanz, welches auch den maßgeblichen Unterschied zur Zwangsbehandlung im Maßregelvollzug ausmacht. Der

1626 Lindner, Huber, NJW 2017, 7.

Straftäter ist gem. § 63 StGB untergebracht, weil an seine Sozialgefährlichkeit angeknüpft wird.[1627] Ziel der Unterbringung ist also die Besserung des Straftäters und die Sicherung der Allgemeinheit. *Henking und Mittag* stellen zutreffend heraus, dass es bei dem Ziel, den Betroffenen wieder in die Freiheit entlassen zu können, im Grunde nicht einmal auf eine Heilung ankommt, sondern nur auf Behandlung soweit, dass er keine Gefahr mehr für Dritte darstellt.[1628] Demgegenüber dient die Betreuung ausschließlich dem Wohl des Betreuten. Auch wenn teilweise vertreten wurde, die Unterbringung dürfe auch aufgrund von Drittschutz angeordnet werden, so können verbliebene Zweifel daran durch die Neuregelung des § 1906a BGB endgültig ausgeräumt werden, da nun auch dort ausdrücklich allein das Wohl des Betreuten maßgeblich ist. Die Unterbringung wegen Fremdgefährdung ist damit einzig Sache der PsychKG der Länder und des Maßregelvollzugs.

Der durch die jüngste Änderung der ärztlichen Zwangsbehandlung im Betreuungsrecht vorgenommene Vorbehalt der stationären Behandlung, § 1906a Abs. 1 Nr. 7 BGB, soll an dieser Stelle nicht weiterverfolgt werden. Es dürfte sich jedoch vor dem Hintergrund der dargestellten jüngeren Rechtsprechung des BVerfG und auch wegen Art. 3 Abs. 1 GG die Frage stellen, ob diese Neuregelung einer verfassungsrichterlichen Überprüfung standhalten wird.

d.) Problem der Kollision juristischer und medizinisch-psychiatrischer Betrachtungsweise

Wie schon die Entstehungsgeschichte des reformierten § 1906a BGB erkennen lässt, ist er wegen seiner Bezugnahme auf den „natürlichen Willen" damit de facto auf Konstellationen geistiger Krankheiten und Behinderungen beschränkt. Eine Zwangsbehandlung scheidet schon vom Wortlaut bei freier Willensbildung aus. Damit ist freilich nicht gesagt, dass mit geistiger Krankheit automatisch die Fähigkeit freier Willensbildung verloren geht. Auch § 1906a BGB erfasst nur diejenigen Fälle, in denen die geistige Krankheit einen Grad erreicht hat, in der eine freie Willensbildung (in Bezug auf die im Raume stehende Heilbehandlung) nicht mehr möglich ist. Damit unternimmt der Gesetzgeber jedoch eine Unterscheidung anhand eines Krankheitsmerkmals zwischen körperlicher und geistiger Krankheit, was aus Sicht des allgemeinen und der besonderen Gleichheitssätze aus Art. 3 GG einleuchtend begründet werden muss. Denn eine Zwangsbehandlung gegen den Willen des Einwilligungsunfähigen aufgrund

1627 Henking, Mittag, JR 2013, 341.
1628 Henking, Mittag, JR 2013, 342.

körperlicher Erkrankung dürfte spätestens seit Inkrafttreten des § 1901a BGB nicht mehr rechtmäßig möglich sein. Entweder stützt sich eine Behandlung oder Nichtbehandlung auf einen antizipiert erklärten Willen, oder aber an dessen Stelle tritt der mutmaßliche Wille, der wie der „wahre Wille" wirkt. Die Ermittlung eines „natürlichen Willens" scheidet bei körperlichen Erkrankungen schon aus tatsächlichen Gründen aus, weil zugleich vollkommene Handlungsunfähigkeit eingetreten ist, wenn der Kranke nicht mehr einwilligen kann. In dieser bei psychisch Kranken verbliebenen Handlungsunfähigkeit liegt auch einer der entscheidenden Unterschiede zur körperlichen Krankheit. Denn ganz gleich, ob es nun um die Behandlung der Anlasskrankheit selbst oder um eine Begleitkrankheit geht, die Gefahr für Leib und Leben des Betreuten ergibt sich nicht aus dem Vorliegen der Krankheit selbst, sondern aus der Gefahr, die sich durch Tätigkeit oder Untätigkeit des Betreuten ergibt. Im Folgenden soll daher als abschließender Punkt herausgearbeitet werden, ob die Unterschiede zwischen geistiger und körperlicher Krankheit eine Ungleichbehandlung rechtfertigen und ob es ggf. eines Korrektivs bedarf.

Eines erscheint an dieser Stelle ob der teilweise hochgradig emotional geführten Diskussion notwendig vorab zu klären: Schon wegen der juristischen Ausrichtung der vorliegenden Betrachtung kann selbst bei noch so starkem Grundrechtsbezug die Frage nicht abschließend geklärt werden, ob Zwangsbehandlung in der Medizin und insbesondere der Psychiatrie nach dem Selbstverständnis dieser Disziplinen erforderliche und zielführende Behandlungsformen darstellen, ohne die eine effektive medizinische Versorgung nicht stattfinden kann.[1629] Denn auch wenn bereits etabliert wurde, dass sich die Medizin wie jeder andere Lebens- und Wissenschaftsbereich unter das Recht unterzuordnen hat und nicht dazu privilegiert ist zu entscheiden, welche Regeln auf sie angewendet werden sollen, so kann die Frage ohne auf unüberprüfbare Evidenz im Sinne von selbstgerechter Überzeugung abzustellen aus juristischer Sicht nicht abschließend beantwortet werden. Das Recht kann an dieser Stelle nicht kategorisch entscheiden, ob Zwangsbehandlung eine psychiatrisch vertretbare Therapieform ist, sehr wohl aber, ob diese Therapieform rechtmäßig angewendet

1629 siehe dazu ausführlich Saimeh, in: Pollähne, Lange-Joest, 147ff. Narr, Paetow, Saschenbrecker, Wähner, R&P 2010, 237, sprechen sich hingegen deutlich dafür aus, die Psychiatrie werde „zu einer ernst zu nehmenden, grund- und menschenrechtsgemäßen Heilkunde auf wissenschaftlich allemal prekärer Grundlage erst, wenn sie sich radikal von allen Zwangsmitteln emanzipiert." Impliziert wird die Notwendigkeit der Möglichkeit von Zwang jedoch jüngst in BVerfG, Beschl. v. 26.7.2016, 1 BvL 8/15.

werden kann und unter welchen Voraussetzungen sie zulässig oder unzulässig sein soll.

Dieser Reibungspunkt zwischen therapeutischer und juristischer Betrachtung stellt sich umso mehr bei der betreuungsrechtlichen Zwangsbehandlung, legt der ohnehin in seinen Fähigkeiten eingeschränkte Betreute sein Schicksal zu einem erheblichen Teil in die Hände von Arzt, Betreuer und Gericht. Insofern kann die Kritik von *Szasz* an juristischen Verfahren, die psychiatrische Evaluationen zum Gegenstand haben, durchaus als schwerwiegendes Problem aufgeworfen werden: Der Betroffene mag sich gegen den Betreuer wehren können, gegen seine Unterbringung, er mag die Unbefangenheit des Richters und des Gutachters in Frage stellen können, er kann sich jedoch nicht gegen die diagnostischen Kriterien wehren, die seiner Beurteilung als gegenwärtiger medizinischer Kenntnisstand zugrundegelegt werden. Ob diese letztlich zutreffend gewesen sind, kann immer nur rückschauend betrachtet werden. Mögen uns heute Ansichten wie die „wandernde Gebärmutter" als Ursache von „Hysterie" von Frauen absurd und Lobotomien als gängiges Heilmittel gegen Geistesstörungen offensichtlich ungeeignet vorkommen, so waren dies lange Zeit medizinisch etablierte Vorstellungsbilder.[1630] Es ist dabei aber auch zu bemerken, dass die moderne Psychiatrie mit der Anstaltspsychiatrie des 19. und frühen bis mittleren 20. Jahrhunderts sowohl methodisch als auch praktisch nicht mehr viel gemein hat und insbesondere im Bereich der Psychompharmakotherapie heute von vollkommen anderen Grundsätzen ausgegangen wird.[1631]

e.) Einwilligung bei psychischer Krankheit als besonderes Problem der Willensermittlung

Einleitend ist zunächst die Frage zu betrachten, inwieweit die zur Einwilligungsfähigkeit, dem Aufklärungserfordernis und generell dem Prinzip des *informed consent* dargestellten Ergebnisse bei Vorliegen der besonderen Umstände psychischer Krankheit einer Modifikation bedürfen. Wie erläutert lässt die Einwilligungs- oder Handlungsunfähigkeit das Aufklärungs- und Einwilligungserfordernis nicht grundsätzlich entfallen, Adressat bzw. Einwilligungsbefugter ist in diesem Fall jedoch der Betreuer oder der gesetzliche Vertreter, wobei die

---

1630 Siehe zur Vornahme von Lobotomien an Strafgefangenen und „schwachsinnigen, erethisch aggressiven Kindern" in Westdeutschland Sigusch, 12; zur historischen Darstellung der „wandernden Gebärmutter" als über Jahrhunderte etabliertes Konzept siehe Mentzos, 31ff.

1631 Siehe dazu ausführlich Helmchen, 21ff und 64ff.

Rechtsprechung davon ausgeht, dass auch der Einwilligungsunfähige aber nicht vollkommen Handlungsunfähige in einer für ihn verständlichen Sprache aufzuklären ist, wie sich nun auch aus § 630e Abs. 5 BGB ergibt.[1632] Im Gegensatz zu evidenten Fällen körperlicher Erkrankung, etwa das in vielen Entscheidungen der Gerichte maßgebliche apallische Syndrom, hilft einem das Abstellen auf die durch den BGH etablierte Formel zur Ermittlung der Einwilligungsfähigkeit bei vielen psychischen Erkrankungen nicht viel weiter, so dass etwa *Amelung* diesbezüglich zutreffend von einer Leerformel spricht.[1633] Denn ähnlich wie nicht jedes Ablehnen einer „vernünftigen" Behandlung zur Annahme der Einwilligungsunfähigkeit führt, ist dies bei psychischen Erkrankungen der Fall, was sowohl der ständigen Rechtsprechung[1634] als auch der überwiegenden Ansicht der Literatur entspricht.[1635] Dies ist in Anbetracht der Abgrenzung zur Geschäftsfähigkeit nur folgerichtig, sieht man die Einordnung der Einwilligungserklärung als faktisches Handeln und Grundrechtsbetätigung. Genauso individuell, wie sich die konkrete ärztliche Maßnahme darstellt, ist auch das Vorliegen der psychischen Erkrankung zu beurteilen. Erschwerend kommt hinzu, dass der psychisch kranke Einwilligungsunfähige ganz im Gegensatz zum körperlich Kranken in aller Regel noch zu einer deutlichen Kommunikationsform und insbesondere verbaler Verständigung in der Lage ist, mit der er seinen Willen zum Ausdruck bringen kann. Die Fähigkeit zur verbalen Kommunikation taugt als Abgrenzungskriterium für die Einwilligungsfähigkeit jedoch nichts, weil sie sich auch als Erhaltung einer Routineleistung äußern kann.[1636] Aus der dargestellten Individualität ergibt sich auch, dass eine Abwandlung der von der Rechtsprechung aufgestellten Definition auf die besondere Situation abnormer Geisteszustände ebenfalls kaum deutlichere Abgrenzungen ermöglicht. Einwilligungsunfähig ist demnach, wer aufgrund von Minderjährigkeit, geistiger oder psychischer Behinderung oder Erkrankung die entscheidungserheblichen Tatsachen, die Folgen und Risiken der Einwilligungsentscheidung sowie Behandlungsalternativen, den Wert oder Rang der durch die Einwilligungsentscheidung berührten Güter und Interessen für den Betroffenen selbst, nicht erfassen oder nicht nach dieser Einsicht handeln kann.[1637]

1632 BVerfG NJW 2011, 2113; Hoffmann, BtPrax 2007, 143; siehe auch Marschner, in: Jürgens, § 1904 Rn. 4.

1633 Amelung, R&P 1995, 20, 22.

1634 BGH NJW 1959, 811, 812; BVerfG NJW 2011, 3571, 3572.

1635 Kern, NJW 1994, 756; Gründel, NJW 2002, 2988; Deutsch, Spickhoff, Rn. 822.

1636 Kröber, Rechtsmedizin 1998, 41ff.

1637 Amelung, R&P 1995, 20; Nedopil, Müller, Forensische Psychiatrie, 75ff.

Insbesondere das Problem der subjektiven Werteordnung des Betroffenen muss sich an dieser Stelle aufwerfen, weil es, wie gezeigt, für Außenstehende schon bei Gesunden erhebliche Schwierigkeiten bereitet, dieses mit der nötigen Sicherheit bestimmen zu können. Denn auch hier ist nicht ein objektiver Maßstab zugrunde zu legen, sondern die Interessen anhand der individuellen Werteordnung vorzunehmen.[1638] Daher kann der Verweis von *Götz,* dass bei dieser Problematik häufig die Möglichkeit einer betreuungsrichterlichen Feststellung der Einwilligungsfähigkeit übersehen wird, allein noch nicht als Lösungsinstrument gesehen werden.[1639] Der Richter kann natürlich die Rechtsfrage des Vorliegens der Voraussetzung beantworten. Diese bemisst sich jedoch erheblich an den subjektiven Vorstellungen des Patienten. Es ist jedenfalls nicht ersichtlich, welcher Teil der richterlichen oder überhaupt juristischen Ausbildung einen Richter dazu befähigen sollte, die individuelle Wertordnung des einzelnen bezüglich der Einwilligung in eine konkrete Maßnahme besser beurteilen zu können, als jeden anderen Dritten.

Nach *Amelung* ist die Autonomie der Entscheidung so lange zu respektieren, wie keine krankhafte Verzerrung dieses Wertesystems vorliegt.[1640] Wie dargestellt wird das Problem dabei nur auf eine höhere Ebene verlagert. Denn auch für die Frage, ob ein Wertesystem Verzerrungen unterliegt, müssen sich für den Urteiler zumindest irgendwelche Anhaltspunkte für dessen Konsistenz ergeben können, da es ihm obliegt, die Vermutung der Willensauthentizität zu widerlegen. Alles andere liefe wieder auf die primäre Anbringung einer objektiven Wertordnung heraus, oder eben doch wieder darauf, bereits aus der Erkrankung selbst die Einwilligungsunfähigkeit zu folgern. Maßgeblich ist also, dass die Rechte des Kranken, insbesondere sein Selbstbestimmungsrecht aus Art. 2 Abs. 2 GG in ein Verhältnis zu seiner Einsichts- und Steuerungsfähigkeit, seiner „verbliebenen" Möglichkeit der Willensäußerung und –betätigung anhand seiner subjektiven Wertordnung als in ihm begründete Umstände einerseits und den äußeren, die Entscheidungssituation selbst betreffenden und von ihm nicht (mehr) beeinflussbaren Umstände andererseits gesetzt werden. Dabei muss sich die Möglichkeit, eine Behandlung auch gegen den Willen des Kranken durchzusetzen, im Rahmen der Verhältnismäßigkeit vor allem an den Risiken und der Beeinträchtigung durch die Intervention für den Kranken bemessen lassen.

1638 Marschner, in: Jürgens, § 1904 Rn. 4.

1639 Götz, 48f.

1640 Amelung, R&P 1995, 24.

f.) Einschränkungen und Modifikationen der Einwilligung in der Psychiatrie

aa.) Grundsätzliche Notwendigkeit der Aufklärung in der Psychiatrie

Wegen des voluntativen Elements der Einwilligung stellt sich die Frage, inwiefern das Kriterium eines *informed consent* in der Psychiatrie einer abweichenden Betrachtung bedarf. Denn abstellend auf die bisherigen Ergebnisse der Willensäußerung als unverzerrte, authentische Kundgabe einer autonomen Willensbildung ist das entscheidende Kriterium, ob und inwiefern sich psychische Krankheiten darauf auswirken. Auch an dieser Stelle kann sich eine juristische Betrachtung nur auf eine Reflektion der Ansichten der medizinischen und psychiatrischen Erkenntnisse beschränken, ohne diesen einer innerdisziplinären Bewertung unterziehen zu können. Mit Verweis auf etwa *Vollmann* oder *Helmchen* kann in einem ersten Schritt als gesichert gesehen werden, dass das Einwilligungserfordernis im Sinne eines *informed consent* vom überwiegenden Teil der klinischen Forschung und Krankenversorgung aus medizinethischer Sicht weitestgehend anerkannt wird.[1641] *Vollmann* führt diese Entwicklung vor allem auf die zunehmende Bedeutung moderner Behandlungsformen, insbesondere Psychopharmakotherapie zurück, die neben ihrer Erfolge auch eine Reihe von Nebenwirkungen vorweisen, über die der Kranke aufzuklären ist.[1642] Er verweist auch darauf, dass eine hohe Korrelation zwischen Selbstbestimmung der Patienten einerseits und einem gut funktionierenden Arzt-Patientenverhältnis andererseits besteht.

Helmchen stellt jedoch fest, dass das Bewusstsein für die Notwendigkeit einer Aufklärung (und damit auch aufklärungsbasierten Einwilligung) in psychotherapeutische Behandlungen sich nach wie vor nur zögerlich entwickelt.[1643] So finde sich in den Informationen der Bundespsychotherapeutenkammer zum Patientenrechtegesetz nur ein Hinweis zur Aufklärung bei Psychopharmakotherapie und wann auf diese als alternative Behandlungsform hinzuweisen sei.[1644] Dass es bei Psychotherapie abseits medikamentöser Behandlung zu Nebenwirkungen und –folgen kommen könnte, das sei vielen Patienten nicht bewusst.[1645]

1641 Vollmann, Aufklärung und Einwilligung, 42 m.w.N.; Helmchen, 116ff.

1642 Vollmann, Aufklärung und Einwilligung, 43.

1643 Helmchen, 117, Fn. 505 m.w.N.

1644 Helmchen, 117, Fn. 506 m.e.N.

1645 Helmchen, 117.

bb.) Patientencompliance und Arztcompliance als wesentliche Faktoren

Nach *Beahrs und Gutheil* ist das Aufklärungs- und Informationserfordernis in der Psychiatrie notwendig, um die extreme Informationsüberlegenheit des Arztes zu minimieren.[1646] Darüber hinaus soll sich eine geringere Abhängigkeit des Patienten vom Therapeuten auch positiv auf den Therapieerfolg auswirken, weil die durch Informationsvorenthaltung geförderte Vorstellung des Patienten, der Therapeut sei aufgrund seiner Überlegenheit allwissend oder allmächtig, dessen ohnehin schon fragile Autonomie weiter erschüttern kann. Nach *Linden* wird die *Compliance* von Patienten auch in einem psychiatrischen Kontext entscheidend von inneren und äußeren Faktoren der Entscheidungssituation beeinflusst.[1647] Neben den inneren Willensvorgängen des Patienten kommt es demnach aus verhaltenstheoretischer Sicht auch auf die situativen Rahmenbedingungen der Entscheidung an, die „das erwünschte Verhalten im gebotenen Augenblick anstoßen und nicht verhindern, und die Konsequenzen des erwünschten Verhaltens… möglichst unmittelbar eintreten"[1648] lassen. Die Entscheidungssituation und die *Compliance* hängen demnach also nicht nur von der inneren Willensfähigkeit des Patienten ab, sondern auch zum einen von strukturellen und institutionellen Fragen wie dem Umfang der möglichen medizinischen Betreuung, aber zum anderen auch entscheidend von der *Compliance* des Therapeuten selbst.[1649]

> „Die gleichzeitige Betrachtung von Patienten- und Therapeuten-compliance kann dazu beitragen, den gelegentlich zu beobachtenden moralischen Ton in der Compliancediskussion zu relativieren, und helfen, ein Arbeitsbündnis zwischen Arzt und Patienten entstehen zu lassen, da sich beide gemeinsam um die Festlegung und Einhaltung des Behandlungsoptimums bemühen müssen. Auch die der ärztlichen Behandlung zugrunde liegenden Therapiestandards lassen in aller Regel verschiedene Vorgehensweisen zu, die zu ähnlichen Behandlungsresultaten führen können. Diese Flexibilität des Arztes bei der Therapieauswahl ist zugleich eine Voraussetzung, um sich gemeinsam mit dem Patienten über die aus Sicht aller Beteiligten als optimal anzusehende Therapiestrategie verständigen zu können."[1650]

Aufklärung und Information sind dabei auch in der Psychiatrie wesentliche Hilfsmittel, die dazu führen sollen, dass Patienten vor allem positive Anreize für die Durchführung bestimmter Behandlungen sehen, so dass Ziel die Erreichung von Compliance und nicht die Verhinderung von Noncompliance sein

---

1646 Beahrs, Gutheil (2001), 5.
1647 Linden, in: H.J. Möller, 141.
1648 Linden, in: H.J. Möller, 141.
1649 Linden, in: H.J. Möller, 140.
1650 Linden, in: H.J. Möller, 141.

sollte.[1651] *Helmchen* verweist dabei auf den Umstand, dass durch die Abkehr der Psychiatrie von reiner Symptombehandlung auf eine Behandlung, die auf „das symptomproduzierende Persönlichkeitsgefüge selbst zielt"[1652], die Behandlung dabei maßgeblich vom Menschenbild und den Überzeugungen des Therapeuten beeinflusst wird.[1653]

Dabei muss nach *Vollmann* besonders beachtet werden, dass gerade in der Psychiatrie Patienten häufig unrealistische Vorstellungen über die Möglichkeiten der Behandlung und ihrer Ziele haben, was einerseits die Arbeit des Therapeuten erschwert, andererseits auch die Dringlichkeit sachgerechter Aufklärung darstellt.[1654] Wegen der Beeinträchtigungen, denen der Patient durch die Krankheit unterliegt, wird daher auch teilweise eine Einschränkung der Aufklärung zum Schutz des Patienten vor schädlichen Einflüssen legitimiert.[1655] Dies soll sich auch daraus ergeben, dass das Aufklärungsgespräch häufig schon Teil der Therapie ist und somit die Therapiefreiheit des Arztes an dieser Stelle beschränkend wirkt. Einige Stimmen gingen sogar davon aus, eine Aufklärung im engeren Sinn sei bei Psychotherapie überhaupt nicht möglich, weil wegen der hohen Individualität der Therapie eine Verlaufs- und Erfolgsprognose nicht hinreichend sicher aufgestellt werden könnten.[1656]

Beahrs und Gutheil sehen daher auch gewisse Gefahren durch die Aufklärung. Diese sollehn sich vor allem aus der Unsicherheit beider Parteien ergeben, etwa in welche Richtung sich Therapie und Krankheit entwickeln werden oder weil eine weitreichende Darstellung aller möglichen Folgen und Nebenwirkungen den Patienten einschüchtern könnten, was den Therapieerfolg gefährden könnte.[1657]

In Bezug auf die Frage der Effektivität der Aufklärung verweist *Vollmann* an anderer Stelle dabei auf Studien, die belegen würden, dass in der Psychiatrie Patienten häufig nicht an den Inhalt der Aufklärung oder die Abgabe einer Erklärung erinnern könnten.[1658] Andererseits wiesen Studien ebenso darauf hin, dass Patienten in aller Regel kaum Informationen dahingehend wiedergeben könnten, welche Medikamente ihnen verabreicht werden, oder aus welchem

---

1651 Linden, in: H.J. Möller, 144f.
1652 Helmchen, in: Schumpelick, Vogel, 285.
1653 Helmchen, in: Schumpelick, Vogel, 286.
1654 Vollmann, Aufklärung und Einwilligung, S. 43.
1655 Vollmann, Aufklärung und Einwilligung, 44 m.e.N.
1656 Helmchen, 117, Fn. 508 m.e.N.
1657 Beahrs, Gutheil (2001), 5.
1658 Vollmann, Patientenselbstbestimmung und Selbstbestimmungsfähigkeit, 106 m.e.N.

Grund.[1659] Daher wird auch teilweise vorgeschlagen, die Aufklärung zumindest bei Psychopharmakotherapie auf einen Zeitpunkt zu verschieben, in dem eine Besserung eingetreten ist.

Generell wird sowohl in einem stationären als auch ambulanten Kontext eine erhebliche Anzahl der Patienten von den behandelnden Ärzten als nicht einwilligungsfähig angesehen. Andererseits ist zu beobachten, dass bei einem adäquaten und formalisierten Aufklärungsprozess auch Einhaltung entsprechender Standards etwa bei Schizophrenie erreicht werden kann, dass sich der überwiegende Teil an den Inhalt der Aufklärung erinnern kann.[1660] Letztlich ist zu beachten, dass wegen der Abhängigkeit der Entscheidungssituation von äußeren Umständen ein fehlendes Verständnis nicht zwingend auf Defizite des Patienten zurückzuführen sind, sondern „auch an der Art und Weise der Aufklärung…, bei der individuelle Bedürfnisse des Patienten zu wenig berücksichtigt werden“[1661] liegen kann. Der Arzt muss sich also darauf einstellen, dass die Geisteskrankheit des Patienten nicht nur seine Steuerungs- und Entschlussfähigkeit beeinträchtigt, sondern auch seine Möglichkeit, Informationen schnell zu erfassen. Insbesondere ist eine fehlende Information des Patienten über seine Rechte in aller Regel darauf zurück zu führen, dass Patient und Arzt dem rechtlichen Aspekt der psychiatrischen Behandlung wenig Interesse entgegenbringen.[1662]

cc.) Das Verhältnis zwischen Körperverletzung, Einwilligungserfordernis und psychiatrischer Behandlung

Betrachtet man die Einwilligung als Rechtfertigung einer tatbestandlichen Körperverletzung, so könnte man zumindest begrifflich die Frage aufwerden, inwiefern im Bereich psychiatrischer Krankheit überhaupt ein Erfordernis der Einwilligung besteht.[1663] Zumindest bei der konventionellen psychiatrischen Gesprächstherapie ohne Einsatz von Psychopharmaka oder sonstigen Einwirkungen auf den Körper ließe sich daran zweifeln, dass der die Patientenautonomie maßgeblich bestimmende Schutzbereich der körperlichen Unversehrtheit aus Art. 2 Abs. 2 S. 1 GG überhaupt eröffnet ist.[1664] Insofern könnte man sich nur damit behelfen, dass der seit dem Patientenrechtegesetz

1659 Vollmann, Patientenselbstbestimmung und Selbstbestimmungsfähigkeit, 107 m.e.N.
1660 Vollmann, Patientenselbstbestimmung und Selbstbestimmungsfähigkeit, 108 m.e.N.
1661 Vollmann, Patientenselbstbestimmung und Selbstbestimmungsfähigkeit, 108.
1662 Vollmann, Patientenselbstbestimmung und Selbstbestimmungsfähigkeit, 111.
1663 Gründel, 62; Prutsch, 44; allgemein auch Schünemann, VersR 1981, 306f.
1664 etwa Pulverich, in: Markgraf, 479, der in Psychotherapie stets einen Eingriff in die körperliche Integrität sieht, siehe auch Gründel, 62 Fn. 299.

geregelte Behandlungsvertrag grundsätzlich auf alle Heilberufe Anwendung findet, was sich aus dem Abstellen auf die „fachlichen", nicht aber die „medizinischen" Standards ergibt.[1665] Erfasst werden sollen also die Heilkunde im weiteren Sinne.[1666] Dennoch kommt man nicht umhin festzustellen, dass eine Abgrenzung allein anhand der körperlichen Beeinträchtigung auch oder gerade bei der psychiatrischen Behandlung schwierig erscheint. So gibt *Gründel* die Zwangsverabreichung von Psychopharmaka als Beispiel für eine körperliche Einwirkung, als Grenzbereich sieht er allerdings etwa die zwangsweise Konfrontation eines Angstpatienten mit seiner Furcht oder zwangsweise Hypnose.[1667] Damit in enger Verbindung steht die Frage, inwieweit psychiatrische Behandlung überhaupt einen Eingriff in die körperliche Unversehrtheit darstellt und ob negative Folgen durch eine Verhaltensänderung des Patienten unerwünschte Wirkungen abseits einer Beeinträchtigung der körperlichen Integrität haben. Nebenwirkungen und –folgen können sich nämlich, wie *Helmchen* darstellt, auch bei Therapie abseits von Medikamenteneinsatz ergeben, vor allem bei therapeutischen Misserfolgen oder Behandlungsabbrüchen.[1668] Darunter können Dinge wie unaufgelöste Widerstände zu verstehen sein, aber auch Konfrontationen mit verdrängten Traumata mit Suizidfolgen oder beim Aufarbeiten von Kindheitserinnerungen sog. „false memories" an tatsächlich niemals so passierte Geschehnisse hervorgerufen werden, was letztlich zum Scheitern von Ehen oder zu Familienzerrüttungen führen könne.[1669]

Auf diese Frage, nämlich ob die körperliche Integrität überhaupt betroffen ist, stellte letztlich auch das Justizministerium Rheinland-Pfalz in der Entscheidung des BVerfG ab, die Verabreichung des Neuroleptikums sei letztlich als Spritze allenfalls nur ein einfacher Eingriff.[1670] Es kommt also entscheidend darauf an, ob und inwieweit sich psychische Krankheit von körperlicher unterscheidet und ob eine ggf. „Änderung der seelischen Beschaffenheit"[1671] eine Eingriffsqualität hat, an die dieselben Anforderungen zu stellen sind, wie bei einem körperlichen Eingriff.[1672]

1665 Jaeger, 14.
1666 Wagner, VersR 2012, 790f; Spickhoff, ZRP 2012, 66; siehe auch Prutsch, 44f.
1667 Gründel, 62f.
1668 Helmchen, 117, 119f.
1669 Helmchen, 120, Fn. 526 m.e.N.
1670 BVerfG NJW 2011, 2113.
1671 Gründel, 63.
1672 Dafür etwa Hollmann, NJW 1973, 1393.

2.) Geistige Krankheit als Metapher für unerwünschtes Verhalten?: Der „Mythos der Geisteskrankheit" nach *Szasz*

Der wohl gewichtigste Kritiker an Zwang in der Psychiatrie war der ungarisch-amerikanische Psychiater *Thomas Szasz*. Bereits 1960 begründete er durch seinen Aufsatz *The Myth of Mental Illness*[1673] seine Ansicht zu dem Problem der aus seiner Sicht großen Subjektivität psychiatrischer Diagnostik. Geisteskrankheit, so *Szasz*, sei kein greifbarer Gegenstand, sondern beruhe entscheidend auf theoretischen Konzepten und Ansichten dazu, was „krank" und „gesund" ist.[1674] Diese sehr subjektiven Konzepte würden aber mit der Zeit zu objektiver Wahrheit, zu Fakten werden, die von allen Nachkommenden unreflektiert übernommen würden.

Seine Kritik richtete sich dagegen, dass jede geistige und seelische Krankheit auf einem chemisch-neurologischen Defekt beruht und daher objektiv erklärbar sein soll. Er vergleicht die Situation eines körperlichen Schadens und wie der Körper auf diese reagiert – nicht durch eine komplexe emotionale Reaktion oder ein sonstiges vielschichtiges Verhalten, sondern eben durch eine physische. Wenn man aber davon ausginge, dass diese Argumentation auf seelische und geistige Störungen ebenso zuträfe, so könne man nur solche Verhaltensänderungen durch Defekte erklären, die selbst als krankhaft angesehen werden. Nicht jede innere Einstellungsänderung würde aber nach dieser Sicht auf einen Defekt zurückgeführt, etwa wenn ein Mensch seine Konfession ändert. Beispiele wären etwa auch der feste Glaube an die Wirksamkeit von Homöopathie, Astrologie und anderem Aberglauben. Die Grenzziehung sei daher vollkommen zufällig.

Desweiteren umschreibe Geisteskrankheit auch den Umstand problematischen Zusammenlebens. Geisteskrankheit stelle danach also eine Veränderung der Persönlichkeit dar, die dem harmonischen Zusammenleben zuwiderläuft. Diese Ansicht basiere aber darauf, dass ohne geistige Krankheit das Zusammenleben immer harmonisch wäre, geistige Krankheit also der Auslöser dafür sein solle, dass es zu Störungen des Zusammenlebens komme.[1675] Auch hier unterliege Geisteskrankheit der subjektiven Definition davon, was vom Einzelnen als von der Norm abweichend und daher als störend empfunden würde. Ein solches Konzept gehe aber davon aus, dass es eine derartig klar definierte Form der Normalität gebe. Dies könne bei körperlichen Erkrankungen zweifelsohne zutreffen, weil man eine feste, genetisch und anatomisch bedingte Normgröße habe, an

1673 Szasz (1960), 113ffl.
1674 Szasz (1960), 113.
1675 Szasz (1960), 114.

der man einen abweichenden Zustand vergleichen könne, eben naturwissenschaftlich feststellbar. Die Ansicht aber, was normales menschliches Verhalten sein solle, setze sich aus verschiedenen Ebenen zusammen: ethische, soziale, juristische und moralische Dimensionen, die nicht zwangsweise übereinstimmen müssen.

Es ergäben sich also nur zwei Möglichkeiten dazu, wer darüber zu urteilen habe, wer geisteskrank sei und wer nicht: Der Betroffene selbst oder außenstehende Dritte. Der Behandelnde könne bei körperlicher Erkrankung die Bewertung der Symptome natürlich selbst interpretieren, aber ihnen liege keine andere Wertung zu Grunde als die des Patienten. Man könne nur schwerlich behaupten, ein vom Patienten wahrgenommener Schmerz, etwa aus einer Schnittverletzung, könne von einem Arzt als nicht vorliegend interpretiert werden, vollkommen egal, wer ihn beauftragt habe. Wegen der hohen Subjektivität sei Psychiatrie aber eben sehr anfällig für ideologische Steuerung: Der Arzt könne sich nach dem Patienten richten, oder nach seiner eigenen Auffassung, oder der der Klinik, der eines Gerichts, des Staates, usw.[1676] Die Ansichten dazu, was nun zur Heilung beitrage, hänge nun entscheidend davon ab, unter wessen Schirmherrschaft der Arzt handele und seine Beurteilung funktionierte dann auch nur in die eine Richtung. *Szasz* gibt aus dem Bereich der forensischen Psychiatrie ein Beispiel:

> "... if a psychiatrist is engaged by a court to determine the sanity of a criminal, he need not fully share the legal authorities' values and intentions in regard to the criminal and the means available for dealing with him. But the psychiatrist is expressly barred from stating, for example, that it is not the criminal who is 'insane' but the men who wrote the law on the basis of which the very actions that are being judged are regarded "criminal". Such an opinion could be voiced, of course, but not in a courtroom, and not by a psychiatrist who makes it his practice to assist the court in performing its daily work."[1677]

Wenn Aufgabe der Medizin sei, krankhafte Zustände zu heilen, so müsse die Frage aufgeworfen werden, inwieweit es rechtsstaatlich zu verantworten sei, wenn der Beurteilungsgrundlage zu großen Teilen ethisch-moralische Wertungen zugrunde lägen.[1678] Daraus folgt für *Szasz* auch, dass eine Behandlung der Geisteskrankheit, welche eben nur als Krankheit wahrgenommen würde, aber eben nur ein Konzept sei, ebenfalls keine Heilbehandlung sei, sondern eben eine moralische Behandlung.[1679] Dies ergebe sich schon daraus, dass medizinische

1676 Szasz (1960), 114.
1677 Szasz (1960), 114.
1678 Szasz (1960), 114.
1679 Szasz (1988), 4f, wo er sie auch als "metaphorical treatments" bezeichnet.

Behandlung sich darum drehe, *was* getan wird, und nicht *von wem*: Wenn ein Patient gegen Syphilis ein Antibiotikum einnehme, erhält er Chemotherapie, ganz gleich, ob er das Medikament von einem Arzt bekommen hat, oder es sich selbst verschafft und eingenommen habe.[1680] Andererseits sei der Begriff Psychotherapie schon irreführend, weil er nicht impliziere, welchen Teil das „psycho" betreffe: den zu behandelnden Teil, also die Psyche selbst oder das eingesetzte Mittel, also psychisch anstatt etwa medikamentös oder operativ.[1681] Psychotherapie sei also auch nur ein Konsens, bei dem man übereingekommen sei, dass bei einem Kommunikationsprozess einer den Part des Therapeuten übernimmt, der durch seine kommunikative Einwirkung einen therapeutischen Einfluss über den Patienten ausübt, um einen therapeutischen, also heilenden Effekt zu erzielen. Er wirft die Frage auf, warum ausgerechnet in dieser Form der gegenseitigen Beeinflussung ein medizinischer Wert verkörpert sein soll, beeinflussten sich Menschen in ihrem täglichen Leben ständig untereinander, ohne dass ein solcher Effekt unterstellt würde.[1682] Psychotherapie sei also oftmals der Versuch, den Verhaltensmodus eines Menschen in einen anderen zu überführen, mit der Begründung, dieser sei gesünder:

> „Psychotherapists do many things; the professed goal is always to provide therapy. Often, however, attempts to treat patients are really efforts to alter his conduct from one mode to another. Thus, there are psychiatrists who try to convert unhappily married couples into happily married ones; homosexuals into heterosexuals; criminals into non-criminals; or, in general, mentally sick patients into mentally healthy former patients[1683]

Szasz möchte dabei eine Abgrenzung von behandlungsbedürftiger und nichtbedürftiger Krankheit anhand der Terminologie von Krankheit als biologisches Abweichen von Normalzustand als naturwissenschaftliches Faktum und der „sozialen Rolle" des Patienten, in die sich der Kranke freiwillig begeben muss, vornehmen.[1684] Daher seien die denkbaren Konstellationen zu unterscheiden, die sich aus der Kombination dieser Elemente ergeben: Der Betroffene ist krank oder nicht krank, der Betroffene empfindet diesen Zustand als Krankheit oder nicht, der Betroffene wird in seinem Zustand von Dritten als krank oder gesund angesehen. Der Konflikt entstehe also nur dort, wo zwischen der Ansicht des Betroffenen und der von Dritten keine Übereinstimmung besteht, wobei er die

1680 Szasz (1988), 6.
1681 Szasz (1988), 7.
1682 Szasz (1988), 9.
1683 Szasz (1988), 9.
1684 Szasz (1969), 453ff.

Frage aufwirft, warum sich gerade bei psychischen Erkrankungen ausgerechnet der Psychiater durchsetzen solle.

3.) Der Krankheitsbegriff als Grundlage der Notwendigkeit betreuungsrechtlicher Intervention

a.) Das krankheitsbedingte Verhalten als wesentlicher Unterschied zwischen körperlicher und geistiger Krankheit

Die Möglichkeit, diese Thesen abschließend zu beurteilen, ist einer juristischen Betrachtung sicherlich nicht oder zumindest nicht umfassend eröffnet. So wirft etwa *Shorter* auf, dass *Szasz* beim Festhalten an seiner Kritik die neuren Erkenntnisse und Entwicklungen der Psychiatrie der letzten 50 Jahre vollkommen ignoriere, obwohl auch er anerkennt, dass Szasz zutreffende Missstände im Verhältnis zwischen Staat und Psychiatrie aufwerfe. Man wird *Szasz*' Kritikern insofern auch aus Laienperspektive folgen können, dass die Bewertung eines Verhaltens als moralisch unerwünscht es mitnichten ausschließt, diesem Verhalten zugleich auch (messbaren) Krankheitswert zuzuschreiben.[1685]

Szasz' sicherlich extreme Position wirft jedoch im Kern nebst einer Beleuchtung der maßgeblichen und kritischen Problembereiche des Zusammenspiels zwischen Recht, Rechtsstaat und Psychiatrie den entscheidenden Unterschied zwischen geistiger und körperlicher Krankheit auf, der auch bei seiner juristischen Handhabung relevant ist: Bei der körperlichen Krankheit besteht der leidverursachende Makel in einem *Zustand*, bei der psychischen Krankheit besteht er in einem leidverursachenden *Verhalten* bzw. in dessen Unterlassen und dem daraus entstehenden Leid. *Ludewig* verweist ebenfalls darauf, dass die Notwendigkeit psychiatrischer Hilfestellung nicht durch die übliche medizinische Betrachtung von Krankheit und Krankem entstehe, sondern durch „zwischenmenschliche Prozesse, an deren Gestaltung der Helfer maßgeblich und untrennbar beteiligt sei."[1686]

Ziel der Behandlung ist es nicht, das Vorliegen einer Gesundheitsgefährdung aus der Krankheit selbst zu beseitigen, sondern dass der Betroffene sein *aufgrund* einer Erkrankung in einer bestimmten Weise ausgeübtes Verhalten, welches als gefährlich angesehen wird, abstellt. Anders formuliert: Würde der Patient sich trotz seiner psychiatrisch relevanten Erkrankung nicht selbstgefährdend verhalten, gäbe es keine Behandlungsnotwendigkeit in Bezug auf sein

1685 Shorter (2010), 184; siehe auch Gunn, Taylor, 9.

1686 Ludewig, in: Keller, Greve, 60.

krankhaftes, schadendes Verhalten. Im Grunde zielt eine psychiatrische Behandlung entscheidend auf eine Persönlichkeitsänderung ab,[1687] weil sich der Patient oder Dritte dadurch eine Verhaltensveränderung erhoffen.[1688] Auf diese Weise ist auch gleichzeitig die Erkenntnis zu gewinnen, dass eine Behandlung dort, wo das Verhalten lediglich von Dritten als störend empfunden wird, nicht angezeigt ist und dort, wo es sie gefährdet, andere, die Persönlichkeit nicht betreffende Möglichkeiten zu wählen sind, diese Gefahr zu unterbinden.

Zumindest ansatzweise scheint es auch das BVerfG so zu sehen, wenn darauf abgestellt wird, dass Ziel einer psychiatrischen Zwangsbehandlung nur die Wiederherstellung von Entscheidungsfähigkeit sein könne, was nach der hier hergeleiteten Argumentation auch der einzig denkbaren Legitimation paternalistischer Intervention entspricht, nicht jedoch aber, den Betroffenen „leichter handhabbar" zu machen, aus ihm generell eine „angenehmere Persönlichkeit" zu kreieren und nicht einmal Ziel sein kann, sein fremdgefährdendes Potenzial zu beseitigen, welches sich aus seiner Persönlichkeit ergibt. Es besteht jedoch ein gewisser Grundtenor, dass davon ausgegangen wird, der Patient gefährde sich bei Erreichung von Entscheidungsfähigkeit und damit Wiederherstellung seiner Autonomie nicht mehr selbst. Das, obwohl selbstbestimmte Selbstschädigungen nicht verboten sind und durch die Patientenverfügung sogar antizipiert hingenommen werden. Die Norm des § 1906a Abs. 1 BGB ist auch entscheidend derart ausgekleidet, wenn von der Notwendigkeit der Behandlung und der Unfähigkeit des Betreuten gesprochen wird, diese Notwendigkeit zu erkennen. Zumindest vom Wortlaut her trägt die Neufassung die Implikation, dass das Verkennen der Notwendigkeit einer angedeihten Behandlung das unerwünschte Verhalten darstellt. Selbst wenn man mit dem engen Auslegungsmaßstab des BVerfG herangeht, ist die Notwendigkeit als Wiederherstellung von Entscheidungsautonomie ein von außen angenommener, objektiver Maßstab und damit zwangsläufig Drittbestimmung (unabhängig davon, ob man diese unter bestimmten Voraussetzungen für legitim hält), etwas, was bei der körperlichen Erkrankung durch die Erfassung der Patientenautonomie bewusst durch den Gesetzgeber ausdrücklich ausgeschlossen wurde. Hier zeigt sich erneut das bereits angesprochene Problem, dass derjenige, der über die Voraussetzungen der Entscheidungsautonomie entscheidet, auch derjenige ist, der über ihre Erfüllung entscheidet. Andererseits kann weder aus dem Vorliegen einer Krankheit per se schon fehlende Selbstbestimmungsfähigkeit geschlossen werden, noch daraus, dass der einzelne die

1687 Siehe dazu Merkel, ZStW 121 (2009), 935.
1688 Murphy, 166.

Notwendigkeit nicht sieht, einen bestimmten, als Krankheit definierten Zustand zu behandeln oder behandeln zu lassen. Insofern kann auch diese These von *Szasz* zur Unterscheidung zwischen biologischer Krankheit und dem sozialen Patientenbegriff als Grundlage weiterer Betrachtung genutzt werden. Es wirft sich vor allem die Frage auf, ob der grundsätzlich autonom Handelnde überhaupt einsehen und anerkennen muss, welches Ausmaß seine Krankheit für ihn und seine Präferenzen hat. Das dürfte gemessen an der vorliegend vertretenen These, dass der Staat keinen „Anspruch“ darauf hat, dass derjenige, der Ziel seiner paternalistisch motivierten Intervention wird, die „Notwendigkeit“ des Interventionszweckes anerkennt und in seine Wertordnung übernimmt, wohl zu verneinen sein. Es bleibt demnach festzuhalten, dass bei der Notwendigkeit einer Behandlung nur eine solche Krankheit gemeint sein kann, die eine Gefahr für die Grundlage der Autonomie des Betroffenen darstellt. Damit sieht man sich allerdings wieder mit dem Umstand konfrontiert, dass die erste Voraussetzung für die Notwendigkeit einer Behandlung im Sinne des § 1906a BGB ist, dass *überhaupt* eine Krankheit vorliegt. Die aufzuwerfende Frage ist demnach: Ist Krankheit ein objektiver Zustand oder obliegt die Einschätzung desselben auch demjenigen, der von ihm betroffen ist? Auch wenn es schon fast selbstverständlich anmutet, ist das Wissen um den Begriff der Krankheit im Sinne des § 1906a Abs. 1 BGB elementare Voraussetzung dafür, die Notwendigkeit der Behandlung mit dem natürlichen Willen des Betreuten, seinem Wohl und der Intensität der mit dem Eingriff verbundenen Beeinträchtigungen in ein Verhältnis zu setzen. Ohne das Vorliegen überhaupt irgendeiner Krankheit bedarf es keiner zwangsweise durchgesetzten wie auch immer gearteten Behandlung.

b.) Der medizinische Krankheitsbegriff

Eine einheitliche Definition eines medizinischen Krankheitsbegriffs kann wohl nicht angenommen werden.[1689] Die Aufgabe des Arztes, pathologische Zustände zu erkennen und Leiden zu lindern, lässt sich offenbar nur schwer mit absoluten Begriffen von Krankheit und Gesundheit erfassen.[1690] Der Psychiater und Philosoph *Karl Jaspers* bezeichnete diesen Umstand:

> „Was gesund und was krank im Allgemeinen bedeutet, darüber zerbricht sich der Mediziner am wenigsten den Kopf.“[1691]

1689 Etwa Hoffmann-Richter, 70.

1690 Wieland, in: Becker, Schipperges, 62.

1691 Jaspers, 652.

Die Definition der WHO kann dabei nur wenig weiterhelfen: „Gesundheit ist ein Zustand vollkommenen körperlichen, geistigen und sozialen Wohlbefindens und nicht allein das Fehlen von Krankheit und Gebrechen.“[1692] *Fiebig* verweist zutreffend darauf, dass ein solches „Recht auf Glück und vollkommene Lebenserfüllung“ unerfüllbare Utopie ist.[1693] Allgemein lässt sich festhalten, dass bei der medizinischen Definition von Krankheit vor allem ein Einheitsbegriff gesehen wird, der sich aus Ursache, Symptomatik und Therapierbarkeit zusammensetzt.[1694] Dies ergibt sich schon aus dem Umstand, dass die Medizin „keine Naturwissenschaft, sondern eine Handlungswissenschaft ist“[1695]. Es wird dabei darauf verwiesen, dass Ärzte nicht Krankheiten behandeln würden, sondern stets kranke Menschen.[1696] Im Bereich der (forensischen) Psychiatrie wird dies durch Abstellen auf vereinheitlichte Diagnosebegriffe deutlich, wie den ICD-Schlüssel der WHO.[1697]

Der Begriff der Krankheit muss dabei dazu taugen, sich von einem anderen Zustand, der Gesundheit, abzugrenzen. Insbesondere wegen der vielen möglichen physio- und psychopathologischen Zustände, in denen sich ein Mensch befinden kann und der Tatsache, dass es in der Medizin vor allem um das Lindern von Leiden geht, hat sich ein einheitlicher Krankheitsbegriff bis heute nicht etablieren können.[1698] Dies gilt umso mehr für den Bereich der Psychiatrie[1699], da eine Grenzziehung zwischen Gesundheit und Krankheit dort noch schwieriger ist.[1700] Krankheiten existieren nie nur für sich genommen, sondern stets durch tatsächliche Manifestation in einem Individuum.[1701] In der Neuromedizin tritt diese Relativität des Krankheitsbegriffs noch stärker in den Vordergrund.[1702] Psychiatrische Diagnostik basiert bedeutend stärker auf Beobachtungen und subjektiven Berichten der Patienten,[1703] wobei innerhalb der Psychiatrie problematisiert wird, gerade der letzte Punkt sei bei Psychiatriepatienten durch die Krankheit

1692 Zitiert in Fleischhacker, Hinterhuber, 2; Helmchen, Der Nervenarzt 3–2005, 272.
1693 Fiebig, 45.
1694 Nedopil, Müller, 27.
1695 Hoffmann-Richter, 70.
1696 Wieland, in: Becker, Schipperges, 64; Fiebig, 23.
1697 Wagner in Kammeier, 108.
1698 Hucklenbroich, In: Groß, Müller, Steinmetzer, 4.
1699 Wulff, in: Pfäfflin, Appelt, Krausz, Mohr, 23.
1700 Kröber, Dölling, Leygraf, Sass, 4.
1701 Hoffmann-Richter, 70.
1702 Evers, in: Groß, Müller, Steinmetzer, 51.
1703 Ludewig, in: Keller, Greve, 47.

unter Umständen erheblich eingeschränkt.[1704] *Helmchen* unterscheidet daher beim psychiatrischen Krankheitsbegriff zwischen einem deskriptiven, also situationsinvarianter und generalisierbarer Feststellung einer Krankheit und einem askriptiven, die individuelle Erfassung des Krankseins betreffenden Modus.[1705] Krankheit und Kranksein sind daher zu unterscheidende Konzepte.[1706] Die Frage von Krankheit und Gesundheit unterliegt in diesem Teilbereich der modernen Medizin einer stärkeren kulturellen Prägung oder zumindest Prägbarkeit. So verweist *Evers* darauf, dass in bestimmten Kulturen etwa Epilepsiekranke häufig als heilige Erscheinungen gesehen würden, von den betreffenden Angehörigen dieser Kultur also mitnichten als krank gesehen würden.[1707] Mit *Fuchs* kann dieser kulturelle Zusammenhang auch daran verdeutlicht werden, dass „zentrale Begriffe der Psychiatrie – Psyche, Subjektivität, Bewusstsein, Selbst, Ich, Freiheit, Selbstbestimmung, Krankheit“[1708] im Gegensatz zur konventionellen Medizin nicht greifbare, philosophische Konzepte sind, die einer rein naturwissenschaftlichen Auslegung nicht zugänglich sind und bei ihrer Auslegung daher notwendigerweise ein ethisch-moralisches Urteil zugrundegelegt wird.[1709] Daher können diese Begriffe auch durchaus einer juristischen Auslegung zugänglich gemacht werden, anders als dies in anderen medizinischen Teildisziplinen der Fall ist.[1710]

Allgemeine Definitionsversuche, wie etwa von *Hucklenbroich*, zeigen auf, wie weitreichend man den Begriff der Krankheit fassen müsste, um ihn überhaupt medizinisch zu objektivieren und ansatzweise eingrenzen zu können:

> „Ein Vorgang (Zustand/Ereignis) ist krankhaft (pathologisch) genau dann, (1) wenn er bei natürlichem, unbehandeltem Verlauf unmittelbar zum vorzeitigen Tod oder zur Verkürzung der natürlichen Lebenserwartung des Betroffenen führt, oder (2) wenn er (unbehandelt) mit Schmerz, Leiden, Missempfinden oder Beschwerden in körperlicher und/oder seelischer Hinsicht verbunden ist, wobei diese Zustände bestimmte natürlich vorgegebene, kulturell überformbare Normalbereiche oder Schwellenwerte bezüglich Intensität, Dauer und/oder Häufigkeit des Auftretens überschreiten, oder (3) wenn er das individuelle Risiko erhöht, dass ein Ereignis eintritt, das schon nach mindestens

---

1704 Evers, in: Groß, Müller, Steinmetzer, 52f.

1705 Helmchen, Nervenarzt (2006) 77:271, 271, 274f.

1706 siehe auch Machleidt, Bauer, Lamprecht, Rose, Rohde-Dachser, 451.

1707 Evers, in: Groß, Müller, Steinmetzer, 52.

1708 T. Fuchs, Die Psychiatrie 2010, 7:240.

1709 Ähnlich Kröber, Dölling, Leygraf, Sass, 4.

1710 Ein historischer Überblick über die Entwicklung des psychiatrischen Krankheitsbegriffs bei Helmchen, 170ff.

> einem Krankheitskriterium als krankhaft erkannt ist. Insbesondere: wenn er die natürlich vorgegebene körperlich-seelischen Dispositionen und Potentiale des Betroffenen so verändert (z.B. Fähigkeiten einschränkt und verschwinden lässt, ungünstige Reaktionsweisen entstehen lässt oder verstärkt), dass dieser (ohne adäquate Behandlung bzw. Substitutionen) in bestimmten, zuvor harmlosen Situationen krank wird... z.B. in Lebensgefahr gerät oder Schmerz, Leiden oder Beschwerden... ertragen muss, oder wenn bestimmte solche Dispositionen/Potentiale von vornherein (d.h. in angeborener Weise) in dem genannten Sinn vorhanden, verändert bzw. eingeschränkt/verstärkt sind oder ganz fehlen, und/oder (4) wenn er unbehandelt die Unfähigkeit zur biologischen Reproduktion beinhaltet oder zur Folge hat, und/oder (5) wenn ein einzelner davon Betroffener unbehandelt nicht in der Lage ist, mit ‚gesunden' menschlichen Lebensgemeinschaften seinem Alter entsprechend in möglichst konfliktfreier und kooperativer Weise und ohne Selbst Leid zu verursachen zusammenleben, oder umgekehrt eine davon betroffene Lebensgemeinschaft ‚unbehandelt' nicht in der Lage ist, ihren einzelnen Mitgliedern ein möglichst leid- und konfliktfreies, kooperatives Zusammenleben zu gewährleisten."[1711]

Diese Merkmale sollen dann unter den Einschränkungen gelten, dass sie sich auf Vorgänge des Organismus selbst und nicht seiner Umgebung beziehen und keine bewussten Erkenntnisse, Absichten oder gewollte Handlungen sein dürfen, soweit Wahrnehmungs-, Erkenntnis-, Handlungsfähigkeit oder Wille nicht selbst erkrankt seien.[1712] Zudem steht dieses Konstrukt unter der empirisch zu belegenden Voraussetzung, dass es wenigstens einen natürlich vorkommenden und bei dem Betroffenen zumindest theoretisch möglichen Lebensprozess oder Verlauf gibt, bei dem der fragliche Prozess mit seinen Folgen nicht auftritt und dieser Verlauf nicht für sich genommen selbst pathologisch ist. Auch dabei sollen alternative Verläufe, die ausschließlich durch gezieltes, voluntatives menschliches Handeln endstehen können, nicht mit einbezogen werden, auch hier vorausgesetzt, die Erkrankung selbst bezieht sich nicht auf diese Prozesse.[1713]

c.) Der juristische Krankheitsbegriff

Diese Darstellung zeigt auf, dass Gesundheit als relatives Konzept zumindest aus juristischer Sicht einer greifbaren Einschränkung bedarf. Das gilt insbesondere bei Betrachtung von Geisteskrankheiten. Denn wie *W. Wegner* schon früh bemerkte, liegen die häufig zur Definition herangezogenen Voraussetzungen einer Krankheit wie fehlendes Wohlbefinden oder Lebensbedrohlichkeit

1711 Hucklenbroich, In: Groß, Müller, Steinmetzer, 9f.
1712 Hucklenbroich, in: Groß, Müller, Steinmetzer, 10.
1713 Hucklenbroich, in: Groß, Müller, Steinmetzer, 10.

bei psychischen Erkrankungen nicht zwingend vor[1714], was sich auch mit den hier dargestellten Ergebnissen innerhalb der Paternalismusdebatte in Bezug auf Geisteskrankheit deckt, der Betroffene müsse einen Zustand, den andere an seiner Stelle als Leid empfinden würden, nicht zwingend als Störung wahrnehmen. Zudem ist zu bemerken, dass psychiatrische Krankheitsmodelle und Diagnoseschlüssel wie DSM-IV und ICD-10 vor allem dem Zwecke der Erfassung vergleichbarer Störungsbilder dienen und eine Kommunikation zwischen Fachleuten ermöglichen sollen, nicht die individuelle Bestimmung einer konkret vorliegenden Krankheit bei einem bestimmten Patienten.[1715] Man laufe Gefahr, so etwa *Helmchen*, dass man die Diagnose losgelöst vom Individuum unter Zugrundelegung eigener Wertvorstellungen betrachte und damit die Validität „psychiatrischer Diagnosen für die Erfassung umgrenzter psychischer Krankheiten"[1716] in Frage stelle. Mit *Häfner* lässt sich wohl feststellen, „Krankheit allgemein ist zunächst ein lebensweltlicher, im Kern eindeutiger, an den Rändern unscharf begrenzter Begriff."[1717] Diese Erkenntnis kann freilich juristisch nicht viel weiterhelfen, da der Verweis auf aus sich selbst ergebender Evidenz und „intuitive Richtigkeit" schwerlich zur Legitimation von tiefgreifenden Eingriffen in schwerwiegende Grundrechtsgüter herangezogen werden kann. An dieser Stelle muss das Recht also in seiner normativen Begrenzungsfunktion wirken: Geschäftsfähigkeit, Arbeits- und Berufsfähigkeit, Schuldfähigkeit sind diejenigen Umstände, an denen sich Gesundheit bemessen lassen muss.[1718] Man ist also niemals krank, man ist nur *zu krank*, etwas zu tun.

aa.) Der sozialrechtliche Krankheitsbegriff

In Gesetz und Rechtsprechung hat sich in den verschiedenen Rechtsgebieten eine vom medizinischen Krankheitsbegriff losgelöste Definition entwickelt, vor allem in den Bereichen des Arbeitsrechts, des Sozialrechts, des Versicherungsrechts, des Deliktsrechts und des Strafrechts. Der einer medizinischen Annäherung an einen Krankheitsbegriff am ehesten entsprechende wird dem sozialversicherungsrechtlichen Krankheitsbegriff zugrunde legt, der im Wesentlichen auch dem arbeitsrechtlichen entspricht.[1719] Der erste Anhaltspunkt für einen solchen

1714 W. Wagner, 59.
1715 Nedopil, Müller, 11; Helmchen, 167.
1716 Helmchen, 167.
1717 Häfner, in: Degkwitz, Siedow, 50.
1718 Hoffmann-Richter, 70.
1719 Hamann, 11.

Begriff ergibt sich aus dem § 4 Abs. 2 SGB I, nach dem der Sozialversicherte ein Recht auf die notwendigen Maßnahmen zum Schutz, zur Erhaltung, zur Besserung und zur Wiederherstellung *der Gesundheit und Leistungsfähigkeit* hat.[1720] Die Benennung von Gesundheit als gleichrangig mit Leistungsfähigkeit deutet an, dass der Begriff der Gesundheit – und damit als dessen Gegenstück notwendigerweise auch der der Krankheit – in einem gewissen Bezug zur individuellen Leistungsfähigkeit des einzelnen steht. Nach der Rechtsprechung des BSG ist Krankheit ein ärztlich diagnostizierbarer und nach außen in Erscheinung tretender körperlicher, geistiger oder seelischer Zustand, welcher regelwidrig vom Leitbild eines gesunden Menschen abweicht, sich auf die Arbeitsfähigkeit auswirkt und in aller Regel durch eine medizinische Heilbehandlung behoben oder gelindert werden kann.[1721] Durch die Erfassung der Arbeitsfähigkeit wird der Krankheitsbegriff deutlich eingegrenzt und stellt eine Verbindung zwischen dem Verhalten des Betroffenen zu seinem eigenen Befinden, seiner Erwerbstätigkeit und zum medizinischen und sozialversicherungsrechtlichen Versorgungssystem her.[1722] Da nur regelwidrige Gesundheitsprozesse erfasst sind, ist das altersbedingte Nachlassen der Leistungsstärke oder eine reguläre Schwangerschaft keine Krankheiten, sondern natürliche Entwicklungen.[1723] Bei Suchterkrankungen muss derjenige trotz besserer Einsicht nicht in der Lage sein, seinen Konsum aufzugeben oder zu beschränken, um den Krankheitsbegriff zu erfüllen.[1724]

bb.) Der allgemeine und besondere zivilrechtliche Krankheitsbegriff

Diese Definition wird auch im allgemeinen Zivilrecht zugrundegelegt, zeigt sich dort aber wegen des fehlenden Bezugspunktes der Arbeitsfähigkeit bei körperlichen Erkrankungen eher undifferenzierter. Im Familienrecht wird im Unterhaltsrecht nicht nur auf die Arbeitsfähigkeit abgestellt, sondern auch auf die unterhaltsrechtlichen Solidaritätsverhältnisse. So ist es Teil der Obliegenheit zur Minderung der Bedürftigkeit des Unterhaltssuchenden, seiner Erkrankung entgegenzuwirken und zumutbare Heilbehandlungen zu suchen,[1725] wobei sich nicht nur die Frage der Krankheit sondern auch die der Zumutbarkeit an diesem

1720 Fiebig, 45.
1721 BSG NJW 1968, 1109; NJW 1993, 2399; für die Arbeitsrechtsprechung BAG NZA 1990, 140.
1722 Ellerkamp, 47.
1723 BSG NJW 1975, 2267, 2268.
1724 BAG NZA 1995, 517, 518.
1725 BGHZ 10, 18, 19; BGH FamRZ 1981, 1042; OLG Hamburg FamRZ 1982, 702, 703.

Solidaritätsverhältnis bemisst und nicht primär an der individuellen Wertordnung des Unterhaltssuchenden.

Im Schadensersatzrecht hat der Krankheitsbegriff nicht zwingend einen beschränkenden Bezugspunkt wie die Arbeitsfähigkeit, da für eine Ersatzpflicht der bloße Eintritt der Krankheit genügt. So ist dies bei körperlichen Erkrankungen zumindest im Rahmen der haftungsbegründenden Kausalität unproblematisch, da lediglich zu fragen ist, ob durch die schädigende Einwirkung ein abweichender Zustand entstanden ist. Schwierigkeiten bereiten jedoch vor allem psychische Folgeschäden im Rahmen der haftungsausfüllenden Kausalität. Auch hier stellt es sich jedoch so dar, dass die Frage der rechtlichen Bewertung einer Krankheit Sache des Richters ist. Der BGH entschied in einem grundlegenden Urteil zur Berufsunfähigkeitszusatzversicherung, dass das Bestehen eines Gesundheitszustandes, dem Krankheitswert zukommt, keine mit medizinischem Fachwissen zu beantwortende Tatsachenfrage betreffe, sondern ein eine Rechtsfrage sei.[1726] Bei psychischen Folgeschäden von Verkehrsunfällen geht der BGH zwar grundsätzlich von deren Ersatzfähigkeit aus, auch wenn sich keine organischen Ursachen finden lassen, lehnt eine Haftung jedoch bei einer „Fehlverarbeitung" des Unfalls ab.[1727] Der BGH unterscheidet dabei zwischen Bagatellen und der sog. „Renten- oder Begehrungsneurose". So soll eine haftungsausfüllende Kausalität dann entfallen, wenn das schädigende Ereignis Bagatellcharakter hat und bei durchschnittlicher Empfindung das Auslösen einer krankhaften Reaktion der Psyche nicht mehr verständlich erscheinen lasse, wobei unter Bagatelle solche Ereignisse zu verstehen sein sollen, die zu einer Beeinträchtigung führen, wie sie praktisch alltäglich vorkommt.[1728] In diesem Fall soll das Unfallereignis nur zufälliger Auslöser einer Fehlverarbeitung sein, die auch durch eine derart alltägliche Beeinflussung hätte jederzeit eintreten können.[1729]

Bei der Renten- oder Begehrungsneurose unterstellt der BGH hingegen, dass der Betroffene (u.U. unbewusst) sich hinter die Vorstellung einer Ersatzpflicht des Schädigers flüchte um einer Verarbeitung des Unfallgeschehens auszuweichen.[1730] Der BGH lehnt eine Haftung einerseits aus dem Grund ab, weil der Betroffene so zur Überwindung seiner inneren Fehleinstellung angehalten werden könne,[1731] und andererseits der Zurechnungszusammenhang entfalle, weil

---

1726 BGH NJW-RR 1996, 88, 90.

1727 BGH VersR 1999, 862; BGH NJW 2004, 1945.

1728 BGH NJW 1998, 810, 813; siehe auch Oetker, in: MüKo, § 249 Rn. 192; Schneider, Frister, Olzen, 416.

1729 BGH NJW 1993, 1523.

1730 BGH NJW 1956, 1108; NJW 1998, 810.

1731 BGH NJW 1956, 1108.

nicht das schädigende Ereignis, sondern der Begehrungswunsch des Betroffenen im Vordergrund stehe.[1732] In allen anderen Fällen soll jedoch ein Schockschaden als verständlich und vorhersehbar und auch unter den Schutzbereich des § 823 Abs. 1 BGB fallen.[1733] Man kann sagen, dass hier ein normatives Argument der Beschränkung übergebührlicher Haftung mit einem Selbstschutzziel verbunden wird, da der Geschädigte auch zu einer charakterlichen Änderung bezüglich der unterstellten Fehlverarbeitung „motiviert" werden soll.

cc.) Der strafrechtliche Krankheitsbegriff

Die Rechtsprechung in Strafsachen knüpft beim Tatbestand des § 63 StGB dabei ebenfalls an den „Krankheitswert" eines Zustandes an und sieht als maßgebliches rechtliches Entscheidungskriterium, ob eine „Psychopathie" aus Charaktermängeln besteht, die sich in einer kriminellen Veranlagung erschöpft.[1734] In dem zu entscheidenden Fall ging der Sachverständige davon aus, dass die sich aus den Charaktermängeln „ergebenden Lebensschwierigkeiten, insbesondere das Unvermögen, sich ein- und unterzuordnen,... der eigentliche Grund für den Hang des Angeklagten zur Begehung von Straftaten"[1735] seien. Dies verneinte der BGH mit dem Argument, dass der Angeklagte zwar „erhebliche Charaktermängel" habe, jedoch seien „Persönlichkeitsfehler dieser Art... aber auch sonst nicht selten und finden sich vor allem bei einem großen Teil der Rechtsbrecher", und seien bei diesen „häufig die innere Ursache ihrer strafbaren Handlungen". Diese Charaktermängel seien jedoch kein Grund an der Schuldfähigkeit zu zweifeln, da die Rechtsordnung auch von diesen Menschen erwarten könne, sich zu beherrschen. Andererseits soll die Beurteilung des Krankheitswertes eines Zustandes „höchster Erregung" grundsätzlich eine schwierige psychiatrische Frage sein, die der Tatrichter ohne Zuziehung eines Sachverständigen nicht beantworten könne. In ähnlicher Weise führte der BGH aus, dass das bloße Vorliegen einer „narzisstischen Neurose" nicht automatisch zu einer krankhaften Störung der Geistestätigkeit führe:

> „Nun mag zwar eine Psychopathie unter Umständen Krankheitswert haben. Das setzt jedoch zunächst voraus, daß die Abartigkeit nicht nur in Charaktermängeln besteht. Gerade darauf deuten aber die Feststellungen über den Lebensweg der Beschuldigten, über ihre Taten und Motive deutlich hin. Hiermit hätte sich das Landgericht

1732 BGH NJW 1998, 810.
1733 Stiegler, 109.
1734 BGH NJW 1958, 2123.
1735 BGH NJW 1958, 2123.

> auseinandersetzen müssen. Ob eine Neurose der angedeuteten Art im Einzelfall (ausnahmsweise) Krankheitswert hat, ist nämlich eine Rechtsfrage. Die Entscheidung darüber konnte das Landgericht nicht durch den Hinweis auf ein Sachverständigengutachten ersetzen, in welchem zudem eine Psychopathie ohne weiteres einer Geisteskrankheit im klinischen Sinne gleichgestellt wurde."[1736]

Dabei stellt der BGH jedoch nicht ausschließlich auf reine „Charakterschwächen" ab, sondern verneint den Krankheitswert einiger Zustände auch in Fällen körperlicher Ursachen, wenn diese als normale Entwicklung eines Menschen anzusehen seien.[1737] Ebenfalls sieht der BGH eine psychopathische Persönlichkeitsstörung, die bei zusätzlicher innerer Anspannung und Enthemmung durch Alkohol zu pyromanischen Straftaten führt, als Störung ohne Krankheitswert.[1738]

dd.) Der „Charakter" des Menschen und sein Verhältnis zur Krankheit in der Rechtsprechung des BGH

Der BGH knüpft also sowohl in Strafsachen als auch in zivilrechtlichen Entscheidungen an den „Charakter" des Betroffenen an. Ein großer funktionaler Unterschied besteht nicht, da in beiden Fällen unterstellt wird, der Betroffene könne sich anders verhalten und die Beschwerden bzw. seine Straffälligkeit entstünden vor allem deswegen, weil er es nicht wolle. Diese Erwartungshaltung wird damit begründet, dass der Mensch auf freie sittliche Selbstbestimmung hin angelegt sei und daher zu jedem Zeitpunkt zur verantwortlichen Entscheidungen angehalten sei, sich als Teilnehmer der Rechtsgemeinschaft rechtmäßig zu verhalten und sich von Unrecht fernzuhalten, auch in einer schwierigen Lage.[1739] Die damit aufgeworfene Frage der Determiniertheit menschlichen Handelns kann hier nicht weiter vertieft werden, aber es darf bezweifelt werden, dass eine Betrachtung des menschlichen „Charakters" eine Abgrenzung zwischen krankhaftem und gesundem Verhalten ermöglicht. Es reduziert den Begriff der Krankheit auf die Frage der Vermeidbarkeit oder Unvermeidbarkeit unter weitestgehender Negierung subjektiver, innerer Umstände, weil sie letztlich der normativen, objektiven Betrachtung unterworfen werden, ob sie „verständlich" seien. „Verständlich" und „vernünftig" liegen an dieser Stelle wohl sehr dicht beieinander. Denn wo eine „Charakterschwäche" aufhört und eine Krankheit anfängt, lässt sich damit nicht auch nur ansatzweise erläutern und schlägt zumindest grob in die von *Szasz*

1736 BGH, Urt. v. 12.11.1974, 5 StR 532/74.

1737 BGH MDR 1976, 366; Jeschek, in: LK, § 63 Rn. 65.

1738 BGH GA 1976, 221.

1739 BGH NJW 1952, 593; siehe auch de Boor, 141.

geschlagene Kerbe, es gehe in erster Linie um die Bewertung eines menschlichen Charakters anhand seines Verhaltens durch eine absolute moralische Instanz. Es darf auch bezweifelt werden, dass auch noch so umfangreiche Anhörungen, Beweisaufnahmen und Beobachtungen in Hauptverhandlungen geeignet sind, ein Gericht dazu in die Lage zu versetzen, den Charakter eines Menschen derart zu durchdringen, dass es diesen auch nur in Teilaspekten adäquat beurteilen kann – was noch nicht einmal die Fragestellung beinhaltet, woher Gerichte und Gesetzgeber ihre Legitimation beziehen, ein (rechtliches wie moralisches) Urteil über den Charakter (und damit letztlich einen wesentlichen Gehalt der Persönlichkeit) eines Menschen zu fällen. Insbesondere bei psychischen Störungen erschöpft sich die Fragestellung in der Absurdität, ob eine unverständliche Geisteshaltung verständlicherweise entstehen könne. Dies zeigt sich auch in der lange geltenden Herleitung des juristischen Krankheitsbegriffs, wie ihn der BGH für die Frage der Schuldfähigkeit entwickelte. Krankhafte Störungen waren „nicht nur die Geisteskrankheiten im klinisch-psychiatrischen Sinne, sondern alle Arten von Störungen der Verstandestätigkeit und des Willens-, Gefühls- oder Trieblebens, welche die bei einem normalen und geistig reifen Menschen vorhandenen, zur Willensbildung befähigenden Vorstellungen und Gefühle beeinträchtigen."[1740] Dieser weitgefasste Krankheitsbegriff wurde letztlich auch als ausschlaggebend für die Notwendigkeit einer Reform gesehen.[1741] Dieser Konflikt geht zurück bis auf die Anfänge von Psychologie und Psychiatrie als eigenständige naturwissenschaftliche Fachgebiete im deutschen Kaiserreich des 19. Jahrhunderts, die eine binäre Unterscheidung zwischen Verantwortlichkeit und Geisteskrankheit nach den entwickelten Erkenntnissen nicht mehr zuließen[1742] und letztlich zu einem Umdenken und Neudefinieren von Krankheitsbegriffen geführt hatten.[1743]

Es kann damit zunächst festgestellt werden, dass juristische Herleitungsversuche des Krankheitsbegriffs nicht nur an das Vorliegen einer psychischen Abnormalität als „charakterologische Spielart"[1744] anknüpfen, sondern sich zu dieser immer noch eine relevante Störung der auf das Recht bezogenen Bewusstseins- und Steuerungsfähigkeit einstellen muss. Bei körperlichen Erkrankungen scheint es keinerlei Diskussionsbedarf zu geben, was sich durch die (leichtere)

1740 BGHSt 14, 30, 32; 23, 176, 191.

1741 Schreiber, NStZ 1981, 51; Krümpelmann, ZStW 88 (1976), 6; Schöttle, 18.

1742 Siehe dazu C. Müller, in: Fangerau, Nolte, 111; Greve, 74ff; W. Wagner, 2ff.

1743 Ludewig, in: Keller, Greve, 45f. Eine ausführliche Beschreibung der historischen Entwicklung der Definitionsversuche findet sich bei Kröber, Dölling, Leygraf, Sass, 5ff.

1744 Nach Kurt Schneider, Die psychopathischen Persönlichkeiten, 16.

Wahrnehmungsfähigkeit dieser Zustände in der Außenwelt erklären lässt. Des Weiteren ist sowohl der zivil- als auch der strafrechtlichen Betrachtung zu eigen, dass es bei der Frage der Krankheit nicht um eine Tatsache geht, sondern um eine juristisch-normative Bewertung in Bezug auf einen bestimmten Personenkreis, mit dem der Zustand verglichen werden soll, mithin um eine reine Rechtsfrage. Ebenfalls ist Ziel beider Eingrenzungen die Begrenzung eines Haftungsrahmens: Im Strafrecht die Verantwortlichkeit des einzelnen für sein Handeln und seine kriminelle „Veranlagung", im Zivilrecht die der Haftung Dritter für Krankheitsursachen und -folgen. Der Unterschied besteht jedoch darin, dass man im Zivilrecht den Krankheitszustand im Grunde nicht verleugnet, sondern nur darauf abstellt, ob dessen Entstehen und Verlauf überwiegend in der Sphäre des Geschädigten zu verorten ist, während im Strafrecht die angesprochenen „Charakterschwächen" trotz Vorliegen etwaiger Diagnosen schon nicht als psychopathologisch angesehen werden können.

ee.) Einordnung des Verhältnisses von Krankheit und Recht

Dabei ist es nur folgerichtig, dass der Krankheitsbegriff dort, wo die Rechtskreise Dritter berührt werden, irgendeine Art normativer Begrenzung erfahren muss und nicht allein dem Gutdünken und den Gefühlen des Betroffenen anheimgestellt werden können. Ansonsten würden zivilrechtliche Haftungen schon dort beginnen, wo der Geschädigte schlicht geltend macht, er fühle sich krank, was wohl einer der Gründe sein mag, warum sich die Rechtsprechung dazu berufen fühlte, die (aus medizinischer Sicht übrigens frei erfundene) Figur der Begehrungsneurose ins Feld zu führen. Zivilrechtlich betrifft die Frage der Krankheit vor allem, ob ihr Entstehen und Folgen von einem Dritten zu verantworten sind. Insofern kommt es auch nicht darauf an, ob der einzelne sein Schicksal als Krankheit oder Leiden empfindet. Hier muss das Recht also als ausgleichendes Korrektiv zwischen dem Zustand des Kranken und der Rechtsordnung eingreifen, weil nicht nur seine Rechte betroffen sind. Daraus ergibt sich aber zugleich, dass diese Heranziehung eines bisher etablierten Krankheitsbegriffs für die bloße Frage der ärztlichen Behandlung oder der betreuungsrechtlichen Zwangsbehandlung nicht taugen kann. Denn bei Ermittlung der Krankheit als Voraussetzung einer Behandlung geht es nicht um die Frage der Haftung des Arztes, sondern um die Legitimation für Veranlassung medizinischer Intervention (und u.U. diese ermöglichende Handlungen). Die Konstellation rückt dadurch zwangsläufig dichter an die strafrechtliche Betrachtung heran, weil es entscheidend darum geht, ob der Betreute für das unerwünschte Verhalten (Ablehnung einer angebotenen und indizierten Heilbehandlung) verantwortlich zeichnet.

Spätestens bei kosmetischen oder leistungssteigernden Wahlbehandlungen wird dieser Unterschied deutlich, denn diese knüpfen gerade nicht an eine medizinische Indikationslage an und lösen eine Veränderung aus, bei der der grundlegend zu fordernde von der Norm abweichende Krankheitszustand nicht vorliegt.[1745] Die Abweichung von der Norm, die der Behandelte sieht, wird nicht von außerhalb seiner Person liegenden Umständen begründet, sondern es wird von einem fiktiven Idealzustand abgewichen, den der Betroffene selbst aufstellt. Im Betreuungsrecht scheitern Bezüge zu den Rechten Dritter als Eingrenzungskriterium ebenso, da, wie bereits dargestellt wurde, das Wohl des Betreuten der einzige Maßstab ist, an dem sich jeder betreuungsrechtliche Eingriff bemessen lassen muss.

So ist mit *de Boor* darauf zu verweisen, dass es *den einen* juristischen Krankheitsbegriff nicht geben kann, sondern sich dieser am jeweiligen Gesetzeszweck zu orientieren hat.[1746] Das erkennt man an der Herleitung des sozialversicherungsrechtlichen und arbeitsrechtlichen Krankheitsbegriffs, der auf die an sich nichtssagende Leerformel des Abweichens von Normzustand abstellt, dieser sodann aber mit der Arbeitsfähigkeit einen Bezugspunkt gibt, der als Vergleichsnorm herhalten kann. Denn das bloße Abstellen auf das Abweichen vom Normzustand kann kaum dazu beitragen, den Begriff der Krankheit irgendwie einzugrenzen. Genau das ist doch das Problem, dem der BGH mit seiner Abgrenzung von Krankheit und „Charakterschwäche" im Strafrecht Herr werden will. Der Straftäter weicht in seiner psychischen Konstitution (je nach Delikt) ebenfalls von der Norm ab, das ist dasjenige, was ihm zum Nachteil gereichen soll. Die Frage der Krankhaftigkeit selbst unterliegt in einem medizinischen Sinne stets einem sozialen und individuellen Kontext als globalem, abstraktem Bezugspunkt. Die Frage der individuellen Schuld und damit der Schuldfähigkeit ergibt sich aus dem vorwerfbaren Bruch einer Rechtsnorm, deren Existenz jedoch vom Gesetzgeber und dessen Auffassung abhängig ist, was strafenswertes Unrecht darstellt und in welchem Verhältnis dazu die Tathandlung selbst und die innere Einstellung des Täters als Begründung individueller Schuld stehen. Die Frage, ob jemand arbeitsunfähig ist, hängt davon ab, welche Anforderungen an seinen Beruf gestellt sind. So können technische Errungenschaften die Ausübung eines Berufes derart erleichtern, dass selbst starke körperliche Einschränkungen die berufliche Betätigung nur unwesentlich behindern.

1745 J. Prütting, 99; siehe auch Lanzerath, GGW 3 (2003), 17f.

1746 de Boor, 12.

Letztlich zeigt sich auch an dem ausschweifenden Definitionsversuch *Hucklenbroichs* in der Medizin, dass eine abstrakte Definition eines allumfassenden allgemeinen Krankheitsbegriffs wohl kaum möglich sein wird. Sie ist derart weit gefasst, dass im Grunde jeder menschliche Zustand und jedes menschliche Verhalten darunter subsumiert werden kann, was sich für irgendjemanden als Leid oder auch nur Unannehmlichkeit äußert. Die Kernelemente, die man für den Krankheitsbegriff herausarbeiten kann, sind sicherlich, dass der Betroffene von einem normativen „Sollzustand" objektiv abweicht und er subjektiv darunter in Form irgendeiner Einbuße seiner Handlungsfähigkeit leidet. Dieser Sollzustand muss jedoch irgendeine Form von Bezugspunkt haben, der sich nicht im Vergleich mit „allen anderen" erschöpfen kann. Das muss schon deshalb gelten, weil die Frage der Anomalie mit Zunahme der Abweichung vom Sollzustand dessen normative Geltung in Frage stellt. Diese Normverhältnisse entstehen in einem sozialen Kontext, die Aufgabe des Rechtes ist es also, den Rahmen korrekt zu setzen und damit den der Norm entsprechenden Bezugspunkt herzustellen.[1747]

Wenn vom sozialrechtlichen Krankheitsbegriff „normale" und natürliche Entwicklungen ausgeschlossen werden, dann, weil man bei Annahme der Definition des bloßen Abweichens auch diese Entwicklungen erfassen müsste. Wenn man jedoch davon ausgeht, dass etwa im Alter jeder Mensch irgendwann derart erheblich an kognitiver und körperlicher Leistungsfähigkeit einbüßt, dass er auf fremde Hilfe angewiesen ist, dann wäre die berechtigte Frage, ob der Abweichende nicht derjenige ist, der bis zu seinem Tode im Besitz all seiner geistigen und körperlichen Fähigkeiten verbleibt und dieser daher krank sei – mit dem Resultat, dass der Hilfsbedürftige als gesund und der Selbstständige als krank geltend müsste.[1748] Man könnte sich also nur noch mit dem Kriterium behelfen, ob derjenige unter seinem Zustand leidet, die Frage des Leidens jedoch als Kriterium wieder die bereits dargestellten Schwierigkeiten bei dessen Ermittlung aufwirft, wenn es um die Interpretation von Äußerungen von Menschen mit geistigen Einschränkungen geht. Diesem Umstand wird zu einem gewissen Grade sozialrechtlich durch die Unterscheidung zwischen Kranken- (§§ 1ff SGB V) und Pflegeversicherung (§§ 1ff SGB XI) Tribut gezollt. Zudem wird innerhalb der Krankenversicherung der Leistungsanspruch nicht nur auf Krankheiten (§ 11 Abs. 1 Nr. 4 SGB V) bezogen, sondern diese mit bestimmten anderen Maßnahmen auslösenden Zuständen (Nr. 1 Schwanger- und Mutterschaft, Nr. 2

1747 Sunstein, Social Norms (1996), 914ff.

1748 Evers, in: Groß, Müller, Steinmetzer, 57.

Verhütung von Krankheiten, Empfängnisverhütung, Sterilisation, Schwangerschaftsabbruch, Nr. 3 Krankheitsfrüherkennung) gleichgestellt.

In Bezug auf das Arzt-Patienten-Verhältnis und insbesondere das Betreuungsrecht kann der Krankheitsbegriff als selbstbestimmt-subjektivierter Krankheitsbegriff durch Besinnung auf die bisher etablierten Ergebnisse jedoch durchaus eingegrenzt werden. Die Übereinstimmung der Behandlung mit den subjektiven Vorstellungen und Wünschen des Patienten sind derjenige Umstand, welcher der Einwilligung ihre rechtfertigende Wirkung verleiht.[1749] Das ist die rechtliche und auch ethisch-moralische Funktion des Krankheitsbegriffs. Beim Patienten und insbesondere Betreuten entspricht dies seinem Wohl als Ausdruck seiner Autonomie. Diese autonome Selbstbestimmung muss daher der begrenzende Faktor sein, an dem sich die Frage der Krankheit bemessen lassen muss, und nicht ein abstrakter, von außen aufdiktierter Vernunftbegriff. So kann verhindert werden, dass über Umwege die Ansichten Dritter oder rein objektives Abweichen von einem weitgezogenen Ideal- oder Normzustand in die Behandlung Einzug finden und damit illegitime Fremdbestimmung vorliegt. Krankheit kann in diesem Sinne nur sein, was sich *endgültig* auf die Fähigkeit und Möglichkeit des einzelnen auswirkt, selbstbestimmt über die eigenen Rechtsgüter zu verfügen, sei es auf der Ebene der Handlungsfähigkeit oder der Willensbildung und der Betroffene anhand seiner subjektiven, selbstbestimmten Wertvorstellung diesen Zustand beseitigen möchte. Dabei ist zu berücksichtigen, dass beim psychisch Kranken durch seine nicht vollständig ausgeschaltete Handlungsfähigkeit ein Rest von Autonomiebetätigung verbleibt. Der „natürliche Wille" mag aus Sicht einer Authentizitätsbeziehung zur Selbstbestimmung „schwächer" sein, als der freie Wille. Von einer Bevorzugung des Versuchs der Erreichung „authentischerer" Willensbildung kann jedoch nicht grundsätzlich ausgegangen werden, außer sie beruht, wie bei Patientenverfügungen, auf einer antizipierten Selbstbestimmung des Betroffenen. Denn auch hier muss die Willensbetätigung grundsätzlich dem äußeren Anschein nach die Vermutung der Authentizität für sich beanspruchen können. Aus diesem Grund lehnt es die Rechtsprechung auch zurecht ab, allein aus der Ablehnung der Behandlung folge die Uneinsichtigkeit der Notwendigkeit der Behandlung. Der Gegenbeweis muss dem Intervenienten gelingen, nicht deren Beweis dem Rechtsgutsträger, die Anforderungen dürfen nicht von Dritten in eigener Machtvollkommenheit festgelegt werden und vor allen Dingen nicht zu niedrig bemessen sein. Die abschließende Frage ist also, in welchem Rahmen dieser Wille als Ausdruck verbliebener Selbstbestimmung

---

1749 Lanzerath, GGW 3 (2003), 14, 15.

schützenswert ist. Dieses Ergebnis erscheint in Anbetracht dessen, dass eine rein medizinische Indikationslage als einzige Voraussetzung für die Legitimation einer ärztlichen Heilbehandlung überkommen und durch das Erfordernis der aufgeklärten Einwilligung ersetzt worden ist, zwingend. Denn nur in diesem Rahmen können Eingriffe in das wie auch immer verbliebene Selbstbestimmungsrecht durch medizinischen Zwang mit dem Ziel des Erhalts des Kernbereiches der Autonomie gerechtfertigt werden, soweit dieser Erhalt dem Willen des Betroffenen tatsächlich entspricht.

4.) Schutz von Psyche und Persönlichkeit versus Schutz des Körpers im deutschen Recht

a.) Der Schutz der Psyche im Überblick

Dabei ist zunächst festzuhalten, dass die Psyche oder der Geist des Menschen im Gegensatz zum Körper des Menschen kaum ausdrücklich Erwähnung findet. Auch wird sie, selbst wenn sie erfasst wird, eher fragmentarisch umschrieben und nicht umfassend geschützt, wie der Körper ausdrücklich in Art. 2 Abs. 2 S. 1 GG. So wird etwa mit der Religions- und der Gewissensfreiheit aus Art. 4 Abs. 1 GG nach ständiger Rechtsprechung des BVerfG nicht nur die Betätigungsfreiheit, sondern auch das *forum internum* geschützt.[1750] Allerdings lässt sich auch hier erkennen, dass das Augenmerk der Frage von Grundrechtseingriffen bedeutend auf der äußeren Form der Betätigung und Lebensausrichtung gelegt wird.[1751] Selbst der Schutz vor zwangsweiser Änderung der Konfession dürfte wohl eher das *forum externum* betreffen, weil man in diesem Fall annehmen kann, dass der einzelne sich dem Zwang nur in seinem Verhalten beugt, nicht jedoch in seiner inneren Einstellung. Wirklich originären Schutz der inneren Glaubens- und Gewissenspersönlichkeit kann dabei also wohl nur im Verbot religiöser Indoktrination durch staatliche Stellen gesehen werden.[1752] Damit in engem Zusammenhang steht dabei das Spannungsverhältnis zwischen dem Erziehungsrecht der Eltern aus Art. 6 Abs. 2 GG, dem Kindeswohl und dem Persönlichkeitsrecht des Kindes sowie dem staatlichen Bildungs- und Erziehungsauftrag aus Art. 7 Abs. 1 GG. Als Beispiel sei dabei etwa der „Kruzifix-Beschluss" des BVerfG benannt, bei dem es um die negative Religionsfreiheit von Schülern ging, die in Klassenzimmern staatlicher Schulen „unterm Kreuz" unterrichtet wurden.[1753] In

1750 Etwa BVerfGE 32, 98, 106.
1751 Germann, FS Gerfried Fischer, 39.
1752 Siehe dazu auch Art. 9 Abs. 1 EMRK; Pottmeyer, 83; v. Ungern-Sternberg, 45.
1753 BVerfG NJW 1995, 2477.

ähnlicher Weise besteht ein Reibungspunkt bei der nach wie vor immer wieder zu Rechtsstreitigkeiten führenden Frage des verpflichtenden Sexualkundeunterrichts in Schulen. In seiner Grundsatzentscheidung ging das BVerfG von der Zulässigkeit des Unterrichts aus, das Elternrecht müsse jedoch dahingehend gewahrt werden, als dass deren religiöse oder weltanschauliche Überzeugung *in Bezug auf das Gebiet der Sexualerziehung* zu berücksichtigen sei und die Schule daher Indoktrinierung zu unterlassen habe.[1754]

Auch bei Betrachtung der „Tagebuch-Entscheidung" des BVerfG[1755] wird deutlich, dass mit dem allgemeinen Persönlichkeitsrecht aus Art. 2 Abs. 1 i.V.m. Art. 1 Abs. 1 S. 1 GG selbst im „Kernbereich der Persönlichkeit" nicht der rein innere Vorgang betroffen ist, sondern dessen handlungsbezogene Äußerung in die Umwelt.

b.) Schutz der Psyche unter dem Tatbestand der Körperverletzung

Der sich im Strafrecht materialisierende Schutz von Rechtsgütern vor Verletzungen durch Dritte bezieht sich in der absolut überwältigenden Mehrzahl der Fälle ebenfalls auf körperliche Beeinträchtigungen. Diese können sich jedoch gleichsam durch Beeinträchtigung der Psyche manifestieren, so dass bereits früh die Frage aufkeimte, inwiefern eine solche Verletzung der Psyche damit gleichzustellen sein könnte. Als erster Anknüpfungspunkt dient dabei die bereits dargestellte Ermittlung des natürlichen Willens im Strafrecht. Der Wille als rein innerer psychischer Vorgang ist demnach nicht geschützt, sondern nur, wenn er sich (in verständlicher Weise) in der Umwelt durch Äußerung manifestiert. Diese Problematik der Wirkung des Willens ist dem Recht an dieser Stelle deswegen zu Eigen, weil es um die Achtung und Missachtung des Willens durch Dritte geht. Der Wille als reines forum internum wird rechtlich grundrechtlich zwar erfasst. Dennoch kann nicht geleugnet werden, dass bereits auf grundrechtlicher Ebene diese Unterscheidung zwischen rein inneren Vorgängen und deren Äußerung stattfindet. So sind Gewissen und Religionsbekenntnis so lange uneinschränkbar frei, wie sie sich auf die innere Überzeugung beziehen. Sobald sie sich jedoch durch Betätigung in die Umwelt projizieren, geraten sie unweigerlich als Meinungs- oder Bekenntnisäußerung in Berührung (nicht zwangsweise jedoch Konflikt) mit den Rechtskreisen Dritter. Ob dies dann staatliches Einschreiten gebietet, ist eine andere Frage, doch ist es aufgrund kollidierender Rechtspositionen zumindest ermöglicht. Dies ist das unvermeidbare Ergebnis

---

1754 BVerfG NJW 1978, 807; siehe jünger auch BVerfG NJW 2009, 3151.

1755 BVerfG NJW 1990, 367.

des menschlichen Daseins als soziales Strukturgebilde, untermauert aber auch hier die Notwendigkeit einer Trennung innerer und äußerer Vorgänge.

Ein anderes Bild zeichnet sich indes, wenn es nicht um die Missachtung des ausgedrückten Willens durch Überwindung oder Beseitigung der ihm entspringenden Handlung geht, sondern um die Beeinträchtigung der psychischen Vorgänge selbst durch eine verletzende Handlung. Ein solcher Schutz der Psyche wird in der Strafrechtswissenschaft schon seit geraumer Zeit diskutiert.[1756] Mit *Knauer* kann zunächst festgestellt werden, dass sich im gesamten Strafrecht keine einzige Norm finden lässt, die seelische Verletzungen sui generis pönalisiert und dementsprechend ausdrücklich die Psyche schützt.[1757] Allerdings wird in dem § 171 StGB und den Qualifikationen der §§ 176a Abs. 2 Nr. 3, 179 Abs. 5 Nr. 3, 225 Abs. 3 Nr. 2, 235 Abs. 4 Nr. 1, 236 Abs. 4 Nr. 2 StGB die *Gefahr* der Beeinträchtigung der körperlichen und psychischen bzw. seelischen Entwicklung des Opfers unter Strafe gestellt.[1758] Als direkten Anknüpfungspunkt für die strafrechtliche Relevanz psychischer Verletzungen wird jedoch seit jeher der Körperverletzungstatbestand aus § 223 StGB herangezogen. Daran lässt sich erkennen, dass die Psyche gewissermaßen nur „akzessorisch" geschützt wird und insofern von einer Einheit von Körper und Geist ausgegangen wird. Einen Schritt in Richtung einer Strafbarkeit von „Psychoterror" hat der Gesetzgeber indes durch die Einführung des § 238 StGB getätigt. Hier kam es ihm ausdrücklich darauf an, die psychischen Folgen des Nachstellens (etwa Depression, Angstzustände oder Schlafstörungen) gesondert zu bestrafen.[1759]

Das Reichsgericht hatte sich bereits in einer frühen Entscheidung mit der Frage auseinanderzusetzen, ob ein „heftiger Schrecken" unter eine körperliche Misshandlung gefasst werden könne.[1760] In dem zu entscheidenden Fall, in dem ein Lastwagenfahrer den von einem Kindermädchen geführten Kinderwagen beim Zurücksetzen angefahren hatte und diese daraufhin einen „heftigen Schrecken" erlitten hatte, verneinte das RG eine körperliche Misshandlung mit dem Argument, dies sei schon dem Wortlaute nach abzulehnen. Zudem ermangele es auch der Kausalität, weil der Schrecken lediglich Folgeerscheinung der Einwirkung sei:

1756 Eine umfassende Darstellung der historischen Entwicklung bei Knauer, 11ff.

1757 Knauer, 3f, 5.

1758 Knauer, 5.

1759 BT-Drs. 16/575, S. 6.

1760 RGSt 32, 113.

> „Den Gegensatz dazu bildet die bloß psychische Einwirkung auf den Anderen, durch welche dessen seelisches Wohlbefinden affiziert wird. Einwirkungen letzterer Art sind zur Erfüllung des Tatbestandsmerkmales der körperlichen Misshandlung nicht geeignet, und sie vermögen die rechtliche Natur einer solchen Misshandlung auch nicht dadurch zu gewinnen, daß als Folgeerscheinung der psychischen Beeinflussung bei dem Betroffenen ein körperliches Mißbehagen eintritt, welches – unabhängig von einer Affektion der die sinnlichen Eindrücke vermittelnden Nerven – in rein geistigen, durch jene Beeinflussung hervorgerufenen Vorstellungen und Gedankenverbindungen seinen Grund hat."[1761]

In einer späteren Entscheidung nahm das RG eine Gesundheitsbeschädigung in Fortführung dieser Rechtsprechung an.[1762] In diesem Fall hatte das Gericht darüber zu entscheiden, ob eine „Notzucht", die unter Hypnose durchgeführt worden ist, zugleich auch eine Körperverletzung zu sehen sei. Das Opfer war vor der Tat ein „gesundes und heiteres Mädchen", nach der Tat jedoch „völlig verändert, völlig gebrochen" und hatte „ohne ersichtlichen Grund Kopfschmerzen und Weinkrämpfe gehabt und an Schlaflosigkeit und tiefer seelischer Niedergeschlagenheit gelitten", dass „ihr ganzes Wesen gedrückt, ihre Spannkraft, Arbeitsfreudigkeit und Arbeitsfähigkeit für lange Zeit stark eingeschränkt gewesen" war.[1763] Das RG ging zwar weiterhin davon aus, dass eine Einwirkung auf den Körper auch bei der Gesundheitsschädigung Voraussetzung für die Strafbarkeit sei, ging jedoch wegen der schweren Folge und dem „Schrecken", der durch das plötzliche Erwachen aus der Hypnose entstanden ist, von einer entsprechenden Einwirkung aus.

> „Eine bloß psychische Einwirkung, durch die lediglich das seelische Wohlbefinden berührt wird, genügt nicht. Wenn aber eine psychische Einwirkung eine innere Lebensfunktion stört und das körperliche Wohlbefinden beeinträchtigt, insbesondere die die sinnlichen Eindrücke vermittelnden Nerven in einen krankhaften, also nicht nur in einen ganz vorübergehend gereizten Zustand versetzt werden, dann ist die Gesundheit beschädigt."[1764]

Für das RG war in ständiger Rechtsprechung also ausschlaggebend, ob die Nerven durch den Schrecken in einen krankhaften Zustand versetzt werden.[1765]

Diese Rechtsprechung wurde weitestgehend fortgeführt. Entscheidungen, in denen der Auslöser jedoch selbst eine rein psychische Einwirkung war, ausgelöst

---

1761 RGSt 32, 113, 114.
1762 RGSt 64, 113.
1763 Alle Zitate RGSt 64, 113, 119.
1764 RGSt 64, 113, 119.
1765 Siehe auch RGSt 73, 316, 319.

etwa durch bewusst wahrheitswidrige Todesbenachrichtigungen Angehöriger[1766] oder Störung der Nachtruhe[1767], wiederholte telefonische Beschimpfungen[1768] oder „Beinahe-Unfälle“[1769] waren jedoch eher die Ausnahme. Im Vordergrund standen auch hier vor allen Dingen Folgeschäden, die aufgrund zuvor körperlicher Einwirkung, insbesondere durch Verkehrsunfälle, eingetreten waren.[1770] Nach wie vor war also maßgeblich, ob ein neuropathologischer Zustand hervorgerufen wurde.[1771] Dennoch wurde die Rechtsprechung mit zunehmender Zeit differenzierter und erkannte im Zusammenhang mit anderen Tatbeständen eine psychisch induzierte Körperverletzung an, etwa bei Herzrhythmusstörungen durch Bedrohungen bei einem Überfall[1772], oder aber eines Nervenzusammenbruchs bei Vortäuschen der Entführung der Tochter.[1773] Die Rechtsprechung hielt jedoch nach wie vor daran fest, dass ein objektivierbarer pathologischer Zustand hervorgerufen würde,[1774] der medizinisch nicht nur unerheblich sein dürfe.[1775]

Eine vereinzelt gebliebene Entscheidung fällte das AG Hamburg, welches bei einer durch Beischlaf übertragenen HIV-Infektion maßgeblich auf die psychischen Folgen abstellte, die dies für das Opfer hat, „nämlich das Bewußtsein, nicht mehr lange zu leben, einen qualvollen Tod zu erleiden, keine Kinder mehr bekommen zu können, ohne deren HIV-Infizierung zu riskieren, das Bewußtsein durch die eigene Infektion in unserer Gesellschaft gemieden und isoliert zu werden. Allein diese psychischen Auswirkungen bedeuten bereits eine Gesundheitsschädigung i.S. des § 223 StGB.“[1776] Dies ist eine vollständige Loslösung von sowohl dem körperlichen Auslöser als auch der eigentlichen, zum Entscheidungszeitpunkt noch nicht eingesetzten körperlichen Folge der Tat. Es lässt sich erkennen, dass für die Rechtsprechung die Frage weniger von der Qualität der eigentlichen Verletzungshandlung abhängt, sondern davon, ob sich eine objektiv bemessbare Verschlechterung des neurologischen Zustandes ergibt.

1766 LG Aachen, NJW 1950, 759.
1767 LG Hamburg, MDR 1954, 630; OLG Koblenz, ZMR 1965, 223.
1768 BayObLG JZ 1974, 393.
1769 OLG Hamm, DAR 1972, 190.
1770 KG, VRS 35, 353, 335; OLG Koblenz, VRS 42, 29; OLG Köln, StV 1985, 17.
1771 OLG Köln, VRS 75, 104, 106.
1772 BGH StV 1994, 303.
1773 BGH NJW 1996, 1068, 1069.
1774 Etwa BGH NJW 1996, 1068, 1069; NStZ-RR 2000, 106.
1775 OLG Düsseldorf, NJW 2002, 2118.
1776 AG Hamburg, NJW 1989, 2071.

Ebenso ist eine Ausweitung des Schutzes der Psyche im „Gubener Hetzjagd-Fall“ zu sehen, in denen der BGH wegen Körperverletzung mit Todesfolge verurteilte.[1777] In dem zu entscheidenden Fall hatten die Täter das Opfer bei der Verfolgung mit Tritten traktiert, später jedoch aus den Augen verloren und die Verfolgung aufgegeben. Das Opfer, welches die Täter noch hinter sich wähnte, trat in Panik und um sich in Sicherheit zu bringen die Glastür eines Mehrfamilienhauses ein und verletzte sich derart an der Beinschlagader, dass es binnen kürzester Zeit verblutete. In den zuvor ausgeübten Körperverletzungshandlungen haben die Täter die für die Zurechnung des Todeserfolges notwendige handlungsspezifische Gefahr begründet, so dass das selbstgefährdende Verhalten des Opfers unbeachtlich sei und den Tätern als voraussehbarer Verlauf zugerechnet werden könne.

c.) Überschneidung zwischen Rechtsgütern des Körpers und der Persönlichkeit beim Schutz der Psyche

Unabhängig von der Einordnung der Folge als Ergebnis des Körperverletzungserfolges (Lethalitätslehre)[1778] oder wie in der Rechtsprechung vertreten der Körperverletzungshandlung[1779] ergibt sich das Spannungsverhältnis hierbei in Situationen, in denen Beeinträchtigungen sich nicht durch die Einwirkung auf den Körper selbst ergeben, sondern aufgrund von inneren oder äußeren Umständen das Opfer betreffend. Es kommt dabei in einigen Bereichen zu einer Überschneidung mit Wertungen des allgemeinen Persönlichkeitsrechts. So hat der BGH in Zivilsachen etwa die versehentliche Vernichtung kryokonservierten Spermas als Körperverletzung im Sinne des § 823 Abs. 1 BGB bewertet,[1780] da der Geschädigte dieses vor eines seine Zeugungsunfähigkeit bedingenden Eingriffs zur späteren Möglichkeit der Kindeszeugung aufbewahrt hat. Der BGH verwies zwar auf den Ausfluss des Rechts am eigenen Körper als Teil des allgemeinen Persönlichkeitsrecht, stellte jedoch gleichsam auf eine Körperverletzung ab, da wenn Körperbestandteile mit dem Willen des Rechtsträgers entnommen und zur späteren Bewahrung oder Verwirklichung von Körperfunktionen wieder mit seinem Körper vereinigt werden sollen, „diese Bestandteile auch während der Trennung vom Körper aus Sicht des Schutzzweckes der Norm mit diesem

1777 BGHSt 48, 34.

1778 Krey, AT, 240 Fn. 82 m.w.N.

1779 BGH NStZ 2008, 278.

1780 BGH NJW 1994, 127; siehe auch Poll, Jurisic, JZ 1999, 230; Börgers, Frister, HFR 1/2010, 4; siehe auch Deutsch, Spickhoff, Rn. 858.

weiterhin eine funktionale Einheit bilden"[1781] würden. In der Literatur wird dabei überwiegend vertreten, dass sich der Schutz hier nur aus dem allgemeinen Persönlichkeitsrecht ergeben könne.[1782] Im Strafrecht wird eine Erfassung der Einwirkung auf abgetrennte Teile des Körpers wegen des Wortlautes des § 223 StGB überwiegend abgelehnt, so etwa von *Fischer*, der postuliert, niemand würde einen Beutel mit Eigenblutspende als Teil des eigenen Körpers ansehen.[1783] *Hardtung* hingegen ist der Ansicht, dass eine Körperverletzung jedenfalls dann in Betracht komme, wenn eine Eingliederung in den Körper zeitnah geplant sei oder bevorstehe.[1784] In eine ähnliche Richtung stellte das LG Köln in einem Fall auf eine Verletzung des Persönlichkeitsrechts als Erweiterung der körperlichen Integrität ab, in dem ein Arzt ohne Einwilligung des Betroffenen bei einer zuvor einvernehmlich entnommenen Blutprobe einen HIV-Test durchgeführt hatte und bejahte daher einen Anspruch auf Schmerzensgeld.[1785]

Eine Grenzziehung und Trennung zwischen dem Körper des Menschen und seiner Persönlichkeit stellt in dieser Hinsicht einen Punkt dar, an dem sich die unterschiedlichen Rechtsgebiete in ihrem Verständnis des Zusammenwirkens und Zusammenhalts von physischem Körper und immaterieller Persönlichkeit reiben. Das Problem der Einordnung wirft sich einmal mehr auf, wenn der (ehemalige) Inhaber der Körperteile bereits verstorben ist. So lässt sich das Verbot einer Organentnahme zu Spendezwecken bei einem Toten schwerlich damit verbieten, es würde eine Körperverletzung begangen, so dass sich das grundsätzliche Verbot nur aus einem postmortalen Persönlichkeitsrecht ergeben kann.[1786] Körper und Persönlichkeit stehen also rechtlich betrachtet in einem ausgesprochen diffizilen Verhältnis, in dem der Körper einerseits Grundvoraussetzung für die Persönlichkeit als Summe aller inneren, psychischen Vorgänge und deren äußerer Betätigung darstellt, andererseits die Persönlichkeit als metaphysisches Vorstellungsbild eine eigene, über die körperliche Existenz hinauswirkende Gestalt annimmt, dem BGH und BVerfG in ihrer „Mephisto"-Rechtsprechung sogar in eingegrenzten Fällen noch ein Element der kollektiven Erinnerung durch die

1781 BGH NJW 1004, 127.

1782 Börgers, Frister, HFR 1/2010, 4; siehe auch Deutsch, Spickhoff, Rn. 858; Danz, Pagel, MedR 2008, 603.

1783 Fischer, § 223 Rn. 2; siehe auch Deutsch, Spickhoff, Rn. 859 Fn. 25.

1784 Hardtung, JuS 2008, 865.

1785 LG Köln, NJW 1995, 1621.

1786 Nagel, 250; Voss, 323, Fn. 1114; siehe auch für den Fall der postmortalen künstlichen Insemination i.S.d. § 4 Abs. 1 Nr. 3 ESchG Velte, 90, 25ff.

Allgemeinheit hinzugefügt haben.[1787] Dieses problematische Verhältnis fügt sich dabei als weiterer Teil in die verschachtelte Beziehung zwischen der abstrakten Grundlage und der konkreten Betätigung von Freiheit ein.

5.) Habeas Mentem – Ein Recht auf mentale Selbstbestimmung nach *Bublitz*

Anknüpfend an die Frage des strafrechtlichen Schutzes der Psyche setzt sich *Bublitz* als wohl maßgeblicher Autor mit der unterschiedlichen Behandlung von Körper und Geist auseinander.[1788] Er stellt zunächst darauf ab, dass bei der Anforderung der neurologischen Objektivierbarkeit der psychischen Störung davon ausgegangen werde, es gebe einerseits solche, die körperliche Ursachen haben und andererseits solche, bei denen dies nicht der Fall sein solle.[1789] Er wirft auf, dass in der modernen Neurowissenschaft zwar davon ausgegangen werde, dass menschliches Verhalten auf hirnphysiologische Prozesse reduzierbar sei, da diese wie alles andere auch den geltenden Naturgesetzen unterliege. Dem tritt er mit dem Argument entgegen, dass zwar gedankliche Prozesse bildgebend erfasst werden können, eine genaue Korrelation zwischen der messbaren Hirnaktivität und dem subjektiv Erlebten nicht möglich sei. Dennoch müsse aus rechtlicher Sicht zur Vermeidung des Abstellens auf rein metaphysische Begriffe wie Seele und Geist davon ausgegangen werden, dass grundsätzlich jeder Aspekt eines menschlichen Verhaltens und Gedankenprozesses auf physiologischen Prozessen beruhe.[1790] Daraus folgert er, dass gemessen an der Orientierung am wissenschaftlichen Stand jede psychische Beeinträchtigung eine Veränderung der Körpersubstanz mit sich brächte, sodass das Abstellen auf neurologische, somatologische Ursachen zur Abgrenzung untauglich sei. Daher könne es auch nicht darauf ankommen, ob sich das Leiden irgendwie körperlich manifestiere, da jede psychische Veränderung sich zugleich körperlich auswirke.[1791]

Diese Überlegungen führt er bei der Diskussion der Entscheidung des BVerfG zur Zwangsbehandlung im Maßregelvollzug weiter fort.[1792] So verweist er darauf, das BVerfG hätte bei seiner Entscheidung bei der Ermittlung der betroffenen Grundrechte das naheliegende allgemeine Persönlichkeitsrecht

1787 BGH NJW 1968, 1773; BVerfG 1971, 1645.
1788 Bublitz, RW 2011, 33.
1789 Bublitz, RW 2011, 32f.
1790 Bublitz, RW 2011, 34.
1791 Bublitz, RW 2011, 36.
1792 Bublitz, ZIS 2011, 714.

übersehen.[1793] Das OLG Zweibrücken hatte im allgemeinen Persönlichkeitsrecht noch die verfassungsrechtliche Obergrenze gesehen, wenn die Behandlung den Kernbereich der Persönlichkeit betreffe.[1794] *Bublitz* geht dabei davon aus, unter dem Kernbereich sei eine „stabile, über längere Zeit anhaltende und einigeraßen kohärente Eigenschaft zu verstehen, die wesentliche Züge der Person in ihrer Selbst- und Fremdwahrnehmung ausmachen. Sofern bestimmte Verhaltensweisen und Denkmuster über ein Jahrzehnt andauern und in der Wahrnehmung von Gerichten und Gutachtern so charakteristisch für die Person sind, dass ihretwegen Maßregeln verhängt werden dürfen, und wenn sie zudem in der Selbstwahrnehmung des Betroffenen eine so zentrale Rolle spielen, dass er sie nicht aufgeben möchte – auch nicht für die Entlassung aus dem Maßregelvollzug -, so spricht einiges dafür, dass es sich um Kernbereiche der Persönlichkeit handelt."[1795] Daran ändere auch nichts, dass die Persönlichkeitseigenschaft medizinisch-psychiatrisch als krankhaft bewertet würde, weil dies zum einen von einer Trennbarkeit zwischen kranken und gesunden Persönlichkeitsteilen ausginge, und zum anderen, dass kranke Eigenschaften per se keine wesentlichen Persönlichkeitszüge ausmachen können.[1796] Im Grunde würde dadurch also ein „Verbesserungseingriff" vorgenommen, der sich nicht an den vorhandenen Eigenschaften der Person orientiere, sondern am Vergleichsmaßstab einer hinzugedachten, normativ „korrekten" Person, die der Betroffene sein könnte.

Das Problem sei also, dass eine strikte Trennung von Körper und Geist in ihrem Schutzbereich vorgenommen würde, der „prima facie zur Nicht-Berücksichtigung psychischer Auswirkungen"[1797] führe. Die Unterscheidung nach dem Kernbereich der Persönlichkeit sei deswegen problematisch, weil dadurch impliziert werde, es gebe Bereiche der inneren Gedankenwelt, die der Veränderung durch den Staat ohne weiteres frei zur Verfügung stünden. Daraus ergebe sich das Erfordernis, die Psyche als eigenständiges Schutzgut anzuerkennen, um diesem Dilemma zu entgehen, möchte man Zwangsbehandlung für grundsätzlich möglich erachten.[1798] Anknüpfend an das vom BVerfG anerkannte „Recht auf Krankheit" leitet er daher ein Recht auf mentale Selbstbestimmung her, welches Zwangsbehandlung unter die Voraussetzung stellt, dass sie auf Wiederherstellung von Selbstbestimmung gerichtet ist und zwar derart, dass der Betroffene die

1793 Bublitz, ZIS 2011, 717f.
1794 OLG Zweibrücken, Beschl. v. 18.3.2009, 1 WS 365/08.
1795 Bublitz, ZIS 2011, 717.
1796 Bublitz, ZIS 2011, 717.
1797 Bublitz, ZIS 2011, 718.
1798 Bublitz, ZIS 2011, S. 720.

Behandlung bei Wiedererlangung der Einsichtsfähigkeit voraussichtlich billigen würde.[1799]

a.) Schutz der Persönlichkeit als Ganzes und Wahrung der Autonomie - „Seele und Leib" als unbrauchbare Abgrenzungskriterien

Bublitz ist zuzustimmen, wenn er darauf verweist, dass eine Trennung zwischen „Seele und Leib" zu keinem brauchbaren Abgrenzungskriterium führen kann, und zwar weder auf der Ebene der Verursachung noch auf der Folgenebene.[1800] Zutreffend stellt er heraus, dass das Erfordernis einer körperlichen Manifestation zu sehr von einer äußeren, durch Dritte erfassbare Wahrnehmung betrifft, etwa Weinkrämpfe, Zittern oder Herzstörungen, während ein erheblicher Teil einer psychischen Störung sich in der inneren Gedankenwelt des Opfers abspielen kann.[1801]

> „Man stelle sich vor, ein Arzt verschreibt kontraindizierte Psychopharmaka und verursacht dadurch (erhebliches) seelisches Unwohlsein und Verhaltensstörungen (aber keine erheblichen Substanzverletzungen). Soll es nun darauf ankommen, ob der Patient durch die Präparate auch zittert und schwitzt? Was, wenn er das auch bei dem richtigen Psychopharmakon getan hätte, bei dem aber die negativen psychischen Folgen ausgeblieben wären – Zurechnungsausschluß wegen rechtmäßigem Alternativerhalten? Wenn Rauschzustände die Ausführung von Bewegungen... stören oder zu einem Verlust des Bewusstseins führen, soll die Gesundheit geschädigt sein, nicht aber, wenn sie Verfolgungswahn oder Angst vor dem Verlassen des Hauses verursachen? (...) Ein derartiges Gesundheitsverständnis ist unplausibel und entspricht nicht einmal im Ansatz einer medizinischen oder philosophischen Gesundheitsdefinition."[1802]

In der Tat kann es keinen Unterschied machen, ob die ausgelösten Beschwerden überhaupt nach dem geltenden medizinischen Wissensstand einer Diagnose unterfallen, solange sie tatsächlich vorliegen. In Deckung mit den vorliegend herausgearbeiteten Problemen der Willensermittlung stellt er jedoch ebenso

---

1799 Siehe auch Bublitz, ARSP 2014, 24.

1800 Als Ausblick sei hier die sich zunehmend herausbildende Endophänotypenlehre ausgewiesen, nach der bestimmte psychische Erkrankungen wohl stärker genetisch prädisponiert sein sollen, als man es bisher angenommen habe, dazu etwa Lux, 178ff; Nickl-Jockschat, Schneider, in: Schneider, 267; zum Einfluss auf die Psychopharmakotherapie siehe Gründer, Benkert, in: Gründer, Benkert, 3ff.

1801 Bublitz, RW 2011, 43.

1802 Bublitz, RW 2011, 43.

fest, dass alles innere Wirken ohne irgendwie äußere Kriterien, anhand derer man die Schädigung erkennen kann, nichts bringt.[1803] Sein Lösungsansatz dabei vor allem auf die Einwirkungshandlung selbst abzustellen, erscheint nicht nur aus strafrechtlicher Sicht am fruchtbarsten.[1804] Denn diese ist im Allgemeinen nicht nur in ihrer außenweltlichen Manifestation zu erfassen, sondern gibt darüber hinaus erheblich mehr Aufschlüsse über die ihr zugrundeliegende Motivation, als bei eher unberechenbaren psychischen Beeinträchtigungen. Im Grunde entspricht dies der hier bereits dargestellten, im Rahmen der Ermittlung des Mitverschuldens gemäß § 254 BGB vorgenommenen Trennung. Denn wenn man davon ausgeht, dass psychische Erkrankungen stets eine physische Ursache haben und daher ärztlich-psychotherapeutische Einwirkungen auf den Verstand in Form von Abgabe psychoaktiver Heilmittel (Psychopharmaka, Neuroleptika) eine einwilligungsbedürftige Körperverletzung darstellen können, dann muss auch hier die Frage gestellt werden, in wessen Verantwortungsbereich eine bestimmte Veränderung und deren Folge zu fallen haben.

Dies muss umso mehr gelten, wenn der Betroffene aufgrund bestehender psychischer Krankheit bereits in seinen kognitiven Prozessen eingeschränkt ist. Auf eine Betrachtung des Arzt-Patienten-Verhältnisses oder auch die Betreuungssituation bezogen kann dies nur bedeuten, dass mit abnehmender Autonomie das Verhalten der autonomen Beteiligten und deren Motivationen ausschlaggebend zu sein haben. Eine solche Wertung entspricht auch dem informativen Machtgefälle zwischen Arzt und Patient, der aufgrund seines unterlegenen Wissens ohnehin in seiner Selbstbestimmung von der Einwirkung des Arztes abhängig ist. Dabei kann auf das Erfordernis des *informed consent* abgestellt werden, welches zwischen legitimen und illegitimen Arten der Einflussnahme unterscheidet. Die Psyche kann durch das Recht nicht allumfassend vor jeglicher Veränderung geschützt werden, auch wenn diese vielleicht nicht dem „wahren Willen" des Betroffenen entsprechen mag. Die intellektuelle Auseinandersetzung und der Diskurs führen zu einer Veränderung der Geisteshaltung, ohne dass man dies als ungerechtfertigte Intrusion in den Verstand ansehen kann.[1805] Lediglich dort, wo sie auf die freie Willensbildung als Grundlage der Selbstbestimmung einwirken, sind sie als illegitim anzusehen.[1806] In diesen Fällen ist dann auch von Zwang die Rede, weil durch die Überwältigung der inneren Willenshaltung eine

1803 Bublitz, RW 2011, 45.
1804 Bublitz, RW 2011, 49.
1805 Bublitz, ARSP 2014, 9ff.
1806 Düber, in: Schramme, 40ff.

„gewaltsame" Veränderung der Psyche bewirkt wird, ohne dass eine entgegenstehende Entwicklung überhaupt stattfinden kann. Sie wird bereits in ihrem Entstehen gehindert, ohne dass sie sich auf „natürliche Weise" formen könnte.

b.) Freier Wille, natürlicher Wille und Willensdeterminismus

Entscheidender Ansatzpunkt für die Freiheit einer Entscheidung ist doch, dass zu unterstellen ist, der Betroffene hätte sich auch anders entscheiden können. Dies ist im Strafrecht auch Kerninhalt der Begründung eines individuellen Schuldvorwurfs.[1807] Der BGH leitet in Strafsachen diese Rechenschaftspflicht des Menschen her, da er „auf freie, verantwortliche, sittliche Selbstbestimmung angelegt und deshalb befähigt ist, sich für das Recht und gegen das Unrecht zu entscheiden, sein Verhalten nach den Normen des rechtlichen Sollens einzurichten und das verbotene zu meiden."[1808] Diese Hypothese ist es letztlich auch, die im Ergebnis die Unfreiheit des „natürlichen Willens" begründen soll: Selbst wenn derjenige gewollt hätte, hätte er sich aufgrund eines kognitiven Fehlers auf einer der zum *informed consent* gehörenden Stufen nicht anders entscheiden oder anders handeln können. Diese Unfreiheit soll gerade die paternalistische Intervention legitimieren, ihm zu einer freien Willensentscheidung überhaupt verhelfen zu können. Ein solches Postulat steht freilich unter der Prämisse, dass es Willensfreiheit im Sinne selbstdeterministischen Handelns überhaupt gibt.[1809] Sich auf eine rein neurodeterministische Betrachtung menschlichen Verhaltens zurückzuziehen und damit ohnehin jegliche Willensfreiheit zu leugnen, kann dabei nicht sonderlich zielführend sein. So äußert etwa *Herzberg*, dass wegen der vielen äußeren, vom Betroffenen schlicht aufgrund der ihrerseits gegebenen Determiniertheit nicht beeinflussbaren Umstände die Erkenntnis, menschliches Verhalten sei prinzipiell naturgesetzmäßig determiniert,[1810] keinen bedeutenden Mehrwert für die Beurteilung eines konkreten Sachverhaltes birgt.[1811] Denn sähe man in der Willensfreiheit lediglich die Freiheit von Zwang, so wäre entweder jede oder keine Entscheidung jemals frei. Entweder bestimmen die

1807 Kotsalis, in: Duttge, 105.

1808 BGHSt 2, 194, 200; siehe auch Kotsalis, in: Duttge, 105, insb. Fn. 11.

1809 Wegen derer nicht empirischen Bewiesenheit kritisch etwa Roxin, in: FS Kaufmann, 519ff.

1810 für eine neurodeterministische Kritik insofern Keil, 51, der darauf verweist, dass die neurowissenschaftlichen Erklärungsformen von einer Angabe deterministischer Kausalitätsverläufe denkbar weit entfernt seien.

1811 Herzberg, .4.

äußeren Umstände zwingend eine bestimmte Handlung durch ihre Einwirkung auf den inneren, neurologischen Vorgang, oder aber sie ist aufgrund der neurophysiologischen Grundausstattung ohnehin schon getroffen, ohne dass der einzelne etwas dazu tun kann.[1812] *Keil* verweist darauf, dass die Formulierung eines neurologisch deterministischen Verlaufsgesetzes, welches die Entscheidungstätigkeit des Gehirns vorauszusagen gestattet, wegen der Notwendigkeit der Erfassung jeglicher Kombination physischer Ausgangsbedingung kein vernünftiger Forschungsansatz sein kann.[1813] Man müsste für eine deterministische Betrachtungsweise, die diese Bezeichnung wirklich ausfüllt, davon ausgehen, dass es Kausalsysteme gibt, die in sich geschlossen und von ihrer Umgebung abgeschirmt sind, um solch bereichsspezifische Verlaufsgesetze über die Vorgänge des Gehirns zutreffend zu beschreiben und vorhersagen zu können.[1814] Umso wichtiger wird es, die Situation, in der der Betroffene sich befindet, zu untersuchen und ermitteln, welche umstehenden, von ihm nicht zu beeinflussenden Faktoren sich auf seine Entscheidung und sein Verhalten ausgewirkt haben.

c.) Freier Wille, Menschlichkeit und psychische Krankheit

In jedem Fall wirft es eine gewisse Brisanz. Indem man psychisch Kranken ihren freien Willen abspricht, so man selbstdeterministisches Handeln als erheblichen Teil des menschlichen Daseins ansieht, stellt man ihr „Menschsein" damit erheblich in Frage. Damit degradierte man den Kranken zum bloßen Instrument gegen sich selbst, bei dem sich gerade aus seiner „geringeren" Menschlichkeit jeder Eingriff legitimiert. Dass die durch diese Degradierung schwerwiegende Missachtung der Menschenwürde aus Art. 1 Abs. 1 GG als Legitimation psychiatrischen Zwangs keine bloße Fiktion ist, kann der Entscheidung des BVerfG zur lückenhaften Regelung des SächsPsychKG und der dort dargestellten Stellungnahme der Klinik, in welcher der Beschwerdeführer untergebracht war, entnommen werden. Wenn dort die Anordnung der Zwangsmedikation darauf gestützt wird, dass in „dieser akuten Erkrankungsphase, in der über Monate animalisch verrohte, mit dem Zerfall persönlicher zivilisatorischer Bestände einhergehende und nur noch durch dauerhaften Einschluss in der Isolationszelle zu beherrschende Verhaltensweisen dominiert hätten"[1815], kann man sich des Eindruckes nicht erwehren, die Zwangsbehandlung sollte sich maßgeblich aus

1812 Herzberg, 11.
1813 Keil, 51.
1814 Keil, 52.
1815 BVerfG NJW 2013, 2337.

dem Umstand legitimieren, dass es sich bei dem Beschwerdeführer aus Sicht der Einrichtung ob seines krankheitsinduzierten Verhaltens im Grunde nicht mehr um einen Menschen, sondern um ein ruhigzustellendes Tier gehandelt habe. Es ist zu jeder Zeit daher darauf zu achten, dass aus geistiger Krankheit kein, wie *Szasz* es formuliert, „strategisches Etikett“ (*strategic label*) wird,[1816] welches jegliche Form von Zwang bereits durch seine Anbringung eröffnet. Alles andere wäre in Hinblick auf die Menschenwürdegarantie aus Art. 1 Abs. 1 GG unter Verweis auf die Objektformel unzweifelhaft verfassungswidrig. Es kann nicht von der Hand gewiesen werden, dass psychiatrische Diagnostik wegen ihrer schweren Objektivierbarkeit und ihrer Grundlage in Äußerungen des Betroffenen und Beobachtungen ausgesprochen anfällig dafür ist, dem moralischen Zeitgeist zu unterliegen,[1817] und früher wie heute für staatlich-ideologische Instrumentalisierung als Unterdrückungsinstrument missbraucht zu werden.[1818] Um dies zu Vermeiden ist dem psychisch Kranken daher zwingend so viel Entscheidungsfreiheit zu belassen, wie es sein Zustand erlaubt und nur so viel davon zu einzuschränken, wie zwingend zur Erhaltung der Grundlage seiner Autonomie erforderlich ist.

Der Wille als innerer, rein psychischer Vorgang kann daher auch nicht durch § 223 StGB geschützt sein. Eigenmächtige, d.h. nicht einwilligungskonsentierte Heileingriffe sind mit *Bloy* daher nicht bereits deswegen tatbestandsmäßig, weil sie sich über den Willen des Betroffenen hinwegsetzen.[1819] Eines solchen Vehikels bedarf es nicht, weil es nicht um die Missachtung eines rein inneren Vorgangs geht, sondern um die Verhinderung der Betätigung durch Verhinderung des Entstehens eines entgegenstehenden Willens überhaupt als Grundlage der Betätigung. Dies ist der Grund, warum sich derjenige, der sich über die Möglichkeit der Willensbildung hinwegsetzt, auch zu legitimieren hat und das schon vorgetragene Argument gegen die Anerkennung hypothetischer Einwilligungen als Rechtfertigungsgrund. Geschützt wird die auf den Herrschaftsbereich der körperlichen Unversehrtheit bezogene Willensherrschaft also bereits in ihrem

---

1816 Szasz (1969), 465.

1817 So wurde etwa Homosexualität bis 1987 in den DSM-III-R der American Psychiatric Association und 1991 im ICD-10 noch (in bestimmten Formen) als Krankheiten geführt, bis diese im Rahmen eines „Trend zur Entpathologisierung“ gestrichen wurden, Voss, DÄ 2005 (4), 27; siehe auch zu den Unterscheidungen der Formen von Homosexualität und ihrem Krankheitswert Fthekanis, in: Basedow et al., 362, Fn. 34ff.

1818 Schöne-Seifert, in: Schramme, 158.

1819 Bloy, FS Eser,236.

Entstehen, da sie unbedingte Voraussetzung für autonome Willensbetätigung ist. Daraus ergibt sich letztlich die bereits dargestellte Abstufung, dass nur dort, wo niemals die Voraussetzungen eines derartigen psychischen Vorganges gegeben gewesen sind, ein Abstellen auf eine andere als die subjektive Perspektive des Betroffenen als (derzeit) einzige Option möglich ist. Insofern ist die Einwilligung in den ärztlichen Heileingriff einer der wenigen „Archetypen" des psychischen Willensschutzes, an denen wegen des Aufklärungserfordernisses weder die Körperverletzungshandlung noch der -erfolg maßgeblich ist (denn beides liegt auch vor, wenn in den Eingriff eingewilligt wurde), sondern die Rechtswidrigkeit maßgeblich an die inneren Vorgänge des Patienten geknüpft wird.

d.) Der Kernbereich und Teilaspekte der Persönlichkeit: Der Homunkulus Einwand

Das Abstellen auf den „Kernbereich der Persönlichkeit" mag sicherlich als „Obergrenze" dienen können, *Bublitz* stellt jedoch zutreffend heraus, dass dies von einer Trennbarkeit einzelner Charakterfacetten ausgeht und deren Zuordnung zu guten und schlechten Eigenschaften. Wie bereits herausgestellt wurde, ist ein Mensch jedoch weder immer gut noch schlecht. Ebenso ist ein Mensch nicht „immer krank" oder „immer gesund", diese Unterteilung hängt stets davon ab, *wozu* er *zu* krank sein soll. Gleichsam ist die Ermittlung der Einsichtsunfähigkeit oder Einwilligungsunfähigkeit bei der ärztlichen Heilbehandlung die Ausnahme von der Regel, dass die äußere Handlungsbetätigung in der Regel auf einem dahinterstehenden, authentisch korrelierenden Willen beruht.

> „Was bleibt von der Person, wenn man ihre (krankhaften) Denkstrukturen, emotionale und Verhaltensdisposition wegdenkt? Nicht selten dürfte es sich dann um eine in wesentlichen Zügen *andere* Person handeln, was die konstitutive Bedeutung der krankhaften Eigenschaften für die alte bestätigt."[1820]

Insofern kann auch der Versuch von *R. Dworkin*, die Legitimität von Paternalismus an einer Unterscheidung zwischen „Willen" und „Überzeugung" festzumachen, an dieser Stelle nicht viel weiterhelfen.[1821] Denn auch wenn man sagen könnte, dass Überzeugungen den Kernbereich der Persönlichkeit betreffen, während der Wille schon wegen seiner Äußerungsnotwendigkeit diese innerste Sphäre zwingend verlässt, so wird man eine auch nur ansatzweise trennscharfe Unterscheidung nicht vornehmen können, zumal ein Einblick in die

---

1820 Bublitz, ZIS 2011, 717.
1821 R. Dworkin, Sovereign Virtue, 268.

Überzeugungen ohne irgendeine Form von willensbetätigte Äußerung undenkbar sein dürfte. Umgekehrt dürfte es jedoch ebenfalls kaum denkbar sein, dass man mit „chirurgisch präziser" paternalistischer Intervention den kranken (oder auch nur unerwünschten) Teil einer Persönlichkeit aus den restlichen, als „gesund" (oder erwünscht) empfundenen Charaktereigenschaften isoliert extrahieren und durch ein „besseres" Verhalten ersetzen könnte."[1822] In der Neurowissenschaft wird diese nach *Keil* häufig anzutreffende[1823] Ansicht, „psychologische Prädikate nicht der Person als Ganzer, sondern Teilen von Personen und insbesondere dem Gehirn zuzuschreiben"[1824] als Homunkulus-Einwand bezeichnet.[1825] Diese teilweise als mereologischer Fehlschluss[1826] bezeichnete Vorstellung beruht auf dem Bilde eines kleinen Männleins (dem Homunkulus), welches als eine dem neurologischen Kognitionsprozess vorgeschaltete Entität gewissermaßen „Schalter" im Gehirn umlegt und somit die einzelnen Teilaspekte der Persönlichkeit steuert.[1827] Man stellt sich teilweise das Gehirn also gleich einem Computer vor, welcher dann von einem Benutzer „bedient" wird.[1828] Diese „Vermenschlichung" und isolierte „Bedienbarkeit" der Vorgänge im Gehirn mit „psychologischen Verben"[1829] biete, so etwa *Keil*, keinerlei Erklärung für den Ablauf menschlicher Gedankenprozesse[1830]. Die Fehlvorstellung liege demnach „nicht darin, daß der Opponent eine personenähnliche Instanz innerhalb einer Person annimmt, sondern daß er eine annehmen *müßte*, um die Verwendung der gewählten Prädikate zu rechtfertigen".[1831] Dieses Bezugnehmen auf innere Vorstellungsbilder ermögliche, so *Fuchs*, keine Verbindung zu den tatsächlichen Vorgängen, wie sie sich in der Umwelt äußern, sondern nur zu den „aus Sinnesdaten gewonnenen Konstrukten", durch die „neuronale Prozesse… zu vermeintlich diskreten, lokalisierbaren und damit verdinglichten Gebilden" würden.[1832] Wenn der menschliche Verstand einen bedienbaren Computer darstellt, so

---

1822 R. Dworkin, Sovereign Virtue, 269, der insofern von einem „surgical paternalism" spricht.

1823 Keil, Kritik des Naturalismus, 166f am Beispiel der visuellen Wahrnehmung.

1824 Weimar, in: GS Tammelo, 269; ähnlich Keil, Kritik des Naturalismus, 165f; Fuchs, 66.

1825 Weimar, in: GS Tammelo, 269; Keil, 166; ders., in: Köhler, Mutschler, 77.

1826 Ein logischer Fehlschluss des Verhältnisses zwischen Teil und Ganzem, siehe Nagel, in: Erbguth, Jox, 22; siehe auch Keil, in: Köhler, Mutschler, 78; Fuchs, 66.

1827 Keil, Kritik des Naturalismus, 166; ders; 183; ders., in: Köhler, Mutschler, 77.

1828 Computationale Theorie, Künkler, 117f.

1829 Keil, Kritik des Naturalismus, 166.

1830 Keil, Kritik des Naturalismus, 166f.

1831 Keil, in: Köhler, Mutschler, 78.

1832 Fuchs, 176.

müsste man mit *Künkler* gleichsam die Frage stellen, wer denn dann der Benutzer sei?[1833]

Unabhängig davon, ob man in diesem Vorstellungsbild einen Fehlschluss sieht, wird man erkennen können, dass diese isolierte Vermenschlichung einzelner als „Teilaspekte" wahrgenommenen Persönlichkeitsmerkmale es demjenigen, der eine Veränderung bezwecken möchte, argumentatorisch natürlich immens erleichtert, den Eingriff vor Dritten (und seinem eigenen Gewissen!) zu rechtfertigen. Durch das Postulat, man greife ja nur die als störend, schlecht und unerwünscht eingeordneten Charaktereigenschaften an, während die wünschenswerten und damit „gesunden" unangetastet blieben, ist zumindest zu besorgen, dass sich ein Eingriff bereits durch das Aufstellen eines identifizierbaren „Feindbildes" rechtfertigt, welches als „Böses" vom restlichen „Guten" abgetrennt und bekämpft werden kann. Denn dieser Prozess ist, wie *Fuchs* zutreffend herausstellt, nicht nur als eine verbildlichende Metapher zu verstehen, welche die elektrochemischen, neurophysiologischen Gehirnaktivitäten verständlicher und greifbar machen soll, vielmehr wird auf diese Weise zwangsläufig „intentionales Vokabular"[1834] eingeschleust und damit grundlegend die Wertordnung eines Dritten zugrundegelegt. Notwendig ist mit einer solchen Gleichsetzung von Gehirnaktivität und „Lebensvollzug" der Person (also das sinnliche Erfahren und Verarbeiten von Sinneseindrücken)[1835] bereits in der Be- und Zuschreibung durch den Beurteilenden dessen eigene (moralische) Wertung mit enthalten.

e.) Persönlichkeitsveränderung als unvermeidbares Ziel psychiatrischer Zwangsbehandlung

Man muss sich also selbst bei der Annahme der Zulässigkeit einer solchen Persönlichkeitsveränderung stets vergegenwärtigen, dass zwingenderweise auch die „nichtkranken" Teile der Persönlichkeit durch psychiatrisch-neurologische Eingriffe betroffen und wesentlich verändert werden. Denn selbst wenn man bestimmte Aspekte von Gedankentätigkeit einzelnen Teilarealen der Hirnphysiologie zuscheiben kann, so ist „keine dieser Regionen für sich in der Lage, die komplexen Integrationsleistungen zu erbringen, wie sie Bewusstseinsprozessen zugrunde liegen."[1836] Bewusstsein und dessen Erleben mag sich aus bestimmten Teilaspekten zusammenfügen, ist jedoch „ein primär einheitlicher Prozess, der

1833 Künkler, 117.
1834 Fuchs, 66.
1835 Fuchs, 66f.
1836 Fuchs, 70.

sich je nach den Erfordernissen der Situation in spezifische Tätigkeiten und Leistungen differenziert."[1837]

Eine solche aufgezwungene Persönlichkeitsveränderung erscheint höchstproblematisch, da anfangs bereits herausgestellt wurde, dass es weder Pflicht noch Recht des Staates ist, den einzelnen zu einer bewussten Übernahme des von ihm abverlangten Handelns in seine Werteordnung zu zwingen, solange dies sich auf reine Selbtschutzmaßnahmen bezieht. Auch unter dem geschilderten Aspekt, dass auf diese Weise andere Kernbereiche des Selbstbestimmungs- und Persönlichkeitsrechts betroffen sind (denn wohl kaum etwas dürfte den Kernbereich des Persönlichkeitsrechts mehr ausmachen, als die Persönlichkeit selbst und die Einzelteile, aus denen sie sich zusammenfügt), entsteht ein erheblicher Konflikt. Man kann sich an dieser Stelle also nur damit behelfen, dass eine Intervention allein unter dem Gesichtspunkt überhaupt eröffnet wird, dass „vorrangig" (soweit denkbar) der das selbstgefährdende Verhalten auslösende Teil der Psyche beeinflusst werden soll und der restliche mitbeeinflusste Teil bei der Rechtsgüterabwägung im Rahmen einer Verhältnismäßigkeitsprüfung zu berücksichtigen ist. Dabei den Aspekt des schlicht unerwünschten Verhaltens mit dem Wesensgehalt der Betroffenen Grundrechte, insbesondere dem Selbstbestimmungsrecht und dem Persönlichkeitsrecht in ein angemessenes Verhältnis zu setzen, erscheint natürlich ausgesprochen diffizil, mit *Bock* ist jedoch stets in Erinnerung zu behalten, das „Grundrecht auf freie Entfaltung der Persönlichkeit muß auch gelten, wenn die Richtung der Entfaltung dem Behandler nicht paßt."[1838] Auch dies steht jedoch unter der freilich bisher vollkommen ungeklärten Prämisse, dass es eine „Persönlichkeit" als Korrelat zwischen Wahrnehmungsvorgängen und Bewusstseinsprozessen sowohl hirn- wie auch gesamtorganisch im Sinne einer „tragenden Grundlage" überhaupt gibt.[1839] Mit *Nagel* wird man jedenfalls festhalten können, dass es in erster Linie eine Frage des geltenden Menschenbildes, also der Ethik und nicht unbedingt neurowissenschaftlicher Erkenntnisse ist, ob man dieses Auseinanderfallen von Gehirn und Persönlichkeit für eine taugliche Erklärungsgrundlage im „Alltagsverständnis" hält.[1840] Es sollte ihrer Auffassung nach eher zu hinterfragen sein, wie neurowissenschaftliche Erkenntnisse im klinischen Alltag sinnvoll eingebracht werden können, „ohne Bewusstsein und Subjektivität zu negieren".[1841] In Hinblick auf die betroffenen Grundrechte der

1837 Fuchs, 70,
1838 Bock, in: Pfäfflin, Appelt, Krausz, Mohr, 208.
1839 Fuchs, 71.
1840 Nagel, in: Erbguth, Jox, 22.
1841 Nagel, in: Erbguth, Jox, 22.

von Zwangsbehandlung Betroffenen ist es jedoch kaum vertretbar, sich einerseits auf wissenschaftlich nicht belegbare metaphysische (und in gewisser Weise auch religiös-spirituell geprägte) Vorstellungsbilder zu berufen, in der Einzelteile der „Psyche" isoliert voneinander betrachtet, auf ihre „Krankhaftigkeit" hin bewertet und aus deren Vorliegen sodann die Notwendigkeit für schwerste Grundrechtseingriffe herzuleiten, andererseits dieses Ziel unter Berufung auf die Medizin als empirische Wissenschaft erreichen zu wollen unter Verweis auf deren naturwissenschaftliche Objektivität.

Rechtlich wird man jedoch eingestehen müssen, so man eine greifbare normative Begrenzung der Reichweite von Eingriffen in die „Persönlichkeit" erlangen möchte, dass die „Psyche" dort, wo sie sich in die Umwelt äußert, genausowenig unbegrenzten Schutz genießen kann wie der Körper.[1842] Allein durch die menschliche Existenz und das Sozialleben hat der einzelne bestimmte, auch unangenehme Einwirkungen auf seinen Körper hinzunehmen, weil dieser notwendigerweise früher oder später durch äußere Betätigung der Selbstbestimmung mit dieser von anderen in Berührung gerät. Psychiatrische Zwangsbehandlung hat aber das Ziel, das Innere des Menschen direkt zu betreffen und zu verändern, damit das Äußere der Erwartung entspricht, wie Dritte sich das Verhalten einer Person wünschen – freilich in Wunsch und Glauben, dies entspreche auch dem „wahren Willen" des Betroffenen.

Die Manifestation der Handlung als Ausdruck des Willens wird gerade deswegen missachtet, weil der Wille als nicht authentisch angesehen wird. Im Grunde handelt es sich also um das Bestreben, aus dem Betroffenen einen anderen, einen besseren zu machen, ein anderes Selbst aus dem bestehenden zu generieren, welches der Vorstellung davon wie dieser Mensch sein will (besser: sein wollen würde) oder aus Sicht Dritter sein sollte besser gerecht wird. Die Norm des § 1906a Abs. 1 BGB intendiert also ein bestimmtes Verhalten, welches bei Nichteintritt – aus Sicht des Betroffenen – mit der Möglichkeit einer Sanktion (Zwang) verbunden ist. Man muss sich auch hier vor Augen halten, dass durch Zwang gegen ein Verhalten vorgegangen werden soll, welches keine Rechtskreise Dritter berührt und daher rechtlich nicht missbilligt ist und daher auch eigentlich nicht eingeschränkt werden braucht. Bei allem Wunsch der Gesundheit des Betroffenen dienen zu wollen, darf man dabei nicht verkennen, dass in dieser Konstellation immer die Möglichkeit besteht, der einzelne beuge sich der Behandlung nicht etwa, weil er die Notwendigkeit erkannt hat, sondern weil er

1842 Bublitz, ASRP 2014, 24.

die unangenehme „Sanktion" in Form der Zwangsbehandlung vermeiden will.[1843] Ob eine derartige Willensbeugung dann in einer authentischeren Beziehung zu dem Betroffenen steht, als seine eigene (wenn auch nur unter einem „natürlichen Willen" gefasste), kann nicht absolut beantwortet werden, muss jedoch unbedingt als Kernproblem paternalistischer Eingriffe berücksichtigt werden, wenn und soweit eine Intervention auf das Kriterium der Willensauthentizität gestützt wird. Als gesichert kann jedoch gelten, dass, ähnlich der Diskussion um die willensausschließende Gewalt bei Straftatbeständen mit Nötigungselementen (§§ 249, 253 StGB) Zwang nicht allein deswegen ausgeschlossen wird, weil sich der Betroffene in Erkennung der Aussichtslosigkeit fügt.[1844] Der Grund, aus welchem der Betreute die Behandlung letztlich durchführen lässt, unterscheidet sich also (höchstens) in seiner Intensität, nicht in seiner Qualität als Zwangswirkung. Ob dieser Austausch körperlichen gegen psychischen Zwang auch aus Sicht des Betroffenen subjektiv eine geringere Intensität aufweist, wird wohl nicht endgültig zu klären sein und hängt natürlich von der (ebenfalls schwierigen) Beantwortung der Frage ab, ob der Zwang als solcher überhaupt wahrgenommen wird. In jedem Fall erscheint es fragwürdig davon auszugehen, dass die Vermeidung körperlichen Zwangs gegenüber etwa dem Gefühl in absoluter Ohnmacht sich der fremdbestimmten Herrschaft über den eigenen Körper willentlich zu beugen in jedem Fall das „geringere Übel" darstellen soll. Es entspricht zwar der hier gewonnenen Erkenntnis, dass es bei paternalistischer Intervention gerade nicht darum geht, dass der Betroffene ein Einsehen hat, dass alles zu seinem Besten geschieht, so dass dies bei der Zwangsbehandlung im Ergebnis auch nicht der Fall sein kann. Wenn sich der Betreute jedoch der Behandlung nur der Unannehmlichkeit des Zwangs wegen beugt, dann kann zumindest das Ziel, die Behandlung an dem wohlverstandenen Interesse des Betreuten auszurichten, nicht mehr gedient sein.

Andererseits: Darf sich der Staat in diesem Falle damit begnügen, dass derjenige sein Verhalten überhaupt in dem gewünschten Sinne ändert und daher jedes Mittel recht ist? An dieser Stelle macht es, etwa anders als bei Gurt- und Helmpflicht, zumindest dort keinen Unterschied, wo die „Psyche" tatsächlich gezielt, etwa durch Psychopharmakotherapie, behandelt werden soll. Ganz gleich aus welchem Grund die Behandlung stattfindet, wird die Persönlichkeitsänderung

---

1843 Das Beispiel der Ordnungswidrigkeiten bei Sunstein, On the Expressive Function (1996), 2231.

1844 für eine Diskussion der vis absoluta und vis compulsiva in diesem Zusammenhang Düber, in: Schramme, 40f.

bezweckt und bei erfolgreicher Therapie auch eintreten. Dadurch liefe man Gefahr, dass die Behandlung als solche schon als Faktum feststünde und es lediglich auf das nötige Maß von Gewalt ankäme, die man zu ihrer Durchsetzung anwenden müsste. Man wäre wieder an dem eingangs kritisierten Punkt, Paternalismus als unvermeidbare, alternativlose und damit legitime Form von Intervention, gewissermaßen „reguläres Handwerkszeug“ staatlichen Rechtsgüterschutzes zu sehen, bei dem die Stellschraube solange angezogen wird, bis der gewünschte Effekt, den einzelnen zu seinem Wohl zu zwingen, „herausgepresst“ worden ist. Es sollte daher zumindest zu bedenken sein, dass durch das Betreuungsverhältnis der dahinterstehende Fürsorge- und Schutzauftrag gerade aufgrund der (vermuteten) Hilfsbedürftigkeit und des Leides des Betreuten entsteht, das daraus resultierende Gewaltverhältnis jedoch nicht durch „das Joch der staatlichen Fürsorge“[1845] ersetzt werden sollte. Ohne damit eine ethisch-moralische Vergleichbarkeit suggerieren zu wollen, erinnert die Konstellation, dass der vom Zwang Betroffene in Erkennen der Aussichtslosigkeit dem Zwang ohne Widerstand nachgibt, doch frappierend an die zu §§ 177, 179 StGB dargestellte Diskussion.

In dem Umstand, ein solcher Wille müsste sich auch außerhalb rechtsgeschäftlichen Handelns zur Berücksichtigung manifestieren, kann man auch ein weiteres Argument für die Zulässigkeit der „Odysseus-Verfügung“ sehen. Denn die Patientenverfügung ist genau das Forum, welches dem Patienten für diese antizipierte Willensäußerung errichtet wurde. Dem Patienten aufzubürden, im Zustand seiner Krankheit „willensstark“ zu bleiben und seinen früher gefassten Willen nur dann anzuerkennen, wenn er von sich aus trotz der Einflüsse der Krankheit an ihm festhält,[1846] kann wohl nur schwer mit dem Ziel der Erhaltung von Patientenautonomie und dem Wohl des Betreuten in Einklang gebracht zu werden, auch wenn der Staat grundsätzlich davon ausgehen muss, dass der einzelne seine Schwäche überkommen kann – in diesem Fall scheint das Gegenteil indes hinreichend sicher vorzuliegen. Das bedeutet aber auch, dass eine Meinungsänderung oder das Festhalten an der früheren Ansicht als rein innerer Vorgang nicht genügt und man wegen der Einflüsse der Krankheit auf Willensbildung und -äußerung die Authentizität dieser Äußerung in Frage stellt. Man

1845 Vgl. Geppert, 15, der dieses Argument im Zusammenhang mit dem Fürsorgeauftrag des Staates bei Strafgefangenen und der Frage der Legitimation von Zwangsernährung anbringt.

1846 Regan, in: Sartorius, 131.

wird dem Patienten nur auf diese Weise überhaupt die Möglichkeit einräumen können, in dieser Hinsicht eine verbindliche Entscheidung zu treffen.[1847]

Insbesondere bei psychischen Erkrankungen ließe sich diese Kette ansonsten beliebig fortführen: Ist der antizipierte Wille dem Patienten noch zuzurechnen, wenn nicht die Krankheit, sondern die Behandlung selbst die Persönlichkeit derart verändert, dass es sich womöglich um „einen anderen" handelt? Selbst wenn man sagen würde, Ziel der Behandlung könne nur die Wiederherstellung von Entscheidungsfähigkeit und damit die „alte Persönlichkeit" sein, so müsste man gleichsam untersuchen, inwieweit sich diese neue von der alten Person unterscheidet, ob sie in ihren wesentlichen Charaktermerkmalen, Wissen, Gefühlen und Überzeugungen mit dieser übereinstimmt. Welche gesamtrechtlichen Folgen dies hätte, ist, soweit ersichtlich, weitestgehend ungeklärt. Im Strafrecht beschränkt sich eine solche Betrachtung bisher auch nur für den Bereich der tatbezogenen Amnesie und deren Auswirkung auf die Schuldfähigkeit,[1848] wobei es dabei nicht um die eher leicht feststellbaren Amnesien aufgrund physischen Traumas geht, sondern um die schwerer feststellbaren dissoziativen Amnesien.[1849] Dabei ist jedoch nicht die Amnesie selbst Grund für eine fehlende oder verminderte Schuldfähigkeit, sondern sie dient nur als Indiz für die Frage, ob der Täter zum Tatzeitpunkt zur Einsicht in das Unrecht fähig war bzw. ob er diesbezüglich auch steuerungsfähig war.[1850] Die Zurechnung der Straftat selbst scheidet also nicht aus.

Für die Rechtsgeschäftslehre kann insofern allein auf § 130 Abs. 2 BGB abgestellt werden, dass es auf den Zeitpunkt der Abgabe der Willenserklärung ankommt, so dass die Frage der Geschäftsfähigkeit von der der Verfügungsbefugnis, die bei der Vornahme der Verfügung vorliegen muss, zu unterscheiden ist.[1851] Auch lässt ein späterer Wegfall der Testierfähigkeit die Wirksamkeit des Testaments insofern unberührt.[1852] In einer bisher wohl vereinzelt gebliebenen Entscheidung hatte das OLG Brandenburg die Klage des Innenministeriums auf Aufhebung einer Ehe, bei der der Mann wegen eines amnestischen Psychosyndroms (Korsakow-Syndrom), welches sich sowohl retrograd als auch anterograd äußerst,[1853] starke Gedächtnisschwierigkeiten hatte (und sich wohl an die

---

1847 Regan, in: Sartorius, 131.

1848 Giger et al., Fortschr Neurol Psychiatr 2012; 80: 370.

1849 Giger et al., Fortschr Neurol Psychiatr 2012; 80: 368; vor allem bei Tötungsdelikten, 369; siehe dazu auch M. G. Fischer, 69.

1850 BGH, Beschl v. 24.7.2012, 2 StR 82/12, abgedruckt bei Graf, 12.

1851 Siehe für die Frage der Auflassungserklärung OLG Celle, NJW 2006, 3501.

1852 Olzen, 80, Fn. 66.

1853 Brokate, 9.

Hochzeit nicht mehr erinnern konnte), mit der Begründung abgewiesen, dass es entscheidend auf die Geschäftsfähigkeit zum Zeitpunkt der Eheschließung ankomme, die in diesem Fall vorgelegen habe.[1854] Dies kann, auch wenn es sich bei der Einwilligung in ärztliche Heilbehandlungen nicht um eine Willenserklärung handelt und es dabei auch nicht um den Schutz von Drittinteressen geht, zumindest als Anhaltspunkt dafür dienen, dass solche Überlegungen vom Gesetzgeber schon nicht intendiert sind. Sie dürften nicht nur wegen der daraus resultierenden Rechtsunsicherheit abzulehnen sein, sondern auch wegen der wohl unüberwindlichen Aufgabe normativ begrenzende Kriterien zu entwickeln, anhand derer man die „personelle Identität" des veränderten jetzigen mit dem (authentischen) früheren Selbst irgendwie objektivieren und auch nur ansatzweise nachvollziehbar überprüfen könnte.

6.) Abschließende Überlegungen und Ausblick

Ziel ist es gewesen die Legitimationsschwierigkeiten darzustellen, welche sich bei paternalistischen Interventionen insbesondere im Kontext psychiatrischer (Zwangs-) Behandlungen ergeben können, da sie nicht auf den Wunsch des einzelnen gerichtet ist, selbstbestimmt handeln zu können, sondern darauf, wie Dritte die Auslebung dieser Selbstbestimmung und die Wahrnehmung der Rechte des Betroffenen gerne hätten. An dieser Stelle soll das potenzielle Selbst, welches unter anderen Bedingungen existieren könnte, zu bevorzugen sein. Es ließe sich zwar sagen, dass der Gesetzgeber mit der Ausgestaltung der Patientenverfügung diese Bewertung vorgenommen hat, wenn er dem „rationaleren Selbst" die Entscheidungsgewalt über das zukünftige, „unvernünftige" Selbst eingeräumt hat. Diese Überlegung muss jedoch insofern modifiziert werden, als dass auch hier eine Prognose stattfindet, die davon ausgeht, dass das zukünftige Selbst „unfreier" ist als das gegenwärtige. Dieser Wunsch ist zwar auch bei der Zwangsbehandlung Leitmotiv, doch auch er bleibt mit erheblicher Ungewissheit behaftet. Gemessen daran, dass auch hier das Fehlen der Entscheidungsautonomie positiv widerlegt werden muss, ist es nur folgerichtig, wenn der Gesetzgeber in § 1906a Abs. 1 BGB den „natürlichen Willen" als grundsätzlich beachtlich ansieht und die (strengen) Voraussetzungen formuliert, unter denen er überkommen werden kann.

Aus diesem Grund ist letztlich auch das Erfordernis der Notwendigkeit der Behandlung ein Problem, welches sich schon aufgrund der Begrifflichkeit nicht beseitigen lassen wird, weil durch das Aufstellen dieses

1854 OLG Brandenburg, Urt. v. 7.7.2010, 13 UF 55/09.

Notwendigkeitserfordernisses eine gewisse Indizwirkung gegen die Einsichtsfähigkeit des Betroffenen vorgegeben wird. Derjenige, der die Notwendigkeit der Behandlung nicht erkennt, handelt entgegen der Erwartungen und Vorstellungen desjenigen, der sie ihm angedeihen lassen will. Ensprechend *Murphy* kann man darin die Gefahr erkennen, unter dem Deckmantel einer vermeintlich wertneutralen, objektiven Beschreibung der Unfähigkeit eigentlich eine eigene moralische Bewertung vorzunehmen, weil man sich lediglich den Wunsch einer Verhaltensänderung nicht auszusprechen traue.[1855] Daher ist es auch wichtig, dass bei der Aufstellung von Kriterien der Handlungs-, Entscheidungs- oder Einsichtsunfähigkeit zwischen ihren konzeptionellen (und anthropologisch institutionellen) Anforderungen und der moralischen Komponente genauestens unterschieden und ermittelt wird, aus welchem Grund aus Sicht der Gesellschaft eine solche Unterscheidung überhaupt notwendig ist.

Eine Zugrundelegung von Drittperspektiven ist schon gesetzessystematisch nicht hinnehmbar, weil nicht nur bei der Einwilligung in die Heilbehandlung, sondern auch im Betreuungsrecht das Wohl (und damit seine Autonomie) des Patienten der einzig entscheidende Faktor ist, der Eingriffe in dessen Rechte legitimieren kann. Eine zwangsweise Persönlichkeitsveränderung hin zu einem von außen diktierten Ideal dürfte daher weder mit dem Recht aus Art. 2 Abs. 2 S. 1 GG vereinbar sein, noch mit dem allgemeinen Persönlichkeitsrecht aus Art. 2 Abs. 1 i.V.m. Art. 1 Abs. 1 S. 1 GG. Schon wegen der Problematik, dass die Notwendigkeit der Behandlung ansonsten anhand objektiver, medizinischer Maßstäbe allein durch den behandelnden Arzt bestimmt werden und daher bei gerichtlicher Überprüfung kein eigener richterlicher Entscheidungsraum bliebe (und es kann ohnehin nur die Einwilligung, nicht jedoch die Ablehnung der Behandlung durch den Betreuer kontrollieren), geschweigedenn ein eigener Beurteilungsspielraum für den Betreuer (denn wie soll dieser ohne medizinisches Wissen über medizinische Indikationslagen urteilen können?), muss die Notwendigkeit im Sinne des § 1906a BGB weitergehend eingeschränkt und noch vor der Verhältnismäßigkeitsprüfung des § 1906a Abs. 1 Nr. 5 BGB um das subjektive Element ergänzt werden, dass diese „Wiederherstellung" der Einsichtsfähigkeit[1856] dem Willen des Betreuten entspricht, ohne dass es dabei auf die Einschränkung der Abwendung einer erheblichen Gesundheitsgefahr gem. § 1906a Abs. 1 Nr. 1 BGB ankäme. Die dafür notwendigen Einrichtungen und Wertungen stellt das Betreuungsrecht bereits durch die § 1901a Abs. 1, 2,

1855 Murphy, 166.
1856 Vgl. BVerfG NJW 2011, 2113.

§ 1901b Abs. 2 BGB zur Verfügung. Liegt demnach eine Patientenverfügung vor oder lässt sich der mutmaßliche Wille des Betreuten ermitteln und steht dieser Wille jedweder psychiatrischen Zwangsbehandlung entgegen, so ist dieser in jedem Fall die Zustimmung zu versagen, der Betreuer *darf* sie nicht erteilen, der Arzt die Behandlung nicht anordnen. Ein sachlicher Grund im Sinne des Art. 3 Abs. 1 GG für eine Unterscheidung zwischen körperlicher und geistiger Erkrankung lässt sich insofern dafür nicht finden. Dies ist nur folgerichtig, wenn man in Loslösung vom dargestellten Homunculus-Gedanken davon ausgeht, dass jede psychische Erkrankung ihren Ursprung in einem körperlichen Defekt hat und eine gezielte und isolierte Behandlung einzelner „Persönlichkeitsaspekte" ein (zumindest derzeit) schlicht ausgeschlossen ist.

Daher ist *Bublitz* in Bezug auf die psychische Krankheit wie schon zuvor *Merkel* für den Fall der körperlichen Krankheit in diesem Punkt zu widersprechen, da sich die Legitimation nicht aus der Hoffnung ergeben kann, derjenige werde die Behandlung bei Wiedererlangung der Autonomie billigen. Dies kann sicherlich eine der Überlegungen sein, sie muss aber im Rahmen der Ermittlung des (mutmaßlichen) Willens des Betreuten stattfinden, ob dieser in Kenntnis aller Umstände im zuvor bestehenden Zustand von Einsichtsfähigkeit der Behandlung zugestimmt hätte. Alles andere liefe nicht nur auf die Legitimation ex post hinaus, man wäre auch wieder an dem vom RG gezeichneten Szenario, wo derjenige, der einen anderen Behandeln möchte, dies nur mit dem ernsthaften Bestreben der Wohlfahrtsförderung tun müsste, um nicht nur jeglichen Eingriff zu legitimieren, sondern auch seine Autorität über die Entscheidung von Krankheit und Gesundheit.

Durch Berücksichtigung dieser Leitgedanken kann zumindest der Versuch unternommen werden, die Ungleichbehandlung geistiger und körperlicher Krankheit auf den tatsächlichen Unterschied zu begrenzen, nämlich die beim psychisch Kranken verbliebene Handlungsfähigkeit und verbliebene (eingeschränkte) Selbstbestimmung, während gleichzeitig die grundsätzliche Autonomie des einzelnen über seine – geistige wie körperliche – Gesundheit und Integrität respektiert und anerkannt wird. Einen allgemeingültigen Lösungsansatz kann eine juristische Betrachtung nicht liefern, es darf aber auch bezweifelt werden, dass sich diese Frage aus medizinischer Perspektive wird abschließend beurteilen lassen. Welche Anforderungen an die Willenstätigkeit des Menschen gestellt werden, in welcher Art und Weise er sich in die Umwelt manifestieren muss, damit er verbindliche Ge- und Verbote entfaltet und ob der Mensch überhaupt seines eigenen Schicksals Herr ist, das hängt primär davon ab, welches Menschenbild die Gesellschaft und insbesondere der Rechtsstaat seinen Überlegungen zu Grunde legt: Das des Unmündigen, der seine Unzulänglichkeiten niemals überkommt und daher vor zu viel Freiheit und vor sich selbst beschützt werden muss – oder das des mündigen, selbstbestimmten Individuums, welches die Vorzüge des selbstbestimmten Handelns genießt, gleichzeitig aber auch mit den Nachteilen in Form von Fehleinschätzungen und Scheitern leben muss?

Dabei sollte vor allen Dingen berücksichtigt werden, dass bei aller Diskussion über den Begriff der Person und der Persönlichkeit, die zentrale Wertung des Grundgesetzes nicht aus dem Fokus gerät: Art. 1 Abs. 1 S. 1 GG kennt keine begriffliche Unterscheidung zwischen Person bzw. Persönlichkeit und Mensch.[1857] Es ist mit der eingangs dargestellten, unserem Grundgesetz als Wertordnung zugrundeliegenden Menschenbild nicht vereinbar, im Sinne reduktionistischer Personentheorie proportional zur Abnahme der kognitiven Fertigkeiten die moralischen Verpflichtungen demjenigen gegenüber zu reduzieren.[1858]

7.) Folgen für die Betreuungspraxis

Welche Folgen haben diese Erkenntnisse nun für die Rechtspraxis? Relevant wird diese Frage vor allem bei der Beurteilung durch Betreuer und Betreuungsrichter, wie mit Fällen des „natürlichen Willens" bei Einwilligungen in medizinische Behandlungen umzugehen ist, wann ein natürlicher Wille vorliegt oder zumindest hinreichend wahrscheinlich ist und welche grundsätzlichen Überlegungen anzustellen sind, um die Rechte eines psychisch kranken Betreuten zu wahren. Innerhalb der Systematik des § 1906a BGB muss man sich zunächst die konkrete Verwendung des Begriffes des „natürlichen Willens" vergegenwärtigen, der gerade keine authentisch-rationale Beziehung mehr zwischen Verfügungsgegenstand (körperliche Integrität und Gesundheit) und Verfügungssubjekt ausdrücken soll und dies gerade aufgrund eingeschränkter Geistestätigkeit.

Wegen der hohen Individualität der Betroffenen und der Erkenntnis, dass ein allgemeiner Maßstab für die Authentizität und Rationalität eines Willens oder seiner Betätigung nicht angenommen werden kann, lässt sich die Antwort wohl nur in sehr groben Zügen erteilen. Die Erkenntnisse, die zur mutmaßlichen Einwilligung, der Reichweite der Patientenverfügung und den Grundlagen der Einwilligung in ärztliche Heilbehandlungen gewonnen worden sind, können an dieser Stelle jedoch durchaus nutzbar gemacht werden. Dabei sollte zwischen zwei grundlegenden Konstellationen zu unterscheiden sein: Behandlungen,

---

1857 Lanzrath, 154.

1858 Vgl. dazu ausführlich Lanzrath, 154, der dies konkreter am Beispiel von Demenzkrankheit exerziert.

welche die „psychische Krankheit“ selbst betreffen, sie also lindern oder beseitigen sollen und Behandlungen, welche ein mit dieser nicht unmittelbar im Zusammenhang stehendes Leiden lindern oder beseitigen sollen. Diese Unterscheidung ist deswegen wichtig, da es vor dem Hintergrund der präsentierten Ergebnisse niemals Zweck einer Zwangsbehandlung nach § 1906a BGB sein kann, aus dem Betroffenen einen „anderen, besseren“ Menschen zu machen, solange es unmöglich ist, eine Veränderung der Persönlichkeit nur in Bezug auf die „psychisch kranken“ Teile zu bewerkstelligen. Solange Ziel der Behandlung nicht die Abwendung einer schweren Gesundheitsschädigung (durch selbstschädigendes Verhalten) oder Wiederherstellung von Entscheidungsfähigkeit ist, also nur der „kranke“ Teil der Persönlichkeit entfernt werden soll, darf diese Behandlung nicht mit Zwang durchgeführt werden.Es wird vorgeschlagen, bei der Ermittlung, ob ein entgegenstehender natürlicher Wille zu berücksichtigen ist, im Rahmen der Prüfung des „natürlichen Willens“ § 1906a Abs. 1 BGB grundsätzlich folgende Überlegungen anzustellen:

- Gleichwertigkeit von Einwilligung und Verweigerung der Behandlung; Da es auch bei „freier“ Willensbildung einem Patienten gestattet ist, eine medizinisch indizierte Behandlung ohne jeden Grund zu verweigern, ist die Ablehnung eines psychisch Kranken als Indikator für dessen Einwilligungsfähigkeit vollkommen ungeeignet, unabhängig von jeder Güterabwägung. Die Verweigerung einer Behandlung ist eine vollkommen wertfreie Handlung und Teil der freien Verfügung über die eigenen Rechtsgüter. Sie unterscheidet sich in ihrem ethisch-moralischen Wert nicht von der Einwilligung in eine Behandlung.
- Keine Rechenschaftspflicht für die Verweigerung der Behandlung; Der Betroffene darf nicht in die Situation gebracht werden, seine Entscheidung rechtfertigen oder erklären zu müssen. Es ist Sache der anderen Beteiligten, ihren Grundrechtseingriff zu legitimieren. Nachfragen oder Erforschungen verbieten sich nicht, eine eigenständige Bewertung einer etwaig vorliegenden Begründung (und sei sie für Außenstehende noch so unsinnig oder unschlüssig) ist als Anzeichen für eine eingeschränkte Willenstätigkeit bei der rechtlichen Bewertung untauglich.
- Keine grundsätzliche Missachtung von Handlungen, die möglicherweise reine Reflexhandlungen sind oder sich zumindest nur als solche darstellen; Die Abgrenzung zwischen Ablehnung als Zeichen eines kognitiv gesteuerten und von einer Auseinandersetzung mit der eigenen Wertordnung getragene willensäußernde Handlung und reinem Reflexhandeln erscheint schwierig bis unmöglich. Dennoch darf bei auch unterstellt wenig verbliebener Willenstätigkeit diese letzte Bastion der Abwehr vor als negativ empfundenen Einflüssen nicht grundsätzlich als unbeachtlich betrachtet werden.

- Einhaltung und Beachtung der Grundsätze des *informed consent* bei der Ermittlung der „Willensauthentizität"; Wie dargestellt hat sich im klinischen Alltag bewahrheitet, dass auch bei psychischen Krankheiten eine Aufklärung notwendig ist und zu einer höheren compliance führt. Die Aufklärung ist damit einer der wichtigsten Indikatoren für die Ermittlung der Willensfähigkeit, da ein direktes feedback des Betroffenen zu der ihm angedachten Behandlung entsteht und so ermöglicht wird zu ermitteln, ob und in welchem Rahmen der Betroffene einen an seinen inneren Wertvorstellungen gemessenen Bezug zwischen seinem Zustand, der Krankheit und der intendierten Behandlung herstellen kann. Spiegelbildlich sollte bei erteilter Einwilligung ermittelt werden, ob der Betreute hierbei nicht ebenfalls aufgrund seiner eingeschränkten Geistestätigkeit Willensmängeln unterliegt und seine Einwilligung bei konsequenter Betrachtung unwirksam wäre. Es ist stets zu berücksichtigen, dass eine Einwilligung auch aus Furcht vor Zwang oder der Vorstellung von sonstigen Repressalien betroffen zu werden erteilt wird.
- Willensermittlung entsprechend den Grundsätzen zur Ermittlung des mutmaßlichen Willens; Wenn unterstellt wird, aufgrund psychischer Erkrankung sei der Betroffene nicht in der Lage, „freie" Entscheidungen zu treffen, ist die Problemlage im Grunde mit derjenigen vergleichbar, welche sich bei der Frage der mutmaßlichen Einwilligung ergibt. Daher ist es zur Ermittlung eines etwaig „natürlichen" Willens notwendig, exakt dieselben Maßnahmen zur Ermittlung zu unternehmen, wie sie bei einer „fehlenden" Willensfähigkeit vorzunehmen wären, um die „Freiheit" der Willensentscheidung zu widerlegen. Eine zuvor verfasste Patientenverfügung kann auch dann, wenn sie diesen Fall nicht betrifft, bei der Ermittlung dienlich sein.
- Zwingende Berücksichtigung einer Patientenverfügung, insbesondere einer sog. Odysseus-Verfügung; Sobald in einer Patientenverfügung der Sonderfall psychischer Krankheit geregelt ist, hat diese Festlegung Vorrang vor jeder anderen Ermittlung des Willens. Zwangsbehandlungen, welche auf die Beseitigung der Geistesstörung abzielen, sind dann zulässig, wenn sie in der Patientenverfügung geregelt worden ist. Der § 1906a BGB ist dann nicht mehr einschlägig.

Insbesondere durch die explizite Erwähnung der Patientenverfügung bzw. dem Willen nach § 1901a BGB in § 1906a Abs. 1Nr. 3 BGB hat der Gesetzgeber sich deutlich in Richtung der hier präsentierten Erkenntnisse positioniert und den Weg frei gemacht für die vorgestellten „Odysseus-Verfügungen" als psychiatrische Patientenverfügung. Es bleibt indes abzuwarten, ob die Rechtsprechung sich ähnlich der jüngeren Rechtsprechung zum Behandlungsabbruch von lebenserhaltenden Maßnahmen entwickeln und diese Stärkung der Patientenautonomie gerade in diesem höchstpersönlichen und sensiblen Bereich wieder aufweicht.

8.) Zusammenfassung der Ergebnisse

Die Debatte um Paternalismus im Sinne staatlichen Schutzes des einzelnen vor Selbstschädigungen hat ihren Ursprung in der utilitaristischen Staatstheorie von *John Stuart Mill* und der Pflichtenethik *Immanuel Kants*. Unter Paternalismus ist die Intervention eines Dritten zur Abwendung von Selbstschädigung zu verstehen, bei der der Paternalist seinen Willen an die Stelle des Willens des Betroffenen setzt, dabei im wohlmeinenden Interesse des Betroffenen handelt und die eigene Einschätzung als überlegen ansieht. Wegen der Unmöglichkeit der Objektivierbarkeit individueller Wertordnungen kann im Hinblick auf die maximale Freiheitsgarantie der Grundrechte und die allgemeine Handlungsfreiheit aus Art. 2 Abs. 1 GG, die keine Einschränkung zugunsten eigener Rechte kennt, ein Grundrechtseingriff zu eigenen Gunsten höchstens mit dem Ziel der Erhaltung oder Wiederherstellung von Selbstbestimmung legitimiert werden. Dies kann sich denkbar überhaupt nur aus einem weiten Verständnis der Wesensgehaltsgarantie aus Art. 19 Abs. 2 GG ergeben, welches an sich legitime Grundrechtsbetätigungen dem Erhalt der Grundlage des in Frage stehenden Grundrechts unterordnet. Bei dem Eingriff zum Schutz vor Selbstschädigung sind, um überhaupt denkbar in den Bereich einer verfassungsrechtlichen Rechtfertigung kommen zu können, im Rahmen einer Verhältnismäßigkeitsprüfung Nutzen und Risiken zu berücksichtigen, die diese für die Autonomie des Betroffenen hat oder haben kann.

Das Selbstbestimmungsrecht über das eigene Leben und den Körper leitet sich aus Art. 2 Abs. 2 GG und dem allgemeinen Persönlichkeitsrecht her. Dabei sind Leib und Leben Grundlage jeder Autonomie. Daraus ergibt sich, dass autonome Selbsttötungen und Selbstschädigungen vom Staat zu respektieren sind und er denkbar überhaupt nur bei Zweifeln an der Selbstbestimmtheit der Entscheidung eingreifen könnte. Wegen des Auftrags effektiven Rechtsgüterschutzes des Gefahrenabwehrrechts und dem Umstand, dass Selbsttötungen häufig Affekthandlungen sind, kann wegen der Hochrangigkeit der Verfassungsgüter aus Art. 2 Abs. 2 S. 1 GG keine zu hohe Anforderung an die Interventionsschwelle gesetzt werden. Dabei ist die Auffassung, dass Selbstschädigungen und -gefährdung wegen daraus resultierender rechtlicher oder sozialer Belastungen rechtswidrig sind, wegen Verstoßes gegen Art. 1 Abs. 1 S. 1 GG abzulehnen. Aus der Freiheitsgarantie der Grundrechte ergibt sich, dass sich stets der Staat bei seinem Eingriff zu legitimieren hat und nicht der einzelne für seine Handlung. Die Darstellung der Kasuistik zu Gurt- und Helmpflicht zeigt, dass sich die Rechtsprechung zunehmend von Drittschutzüberlegungen entfernt hat. Dies stellt die verfassungsrechtliche Legitimation von paternalistischem Schutz durch Gurt- und Helmpflichten jedoch zunehmend in Frage. Zu unterscheiden davon ist eine Haftung gegenüber Dritten, bei der deren Rechtskreise zwar durch die

Selbstgefährdung berührt werden können, es jedoch darauf ankommt, ob die Selbstgefährdung sich auch in dem Schadensereignis als verantwortlicher Teilbeitrag niedergeschlagen hat oder lediglich in ihrer Folge. Ist die Handlung allein durch den Schädiger zu verantworten, können eventuell zuvor stattgefundene Selbstgefährdungen in Form schlichter Nichtergreifung von Schutzmaßnahmen nicht zu einer Missbilligung zulasten des Geschädigten führen.

Die Rechtsprechung des 20. Jahrhunderts veränderte durch das Konzept des *informed consent* und dem damit verbundenen Aufklärungs- und Einwilligungserfordernis das Verständnis des Arzt-Patienten-Verhältnis und führte zu einer Veränderung in der biomedizinischen Ethik. Dem heutigen Verständnis der Behandlung entspricht es, sich von paternalistischer Entscheidungshoheit des Arztes zu entfernen, hin zu einem Verhältnis, in dem sich Arzt und Patient als Gleichberechtigte gegenüberstehen und auf eine gemeinsame Behandlungsentscheidung hinwirken.

Die Vernunft einer Entscheidung ist nicht anhand eines objektiven Maßstabes zu bewerten, sondern anhand der subjektiven Werteordnung des Patienten, dessen Wünschen, Zielen und Bedürfnissen. Bei der Einwilligung handelt es sich daher nicht um rechtsgeschäftliches oder rechtsgeschäftsähnliches, sondern um faktisches Realhandeln mit ausschließlichem Grundrechtsbezug. Es ist daher auch zwischen der Trägerschaft eines Grundrechts und der Fähigkeit der Ausübung zu unterscheiden. Das Aufklärungserfordernis kann dabei nicht dazu dienen, eine umfassend rationale Entscheidung zu erzwingen, sondern muss nur den dafür notwendigen Raum zur Verfügung stellen.

Die Einwilligung setzt als faktisches Handeln keine Geschäftsfähigkeit voraus, sondern nur eine natürliche Willens- und Einsichtsfähigkeit in Bezug auf die Tragweite der Entscheidung. Der Gesetzgeber hat durch die Einführung des Begriffs des „natürlichen Willens“ in § 1906a Abs. 1 BGB zu einer gewissen Konfusion beigetragen, da dieser das genaue Gegenteil bezeichnen soll. Der Begriff der Natürlichkeit eines Willens wird im Zivil- und Strafrecht an vielen Orten unterschiedlich verwendet. Bei einer Gesamtbetrachtung muss sich dieser natürliche Wille stets auf einen bestimmen Herrschaftsbereich beziehen, welcher dem Rechtsträger von „Natur aus“ zugewiesen ist und dieser innerhalb dieser Zuweisung eine „natürliche“ Beziehung aufbauen. Dabei kann der Wille grundsätzlich nur dort rechtlichen Schutz genießen, wo er sich durch irgendeine Form der Äußerung in der Welt manifestiert. In der Medizin wird der Begriff hingegen in der vom Gesetzgeber intendierten Bedeutung als ein beschränkter, nicht freier Wille verstanden. Die Problematik, inwiefern insbesondere nonverbale Äußerungen als Ausdruck eines dahinterstehenden Willens zu beachten ist, ist umstritten. Aus rechtlicher Sicht ist darauf zu achten, dass dies nicht zu einem

Unterlaufen freier Willensentscheidung führt, in dem dieser Wille einem zuvor geäußerten Willen mit dem Ziel von Lebens- und Gesundheitsschutz immer vorzuziehen sein soll.

Die mutmaßliche Einwilligung ist eine in Zivil- und Strafrecht anerkannte Rechtfertigung, bei der der Wille des Betroffenen durch Dritte ermittelt wird, weil dieser nicht oder nicht rechtzeitigt erreicht werden kann. Auch hier muss sich die Herleitung so dicht wie möglich an den subjektiven Wünschen und Vorstellungen des Patienten orientieren, damit dieser der tatsächlichen Einwilligung gleich an deren Stelle treten kann. Ein Problemkreis ergibt sich dort, wo ein solcher freier Wille niemals entstehen konnte. Nur dort allein ist Raum für eine normative Betrachtung, wie sich ein durchschnittlicher Mensch verhalten würde. Die mutmaßliche Einwilligung dient der Erhaltung der Autonomie des Patienten.

Im Gegensatz dazu ist die hypothetische Einwilligung ein reines Instrument der Haftungsbeschränkung des Arztes, bei der dieser sich durch den Verweis exkulpieren kann, der Patient hätte auch bei korrekter Aufklärung eingewilligt. Da die tatsächliche Einwilligung hätte eingeholt werden können, widerspricht dies deren Vorrang. Da die Einwilligung eine der Kardinalspflichten des Arztes ist und diese allein dessen Verantwortungsbereich zuzuordnen ist, ist die Figur der hypothetischen Einwilligung abzulehnen, weil sie keine Anreize für die Achtung der Patientenautonomie setzt. Eine Ausuferung der Haftung des Arztes kann zum einen durch eine umfassende Aufklärung verhindert werden, zum anderen etwa durch eine verpflichtende Berufshaftpflichtversicherung.

Die Patientenverfügung ist in § 1901a BGB geregelt und stellt als antizipierte Einwilligung eine Zwischenstufe zwischen der tatsächlichen und mutmaßlichen Einwilligung dar. Wegen ihres Charakters als rein faktisches Handeln bedarf sie ebenfalls keiner Geschäftsfähigkeit und auch keiner zuvor erfolgten ärztlichen Aufklärung. Sie entfaltet bei Vorliegen der Voraussetzungen unmittelbare Wirkung gegenüber Betreuer und Arzt, sodass bei Kongruenz zwischen diesen eine gerichtliche Überprüfung nicht erfolgt. Dabei ersetzt der Betreuer den Willen des Patienten nicht durch den eigenen, sondern verschafft diesem durch Tätigwerden unmittelbare Geltung. Nur bei Nichtvorliegen einer einschlägigen Patientenverfügung kann der mutmaßliche Wille ermittelt werden. Wegen der nunmehr eingeführten Rechtsfigur des natürlichen Willens ergibt sich ein Problemkreis bei der Frage, ob dieser zum Widerruf einer Patientenverfügung ausreichen soll. Wegen der durch den Gesetzgeber vorgenommenen Einordnung, dass der natürliche Wille unter bestimmten Voraussetzungen unbeachtlich sein soll, ergibt sich auch hier der Vorrang der zuvor selbstbestimmt getroffenen Entscheidung. Als erweitertes Vorsorgeinstrument zur Lösung dieser Problematik wird die Zulässigkeit von sogenannten „Odysseus-Verfügungen" als reine Intensivierung der Selbstbindung durch die Patientenverfügung dargestellt und deren Konflikt mit dem Wortlaut des § 1901a Abs. 1 BGB erläutert.

Mit der Neuregelung des § 1906a BGB hat der Gesetzgeber auf die Rechtsprechung von BVerfG und BGH reagiert und deren Vorgaben im BGB und dem FamFG weitestgehend umgesetzt. Der Unterschied zwischen körperlicher und psychiatrischer Einwilligungsunfähigkeit ergibt sich daraus, dass bei geistigen Krankheiten Handlungsfähigkeit verbleibt und der Kranke nicht durch seinen Zustand, sondern durch sein krankheitsbedingtes Verhalten gefährdet ist. Dabei existiert kein allgemeingültiger Krankheitsbegriff, sondern eine Vielzahl von Krankheitsbegriffen, die sich auf einen juristischen Bezugsrahmen beziehen. Der für die ärztliche (Heil- und Zwangs-) Behandlung maßgebliche Bezugspunkt ist dabei die Autonomie des Betroffenen, ob deren Heilung nach dessen Wertesystem notwendig ist. Im Sinne eines Rechtes auf mentale Selbstbestimmung und einem Recht auf geistige Krankheit ist daher bei der Notwendigkeit einer Behandlung gemäß § 1906a Abs. 1 BGB auf den im Zustand freier Willensbildung geäußerten Willen, bei dessen Nichtvorliegen auf die Ermittlung des mutmaßlichen Willens abzustellen, ob eine Zwangsbehandlung, deren einziges Ziel die Erhaltung oder Wiederherstellung von Selbstbestimmung sein kann, dem so ermittelten Willen des Betreuten entspricht. Auch hier kann dann auf normative Kriterien erst zurückgegriffen werden, wenn ein solcher niemals vorgelegen hat oder rechtzeitig ermittelt werden kann.

Allgemeingültige Grundsätze, anhand derer sich ein „freier" von einem „natürlichen" Willen unterscheiden ließe, sind für die Praxis wegen der hohen Individualität der Fälle nur schwer zu formulieren. Bei der Ermittlung des natürlichen Willens in § 1906a BGB sollten aber Grundsätze eingehalten werden: Gleichwertigkeit von Einwilligung und Verweigerung der Behandlung, keine Rechenschaftspflicht für die Verweigerung der Behandlung, Berücksichtigung auch von Handlungen, die möglicherweise reine Reflexhandlungen sind oder sich zumindest nur als solche darstellen, Einhaltung und Beachtung der Grundsätze des *informed consent* bei der Ermittlung der „Willensauthentizität", Willensermittlung entsprechend der Grundsätz zur Ermittlung des mutmaßlichen Willens, zwingende Berücksichtigung einer Patientenverfügung, insbesondere einer sog. Odysseus-Verfügung.

Literaturverzeichnis

van Aaken, Anne, Begrenzte Rationalität und Paternalismusgefahr: Das Prinzip des schonendsten Paternalismus, in: Anderheiden, Michael; Heinig, Hans W.; Bürkli, Peter; Kirste, Stephan; Seelmann, Kurt (Hrsg.), Paternalismus und Recht: In memoriam Angela Augustin (1968–2004), Tübingen 2006, 109.

van Aaken, Anne, „Rational Choice" in der Rechtswissenschaft, Baden-Baden 2003.

Ackermann, Thomas, Der Schutz des negativen Interesses, Tübingen 2004.

Adomeit, Klaus, Die gestörte Vertragsparität – ein Trugbild, NJW 1994, 1467.

Albers, Marion, Zur rechtlichen Ausgestaltung von Patientenverfügungen, MedR 2009, 138.

Alberts, Hermann, Sterben mit Genehmigungsvorbehalt?, BtPrax 2003, 139.

Albrecht, Andreas; Albrecht, Elisabeth, Die Patientenverfügung, Bielefeld 2009.

Albrecht, Andreas; Albrecht, Elisabeth; Die Patientenverfügung – Jetzt gesetzlich geregelt, MittBayNot 2009, 426.

Amelung, Knut, Einwilligungsfähigkeit und Rationalität, JR 1999, 45.

Amelung, Knut, Probleme der Einwilligungsfähigkeit, R&P 1995, 20.

Amelung, Knut, Über die Einwilligungsfähigkeit, ZStW 104 (1992), 526.

Amelung, Knut, Vetorechte beschränkt Einwilligungsunfähiger im Grenzbereich medizinischer Intervention, Berlin et al. 1995.

Anderheiden, Michael, Gemeinwohl und Republik, Tübingen 2006.

Antoine, Jörg, Aktive Sterbehilfe in der Grundrechtsordnung, Berlin 2004.

Arlen, Jennifer, Comment: The Future of Behavioral Economic Analysis of the Law, Vand. Law Review 1998, 1765.

Arzt, Gunther, Die Delikte gegen das Leben, ZStW 83 (1971), 1.

Arzt, Gunther, Recht auf den eigenen Tod?, JR 1986, 309.

Arzt, Gunther, Über die subjektive Seite der objektiven Zurechnung, in: Duttge, Gunnar; Geilen, Gerd; Meyer-Goßner, Lutz; Warda, Günter (Hrsg.), Gedächtnisschrift für Ellen Schlüchter, Köln 2002, 63.

Atkinson, Jacqueline M., Advance Directives in Mental Health: Theory, Practice and Ethics, London 2007.

Aulehner, Josef, Grundrechte und Gesetzgebung, Tübingen 2011.

Ballhausen, Benedikt, Das arztrechtliche System als Grenze der arbeitsteiligen Medizin, Göttingen 2013.

Baltz, Petra, Lebenserhaltung als Haftungsgrund, Berlin et al. 2010.

Baston-Vogt, Marion, Der sachliche Schutzbereich des zivilrechtlichen allgemeinen Persönlichkeitsrechts, Tübingen 1997.

Bauer, Axel W., Grenzen der Selbstbestimmung am Lebensende: Die Patientenverfügung als Patentlösung?, ZfmE 55 (2009), 169.

Baujard, Antoinette, Beyond the Consent Dilemma in Libertarian Paternalism, a Normative Void, Homo Oeconomicus 32(2), 2015, 301.

Baumann, Jürgen, Zwangsweise Lebenserhaltung im Strafvollzug, ZRP 1978, 35.

Baumann, Wolfgang; Hartmann, Christian, Die zivilrechtliche Absicherung der Patientenautonomie am Ende des Lebens aus der Sicht der notariellen Praxis, DNotZ 2000, 594.

Beahrs, John O.; Gutheil, Thomas G., Informed Consent in Psychotherapy, American Journal of Psychiatry 2001, 158:4.

Beauchamp, Tom L.; Childress, James F., Principles of Biomedical Ethics, 7.Auflage, New York 2013.

Beck, Birgit, Kunden, die dieses neurale Aktivitätsmuster zeigten, kauften auch… Nudge durch Neuroökonomie?, in: Ach, Johann S.; Lüttenberg, Beate; Nossek, Alexa, Neuroimaging und Neuroökonomie, Berlin 2015, 79.

Becker, Walter, Die Eigenentscheidung des jungen Menschen, Gedanken zur Emanzipation im Kindesrecht, in: Habscheid, Walther J.; Gaul, Hans Friedhelm; Mikat, Paul (Hrsg.), Festschrift für Friedrich Wilhelm Bosch zum 65. Geburtstag 2. Dezember 1976, Bielefeld 1976, 37.

Beckert, Frauke, Strafrechtliche Probleme der Suizidbeteiligung und Sterbehilfe unter der besonderen Berücksichtigung historischer und ethischer Aspekte, Maastricht et al. 1996.

Beckmann, Jan Peter, Zu Grundlage und Umsetzung der gesetzlichen Regelung der Patientenverfügung aus ethischer Sicht, Jahrbuch für Wissenschaft und Ethik 15 (2010), 221.

Beckmann, Rainer, Der „natürliche Wille" – ein unnatürliches Rechtskonstrukt, JZ 2013, 604.

Beermann, Christopher, Die Patientenverfügung FPR 2010, 252.

Behrends, Okko, Das Schiff des Theseus und die skeptische Sprachtheorie. Die Rationalität der antiken römischen Rechtsysteme und das romantische Rechtsbild Dieter Nörrs, INDEX 37, 397.

Behrens, Peter, Die ökonomische Grundlage des Rechts, Tübingen 1986.

Belling, Detlev W., Die Entscheidungskompetenz für ärztliche Eingriffe bei Minderjährigen, FuR 1990, 68.

Bender, Albrecht W., Das Verhältnis von ärztlicher Schweigepflicht und Informationsanspruch bei der Behandlung Minderjähriger, MedR 1997, 7.

Bender, Albrecht W., Entbindungsmethoden und ärztliche Aufklärungspflicht, NJW 1999, 2706.

Berger, Christian, Privatrechtliche Gestaltungsmöglichkeiten zur Sicherung der Patientenautonomie am Ende des Lebens, JZ 2000, 797.

Bergk, Johan Adam, Untersuchungen aus dem Staats-, Natur- und Völkerrechte, Leipzig 1796.

Berner, Georg; Köhler, Gerd Michael; Käß, Robert, Polizeiaufgabengesetz, 20. Auflage, München 2010.

Beurskens, Michael, Privatrechtliche Selbsthilfe, Tübingen 2017.

Bichlmeier, Gerd, Die Wirksamkeit der Einwilligung in einen medizinisch nicht indizierten ärztlichen Eingriff, JZ 1980, 53.

Bienwald, Werner, Anmerkung zu BVerfG B1 BvR 487/99, FamRZ 2002, 314.

Böckenförde, Ernst-Wolfgang, Grundrechtstheorie und Grundrechtsinterpretation, NJW 1974, 1529.

Börgers, Niclas; Frister, Helmut, Rechtliche Probleme im Zusammenhang mit der Kryokonservierung von Keimzellen, HFR 1/2010, 1.

Bollweg, Hans Georg; Brahms, Katrin, „Patientenrechte in Deutschland" – Neue Patientencharta, NJW 2003, 1505.

Blease, Charlotte R., Informed Consent, the Placebo Effect and Psychodynamic Psychotherapy, in: Thomas Schramme (ed.), New Perspectives on Paternalism and Healthcare, Berlin et al. 2015, 163.

Bloy, René, Der strafrechtliche Schutz der psychischen Integrität, in: Arnold, Jörg; Burkhard, Björn; Gropp, Walter; Heine, Günter; Koch, Hans-Georg; Lagodny, Otto; Perron, Walter; Walther, Susanne (Hrsg.), Menschengerechtes Strafrecht. Festschrift für Albin Eser zum 70. Geburtstag, München 2005, 233.

Bloy, René, Zur Reichweite von §239 Abs. 1 StGB, ZStW 96 (1984), 703.

Blumenthal, Jeremy A., Emotional Paternalism, Florida State University Law Review 2007, 35, 1.

Bobbert, Monika, Sterbehilfe als medizinisch assistierte Tötung auf Verlangen: Argumente gegen eine rechtliche Zulassung, in: Düwell, Marcus; Steigleder, Klaus (Hrsg.), Bioethik. Eine Einführung, Frankfurt a.M. 2002, 314.

Bock, Rolf-Werner, Ärztliche Behandlungsfehler aus Sicht des Juristen, in: Schumpelick, Volker; Vogel, Bernhard (Hrsg.), Arzt und Patient. Eine Beziehung im Wandel, Freiburg i. Br. et al 2006, 414.

Bock, Thomas, Grundrechte in der Psychiatrie, in: Pfäfflin, Friedemann; Appelt, Hertha; Krausz, Michael; Mohr, Michael (Hrsg.), Der Mensch in der Psychiatrie, Berlin et al. 1988, 205.

Böcker, Felix, Suizide und Suizidversuche, Stuttgart 1973.

Böcker, Phillipp, Die „hypothetische Einwilligung“ im Zivil- und Strafrecht, JZ 2005, 926.

Bollbacher, Florian; Stockburger, Jochen; Der ärztliche Heileingriff in der strafrechtlichen Fallbearbeitung, Jura 2006, 908.

de Boor, Wolfgang, Bewußtsein und Bewußtseinsstörungen, Berlin et al. 1966.

Bosch, Friedrich Wilhelm, Grundsatzfragen des Beweisrechts, Bielefeld 1963.

Bosch, Friedrich Wilhelm, Zum Urteil des Bundesverfassungsgerichts vom 29. Juli 1959, FamRZ 1959, 202.

Bottke, Wilfried, Suizid und Strafrecht, Berlin 1982.

Brauer, Daniel, Autonomie und Familie, Berlin et al. 2013.

Brehmer, Nikolaus, Wille und Erklärung, Baden-Baden 1992.

Bringewat, Peter, Strafbarkeit der Beteiligung an fremder Selbsttötung, ZStW 87 (1975), 622.

Brock, Dan W.; Wartman, Steven A., When competent patients make irrational choices, in: Brock, Dan W., Life and Death: Philosophical Essays in Biomedical Ethics, Cambridge 1993, 80.

Brokate, Barbara, Exekutive Funktionen bei Korsakow-Syndrom und Alkoholabhängigkeit, Oldenburg 2009.

Brosey, Dagmar, Psychiatrische Patientenverfügungen nach dem 3. Betreuungsrechtsänderungsgesetz – Wille und Behandlungswünsche bei psychiatrischer Behandlung und Unterbringung, BtPrax 2010, 16.

Brückner, Sarah, Das medizinische Selbstbestimmungsrecht Minderjähriger, Marburg 2014.

Bublitz, Jan Christoph, Der (straf-)rechtliche Schutz der Psyche, RW 2011, 28.

Bublitz, Jan Christoph, Freedom of Thought in the Age of Neuroscience, ARSP 2014, 1.

Bublitz, Jan Christoph, Habeas Mentem? Psychiatrische Zwangseingriffe im Maßregelvollzug und die Freiheit gefährlicher Gedanken, ZIS 2011, 714.

Buchanan, Allan E.; Brock, Dan W.; Deciding for Others. The Ethics of Surrogate Decision Making, Cambridge et al. 1990.

Burghofer, Karin; Lackner, Christian K., Tun und Lassen in der Notfallmedizin, Notfall & Rettungsmedizin 2006, 685.

Burrows, Paul, Analyzing Legal Paternalism, International Review of Law and Economics 1995 (15), 489.

Camerer, Colin; Issacharoff, Samuel; Loewenstein, George; O'Donogue, Ted; Rabin, Matthew, Regulation for Conservatives: Behavioral Economics and the Case for “Asymmetric Paternalism”, University of Pennsylvania Law Review, Vol.151 (2003), 1211.

Canaris, Claus-Wilhelm, Verfassungs- und europarechtliche Aspekte der Vertragsfreiheit in der Privatrechtsgesellschaft, in: Lerche, Peter; Badura, Peter; Scholz, Rupert (Hrsg.), Wege und Verfahren des Verfassungslebens: Festschrift für Peter Lerche zum 65. Geburtstag, München 1993, 873.

Chapman, Blake, Why Nudge?, European Journal of Risk Regulation 2014, 5:2, 280.

Cholbi, Michael, Suicide: The Philosophical Dimensions, Toronto et al. 2011.

Clarke, Simon, A definition of paternalism, Critical Review of International Social and Political Philosophy 5 (2002), 81.

Coons, Christian; Weber, Michael, Introduction: Paternalism – Issues and trends, in: Coons, Christian, Weber, Michael (eds.), Paternalism: Theory and Practice, New York 2013, 1.

Cooter, Robert D.; Ulen, Thomas, Law and Economics, 6. Auflage, Upper Saddle River 2011.

Cserne, Péter, Freedom of Contract and Paternalism, New York 2012.

Cuca, Roberto, Ulysses in Minnesota: First Steps Toward a Self-Binding Psychiatric Advance Directive Statute, Cornell Law Review 78:6 (1993), 1152.

Culver, Charles M.; Gert, Bernard, Philosophy in Medicine, New York 1982.

Culver, Charles M., Gert, Bernard, „The morality of involuntary hospitalization", in: Spicker, Stuart; Healy, Joseph M; Engelhart, H. Tristram, (eds.), The Law Medicine Relations: A Philosophical Exploration, Boston 1981, 159.

Czinczoll, Rupert, Solidaritätspflichten bei der Selbsttötung, Bonn 1984.

Dahm, Franz-Josef, Ärztliche Entscheidung unter Reanimationsbedingungen aus rechtlicher Sicht und „passive" Euthanasie, Bochum 1978.

Danz, Stefan; Pagel, Cornelia, Wem gehört die Nabelschnur? MedR 2008, 602.

Dasch, Norbert, Die Einwilligung in das Recht am eigenen Bild, München 1990.

Davis, John K., How to Justify Enforcing a Ulysses Contract When Ulysses is Competent to Refuse, Kennedy Institute of Ethics Journal, 2008 Mar; 18(1):87.

Dederer, Hans-Georg, Korporative Staatsgewalt, Tübingen 2004.

Deger, Johannes, Waffeneinsatz gegen Selbstmörder?, NVwZ 2001, 1229.

Deinert, Horst, Betreuungszahlen 2011, BtPrax 242.

v. Dellinghausen, Ulrike Baronin, Sterbehilfe und Grenzen der Lebenserhaltungspflicht des Arztes, Düsseldorf 1981.

Dettmers, Wibke Maria; Weis, Wolf Morit, Betreuungsrecht für die Praxis, Bielefeld 2017.

Deutsch, Erwin, Der Zeitpunkt der ärztlichen Aufklärung und die antezipierte Einwilligung des Patienten, NJW 1979, 1905.

Deutsch, Erwin, Schutzbereich und Tatbestand des unerlaubten Heileingriffs im Zivilrecht, NJW 1965, 1985.

Deutsch, Erwin; Spickhoff, Andreas, Medizinrecht, 7. Auflage, Berlin et al. 2014.

Diederichsen, Uwe, Bemerkungen zu Tod und rechtlicher Betreuung, in: Amelung, Knut; Beulke, Werner; Lilie, Hans; Rosenau, Henning; Rüping, Hinrich; Wolflast, Gabriele (Hrsg.), Strafrecht, Biorecht, Rechtsphilosophie: Festschrift für Hans-Ludwig Schreiber zum 70. Geburtstag am 10. Mai 2003, Heidelberg 2003, 635.

Diederichsen, Uwe, Zur Begriffstechnik richterlicher Rechtsfortbildung, in: Behrends, Okko (Hrsg.), Festschrift für Franz Wieacker zum 70. Geburtstag, Göttingen 1978, 325.

Diehn, Thomas; Rebhan, Ralf, Vorsorgevollmacht und Patientenverfügung, NJW 2010, 326.

Diener, Jens, Patientenverfügungen psychisch kranker Personen und fürsorglicher Zwang, Berlin 2013.

Dietricht, Lutz, Einverständliche sexuelle Kontakte zwischen Psychotherapeuten und Klienten, Marburg 2001.

Dölling, Dieter, Suizid und unterlassene Hilfeleistung, NJW 1986, 1011.

Dodegge, Georg, Zwangsbehandlung und Betreuungsrecht, NJW 2006, 1627.

Drerup, Johannes, Paternalismus, Perfektionismus und die Grenzen der Freiheit, Paderborn et al. 2013.

Dresser, Rebecca, Bound to Treatment: The Ulysses Contract, Hastings Center Report 14:3 (1984), 13.

Drews, Bill; Wacke, Gerhard; Vogel, Klaus; Martens, Wolfgang, Gefahrenabwehr, 9. Auflage Köln et al. 1986.

Dübel, Dominik, The Concept of Paternalism, in: Schramme, Thomas (ed.), New Perspectives on Paternalism and Health Care, Heidelberg et al. 2015, 31.

Dürig, Günter, Der Grundrechtssatz von der Menschenwürde, AöR 81 (1956), 117.

Dunz, Walter, Zur Praxis der zivilrechtlichen Arzthaftung, Karlsruhe 1974.

Duttge, Gunnar, Die „hypothetische Einwilligung“ als Strafausschließungsgrund: wegweisende Innovation oder Irrweg?, in: Hoyer, Andreas; Müller, Henning Ernst; Pawlik, Michael; Wolter, Jürgen (Hrsg.), Festschrift für Friedrich-Christian Schroeder zum 70. Geburtstag, Heidelberg 2006, 179.

Duttge, Gunnar, Preis der Freiheit. Reichweite und Grenzen individueller Selbstbestimmung zwischen Leben und Tod, 2. Auflage, Thüngersheim et al. 2006.

Dworkin, Gerald, Defining paternalism, in: Christian Coons, Michael Weber (eds.), Paternalism: Theory and Practice, New York 2013, 25.

Dworkin, Gerald, Defining Paternalism, in: Schramme, Thomas (ed.), New Perspectives on Paternalism and Health Care, Heidelberg et al. 2015, 17.

Dworkin, Gerald, Moral Paternalism, Law and Philosophy 2005, 24(3), 305–319.

Dworkin, Gerald, Paternalism, in: Rolf E. Sartorius (ed.), Paternalism, Minneapolis 1983, 19.

Dworkin, Gerald, The Theory and Practice of Autonomy, Cambridge 1988.

Dworkin, Ronald, Foundations of liberal Equality. In: Stephen L. Darwall (ed.), Equal Freedom, Cambridge 1995, 190.

Dworkin, Ronald, Life's Dominion. An Argument about Abortion, Euthanasia, and Individual Freedom, New York 1993.

Dworkin, Ronald, Lord Devlin and the Enforcement of Morals, Yale L.J. 1965–1966, 986–1006.

Dworkin, Ronald, Sovereign Virtue, Cambridge 2000.

Dworkin, Ronald, Taking rights seriously, Cambridge 1978.

Eberbach, Wolfram, Juristische Einführung in die Thematik, in: Wienke, Albrecht; Lippert, Hans-Dieter (Hrsg.), Der Wille des Menschen zwischen Leben und Sterben – Patientenverfügung und Vorsorgevollmacht, Berlin Heidelberg 2001, 11.

Eberbach, Wolfram, Familienrechtliche Aspekte der Humanforschung an Minderjährigen, FamRZ 1982, 450.

Eidenmüller, Horst, Der homo oeconomicus und das Schuldrecht, JZ 2005, 216.

Eidenmüller, Horst, Die Rechtfertigung von Widerrufsrechten, AcP 201 (2010), 67.

Eidenmüller, Horst, Effizienz als Rechtsprinzip, 2. Auflage Tübingen 1998.

Eidenmüller, Horst, Liberaler Paternalismus, JZ 2011, 814.

Eisele, Jörg, Hypothetische Einwilligung bei ärztlichen Aufklärungsfehlern, JA 2005, 252.

Eisele, Jörg, Rechtfertigung kraft hypothetischer Einwilligung. Übernahme einer zivilrechtlichen Rechtsfigur in das Strafrecht?, in: Derschka, Harald; Hausmann, Rainer; Löhnig, Martin (Hrsg.), Festschrift für Hans-Wolfgang Strätz zum 70. Geburtstag, Regenstauf 2009, 163.

Eisele, Jörg, Strafrecht – Besonderer Teil I, Stuttgart 2008.

Eisenbart, Bettina, Das Patienten-Testament, 2. Auflage, Baden-Baden 2000.

Ellerkamp, Marlene, Industriearbeit, Krankheit und Geschlecht, Göttingen 2011.

Elster, Jon, Ulysses Unbound: Studies in Rationality, Precommitment, and Constraints, Cambridge et al. 2000.

Emanuel, Ezekiel J., Emanuel, Linda L., Four models of the physician-patient relationship, Journal of the American Medical Association, 1992, 267(16), 2221.

Enderlein, Wolfgang, Rechtspaternalismus und Vertragsrecht, München 1996.

Enders, Christoph, Die Menschenwürde in der Verfassungsordnung, Tübingen 1997.

Engelhardt, H. Tristram, The Foundations of Bioethics, 2. Auflage, New York 1996.

Engelhardt, Karlheinz; Wirth, Alfred; Kindermann, Lothar, Kranke im Krankenhaus, Stuttgart 1990.

Engisch, Karl, Die Einheit der Rechtsordnung, Heidelberg 1935.

Englerth, Markus, Behavioral Law and Economics – eine kritische Einführung, in: Engel, Christoph; Englerth, Markus; Lüdemann, Jörn; Spiecker genannt Döhmann, Indra (Hrsg.); Recht und Verhalten; Tübingen 2007.

Englerth, Markus, Der beschränkt rationale Verbrecher: Behavioral Economics in der Kriminologie, Münster 2010.

Erbguth, Frank; Jox, Ralf R.; Angewandte Ethik in der Neuromedizin, Berlin 2017.

Eser, Albin, Lebenserhaltungspflicht und Behandlungsabbruch aus rechtlicher Sicht, in: Auer, Alfons (Hrsg.), Zwischen Heilauftrag und Sterbehilfe: zum Behandlungsabbruch aus ethischer, medizinischer und rechtlicher Sicht, Köln 1977, 75.

Evers, Stefan, Die Relativität des Krankheitsbegriffs am Beispiel der Neuromedizin, Groß, Dominik; Müller, Sabine; Steinmetzer, Jan; Normal – anders – krank?: Akzeptanz, Stigmatisierung und Pathologisierung im Kontext der Medizin, Berlin 2008, 51.

Faden, Ruth; Beauchamp, Tom L.; A History and Theory of Informed Consent, New York et al. 1986.

Fastrich, Lorenz, Richterliche Inhaltskontrolle im Privatrecht, München 1992.

Fechner, Nina, Wahrung der Intimität?, Frankfurt a. M. et al. 2010.

Feinberg, Joel, Harm to others, New York 1984.

Feinberg, Joel, Harm to self, New York 1986.

Feinberg, Joel, Legal Paternalism, in: Rolf E. Sartorius (ed.), Paternalism, Minneapolis 1983, 3.

Feinberg, Joel, Social Philosophy, Upper Saddle River 1973.

Fellner, Carl H.; Marshall, John R.; Kidney Donors – The Myth of Informed Consent, American Journal of Psychiatry 126 (1970), 1245.

Fellner, Carl H.; Marshall, John R.; Twelve Kidney Donors, Journal of the American Medical Association 206 (1968), 2703.

Ferdinand, Petra, Pränatal- und Präimplantationsdiagnostik aus verfassungsrechtlicher Sicht, Frankfurt a.M. et al. 2010.

v. Feuerbach, Paul Johann Anselm, Lehrbuch des gemeinen in Deutschland geltenden Peinlichen Rechts, Giessen 1801.

Fiebig, Udo, Freiheit für Patient und Arzt, Stuttgart 1985.

Fink, Udo, Selbstbestimmung und Selbsttötung, Köln 1992.

Fischer, Kai, Die Zulässigkeit aufgedrängten staatlichen Schutzes vor Selbstschädigungen, Frankfurt a.M. et al., 1997.

Fischer, Thomas, Anmerkung zu BGH Urt. v. 20. Oktober 1999, 2 Str 248/99 (BGHSt 45, 253) NStZ 2000, 142.

Fischer, Thomas, Sexuelle Selbstbestimmung in schutzloser Lage, ZStW 112 (2000), 75.

Fischer, Thomas, Strafgesetzbuch, 65. Auflage, München 2018.

Fischer, Matthias Günter, Vergleiche krimineller Handlungen mit und ohne Gewaltanwendung hinsichtlich Tatplanung, Tatablauf und Nachtatverhalten, Konstanz 2006.

Fleischer, Holger, Informationsasymmetrie im Vertragsrecht, München 2001.

Fleischhacker, Wolfgang; Hinterhuber, Hartmann, Lehrbuch Psychiatrie, Wien et al. 2012

Flume, Werner, Allgemeiner Teil des Bürgerlichen Rechts II, Das Rechtsgeschäft, 3. Auflage Berlin et.al. 1979.

Flume, Werner, Rechtsgeschäft und Privatautonomie, in: Caemmerer, Ernst; Friesenhahn, Ernst; Lange, Richard (Hrsg.); Hundert Jahre Rechtsleben, Festschrift zum Hundertjährigen Bestehen des Deutschen Juristentages 1860–1960, Karlsruhe 1960, 135

Frerichs, Sabine, False Promises? A Sociological Critique of the Behavioural Turn in Law and Economics, Journal of Consumer Policy 2011, 34: 289.

Frommel, Monika, in: Friedrich-Ebert-Stiftung, Forum Berlin (Hrsg.), Sexualstrafrecht auf dem Prüfstand, Rechtspolitischer Dialog, Berlin 2000.

Frost, Andreas, Arztrechtliche Probleme des neuen Betreuungsrechtes, Berlin et al. 1994

Frotscher, Werner, Der Schutz der Allgemeinheit und der individuellen Rechte im Polizei- und Ordnungsrecht, DVBl 1976, 695.

Fthekanis, Wassilios E.; Gleichgeschlechtliche Lebensgemeinschaften und kindliche Entwicklung, in: Basedow, Jürgen; Hopt, Klaus J.; Kötz, Hein; Dopffel, Peter (Hrsg.), Die Rechtsstellung gleichgeschlechtlicher Lebensgemeinschaften, Tübingen 2000, 351.

Fuchs, Thomas, Das Gehirn – ein Beziehungsorgan, 2. Auflage, Stuttgart 2009.

Fuchs, Thomas, Philosophische Grundlagen der Psychiatrie und ihre Anwendung, Die Psychiatrie 2010, 7:235–241.

Füllmich, Reiner, Der Tod im Krankenhaus und das Selbstbestimmungsrecht des Patienten, Frankfurt a.M. et al. 1990.

Funk, Albrecht, Verrechtlichung und Verdrängung, Wiesbaden 1984.

Gaede, Karsten, Limitiert akzessorisches Medizinstrafrecht statt hypothetischer Einwilligung, Heidelberg 2014.

Gallas, Wilhelm, Strafbares Unterlassen im Fall einer Selbsttötung, JZ 1960, 649.

Gampp, Markus; Hebeler, Timo, Grundrechtsschutz vor Selbstgefährdung?, BayVBl. 2004, 257.

Garbe, Manuel, Wille und Hypothese – Zur Rechtsfigur der hypothetischen Einwilligung im Zivil- und Strafrecht, Berlin 2011.

Gebauer, Martin, Hypothetische Kausalität und Haftungsgrund, Tübingen 2007.

Geddert-Steinacher, Tatjana, Menschenwürde als Verfassungsbegriff, Berlin 1990.

Gehrlein, Markus, Grundwissen Arzthaftungsrecht, 2. Auflage München 2015.

Geilen, Gerd, Einwilligung und ärztliche Aufklärungspflicht, Bielefeld 1963.

Geilen, Gerd, Suizid und Mitverantwortung, JZ 1974, 145.

George, Davis, Preference pollution: How markets create the desire we dislike, Ann Arbor 2001.

Geppert, Klaus, Freiheit und Zwang im Strafvollzug, Tübingen 1976.

Geppert, Klaus; Bartl, Raimund, Probleme der Freiheitsberaubung, insbesondere zum Schutzgut des § 239 StGB, Jura 1985, 221.

Germann, Michael, Der menschliche Körper als Gegenstand der Religionsfreiheit, in: Kern, Bernd-Rüdiger; Lilie, Hans (Hrsg.), Jurisprudenz zwischen Medizin. Festschrift zum 70. Geburtstag von Gerfried Fischer, Frankfurt a.M. 2010, 35.

Gern, Alfons, Menschenwürde und gute Sitten, NJW 1983, 1585.

Gernhuber, Joachim, Elterliche Gewalt heute, FamRZ 1962, 89.

Giese, Constanze, Die Patientenautonomie zwischen Paternalismus und Wirtschaftlichkeit, Münster 2002.

Giger, Peter; Merckelbach, Harald; Merten, Thomas; Tatbezogene Amnesien – authentisch oder vorgetäuscht?, Fortschritte der Neurologie und Psychiatrie 2012, 80:368.

Gigerenzer, Gerd, On the supposed Evidence for Libertarian Paternalism, Review of Philosophy and Psychology 2015, 6(3), 361.

Gleixner-Eberle, Elisabeth, Die Einwilligung in die medizinische Behandlung Minderjähriger, Berlin et al. 2014.

Gnüchtel, Ralf, Jugendschutztatbestände im 13. Abschnitt des StGB, Berlin 2013.

Golbs, Ulrike, Das Vetorecht eines einwilligungsunfähigen Patienten, Baden-Baden 2006.

Götz, Torben, Die rechtlichen Grenzen der Patientenautonomie bei psychischen Erkrankungen, Baden-Baden 2013.

Goldschmitz, Levin, Studien zum Besitzrecht, in: Brunner, Heinrich; Eck, Ernst; Goldschmidt, Levin (Hrsg.), Festgabe für Rudolf von Gneist zum Doktorjubiläum, 1888, Neuauflage Berlin et al. 1974, 61.

Gottwald, Carmen, Die rechtliche Regulierung von Sterbehilfegesellschaften, Würzburg 2009.

Graf, Jürgen-Peter, BGH Rechtsprechung Strafrecht 2012/2013, Berlin et al. 2013.

Greve, Ylvy, Verbrechen und Krankheit, Köln et al. 2004.

Grill, Kalle, The Normative Core of Paternalism, Res Publica 13(4), 441–458 (2007).

Gropp, Walter, Hypothetische Einwilligung im Strafrecht?, in: Hoyer, Andreas; Müller, Henning Ernst; Pawlik, Michael; Wolter, Jürgen (Hrsg.); Festschrift für Friedrich-Christian Schroeder zum 70. Geburtstag, Heidelberg 2006, 197.

Gründel, Mirko, Einwilligung und Aufklärung bei psychotherapeutischen Behandlungsmaßnahmen, NJW 2002, 2987.

Gründel, Mirko, Psychotherapeutisches Haftungsrecht, Berlin et al. 2000.

Gründer, Gerhard; Benkert, Otto (Hrsg.), Handbuch der Psychopharmakotherapie, 2. Auflage Berlin et al. 2012.

Grunert, Frank, Paternalismus in der politischen Theorie der deutschen Aufklärung, In: Michael Anderheiden, Hans W. Heinig, Peter Bürkli, Stephan Kirste, Kurt Seelmann, Paternalismus und Recht: In memoriam Angela Augustin (1968–2004), Tübingen 2006, 9.

Günzel, Florian, Das Recht auf Selbsttötung, seine Schranken und die strafrechtlichen Konsequenzen, Frankfurt a.M. et al. 2000.

Gun, John; Taylor, Pamela (eds.), Forensic Psychiatry, Clinical, Legal and Ethical issues, 2. Auflage, Boca Raton 2014.

Gutmann, Thomas, Zur philosophischen Kritik des Rechtspaternalismus, in: Schroth, Ulrich; Schneewind, Klaus A.; Gutmann, Thomas; Fateh-Moghadam, Bijan, Patientenautonomie am Beispiel der Lebensorganspende, Göttingen 2006, 189.

Häfner, Heinz, Der Krankheitsbegriff in der Psychiatrie, in: Degwitz, Rudolf; Siedow, Hans; Zum umstrittenen psychiatrischen Krankheitsbegriff, Vol. 2; München 1981, 16.

Hähnchen, Susanne, Obliegenheiten und Nebenpflichten, Tübingen 2010.

Hager, Johannes, Die Patientenverfügung, Baden-Baden 2006.

Hallermann, Wilhelm, Ärztliche Aufklärungspflicht aus medizinischer Sicht, in: Mergen, Armand (Hrsg.), Die juristische Problematik in der Medizin, Bd. II, München 1971.

Hallich, Oliver, Selbstbindungen und medizinischer Paternalismus, Zeitschrift für philosophische Forschung 65 (2011), 151.

Hammacher, Peter, Wer sich nicht gegen eigenen Schaden schützt, muss sich Mitverschulden anrechnen lassen!, IBR 2014, 1344.

Hamann, Petra, Die Kündigung wegen häufiger Kurzerkrankung, Frankfurt a.M. 2009.

Hansen, Pelle Guldborg; Jerspersen, Andreas Maaløe, Nudge and the Manipulation of Choice, EJRR 1(2013), 3.

Hardtung, Bernhard, Die Körperverletzungsdelikte, JuS 2008, 864.

Hart, Dieter, Autonomiesicherung im Arzthaftungsrecht, in: Heldrich, Andreas; Schlechtriem, Peter; Schmidt, Eike (Hrsg.); Recht im Spannungsverhältnis von Theorie und Praxis: Festschrift für Helmut Heinrichs zum 70. Geburtstag, München 1998, 291.

Hartung, Frank, Besitz und Sachherrschaft, Berlin 2001.

Hattemer, Stefanie B. K., Mediation bei Störungen des Arzt-Patienten-Verhältnisses, Berlin et al. 2012.

Hauer, Judith, Der Fall Mollath – Weil nicht sein kann, was nicht sein darf, NJ 2013, 456.

Hayes, Sharon, Criminal Justice Ethics, Oxon et al. 2015.

Heidbrink, Ludger, Libertarian paternalism, sustainable self-binding and bounded freedom, in: Birnbacher, Dieter; Thorseth, May, The Politics of Sustainability, Oxon et al. 2015, Part 3 No. 10.

Heidner, Hans-Hermann, Die Bedeutung des mutmaßlichen Willens als Rechtfertigungsgrund, insbesondere im Rahmen des ärztlichen Heileingriffs, Göttingen 1988.

Helle, Jürgen, Die Einwilligung beim Recht am eigenen Bild, AfP 1985, 93.

Helmchen, Hanfried, Das Arzt-Patienten-Verhältnis aus der Sicht der Psychiatrie, in: Schumpelick, Volker; Vogel, Bernhard (Hrsg.), Arzt und Patient. Eine Beziehung im Wandel, Freiburg i. Br. et al 2006, 282.

Helmchen, Hanfried, Das Janusgesicht der Psychiatrie, Stuttgart 2017.

Helmchen, Hanfried, Zum Krankheitsbegriff in der Psychiatrie, Der Nervenarzt 77 (2006), 271.

Hengstenberg, Nike, Die hypothetische Einwilligung im Strafrecht, Berlin et al. 2012.

Henking, Tanja; Mittag, Matthias, Die Zwangsbehandlung in der öffentlichrechtlichen Unterbringung – Vorschlag einer Neuregelung, NJR 2013, 341.

Herles, Christian, Allgemeines Persönlichkeitsrecht, StudZR 2013, 163.

Herzberg, Rolf-Dietrich, Willensfreiheit und Schuldvorwurf, Tübingen 2010.

Herzberg, Rolf-Dietrich, Zur Strafbarkeit der Beteiligung am frei gewählten Selbstmord, dargestellt am Beispiel des Gefangenensuizids und der strafrechtlichen Verantwortung der Vollzugsbediensteten, ZStW 91 (1979), 557.

Hessler, Gerhard, Das Ende des Selbstbestimmungsrechts?, MedR 2003, 13.

Heyers, Johannes, Passive Sterbehilfe bei entscheidungsunfähigen Patienten und das Betreuungsrecht, Berlin 2001.

Hilgruber, Christian, Das Prinzip der Selbstverantwortung – Verfassungsrechtliche Grundlagen und Grenzen, in: Riesenhuber, Karl (Hrsg.), Das Prinzip der Selbstverantwortung, Tübingen 2011, 165.

Hillgruber, Christian, Der Schutz des Menschen vor sich selbst, München 1992.

Hirsch, Günter, Die künstliche Befruchtung – vom rechtsfreien Raum über das Standesrecht zum Gesetz, in: Heberer, Georg; Opderbecke, Hans Wolfgang; Spann, Wolfgang (Hrsg.), Ärztliches Handeln – Verrechtlichung eines Berufsstandes: Festschrift für Walther Weißauer zum 65. Geburtstag, Berlin et al. 1986, 65.

Hirsch, Hans Joachim, Einwilligung und Selbstbestimmung, in: Stratenwerth, Günter; Kaufmann, Armin; Geilen, Gerd; Hirsch, Hans Joachim; Schreiber, Hans-Ludwig; Jakobs, Günther; Loos, Fritz (Hrsg.); Festschrift Für Hans Welzel zum 70. Geburtstag am 26. März 1974, Berlin 1974, 775.

Hodson, John D., The Ethics of Legal Coercion, Dordrecht et al. 1983.

Höfling, Wolfram, Forum: „Sterbehilfe“ zwischen Selbstbestimmung und Integritätsschutz, JuS 2000, 111.

Höfling, Wolfram, Salus aut/et voluntas aegroti superma lex – Verfassungsrechtliche Grenzen des Selbstbestimmungsrechts, in: Wienke, Albrecht; Eberbach, Wolfram H.; Kramer, Hans-Jürgen; Janke, Kathrin (Hrsg.), Die Verbesserung des Menschen, Berlin et al. 2009, 121.

Höfling, Wolfram; Rixen, Stephan, Vormundschaftsgerichtliche Sterbeherrschaft?, JZ 2003, 884.

Höfling, Wofram; Brysch, Eugen; Recht und Ethik der Palliativmedizin, Berlin 2007.

Hoerster, Norbert, Forum: Ein Lebensrecht für die menschliche Leibesfrucht?, JuS 1989, 172.

Hoffmann, Birgit, Pflicht von Arzt und Betreuer, BtPrax 2007, 143.

Hoffmann-Richter, Ulrike, Die psychiatrische Begutachtung, Stuttgart et al. 2005.

Hofmann, Irmgard, Leibliche Ausdrucksformen als Zeichen der Selbstbestimmung, in: Wiesemann, Claudia; Simon, Alfred (Hrsg.), Patientenautonomie. Theoretische Grundlagen – Praktische Anwendungen, Berlin et al. 2013, 335.

Hohmann, Elmar, Patientenverfügungen in Deutschland, in: Barta, Heinz; Kalchschmid, Gertrud (Hrsg.), Die Patientenverfügung – Zwischen Selbstbestimmung und Paternalismus, Wien et al. 2005.

Hollmann, Angela, Das ärztliche Gespräch mit dem Patienten, NJW 1973, 1393.

Holzhauer, Heinz, Justizverwaltung in Schicksalsdingen, Anmerkung zum Beschluss des BGH vom 17.03.2003, FamRZ 2003, 991.

Holzhauer, Heinz; Die Patientenautonomie und ihre vertretungsweise Wahrnehmung, in: Ratajczak, Thomas; Stegers, Christoph M. (Hrsg.); Ärztliche Behandlungen an der Grenze des Lebens, Berlin et al. 2004, 27.

Holzhauer, Heinz, Patientenautonomie, Patientenverfügung und Sterbehilfe, FamRZ 2006, 518.

Honsell, Heinrich, Römisches Recht, 7. Auflage, Wien et al. 2010

Horn, Eckhard, Der medizinisch nicht indizierte, aber vom Patienten verlangte ärztliche eingriff – strafbar?, JuS 1979, 29.

Hruschka, Joachim, Extrasystematische Rechtfertigungsgründe, in: Jeschek, Hans-Heinrich; Lüttger, Hans (Hrsg.), Festschrift für Eduard Dreher zum 70. Geburtstag am 29. April 1977, Berlin et al. 1977, 189.

Huber, Christian, Die Radfahrerhelm-Entscheidung des BGH, NZV 11/2014, 489.

Huber, Franziska, Das Verhältnis von medizinischer Indikation und Patientenwille bei §§ 1901a ff BGB – Zugleich Urteilsanmerkung zu LG München I, GesR 2017, 242, GesR 2017, 613.

Hucklenbroich, Peter, „Normal – anders – krank“: Begriffsverklärungen und theoretische Grundlagen zum Krankheitsbegriff, in: Groß, Dominik; Müller, Sabine; Steinmetzer, Jan (Hrsg.), Normal – anders – krank?: Akzeptanz, Stigmatisierung und Pathologisierung im Kontext der Medizin, Berlin 2008, 3.

Hufen, Friedhelm, In dubio pro dignitate, NJW 2001, 849.

Hurst, Werner, Zur Problematik der polizeirechtlichen Handlungshaftung, AöR 83 (1958), 43.

Huster, Stefan, Individual Responsibility and Paternalism in Health Law, in: Schramme, Thomas (ed.), New Perspectives on Paternalism and Health Care, Heidelberg et al. 2015, 221.

Ideler, Karl Wilhelm, Lehrbuch der Gerichtlichen Psychologie, Berlin 1857.

Ihrig, Thomas, Mehr Rechtssicherheit durch das Gesetz über die Patientenverfügung, notar 2009, 380.

Ingelfinger, Ralph, Patientenautonomie und Strafrecht bei der Sterbebegleitung, JZ 2006, 821.

Ipsen, Jörn, Der „verfassungsrechtliche Status“ des Embryos in vitro, JZ 2001, 989.

Ipsen, Jörn, Staatrecht II, Grundrechte, 17. Auflage, München 2014.

Isensee, Josef, Das Grundrecht als Abwehrrecht und als staatliche Schutzpflicht, in: Isensee, Josef, Kirchof, Paul (Hrsg.), Handbuch des Staatsrechts der Bundesrepublik Deutschland, Band V, Heidelberg 1992, § 111.

Isensee, Josef, Das Grundrecht auf Sicherheit, Berlin 1983.

Jäger, Christian, Gut gemeint, aber schlecht gemacht (Anm. Zu BGH Urt. v. 11.10.2011 - 1 StR 134/11), JA 2008, 70.

Jaeger, Lothar, Patientenrechtegesetz, Karlsruhe 2013.

Jagusch, Heinrich, Der Sicherheitsgurt – Nutzen und Zumutung, NJW 1977, 940.

Jarass, Hans D.; Pieroth, Bodo, Grundgesetz für die Bundesrepublik Deutschland, 13. Auflage München 2014.

Jaspers, Karl, Allgemeine Psychopathologie, 8. Auflage, Wien 1965.

Jauernig, Othmar (Begr.); Stürner, Rolf (Hrsg.), Bürgerliches Gesetzbuch, 17. Auflage, München 2018.

Jayme, Erik, Die Familie im Recht der unerlaubten Handlungen, Frankfurt et al. 1971.

Jeschek, Hans-Heinrich, Lehrbuch des Strafrechts Allgemeiner Teil, 5. Auflage Berlin 1996.

v. Jhering, Rudolf, Der Besitzwille, Jena 1889.

v. Jhering, Rudolf, Der Geist des römischen Rechts auf den verschiedenen Stufen seiner Entwicklung, Bd. III, 4. Auflage Leipzig 1888.

v. Jhering, Rudolf, Über den Besitzschutz, 2. Auflage, Jena 1869.

v. Jhering, Rudolf; Zweck im Recht, Bd. I 4. Auflage Leipzig 1904.

Jörs, Paul; Kunkel, Wolfgang; Wenger, Leopold, Römisches Privatrecht, unveränderte Neuauflage Berlin et al. 1987.

Johow, Reinhold, Entwurf eines bürgerlichen Gesetzbuches für das Deutsche Reich, Buch Sachenrecht, Dritter Band, Berlin 1880.

Jolls, Christine; Sunstein, Cass R.; Thaler, Richard, The Behavioral Approach to Law and Economics, 50 Stanford Legal Review 1997–1998, 1471.

Jones, Marian Moser; Bayer, Ronald, Paternalism & Its Discontents, American Journal of Public Health 2007, 97:2, 208.

Jox, Ralf J., Bewusstlos, aber autonom? Ethik in der Medizin 4 -2004, 401.

Jox, Ralf J., Der „natürliche Wille“ bei Kindern und Demenzkranken. Kritik an einer Aufdehnung des Autonomiebegriffs, in: Wiesemann, Claudia; Simon, Alfred (Hrsg.), Patientenautonomie. Theoretische Grundlagen – Praktische Anwendungen, Berlin et al. 2013, 329.

Jox, Ralf J., Der „natürliche Wille“ als Entscheidungskriterium: Rechtliche, handlungstheoretische und ethische Aspekte, in: Schildmann, Jan; Fahr, Uwe;

Vollmann, Jochen (Hrsg.); Entscheidungen am Lebensende in der modernen Medizin: Ethik, Recht, Ökonomie und Klinik, Münster et al. 2006, 69.

Jox, Ralf J.; Ach, Johann; Schöne-Seifert, Bettina, Patientenverfügung bei Demenz: Der „natürliche Wille“ und seine ethische Einordnung, Dtsch Ärzteblatt 2014; 111(19): A-394 /B-340/ C-324.

Jox, Ralf J.; Nicolai, Thomas; Duroux, Ayda; Borasio, Gian Domenico; Führer, Monika, Patientenverfügungen in der Pädiatrie, Monatsschr Kinderheilkd 2007, 115:12, 1172.

Jürgens, Andreas, Betreuungsrecht, 6. Auflage, München 2019.

Jungbecker, Rolf, Zivilrechtliche Probleme der klinischen formularmäßigen „Einverständniserklärung, Frankfurt a.M. 1985.

Jurgeleit, Andreas (Hrsg.), Betreuungsrecht, 4. Auflage, Baden-Baden 2018.

Kämpfer, Ulf, Die Selbstbestimmung Sterbewilliger, Berlin 2005.

Kammeier, Heinz (Hrsg.), Maßregelvollzugsrecht, 3. Auflage, Berlin 2010.

Kästner, Karl-Hermann, Das Grundrecht des Schülers auf freie Meinungsäußerung, DÖV 1977, 500.

Kant, Immanuel, Eine Vorlesung über Ethik (Hrsg. Gernhardt, Gerd, Berlin 1990).

Kant, Immanuel, Die Metaphysik der Sitten, 1797.

Kant, Immanuel, Über den Gemeinspruch, Das mag in der Theorie richtig sein, taugt aber nicht für die Praxis, 1793.

Katz, Jay, Informed Consent – A Fairy Tale? – Law's Vision, University of Pittsburgh Law Review 39 (1977), 137.

Katzenmeier, Christian, Arzthaftung, Tübingen 2002.

Katzenmeier, Christian, Arzthaftung in der Krise – Entwicklungen, Perspektiven, Alternativen, MedR 2011, 201.

Katzenmeier, Christian, Die Rahmenbedingungen der Patientenautonomie – Eine kritische Betrachtung des Patientenrechte-Regierungsentwurfs, MedR 2012, 570.

Katzenmeier, Christian, Ein Sonderstraftatbestand der eigenmächtigen Heilbehandlung, ZRP 1997, 156.

Katzenmeier, Christian, Individuelle Patientenrechte – Selbstbindung oder Gesetz, JR 2002, 444.

Katzenmeier, Christian; Bergdolt, Klaus, Das Bild des Arztes im 21. Jahrhundert, Berlin et al. 2009.

Kaufmann, Arthur, Die eigenmächtige Heilbehandlung, ZStW 73 (1961), 366.

Kaufmann, Arthur, Euthanasie – Selbsttötung – Tötung auf Verlangen, MedR 1983, 121.

Kaufmann, Arthur, Rechtsfreier Raum und eigenverantwortliche Entscheidung, in: Schroeder, Friedrich-Christian; Zipf, Heinz (Hrsg.), Festschrift für Reinhart Maurach zum 70. Geburtstag, Karlsruhe 1972, 372.

Keil, Geert, Homunkulismus in den Kognitionswissenschaften, in: Köhler, Wolfgang R.; Mutschler, Hans-Dietrich, Ist der Geist berechenbar? Philosophische Reflexionen, Darmstadt 2003, 77.

Keil, Geert, Kritik des Naturalismus, Berlin et. al. 1993.

Keil, Geert, Willensfreiheit, 2. Auflage Berlin, 2013.

Keilbach, Heinz, Vorsorgeregelungen für Krankheit, Alter und Tod, FamRZ 2003, 969.

Kennedy, Duncan, Distributive and Paternalist Motives in Contract and Tort Law, with Special reference to Compulsory Terms and Unequal Bargaining Power, Maryland Law Review 41 (1982), 563.

Kern, Bernd-Rüdiger, Fremdbestimmung bei der Einwilligung in ärztliche Eingriffe, NJW 1994, 753.

Kettner, Matthias, Kraska, Matthias, Der Wert einer realistischen Theorie kommunikativen Handelns für die Behandlung von Asymmetrien in der Arzt/Patienten-Interaktion. In: Bruchhausen, Walter; Kaiser, Céline (Hrsg.), Szenen des Erstkontakts zwischen Arzt und Patient, Göttingen 2012, 193.

Keys, Daniel J., Schwartz, Barry, „Leaky“ Rationality, Perspectives on Psychological Science, June 2007 vol. 2 no. 2 162–180.

Kieler, Marita, Tatbestandsprobleme der sexuellen Nötigung, Vergewaltigung sowie des sexuellen Missbrauchs widerstandsunfähiger Personen, Berlin 2003.

Kientzy, Dieter, Der Mangel am Straftatbestand infolge Einwilligung des Rechtsgutsträgers, Tübingen 1970.

Kirchgässner, Gebhard, Homo Oeconomicus, 4. Auflage, Tübingen 2013.

Kirste, Stephan, Harter und weicher Rechtspaternalismus, JZ 2011, 805.

Kittay, Eva F., Beyond Autonomy and Paternalism: The Transparent Caring Self. In.: Nys, Thomas; Denier, Yvonne; Vandevelde, Toon (eds.), Autonomy & Paternalism: Reflections on the Theory and Practice of Health Care, Leuven 2007, 23.

Kittner, Michael, Zur Grundrechtsmündigkeit des Minderjährigen am Beispiel der Koalitionsfreiheit (Art. 9 Abs. 3 GG), ArbuR 1971, 280.

Kleinig, John, Paternalism, Manchester 1983.

Klimpel, Paul, Bevormundung oder Freiheitsschutz?, Frankfurt a.M. et al., 2003.

Klinkenberg, Henning, Die Rechtspflicht zum Weiterleben und ihre Grenzen, JR 1978, 441.

Klug, Ulrich, Autonomie, Anarchie und Kontrolle, Rechtsphilosophische und rechtspragmatische Probleme, in: Kaufmann, Arthur; Mestmäcker, Ernst-Joachim; Zacher, Hans F.; Rechtsstaat und Menschenwürde, Festschrift für Werner Maihofer zum 70. Geburtstag, Frankfurt a.M. 1988, 235.

Knauer, Florian, Der Schutz der Psyche im Strafrecht, Tübingen 2013.

Knippel, Siegmund, Gurtanlegezwang – Kein Grundrechtsproblem, NJW 1979, 939.

Koch, Julius Ludwig August, Die psychopathischen Minderwertigkeiten, Ravensburg 1891.

Köhler, Michael, Freiheitliches Rechtsprinzip und Betäubungsmittelstrafecht, ZStW 194 (1992), 3.

Kohte, Wolfhard, Die Rechtfertigende Einwilligung, AcP 185 (1985), 105.

Kolbe, Frederike, Freiheitsschutz vor staatlicher Gesundheitssteuerung, Baden-Baden 2017.

Korch, Stefan, Haftung und Verhalten, Tübingen 2014.

Korobkin, Russel B., Libertarian Welfarism, California Law Review 97 (2009), 1651–1686.

Korobkin, Russel B., Ulen, Thomas S., Law and Behavioral Science: Removing the Rationality Assumption from Law and Economics, California Law Review 88 (2000), 1051.

Kotsalis, Leonidas, Freier Wille und Strafrecht, in: Duttge, Gunnar (Hrsg.), Das Ich und sein Gehirn: Die Herausforderung der neurobiologischen Forschung für das (Straf-) Recht, Göttingen, 2007, 103.

Kress, Hugo, Besitz und Recht. Eine civilrechtliche Abhandlung, Nürnberg 1909.

Kreß, Hartmut, Patientenverfügungen: Selbstbestimmung versus Fürsorge, in: May, Arnd T.; Grützmann, Tatjana; Brokmann, Jörg, Patientenverfügungen in der präklinischen Notfallmedizin, Berlin 2013, 23.

Krey, Volker, Deutsches Strafrecht Allgemeiner Teil, Bd. 2, 3. Auflage Stuttgart 2008.

Kröber, Hans-Ludwig, Psychiatrische Kriterien zur Beurteilung der Einwilligungsfähigkeit, Rechtsmedizin 1998, 41.

Kröber, Hans-Ludwig; Dölling, Dieter; Leygraf, Norbert; Sass, Henning, Handbuch der forensischen Psychiatrie, Band 2, Berlin et. al. 2010.

Krüger, Hildegard, Grundrechtsausübung durch Jugendliche (Grundrechtsmündigkeit) und elterliche Gewalt, FamRZ 1956, 329.

Krüger, Hildegard; Breetzke, Ernst; Nowak, Kuno; Gleichberechtigungsgesetz, München et al. 1958.

Krümpelmann, Justus, Die Neugestaltung der Vorschriften für die Schuldfähigkeit durch das Zweite Strafrechtsreformgesetz vom 4. Juli 1969, ZStW 88 (1976), 6.

Kubella, Kathrin, Patientenrechtegesetz, Berlin et al., 2011.

Kühne, Hans-Heiner, Die strafrechtliche Relevanz eines auf Fehlvorstellungen gegründeten Rechtsgutsverzichts, JZ 1979, 241.

Künkler, Tobias, Lernen in Beziehung: Zum Verhältnis von Subjektivität und Relationalität in Lernprozessen, Bielefeld 2011.

Kuhlen Lothar, Ausschluß der objektiven Zurechnung bei Mängeln der wirklichen und der mutmaßlichen Einwilligung, in: Britz, Guido; Jung, Heike; Koriath, Heinz; Müller, Egon (Hrsg.), Festschrift für Heinz Müller-Dietz, München 2001, 431.

Kuhlen, Lothar, Objektive Zurechnung bei Rechtfertigungsgründen, in: Schünemann, Bernd; Achenbach, Hans; Bottke, Wilfried; Haffke, Bernhard; Rudolphi, Hans-Joachim (Hrsg.), Festschrift für Claus Roxin zum 70. Geburtstag am 15. Mai 2001, Berlin 2001, 331.

Küper, Wilfried, „Autonomie", Irrtum und Zwang bei mittelbarer Täterschaft und Einwilligung, JZ 1986, 219.

Kullmann, Hans Josef, Schadensersatzpflicht bei Verletzung der ärztlichen Aufklärungspflicht bzw. des Selbstbestimmungsrechts des Patienten ohne Entstehung eines Eingriffsschadens, VersR 1999, 1190.

Kutzer, Klaus, ZRP-Rechtsgespräch mit Klaus Kutzer, Vors. Richter am Bundesgerichtshof a.D., ZRP 2003, 213.

Kutzer, Klaus, Probleme der Sterbehilfe, FPR 2004, 683.

Kutzer, Klaus, Strafrechtliche Grenzen der Sterbehilfe, NStZ 1994, 110.

Laber, Jörg, Der Schutz des Lebens im Strafrecht, Frankfurt a.M. et al., 1997.

Landau, Herbert, Ehiligkeit des Lebens und Selbstbestimmung im Sterben, ZRP 2005, 50.

Lang, Herbert, Beteiligung von Kindern an Verkehrsunfällen, r+s 2011, 409.

Lange, Herrmann; Schiemann, Gottfried, Schadensersatz, Tübingen 2003.

Lange, Wolfgang, Das Patientenverfügungsgesetz, ZEV 2009, 537.

Lange, Wolfgang, Inhalt und Auslegung von Patientenverfügungen, Baden-Baden 2009.

Lanzerath, Dirk, Krankheitsbegriff und Zielsetzungen der modernen Medizin-Vom Heilungsauftrag zur Antiaging-Dienstleistung?, GGW 3 (2003), 14.

Lanzrath, Sascha, Patientenverfügung und Demenz, Berlin 2016.

Larenz, Karl, Allgemeiner Teil des deutschen Bürgerlichen Rechts, 7. Auflage München 1989.

Larenz, Karl, Die Methode der Auslegung des Rechtsgeschäfts, 1930, Nachdruck von 1966 Frankfurt a.M.

Laufhütte, Heinrich Wilhelm; Tiedemann, Klaus; Rissing-van Saan, Ruth, Leipziger Kommentar StGB, 12. Auflage, Berlin 2015.

Laufs, Adolf, Arzt, Patient und Recht am Ende des Jahrhunderts, NJW 1999, 1758.

Laufs, Adolf, Die Verletzung der ärztlichen Aufklärungspflicht und ihre deliktische Rechtsfolge, NJW 1974, 2025.

Laufs, Adolf, Nicht der Arzt allein muß bereit sein, das Notwendige zu tun, NJW 2000, 1757.

Laufs, Adolf, Patientenrechte, NJW 2000, 846.

Laufs, Adolf, Schutz der Persönlichkeitssphäre und ärztliche Heilbehandlung, VersR 1972, 1.

Laufs, Adolf, Zivilrichter über Leben und Tod?, NJW 1998, 3399.

Laufs, Adolf; Kern, Bernd-Rüdiger, Handbuch des Arztrechts, 4. Auflage, München 2010.

Lehnig, Kirsten, Der verfassungsrechtliche Schutz der Würde des Menschen in Deutschland, Berlin et al. 2003.

Lenckner, Theodor, Die tatbestandsausschließende Einwilligung (sog. Einverständnis), ZStW 72 (1960), 446.

Lenz, Hannah, Die Jugendschutztatbestände im Sexualstrafrecht, Baden-Baden 2016.

Leuschner, Albrecht, Das Recht der Schülerzeitung, Berlin 1966.

Lilie, Hans, Strafrechtliche Gesichtspunkte, in: Wienke, Albrecht; Lippert, Hans-Dieter (Hrsg.), Der Wille des Menschen zwischen Leben und Sterben – Patientenverfügung und Vorsorgevollmacht, Berlin et al. 2001, 75.

Limbach, Jutta, Die Kompensation von Ungleichgewichtslagen, KritV 1986, 165.

Lindner, Josef Franz, Theorie der Grundrechtsdogmatik, Tübingen 2005.

Lindner, Josef Franz; Huber, Franziska, Widerruf der Patientenverfügung durch den einwilligungsunfähigen Patienten?, NJW 2017, 6.

Lipp, Volker, Erwachsenenschutz und Verfassung, Betreuung, Unterbringung und Zwangsbehandlung, in: Henking, Tanja; Vollmann, Jochen (Hrsg.), Gewalt und Psyche. Die Zwangsbehandlung auf dem Prüfstand, Baden-Baden 2013, 69.

Lipp, Volker, Freiheit und Fürsorge: Der Mensch als Rechtsperson, Tübingen 2000.

Lipp, Volker, Patientenautonomie und Lebensschutz, Göttingen 2005.

Lipp, Volker, Selbstbestimmung und Vorsorge, in: Duttge, Gunnar (Hrsg.), Perspektiven des Medizinrechts im 21. Jahrhundert, Göttingen 2007, 79.

Lipp, Volker, „Sterbehilfe" und Patientenverfügung, FamRZ 2004, 317.

Lisken, Hans (Begr.); Denniger, Erhard, Rachor, Frederik, Handbuch des Polizeirechts, 5. Auflage, München 2012.

Littwin, Frank, Grundrechtsschutz gegen sich selbst, Frankfurt a.M. et al., 1993.

Locher, Matthias, Die neuen Regelungen zur Patientenverfügung, FamRB 2010, 56.

Löhning, Martin, Probleme der Vorsorgevollmacht nach deutschem Recht, in: Löhning, Martin; Schwab, Dieter; Henrich, Dieter; Gottwald, Peter; Koppenberg, Inge (Hrsg.), Vorsorgevollmacht und Erwachsenenschutz in Europa, Bielefeld 2011, 15.

Lohmann, Ulrich, Zur Staats- und Rechtsordnung der DDR, Berlin et al. 2015.

Looschelders, Dirk, Die Mitverantwortung des Geschädigten im Privatrecht, Tübingen 1999.

Looschelders, Dirk; Roth, Wolfgang, Grundrechte und Vertragsrecht: Die verfassungskonforme Reduktion des § 565 Abs. 2 S. 2 BGB, JZ 1995, 1034.

Lorenz, Egon (Hrsg.), Karlsruher Forum 2013: Patientenrechte und Arzthaftung, Karlsruhe 2014.

Lüderitz, Alexander, Elterliche Sorge als Privatrecht, AcP 178 (1978), 263.

Ludewig, Kurt, Zum Krankheitsbegriff in der Psychiatrie, in: Keller, Nils; Greve, Thomas, Systematische Praxis in der Psychiatrie, Bonn 1996, 45.

Lux, Vanessa, Genetik und psychologische Praxis, Wiesbaden 2012.

Machleidt, Wielant; Bauer, Manfred, Lamprecht, Friedhelm; Rose, Hans K.; Rohde-Dachser, Christa (Hrsg.), Psychiatrie, Psychosomatik und Psychotherapie, 7. Auflage, Stuttgart et. al. 2004.

Macke, Peter, Heilbehandlungsfolgenrecht in der ehemaligen DDR, in: Deutsch, Erwin; Klingmüller, Ernst; Kullmann, Hans J. (Hrsg.), Festschrift für Erich Steffen zum 65. Geburtstag am 28. Mai 1995, Berlin 1995, 289.

Mandel, Joachim; Lange, Hans, Ärztliche Rechtspraxis, Berlin (DDR) 1985.

v. Mangoldt, Hermann; Klein, Friedrich, Das Bonner Grundgesetz, 2. Auflage, Bonn 1957.

Mankowski, Peter, Formzwecke, JZ 2010, 662.

Marschner, Rolf, Neuregelung der Zwangsbehandlung im Betreuungsrecht – eine verpasste Chance?, R&P 2013, 2.

Marton, Geza, Versuch eines einheitlichen Systems der zivilrechtlichen Haftung, AcP 162 (1963), 1.

Mathis, Klaus, Effizienz statt Gerechtigkeit?, Berlin 2006.

Matthews, Eric, Is Autonomy relevant to psychiatric Ethics? In: Nys, Thomas; Denier, Yvonne, Vandevelde, Toon (eds.), Autonomy & Paternalism: Reflections on the Theory and Practice of Health Care, Leuven 2007, 129.

Maurach, Reinhart; Schroeder, Friedrich-Christian; Maiwald, Manfred, Strafrecht Besonderer Teil, 10. Auflage, Heidelberg 2009.

Mayer-Falk, Gerhard, Eigenes Verschulden, Marburg 1929.

Mead, Lawrence M., The Rise of Paternalism, in: Mead, Lawrence M. (Hrsg.), The New Paternalism: Supervisory Approaches of Poverty, Washington D.C. 1997, 1.

Mentzos, Stavros, Hysterie: Zur Psychodynamik unbewusster Inszenierungen, 11. Auflage, Göttingen 2015.

Mertens, Hans-Joachim, Berufshaftung. Haftungsprobleme alter Professionen, VersR 1974, 509.

Mertens, Hans-Joachim, Deliktsrecht und Sonderprivatrecht, AcP 178 (1978), 226.

Mestmäcker, Ernst-Joachim, A Legal Theory without Law. Posner v. Hayek on Economic Analysis of Law, Tübingen 2007.

Merkel, Reinhard, Neuartige Eingriffe ins Gehirn, ZStW 121 (2009), 919.

Merkel, Reinhard, Tödlicher Behandlungsabbruch und mutmaßliche Einwilligung bei Patienten im apallischen Syndrom, ZStW 107 (1995), 545.

Merten, Detlef, Der Grundrechtsverzicht, in: Horn, Hans-Detlef; Häberle, Peter; Schambeck, Herbert; Stern, Klaus (Hrsg.), Recht im Pluralismus: Festschrift für Walter Schmitt Glaeser zum 70. Geburtstag, Berlin 2003, 53.

Meyer, Gaby, Die Unfähigkeit des erwachsenen Patienten zur Einwilligung in den ärztlichen Eingriff, Frankfurt a.M. et al 1994.

Meyer, Patrick; Jocham, Felix, Mitverschulden des Fahrradfahrers ohne Helm?, VersR 2014, 1167.

Mildenberger, Elke H., Schutzlos – Hilflos – Widerstandsunfähig, Berlin et al. 1998.

Mill, John Stuart, On Liberty, London 1859.

Milzer, Lutz, Die Patientenverfügung – ein Rechtsgeschäft mit ablaufendem Haltbarkeitsdatum?, NJW 2004, 2277.

Mitchell, Gregory, Libertarian Paternalism Is an Oxymoron, Northwestern University Law Review 99 (2005), 1245.

Mitsch, Wolfgang, Die hypothetische Einwilligung im Arztstrafrecht, JR 2005, 279.

Mittag, Matthias, Die betreuungsrechtliche Zwangsbehandlung im Lichte ihrer Neuregelung, in: Henking, Tanja; Vollmann, Jochen (Hrsg.), Gewalt und Psyche. Die Zwangsbehandlung auf dem Prüfstand, Baden-Baden 2013, 41.

Mittag, Matthias, Die verfassungsrechtlichen Anforderungen an psychiatrische Zwangsbehandlungen im Betreuungsrecht, R&P 2012, 197.

Möller, Hans-Jürgen, Therapie psychischer Erkrankungen, 3. Auflage, Stuttgart et al. 2006.

Möller, Kai, Paternalismus und Persönlichkeitsrecht, Berlin 2005.

Möller, Kai, Selbstmordverhinderung im freiheitlichen Staat, KritV 2005, 230.

Möllers, Thomas M. J., Rechtsgüterschutz im Umwelt- und Haftungsrecht, Tübingen 1996.

Mohnhaupt, Heinz, Rechtsgeschichte in den beiden deutschen Staaten (1988–1990): Beispiele, Parallelen, Positionen, Frankfurt a.M. 1991.

Mollnau, Karl A.; Rechtshandbuch für den Bürger, Berlin (DDR) 1985.

Moritz, Heinz Peter, Die (zivil-)rechtliche Stellung der Minderjährigen, Berlin 1989.

Müller, Christian, Heilanstalt oder Sicherungsanstalt? Die Unterbringung geisteskranker Rechtsbrecher als Herausforderung der Anstaltspsychiatrie im Deutschen Kaiserreich. In: Fangerau, Heiner; Nolte, Karen (Hrsg.), „Moderne“ Anstaltspsychiatrie im 19. Und 20. Jahrhundert – Legitimation und Kritik, Stuttgart 2006, 103.

Müller, Gabriele, Die Patientenverfügung nach dem 3. Betreuungsrechtsänderungsgesetz: alles geregelt und vieles ungeklärt, DnotZ 2010, 169.

Müller, Gabriele, Verbindlichkeit und Grenzen der Patientenverfügung – Zur Rechtslage de lege lata und de lege ferenda, ZEV 2008, 583.

Müller, Gabriele; Renner, Thomas, Betreuungsrecht und Vorsorgevollmacht in der Praxis, 4. Auflage, Köln 2015.

Müller, Jörn, Willensschwäche in Antike und Mittelalter, Leuven 2009.

Müller, Sebastian, Freiheitsberaubung durch unterbringungsähnliche Maßnahmen bei Minderjährigen im Krankenhaus, MedR 2011, 339.

Müller-Hegen, Michael, Die Haftung für Aufklärungsfehler im Arztrecht, Mainz 2005.

v. Münch, Ingo; Kunig, Philip, Grundgesetz-Kommentar, Bd. 1, 6. Auflage, München 2012.

Mugdan, Benno, Die gesamten Materialien zum Bürgerlichen Gesetzbuch für das Deutsche Reich, II. Band, Berlin 1899.

Murmann, Uwe, Die Selbstverantwortung des Opfers im Strafrecht, Berlin et al. 2005.

Murphy, Jeffrie G., Incompetence and Paternalism, in: Murphy, Jeffrie G. (ed.), Retribution, Justice and Therapy: Essays in the Philosophie of Law, Boston et.al. 1979, 166.

v. Mutius, Albert, Der Störer im Polizei- und Ordnungsrecht, Jura 1983, 298.

Nagel, Markus, Organtransplantation und Internationales Privatrecht, Berlin et al. 2009.

Narr, Wolf-Dieter; Paetow, Alexander; Saschenbrecker, Thomas; Wähner, Eckart, Psychiatrie, Zwang, Selbstbestimmung und Wohl behinderter Menschen, R&P 2010, 234.

Nedopil, Norbert; Müller, Jürgen Leo, Forensische Psychiatrie, 4. Aufl. Stuttgart 2012.

Neuner, Jörg, Natürlicher und freier Wille, AcP 218 (2018), 1.

Neuner, Jörg, Die „Patientenverfügung" im privatrechtlichen System, in: Albers, Marion (Hrsg.), Patientenverfügungen, Baden-Baden 2009.

Niestroj, Christa, Die rechtliche Bewertung der Selbsttötung und die Strafbarkeit der Suizidbeteiligung, Göttingen 1983.

Oberlies, Dagmar, Selbstbestimmung und Behinderung, ZStW 114 (2002), 130.

Oberlies, Dagmar, Selbstbestimmung und Behinderung – Wertungswidersprüche im Sexualstrafrecht, in: Zinsmeister, Julia (Hrsg.), Sexuelle Gewalt gegen behinderte Menschen und das Recht, Berlin et al 2003, 157.

Odenwald, Steffen, Die Einwilligungsfähigkeit im Strafrecht unter besonderer Hervorhebung ärztlichen Handelns, Frankfurt a.M. et al. 2004.

Ogus, Anthony, The Paradoxes of Legal Paternalism and How to Resolve them, Legal Studies 30: 61–73 (2010).

Ohler, Christoph; Weiß, Wolfgang, Glaubensfreiheit versus Schutz von Ehe und Familie, NJW 2002, 194.

Ohly, Ansgar, „Volenti non fit iniuria" Die Einwilligung im Privatrecht, Tübingen 2002.

Olzen, Dirk, Erbrecht, Berlin 2013.

Olzen, Dirk; Schneider, Frank, Das Patientenverfügungsgesetz (PatVG) vom 1.9.2009 – Eine erste Bilanz, MedR 2010, 745.

O'Neill, Onora, Paternalism and partial autonomy, Journal of medical Ethics 1984 (10), 173.

O'Neill, Onora, Some Limits of Informed Consent, Journal of Medical Ethics 29 (1) (2003), 4.

Ostendorf, Heribert, Das Recht zum Hungerstreik, München 1983.

Otto, Harro, Einwilligung, mutmaßliche, gemutmaßte und hypothetische Einwilligung, Jura 2004, 679.

Paeffgen, Hans-Ullrich, Gefahr-Definition, Problem-Beschreibung und Methodologisches, veranschaulicht am Beispiel des virus-infektiösen Chirurgen, Rogall, Klaus; Puppe, Ingeborg; Stein, Ulrich; Wolter, Jürgen (Hrsg.), Festschrift für Hans-Joachim Rudolphi zum 70. Geburtstag, Neuwied 2004, 187.

Palandt, Otto, Bürgerliches Gesetzbuch, 78. Auflage, München 2019.

Panagopoulou-Koutznatzi, Fereniki, Die Selbstbestimmung des Patienten, Berlin 2009.

Papier, Hans-Jürgen, Der Wesentlichkeitsgrundsatz – am Beispiel des Gesundheitsreformgesetzes, VSSR 1990, 123.

Papier, Hans-Jürgen, Verfassungsrechtlicher und unionsrechtlicher Rahmen des Wirtschaftsrechts, in: Oetker, Detlev Joost; Paschke, Marian, Festschrift für Dr. Dres. Franz Jürgen Säcker, München 2011, 1093.

Pardey, Frank, Berechnung von Personenschäden, 4. Auflage, Heidelberg 2010.

Park, Byungwoog Wandel des klassischen Polizeirechts zum neuen Sicherheitsrecht, Berlin 2013.

Park, Tido; Schwarz, Thomas, Die Freiheitsberaubung (§ 239 StGB), Jura 1995, 294.

Perschel, Wolfgang, Die Meinungsfreiheit des Schülers, München 1962.

Pieroth, Bodo; Schlink, Bernhard; Kingreen, Thorsten, Poscher, Ralf Grundrechte Staatsrecht II, 30. Auflage, Karlsruhe 2014.

Pieroth, Bodo; Schlink, Bernhard; Kniesel, Michael, Polizei- und Ordnungsrecht, 8. Auflage, München 2014.

Pietzcker, Jost, Die Rechtsfigur des Grundrechtsverzichts, Der Staat Bd. 17 (1978), 527.

Platzer, Johann, Autonomie und Lebensende: Reichweite und Grenzen von Patientenverfügungen, Würzburg 2010.

Pohlmeier, Hermann, Depression und Selbstmord, Bonn 1980.

Pohlmeier, Hermann, Freiverantwortlichkeit des Suizids aus medizinisch-psychologischer Sicht, in: Pohlmeier, Hermann; Schöch, Heinz; Venzlaff, Ulrich (Hrsg.), Suizid zwischen Medizin und Recht, München 1996, 33.

Poll, Jens; Jurisic, Zaklina, Recht und Medizinischer Forstschritt, JR 1999, 226.

Poscher, Ralf, Die gefahrenabwehrrechtliche Verantwortlichkeit. Zugleich ein Beitrag zur Lehre von der rechtswidrigen Verursachung, Jura 2007, 801.

Poscher, Ralf, Grundrechte als Abwehrrechte, Tübingen 2003.

Posner, Richard A., Are We One Self Or Multiple Selves?, Legal Theory 3 (1997), 23.

Posner, Richard A., Economic Analysis of Law, 9. Auflage, Alphen aan den Rijn 2010.

Posner, Richard A. Frontiers of Legal Theory, Cambridge 2004.

Pottmeyer, Maria, Religiöse Kleidung in der öffentlichen Schule in Deutschland und England, Tübingen 2011.

Preis, Ulrich; Schneider, Angie, Das Patientenrechtegesetz – eine gelungene Kodifikation?, NZS 2013, 281.

Prekop, Irina, Festhalten und Festhaltetherapie, in: Susanne Fikar (Hrsg.), Körperarbeit mit Behinderten, 2. Auflage, Stuttgart 1992, 119.

Price, David, Legal and Ethical Aspects of Organ Transplantation, Cambridge 2000.

Prütting, Jens, Rechtliche Aspekte der Tiefen Hirnstimulation, Berlin et al. 2014.

Prutsch, Karin, Die ärztliche Aufklärung, 2. Auflage, Wien 2004.

Pulverich, Gerd, Rechtliche Rahmenbedingungen, in: Margraf, Jürgen F., Lehrbuch der Verhaltenstherapie, Band 1, 2. Auflage, Berlin et al. 2000.

Püster, Dominique, Entwicklungen der Arzthaftpflichtversicherung, Berlin et al. 2013.

Puppe, Ingeborg, Brauchen wir eine Risikoerhöhungslehre?, in: Schünemann, Bernd; Achenbach, Hans; Bottke, Wilfried; Haffke, Bernhard; Rudolphi, Hans-Joachim (Hrsg.), Festschrift für Claus Roxin zum 70. Geburtstag am 15. Mai 2001, Berlin 2001, 287.

Puppe, Ingeborg, Die strafrechtliche Verantwortlichkeit des Arztes bei mangelnder Aufklärung über eine Behandlungsalternative, GA 2003, 764.

Puppe, Ingeborg, Strafrechtliche Zurechnungsprobleme bei ärztlichen Aufklärungsfehlern, JR 1994, 515.

Quante, Michael; Personales Leben und menschlicher Tod. Personale Identität als Prinzip der biomedizinischen Ethik, Frankfurt a.M. 2002.

Raape, Leo, Anmerkung zu RG v. 12.12.1927 VI 370/27, JW 1928, 497.

Rachlinski, Jeffrey J., Cognitive Errors, Individual Preferences, and Paternalism, The University of Chicago Law Review 73 (2006), 207–229.

Rachlinski, Jeffrey J., The Uncertain Psychological Case for Paternalism, Northwestern University Law Review 97 (2003), 1165.

Radden, Jennifer, Divided Minds and Successive Selves, Cambridge et al. 1996.

Ratzel, Rudolf; Luxenburger, Bernd; Handbuch Medizinrecht, Bonn 2008.

Rebonato, Riccardo, Taking Liberties: A Critical Examination of Libertarian Paternalism; Hampshire et al. 2012.

Redeker, Martin, Peep-Show und Menschenwürde, BayVBl 1985, 73.

Regan, Donald H, Paternalism, Freedom, Identity, and Commitment, in: Rolf E. Sartorius (ed.), Paternalism, Minneapolis 1983, 113.

Reichardt, Christiane; Gastmeier, Petra, Patient Empowerement, Krankenhaushygiene u2date 8, 2013, 157.

Reinicke, Michael, Der Zugang des Minderjährigen zum Zivilprozeß, Berlin 1989.

Renner, Thomas, Nur „alter Wein in neuen Schläuchen"? – Zur gesetzlichen Regelung der Patientenverfügung, ZnotP 2009, 371.

Renner, Thomas, Zur gesetzlichen Regelung der Patientenverfügung ZAP 2009 Fach 11 Nr. 23, 1075.

Renzikowski, Joachim, Das Sexualstrafrecht nach dem 6. Strafrechtsreformgesetz, NstZ 1999, 377 und 440.

Reuter, Dieter, Die Grundrechtsmündigkeit – Problem oder Scheinproblem?, FamRZ 1969, 622.

Reuter, Dieter, Reuter, Kindesgrundrechte und elterliche Gewalt, Berlin 1968.

Richter, Stefan, Schadenszurechnung bei deliktischer Haftung für fehlerhafte Sekundärinformationen, Tübingen 2012.

Rickmann, Sabine, Zur Wirksamkeit des Patiententestaments im Bereich des Strafrechts, Frankfurt 1987.

Riedel, Annette; Stolz, Konrad, Behandlungswünsche und mutmaßlicher Wille von Menschen mit geistiger Behinderung – ethische, pflegewissenschaftliche und juristische Aspekte, BtPRax 2013, 9.

Riedelmeier, Sabine, Ärztlicher Heileingriff und allgemeine Strafrechtsdogmatik, Baden-Baden 2004.

Rieger, Gregor, Die mutmaßliche Einwilligung in den Behandlungsabbruch, Frankfurt a.M. 1998.

Ritzenthaler, Daniela, Fürsorge und Selbstbestimmung bei end of life-Entscheidungen, in: Mathwig, Frank; Meireis, Torsten; Porz, Rouven; Zimmermann, Markus (Hrsg.); Macht der Fürsorge?: Moral und Macht im Kontext von Medizin und Pflege, Zürich 2015, 174.

Rizzo, Maril J.; Whitman, Douglas Glen, The Knowledge Problem of New Paternalism, BYU Law Review 2009 Vol. 4; 905.

Robbers, Gerhard, Der Grundrechtsverzicht, JuS 1985, 925.

Roell, Monika, Die Geltung der Grundrechte für Minderjährige, Berlin 1984.

Rogall, Klaus, Ärztlicher Heileingriff als Körperverletzung bei unwirksamer Einwilligung des Patienten, NJW 1978, 2344.

Roglmeier, Julia, Der Bevollmächtigte oder der gerichtlich bestellte Betreuer als zentraler Kompetenzträger im Rahmen der gesetzlichen Neuregelungen zur Patientenverfügung, FPR 2010, 282.

Romfeld, Elsa, „Der Ziellose erleidet sein Schicksal – der Zielbewusste gestaltet es“ (I. Kant)?, Grenzen der Vorausverfügung am Lebensende, in: Hoffstadt, Christian; Peschke, Franz; Nagenborg, Michael; Müller, Sabine; Möller, Melanie (Hrsg.), Zwischen Vorsorge und Schicksal. Über die Beherrschbarkeit des Körpers in der Medizin. Bochum et al. 2014, 103.

Rosenau, Henning, Die Neuausrichtung der passiven Sterbehilfe, in: Fischer, Thomas; Bernsmann, Klaus, Festschrift für Ruth Rissing-van Saan zum 65. Geburtstag am 25. Januar 2011, Berlin et al. 2011, 547.

Rosener, Wolfgang, Die Einwilligung in Heileingriffe, Berlin 1965.

Roth, Andreas, Die Verbindlichkeit der Patientenverfügung und der Schutz des Selbstbestimmungsrechts, JZ 2004, 494.

Rothhaar, Markus, Autonomie und Menschenwürde am Lebensende, in: Hoffmann, Thomas Sören; Knaup, Marcus, Was heißt: In Würde sterben?, Berlin et al. 2015, 101.

Roxin, Claus, Das Schuldprinzip im Wandel, in: Haft, Fritjof; Hassemer, Winfried; Neumann, Ulfrid; Schild, Wolfgang; Schroth, Ulrich, Strafgerechtigkeit: Festschrift für Arthur Kaufmann zum 70. Geburtstag, Heidelberg 1993, 519.

Roxin, Claus, Die Mitwirkung beim Suizid – ein Tötungsdelikt?, in: Jeschek, Hans-Heinrich; Lüttger, Hans (Hrsg.), Festschrift für Eduard Dreher zum 70. Geburtstag am 29. April 1977, Berlin et al. 1977, 331.

Roxin, Claus, Roxin, Strafrecht AT Bd. 1, 3. Auflage, München 1997.

Roxin, Claus, Über die mutmaßliche Einwilligung, in: Stratenwerth, Günter; Kaufmann, Armin; Geilen, Gerd; Hirsch, Hans Joachim; Schreiber, Hans-Ludwig; Jakobs, Günther; Loos, Fritz (Hrsg.); Festschrift Für Hans Welzel zum 70. Geburtstag am 26. März 1974, Berlin 1974, 447.

Rudolphi, Hans-Joachim, Bespr. von Arzt, Willensmängel bei der Einwilligung, ZStW 86 (1974), 82.

Rudolphi, Hans-Joachim; Horn, Eckhard, Systematischer Kommentar zum Strafgesetzbuch, 8. Auflage, München 2014 (Stand Dez. 2014).

Rüping, Hinrich, Körperverletzung, Einwilligung und Heileingriff. Kritische Überlegungen zu BGH NJW 1978, 1206, Jura 1979, 90.

Rütten, Stephan, Unterlassener Selbstschutz als Mitverschulden am Beispiel des Radhelmes, SVR 2014, 441.

Ruffert, Matthias, Vorrang der Verfassung und Eigenständigkeit des Privatrechts, Tübingen 2001.

Sachs, Michael, Grundgesetz, 7. Auflage, München 2014.

Sack, Hans-Jürgen; Denger, Burkhard, Freiheitsberaubung bei ungenehmigter Unterbringung von Kindern in jugendpsychiatrischen Kliniken?; MDR 1982, 972.

Säcker, Franz Jürgen; Rixecker, Roland; Oetker, Hartmut; Limperg, Bettina; Münchener Kommentar zum Bürgerlichen Gesetzbuch, Bd. 6, 6. Auflage, München 2013.

Sahm, Stephan, Sterbehilfe in der aktuellen Diskussion – ärztliche und medizinethische Aspekte, ZfL 2005, 45.

Saimeh, Nahlah, Zwangsbehandlung in der Forensischen Psychiatrie. Anforderungen der Praxis, in: Pollähne, Helmut; Lange-Joest, Christa, Heilung erzwingen? Berlin 2013, 143.

Saint-Paul, Gilles, The Tyranny of Utility, Princeton 2011.

Saks, Elyn R., Refusing Care. Forced Treatment and the Rights of the Mentally Ill, Chicago 2002.

Saliger, Frank, Sterbehilfe nach Verfahren – Betreuungs- und strafrechtliche Überlegungen im Anschluss an BGHSt 40, 257, KritV 1998, 118.

Saliger, Frank, Sterbehilfe und Betreuungsrecht, MedR 2004, 237.

Sander, Günter M; Münchener Kommentar Strafgesetzbuch (Hrsg. Joecks, Wolfgang), Band 4, 2. Auflage, München 2012.

Schachtschneider, Karl Albrecht; Siebold, Dagmar, Die „erweiterte Zustimmungslösung“ des Transplantationsgesetzes im Konflikt mit dem Grundgesetz, DÖV 2000, 129.

Schaffrath, Wilhelm Michael, Handbuch des sächsischen Strafrechts, Leipzig 1841, Bd. 2.

Schenk, Robert, Die medizinische Grundaufklärung, Berlin et al.2015.

Schenke, Wolf-Rüdiger, Polizei- und Ordnungsrecht, 8. Auflage, Heidelberg et al. 2013.

Scherer, Inge, Schwangerschaftsabbruch bei Minderjährigen und elterliche Zustimmung, FamRZ 1997, 589.

Schirmer, Helmut, Auswirkungen des Patientenrechtegesetzes auf die Haftpflichtversicherung von Ärzten, in: Lorenz, Egon (Hrsg.), Karlsruher Forum 2013: Patientenrechte und Arzthaftung, Karlsruhe 2014, 83.

Schittek, Lothar, Das „Recht“ auf Selbsttötung, BayVBl 1990, 137.

Schmelz, Christoph, Die Entwicklung der dogmatischen Figuren des Zweckveranlassers der latenten Gefahr, BayVBl. 2001, 550.

Schmidt, Christian Gerhard, Selbstgefährdung und Polizei, Gießen 2009.

Schmidhäuser, Eberhard, Selbstmord und Beteiligung am Selbstmord in strafrechtlicher Sicht, in: Stratenwerth, Günter; Kaufmann, Armin; Geilen, Gerd; Hirsch, Hans Joachim; Schreiber, Hans-Ludwig; Jakobs, Günther; Loos, Fritz (Hrsg.); Festschrift Für Hans Welzel zum 70. Geburtstag am 26. März 1974, Berlin 1974, 801.

Schmidt-Rimpler, Walter, Grundfragen einer Erneuerung des Vertragsrechts, AcP 147 (1941), 130.

Schmidt-Rimpler, Walter, Zum Problem der Geschäftsgrundlage, in: Dietz, Rolf; Hueck, Alfred; Reinhardt, Rudolf (Hrsg.), Festschrift für Hans Carl Nipperdey zum 60. Geburtstag 21. Januar 1955, München 1955, 1.

Smith, William (ed.), Dictionary of Greek and Roman Antiquities, London 1842.

Schmitt, Kai Uwe; Niederer, Peter; Muser, Markus H.; Walz, Felix; Trauma Biomechanik, Berlin et. al. 2014

Schmitz, Benedikt, Voraussetzungen und Umsetzung der Patientenverfügung nach neuem Recht: Ein dialogischer Prozess, FamFR 2009, 64.

Schmolke, Klaus Ulrich, Grenzen der Selbstbindung im Privatrecht, Tübingen 2014.

Schmoller, Kurt, Ermittlung des Betrugsschadens bei Bezahlung eines marktüblichen Preises, ZStW 103 (1991), 92.

Schnapp, Friedrich Eberhard; Düring, Ruth, Die Rechtsbeziehung zwischen Kassenzahnarzt und sozialversichertem Patienten nach dem Gesundheits-Reformgesetz, NJW 1989, 2913.

Schneider, Frank (Hrsg.), Facharztwissen Psychiatrie und Psychotherapie, Berlin et al. 2012.

Schneider, Frank; Frister, Helmut; Olzen, Dirk; Begutachtung psychischer Störungen, 3. Auflage, Berlin et al. 2014.

Schneider, Kurt, Die psychopathischen Persönlichkeiten, Leipzig 1923.

Schöch, Heinz, Beendigung lebenserhaltender Maßnahmen, NStZ 1995, 153.

Schöllhammer, Lutz, Die Rechtsverbindlichkeit des Patiententestaments, Berlin 1993.

Schön, Wolfgang, Zwingendes Recht oder informierte Entscheidung – zu einer (neuen) Grundlage unserer Zivilrechtsordnung, in: Heldrich, Andreas; Prölls, Jürgen; Koller, Ingo; Langenbucher, Katja; Grigoleit, Hans Christoph; Hager, Johannes; Hey, Felix Christopher; Neuner, Jörg; Petersen, Jens; Singer, Reinhard (Hrsg.), Festschrift für Claus-Wilhelm Canaris zum 70 Geburtstag, Band I, München 2007, 1191.

Schöne-Seifert, Bettina, Grundlagen der Medizinethik, Stuttgart 2007.

Schöne-Seifert, Bettina, Paternalism: Its Ethical Justification in Medicine and Psychiatry, in: Schramme, Thomas (ed.), New Perspectives on Paternalism and Health Care, Heidelberg et al. 2015, 145.

Schöne-Seifert, Bettina, Paternalismus. Zu seiner ethischen Rechtfertigung in Medizin und Psychiatrie, Jahrbuch für Wissenschaft und Ethik 14 (2009), 113.

Schönke, Rolf; Schröder, Adolf, Strafgesetzbuch, 29. Auflage, München 2014.

Schönke, Rolf, Schröder, Adolf, Strafgesetzbuch, 30. Auflage, München 2019.

Schöttle, Alissa, Die Schuldfähigkeitsbegutachtung in Jugendverfahren, Berlin et al. 2013.

Scholler, Heinrich; Schloer, Bernhard, Grundzüge des Polizei- und Ordnungsrechts in der Bundesrepublik Deutschland, 4. Auflage, Stuttgart 1993.

Scholten, Hans-Joseph, Mithaftung ohne Fahrradhelm, SVR 2012, 161.

Schonsheck, Jonathan, On Criminalzation, Dordrecht, Boston, London 1994.

Schramm, Annina, Haftung für Tötung, Tübingen 2010.

Schramme, Thomas, Contested Services, Indirect Paternalism and Autonomy as Real Liberty, in: Thomas Schramme (ed.), New Perspectives on Paternalism and Healthcare, Berlin et al. 2015, 101.

Schreiber, Hans-Ludwig, Bedeutung und Auswirkung der neugefaßten Bestimmungen über die Schuldfähigkeit, NStZ 1981, 46.

Schreiber, Hans-Ludwig, Ein neuer Entwurf für eine Richtlinie der Bundesärztekammer zur Sterbehilfe, in: Ahrens, Hans-Jürgen; v. Bar, Christian; Fischer, Gerfried; Spickhoff, Andreas; Taupitz, Jochen (Hrsg.); Festschrift für Erwin Deutsch zum 70. Geburtstag, Köln et al. 1999, 773.

Schröder, Daniela, Auskunftsanspruch der Eltern minderjähriger Kinder gegen den Arzt, Frankfurt a.M. 2010.

Schröder, Horst, Urteilsanmerkungen, Frankfurt a.M. 1971.

Schroeder, Friedrich-Christian, Die Revolution des Sexualstrafrechts 1992–1998, JZ 1999, 827.

Schroeder, Jeanne Lorraine, The Four Lacanian Discourses: Or Turning Law Inside Out, London 2008.

Schroeder, Jeanne Lorraine, The Stumbling Block: Freedom, Rationality, and Legal Scholarship, 44 William & Mary Law Review 263 (2002), 275.

Schroth, Ulrich, Die berechtigte Geschäftsführung ohne Auftrag als Rechtfertigungsgrund im Strafrecht, JuS 1992, 467.

Schünemann, Herrmann, Einwilligung und Aufklärung von psychisch Kranken, VersR 1981, 306.

Schulze, Götz, Die Naturalobligation, Tübingen 2008.

Schwab, Dieter, Einführung in das Zivilrecht, 13. Auflage, Heidelberg 1997.

Schwab, Dieter, Mündigkeit und Minderjährigenschutz, AcP 172 (1972), 266.

Schwab, Dieter, Gedanken zur Reform des Minderjährigenrechts und des Mündigkeitsalters, JZ 1970, 745.

Schwab, Dieter (Redakteur), Münchener Kommentar Bürgerliches Gesetzbuch (Hrsg. Säcker, Franz-Jürgen), Band 8, 6. Auflage 2012.

Schwab, Dieter, Stellvertretung bei der Einwilligung in die medizinische Behandlung – Ein Aufriss der Probleme, in: Jayme, Erik; Schwab, Dieter; Gottwald, Peter (Hrsg.), Festschrift für Dieter Henrich zum 70. Geburtstag, Bielefeld 2000, 511.

Schwabe, Jürgen, Der Schutz des Menschen vor sich selbst, JZ 1998, 66.

Schwabe, Jürgen, Probleme der Grundrechtsdogmatik, Darmstadt 1977.

Schwartz, Tobias, Die hypothetische Einwilligung im Strafrecht, Frankfurt a.M. et al. 2009.

Schwarz, Norbert; Bless, Herbert; Strack, Fritz; Klumpp, Gisela; Rittenauer-Schatka, Helga; Simons, Annette; Ease of retrieval of information: Another look at the availability heuristic, Journal of Personality and Social Psychology 1991, 61(2), 195.

Schwerdtner, Eberhard, Die Mündigkeit als Verfassungsproblem, VBlBW 1986, 121.

Schwerdtner, Eberhard, Kindeswohl und Elternrecht? Zum Problem des Verhältnisses von Grundrechtsmündigkeit und Elternrecht, AcP 173 (1973), 227.

Seebode, Manfred, Freisprüche für „Gurtmuffel", JR 1986, 265.

Seitz, Walter, Das OLG Frankfurt aM und die Sterbehilfe, ZRP 1998, 417.

Selbmann, Hans-Konrad; Schwartz, Friedrich Wilhelm; van Eimeren, Wilhelm, Qualitätssicherung in der Medizin, Berlin et al. 1981.

Shapiro, David L., Courts, Legislatures, and Paternalism, 74 CA. L. Rev. (1988), 519.

Shiffrin, Seana Valentine, Paternalism, unconscionability doctrine, and accomodation, Philosophy and Public Affairs 29(3):205–250 (2000).

Shorter, Edward, Still tilting at windmills, The Psychiatrist (2011), 35, 183.

Sickor, Jens Andreas, Die Übertragung der hypothetischen Einwilligung auf das Strafrecht, JA 2008, 11.

Sigusch, Volkmar, Medizinische Experimente am Menschen. Das Beispiel der Psychochirurgie, Beiwerk des Jahrbuchs für kritische Medizin Bd. 2, Berlin, 1977, 1.

Simmons, Roberta; Marine, Susan; Simmons, Richard Lawrence; Gift of Life: The Effects of Organ Transplantation on Individual, Family and Societal Dynamics, New Brunswick, 1987.

Singer, Reinhard, Die Lehre vom Grundrechtsverzicht und ihre „Ausstrahlung" auf das Privatrecht, in: Erbguth, Wilfried; Müller, Friedrich; Neumann, Volker (Hrsg.), Rechtstheorie und Rechtsdogmatik im Austausch. Gedächtnisschrift für Bernd Jeand'Heur, Berlin 1999, 171.

Singer, Reinhard, Selbstbestimmung und Verkehrsschutz im Recht der Willenserklärungen, München 1995.

Singer, Reinhard, Vertragsfreiheit, Grundrechte und der Schutz des Menschen vor sich selbst, JZ 1995, 1133.

Sonnenfeld, Susanne; Das 2. BtÄndG, FamRZ 2005, 941.

Spann, Wolfgang, Das „Patiententestament", MedR 1983, 13.

Spickhoff, Andreas, Autonomie und Heteronomie im Alter, AcP 208 (2008), 345.

Spickhoff, Andreas, Die Patientenautonomie am Lebensende – Ende der Patientenautonomie?, NJW 2000, 2297.

Spickhoff, Andreas, Folgenzurechnung im Schadensersatzrecht: Gründe und Grenzen, in: Lorenz, Egon (Hrsg.), Karlsruher Forum 2007: Folgenzurechnung im Schadensersatzrecht: Gründe und Grenzen, Karlsruhe 2008, 7.

Spickhoff, Andreas, Medizin und Recht zu Beginn des neuen Jahrhunderts, NJW 2001, 1757.

Spickhoff, Andreas, Medizinrecht, 2. Auflage, München 2014.

Spickhoff, Andreas, Patientenrechte und Gesetzgebung, ZRP 2012, 65.

Spickhoff, Andreas, Patientenrechte und Patientenpflichten, VersR 2013, 267.

Spickhoff, Andreas, Rechtssicherheit kraft Gesetzes durch sog. Patientenverfügungen?, FamRZ 2009, 1949.

Spieß, Gerhard, Der Grundrechtsverzicht, Frankfurt a.M. et al., 1997.

Steenbreker, Thomas, Zivilrechtliche Unbeachtlichkeit eines „natürlichen Willens" für den Widerruf der Patientenverfügung, NJW 2012, 3207.

Stein, Ekkehart; Frank, Götz, Staatsrecht, 21. Auflage, Tübingen 2010.

Sternberg-Lieben, Detlev, Begrenzung lebensverlängernder Maßnahmen aus strafrechtlicher Sicht – juristischer statt ärztlicher Paternalismus?, in: Arnold, Jörg; Burkhard, Björn; Gropp, Walter; Heine, Günter; Koch, Hans-Georg; Lagodny, Otto; Perron, Walter; Walther, Susanne (Hrsg.), Menschengerechtes Strafrecht. Festschrift für Albin Eser zum 70. Geburtstag, München 2005. 1185.

Sternberg-Lieben, Detlev, Die objektiven Schranken der Einwilligung im Strafrecht, Tübingen 1997.

Sternberg-Lieben, Detlev, Selbstbestimmtes Sterben: Patientenverfügung und gewillkürte Stellvertretung, in: Eser, Albin; Schittenhelm, Ulrike; Schumann, Heribert (Hrsg.), Festschrift für Theodor Lenckner zum 70. Geburtstag, München 1998, 349.

Stiegler, Anita Maria, Schmerzensgeld für Schock- und Trauerschäden, Wien et al. 2009.

Strätling, Meinolfus; Fieber, Ulrich; Bartmann, Franz-Joseph; Sedemund-Adib, Beate; Rüping, Hinrich; Schmucker, Peter, Therapiebegrenzung in Deutschland – Eine empirische Analyse der häufigsten medizinischen, rechtlichen und ethischen Unsicherheiten bei „Entscheidungen am Lebensende", MedR 2005, 579.

Streicher, Karl, Gurtanlegezwang – Grundrechtsverletzung?, NJW 1977, 282.

Stolz, Konrad, Patientenverfügungen in Notfallsituationen, BtPrax 2011, 103.

Student, Johann-Christoph, Warum wir kein Patientenverfügungs-Gesetz brauchen – Fünf Argumente, ZFL 2007, 90.

Sullivan, Robert J.; Lawrence W. Menapace, Lawrence W.; Royce M. White, Royce M., Truth Telling and patient diagnosis, Journal of Medical Ethics 2001, 27, 192.

Sunstein, Cass R., Legal Interference with Private Preferences, The University of Chicago Law Review 53 (1986), 1129–1174.

Sunstein, Cass R., Why Nudge?: The Politics of Libertarian Paternalism, New Haven 2015.

Sunstein, Cass R., On the Expressive Function of Law, 144 University of Pennsylvania Law Review 2021 (1996), 2021.

Sunstein, Cass R., Social Norms and Social Roles, Columbia Law Review 96:4 (1996), 903.

Sunstein, Cass R., Thaler, Richard H., Libertarian Paternalism Is Not an Oxymoron, University of Chicago Law Review 70 (2003), 1159.

Steinhorst, Lars, Polizei- und Ordnungsrecht in Brandenburg, Berlin 2010.

Stratenwerth, Günther, Prinzipien der Rechtfertigung, ZStW 68 (1956), 41.

Struder, Martin R., The Doctrine of Informed Consent: Protecting the Patient's Rights to make informed Health Care Decisions, 48 Montana Law Review (1987), 85.

Svetsen, Lars, A Philosophy of Freedom, London 2014.

Swoboda, Sabine, Die hypothetische Einwilligung – Prototyp einer neuen Zurechnungslehre im Bereich der Rechtfertigung?, ZIS 2013, 18.

Szasz, Thomas, Interview: Thomas S. Szasz, M.D., New Physician 1969, 18, 453, 476.

Szasz, Thomas, The Myth of Mental Illness, American Psychologist 15 (1960), 113.

Szasz, Thomas, The Myth of Psychotherapy: Mental Healing as Religion, Rhetoric, and Repression, 2. Auflage New York 1988.

Szasz, Thomas, The psychiatric will: a new mechanism for protecting persons against „psychosis" and psychiatry, American Psychologist 37 (1982), 762.

Tag, Brigitte, Der Körperverletzungstatbestand im Spannungsverhältnis zwischen Patientenautonomie und Lex artis, Berlin et al. 2000.

Tamura, Toshiyo; Yoshimura, Takumi; Sekine, Masaki; Uchida, Mitsuo; Tanaka, Osamu, A Wearable Airbag to Prevent Fall Injuries, IEEE Transactions on Information Technology in Biomedicine 13:6 (2009), 910.

Taupitz, Jochen, Die mutmaßliche Einwilligung bei ärztlicher Heilbehandlung-insbesondere vor dem Hintergrund der höchstrichterlichen Rechtsprechung des Bundesgerichtshofs, in: Canaris, Claus Wilhelm; Heldrich, Andreas (Hrsg.), 50 Jahre Bundesgerichtshof, Festgabe aus der Wissenschaft, München 2000, 497.

Taupitz, Jochen, Empfehlen sich zivilrechtliche Regelungen zur Absicherung der Patientenautonomie am Ende des Lebens? Gutachten für den 63. Deutschen Juristentag, Leipzig, München 2000.

Tefke, Nils, Das Prinzip Menschenwürde, Tübingen 2011.

Tempel, Otto, Inhalt, Grenzen und Durchführung der ärztlichen Aufklärungspflicht unter Zugrundelegung der höchstrichterlichen Rechtsprechung, NJW 1980, 609.

Ten, Chin Liew, Mill on Liberty, Oxford 1980.

Thaler, Richard H.; Sunstein, Cass R., Libertarian Paternalism, The American Economic Review, Vol. 93, No. 2 (May 2003), pp. 175–179.

Thaler, Richard H.; Sunstein, Cass R., Nudge: Improving Decisions About Health, Wealth and Happiness, London 2008.

Tiedemann, Klaus, Die mutmaßliche Einwilligung, insbesondere Unterschlagung amtlicher Gelder, JuS 1970, 108.

Tiemann, Burkhard, Aktuelle Entwicklung des Kassenarztrechts vor dem Hintergrund des 100jährigen Bestehens der gesetzlichen Krankenversicherung, MedR 1983, 176 und 211.

Toepel, Friedrich, Zur Funktion des Einverständnisses bei der Wegnahme im Sinne der §§ 242, 249 StGB, in: Rogall, Klaus; Puppe, Ingeborg; Stein, Ulrich; Wolter, Jürgen (Hrsg.), Festschrift für Hans-Joachim Rudolphi zum 70. Geburtstag, Neuwied 2004, 581.

Uhlenbruck, Wilhelm, Bedenkliche Aushöhlung der Patientenrechte durch die Gerichte, NJW 2003, 1710.

Uhlenbruck, Wilhelm, Die Stellvertretung in Gesundheitsangelegenheiten. Zu einem wichtigen, aber verkannten Rechtsinstitut in Deutschland, in: Ahrens, Hans-Jürgen, v. Bar, Christian; Fischer, Gerfried; Spickhoff, Andreas; Taupitz, Jochen (Hrsg.); Festschrift für Erwin Deutsch zum 70. Geburtstag, Köln et al. 1999, 849.

Uhlenbruck, Wilhelm, Entmündigung des Patienten durch den Gesetzgeber?, ZRP 1998, 46.

Uhlenbruck, Wilhelm, Recht auf eigenen Tod?, ZRP 1986, 209.

Uhlenbruck, Wilhelm, Vorab-Einwilligung und Stellvertretung bei der Einwilligung in einen Heileingriff, MedR 1992, 134.

Uhlenbruck, Wilhelm, Zur Rechtsverbindlichkeit des Patiententestaments, MedR 1983, 16.

v. Ungern-Sternberg, Antje, Religionsfreiheit in Europa, Tübingen 2008.

Ulsenheimer, Klaus, Arztstrafrecht in der Praxis, 5. Auflage, Heidelberg et al. 2015.

Varian, Hal R., Revealed Preference and its Applications, The Economic Journal, 122 (2012):332–338.

van de Veer, Donald, Paternalistic Intervention: The Moral Bounds on Benevolence, Princeton 1986.

Veetel, Vipin, Conception of rationality in law and economics, European Journal of Law and Economics 31 (2011), 321.

Velte, Gianna, Die postmortale Befruchtung im deutschen und spanischen Recht, Berlin et al. 2015.

Verrel, Torsten, Verhandlungen des 66. Deutschen Juristentages Stuttgart 2006 Band I: Gutachten / Teil C: Patientenautonomie und Strafrecht bei der Sterbebegleitung, München 2006.

Voll, Doris, Die Einwilligung im Arztrecht, Frankfurt a.M. et al.1996.

Vollmann, Jochen, Aufklärung und Einwilligung in der Psychiatrie, Darmstadt et al. 2000.

Vollmann, Jochen, Patientenselbstbestimmung und Selbstbestimmungsfähigkeit, Stuttgart 2008.

Voss, Ingrid, Schutz der Grundrechte in Medizin und Biologie durch die Charta der Grundrechte der Europäischen Union, Berlin 2011.

Voss, Pia, Homosexualität: Diskriminierung gibt es noch immer, DÄ 2005, PP4, 27.

Wagenitz, Thomas, Finale Selbstbestimmung? Zu den Möglichkeiten und Grenzen der Patientenverfügung im geltenden und künftigen Recht, FamRZ 2005, 669.

Wagner, Gerhard, Kodifikation des Arzthaftungsrechts? VersR 2012, 790.

Wagner, Joachim, Selbstmord und Selbstmordverhinderung, Karlsruhe 1975.

Wagner, Werner, Versuch zu einer geisteswissenschaftlich fundierten Psychiatrie, Berlin et. al. 1957.

Waibl, Elmar, Philosophische Implikationen der Patientenautonomie und Patientenverfügung, in: Barta, Heinz; Kalchschmid, Gertrud (Hrsg.), Die Patientenverfügung – Zwischen Selbstbestimmung und Paternalismus, Wien et al. 2005, 83.

Walker, Tom, Ulysses Contracts in Medicine, Law and Philosophy (2012), 31: 77.

Warmbrunn, Johannes; Stolz, Konrad, Wann ist der Wille „frei“?, BtPrax 2006, 167.

Wassermann, Rudolf, Das Recht auf den eigenen Tod, DriZ 1986, 291.

v. Weber, Hellmuth, Das Notstandsproblem und seine Lösung in den Strafgesetzentwürfen 1919 und 1925, 1925, Leipzig 1925.

Weber, Ulrich, Zur strafrechtsgestaltenden Kraft des Zivilrechts, in: Grunsky, Wolfgang; Stürner, Rolf; Walter, Gerhard; Wolf, Manfred, Festschrift für Fritz Baur, Tübingen 1981, 133.

Wegricht, Christiane, Das Verhältnis von Eingriffsermächtigungen des Bundes-Immissionsschutzgesetzes zur polizeilichen Generalklausel, Frankfurt a.M. et al 2008.

Weigend, Thomas, Über die Begründung der Straflosigkeit bei Einwilligung des Betroffenen, ZStW 98 (1986), 44.

Weimar, Robert, Rechtserneuerung bei Ilmar Tammelo und neurowissenschaftliche Rechtstheorie, in: Jakob, Raimund; Philipps, Lothar; Schweighofer, Erich, Varga, Csaba (Hrsg.), Auf dem Weg zur Idee der Gerechtigkeit, Gedenkschrift für Ilmar Tammelo, Wien et al. 2009, 263.

Weyers, Hans-Leo; Mirtsching, Wolfram, Zum Stand des Arzthaftungsrechts, JuS 1980, 317.

White, Mark D., The Manipulation of Choice: Ethics and Libertarian Paternalism, New York 2013.

Whitman, Douglas Glen; Rizzo, Maril J., Paternalist Slopes, NYU Journal of Law and Liberty 2 (2007), 411.

Wieland, Wolfgang, Philosophische Aspekte des Krankheitsbegriffes, in: Becker, Volker; Schipperges, Heinrich (Hrsg.), Krankheitsbegriff, Krankheitsforschung, Krankheitswesen, Berlin et al. 1995, 59.

Wieling, Hans Josef, Sachenrecht, Bd. 1, Neuausgabe Berlin et al. 2006.

Wietfeld, Dominik, Selbstbestimmung und Selbstverantwortung – Die gesetzliche Regelung der Patientenverfügung, Baden-Baden 2012.

Wigge, Peter, Ärztliche Leistungserbringungen durch Einzelverträge – Ein Zukunftsmodell für die gesetzliche Krankenversicherung?, MedR 1996, 51.

Wikler, Dan, Paternalism and the Mildly Retarded, in: Rolf E. Sartorius (ed.), Paternalism, Minneapolis 1983, 83.

v. Willigenburg, Theo; Delaere, Patrick J.J., Protecting Autonomy as Authenticity Using Ulysses Contracts, Journal of Medicine and Philosophy 30 (2005), 395.

Wilson, James, Why It's Time to Stop Worrying About Paternalism in Health Policy, in: Schramme, Thomas (ed.), New Perspectives on Paternalism and Health Care, Heidelberg et al. 2015, 203.

Windscheid, Bernhard, Lehrbuch des Pandektenrechts, Bd. 1, Frankfurt a.M., 9. Auflage 1906.

Winston, Morton E.; Winston, Sally M.; Appelbaum, Paul S.; Rhoden, Nancy K., Can a subject consent to a Ulysses contract? Commentary., Hastings center Report 12:4 (1981), 26.

Wintrich, Josef, Über die Eigenart und Methode verfassungsrechtlicher Rechtsprechung, in: Süsterhenn, Adolf; Freiherr von der Heydte, Friedrich August; Geiger, Willi, Verfassung und Verwaltung in Theorie und Wirklichkeit. Festschrift für Wilhelm Laforet anlässlich seines 75. Geburtstags, Karlsruhe 1952, 227.

Wittmann, Roland, Die Körperverletzung an Freien im klassischen römischen Recht, München 1972.

Wogrolly-Domej, Monika, „Das Problem des Paternalismus in der Medizin: gezeigt am Beispiel einer Fiberbronchoskopie", Wiener medizinische Wochenschrift 2003, 153, 17.

Wolf, Jean-Claude, Die liberale Paternalismuskritik von John Stuart Mill, in: Michael Anderheiden, Hans W. Heinig, Peter Bürkli, Stephan Kirste, Kurt Seelmann, Paternalismus und Recht: In memoriam Angela Augustin (1968–2004), Tübingen 2006, 55.

Wolf, Manfred, Rechtsgeschäftliche Entscheidungsfreiheit und vertraglicher Interessenausgleich, Tübingen 1970.

Wolf, Thomas, Der aktivierende Sozialstaat zwischen Freiheit und Zwang, Paderborn 2011.

Wollschläger, Christian, Die Geschäftsführung ohne Auftrag, Berlin 1976.

Woltereck, Frank, Der Gewerkschaftsbeitritt Minderjähriger, ArbuR 1965, 193.

Wright, Joshua D., Ginsburg, Douglas H., Behavioral law and economics: its origins, fatal flaws, and implications for liberty, in: Aristides N. Hatzis, Nicholas Mercuro (ed.), Law and Economics, Philosophical issues and fundamental questions, New York 2015, 297.

Wulff, Erich, Sozialpsychiatrischer Krankheitsbegriff? In: Pfäfflin, Friedemann; Appelt, Hertha; Krausz, Michael; Mohr, Michael (Hrsg.), Der Mensch in der Psychiatrie, Berlin et al. 1988, 24.

Zamir, Eyal, The Efficiency of Paternalism, Virginia Law Review 84 (1998), 229–286.

Zenz, Gisela, Elterliche Sorge und Kindesrechte, StAZ 1973, 257.

Zenz, Gisela, Kindesmißhandlung und Kindesrecht, Frankfurt a.M. 1979.

Zielinski, Diethart, Anmerkung zum Urteil des BGH vom 13.9.1994, ArztR 1995, 188.

Zitelmann, Ernst, Ausschluß der Widerrechtlichkeit, AcP 99 (1906), 1.

Zöllner, Wolfgang, Privatautonomie und Arbeitsverhältnis, AcP 176 (1976), 378.